Schriftenreihe
der Juristischen Schulung

Band 60

Mustertexte zum Zivilprozess

Band I
Erkenntnisverfahren erster Instanz

Begründet von

Dr. Otto Tempel†
Vorsitzender Richter am Landgericht a. D. Frankfurt am Main

Fortgeführt von

Dr. Clemens Theimer
Direktor des Amtsgerichts Königstein i. Ts.

und

Anette Theimer
Vorsitzende Richterin am Landgericht Frankfurt am Main

8., überarbeitete Auflage

Verlag C. H. Beck München 2012

Es haben bearbeitet:
Anette Theimer: §§ 1–3
Dr. Clemens Theimer: §§ 4–8

www.beck.de

ISBN 978 3 406 61348 7

© 2012 Verlag C. H. Beck oHG
Wilhelmstraße 9, 80801 München
Druck und Bindung: Druckhaus Nomos
In den Lissen 12, 76547 Sinzheim

Satz: Druckerei C. H. Beck Nördlingen

Gedruckt auf säurefreiem, alterungsbeständigem Papier
(hergestellt aus chlorfrei gebleichtem Zellstoff)

Vorwort zur 8. Auflage

Nach der neuerlichen Überarbeitung der „Mustertexte zum Zivilprozess" liegen nunmehr die Bände I und II in jeweils aktualisierter Fassung vor.

Nach dem Zuspruch, den die vorangehenden Auflagen erfahren haben, konnten wir den Grundaufbau der Darstellung guten Gewissens beibehalten. Aufgrund zahlreicher Gesetzesänderungen der letzten Jahre waren allerdings in beiden Bänden sämtliche Muster zu überprüfen und zahlreiche Passagen entsprechend anzupassen. So auch im vorliegenden Band I.

Wir freuen uns daher, wenn die Arbeit mit den „Mustertexten" insbesondere Referendarinnen und Referendaren sowie jungen Richterkolleginnen und -kollegen die Bewältigung der täglichen Rechtsanwendung erleichtern kann.

Unser Dank gilt an dieser Stelle – abermals – den zahlreichen Rückmeldungen und Anmerkungen aus dem Leserkreis, die wir an passender Stelle einzuarbeiten versucht haben.

Eppstein und Hofheim,
im Februar 2012   *Dr. Clemens und Anette Theimer*

Vorwort zur 7. Auflage

Wie schon bei der fünften und sechsten Auflage war auch bei der siebenten Auflage wiederum das Erreichen eines hohen Maßes an Aktualität und Benutzerfreundlichkeit im Wesentlichen unsere Aufgabe.

Die siebente Auflage berücksichtigt vor allem die Umsetzung der Änderungen des Zivilprozessrechts und des Kostenrechts seit dem Jahre 2002 in der Praxis, insbesondere also die praktische Umsetzung der Änderungen aufgrund des Justizmodernisierungsgesetztes und des Gerichtskostengesetzes sowie der mit der Abschaffung der Bundesrechtsanwaltsgebührenordnung und der Einführung des Rechtsanwaltsvergütungsgesetzes verbundenen Änderungen. Darüber hinaus haben wir die Muster zwecks Verbesserung der Benutzerfreundlichkeit erneut teilweise umgestaltet in der Hoffnung, dass das Buch auch in Zukunft verlässliche Hilfestellung bei der Arbeit sowohl der Rechtsreferendarinnen und Rechtsreferendare als auch der jungen Richterinnen und Richter geben wird.

Bedanken möchten wir uns an dieser Stelle wiederum für die zahlreichen Anmerkungen und Verbesserungsvorschläge aus dem Leserkreis, über die wir uns auch in Zukunft freuen.

Eppstein, im Februar 2008   *Dr. Clemens und Anette Theimer*

Vorwort zur 4. Auflage

Die vorliegende 4. Auflage von Band 1 der „Mustertexte" berücksichtigt die seit Erscheinen der 3. Auflage (1987) erfolgten Gesetzesänderungen, insbesondere das Rechtspflege-Vereinfachungsgesetz vom 17. 12. 1990 und das Kostenrechtsänderungsgesetz vom 24. 6. 1994. Außerdem wurde die seit 1987 ergangene Rechtsprechung und Literatur verarbeitet. Zahlreiche neue Muster wurden aufgenommen, insbesondere im Bereich des neu geregelten „selbständigen Beweisverfahrens". Einzelne Vorbemerkungen wurden erweitert, soweit sie für die Arbeitsweise des Zivilrichters von Bedeutung sind, so vor allem die Vorbereitung des Beweistermins. Das Werk ist nunmehr auf dem Stand vom Januar 1995. Später ergangene Rechtsprechung und Literatur konnte noch teilweise in den Fußnoten Berücksichtigung finden.

Die durch das Kostenänderungsgesetz 1994 zum 1. Juli 1994 erfolgte Anhebung der Gebührensätze und sonstigen Änderungen wurden berücksichtigt. Bei der Berechnung der Sicherheitsleistung im Rahmen der vorläufigen Vollstreckbarkeit und des Vollstreckungsschutzes wurden durchweg die neuen Gebührensätze zugrunde gelegt, auch wenn der Text eines Urteils auf eine Zeit vor dem Inkrafttreten der Änderung verweist. Dies erschien vom didaktischen Standpunkt aus gerechtfertigt, da der Benutzer künftig mit den neuen Gebührensätzen arbeiten muss.

Die Flut der Rechtsprechung und Literatur erforderte eine Neustrukturierung des Werkes, um den Umfang des Bandes 1 nicht über das bisherige Maß anschwellen zu lassen. Der Abschnitt über den Rechtshilfeverkehr mit dem Ausland wurde gestrichen, da er für den Referendar in der Ausbildung nur von untergeordneter Bedeutung ist. Die Kapitel über Kostenwesen und Prozesskostenhilfe werden nunmehr in Band 2, der demnächst in 4. Auflage erscheinen wird, aufgenommen.

Der Verfasser hat auch diesmal für zahlreiche Hinweise aus dem Kreise der Benutzer und Kollegen zu danken, die sich auf einzelne Unrichtigkeiten und Druckfehler bezogen und zu deren Ausmerzung führten. Der Dank gilt aber auch den Herausgebern der JuS-Schriftenreihe und dem Lektorat des Verlages C. H. Beck für die verständnisvolle Betreuung des Werkes. Nicht zuletzt dankt der Verfasser den Mitarbeitern der C.H.Beck'schen Buchdruckerei in Nördlingen, die sich mit der Übertragung des umfangreichen und – oft nicht einfach lesbaren – Manuskripts abgeben mussten.

So hoffe ich, dass auch die vorliegende Neuauflage für den juristischen Nachwuchs eine Hilfe für die Einarbeitung in den Zivilprozess bietet.

Frankfurt am Main, Mai 1995 *Otto Tempel*

Aus den Vorworten zur 1. und 2. Auflage

Das vorliegende Buch wendet sich an den Referendar der Ausbildungsstation „Zivilkammer". Es bezweckt, diesem die Praxis des Zivilprozesses zu veranschaulichen. Sein besonderes Anliegen ist die Einbeziehung von Mustern für den Gang des Verfahrens vor dem Urteil, sei es in Form von Formularen, sei es in Form voll ausgefüllter Verfügungen und Beschlüsse für besonders typische Prozesssituationen. Bei den Urteilen konnte naturgemäß nur eine kleine Auswahl aufgenommen werden; insoweit ist die Bezeichnung „Muster" wahrscheinlich fehl am Platz: für den Anfänger geht es um das Einlesen und erste Hineinfühlen in die richterliche Begründungstechnik. Vorangestellte Übersichten sollen die für den jeweiligen Abschnitt wichtigsten Fragen aufzeigen, um dem heutigen mit Zivilprozessrechtskenntnissen teilweise nicht übermäßig ausgestatteten Referendar das Einarbeiten zu erleichtern. Der Verfasser konnte hier hinsichtlich des Stoffs auf langjährige Erfahrungen als Referendararbeitsgemeinschaftsleiter zurückgreifen.

Die Auswahl des Stoffes beschränkt sich auf das Erkenntnisverfahren vor dem Amts- und Landgericht. Einbezogen wird in einem zweiten Teilband der Bereich der Berufungs- und Beschwerdekammer sowie die Tätigkeit des Prozessgerichts auf dem Gebiet der Zwangsvollstreckung. Auf Vollständigkeit habe ich hierbei bewusst verzichtet, sondern auf die Häufigkeit der vorkommenden Prozesssituationen abgestellt.

....

Der Verfasser ist sich bewusst, dass das Buch in erster Linie die „Technik des Zivilprozesses" darstellt. Dies soll aber nicht besagen, dass die Ausbildung die Rechtsanwendung nebst den hiermit verbundenen Problemen, einschließlich der so genannten „Hintergründe" der Rechtsanwendung, auszuklammern hat. Die Rechtsanwendung hat auf der Technik des Zivilprozesses aufzubauen. Der Verfasser hofft, dass durch dieses Buch der Anfänger die Technik schneller zu begreifen und zu beherrschen lernt, um sich der eigentlichen Aufgabe des Richters, „Recht zu sprechen", um so aufmerksamer und verantwortungsbewusster zuwenden zu können.

Otto Tempel

Inhaltsverzeichnis

Abkürzungsverzeichnis XIX
Schrifttumsverzeichnis XXI

§ 1. Der allgemeine Verfahrensablauf

I. Die Verfahrensgrundsätze 1
   1. Die Dispositionsmaxime 1
   2. Die Verhandlungsmaxime 2
   3. Partei- oder Amtsbetrieb 2
   4. Der Mündlichkeitsgrundsatz 3
   5. Der Unmittelbarkeitsgrundsatz 4
   6. Der Öffentlichkeitsgrundsatz 6
   7. Der Konzentrationsgrundsatz 6
   8. Der Grundsatz des rechtlichen Gehörs 10
   9. Einwirkungen des Verfassungsrechts auf den Zivilprozess ... 11
II. Hinweispflicht und Aufklärungsmaßnahmen 12
   1. Die richterliche Hinweispflicht 12
   2. Zeitpunkt der Aufklärungsmaßnahmen 13
   3. Inhalt der Aufklärungsmaßnahmen 14
   4. Benachrichtigung der Parteien vor dem Termin 14
   5. Beweisaufnahme vor dem Termin 15
III. Das Verfahren 15
   1. Die Verfahrensarten 15
   2. Die beteiligten Personen 17
IV. Der Ablauf der mündlichen Termine 19
   1. Die Güteverhandlung 19
   2. Der frühe erste Termin 20
   3. Der Haupttermin 21
   4. Das Sitzungsprotokoll 22
V. Maßnahmen bei ungebührlichem Verhalten 24
   1. Versagung des Zutritts 24
   2. Sitzungspolizei 24
   3. Entfernung aus dem Sitzungssaal 25
   4. Ordnungsgeld/-haft 25
   5. Ausschluss der Öffentlichkeit 26

Muster 1: Anordnung des schriftlichen Vorverfahrens (§ 276 ZPO) ... 27
Muster 2: Klageerwiderungsstellungnahme (§ 276 III ZPO), Zustellung der Widerklage bzw. der Streitverkündung (§ 73 S. 2 ZPO) ... 30
Muster 3: Anberaumung der Güteverhandlung und des Haupttermins (§§ 272 I, 278 II ZPO) ... 33

Muster 4:	Anberaumung der Güteverhandlung und des frühen ersten Termins (§§ 275, 278 II ZPO)	36
Muster 5:	Anordnung des schriftlichen Verfahrens (§ 128 ZPO)	39
Muster 6:	Anordnung des schriftlichen Verfahrens nach billigem Ermessen (§ 495a ZPO)	41
Muster 7:	Auflage an Klägervertreter betreffend den Nachweis der Voraussetzungen für eine öffentliche Zustellung (§ 185 ZPO)	43
Muster 8:	Ablehnung der öffentlichen Zustellung (§ 185 ZPO)	45
Muster 9:	Bewilligung der öffentlichen Zustellung (§§ 185–188 ZPO)	47
Muster 10:	Aufklärungsmaßnahme betreffend die Prozessfähigkeit des Beklagten	48
Muster 11:	Mitteilung an Partei betreffend nicht ausgeführte Zustellung (Rückbriefnachricht) und Einwohnermeldeamtsanfrage	49
Muster 12:	Verbindung von Verfahren (§ 147 ZPO)	51
Muster 13:	Übertragung des Rechtsstreits auf den Einzelrichter (§ 348a ZPO)	52
Muster 14:	Verlegung bzw. Aufhebung eines Termins (§ 227 ZPO)	53
Muster 15:	Zurückweisung des Antrags auf Verlegung bzw. Aufhebung eines Termins (§ 227 ZPO)	54
Muster 16:	Protokoll betreffend die Güteverhandlung, den mündlichen Verhandlungstermin, frühen ersten Termin oder Haupttermin (§§ 278, 279, 160 ZPO)	55
Muster 17:	Ausschluss der Öffentlichkeit der Verhandlung (§ 172 GVG)	67
Muster 18:	Protokoll betreffend einen gesonderten Verkündungstermin (§ 310 I ZPO)	68
Muster 19:	Verweisungsbeschluss wegen Unzuständigkeit (§ 281 ZPO)	69
Muster 20:	Abgabebeschluss nach WEG, LwVG	70
Muster 21:	Verweisungsbeschluss wegen Unzulässigkeit des Rechtswegs (§ 17a GVG)	71
Muster 22:	Entscheidung nach Klagerücknahme (§ 269 ZPO)	73
Muster 23:	Ablehnung der Kostenentscheidung nach Klagerücknahme (§ 269 III ZPO)	75
Muster 24:	Aussetzung des Verfahrens (§§ 148, 149, 152ff., 246, 247 ZPO)	77
Muster 25:	Bestellung eines Prozesspflegers (§ 57 ZPO)	78
Muster 26:	Zurückweisung einer Richterablehnung wegen Unzulässigkeit bei einem Kollegialgericht	79
Muster 27:	Begründete Ablehnung eines Vorsitzenden Richters am Landgericht (§§ 44, 45, 46 ZPO)	80
Muster 28:	Entscheidung bei unbegründeter Richterablehnung (§ 46 ZPO)	82
Muster 29:	Verfahren bei Selbstablehnung (§ 48 ZPO) des Einzelrichters bei einem Kollegialgericht	85
Muster 30:	Protokoll mit Maßnahmen bei Störungen der mündlichen Verhandlung (§§ 172ff. GVG)	87

§ 2. Die Aufklärungs- und Beweisbeschlüsse

I. Zeitpunkt und Notwendigkeit	91
1. Der Zeitpunkt	91
2. Die Voraussetzungen	91
3. Der Anspruch auf Durchführung	94

Inhaltsverzeichnis

II. Die einzelnen Beweismittel	94
1. Der Zeugenbeweis	94
2. Der Sachverständigenbeweis	95
3. Der Augenschein	99
4. Der Urkundenbeweis	100
5. Die Parteivernehmung	101
III. Der Inhalt des Beweisbeschlusses	103
1. Der Inhalt des Beweisbeschlusses im Einzelnen	103
2. Die Aufhebung und Ergänzung des Beweisbeschlusses	105
IV. Die Begleitverfügung	106
V. Der Beweisbeschluss im selbstständigen Beweisverfahren	106
1. Zweck des selbstständigen Beweisverfahrens	106
2. Materielle Voraussetzungen	106
3. Formelle Voraussetzungen	107
4. Das Verfahren bis zur Entscheidung	108
5. Die Entscheidung des Gerichts	109
Muster 31: Beweisbeschluss (§ 359 ZPO)	111
Muster 32: Beweisbeschluss vor mündlicher Verhandlung (§ 358 a ZPO)	115
Muster 33: Ergänzung eines Beweisbeschlusses (§ 360 ZPO)	118
Muster 34: Auflagen- und Beweisbeschluss betreffend Verkehrsunfallklärung mit Ortsbesichtigung	119
Muster 35: Beweisbeschluss betreffend Verkehrsunfallklärung durch Einholung einer Auskunft und eines Sachverständigengutachtens	121
Muster 36: Auflagen- und Beweisbeschluss betreffend Ersatz von Heilungskosten, Verdienstausfall und Schmerzensgeld	123
Muster 37: Beweisbeschluss zum Verdienstausfall von Selbstständigen	129
Muster 38: Auflagen- und Beweisbeschluss betreffend den Ersatz von Kfz-Sachschäden	131
Muster 39: Auflagenbeschluss betreffend die Kosten eines Taxiunternehmers wegen Beschädigung des Taxis	135
Muster 40: Auflagen- und Beweisbeschluss betreffend den Verdienstausfall des Taxiunternehmers wegen Beschädigung des Taxis	136
Muster 41: Auflagenbeschluss bei Ansprüchen aus Gebrauchtwagenkauf	137
Muster 42: Beweisbeschluss bei Ansprüchen aus Gebrauchtwagenkauf	140
Muster 43: Auflagenbeschluss bei Ansprüchen aus Reisevertrag	143
Muster 44: Beweisbeschluss bei Ansprüchen aus Reisevertrag	147
Muster 45: Auflagenbeschluss bei Vergütungsklage aus Bauvertragsrecht	150
Muster 46: Beweisbeschluss bei Vergütungsklage aus Bauvertragsrecht (Zeugen- und Parteivernehmung)	156
Muster 47: Beweisbeschluss bei Vergütungsklage aus Bauvertragsrecht (Sachverständigengutachten)	159
Muster 48: Beweisbeschluss im Arzthaftungsprozess	164
Muster 49: Beweisbeschluss betreffend einen Brandschaden	167
Muster 50: Ablehnender Beschluss im selbstständigen Beweisverfahren (§§ 485, 486, 487 ZPO)	168
Muster 51: Stattgebender Beschluss im selbstständigen Beweisverfahren (Zeugenvernehmung)	171

Muster 52: Stattgebender Beschluss im selbstständigen Beweisverfahren
(Sachverständigengutachten) 173

§ 3. Die Durchführung der Beweisaufnahme

I. Entscheidungen vor dem Beweistermin 175
   1. Fristsetzung zwecks Ausschluss mit einem Beweismittel 175
   2. Einholung einer Aussagegenehmigung 175
   3. Die Einleitung von Rechtshilfeersuchen 176
   4. Einholung schriftlicher Zeugenaussagen 177
   5. Verfahren bei nicht ausführbaren Ladungen 177
   6. Korrespondenz mit dem nicht anreisewilligen Zeugen 177
   7. Auswahl des Sachverständigen 178
   8. Anleitung des Sachverständigen 178
   9. Beschleunigung der Gutachtenerstattung 179
   10. Verfahren nach Eingang des schriftlichen Gutachtens 180
   11. Ablehnung des Sachverständigen wegen Besorgnis der Befangenheit 181
II. Der Beweistermin 182
   1. Die Vorbereitung des Beweistermins 182
   2. Der Ablauf des Beweistermins 184
III. Das selbstständige Beweisverfahren 192
   1. Zeugenbeweis 193
   2. Sachverständigengutachten 193
   3. Versuch einer gütlichen Einigung 193
   4. Zwang zur Klageerhebung 194
IV. Ordnungsmittel gegen Parteien und Zeugen 194
   1. Sanktion bei Ausbleiben der Partei 194
   2. Ordnungsmittel bei Nichterscheinen des Zeugen 196
   3. Ordnungsmittel bei Verweigerung von Zeugenaussage oder Eid ... 198
V. Streit über die Aussagepflicht des Zeugen 198
   1. Fallkonstellationen 198
   2. Verfahren und Entscheidung bei Streit über die Aussagepflicht 200

Muster 53: Fristsetzung zwecks Ausschluss mit einem Beweismittel
(§ 356 ZPO) 201
Muster 54: Einholung einer Aussagegenehmigung (§ 376 ZPO) 202
Muster 55: Rechtshilfeersuchen an inländische Gerichte (§ 375 ZPO, §§ 156,
157 GVG) 203
Muster 56: Übersendungsverfügung an die Prüfungsstelle bei ausländischen
Rechtshilfeersuchen 205
Muster 57: Anordnung der Parteimitwirkung bei einer Beweisaufnahme im
Ausland (§ 364 II, III ZPO) 207
Muster 58: Einholung einer schriftlichen Zeugenaussage (§ 377 III ZPO) ... 209
Muster 59: Schreiben an den Zeugen mit der Aufforderung, der Terminsladung Folge zu leisten 211
Muster 60: Auswahl und Bestellung eines Sachverständigen (§ 404 ZPO) mit
Verfügung betreffend Übersendungsschreiben 214

Muster 61: Zwischenverfügung nach einer Zwischenanfrage des Sachverständigen 217
Muster 62: Nachfristsetzung gegenüber säumigem Sachverständigen (§ 411 II ZPO) 219
Muster 63: Verhängung eines Ordnungsgeldes gegen säumigen Sachverständigen mit erneuter Fristsetzung (§ 411 II ZPO) 220
Muster 64: Rücksendung eines Gutachtens zwecks Überarbeitung 222
Muster 65: Anhörung der Parteien nach Eingang des schriftlichen Sachverständigengutachtens 224
Muster 66: Terminsanberaumung nach Eingang des schriftlichen Sachverständigengutachtens (§ 411 III, IV ZPO) 225
Muster 67: Verhängung eines Ordnungsgeldes gegen den im Termin säumigen bzw. die Erstattung des Gutachtens verweigernden Sachverständigen (§ 409 ZPO) 226
Muster 68: Beweisbeschluss betreffend die Einholung eines Ergänzungsgutachtens 227
Muster 69: Formularbeschluss betreffend eine begründete Sachverständigenablehnung (§§ 406 I, 42 II ZPO) 228
Muster 70: Formularbeschluss betreffend die Zurückweisung einer Sachverständigenablehnung (§§ 406, 42 II ZPO) 230
Muster 71: Terminierung oder Anschreiben der Parteien nach Eingang des Gutachtens im selbstständigen Beweisverfahren 232
Muster 72: Fristsetzung zur Klageerhebung im selbstständigen Beweisverfahren (§ 494 a I ZPO) 233
Muster 73: Kostenbeschluss im selbstständigen Beweisverfahren wegen Nichterhebung der Hauptklage (§ 494 a II 1 ZPO) 234
Muster 74: Zurückweisung eines Kostenantrags im selbstständigen Beweisverfahren (§ 494 a II ZPO) 236
Muster 75: Verhängung eines Ordnungsgeldes gegen die nicht erschienene Partei (§ 141 III ZPO) 238
Muster 76: Ordnungsmittelbeschluss gegen den ausgebliebenen Zeugen (§ 380 ZPO) 240
Muster 77: Zurückweisung eines Antrags einer Partei auf Verhängung eines Ordnungsmittels (§ 381 ZPO) 242
Muster 78: Zurückweisung des Antrags eines Zeugen auf Aufhebung eines verhängten Ordnungsmittels (§§ 381 I, 380 III ZPO) 244
Muster 79: Aufhebung eines verhängten Ordnungsmittels infolge nachträglicher Entschuldigung (§ 381 ZPO) 246
Muster 80: Beschluss über die Vollstreckung der Ordnungshaft 247
Muster 81: Verhängung eines Ordnungsgeldes wegen Verweigerung der Aussage oder Leistung des Eides (§ 390 I ZPO) 248
Muster 82: Zwischenurteil im Streit über die Zulässigkeit der Vernehmung einer Partei als Zeuge 249
Muster 83: Zwischenurteil im Streit über den Umfang der Aussage und Nachforschungspflicht eines Zeugen (§ 387 ZPO) 252
Muster 84: Zwischenurteil im Streit über die Zulässigkeit der Zeugnisverweigerung eines Zeugen (§§ 387, 383 I Nr. 6 ZPO) 254
Muster 85: Zwischenurteil im Streit über die Aussageverweigerung eines Zeugen (§§ 387, 384 I Nr. 2 ZPO) 257

§ 4. Das Urteil

I. Der Urteilseingang	259
1. Die Bezeichnung der Parteien und ihrer gesetzlichen Vertreter	259
2. Die Angabe der Prozessbevollmächtigten	259
3. Der Betreff	260
4. Die Bezeichnung des Gerichts	260
5. Die Angabe des Schlusses der mündlichen Verhandlung	260
II. Der Urteilstenor	260
1. Der Entscheidungssatz zur Hauptsache	261
2. Die Kostenentscheidung	261
3. Der Ausspruch über die vorläufige Vollstreckbarkeit	262
4. Sonstige Nebenentscheidungen	262
III. Der Tatbestand	262
1. Begriff und Bedeutung	262
2. Allgemeine Grundsätze	263
3. Der Aufbau des Tatbestandes im Einzelnen	263
4. Entbehrlichkeit des Tatbestandes	266
IV. Die Entscheidungsgründe	266
1. Begriff und Bedeutung	266
2. Beschränkung auf die tragenden Gründe	267
3. Rechtsausführungen	268
4. Die Tatsachenfeststellung	268
5. Der Urteilsstil	270
6. Die Gliederung der Entscheidungsgründe	270
7. Entbehrlichkeit der Entscheidungsgründe	271
V. Die Unterschriften der Richter	272
1. Funktion der Unterschriften	272
2. Verhinderung eines Richters an der Unterschrift	272
VI. Rechtsmittelbelehrung	272
VII. Streitwertfestsetzung	272
VIII. Besonderheiten bei einzelnen Urteilsarten	273
1. Anerkenntnis- und Verzichtsurteile (§§ 306, 307 ZPO)	273
2. Versäumnisurteile (§§ 330 ff. ZPO)	273
3. Zwischenurteile (§§ 303, 304, 280 ZPO)	273
4. Teilurteile (§ 301 ZPO)	274
5. Vorbehaltsurteil (§ 302 ZPO)	274
Muster 86: Grundtypen von Hauptsacheentscheidungen	275
Muster 87: Grundtypen von Kostenentscheidungen	287
Muster 88: Formeln für die vorläufige Vollstreckbarkeit	311
Muster 89: Berichtigung des Urteils (§ 319 ZPO)	319
Muster 90: Zurückweisung des Antrags auf Urteilsberichtigung (§ 319 ZPO)	321
Muster 91: Berichtigung des Tatbestands (§ 320 ZPO)	323
Muster 92: Ergänzung des Urteilstenors (§ 321 ZPO)	325
Muster 93: Klageabweisendes Urteil (Bauhandwerkerforderung)	327
Muster 94: Klagestattgebendes Urteil (Partnervermittlung)	331
Muster 95: Überwiegend klagestattgebendes Urteil (Maklerprovision)	335

Muster 96: Teilweise stattgebendes, teilweise abweisendes Urteil (Ansprüche aus Reisevertrag)	339
Muster 97: Urteil auf Klage und Widerklage (Nachbarstreit)	344
Muster 98: Zwischenurteil über die Zulässigkeit der Klage, Einrede der örtlichen Unzuständigkeit (§ 280 ZPO)	349
Muster 99: Zwischenurteil über die Zulässigkeit der Klage, Einrede des Schiedsvertrags (§§ 280, 1032 I ZPO)	351
Muster 100: Vorbehaltsurteil nach § 302 ZPO (Aufrechnung)	354
Muster 101: Schlussurteil im Nachverfahren nach § 302 IV ZPO	356
Muster 102: Urteil betreffend Räumung einer Mietwohnung	358
Muster 103: Urteil betreffend einen Verkehrsunfall, Rückgriff nach § 116 SGB X	361
Muster 104: Urteil betreffend einen Verkehrsunfall, Grund- und Teilurteil, Schmerzensgeld, Zukunftsschaden	367
Muster 105: Urteil betreffend Allgemeine Geschäftsbedingungen, Verbandsklage	372

§ 5. Das Versäumnisverfahren

I. Das Versäumnisurteil aufgrund mündlicher Verhandlung	377
1. Die Voraussetzungen	377
2. Die Entscheidung	379
II. Das Versäumnisurteil im schriftlichen Vorverfahren	380
1. Die Voraussetzungen	380
2. Die Entscheidung	381
III. Das Verfahren bei Einspruch	381
1. Zulässigkeit des Einspruchs	381
2. Das Verfahren nach Eingang des Einspruchs	382
3. Entscheidungen im Einspruchstermin	383
4. Die Abfassung des Schlussurteils nach § 343 ZPO	385
Muster 106: Tenorierungsbeispiele für das Versäumnisverfahren	386
Muster 107: Beschluss betreffend die Zurückweisung des Antrags auf Erlass eines Versäumnisurteils (§ 335 ZPO)	394
Muster 108: Unechtes Versäumnisurteil (§ 331 II, Halbs. 2 ZPO)	396
Muster 109: Anberaumung des Termins nach Einspruchseinlegung durch die beklagte Partei (§ 341 a ZPO)	398
Muster 110: Einstweilige Einstellung der Zwangsvollstreckung nach Einspruchseinlegung (§ 719 I ZPO)	400
Muster 111: Ablehnung der einstweiligen Einstellung der Zwangsvollstreckung nach Einspruchseinlegung (§ 719 I ZPO)	402
Muster 112: Verwerfung des unzulässigen Einspruchs durch Urteil (§ 341 I 2, II ZPO)	404
Muster 113: Aufrechterhaltung des Versäumnisurteils (§ 343 ZPO)	407
Muster 114: Aufhebung eines Versäumnisurteils und anderweitige Entscheidung (§ 343 S. 2 ZPO)	410
Muster 115: Teilweise Aufhebung eines Versäumnisurteils und anderweitige Entscheidung (§ 343 ZPO)	414
Muster 116: Teil-Zweites Versäumnis- und Schlussurteil	419

§ 6. Der Urkunden- und Wechselprozess

- I. Zulässigkeit 421
  - 1. Nachweis durch Urkunden 421
  - 2. Erklärung in der Klageschrift 421
  - 3. Terminsanberaumung 422
  - 4. Unzulässigkeit der Widerklage 422
- II. Die Beschränkung der Beweismittel 422
  - 1. Anspruchsbegründende Tatsachen 422
  - 2. Einwendungstatsachen 422
  - 3. Prozessvoraussetzungen 423
- III. Die Entscheidung 423
  - 1. Klageabweisung 423
  - 2. Klagestattgabe 424
  - 3. Kosten und vorläufige Vollstreckbarkeit 424
- IV. Das Nachverfahren 424
  - 1. Benutzung aller Beweismittel 424
  - 2. Einstellung der Zwangsvollstreckung 425
  - 3. Bindungswirkung des Vorbehaltsurteils 425
  - 4. Entscheidung im Nachverfahren 425
  - 5. Tatbestand des Schlussurteils 426

Muster 117: Abweisung einer im Urkundenprozess unstatthaften Klage
  (§ 597 II ZPO) 427
Muster 118: Endgültige Abweisung einer unschlüssigen Klage im Scheckprozess 430
Muster 119: Wechselvorbehaltsurteil (§ 599 ZPO) 432
Muster 120: Anerkenntnisvorbehaltsurteil 434
Muster 121: Schlussurteil im Nachverfahren – Bindungswirkung (§ 600 ZPO) ... 435
Muster 122: Schlussurteil im Nachverfahren – neues Parteivorbringen im Nachverfahren (§ 600 ZPO) 438

§ 7. Das Mahnverfahren

- I. Zulässigkeit und Bedeutung 441
  - 1. Definition 441
  - 2. Zulässigkeitsvoraussetzungen 441
  - 3. Zuständigkeit 441
- II. Der Ablauf des Mahnverfahrens bei Passivität des Antragsgegners ... 442
  - 1. Der Antrag auf Erlass des Mahnbescheids 442
  - 2. Prüfung des Antrags und Entscheidung durch den Rechtspfleger ... 444
  - 3. Der Antrag auf Erlass des Vollstreckungsbescheids 445
  - 4. Prüfung des Antrags und Entscheidung des Rechtspflegers 446
- III. Die Überleitung in das streitige Verfahren 447
  - 1. Zeitpunkt und Voraussetzungen für die Überleitung 447
  - 2. Gemeinsame Vorschriften für Widerspruchs- und Einspruchseinlegung 447
  - 3. Die Abgabe an das zuständige Gericht 448
  - 4. Das weitere Verfahren 449
  - 5. Der Erlass eines Urteils in der Hauptsache 451

Muster 123: Unbegründete sofortige Erinnerung gegen die Zurückweisung des
Antrags auf Erlass eines Mahnbescheids 452
Muster 124: Begründete sofortige Erinnerung gegen die Zurückweisung des
Antrags auf Erlass eines Mahnbescheids 454
Muster 125: Unbegründete sofortige Erinnerung gegen die Zurückweisung des
Antrags auf Erlass eines Vollstreckungsbescheides 456
Muster 126: Begründete sofortige Erinnerung gegen die Zurückweisung des
Antrags auf Erlass eines Vollstreckungsbescheides 458

§ 8. Die Erledigung der Hauptsache

I. Begriff, Voraussetzungen und Folgen 461
    1. Begriff der Erledigung der Hauptsache 461
    2. Voraussetzungen der Erledigung der Hauptsache 462
    3. Folgen der übereinstimmenden Erledigungserklärung 462
    4. Verfahrensfragen 464
II. Die einseitige Erledigungserklärung des Klägers 465
    1. Begriff 465
    2. Voraussetzungen und Entscheidungsvarianten 466
    3. Streitwert 467
III. Die einseitige Erledigungserklärung des Beklagten 467
Muster 127: Kostenbeschluss nach übereinstimmender Erledigungserklärung
(§ 91a ZPO) 468
Muster 128: Entscheidung nach übereinstimmender Teilerledigungserklärung 470
Muster 129: Klageabweisung bei streitiger Erledigung 473
Muster 130: Teil-Klageabweisung bei unbegründeter Teil-Erledigungserklärung des Klägers 476
Muster 131: Feststellung der Erledigung bei streitiger, im Übrigen begründeter
Erledigungserklärung des Klägers 479
Muster 132: Streitwertfestsetzung bei einseitiger Erledigungserklärung
(§§ 48 I GKG, 3 ZPO) 482

Sachverzeichnis 483

Abkürzungsverzeichnis

a. A.	andere Ansicht
AG	Aktiengesellschaft
AGG	Allgemeines Gleichbehandlungsgesetz
AnfG	Anfechtungsgesetz
AktG	Aktiengesetz
a. M.	andere Meinung
ArbGG	Arbeitsgerichtsgesetz
arg. e contrario	Umkehrschluss
AVAG	Gesetz zur Ausführung zwischenstaatlicher Verträge und zur Durchführung von Verordnungen und Abkommen der Europäischen Gemeinschaft auf dem Gebiet der Anerkennung und Vollstreckung in Zivil- und Handelssachen
BGB	Bürgerliches Gesetzbuch
BGH	Bundesgerichtshof
Bl. ... d. A.	Blatt ... der Akten
BVerfG	Bundesverfassungsgericht
bzw.	beziehungsweise
EB	Empfangsbekenntnis
EFZG	Entgeltfortzahlungsgesetz
EGBGB	Einführungsgesetz zum Bürgerlichen Gesetzbuch
etc.	et cetera
FamFG	Familienverfahrensgesetz
ff.	folgende (Paragrafen oder Seiten)
GG	Grundgesetz für die Bundesrepublik Deutschland
ggf.	gegebenenfalls
GmbH	Gesellschaft mit beschränkter Haftung
GmbHG	Gesetz betreffend die Gesellschaften mit beschränkter Haftung
GKG	Gerichtskostengesetz
GVG	Gerichtsverfassungsgesetz
GVGA	Geschäftsanweisung für Gerichtsvollzieher
HGB	Handelsgesetzbuch
HinterlO	Hinterlegungsordnung
h. M.	herrschende Meinung
InsO	Insolvenzordnung
i. V. m.	in Verbindung mit
JVEG	Justizvergütungs- und -entschädigungsgesetz
MDR	Monatsschrift für Deutsches Recht
m. w. N.	mit weiteren Nachweisen
NJW	Neue Juristische Wochenschrift
NJW-RR	NJW-Rechtsprechungsreport (Zivilrecht)
oHG	offene Handelsgesellschaft
OLG	Oberlandesgericht
p. a.	lat. *per annum* = *jährlich*
p. p.	lat. *perge, perge* = *fahre fort:* Anweisung an die Kanzlei zum Abschreiben bestimmter Aktenteile
Rn.	Randnummer
RpflG	Rechtspflegergesetz
RVG	Rechtsanwaltsvergütungsgesetz
S.	Satz
SGB	Sozialgesetzbuch
StGB	Strafgesetzbuch

StPO	Strafprozessordnung
StVG	Straßenverkehrsgesetz
StVO	Straßenverkehrs-Ordnung
StVZO	Straßenverkehrs-Zulassungs-Ordnung
u. a.	unter anderem
UKlaG	Unterlassungsklagengesetz
vgl.	vergleiche
VV	Vergütungsverzeichnis des RVG
WEG	Wohnungseigentumsgesetz
z. B.	zum Beispiel
ZPO	Zivilprozessordnung
ZU	Zustellungsurkunde

Schrifttumsverzeichnis

Baumbach/Lauterbach/Albers/Hartmann, Zivilprozessordnung, 70. Aufl. 2012
Hartmann, Kostengesetze, 41. Aufl. 2011
Meyer-Goßner, Strafprozessordnung, 54. Aufl. 2011
Palandt, Bürgerliches Gesetzbuch, 71. Aufl. 2012
Fischer, Strafgesetzbuch, 59. Aufl. 2012
Werner/Pastor, Der Bauprozess, 13. Aufl. 2011
Zöller, Zivilprozessordnung, 29. Aufl. 2012

§ 1. Der allgemeine Verfahrensablauf

I. Die Verfahrensgrundsätze

1. Die Dispositionsmaxime[1]

a) Die Dispositionsmaxime besagt, dass die Parteien im Zivilprozess die Verfügungsbefugnis über den Streitgegenstand haben. Aus ihr folgt im Einzelnen:

(1) Der Kläger entscheidet durch Klageerhebung darüber, ob das Gericht tätig wird (§ 253 ZPO); desgleichen der Beklagte, ob er durch Widerklage (§ 33 ZPO) ein ihm zustehendes Recht geltend machen will.

(2) Die in einer Instanz unterlegene Partei entscheidet durch Einlegen eines Rechtsmittels darüber, ob der Prozess in die nächste Instanz gebracht wird. Hierbei bestimmt sie auch den Umfang der Überprüfung (§§ 528, 529, 557, 559 ZPO).

(3) Das Gericht hat nur über den vom Kläger gestellten Antrag zu befinden (§ 308 I ZPO); das Zusprechen eines Mehr oder eines Aliud ist dem Gericht versagt; das Zusprechen eines Weniger gegenüber dem Beantragten ist dagegen möglich.

(4) Die Parteien haben die Möglichkeit, durch Anerkenntnis (§ 307 ZPO) oder Verzicht (§ 306 ZPO) sowie durch Säumnis (§§ 330, 331 ZPO) eine Sachentscheidung des Gerichts ohne (bzw. mit nur beschränkter) Überprüfung herbeizuführen.

(5) Die Parteien haben die Möglichkeit, durch besondere Parteihandlungen den Prozess ohne Sachentscheidung des Gerichts zu beenden; hierzu gehören Klagerücknahme (§ 269 ZPO), Rechtsmittelrücknahme (§§ 516, 565 ZPO), Prozessvergleich (§ 779 BGB, § 794 I Nr. 1 ZPO), übereinstimmende Erledigungserklärung der Hauptsache (§ 91 a ZPO).

(6) Der Kläger entscheidet mit der Anrufung des Gerichts darüber, ob er sein Recht im normalen Klageverfahren (§ 253 ZPO) oder in einem besonderen Verfahren – Urkunden-, Wechsel- oder Scheckprozess (§§ 592 ff. ZPO) oder Mahnverfahren (§§ 688 ff. ZPO) – geltend machen will.

(7) Im Verfahren vor dem Landgericht haben beide Parteien die Möglichkeit, in Handelssachen statt der Zivilkammer die Kammer für Handelssachen anzurufen (§§ 96, 98, 100 GVG).

b) Eine Einschränkung der Dispositionsmaxime besteht nur in engen Grenzen.

(1) Ohne Antrag hat das Gericht in Mietsachen über die Dauer und die Vertragsbedingungen des Mietverhältnisses zu entscheiden, wenn der Mieter gemäß §§ 574 bis 574 b BGB Fortsetzung des Mietverhältnisses verlangen kann (§ 308 a ZPO).

(2) Im Rahmen der materiellen Prozessleitung (§ 139 I 2 ZPO) ist das Gericht verpflichtet, die klagende Partei zur Stellung eines anderen, sachdienlichen Antrags veranlassen.

(3) Ein Anerkenntnis kann unwirksam sein, soweit das Rechtsverhältnis nicht der Dispositionsfreiheit der Parteien unterliegt. Dies ist dann der Fall, wenn die geltend gemachte Rechtsfolge verboten, sittenwidrig oder strafbar ist oder gegen den Zweck eines deutschen Gesetzes verstößt. Außerdem kann in Ausnahmefällen die Berufung auf ein Anerkenntnis rechtsmissbräuchlich sein.

(4) Vereinbarungen der Parteien über die rechtliche Bewertung präjudizieller Rechtsverhältnisse sind zulässig und für das Gericht bindend, sofern durch diese nicht der ordre public verletzt ist.[2] Dagegen könne die Parteien das Gericht nicht hinsichtlich der rechtlichen Würdigung der beigebrachten Tatsachen binden, diese ist allein Sache des Gerichts.

---

[1] *Baumbach/Lauterbach/Albers/Hartmann*, Grdz § 128 Rn. 21; Zöller/*Greger*, Vor § 128 Rn. 9; *Oberheim*, § 1 Rn. 28 f.
[2] *Baumbach/Lauterbach/Albers/Hartmann*, Grdz § 128 Rn. 24; Zöller/*Greger*, Vor § 128 Rn. 9.

2. Die Verhandlungsmaxime[3]

3 a) Der Verhandlungsgrundsatz beinhaltet, dass die Parteien die Verfügungsbefugnis über die für die Entscheidung relevanten Tatsachen besitzen. Er besagt im Einzelnen:

(1) Das Gericht darf grundsätzlich nur solche Tatsachen bei seiner Entscheidung berücksichtigen, die von den Parteien vorgetragen sind; privates Wissen darf der Richter nicht verwerten.

(2) Das Gericht hat eine Tatsache, die von der Gegenpartei nicht bestritten oder zugestanden wird, als unstreitig zu behandeln (§§ 138 III, 288 ZPO). Die Auslegung der Erklärungen einer Partei und der von ihr vorgelegten Urkunden obliegt dagegen dem Gericht.[4]

(3) Soweit eine streitige Tatsache beweisbedürftig ist, ist das Gericht an die von den Parteien gestellten Beweisanträge gebunden. Eine Beweisaufnahme von Amts wegen ist ihm bis auf die gesetzlich geregelten Ausnahmefälle versagt.

4 b) Der Verhandlungsgrundsatz ist im Laufe der Zeit immer stärker eingeschränkt worden.

(1) Er gilt nicht für die Prozessvoraussetzungen, die von Amts wegen zu prüfen sind; gleiches gilt für die Feststellung von Tatsachen betreffend die Zulässigkeit von Rechtsbehelfen.

(2) Der Verhandlungsgrundsatz gilt außerdem nicht in weiten Teilen des Ehe-, Familien- und Kindschaftsverfahrens (§§ 26, 127 FamFG) sowie des Aufgebotsverfahrens (§§ 433ff. FamFG).

(3) Das Gericht hat die Parteien im Rahmen der materiellen Prozessleitung (§ 139 I 2 ZPO) zu veranlassen, ihren Sachvortrag zu ergänzen. Durch informatorische Anhörung der Parteien (§ 141 I 1 ZPO) kann das Gericht ebenfalls Einfluss auf den Umfang des Parteivortrags nehmen. Ähnliches gilt, wenn das Gericht von Amts wegen einen Gegenstand zu Informationszwecken in Augenschein nimmt (§ 144 I 1 ZPO) oder Akten anderer Verfahren von Amts wegen zu Informationszwecken beizieht (§ 273 II Nr. 2 ZPO).

(4) Tatsachen, die bei dem Gericht offenkundig – d. h. allgemeinkundig oder gerichtskundig – sind, bedürfen keines Beweises (§ 291 ZPO).

(5) Erklärungen der Parteien über Tatsachen, die offenkundig die Wahrheitspflicht verletzen (§ 138 I ZPO), sind unbeachtlich.

(6) Soweit Zeugen oder Sachverständige neue Tatsachen in das Verfahren einführen, dürfen sie berücksichtigt werden, wenn zumindest eine Partei sich diese Tatsachen zu Eigen macht; dies geschieht entweder ausdrücklich (durch Bezugnahme in einem späteren Schriftsatz) oder stillschweigend durch diejenige Partei, die durch diese Tatsache begünstigt wird.

(7) Eine Beweisaufnahme von Amts ist möglich durch Einnahme eines Augenscheins und Einholen eines Sachverständigengutachtens (§ 144 ZPO), durch Anordnung der Vorlage von im Besitz der Partei befindlichen Akten (§ 143 ZPO), durch Beiziehen von Akten und Einholen amtlicher Auskünfte (§ 273 II Nr. 2 ZPO) sowie teilweise durch Parteivernehmung (§ 448 ZPO).

(8) Bei der Beweiswürdigung gilt die Verhandlungsmaxime ebenfalls nicht. Der Richter kann im Rahmen der freien Beweiswürdigung (§ 286 ZPO) Indizien und allgemeine Erwägungen auch ohne entsprechenden Parteivortrag berücksichtigen.

3. Partei- oder Amtsbetrieb[5]

5 a) Der Grundsatz des Parteibetriebs besagte ursprünglich, dass die Parteien den Fortgang des Verfahrens durch Vornahme von Ladungen und Zustellungen selbst in der Hand haben und auch über die Verlegung von Terminen und die Verlängerung

---

[3] *Baumbach/Lauterbach/Albers/Hartmann*, Grdz § 128 Rn. 20ff.; Zöller/*Greger*, Vor § 128 Rn. 10; *Oberheim*, § 1 Rn. 30f.

[4] *Baumbach/Lauterbach/Albers/Hartmann*, Grdz § 128 Rn. 36.

[5] *Baumbach/Lauterbach/Albers/Hartmann*, § 270 Rn. 1ff.; Zöller/*Stöber*, Vor § 166 Rn. 1ff.; *Oberheim*, § 6 Rn. 5ff.

von Fristen entscheiden. Dieser Grundsatz ist im Hinblick auf die Beschleunigung des Verfahrens praktisch abgeschafft; er besteht nur noch in Rudimenten fort. Der Sache nach herrscht heute im Zivilprozess Amtsbetrieb.

(1) Zustellungen erfolgen regelmäßig von Amts wegen (§ 166 II ZPO). Dies gilt vor allem für die Zustellung der Klageschrift, Schriftsätzen mit Sachanträgen und der Ladungen zu Terminen (§§ 270, 271, 214 ZPO); zum Schutz der Partei bei Wahrung von Fristen vgl. § 167 ZPO, § 693 II ZPO.

(2) Termine werden von Amts wegen anberaumt (§ 216 ZPO); sie werden vom Gericht nur aus erheblichen Gründen aufgehoben oder verlegt (§ 227 ZPO).

(3) Über die Verkürzung oder Verlängerung von Fristen entscheidet das Gericht, wobei erhebliche Gründe hierfür glaubhaft zu machen sind (§ 224 II ZPO).

(4) Die Ladung von Zeugen, Sachverständigen und Parteien erfolgt von Amts wegen (§§ 377 I 1; 402, 450 I 2; 141 II 1 ZPO).

(5) Urteile werden den Parteien von Amts wegen zugestellt (§ 317 I ZPO).

b) Ein Parteibetrieb besteht nur noch in engen Grenzen: 6

(1) Er besteht noch – allerdings nur auf Antrag – im Mahnverfahren hinsichtlich der Zustellung des Vollstreckungsbescheids (§ 699 IV ZPO).

(2) Zudem besteht er im Rahmen der Zwangsvollstreckung; hier kann auch der Gläubiger selbst einen Titel zustellen (§ 750 I 2 ZPO).

(3) Arreste und einstweilige Verfügungen, die in Beschlussform ergehen, hat die Partei, die sie erwirkt hat, zustellen zu lassen (§§ 922 II, 936 ZPO).

(4) Die Parteien können Zeugen zum Termin mitbringen, was die Freiwilligkeit von deren Erscheinen voraussetzt; das Gericht hat sie zu vernehmen, wenn dies nach der Terminslage möglich ist.

(5) Durch beiderseitiges Nichterscheinen im Termin können die Parteien eine Vertagung oder das Ruhen des Verfahrens erreichen (§ 251a ZPO).

4. Der Mündlichkeitsgrundsatz[6]

a) Die Entscheidung des Rechtsstreits erfordert grundsätzlich eine mündliche Verhandlung (§ 128 I ZPO). Der Mündlichkeitsgrundsatz beruht auf der Erwägung, dass eine mündliche Erörterung des Sach- und Streitstandes – besonders im Beisein der Parteien (§§ 278 II, III, 279 I ZPO) und unter Beistand der Anwälte – am besten eine gütliche Einigung der Parteien ermöglicht oder, falls eine solche nicht zustande kommt, eine sachgerechte Entscheidung und ihre Akzeptanz durch die Parteien gewährleistet. Das bedeutet im Einzelnen: 7

(1) Nur über die in der mündlichen Verhandlung gestellten Anträge ist zu befinden (§§ 130 Nr. 2; 297 ZPO).

(2) Nur die in der mündlichen Verhandlung – gegebenenfalls durch Bezugnahme auf die Schriftsätze (§ 137 III ZPO) – vorgetragenen Tatsachen sind bei der Entscheidung zu berücksichtigen; die Schriftsätze dienen insoweit nur der Vorbereitung (§ 130 ZPO). Dabei gilt der Grundsatz der Einheitlichkeit der mündlichen Verhandlung: Vorbringen in einer früheren mündlichen Verhandlung bleibt vorgetragen, ohne dass es einer Wiederholung bedarf. Auf das Vorbringen in Schriftsätzen, die nach Schluss der mündlichen Verhandlung eingehen, kann die Entscheidung nicht gestützt werden (§ 296a ZPO); sie können höchstens Anlass sein für eine Wiedereröffnung der mündlichen Verhandlung (§ 156 ZPO).

(3) Eine Beweisaufnahme findet in der Regel in der mündlichen Verhandlung statt (§§ 355, 368, 370 I ZPO). Im Übrigen müssen die Ergebnisse einer nicht vor dem Prozessgericht stattgefundenen Be-

---

[6] *Baumbach/Lauterbach/Albers/Hartmann*, § 128 Rn. 1 ff.; Zöller/*Greger*, § 128 Rn. 1 f.; *Oberheim*, § 1 Rn. 32 ff.

weisaufnahme – durch Vortrag oder Bezugnahme – zum Gegenstand der mündlichen Verhandlung gemacht werden (§ 285 II ZPO).

(4) Beigezogene Akten müssen ebenfalls zum Gegenstand der mündlichen Verhandlung gemacht werden.

8 b) Von diesem Mündlichkeitsgrundsatz gibt es jedoch Ausnahmen:

(1) Hat das Gericht das schriftliche Vorverfahren angeordnet (§ 276 ZPO), so bedürfen der Erlass eines Anerkenntnisurteils ebenso wie der Erlass eines Versäumnisurteils keiner mündlichen Verhandlung (§§ 307, 331 III ZPO).

(2) Die mündliche Verhandlung wird im Anwaltsprozess durch Schriftsätze vorbereitet (§ 129 ZPO). Auch durch die Anordnung des schriftlichen Vorverfahrens (§ 276 ZPO) wird die mündliche Verhandlung nicht überflüssig. Das Gericht kann jedoch im Falle der Anordnung des schriftlichen Vorverfahrens nach dem Schriftsatzwechsel der Parteien zur Vorbereitung des Haupttermins Maßnahmen nach § 273 ZPO treffen, eventuell sogar die Erhebung einzelner Beweise anordnen (§ 358a ZPO). Ebenso kann das Gericht zur Vorbereitung eines frühen ersten Termins (§ 275 ZPO) vorgehen.

(3) Bei der so genannten Schriftsatzfrist kann das Gericht der Partei, der ein neues Vorbringen nicht rechtzeitig, also mindestens eine Woche zuvor (§ 132 I ZPO) vor dem Termin mitgeteilt wurde, gestatten, innerhalb einer bestimmten Frist eine Erklärung zu diesem neuen Vorbringen (und nur zu diesem) in einem Schriftsatz nachzubringen (§ 283 ZPO).

(4) Bei einer so genannten Stellungnahmefrist kann das Gericht einer Partei, der eine sofortige Erklärung zu einem gerichtlichen Hinweis nicht möglich ist, gestatten, innerhalb einer bestimmten Frist eine Erklärung zu diesem gerichtlichen Hinweis (und nur zu diesem) in einem Schriftsatz nachzubringen (§ 139 V ZPO).

(5) Das Gericht kann mit Zustimmung der Parteien das schriftliche Verfahren anordnen und in diesem eine Entscheidung ohne mündliche Verhandlung treffen (§ 128 II ZPO).

(6) In Kleinverfahren mit einem Streitwert bis zu 600,– € kann das Gericht das schriftliche Verfahren auch von Amts wegen anordnen und in diesem eine Entscheidung ohne mündliche Verhandlung treffen. Auf Antrag einer Partei muss es jedoch eine mündliche Verhandlung anberaumen (§ 495a ZPO).

(7) Im Einverständnis der Parteien kann dass Gericht auf Antrag eine Verhandlung einschließlich Beweisaufnahme im Wege der Videokonferenz gestatten (§ 128a ZPO).

(8) Ist nur noch über die Kosten zu entscheiden, so kann dies in jedem Fall ohne mündliche Verhandlung geschehen (§ 128 III ZPO).

(9) Ebenso können Entscheidungen des Gerichts, die keine Urteile sind, mangels abweichender Bestimmung im Einzelfall, ohne mündliche Verhandlung ergehen (§ 128 IV ZPO).

(10) Das den Einspruch als unzulässig verwerfende Urteil schließlich bedarf einer mündlichen Verhandlung ebenfalls nicht (§ 341 II ZPO).

5. Der Unmittelbarkeitsgrundsatz[7]

9 a) Der Grundsatz der Unmittelbarkeit besagt, dass die Beweisaufnahme vor dem Prozessgericht zu erfolgen hat und nur in besonderen, vom Gesetz bestimmten Fällen einem Mitglied des Prozessgerichts oder einem anderen Gericht übertragen werden darf (§ 355 I ZPO). Damit soll gewährleistet werden, dass die stattgefundene Beweisaufnahme von denjenigen Richtern gewürdigt wird, die ihr beigewohnt und damit einen unmittelbaren Eindruck gewonnen haben. Aus dem Grundsatz der Unmittelbarkeit folgt, dass die Beweisaufnahme erst recht nicht einem Sachverständigen überlassen werden darf.

---

[7] *Baumbach/Lauterbach/Albers/Hartmann*, § 355 Rn. 4 ff.; Zöller/*Greger*, § 355 Rn. 1 ff.; *Oberheim*, § 1 Rn. 38.

I. Die Verfahrensgrundsätze

b) Folgende Ausnahmen von diesem Grundsatz kennt das Gesetz: 10

(1) Nicht gewahrt ist der Grundsatz der Unmittelbarkeit bei Einholung einer schriftlichen Zeugenaussage nach § 377 III ZPO.

(2) Durchbrochen wird der Grundsatz der Unmittelbarkeit zudem in den Fällen des beauftragten und des ersuchten Richters, die im Gesetz im Einzelnen aufgeführt sind: Augenscheinseinnahme (§ 372 II ZPO); Zeugenvernehmung (§ 375 ZPO); Vernehmung von Sachverständigen (§§ 375, 402 ZPO); Vorlegung von Urkunden (§ 434 ZPO); Parteivernehmung (§§ 375, 451 ZPO); Abnahme von Eiden (§ 479 ZPO). Dabei versteht man unter dem beauftragten Richter ein Mitglied des Prozessgerichts, unter dem ersuchten Richter ein Mitglied eines anderen, im Wege der Rechtshilfe in die Beweisaufnahme eingeschalteten Gerichts, das nur ein Amtsgericht sein kann (§ 157 GVG). Bei dem Personalbeweis (Zeugen, Sachverständige, Parteivernehmung) steht die Einschaltung des beauftragten oder ersuchten Richters unter dem Vorbehalt, dass das Prozessgericht das Beweisergebnis auch ohne unmittelbaren Eindruck von dem Verlauf der Beweisaufnahme zu würdigen vermag und bestimmte zusätzliche Voraussetzungen vorliegen (§ 375 I Nr. 1–3 ZPO), z.B. Wegeunfähigkeit oder zu weite Entfernung. Dem beauftragten Richter darf zudem die Aufnahme des Zeugenbeweises übertragen werden, wenn dies zur Vereinfachung der Verhandlung vor dem Prozessgericht zweckmäßig erscheint und das Prozessgericht das Beweisergebnis auch ohne unmittelbaren Eindruck von dem Verlauf der Beweisaufnahme zu würdigen vermag (§ 375 I a ZPO).

(3) Durchbrochen wird der Grundsatz der Unmittelbarkeit ebenso im Fall des vorbereitenden Richters. Bei diesem handelt es sich entweder um den Vorsitzenden einer Kammer für Handelssachen (§ 349 ZPO) oder ein Mitglied einer Berufungskammer (§ 527 ZPO). Auch hier gilt die Einschränkung, dass die Erhebung von Beweisen durch den Einzelrichter zulässig ist, wenn die Kammer bzw. das Berufungsgericht das Beweisergebnis auch ohne unmittelbaren Eindruck von dem Verlauf der Beweisaufnahme zu würdigen vermögen (§ 349 I 2 ZPO; § 527 II ZPO).

(4) Eine weitere Durchbrechung des Grundsatzes der Unmittelbarkeit ergibt sich bei einer Verweisung des Rechtsstreits an ein anderes Gericht (§§ 281 I ZPO, 17 a II GVG) nach Durchführung einer Beweisaufnahme.

(5) Im Bereich des originären Einzelrichters kann der Grundsatz der Unmittelbarkeit nur im Falle der Übernahme des Rechtsstreits durch die Kammer (§ 348 III ZPO) nach bereits erfolgter Beweisaufnahme durchbrochen werden, während er bei der Entscheidung durch den Einzelrichter gewahrt bleibt.

(6) Im Bereich des obligatorischen Einzelrichters gilt dies schließlich ebenso: Auch hier kann der Grundsatz der Unmittelbarkeit nur im Fall der Übernahme des Rechtsstreits durch die Kammer (§ 348 a II ZPO) nach bereits erfolgter Beweisaufnahme durchbrochen werden, während er bei der Entscheidung durch den Einzelrichter gewahrt bleibt.

c) Der Grundsatz der Unmittelbarkeit der Beweisausnahme wird von der Rechtsprechung formell interpretiert; er ist bereits gewahrt, wenn die Beweisannahme vor dem gleichen Spruchkörper stattgefunden hat, der später die Entscheidung zu fällen hat. Ein Richterwechsel nach stattgefundener Beweisaufnahme ist deshalb im Regelfall unschädlich. Der oder die Richter, die nicht an der Beweisaufnahme mitgewirkt haben, haben die Beweisaufnahme anhand der vorliegenden Sitzungsniederschrift(en) zu würdigen. 11

Eine Ausnahme hiervon besteht nach der Rechtsprechung allerdings insbesondere bei persönlichen Eindrücken von der Beweisperson. Sind diese nicht im Protokoll vermerkt (§ 160 III Nr. 4 ZPO) und den Parteien zugänglich gemacht worden, so dürfen sie bereits bei nur einem, nach durchgeführter Beweisaufnahme erfolgten Richterwechsel nicht verwertet werden – die Beweisaufnahme ist in diesem Fall zu wiederholen.[8]

d) Neben dem Grundsatz der formellen Unmittelbarkeit besteht noch ein Grundsatz der materiellen Unmittelbarkeit der Beweisaufnahme. 12

Er besagt, dass der Richter gehalten ist, bei der Beweisaufnahme die unmittelbare Nähe der Beweismittel auszuschöpfen. So geht der Augenscheinsbeweis dem Zeugenbeweis vor, ebenso der Urkun-

---

[8] *Baumbach/Lauterbach/Albers/Hartmann*, § 355 Rn. 7; *Zöller/Greger*, § 355 Rn. 6.

denbeweis dem Zeugenbeweis, der unmittelbare Augenzeuge dem Zeugen vom Hörensagen. Dieser Grundsatz ist aber nicht aus § 355 ZPO herzuleiten. Er folgt aus dem Anspruch auf rechtliches Gehör und dem nachprüfbaren Ermessen des Tatrichters nach § 286 ZPO.

6. Der Öffentlichkeitsgrundsatz[9]

13 a) Der Grundsatz der Öffentlichkeit der mündlichen Verhandlung besagt, dass zu der Verhandlung einschließlich der vor dem Prozessgericht stattfindenden Beweisaufnahme jedermann Zutritt hat (§ 169 GVG), unerwachsenen oder unangemessen auftretenden Personen kann der Zutritt versagt werden (§ 175 I GVG).

14 b) Ausnahmen bestehen in folgenden Fällen:

(1) Die Beweisaufnahme vor dem beauftragten oder ersuchten Richter ist nicht öffentlich. Den Parteien ist aber gestattet, der Beweisaufnahme beizuwohnen; sog. Parteiöffentlichkeit (§ 357 I ZPO). Das Gericht kann außerdem einzelnen Personen den Zutritt gestatten (§ 175 II 1 GVG).

(2) Das Gericht kann für die Verhandlung oder für einen Teil davon in bestimmten Fällen die Öffentlichkeit ausschließen (§§ 171b, 172 GVG); die Verkündung des Urteils erfolgt in jedem Falle öffentlich (§ 173 I GVG).

(3) In Familiensachen und Angelegenheiten der freiwilligen Gerichtsbarkeit ist die Verhandlung kraft Gesetzes nicht öffentlich; das Gericht kann die Öffentlichkeit aber zulassen, jedoch nicht gegen den Willen eines Beteiligten (§ 170 GVG).

7. Der Konzentrationsgrundsatz[10]

15 a) Der Konzentrationsgrundsatz besagt, dass der Rechtsstreit beschleunigt durchgeführt und möglichst in einem alsbald stattfindenden Termin einer gütlichen Einigung der Parteien oder einer Entscheidung zugeführt werden soll (§ 272 I, III ZPO). Er ist Ausfluss des Anspruchs auf effektiven Rechtsschutz innerhalb einer angemessenen Verfahrensdauer. Die Beschleunigung des Verfahrens wird insbesondere durch folgende Regelungen erreicht:

- Die Klageschrift ist unverzüglich zuzustellen (§ 271 I ZPO).
- Die Terminsbestimmung hat unverzüglich zu erfolgen (§ 216 II ZPO).
- Vorbereitende Maßnahmen sind rechtzeitig zu veranlassen (§ 273 I ZPO).
- Die Güteverhandlung soll so früh wie möglich stattfinden (§ 272 III ZPO).
- Die mündliche Verhandlung soll so früh wie möglich stattfinden (§ 272 III ZPO).
- Der Rechtsstreit ist prinzipiell in einem Haupttermin zu erledigen (§ 272 I ZPO).
- Im schriftlichen Verfahren ist binnen drei Monaten zu verkünden (§ 128 I 3 ZPO).
- Eine Terminsverlegung ist nur aus erheblichen Gründen zulässig (§ 227 ZPO).
- Bei Entscheidungsreife ist ein Endurteil zu erlassen (§ 300 ZPO).
- Urteile sind sofort oder in einem Verkündungstermin zu verkünden (§ 310 I ZPO).
- Sofortige Urteile sind binnen drei Wochen vollständig abzufassen (§ 315 II ZPO).
- Im Verkündungstermin verkündete Urteile müssen vollständig sein (§ 310 II ZPO).
- Urteile werden von Amts wegen zugestellt (§§ 317 I, 166 II ZPO).

16 b) Besondere Vorschriften sollen gewährleisten, dass das Gericht durch die Parteien möglichst bald umfassend über den Streitstand unterrichtet wird und die Parteien möglichst bald eine (vorläufige) Einschätzung der Sach- und Rechtslage seitens des Gerichts erhalten. Auf diese Weise sollen Überraschungsentscheidungen vermieden werden.

---

[9] *Baumbach/Lauterbach/Albers/Hartmann,* Übersicht § 169 GVG Rn. 1 ff.; Zöller/*Gummer,* § 169 GVG Rn. 1 ff.

[10] *Baumbach/Lauterbach/Albers/Hartmann,* Einf. § 272 Rn. 1 ff.; Zöller/*Greger,* Vor § 128 Rn. 13.

(1) Das Gericht hat im Rahmen der materiellen Prozessleitung so früh wie möglich darauf hinzuwirken, dass die Parteien den Tatsachenstoff umfassend vortragen, die Beweismittel bezeichnen und sachdienliche Anträge stellen (§ 139 I 2, IV 1 ZPO).

(2) Auf von ihnen übersehene oder für unerheblich gehaltene Gesichtspunkte hat das Gericht die Parteien ebenso hinzuweisen, wie darauf, dass es Gesichtspunkte anders als die Parteien beurteilt und darauf, dass es Bedenken hinsichtlich von Amts wegen zu berücksichtigender Punkte hat; auch diese Hinweis haben so früh wie möglich zu erfolgen (§ 139 II, III, IV 1 ZPO).

(3) Die Hinweise des Gerichts nach § 139 I, II, III ZPO sind aktenkundig zu machen; ihre Erteilung kann nur durch den Inhalt der Akten bewiesen werden; gegen den Inhalt der Akten ist nur der Nachweis der Fälschung zulässig (§ 139 IV 2, 3 ZPO). Sind erforderliche Hinweise nebst Gelegenheit zur Stellungnahme hierzu unterblieben, so darf das Gericht – soweit nicht nur eine Nebenforderung betroffen ist – seine Entscheidung auf die diesbezüglichen Gesichtspunkte nicht stützen (§ 139 II 1 ZPO).

c) Weitere Vorschriften richten sich an die Prozessparteien und statuieren Mitwirkungspflichten. 17

(1) Die Parteien haben ihre Erklärungen über tatsächliche Umstände vollständig und der Wahrheit gemäß abzugeben (§ 138 I ZPO). Jede Partei hat sich über die von dem Gegner im Prozess behaupteten Tatsachen zu erklären (§ 138 II ZPO). Im Einzelfall kann dies bedeuten, dass die Partei einen substanziierten Vortrag des Gegners „substanziiert" bestreiten muss, anderenfalls er als zugestanden anzusehen ist (§ 138 III ZPO). Ein Bestreiten „mit Nichtwissen" ist nur zulässig, soweit dies Tatsachen betrifft, die weder eine eigene Handlung der Partei noch Gegenstand ihrer eigenen Wahrnehmung gewesen sind (§ 138 IV ZPO).

(2) Die vorbereitenden Schriftsätze sind so rechtzeitig einzureichen, dass sie mindestens eine Woche vor der mündlichen Verhandlung zugestellt werden können (§ 132 I ZPO); bei vorbereitenden Schriftsätzen, die eine Gegenerklärung auf neues Vorbringen enthalten, reduziert sich die Frist auf drei Tage (§ 132 II ZPO). Werden diese Fristen nicht eingehalten, so kann kein Versäumnisurteil ergehen (§ 335 I Nr. 3 ZPO). Zudem statuiert § 282 II ZPO eine weitere Pflicht zur Beschleunigung: Vorbringen, auf das der Gegner ohne vorherige Erkundigung keine Erklärung abgeben kann, ist so zeitig mitzuteilen, dass er die erforderliche Erkundigung noch einzuziehen vermag.

(3) Überlagert wird die oben dargestellte Regelung durch die in § 282 I ZPO statuierte allgemeine Prozessförderungspflicht: Sämtliche Angriffs- und Verteidigungsmittel sind so zeitig vorzubringen, wie es nach dem Prozesslage einer sorgfältigen und auf Förderung des Verfahrens bedachten Prozessführung entspricht (vgl. ferner § 277 I ZPO).

(4) Darüber hinaus kann das Gericht im Rahmen der prozessleitenden Anordnungen Fristen setzen, innerhalb deren die Parteien ihr Vorbringen dem Gericht zu unterbreiten haben (§§ 273 II Nr. 1, 5; 275 I 1; 275 III; 275 IV; 276 I 2; 276 III; 277 III, 277 IV ZPO). Die gesetzten Fristen müssen allerdings angemessen sein und können auf Antrag bei Vorliegen erheblicher Gründe verlängert werden (§ 224 II, III ZPO).

d) Kommen die Parteien ihren Mitwirkungspflichten verspätet, aber immerhin noch 18 vor dem Verhandlungsschluss der ersten Instanz nach, so kann ihr entsprechendes Vorbringen zurückgewiesen werden (§ 296 ZPO). Die Behandlung des erst nach dem Verhandlungsschluss der ersten Instanz erfolgten Vorbringens der Parteien regelt § 296a ZPO in Verbindung mit den §§ 139 V, 156, 283 ZPO. In zweiter Instanz bleibt erstinstanzlich zu Recht zurückgewiesenes Vorbringen ausgeschlossen (§ 531 I ZPO). Zudem ist neues Vorbringen hier nur noch unter den engen Voraussetzungen des § 531 II ZPO zuzulassen. Im Einzelnen:

(1) Die gesetzliche Regelung differenziert zwischen der Zurückweisung des Vorbringens wegen 19 Nichteinhaltung von Fristen (§ 296 I ZPO), wegen Verletzung der allgemeinen Prozessförderungspflicht (§ 296 II ZPO) und bei verspäteten Rügen, die die Zulässigkeit der Klage betreffen (§ 296 III ZPO). Im Falle der Zurückweisung wegen Nichteinhaltung von Fristen (§ 296 I ZPO) sowie im Falle der Zurückweisung von Rügen, die die Zulässigkeit der Klage betreffen (§ 296 III ZPO) handelt es sich um zwingende Regelungen, auf welche die Parteien, in erster Linie der Gegner des „Verzöge-

rers", nicht verzichten können.[11] Dagegen steht die Befugnis zur Zurückweisung wegen Verletzung der allgemeinen Prozessförderungspflicht (§ 296 II ZPO) im Ermessen des Gerichts, bei dessen Ausübung alle Umstände zu berücksichtigen sind und bei dem im Einzelfall auch das Verhalten der Gegenpartei eine Rolle spielen kann. Die Vorschrift des § 296 ZPO kollidiert zwar mit dem Grundrecht auf rechtliches Gehör (Art. 103 I GG), gleichwohl ist sie bei verfassungsgemäßer Handhabung verfassungsgemäß.[12]

20 (2) Gegenstände der Zurückweisung sind Angriffs- und Verteidigungsmittel zur Begründung des bisher gestellten Antrags. Ihre Aufgliederung ergibt sich aus § 282 I ZPO: Behauptungen, Bestreiten, Einwendungen, Einreden, Beweismittel und Beweiseinreden. Nicht erfasst werden mithin so genannte selbstständige Angriffs- und Verteidigungsmittel, die sich bei einer veränderten Antragstellung ergeben: Klageerweiterung, Klageänderung, Widerklage. Nicht zurückgewiesen werden können naturgemäß zudem Rechtsansichten, Argumente im Rahmen einer Beweiswürdigung sowie Tatsachen, die das Gericht von Amts wegen zu berücksichtigen hat.

21 (3) Voraussetzung für die Zurückweisung ist zunächst eine objektive Pflichtverletzung der Partei: Das Vorbringen muss verspätet sein. Dies setzt jedenfalls die Feststellung voraus, wann das fragliche Vorbringen erstmals in das Verfahren eingeführt worden ist. Insoweit differenziert das Gesetz wie folgt:

§ 296 I ZPO betrifft das Vorbringen nach Ablauf hierzu gesetzter Fristen. Die Fälle, in denen solche Fristen gesetzt werden können, werden im Gesetz genau aufgezählt: Fristsetzungen im Rahmen einer prozessleitenden Anordnung (§ 273 II Nr. 1, 5 ZPO), Fristsetzungen bei Wahl des frühen ersten Termins (§§ 275 I 1; 275 III, 275 IV ZPO), Fristsetzungen im Rahmen des schriftlichen Vorverfahrens (§ 276 I 2, III ZPO) und zur Einreichung einer Stellungnahme zur Klageerwiderung (§ 277 ZPO). Im Hinblick auf die Schwere der Sanktion ist eine analoge Anwendung des § 296 I ZPO nach ganz überwiegender Meinung unzulässig. Zuständig für die Fristsetzung ist allein der Vorsitzende oder der Einzelrichter. Sie muss von ihm unterschrieben und klar abgefasst sein. Die Partei muss über die mit der Versäumung der Frist verbundenen Gefahren unmissverständlich belehrt werden; dies gilt selbst dann, wenn die Partei anwaltlich vertreten ist. Die Verfügung muss der Partei in beglaubigter Form förmlich zugestellt werden. Die gesetzte Frist muss angemessen sein. Die Frist für den Kläger zur Stellungnahme auf die Klageerwiderung (§§ 275 IV, 276 III ZPO) kann erst nach Eingang der Klageerwiderung gesetzt werden.

§ 296 II ZPO knüpft an die in § 282 ZPO normierte Prozessförderungspflicht an, die dort in zwei Varianten geregelt ist: Die allgemeine Prozessförderungspflicht (§ 282 I ZPO) verlangt, dass Angriffs- und Verteidigungsmittel in der mündlichen Verhandlung so rechtzeitig vorzutragen sind, wie es nach der Prozesslage einer sorgfältigen und auf Förderung des Verfahrens bedachten Prozessführung entspricht. Nach herrschender Meinung führt der Hinweis des Gesetzes auf das Vorbringen in der mündlichen Verhandlung dazu, dass die Vorschrift bei Vorbringen, das bis zum ersten Termin erfolgt, nicht Platz greifen kann. Dem entsprechend kommt die Vorschrift nur zum Tragen, wenn nach der ersten mündlichen Verhandlung weiteres Vorbringen erfolgt, der Prozess also in mehrere Termine aufgespalten ist.[13] Die Partei braucht mithin nicht alle Angriffs- und Verteidigungsmittel auf einmal vorbringen, darf also bestimmte Tatsachenkomplexe zurückhalten, bis das Gericht das erste Vorbringen als unerheblich bezeichnet hat.[14] § 282 II ZPO betrifft die Vorbereitungspflicht betreffend den einzelnen Termin. Angriffs- und Verteidigungsmittel sind vor dem Termin so rechtzeitig mitzuteilen, dass die Gegenpartei hierzu noch erforderliche Erkundigungen einziehen und im Termin eine Erklärung hierzu abgeben kann. Da nach § 129 I ZPO nur in Anwaltsprozessen die mündliche Verhandlung durch Schriftsätze vorbereitet wird, scheidet § 282 II ZPO für Verfahren vor dem Amtsgericht aus, in dem die Partei anwaltlich nicht vertreten ist. Hier kann das Gericht durch besondere Anordnung eine schriftliche Vorbereitung des Termins herbeiführen (§ 129 II ZPO), was dann durch Setzen von Fristen zur Anwendbarkeit von § 296 I ZPO führen kann. Für die Rechtzeitigkeit des Vorbringens im Sinne des § 282 II ZPO gilt nicht die Vorschrift des § 132 ZPO. Es kommt deshalb nur auf § 282 II ZPO an: nur dasjenige Vorbringen ist rechtzeitig mitzuteilen, auf das der Gegner voraussichtlich ohne vorhergehende Erkundigung keine Erklärung abgeben kann, also bei

---

[11] *Baumbach/Lauterbach/Albers/Hartmann*, § 296 Rn. 4; *Zöller/Greger*, § 296 Rn. 8 a.
[12] *Baumbach/Lauterbach/Albers/Hartmann*, § 296 Rn. 26; *Zöller/Greger*, § 296 Rn. 2.
[13] *Zöller/Greger*, § 282 Rn. 1; a. M. *Baumbach/Lauterbach/Albers/Hartmann*, § 282 Rn. 3.
[14] *Baumbach/Lauterbach/Albers/Hartmann*, § 282 Rn. 8; *Zöller/Greger*, § 282 Rn. 3.

I. Die Verfahrensgrundsätze

Tatsachenbehauptungen, nicht bei Beweisantritten. Die Rechtzeitigkeit hat sich nur nach der Möglichkeit der Erkundigung des Gegners zu richten, nicht danach, ob das Gericht noch vorbereitende Maßnahmen nach § 273 ZPO treffen kann.

(4) Weitere Voraussetzung für die Zurückweisung ist ein Verschulden der Partei bzw. ihres Rechtsanwalts (§ 85 II ZPO) hinsichtlich der eingetretenen Verspätung. Der Gesetzgeber hat der Partei die Beweislast für das fehlende Verschulden aufgebürdet; sie muss sich bei objektiver Pflichtverletzung entlasten. Dabei sind die Anforderungen an das Verschulden in den beiden Alternativen des § 296 I und II ZPO unterschiedlich: Bei Nichteinhaltung einer gesetzten Frist (§ 296 I ZPO) hat die Partei darzulegen, dass sie keinerlei Verschulden trifft. Im Fall der Verletzung der allgemeinen Prozessförderungspflicht (§ 296 II ZPO) schadet leichte Fahrlässigkeit nicht, sondern nur grobe Nachlässigkeit. Für das Verschulden eines Streitgehilfen hat die Partei nicht einzustehen. Der Entschuldigungsgrund ist auf Verlangen des Gerichts glaubhaft zu machen (§ 296 IV ZPO). Damit es zu einer Entschuldigung einer Partei überhaupt kommen kann, ist das Gericht gemäß Art. 103 I GG verpflichtet, auf die nach seiner Ansicht vorliegende Verspätung und die Absicht der Zurückweisung hinzuweisen. Der Partei muss gegebenenfalls Gelegenheit gegeben werden, innerhalb einer gesetzten Frist die Verspätung zu entschuldigen. Ist die von der Rechtsprechung geforderte Belehrung über die Folgen der Fristversäumung unterblieben oder unvollständig erfolgt, so ist die Partei kraft unwiderlegbarer Vermutung entschuldigt. **22**

(5) Eine Zurückweisung des Parteivorbringens setzt in beiden Alternativen des § 296 I und II ZPO voraus, dass die Zulassung des verspäteten Vorbringens die Erledigung des Rechtsstreits verzögern würde. Nach herrschender Meinung ist dies bereits dann der Fall, wenn die Zulassung des fraglichen Vorbringens zu irgendeiner zeitlichen Verschiebung zwingt, die nicht ganz unerheblich ist (absoluter oder realer Verzögerungsbegriff).[15] Maßgebender Zeitpunkt für die Beurteilung der Verzögerung ist der Zustand, in dem sich der Rechtsstreit zur Zeit des neuen Vorbringens befindet. Daraus folgt, dass das Gericht nach Einlegung des Einspruchs gegen ein Versäumnisurteil trotz der schon verstrichenen Frist oder Verletzung der Prozessförderungspflicht neues Vorbringen berücksichtigen muss, wenn es in dem notwendig anzuberaumenden neuen Termin erledigt werden kann. Die gleiche Beurteilung gilt bei neuem Vorbringen im Nachverfahren des Urkundenprozesses und bei Wiederholung des Vorbringens im Betragsverfahren nach einer Stufenklage. Andererseits folgt aus dem Konzentrationsgrundsatz (§ 272 I, III ZPO), dass auch im Falle der Anberaumung eines frühen ersten Termins Vorbringen als verspätet zurückgewiesen werden kann. Voraussetzung dafür ist allerdings, dass er als vollwertiger, möglichst abschließender Termin anberaumt und vorbereitet ist und nicht als so genannter Durchlauf- bzw. Durchruftermin (z. B. 10 Sachen zu derselben Terminszeit), was nicht geschehen sollte. Aus dem Erfordernis der Verzögerung folgt weiterhin, dass das Gericht bei verspätem Vorbringen auf jeden Fall feststellen muss, ob dieses von dem Gegner überhaupt bestritten wird, da unstreitiges Vorbringen das Verfahren nicht verzögern kann; deshalb darf das Gericht dieses Vorbringen nicht ohne Durchsicht des verspätet überreichten Schriftsatzes und ohne Stellungnahme des Gegners zurückweisen, sondern erst nach dessen Stellungnahme, wozu ein Schriftsatznachlass gemäß § 283 ZPO vorrangig ist und die Anberaumung des Verkündigungstermins keine Verzögerung darstellt. **23**

(6) Schließlich darf das Gericht an der Verzögerung bzw. der Zurückweisung nicht mitschuldig sein. Diese teleologische Einschränkung beruht letzten Endes auf der vorrangigen Verantwortung des Gerichts für den Prozessablauf. Sie wird von der Rechtsprechung des BVerfG unter Hinweis auf den Grundsatz des rechtlichen Gehörs gefordert[16] und tritt in zwei Varianten auf: Jeglicher Verstoß des Gerichts gegen Verfahrensvorschriften, insbesondere gegen die Pflicht zur materiellen Prozessleitung gemäß § 139 ZPO führt zu einer Unzulässigkeit der Zurückweisung des darauf beruhenden verspäteten Vorbringens. Außerdem ist das Gericht unter Ausschöpfung der nach § 273 ZPO gegebenen Möglichkeiten verpflichtet, die Termine durch geeignete Maßnahmen vorzubereiten und eine etwaige Verspätung durch zumutbare Maßnahmen auszugleichen. So sind vor allem verspätet namhaft gemachte Zeugen nach § 273 II Nr. 4 ZPO zu laden sowie im Termin präsente Zeugen zu vernehmen. Dies gilt jedoch nur im Rahmen einer zeitlich noch möglichen Handhabung und der zumutbaren Terminsplanung: Eine nunmehr sich als notwendig herausstellende Beweisaufnahme muss sich umfangmäßig in den vorgegebenen Terminsplan einpassen lassen, was von der Anzahl der zu ladenden **24**

---

[15] Zöller/*Greger*, § 296 Rn. 20; *Baumbach/Lauterbach/Albers/Hartmann*, § 296 Rn. 40f.
[16] *Baumbach/Lauterbach/Albers/Hartmann*, § 296 Rn. 16ff.; Zöller/*Greger*, § 296 Rn. 3.

Zeugen und dem Umfang der Beweisthemen abhängt. Zu einem Hinausschieben des Termins zwecks Einholung eines Gutachtens aufgrund verspäteten Vorbringens ist das Gericht nicht verpflichtet. Auch bleibt die Zurückweisungsbefugnis erhalten, wenn die Ladung des Zeugen nicht durchgeführt werden kann oder wenn die Vernehmung der verspätet genannten Zeugen die Vernehmung nicht präsenter Gegenzeugen erforderlich machen würde. Gleiches gilt, wenn durch die stattfindende Beweisaufnahme andere unter Beweis gestellte Behauptungen entscheidungserheblich und damit aufklärungsbedürftig werden.

25 (7) Das BVerfG überwacht die Rechtsprechung der Instanzgerichte zur Zurückweisung verspäteten Vorbringens sowohl unter dem Gesichtspunkt der Verletzung rechtlichen Gehörs als auch des Art. 3 I GG: Es sieht § 296 ZPO und seine Interpretation durch den BGH in Form des absoluten oder realen Verzögerungsbegriffs als verfassungsmäßig an. Auch die fehlerhafte Anwendung der Präklusionsvorschriften reicht alleine nicht aus, um einen Verfassungsverstoß zu begründen. Es muss vielmehr ein eklatanter (offenkundiger) Verstoß, eine rechtsmissbräuchliche Präklusion vorliegen, die ohne weiteres erkennbar ist. Der Grundsatz der Verhältnismäßigkeit muss gewahrt sein und das Gericht muss die Zurückweisung entsprechend der Auslegung durch die höchstrichterliche Rechtsprechung begründen. In Ausfüllung dieser Rechtsprechung hat das BVerfG auch den zunächst für verfassungsmäßig erklärten absoluten Verzögerungsbegriff stark relativiert: Das rechtliche Gehör soll verletzt sein, wenn offenkundig ist, dass dieselbe Verzögerung auch bei rechtzeitigem Vortrag der Partei eingetreten wäre.

26 (8) Nach alledem hat die Partei, der eine Zurückweisung ihres Vorbringens droht, folgende Möglichkeiten der „Umgehung": die Flucht in die Säumnis, die Flucht in die Klageerweiterung oder in eine Widerklage und die Flucht in die Berufung soweit neue Angriffs- und Verteidigungsmittel in zweiter Instanz zulässig sind (§ 531 ZPO).

8. Der Grundsatz des rechtlichen Gehörs[17]

27 a) Dass durch Art. 103 I GG verfassungsrechtlich verbürgte Recht auf rechtliches Gehör hat zum Inhalt, dass der Betroffene vor einer Entscheidung, die seine Rechte betrifft, ausreichende Gelegenheit erhalten muss, sich sachlich zu äußern. Dieses Recht ist nach Auffassung des BVerfG ein „prozessuales Urrecht" und wird auch als „Prozessgrundrecht" bezeichnet. Allerdings bleibt die nähere Ausgestaltung dieses Verfassungsprinzips den einzelnen Verfahrensordnungen überlassen, so dass nicht jede gesetzliche Beschränkung gegen das Verfassungsrecht verstößt. Der Betroffene ist grundsätzlich gehalten, von den ihm verfahrensrechtlich gebotenen Möglichkeiten Gebrauch zu machen und sich auf diese Weise rechtliches Gehör zu verschaffen. Für die Frage der Verletzung des Grundsatzes ist es unerheblich, ob und wen innerhalb des Gerichts ein Verschulden trifft, insbesondere, ob dem zur Entscheidung berufenen Richter eine bestimmte Eingabe vorgelegt worden ist. Drei Verwirklichungsstufen des Grundsatzes des rechtlichen Gehörs lassen sich unterscheiden:

(1) Jede Partei hat ein Recht auf Information über ein laufendes Verfahren. Ihr muss grundsätzlich Gelegenheit gegeben werden, sich zu dem der gerichtlichen Entscheidung zugrunde liegenden Sachverhalt vor deren Erlass zu äußern. Dem dienen die Pflicht zur Zustellung der Klageschrift (§ 271 I ZPO) und zur Ladung zu den anberaumten Terminen (§§ 274 I, 370 II 2 ZPO), und zwar unter Einhaltung der Ladungsfrist und – bei dem Beklagten – der Einlassungsfrist, das Recht auf Anwesenheit im Termin (§§ 357, 367 II ZPO), das Recht, von dem Vortrag der Gegenseite Kenntnis zu erhalten (§ 132 ZPO), das Recht auf Akteneinsicht (§ 299 I ZPO), das Recht auf Erhalt von Hinweisen des Gerichts zu übersehenen oder für unerheblich gehaltenen Gesichtspunkten sowie zu Gesichtspunkten, die das Gericht anders beurteilt als die Parteien und zu Bedenken hinsichtlich von Amts wegen zu berücksichtigender Punkte (§ 139 ZPO) sowie das Recht auf Mitteilung der Beiziehung von Akten und der Beweisergebnisse (Übersendung der Vernehmungsprotokolle und Gutachten). Das Ge-

---

[17] *Baumbach/Lauterbach/Albers/Hartmann*, Einleitung III Rn. 16 ff.; Grdz § 128 Rn. 41 ff.; Zöller/Greger, Vor § 128 Rn. 3 ff.; *Oberheim*, § 1 Rn. 42.

I. Die Verfahrensgrundsätze

richt trifft eine Überprüfungspflicht, ob übersandte Schriftsätze und Gutachten den Parteien zugegangen sind.

(2) Jede Partei hat ein Recht auf Entgegennahme ihres Vorbringens in Form von Tatsachenbehauptungen und Stellungnahmen. Hierzu gehören die Rechte auf Vertretung (§ 79 ZPO), auf Stellung von Sachanträgen und Beweisanträgen, zur Abgabe von Erklärungen in tatsächlicher und rechtlicher Hinsicht (§§ 136 II 1, III, 137 IV ZPO), insbesondere zur Erwiderung auf Vorbringen des Gegners. Dabei müssen die Parteien Gelegenheit zur Stellungnahme in zeitlich angemessenem Umfang haben. Soweit das Gericht der Partei Fristen setzt, dürfen diese nicht zu kurz sein.

(3) Die Partei hat ein Recht auf Berücksichtigung der von ihr abgegebenen Erklärungen und Stellungnahmen. Das Gericht hat die Äußerung der Partei zur Kenntnis zu nehmen, wobei es die von ihm selbst gesetzten Äußerungsfristen zu beachten hat. Allgemein besteht die Pflicht des Gerichts, bei der Anberaumung von Terminen entsprechend dem Umfang der Sache eine angemessene Verfahrensdauer einzuplanen. Es hat ferner die Pflicht, das Vorbringen der Partei ernsthaft in Erwägung zu ziehen, wobei Unterstellungen und Schlussfolgerungen, die im Parteivortrag keine Stütze haben, verboten sind. Das Gericht hat schließlich erhebliche Beweisanträge zu berücksichtigen. Die Erfüllung dieser Pflichten manifestiert sich in der Auseinandersetzung mit den wesentlichen Argumenten in den Entscheidungsgründen des Urteils. Art. 103 I GG ist deshalb verletzt, wenn das Gericht wesentliche Tatsachenbehauptungen nicht zur Kenntnis genommen oder in den Entscheidungsgründen nicht erwogen hat. Auf diese Weise sollen und müssen Überraschungsentscheidungen vermieden werden.

b) Eingeschränkt ist der Grundsatz des rechtlichen Gehörs vor allem in den Eilverfahren: 28

Arrest und einstweilige Verfügung können durch Beschluss und damit ohne Anhörung des Gegners erlassen werden (§§ 922 I 1, 936, 128 IV ZPO); die Gewährung rechtlichen Gehörs erfolgt dann nachträglich, indem die zunächst übergangene Partei Widerspruch einlegen und damit ein zweiseitiges Verfahren erreichen kann (§§ 924, 925, 936 ZPO). Auch im selbstständigen Beweisverfahren ergeben sich aus Gründen der Eilbedürftigkeit Einschränkungen des rechtlichen Gehörs (§§ 490, 128 IV, 491, 494 ZPO).

c) Auf die Rüge einer durch ein Urteil beschwerten Partei kann der Prozess vor dem 29 Gericht des ersten Rechtszugs fortzusetzen sein, um eine Verletzung des Anspruchs auf rechtliches Gehör zu heilen (§ 321 a ZPO).[18]

(1) Die Fortsetzung des Prozesses vor dem Gericht des ersten Rechtszugs wegen der Verletzung des Grundsatzes des rechtlichen Gehörs setzt voraus:
– Eine den Anforderungen des § 321 a II ZPO genügende, insbesondere binnen einer Notfrist von zwei Wochen eingehende Rügeschrift.
– Die Unzulässigkeit der Berufung gegen das Urteil nach § 511 II ZPO und
– Die entscheidungserhebliche Verletzung des Anspruchs auf Gewährung rechtlichen Gehörs durch das Gericht des ersten Rechtszugs.

(2) Nach regelmäßig zu gewährender Gelegenheit zur Stellungnahme für den Gegner kommen folgende Entscheidungsvarianten in Betracht:
– Die Verwerfung der Rüge als unzulässig auf Kosten des Rügenden durch zu begründenden unanfechtbaren Beschluss (§ 321 IV ZPO), wenn die Rüge nicht statthaft, nicht form- oder nicht fristgerecht erhoben ist.
– Die Zurückweisung der zulässigen Rüge als unbegründet auf Kosten des Rügenden durch zu begründenden unanfechtbaren Beschluss (§ 321 IV ZPO).
– Die Zurückversetzung des Prozesses in das Stadium vor Schluss der mündlichen Verhandlung mit anschließender Aufrechterhaltung des alten Urteils oder Aufhebung des alten und Verkündung eines neuen Urteils bei entsprechender Kostenentscheidung.

9. Einwirkungen des Verfassungsrechts auf den Zivilprozess

Das BVerfG hat in seiner Rechtsprechung weitere prozessuale Grundrechte entwickelt. 30

---

[18] *Baumbach/Lauterbach/Albers/Hartmann*, § 321 a Rn. 1 ff.; *Zöller/Vollkommer*, § 321 a Rn. 1 ff.

Als Beispiele seien genannt: Waffengleichheit, Willkürverbot, effektiver Rechtsschutz, gesetzlicher Richter, Rechtssicherheit, faires Verfahren und Verhältnismäßigkeit.[19]

II. Hinweispflicht und Aufklärungsmaßnahmen

1. Die richterliche Hinweispflicht[20]

31 a) Die in § 139 ZPO geregelte richterliche Hinweispflicht hat verschiedene Funktionen.

(1) Einmal soll sie – als Gegenstück zur Dispositions- und Verhandlungsmaxime – die Parteien durch Belehrung und Motivieren veranlassen, sachdienliche Anträge zu stellen und ihren Vortrag klarzustellen bzw. zu ergänzen. Insoweit dient sie der Erfüllung der Prozessförderungspflicht der Parteien, der Prozessbeschleunigung und der Vermeidung der Zurückweisung verspäteten Vorbringens.

(2) Außerdem soll sie das Gericht veranlassen, die für den Verfahrensablauf und die Entscheidung relevanten Erwägungen bekannt zu geben, damit die Parteien sich hierauf einrichten können und so Überraschungsentscheidungen vermieden werden; sie ist insoweit Ausfluss des Grundsatzes vom „fairen Verfahren".

(3) Das Verhältnis zwischen § 139 ZPO und dem Verfassungsrecht ist dagegen zweifelhaft. Das BVerfG hat bei der Annahme von Verfassungsverstößen wegen Verletzung von Hinweispflichten weniger auf Art. 103 I GG, sondern auf das Willkürverbot des Art. 3 I GG abgestellt. Der BGH stellt hinsichtlich der Notwendigkeit eines Hinweises nach § 139 ZPO auf den eigenen materiellrechtlichen Standpunkt des Tatrichters – ohne Rücksicht auf dessen Richtigkeit – ab.

32 b) Ihre Grenze findet die Hinweispflicht in der richterlichen Neutralität. Diese Neutralität ist jedoch erst dann verletzt, wenn das Gericht Hinweise und Auflagen erteilt, die in dem Parteivorbringen keinen Anknüpfungspunkt haben;[21] im Übrigen sollte dem Gericht jeder Hinweis erlaubt sein, der zur Beilegung des tatsächlichen Konfliktstoffs der Parteien beiträgt.

(1) Keine Rolle für den Umfang der richterlichen Hinweis- und Aufklärungspflicht kann es spielen, ob die Partei durch einen Rechtsanwalt vertreten ist. Im Anwaltsprozess wird das Gericht allerdings weniger Anlass haben, Hinweise zu erteilen.

(2) Zweifelhaft war bisher, ob die Hinweispflicht des Gerichts entfällt, wenn bereits der Gegner auf einen bestimmten Gesichtspunkt hingewiesen hat. Da jedoch nach § 139 I ZPO die Erörterungspflicht sowohl in tatsächlicher als auch in rechtlicher Hinsicht generell besteht, also nicht nur bei unvollständigem oder unklarem Vortrag, ist das Gericht seiner Erörterungspflicht nicht enthoben, wenn der Prozessgegner bereits auf Mängel des Vortrags hingewiesen hat.[22]

33 c) Die einzelnen Hinweise des Gerichts können sich beziehen auf:

(1) Hinweise zur Ergänzung und Berichtigung des Klagerubrums.

(2) Hinweise zur Ergänzung und Berichtigung gestellter Anträge sowie eventuell zur Stellung anderer sachdienlicher Anträge, wozu auch Hilfsanträge, die Erhebung einer Widerklage und die Einlegung einer Anschlussberufung gehören können.

(3) Fragen zur Klärung unklaren Parteivorbringens und zur Ergänzung des tatsächlichen Vorbringens, insbesondere zur Substanziierung bestimmter Tatsachenvorgänge und zur Substanziierung des Bestreitens. Nicht mehr gedeckt sind Hinweise auf neue Angriffs- und Verteidigungsmittel, die in dem bisherigen Parteivorbringen keinen Anhalt haben.

---

[19] *Baumbach/Lauterbach/Albers/Hartmann*, Einleitung III Rn. 14 ff.; *Zöller/Vollkommer*, Einleitung Rn. 100 ff.
[20] *Baumbach/Lauterbach/Albers/Hartmann*, § 139 Rn. 1 ff.; *Zöller/Greger*, § 139 Rn. 1 ff.
[21] *Baumbach/Lauterbach/Albers/Hartmann*, § 139 Rn. 13 ff.; *Zöller/Greger*, § 139 Rn. 2.
[22] *Zöller/Greger*, § 139 Rn. 3; a.M. *Baumbach/Lauterbach/Albers/Hartmann*, § 139 Rn. 62 „Gegnerischer Hinweis".

II. Hinweispflicht und Aufklärungsmaßnahmen

(4) Auflagen zur Vorlage bestimmter Urkunden (Verträge, Korrespondenz, Rechnungen etc.) sowie sonstiger Unterlagen (Pläne, Skizzen, Fotos). Sind einem Schriftsatz bestimmte, dort genannte Urkunden nicht beigefügt, so hat das Gericht auf die fehlenden Anlagen hinzuweisen.

(5) Auflagen zur Klarstellung und Ergänzung gestellter Beweisanträge sowie zur Stellung neuer Beweisanträge hinsichtlich bestrittener Tatsachen.

(6) Hinweise auf bestimmte Beweisergebnisse, z. B. zur Frage, wie eine bestimmte Zeugenaussage zu verstehen ist oder ob eine Wiederholung der Beweisaufnahme angebracht ist.

(7) Hinweise auf erkennbar von der Partei übersehene oder für unerheblich gehaltene tatsächliche oder rechtliche Gesichtspunkte, die nach der Auffassung des Gerichts für die Entscheidung erheblich sind sowie darauf, dass das Gericht solche Gesichtspunkte anders als die Parteien beurteilt (§ 139 II ZPO).

(8) Hinweise auf offenkundige Tatsachen, die das Gericht seiner Entscheidung zugrunde legen will (§ 291 ZPO).

(9) Hinweise auf die beabsichtigte Zurückweisung verspäteten Vorbringens (§ 296 ZPO).

d) Die Durchführung der Hinweispflicht besteht zunächst in dem Ansprechen bestimmter Fragen oder der Bekanntgabe der für das Gericht unklaren bzw. maßgebenden Gesichtspunkte. Darüber hinaus zeigt die Wortfassung des § 139 I 2 ZPO („dahin zu wirken") an, dass das Gericht über die bloße Frage bzw. Bekanntgabe hinaus ein motivierendes Verhalten an den Tag legen muss. Im Übrigen ist die Hinweispflicht nur dann sachgemäß erfüllt, wenn das Gericht anschließend der Partei Gelegenheit gibt, entsprechend diesen Hinweisen zu verfahren. Einer Partei, die sich nicht sofort zu einem gerichtlichen Hinweis erklären kann, weil dieser beispielsweise erst in der mündlichen Verhandlung gegeben wird, ist deshalb ihr auf ihren Antrag Gelegenheit zu geben, binnen einer vom Gericht zu bestimmenden Frist, die Erklärung in einem Schriftsatz nachzubringen (§ 139 V ZPO). Zudem sind Hinweise aktenkundig zu machen (§ 139 IV ZPO), also in den Akten schriftlich festzuhalten. Werden sie außerhalb der Verhandlung gegeben, so kann dies beispielsweise durch einen Vermerk geschehen; in der Verhandlung erteilte Hinweise sind zu protokollieren (§ 160 II ZPO). **34**

2. Zeitpunkt der Aufklärungsmaßnahmen

a) Die Aufklärungsmaßnahmen können in jeder Lage des Verfahrens erfolgen und müssen möglichst frühzeitig getroffen werden (§ 139 IV ZPO). In Betracht kommen: **35**

(1) Bei schriftlichem Vorverfahren:
- die Einleitungsverfügung (§§ 276 I, 273 II ZPO).
- die Verfügung nach Eingang der Klageerwiderung (§§ 276 III, 273 II ZPO).
- die Verfügung betreffend die Anberaumung des Haupttermins (§ 273 II ZPO).
- eine besondere Verfügung zwischen Anberaumung des Haupttermins und seinem Stattfinden (§ 273 I ZPO).
- im Haupttermin durch Beschluss des Gerichts.

(2) Bei frühem ersten Termin:
- die Terminsverfügung (§§ 275 I, 273 II ZPO).
- eine besondere Verfügung nach Eingang der Klageerwiderung (§ 275 IV ZPO).
- im frühen ersten Termin (§ 275 II, III ZPO).
- zwischen dem frühen ersten Termin und dem Haupttermin durch besondere Verfügung (§ 273 I ZPO).
- im Haupttermin durch Beschluss des Gerichts.

(3) Im schriftlichen Verfahren:
- durch besonderen Beschluss.

36 b) Teilweise wird angenommen, dass das Gericht verpflichtet sei, von der Befugnis zu vorbereitenden Maßnahmen möglichst frühzeitig umfassend Gebrauch zu machen.

Die von dem Gesetzgeber gegebenen unterschiedlichen zeitlichen Möglichkeiten zeigen aber, dass dem Gericht hierfür ein Ermessen eingeräumt ist. So wäre es verfehlt, zum frühen ersten Termin in der Klageschrift benannte Zeugen zu laden, obwohl noch nicht feststeht, ob das Klagevorbringen überhaupt bestritten wird. Bei der Vorbereitung des Haupttermins kann sich das Ermessen allerdings verdichten, da der Rechtsstreit möglichst in einem umfassend vorbereiteten Termin zu erledigen ist (§ 272 I ZPO). Aber auch hier kann ausnahmsweise eine Staffelung angebracht sein, indem zunächst im Haupttermin die Zeugen gehört und anschließend ein Sachverständigengutachten eingeholt wird, oder die Beweisaufnahme im Haupttermin sich auf ein vorrangiges Beweisthema konzentriert.

3. Inhalt der Aufklärungsmaßnahmen

37 a) Als Inhalt der Aufklärungsmaßnahmen kommt zunächst alles in Betracht, was in Ausübung der richterlichen Hinweispflicht erfolgen kann und muss (§ 139 I–III ZPO).

38 b) Daneben kommen weiterhin in Frage:

(1) Beiziehung von Akten des gleichen Gerichts, anderer Gerichte oder Verwaltungsbehörden (§ 273 II Nr. 2 ZPO).

(2) Anordnung der Vorlage von Urkunden und sonstigen Unterlagen durch eine Partei oder einen Dritten, die sich in ihrem oder seinem Besitz befinden und auf die sich eine Partei bezogen hat (§ 142 ZPO).

(3) Anordnung der Vorlage von Akten durch eine Partei, die sich in ihrem Besitz befinden soweit diese aus Schriftstücken bestehen, welche die Verhandlung und Entscheidung der Sache betreffen (§ 143 ZPO).

(4) Einholung von Auskünften bei Behörden (§ 273 II Nr. 2 ZPO). Aus dem Gesetz ergibt sich nicht, dass diese Befugnis sich nur auf informatorische oder beweisvorbereitende Maßnahmen beziehen darf.

(5) Fragen an die Parteien über den Ablauf des Verfahrens, z. B. Abstimmung von Terminen, Bereitwilligkeit zu ärztlichen Untersuchungen, Entbindung der Zeugen von Schweigepflichten etc.

(6) Anordnung des persönlichen Erscheinens der Parteien zum Termin (§ 141 ZPO). Dabei sollte klargestellt werden, ob das Erscheinen zur Aufklärung des Sachverhalts (§ 141 ZPO) oder zum Zwecke der gütlichen Beilegung des Rechtsstreits erfolgt (§ 278 I–III ZPO). Die geladene Partei kann einen Vertreter entsenden, der aber zur Aufklärung des Sachverhalts in der Lage sein und zu allen im Termin möglichen Prozesserklärungen (Prozessvergleich, Anerkenntnis, Verzicht, Klagerücknahme) bevollmächtigt sein muss.

(7) Ladung von Zeugen oder Sachverständigen zum Termin, insbesondere zum Haupttermin (§ 273 II Nr. 4 ZPO). Sie soll nur erfolgen, wenn der Beklagte dem Klageanspruch bereits widersprochen hat (§ 273 III 1 ZPO); daraus folgt, dass diese Anordnung im Verfahren mit frühem ersten Termin selten sein wird, vielmehr vor allem nach schriftlichem Vorverfahren zum Haupttermin in Frage kommt. Um nutzloses Erscheinen von Zeugen und Sachverständigen zu vermeiden, sollte das Gericht die Schlüssigkeit bzw. Erheblichkeit der unter Beweis gestellten Tatsache bejaht haben. Der Gegenstand der Vernehmung, zu dem der Zeuge oder Sachverständige gehört werden soll, ist in der Ladungsurkunde anzugeben (§ 377 II Nr. 2 ZPO). Dem Zeugen kann auch aufgegeben werden, bestimmte in seinem Besitz befindliche Aufzeichnungen und Unterlagen zum Termin mitzubringen (§ 378 ZPO). In Ausnahmefällen kann auch eine schriftliche Zeugenaussage eingeholt werden (§ 377 III ZPO).

4. Benachrichtigung der Parteien vor dem Termin

39 Die Parteien sind von jeder Anordnung zu benachrichtigen (§ 273 IV ZPO).

Die Benachrichtigung dient der Gewährung rechtlichen Gehörs. Die Parteien sollen wissen, welche Auflagen der Gegenseite gemacht werden und was im Termin auf sie zukommt. Bei unterbliebener

Benachrichtigung kann die Partei der Vernehmung von Zeugen und Sachverständigen widersprechen, eine gleichwohl erfolgte Vernehmung ist nicht verwertbar.

5. Beweisaufnahme vor dem Termin

a) Eine Beweisaufnahme vor dem Termin kann nicht allein im Wege der Prozessvorbereitung angeordnet werden. Für sie ist ein Beweisbeschluss der Kammer (bzw. des originären Einzelrichters) erforderlich (§ 358a ZPO). Dies kommt in Frage bei:
- Vernehmungen von Zeugen durch den ersuchten oder beauftragten Richter (§ 375 ZPO).
- Einholung amtlicher Auskünfte.
- Schriftlicher Beantwortung der Beweisfrage von Zeugen nach § 377 III ZPO.
- Begutachtung durch Sachverständige nach § 144 ZPO.
- Einnahme eines Augenscheins nach § 144 ZPO.

b) Für die Anordnung einer solchen Beweisaufnahme gilt das oben zur Ladung von Zeugen und Sachverständigen Gesagte in gesteigertem Maß; das Gericht muss die Sach- und Rechtslage geprüft und die Erheblichkeit des Beweisthemas bejaht haben. Bei der Einholung von Sachverständigengutachten vor dem Termin ist Zurückhaltung geboten; es muss zunächst klar sein, auf welcher Tatsachengrundlage der Sachverständige sein Gutachten aufbauen muss; ist diese streitig, dann ist sie erst durch andere Beweismittel zu klären.

III. Das Verfahren

1. Die Verfahrensarten

Das Zivilprozessrecht stellt grundsätzlich eine außergerichtliche und drei gerichtliche Verfahrensarten zur Verfügung:

a) Das außergerichtliche Güteverfahren (§ 15a EGZPO)[23] ist nur in einigen, nicht in allen Ländern der Bundesrepublik Deutschland vorgesehen. Es soll zur Entlastung der ersten Instanz durch den Ausbau des Schlichtungsgedankens beitragen. Auf § 15a EGZPO basierende Landesgesetze, die das außergerichtliche Güteverfahren vorsehen, finden sich in Baden-Württemberg, Bayern, Brandenburg, Hessen, Nordrhein-Westfalen, Saarland, Sachsen-Anhalt und Schleswig-Holstein und Rheinland-Pfalz.

Soweit das außergerichtliche Güteverfahren vorgesehen ist, ist seine Durchführung grundsätzlich erforderlich in
- vermögensrechtlichen Streitigkeiten vor dem Amtsgericht bis zu 750,– €,
- bestimmten Nachbarstreitigkeiten
- bestimmten Ehrstreitigkeiten und
- Streitigkeiten über Ansprüche nach Abschnitt 3 des AGG.

Nicht erforderlich ist das außergerichtliche Güteverfahren dagegen grundsätzlich bei
- Klagen gemäß §§ 323, 323a, 324, 328 ZPO, Widerklagen und fristgebundenen Klagen,
- Wiederaufnahmeverfahren,
- Klagen im Urkunds- oder Wechselprozess,
- vorangegangenem Mahnverfahren,

---

[23] *Baumbach/Lauterbach/Albers/Hartmann*, § 15a EGZPO Rn. 1ff.; *Zöller/Heßler*, § 15a EGZPO Rn. 1ff.

– Klagen wegen vollstreckungsrechtlicher Maßnahmen und
– wenn die Parteien nicht in demselben Land wohnen oder ihren Sitz oder eine Niederlassung haben.

§ 15 a EGZPO gibt allerdings nur Rahmenvorschriften; es ist Sache der Landesgesetzgebung, über das Ob und das Wie des außergerichtlichen Güteverfahrens im Einzelnen zu entscheiden (§ 15 a V, VI EGZPO). Ein erforderliches, jedoch nicht durchgeführtes außergerichtliches Güteverfahren hat die Unzulässigkeit der Klage, also des gerichtlichen Verfahrens zur Folge. Die Erfolglosigkeit bzw. Nichtdurchführung eines beantragten außergerichtlichen Verfahrens ist deshalb zu bescheinigen (§ 15 a I 2, 3 EGZPO).

43 b) **Das schriftliche Vorverfahren und die spätere Anberaumung eines Haupttermins** (§§ 276–279 ZPO). Das Verfahren besteht in einem angeordneten Schriftsatzwechsel (§ 276 I 2, III ZPO), bei dem der Sach- und Streitstand zunächst gesichtet und nach Klärung der Schlüssigkeit und Erheblichkeit sodann Zeitpunkt, Art und Inhalt des Haupttermins festgelegt werden. Grundsätzlich geht dem Haupttermin eine vorangeschaltete Güteverhandlung voraus, es sei denn, es liegt einer der Fälle des § 278 II 1 2. Halbs. ZPO vor. Um so genannte „unstreitige Sachen" nicht dem langwierigen schriftlichen Vorverfahren zu unterwerfen, ist der Beklagte zugleich mit der Anordnung des Verfahrens aufzufordern, binnen zwei Wochen nach Zustellung der Klageschrift zu erklären, ob er sich gegen die Klage verteidigen will (§ 276 I 1 ZPO). Diese Erklärung unterliegt im Verfahren vor dem Landgericht dem Anwaltszwang; im Verfahren vor dem Amtsgericht kann die Verteidigungsanzeige schriftlich oder zu Protokoll der Geschäftsstelle erfolgen (§§ 496, 129 a ZPO). Geht eine solche Verteidigungsanzeige nicht ein, so kann auf Antrag des Klägers Versäumnisurteil ergehen (§ 331 III ZPO). Der Beklagte kann den Anspruch aber auch anerkennen, worauf auch ohne Antrag des Klägers Anerkenntnisurteil ergeht (§ 307 ZPO). Von diesen beiden Möglichkeiten abgesehen, bedarf es zur endgültigen Erledigung des Rechtsstreits einer mündlichen Verhandlung in einem Haupttermin, es sei denn, die Parteien sind mit einer Entscheidung im schriftlichen Verfahren einverstanden (§ 128 II ZPO).

Das schriftliche Vorverfahren empfiehlt sich zur Aussonderung einfacher Fälle im Wege des Anerkenntnis- oder Versäumnisurteils gemäß §§ 307, 331 III ZPO und wenn ein Verhandlungstermin besonderer Vorbereitung bedarf, um effektiv zu sein; insbesondere dann, wenn es der Klärung durch den Wechsel von Schriftsätzen bedarf, welche Tatsachen streitig sind und welche Beweismittel zu ihrer Klärung zur Verfügung stehen.[24] Voraussetzung ist allerdings, dass ein Anerkenntnis oder das Ausbleiben einer Verteidigungsanzeige zu erwarten ist bzw. die Parteien infolge ihrer schriftlichen Gewandtheit oder durch die vertretenen Anwälte in der Lage sind, die Vorbereitung des Verhandlungstermins anhand entsprechender Auflagen des Gerichts durchzuführen. Die Gefahr des schriftlichen Vorverfahrens besteht in einer Verzögerung der Erledigung des Rechtsstreits, denn der Schriftsatzwechsel kann zum Anschwellen der Akten führen, wodurch der Aufwand für die Vorbereitung der mündlichen Verhandlung steigt.

44 c) **Die Anberaumung eines frühen ersten Termins mit eventueller Erledigung oder anschließender Anberaumung eines Haupttermins** (§§ 275, 278, 279 ZPO). Der frühe erste Termin ist ein vollwertiger Termin, in dem die Sache endgültig abgeschlossen werden kann (§ 275 II ZPO). Ihm geht grundsätzlich eine Güteverhandlung voraus, es sei denn, es liegt einer der in § 278 II 1 2. Halbs. ZPO genannten Fälle vor. Bei Anordnung des frühen ersten Termins können insbesondere im Rahmen prozess-

---

[24] *Baumbach/Lauterbach/Albers/Hartmann*, § 272 Rn. 10 f.; *Zöller/Greger*, § 272 Rn. 2.

leitender Anordnung auch Zeugen und Sachverständige geladen werden mit der Folge, dass der frühe erste Termin inhaltlich stark einem Haupttermin angeglichen ist. Aus Gründen der Klarheit sollte in der Terminsverfügung darauf hingewiesen werden, dass es sich um einen frühen ersten Termin handelt. Ist die Sache nach dem Ergebnis des frühen ersten Termins noch nicht entscheidungsreif, so wird nunmehr der Haupttermin anberaumt. Gleichzeitig trifft das Gericht alle Anordnungen, die zu seiner Durchführung erforderlich sind (§ 275 II ZPO). Hierbei kann es sich um Aufforderungen zur Klageerwiderung und eine Stellungnahme des Klägers zur Klageerwiderung – jeweils verbunden mit Fristsetzungen – handeln, aber auch um vorbereitende Anordnungen nach § 273 ZPO oder einen Beweisbeschluss nach § 358a ZPO.

Dieses Verfahren empfiehlt sich bei Sachen, die keiner besonderen Vorbereitung bedürfen, bei Eilsachen (Urkunden- und Wechselprozess, Arrest und einstweilige Verfügung) sowie solchen komplexen Sachen, bei denen die weitere Aufklärung nicht nur schriftlich geschehen kann, sondern einer mündlichen Erörterung bedarf.[25]

d) Das schriftliche Verfahren nach § 128 ZPO kann als Ausnahme vom Mündlichkeitsgrundsatz grundsätzlich nur mit schriftlicher Zustimmung der Parteien durchgeführt werden (§ 128 II ZPO). Das Gericht bestimmt bei der Anordnung des schriftlichen Verfahrens die Schriftsatzfrist, also den Zeitpunkt, bis zu dem Schriftsätze eingereicht werden können; dieser entspricht dann dem Zeitpunkt der letzten mündlichen Verhandlung. Die Anordnung kann mit Fristsetzungen gegenüber den Parteien verbunden werden, innerhalb deren sie konkrete Tatsachen vortragen müssen, und bei deren Nichteinhaltung eine Zurückweisung wegen verspäteten Vorbringens nach § 296 I ZPO Platz greifen kann. Schließlich setzt das Gericht einen Verkündungstermin an, der im Falle des § 128 II ZPO nicht später als drei Monate nach der letzten Zustimmungserklärung der Parteien liegen darf. 45

Dieses Verfahren kommt insbesondere in Betracht
- nach einer mündlichen Verhandlung, wenn das Gericht noch weiteren Vortrag beider Parteien für erforderlich hält und eine Vertagung unzweckmäßig ist,
- nach Eingang eines schriftlichen Sachverständigengutachtens und schriftlicher Stellungnahme der Parteien zu diesem (§ 411 IV ZPO) und
- wenn zum Zeitpunkt der mündlichen Verhandlung ein Richterwechsel in Aussicht steht.

2. Die beteiligten Personen

Je nach Eingangsinstanz und Art der Streitigkeit können im Zivilprozess seitens des Gericht unterschiedlich viele Personen mit dem gerichtlichen Verfahren befasst sein: Bei den Amtsgerichten ist dies immer ein Einzelrichter (§ 22 I GVG). Bei den Landgerichten ist dies grundsätzlich ebenso, denn hier entscheidet der originäre Einzelrichter (§ 348 ZPO) oder, wenn dieser ausnahmsweise nicht zuständig ist, der obligatorische Einzelrichter (§ 348a ZPO) und nur in Ausnahmefällen eine mit drei Richtern besetzte Kammer. 46

a) Die Zuständigkeit des Einzelrichters beim Amtsgericht bzw. des originären Einzelrichters nach § 348 ZPO ist der Regelfall, wobei zu beachten ist, dass der originäre Einzelrichter, anders als der Einzelrichter beim Amtsgericht, nicht als solcher, sondern als Kammer entscheidet. Eine Entscheidung durch den originären Einzelrichter ist allerdings dann nicht zulässig, wenn dieser ein Proberichter im ersten zivilrechtlichen Berufsjahr ist oder für den Rechtsstreit in der Geschäftsverteilung des Gerichts eine in § 348 I 2 a–k ZPO vorgesehene Sonderzuständigkeit einer Kammer begründet 47

---

[25] *Baumbach/Lauterbach/Albers/Hartmann*, § 272 Rn. 10f.; *Zöller/Greger*, § 272 Rn. 2.

ist. Bei Zweifeln entscheidet die Kammer durch unanfechtbaren Beschluss (§ 348 II ZPO).

48 b) Ist der Einzelrichter nicht schon kraft Gesetzes, also als originärer Einzelrichter zuständig, so kann die Kammer den Rechtsstreit durch Beschluss dem obligatorischen Einzelrichter nach § 348a ZPO übertragen. Der Einzelrichter tritt dann an die Stelle der Kammer, so dass diese keine Entscheidung mehr fällen kann. Möglich ist die Übertragung jedoch erst, wenn beide Parteien die Gelegenheit hatten, hierzu Stellung zu nehmen (§§ 253 III, 277 I 2 ZPO). Zudem setzt die Übertragung auf den Einzelrichter voraus, dass
– die Sache keine besonderen Schwierigkeiten tatsächlicher oder rechtlicher Art aufweist,
– die Rechtssache keine grundsätzliche Bedeutung hat und
– nicht bereits im Haupttermin vor der Kammer zur Hauptsache verhandelt worden ist, es sei denn, dass inzwischen ein Vorbehalts-, Teil- oder Zwischenurteil ergangen ist.

Eine Verhandlung im frühen ersten Termin hindert also die Übertragung auf den Einzelrichter nicht, was zu Schwierigkeiten führen kann, wenn die unterschiedliche Bezeichnung des Termins nicht ernst genommen wird oder im frühen ersten Termin ein umfangreicher Beweisbeschluss ergeht. Eine Begründung ist wegen der Unanfechtbarkeit des Beschlusses (§ 348a III ZPO) in der Regel nicht erforderlich; eine kurze Begründung ist angezeigt, wenn eine oder beide Parteien Einwendungen gegen die Übertragung erhoben haben. Richtiger Ansicht nach erfolgt die Übertragung auf den Einzelrichter schlechthin, nicht auf einen namentlich genannten Einzelrichter; dieser ergibt sich aus der Geschäftsverteilung der Kammer (§ 21g II, III GVG).

49 c) Der Wechsel vom Einzelrichter zum Kollegium bzw. der Kammer[26] ist unterschiedlich für den originären Einzelrichter in § 348 III, IV ZPO und den obligatorischen Einzelrichter in § 348a II, III ZPO geregelt:

Der originäre Einzelrichter ist zur Vorlage an das Kollegium (nicht die Kammer, denn er entscheidet selbst als Kammer) verpflichtet, wenn
– die Sache besondere Schwierigkeiten tatsächlicher oder rechtlicher Art aufweist,
– die Rechtssache grundsätzliche Bedeutung hat oder
– die Parteien dies übereinstimmend beantragen.

Der obligatorische Einzelrichter ist zur Vorlage an die Kammer verpflichtet, wenn
– sich aus einer wesentlichen Änderung der Prozesslage
– besondere Schwierigkeiten tatsächlicher oder rechtlicher Art oder
– die grundsätzliche Bedeutung der Rechtssache ergeben oder
– die Parteien dies übereinstimmend beantragen.

Die Vorlage hat unverzüglich zu erfolgen und ist knapp zu begründen. Die Kammer entscheidet über sie durch unanfechtbaren Beschluss, dem im Falle der Vorlage durch den obligatorischen Einzelrichter eine Anhörung der Parteien vorauszugehen hat, im Falle der Vorlage durch den originären Einzelrichter nicht. Zur Übernahme ist die Kammer verpflichtet, wenn pflichtgemäßes Ermessen ergibt, dass eine der genannten Voraussetzungen vorliegt. Eine Zurückübertragung oder erneute Übertragung auf den Einzelrichter ist ausgeschlossen. Auch hier ist eine Begründung wegen der Unanfechtbarkeit des Beschlusses (§§ 348 IV, 348a III ZPO) in der Regel nicht erforderlich aber angezeigt, wenn eine oder beide Parteien Einwendungen gegen die Übertragung erhoben haben.

50 d) Soweit die Kammer und nicht ein Einzelrichter zuständig ist, gilt es schließlich zu beachten, dass neben der Kammer einzelne ihrer Mitglieder als beauftragte oder vor-

---

[26] *Baumbach/Lauterbach/Albers/Hartmann*, § 348 Rn. 34ff.; § 348a Rn. 11ff.; *Zöller/Greger*, § 348 Rn. 20ff.; § 348a Rn. 8ff.

IV. Der Ablauf der mündlichen Termine

bereitende Richter tätig werden können und zudem, unabhängig von der Zuständigkeit der Kammer oder des Einzelrichters, ersuchte Richter.

IV. Der Ablauf der mündlichen Termine

Das Gesetz unterscheidet klar zwischen der Güteverhandlung (§ 278 II–V ZPO), dem frühen ersten Termin (§ 275 ZPO) und dem Haupttermin (§ 279 ZPO). In der Praxis wird die Trennung zwischen frühem ersten Termin und Haupttermin teilweise nicht so strikt gehandhabt; insbesondere wird im Anschluss an den frühen ersten Termin vielfach kein „Haupttermin", sondern ein weiterer Termin zur mündlichen Verhandlung anberaumt. Ebenso ist der unterschiedliche Ablauf der beiden Termine in der Praxis oft nicht so klar erkennbar.

1. Die Güteverhandlung[27]

a) Sie kommt nicht in Betracht, wenn bereits ein außergerichtliches Güteverfahren erfolglos war oder die Güteverhandlung erkennbar aussichtslos erscheint.

Maßgeblich für die Erkennbarkeit der Aussichtslosigkeit ist der Terminierungszeitpunkt. Da die Güteverhandlung der Regelfall ist (§ 278 II ZPO), sollte ihr Weglassen wegen erkennbarer Aussichtslosigkeit einem Aktenvermerk zu entnehmen sein, der mit einer kurzen Begründung versehen ist.

b) Soweit die Güteverhandlung durchzuführen ist, kann sie in Verbindung mit einem an sie anschließenden frühen ersten Termin oder einem Haupttermin vorgenommen werden, muss es aber nicht.

Zur Beschleunigung des Verfahrens und damit in Umsetzung des Konzentrationsgrundsatzes sollte allerdings nicht lediglich zur Güteverhandlung, sondern zugleich entweder zum frühen ersten Termin oder, nach Durchführung des schriftlichen Vorverfahrens, zugleich zum Haupttermin geladen werden, denn beide sollen sich unmittelbar anschließen, wenn eine Partei zur Güteverhandlung nicht erscheint oder diese erfolglos ist (§ 279 I 1 ZPO). Nur wenn allein zur Güteverhandlung geladen wurde, ist im Falle des Nichterscheinens einer Partei oder der Erfolglosigkeit der Güteverhandlung unverzüglich Termin zur mündlichen Verhandlung zu bestimmen (§ 279 I 2 ZPO).

c) Die Güteverhandlung hat folgenden Ablauf:

(1) Aufruf der Sache (§ 220 ZPO).
(2) Feststellung der Präsenz der Beteiligten: Parteien einschließlich etwaiger Vertreter, Rechtsanwälte, Dolmetscher. Hier gilt es zu beachten, dass für die Güteverhandlung vor dem beauftragten oder ersuchten Richter kein Anwaltszwang besteht, § 78 III ZPO. Im Übrigen besteht auch für das Güteverfahren ein Anwaltszwang wie sonst, außerdem kann in den Fällen, in denen die von den Parteien angestrebte gütliche Einigung die Vornahme von Prozesshandlungen erfordert, diese im Falle des Bestehens eines Anwaltszwangs gemäß § 78 I ZPO alleine wirksam von Rechtsanwälten vorgenommen werden.[28]
(3) Erörterung des Sach- und Streitstandes (§ 278 II 2, 3 ZPO), wobei die erschienenen Parteien hierzu persönlich gehört werden sollen. Ziel der Güteverhandlung ist es, die Einigungschancen auszuloten, auf dieses Ziel sollten die Erörterung des Tatsachenstoffs und der Rechtsfragen sowie die Befragung der Parteien gerichtet sein.
(4) Versuch einer gütlichen Beilegung des Rechtsstreits. In Betracht kommt hier vor allem ein seitens des Gerichts vorgeschlagener Prozessvergleich, wobei es hilfreich sein kann, anzuregen, dass das

---
[27] Baumbach/Lauterbach/Albers/Hartmann, § 278 Rn. 1 ff.; Zöller/Greger, § 278 Rn. 1 ff.
[28] Baumbach/Lauterbach/Albers/Hartmann, § 78 Rn. 46; Zöller/Vollkommer, § 78 Rn. 18.

Gericht über die Kosten des Rechtsstreits und des Vergleichs nach § 91 a ZPO entscheidet, falls die Parteien eine entsprechende Verpflichtung in den Vergleich aufnehmen und sich im Übrigen vergleichen. Im Übrigen ist zu beachten, dass eine gütliche Einigung der Parteien nicht nur in einer Güteverhandlung durch Prozessvergleich, sondern auch auf anderem Wege möglich ist. Zu nennen sind hier etwa die Klagerücknahme und die übereinstimmende Erledigungserklärung, da für diese Prozesshandlungen nicht die Erklärung in einer mündlichen Verhandlung notwendig ist. Dagegen können Anerkenntnis und Verzicht nur in der mündlichen Verhandlung erklärt werden. Entscheidend ist, dass das Gericht unter Berücksichtigung aller Umstände, insbesondere auch der Kosten des Rechtsstreits (und des Prozessvergleichs), eine für alle Verfahrensbeteiligte akzeptable Lösung aufzeigt.

(5) Kommt eine gütliche Einigung der Parteien zustande, so ist diese ebenso zu protokollieren wie das Scheitern der Güteverhandlung (§ 160 III Nr. 10 ZPO).

2. Der frühe erste Termin

55 Er besteht aus folgenden Abschnitten, die teilweise durch eine vorangegangene Güteverhandlung ebenso bereits erledigt sein können wie durch vorab erteilte Hinweise oder eine Beweisaufnahme vor mündlicher Verhandlung:

(1) Aufruf der Sache (§ 220 ZPO).

(2) Feststellung der Präsenz der Beteiligten: Parteien einschließlich etwaiger Vertreter, Rechtsanwälte, eventuell geladene Zeugen, Sachverständige, Dolmetscher.

(3) Ausnahmsweise ist das Vorliegen von Formalien festzustellen. Zu erwähnen sind hier
– die Einhaltung der Ladungsfrist (§ 217 ZPO) oder der Einlassungsfrist (§ 274 III ZPO), falls deren Nichteinhaltung gerügt wird, ferner
– die Säumnis trotz ordnungsgemäßer, insbesondere rechtzeitiger Ladung, falls ein Antrag auf Erlass eines Versäumnisurteils bevorsteht (§§ 330, 331, 337 ZPO) sowie
– die Zulässigkeit des Einspruchs nach einem Versäumnisurteil (§§ 338, 339, 345 ZPO).

(4) Überreichen von Schriftsätzen. Wird ein Schriftsatz unter Verstoß gegen § 132 ZPO erst im Termin überreicht, so muss auf jeden Fall geklärt werden, ob er neues tatsächliches Vorbringen enthält. Bejahendenfalls ist es zu klären, ob der Gegner sich hierauf einlässt, d. h. eine Erklärung hierzu abgeben kann (Bestreiten, Zugestehen der neuen Tatsachen). Wird diese Einlassung verweigert, so kommen folgende Maßnahmen in Betracht:
– Weiterverhandeln (bei unschlüssigen neuen Tatsachen),
– Gewährung eines Schriftsatznachlasses (§ 283 ZPO),
– Vertagung (§ 227 I Nr. 2 ZPO) sowie
– Anordnung des schriftlichen Verfahrens mit Zustimmung der Parteien (§ 128 II ZPO).

56 (5) Stellen der Anträge (§ 137 I ZPO). Nach § 297 ZPO erfolgt die Antragstellung entweder durch Verlesung aus den Schriftsätzen, durch Bezugnahme auf die Schriftsätze oder durch Aufnahme in das Protokoll. In der Regel erfolgt die Antragstellung durch Bezugnahme auf die Schriftsätze; ist ein Mahnverfahren vorangegangen, so kann – falls sich an dem verlangten Zahlungsbetrag nichts geändert hat – auch auf den Mahnbescheid Bezug genommen werden. Eine Erklärung zu Protokoll kann nur bei Gestattung des Vorsitzenden erfolgen; sie wird nur bei einfach formulierten Anträgen in Frage kommen (z. B. bei Klageabweisung) oder wenn die Partei vor dem Amtsgericht nicht anwaltlich vertreten ist.

Wird nach Erörterung von Bedenken gegen einen schriftsätzlich angekündigten Antrag ein neu formulierter Antrag gestellt, so kann dies einmal durch eine Berichtigung des Antrags im Schriftsatz in den Gerichtsakten (mit erneuter Unterschrift des Rechtsanwalts), durch Bezugnahme auf den Antrag im Schriftsatz mit einer ergänzenden Erklärung im Protokoll oder schließlich durch eine handschriftliche Neuformulierung des Antrags erfolgen, die dann als Anlage zu dem Protokoll genommen wird; letzteres kommt vor allem in Frage, wenn der Antrag umfangreich ist und schwierige Formulierungen enthält, deren genaue Abfassung dem Rechtsanwalt in eigener Verantwortung zu überlassen ist.

(6) Erörterung des Sach- und Streitstandes. Angesichts der Tatsache, dass das Gericht dazu verpflichtet ist, auf erkennbar von der Partei übersehene oder für unerheblich gehaltene tatsächliche oder rechtliche

Gesichtspunkte, die nach der Auffassung des Gerichts für die Entscheidung erheblich sind sowie darauf hinzuweisen, dass das Gericht solche Gesichtspunkte anders als die Parteien beurteilt (§ 139 II ZPO), sollte es sich bei dieser Erörterung um ein Rechtsgespräch zwischen dem Gericht und den Parteien handeln.

(7) Vortrag des Prozessstoffs durch die Parteien (§ 137 II ZPO). Sie wird in der Praxis regelmäßig durch eine Bezugnahme auf die Schriftsätze ersetzt (§ 137 III ZPO). Ein mündlicher Vortrag wird oft von dem Gericht verlangt, wenn ein Schriftsatz verspätet vorgelegt wird, den das Gericht oder die Gegenpartei noch nicht kennt. Auch der Partei ist auf Antrag das Wort zu erteilen (§ 137 IV ZPO).

(8) Beigezogene Akten werden zum Gegenstand der mündlichen Verhandlung gemacht. Die Pflicht zur Gewährung rechtlichen Gehörs kann es gebieten, die Parteien auf diejenigen Stellen der Beiakten hinzuweisen, auf die es nach Meinung des Gerichts ankommt.

(9) Bekanntgabe offenkundiger Tatsachen oder allgemeiner Erfahrungssätze, die das Gericht bei seiner Entscheidung verwerten will. Die Notwendigkeit der Erörterung folgt aus dem Grundsatz der Gewährung rechtlichen Gehörs. Zu klären ist, ob die bekannt gegebenen Tatsachen bestritten werden.

(10) Klären von Zweifelsfragen durch Anhörung der Parteien (§ 141 I ZPO) und durch Fragen an die Anwälte (§ 139 ZPO).

(11) Erörterung rechtlicher Zweifelsfragen.

(12) Vernehmung etwaiger nach § 273 I Nr. 4 ZPO geladener Zeugen und Sachverständigen. Eines besonderen Beweisbeschlusses bedarf es hierzu ebenso wenig wie einer Festlegung der Beweisthemen durch Gerichtsbeschluss.[29] Damit ist das Gericht jedoch nicht der sorgfältigen Prüfung der Entscheidungserheblichkeit des Beweisthemas, d.h. Schlüssigkeit bzw. Erheblichkeit der unter Beweis gestellten Tatsachen, der Beweisbedürftigkeit sowie der Eignung und Zulässigkeit der Beweismittel enthoben. Zudem muss der Gegenstand der Vernehmung dem Zeugen (oder Sachverständigen) vor Äußerung zur Sache bekannt gegeben werden.

(13) Vernehmung einer oder beider Parteien unter den im Gesetz vorgesehenen Voraussetzungen (§§ 445 ff. ZPO). Hierzu bedarf es einer Anordnung durch Beweisbeschluss (§ 450 ZPO).

(14) Verhandlung zum Ergebnis einer (stattgefundenen) Beweisaufnahme nebst erneuter Erörterung des Sach- und Streitstandes (§§ 279 III, 285 ZPO).

(15) Versuch einer gütlichen Beilegung des Rechtsstreits. Hierbei ist zu beachten, dass das Gericht in jeder Lage des Verfahrens auf eine gütliche Einigung der Parteien bedacht sein soll, also auch bereits zu einem früheren Zeitpunkt einen Schlichtungsversuch unternehmen kann (§ 278 I ZPO). Dies hat regelmäßig in einer Güteverhandlung zu geschehen (§ 278 II ZPO), hindert jedoch nicht weitere Schlichtungsversuche im Verlauf des Verfahrens.

(16) Erörterung des weiteren Prozessverlaufs, falls die Sache nicht zum Abschluss kommt. Hierher gehören zu erteilende Auflagen, das Setzen von Fristen, die Gewährung eines Schriftsatznachlasses (§ 283 ZPO), die Festlegung des Haupttermins oder eines besonderen Beweistermins (vor dem beauftragten Richter, z.B. Ortstermin, Vernehmung eines Zeugen zu Hause oder im Krankenhaus), Verweisung an den Einzelrichter, eventuell der Übergang in das schriftliche Verfahren.

(17) Beratung des Gerichts (§§ 192–197 GVG).

(18) Verkündung der Entscheidung oder Anberaumung eines Verkündungstermins. Ob das Gericht sofort verkündet oder einen Verkündungstermin anberaumt, steht in seinem freien Ermessen. Für sofortige Verkündung sprechen: leichte Absetzbarkeit der Entscheidung, Eilbedürftigkeit, Verhinderung weiteren Vorbringens (wegen § 156 ZPO). Für Anberaumung eines Verkündungstermins sprechen: Notwendigkeit umfangreicher Beratung, schwierige Abfassung der Entscheidungsgründe.

3. Der Haupttermin

Er hat grundsätzlich dieselben Abschnitte wie der frühe erste Termin, die allerdings teilweise durch eine vorangegangene Güteverhandlung, vorab erteilte Hinweise oder eine Beweisaufnahme vor mündlicher Verhandlung erledigt sein können wie auch

---

[29] *Baumbach/Lauterbach/Albers/Hartmann*, § 358 Rn. 4; *Zöller/Greger*, § 358 Rn. 2.

durch einen vorangegangenen frühen ersten Termin. Der Haupttermin gliedert sich wie folgt:

(1) Aufruf der Sache (§ 220 ZPO).
(2) Feststellung der Präsenz.
(3) Feststellung von Formalien.
(4) Überreichen von Schriftsätzen.
(5) Stellen der Anträge. Hat ein früher erster Termin stattgefunden, so kann auf die dort gestellten Anträge Bezug genommen werden.
(6) Erörterung des Sach- und Streitstandes.
(7) Vortrag des Prozessstoffs durch die Parteien.
(8) Beigezogene Akten werden zum Gegenstand der mündlichen Verhandlung gemacht.
(9) Bekanntgabe offenkundiger Tatsachen oder allgemeiner Erfahrungssätze, die das Gericht bei seiner Entscheidung verwerten will.
(10) Klären von Zweifelsfragen durch Anhörung der Parteien und durch Fragen an die Anwälte.
(11) Erörterung rechtlicher Zweifelsfragen.
(12) Vernehmung etwaiger nach § 273 I Nr. 4 ZPO geladener Zeugen und Sachverständigen.
(13) Vernehmung einer oder beider Parteien unter den im Gesetz vorgesehenen Voraussetzungen.
(14) Verhandlung zum Ergebnis einer (stattgefundenen) Beweisaufnahme nebst erneuter Erörterung des Sach- und Streitstandes.
(15) Versuch einer gütlichen Beilegung des Rechtsstreits.
(16) Erörterung des weiteren Prozessverlaufs, falls die Sache nicht zum Abschluss kommt.
(17) Beratung des Gerichts (§§ 192–197 GVG).
(18) Verkündung der Entscheidung oder Anberaumung eines Verkündungstermins.

4. Das Sitzungsprotokoll

a) Über jede mündliche Verhandlung ist ein Sitzungsprotokoll aufzunehmen (§ 159 I ZPO). Zweck dieser Regelung ist die schriftliche Niederlegung der stattgefundenen Verhandlungen mit ihrem jeweiligen Inhalt, da sich hieraus für den Ablauf des weiteren Verfahrens Konsequenzen ergeben können. In der Regel soll das Protokoll von einem Urkundsbeamten der Geschäftsstelle aufgenommen werden (§ 159 I 2 ZPO). Der Richter sollte von der Fixierung des Protokolls entlastet werden, um sich seiner eigentlichen Aufgabe, der Verhandlungsführung, widmen zu können.[30]

Von der Zuziehung eines Urkundsbeamten kann allerdings abgesehen werden, wenn der Vorsitzende dies für zweckmäßig hält. In Frage kommen vor allem Sitzungen ohne Beweisaufnahme oder Güteverhandlungen, bei denen die Anwesenheit eines Protokollführers personeller Leerlauf wäre. Im Übrigen hängt die Entscheidung auch davon ab, welche Art der Protokollierung von dem Richter gewählt wird.

b) Nach § 160 a I ZPO kommen als Arten der vorläufigen Protokollierung in Frage die Aufnahme in Langschrift, mit gebräuchlichen Abkürzungen, die Aufnahme in gebräuchlicher Kurzschrift (Stenogramm) und die Aufnahme auf Ton- oder Datenträger. Bei nur vorläufiger Protokollierung muss das Protokoll unverzüglich nach der Sitzung in Langschrift übertragen werden.

Aus Gründen der Arbeitsersparnis besteht eine Erleichterung nach § 160 a II 2 ZPO betreffend die Beweisaufnahme: Aussagen von Zeugen, Sachverständigen und Parteien und das Ergebnis eines Augenscheins werden nur übertragen, wenn eine Partei dies bis zum rechtskräftigen Abschluss des Verfahrens beantragt oder das Rechtsmittelgericht die Ergänzung anfordert. Das bedeutet natürlich, dass

---

[30] *Baumbach/Lauterbach/Albers/Hartmann*, § 159 Rn. 11; *Zöller/Stöber*, § 159 Rn. 3.

IV. Der Ablauf der mündlichen Termine 23

die Aufzeichnungen weiterhin aufbewahrt werden müssen (§ 160a III ZPO). In der Praxis werden die Beweisergebnisse regelmäßig sofort nach der Sitzung übertragen, da auch der Richter diese Aufzeichnungen für das weitere Verfahren benötigt. Gelöscht werden können Aufzeichnungen auf Ton- oder Datenträgern nur unter den Voraussetzungen des § 160a III ZPO.

c) § 160 I ZPO schreibt als Inhalt des Protokolls zunächst vor, dass bestimmte Daten **64** der Verhandlung im Protokoll festzuhalten sind: Ort und Tag der mündlichen Verhandlung, die Bezeichnung des Rechtsstreits und der an der Verhandlung mitwirkenden Richter sowie des anwesenden Urkundsbeamten, die Angabe, ob öffentlich verhandelt wurde, die Namen der erschienenen Parteien und ihrer Prozessbevollmächtigten. Weiterhin ist nach § 160 III ZPO als zwingender Inhalt des Protokolls vorgeschrieben:
- die Anträge der Parteien;
- Anerkenntnis, Anspruchsverzicht und Prozessvergleich;
- Geständnisse und Erklärungen über einen Antrag auf Parteivernehmung sowie sonstige Erklärungen, deren Feststellung vorgeschrieben ist;
- die Beweisaufnahme (Aussagen von Zeugen, Sachverständigen, Parteivernehmung, Augenschein, mündlich erteilte amtliche Auskünfte);
- die Entscheidungen des Gerichts;
- Verkündung von Entscheidungen;
- Rücknahme der Klage oder eines Rechtsmittels bzw. Rechtsbehelfs;
- Verzicht auf Rechtsmittel;
- das Ergebnis der Güteverhandlung.

Darüber hinaus sind wesentliche Vorgänge der mündlichen Verhandlung aufzuzeichnen (§ 160 II ZPO). Dabei bestimmt das Gericht nach seinem Ermessen, was wesentlich ist, z.B. eine Änderung des Parteivorbringens gegenüber den vorbereitenden Schriftsätzen, Einverständniserklärungen mit schriftlichem Verfahren, Aussetzung des Verfahrens, Ruhen des Verfahrens oder mit Entscheidung nach Aktenlage; Erklärungen der Parteien über die Ablehnung eines Richters, strafbare Handlungen.

Die Parteien können bis zum Schluss der Verhandlung beantragen, dass bestimmte Vorgänge oder **65** Äußerungen in das Protokoll aufgenommen werden (§ 160 IV ZPO). Das Gericht kann von der Aufnahme absehen, wenn es auf diese Vorgänge nach seiner Auffassung nicht ankommt (§ 160 IV 2 ZPO). Der entsprechende Beschluss ist in das Protokoll aufzunehmen, jedoch unanfechtbar (§ 160 IV 3 ZPO). Großzügigkeit des Gerichts ist jedoch in der Regel angebracht, zumal eine Debatte über die Frage, ob es auf einen bestimmten Vorgang ankommt, oft länger dauert als eine Aufnahme in das Protokoll und zudem zu Spannungen führen kann.

d) Bestimmte Erklärungen der Beteiligten sind entsprechend der genauen Protokol- **66** lierung zur Kenntnis zu geben und von ihnen zu genehmigen (§ 162 I ZPO).

Dies geschieht durch Vorlesen, Vorspielen des Datenträgers oder Vorlage zur Einsicht. Letzteres kommt insbesondere bei umfangreichen Prozessvergleichen in Betracht, die die Parteien bereits vorbereitet haben. Im Protokoll ist zu vermerken, dass dies geschehen ist (vorgespielt und genehmigt; selbst gelesen und genehmigt). Wird die Genehmigung verweigert, ist dies ebenfalls zu vermerken. Wird ein Prozessvergleich protokolliert, so ersetzt die Aufnahme der Erklärungen der Parteien in das nach den Vorschriften der Zivilprozessordnung errichtete Protokoll die notarielle Beurkundung (§ 127a BGB).

e) Das Protokoll ist von dem Vorsitzenden und dem Urkundsbeamten zu unter- **67** schreiben. Sie übernehmen mit der Unterschrift die Verantwortung für die Richtigkeit der Protokollierung.

Bei Aufnahme auf Ton- oder Datenträger ist allein der Urkundsbeamte für die Richtigkeit der Übertragung verantwortlich (§ 163 I 2 ZPO). In der Praxis ist es aber üblich, dass der Vorsitzende die

Richtigkeit der Übertragung überprüft und etwaige Fehler dem Urkundsbeamten mitteilt, damit er gegebenenfalls die Richtigkeit der Übertragung revidieren kann. § 163 II ZPO enthält Vorschriften über die Unterschriftsleistungen, wenn eine der beiden Urkundspersonen an der Unterschrift verhindert ist.

68 f) Das Protokoll kann bei Vorliegen von Unrichtigkeiten berichtigt werden. Das in § 164 ZPO geregelte Verfahren betrifft nur die Fälle, in denen das Protokoll bereits unterschrieben und an die Parteien herausgegangen ist.

Anstoß für eine solche Berichtigung kann eine Entdeckung des Fehlers durch das Gericht selbst oder ein Hinweis der Parteien oder Hinweis eines Zeugen bzw. Sachverständigen sein. Den Beteiligten ist ein Anhörungsrecht gemäß § 164 II ZPO eingeräumt. Die Berichtigung erfolgt durch ein Zusammenwirken beider Urkundspersonen in Form eines Vermerks, der von beiden Urkundspersonen zu unterschreiben ist. Eine Beschwerde gegen die Protokollberichtigung oder deren Ablehnung ist grundsätzlich nicht zulässig.[31]

V. Maßnahmen bei ungebührlichem Verhalten

69 Im Gegensatz zum Strafprozess hat das Gericht im Zivilprozess sich nur in seltenen Fällen mit ungebührlichem Verhalten von Prozessbeteiligten und Zuhörern zu befassen. In erster Linie muss in solchen „gefahrenträchtigen Situationen" der Richter aufgrund seiner Persönlichkeit und mit geschickter Verhandlungsführung versuchen, die Wogen zu glätten und damit die Situation zu meistern. Oberster Grundsatz ist, dass der Richter sich nie aus der Ruhe bringen lassen darf und nicht durch Überreaktionen (Schreien, unpassende Worte) selbst Angriffsflächen bietet. Das Gesetz sieht für den Ernstfall folgende Möglichkeiten des Eingreifens vor:

1. Versagung des Zutritts

70 Unerwachsenen und solchen Personen, die in einer der Würde des Gerichts nicht entsprechenden Weise erscheinen, kann der Zutritt zu dem Sitzungszimmer versagt werden (§ 175 I GVG).

Es kann sich hierbei nur um Extremfälle handeln, bei denen eine Provokation des Gerichts offensichtlich gewollt ist oder die äußere Erscheinung im Interesse der Prozessbeteiligten und auch der übrigen Zuhörer keinesfalls hingenommen werden kann.[32] Die Maßnahmen können sich gegen alle im Sitzungszimmer anwesenden Personen richten, also auch gegen Rechtsanwälte.

2. Sitzungspolizei

71 Die Aufrechterhaltung der Ordnung in der Sitzung (Sitzungspolizei) obliegt gemäß §§ 176 ff. GVG dem Vorsitzenden.

Er kann im Rahmen der Verhandlungsführung jedem Beteiligten das Wort entziehen (§ 136 II ZPO). Er bestimmt bei entsprechend großem Andrang von Zuhörern, welche Anzahl von ihnen im Sitzungssaal anwesend sein dürfen; eine Überfüllung ist ebenso zu vermeiden wie eine unzumutbare räumliche Vermengung von Gericht und sonstigen Prozessbeteiligten einerseits und Zuhörern andererseits (Beispiel: Zuhören hinter der Richterbank). Bei auftretenden Verstößen kann er Verwarnungen erteilen und auch weitere Anordnungen treffen, die zur Aufrechterhaltung der Ordnung not-

---

[31] *Baumbach/Lauterbach/Albers/Hartmann*, § 164 Rn. 14 f.; Zöller/*Stöber*, § 164 Rn. 11.
[32] *Baumbach/Lauterbach/Albers/Hartmann*, § 175 GVG Rn. 3; Zöller/*Gummer*, § 175 GVG Rn. 1.

wendig sind. (Beispiele: Einstellung von Zwischenrufen, Unterlassung sonstiger störender Handlungen; im Extremfall auch Räumung des Sitzungssaals).[33]

3. Entfernung aus dem Sitzungssaal

Parteien, Zeugen, Sachverständige und Zuhörer, die den Anordnungen des Vorsitzenden nicht Folge leisten, können aus dem Sitzungszimmer entfernt werden; außerdem kann Ordnungshaft bis zu 24 Stunden verhängt werden (§ 177 GVG). 72

Diese Maßnahme trifft, soweit es sich um die Prozessbeteiligten handelt, das Gericht; hinsichtlich der Zuhörer ist der Vorsitzende allein zuständig. Eine Beschwerdemöglichkeit gegen diese Maßnahmen ist nicht gegeben. Gegen einen Rechtsanwalt können solche Maßnahmen nicht ergriffen werden. Bei ihm kommen nur die Ermahnung im Rahmen der Sitzungspolizei (§ 176 GVG) in Betracht, ferner Unterbrechung der Sitzung, Vertagung des Termins, Mitteilung des Verhaltens an die zuständige Rechtsanwaltskammer zur Einleitung standesrechtlicher Maßnahmen.[34]

4. Ordnungsgeld/-haft

Bei ungebührlichem Verhalten der Parteien, Zeugen, Sachverständigen oder Zuhörer kann ein Ordnungsgeld bis 1000,– € oder Ordnungshaft bis einer Woche festgesetzt werden (§ 178 GVG). 73

a) Dies setzt voraus, dass die Ungebühr in einem Verhalten besteht, das sich gegen das Gericht oder einen Beteiligten wendet, insbesondere die ihnen als Person und Amtsträger geschuldete Achtung verletzt, oder die Ruhe und Ordnung der Verhandlung empfindlich stört.[35]

In den letzten Jahrzehnten ist die Bejahung von Ungebühr stark rückläufig, da sich die Vorstellung über die Würde des Gerichts und die Freiheiten des Einzelnen erheblich gewandelt haben. In Frage kommen heute nur noch eklatante Verstöße, die den Ablauf der Verhandlung erheblich stören. Dabei sind die Umstände des Einzelfalles heranzuziehen, wobei auch eine unverzüglich nach dem Fehlverhalten abgegebene Entschuldigung zu berücksichtigen ist.

b) Gerade bei Ungebühr muss das Gericht trotz der meist angespannten Situation genau auf die Einhaltung der nachfolgend erwähnten Formalien achten, da ihre Nichtbeachtung zur Aufhebung der Ordnungsmaßnahme im Beschwerdeweg führt. 74

(1) Der „ungebührliche Vorgang" muss im Protokoll so deutlich festgehalten werden, dass das Beschwerdegericht Grund und Höhe der Sanktion nachprüfen kann.
(2) Dem Betroffenen ist rechtliches Gehör zu gewähren. Ihm ist zu eröffnen, welches Verhalten vom Gericht als Ungebühr beanstandet wird und dass deswegen eine Ordnungsmaßnahme gegen ihn verhängt werden soll. Die Gewährung rechtlichen Gehörs ist im Protokoll zu vermerken; d. h. auch eine etwaige Erklärung des Betroffenen.[36]
(3) Die Verhängung der Ordnungsmaßnahme erfolgt bei Prozessbeteiligten (Parteien, Zeugen, Sachverständige) durch das Gericht, bei Zuhörern durch den Vorsitzenden (§ 178 II GVG).
(4) Die Verhängung der Ordnungsmaßnahme erfolgt durch mündliche Bekanntmachung und gleichzeitige Protokollierung. Die Verhängung ist kurz zu begründen; im Einzelfall kann eine ausdrückliche Bezugnahme auf die im Protokoll enthaltenen Feststellungen genügen.
(5) Eine Rechtsmittelbelehrung braucht nicht gegeben zu werden.

---

[33] *Baumbach/Lauterbach/Albers/Hartmann*, § 176 GVG Rn. 4; Zöller/*Gummer*, § 176 GVG Rn. 5.
[34] *Baumbach/Lauterbach/Albers/Hartmann*, § 177 GVG Rn. 3; Zöller/*Gummer*, § 177 GVG Rn. 2.
[35] *Baumbach/Lauterbach/Albers/Hartmann*, § 178 GVG Rn. 4; Zöller/*Gummer*, § 178 GVG Rn. 2f.
[36] *Baumbach/Lauterbach/Albers/Hartmann*, § 178 GVG Rn. 8; Zöller/*Gummer*, § 178 GVG Rn. 5.

5. Ausschluss der Öffentlichkeit

75 Bei erheblichen Störungen durch Zuhörer, die auch durch Verhängung von Ordnungsmaßnahmen gegen einzelne Zuhörer nicht behoben werden können, bleibt als ultima ratio der Ausschluss der Öffentlichkeit wegen Gefährdung der öffentlichen Ordnung (§ 172 Nr. 1 GVG). Dabei sind folgende Formalien zu beachten:

a) Über die Ausschließung der Öffentlichkeit ist vorab zu verhandeln, § 174 GVG.

Das Gericht hat unter Hinweis auf die erfolgten und bevorstehenden Störungen den Parteien mitzuteilen, dass es beabsichtige, die Öffentlichkeit wegen Gefährdung der öffentlichen Ordnung auszuschließen. Die Parteien haben das Recht, hierzu eine Stellungnahme abzugeben. Die Verhandlung über den Ausschluss erfolgt in der Regel in öffentlicher Verhandlung; sie muss unter Ausschluss der Öffentlichkeit erfolgen, wenn ein Beteiligter es beantragt oder das Gericht es für angemessen erachtet; letzteres kann z. B. der Fall sein, wenn der Vorsitzende vorweg wegen erheblicher Störungen den Sitzungssaal bereits hat räumen lassen.

b) Der Beschluss, der die Öffentlichkeit ausschließt, muss im Regelfall in öffentlicher Sitzung verkündet werden. Dabei ist klarzustellen, für welche Dauer die Öffentlichkeit ausgeschlossen wird.

Ausnahmsweise kann er in nicht öffentlicher Sitzung verkündet werden, wenn zu befürchten ist, dass seine öffentliche Verkündung zu einer erheblichen Störung der Ordnung in der Sitzung führen würde (§ 174 I 2 GVG). Letzteres kann z. B. der Fall sein, wenn der Saal bereits geräumt worden ist.

76 c) Der die Öffentlichkeit ausschließende Beschluss bedarf in jedem Falle der Angabe des Grundes der Ausschließung (§ 174 I 3 GVG).

Dabei sollte man nicht nur den Gesetzeswortlaut (Gefährdung der öffentlichen Ordnung) wiederholen, sondern in wenigen Sätzen angeben, welche Gefährdung das Gericht für vorliegend erachtet und woraus es diese Befürchtung herleitet.

d) Die Verkündung des Urteils erfolgt in jedem Falle in öffentlicher Sitzung (§ 173 I GVG).

Da in Zivilsachen die Verkündung lediglich in dem Verlesen bzw. in der Bezugnahme auf die Urteilsformel besteht (§ 311 II 1, 2 ZPO) und dies nur kurze Zeit in Anspruch nimmt, begegnet dieser Verhandlungsteil auch in Gegenwart von zu Störungen geneigten Zuhörern keinen so großen Schwierigkeiten. Im Einzelfall kann das Gericht durch Verlegen des Verkündungstermins auf einen anderen Zeitpunkt und einen anderen Ort größeren Bedrängnissen ausweichen.

Muster 1: Anordnung des schriftlichen Vorverfahrens (§ 276 ZPO)

☐ Amtsgericht Frankfurt am Main
☐ Landgericht Frankfurt am Main
Aktenzeichen: ...

Verfügung

1. Das schriftliche Vorverfahren wird angeordnet.

   D... Beklagte... wird/werden aufgefordert, binnen einer **Frist von zwei Wochen**[37] nach Zustellung der Klageschrift dem Gericht schriftlich anzuzeigen, ob er/sie sich gegen die Klage verteidigen oder ob den Anspruch ganz oder teilweise anerkennen will/wollen.

   ☐ Für den vorliegenden Rechtsstreit besteht kein Anwaltszwang.
   ☐ Für den vorliegenden Rechtsstreit besteht Anwaltszwang. Nur ein bei einem Amts- oder Landgericht zugelassener Rechtsanwalt kann wirksam Prozesserklärungen abgeben. D... Beklagte... wird/werden daher aufgefordert, einen Rechtsanwalt als Prozessbevollmächtigten zu bestellen, wenn er/sie sich gegen die Klage verteidigen will/wollen.

   Geht innerhalb der Frist keine Anzeige bei Gericht ein, dass d... Beklagte... sich gegen die Klage verteidigen will/wollen, kann auf Antrag d... Kläger... ohne mündliche Verhandlung ein **Versäumnisurteil** auch insoweit ergehen, als das Vorbringen des Klägers den Klageantrag in einer Nebenforderung nicht rechtfertigt. Wird mitgeteilt, dass d... Beklagte... den Anspruch ganz oder teilweise anerkennen will/wollen, kann ohne mündliche Verhandlung ein **Anerkenntnisurteil** ergehen.

   Die Frist zur schriftlichen Klageerwiderung wird auf **weitere**
   ☐ zwei Wochen   ☐ ... Wochen[38] festgesetzt.

   Die **Frist zur Klageerwiderung** beginnt <u>nach</u> Ablauf der Frist zur Verteidigungsanzeige. Innerhalb der Klageerwiderungsfrist sind alle Verteidigungsmittel vorzubringen, die gegen die Klage vorgebracht werden sollen, insbesondere eine andere Sachdarstellung, rechtliche Einwände, Beweisanträge und Rügen, die die Zulässigkeit der Klage betreffen. D... Beklagte... wird/werden darauf hingewiesen, dass allein die Nichteinhaltung der Klageerwiderungsfrist zum Unterliegen im Prozess führen kann, auch wenn er/sie im Recht ist/sind.[39]

2. ☐ Die Parteien werden auf Folgendes hingewiesen:
   ☐ Das angerufene Gericht dürfte unzuständig sein, weil ...[40]
   ☐ ...
   Zu diesem Hinweis kann binnen
   ☐ zwei Wochen   ☐ ... Wochen   Stellung genommen werden.

3. ☐ D... Kläger...[41]
   ☐ wird/werden auf Folgendes hingewiesen: ...

---

[37] Notfrist: § 276 I 1 ZPO.
[38] Mindestens weitere zwei Wochen: § 276 I 2 ZPO.
[39] Zur Notwendigkeit der Belehrungen siehe *Baumbach/Lauterbach/Albers/Hartmann*, § 276 Rn. 13 ff.; *Zöller/Greger*, § 277 Rn. 2 f.
[40] Der an beide Parteien gerichtete Hinweis kommt im Anwendungsbereich des § 504 ZPO, also bei Unzuständigkeit des Amtsgerichts in Betracht.
[41] Hier geht es nur um Hinweise und Auflagen, die der Richter bereits jetzt – ohne Vorliegen der Klageerwiderung – anhand der Klageschrift für geboten erachtet.

Zu diesem Hinweis kann binnen
☐ zwei Wochen   ☐ ... Wochen
Stellung genommen werden.
☐ wird aufgegeben, binnen
☐ zwei Wochen   ☐ ... Wochen
☐ zur Frage der Zuständigkeit des angerufenen Gerichts Stellung zu nehmen, wobei
☐ eine schriftliche Gerichtsstandsvereinbarung vorzulegen ist.
☐ die Kaufmannseigenschaft d... Beklagte... darzulegen ist.
☐ die Voraussetzungen des ☐ § 38 II ZPO ☐ des § 38 III ZPO darzulegen sind.
☐ zu erklären, ob einer Entscheidung der Sache durch den Einzelrichter Gründe entgegenstehen.[42]
☐ seinen/ihren Klageantrag darauf zu überprüfen, ob ...
☐ folgende Urkunden vorzulegen: ...
☐ das Aktenzeichen des ... anzugeben.
☐ ...

D... Kläger... wird/werden darauf hingewiesen, dass verspätetes Vorbringen zurückgewiesen werden kann (§ 296 I ZPO);[43] allein die Nichteinhaltung der Frist kann zum Unterliegen im Prozess führen, auch wenn er/sie im Recht ist/sind.[44]

4. ☐ D... Beklagte...[45]
☐ wird/werden auf Folgendes hingewiesen: ...
Zu diesem Hinweis kann binnen
☐ zwei Wochen   ☐ ... Wochen Stellung genommen werden.
☐ wird aufgegeben, binnen
☐ zwei Wochen   ☐ ... Wochen
☐ zu erklären, ob einer Entscheidung der Sache durch den Einzelrichter Gründe entgegenstehen.[46]
☐ folgende Urkunden vorzulegen: ...
☐ das Aktenzeichen des ... anzugeben.
☐ ...

5. ☐ Folgende Akten sollen beigezogen werden: ...

6. Beglaubigte Abschrift von Ziffer 1.–5. dieser Verfügung an:
☐ Kläger... (-Vertreter) (ZU/EB)
☐ Zusatz: Wird der Antrag nach § 331 III ZPO gestellt?
☐ Beklagte... mit Klageabschriften (ZU).
☐ Zusatz: Das für Sie in der Klageschrift angegebene Anwaltsbüro wurde vom Gericht nicht benachrichtigt; es hat dem Gericht Ihre Vertretung bislang nicht angezeigt.
☐ Beklagtenvertreter mit Klageabschriften (EB).

---

[42] § 253 III ZPO.
[43] § 277 IV, II ZPO.
[44] Zur Notwendigkeit der Belehrungen siehe *Baumbach/Lauterbach/Albers/Hartmann*, § 276 Rn. 13 ff.; *Zöller/Greger*, § 277 Rn. 2 f.
[45] Hier geht es nur um Hinweise und Auflagen, die der Richter bereits jetzt – ohne Vorliegen der Klageerwiderung – anhand der Klageschrift für geboten erachtet.
[46] § 348a II 3 ZPO.

7. Wiedervorlage:
   ☐ zwei Wochen nach ZU/EB mit VU-Entwurf (Bl. ... d. A.).
   ☐ ...

Frankfurt am Main, den ...
☐ Amtsgericht, Abteilung ...

☐ Landgericht, ... Zivilkammer
☐ Der Vorsitzende
☐ Der Einzelrichter

....

Muster 2: Klageerwiderungsstellungnahme (§ 276 III ZPO), Zustellung der Widerklage bzw. der Streitverkündung (§ 73 S. 2 ZPO)

☐ Amtsgericht Frankfurt am Main
☐ Landgericht Frankfurt am Main
Aktenzeichen: ...

Verfügung

1. 1. ☐ Schriftsatz vom ... (Bl. ... d.A.) an Kläger(-Vertreter) (ZU/EB).[47] Zusatz: D...
Kläger... wird aufgegeben, binnen
☐ zwei Wochen ☐ ... Wochen[48]
Stellung zu nehmen zu der beigefügten
☐ Klageerwiderung ☐ nebst Widerklage.

☐ D... Kläger... wird auf Folgendes hingewiesen: ...
Zu diesem Hinweis kann binnen
☐ zwei Wochen ☐ ... Wochen Stellung genommen werden.

D... Kläger... wird/werden darauf hingewiesen, dass verspätetes Vorbringen zurückgewiesen werden kann (§ 296 I ZPO);[49] allein die Nichteinhaltung der Frist kann zum Unterliegen im Prozess führen, auch wenn er/sie im Recht ist/sind.[50]

2. 2. ☐ Eine beglaubigte und eine unbeglaubigte Durchschrift der Widerklage vom ... (Bl. ... d.A.) an
☐ Kläger... (ZU)[51] ☐ Klägervertreter (EB)[52] mit der Auflage, zu der Widerklage binnen ... Wochen[53] Stellung zu nehmen.

☐ D... Kläger... wird auf Folgendes hingewiesen: ...
Zu diesem Hinweis kann binnen
☐ zwei Wochen ☐ ... Wochen Stellung genommen werden.

D... Kläger... wird/werden darauf hingewiesen, dass verspätetes Vorbringen zurückgewiesen werden kann (§ 296 I ZPO);[54] allein die Nichteinhaltung der Frist kann zum Unterliegen im Prozess führen, auch wenn er/sie im Recht ist/sind.[55]

3. ☐ Widerbeklagte... zu ... (ZU).[56]

Zusatz: Das schriftliche Vorverfahren ist angeordnet.

---

[47] § 270 S. 1 ZPO.
[48] Mindestens zwei Wochen: § 277 IV, III ZPO.
[49] § 277 IV, II ZPO.
[50] Zur Notwendigkeit der Belehrungen siehe *Baumbach/Lauterbach/Albers/Hartmann*, § 276 Rn. 13 ff.; Zöller/*Greger*, § 277 Rn. 2 f.
[51] § 253 I ZPO.
[52] §§ 176 und 81 ZPO; zum Empfangsbekenntnis vgl. § 174 ZPO.
[53] Mindestens zwei Wochen: § 277 III ZPO.
[54] § 277 IV, II ZPO.
[55] Zur Notwendigkeit der Belehrungen siehe *Baumbach/Lauterbach/Albers/Hartmann*, § 276 Rn. 13 ff.; Zöller/*Greger*, § 277 Rn. 2 f.
[56] Es handelt sich um Widerbeklagte, die nicht an der Klage beteiligt sind und nicht durch den Klägervertreter vertreten werden. Zur Zulässigkeit der Drittwiderklage siehe *Baumbach/Lauterbach/Albers/Hartmann*, Anh. § 253 Rn. 3; Zöller/*Vollkommer*, § 33 Rn. 20 ff.

D… Widerbeklagte… wird/werden aufgefordert, binnen einer **Frist von zwei Wochen**[57] nach Zustellung der Widerklageschrift dem Gericht schriftlich anzuzeigen, ob er/sie sich gegen die Klage verteidigen oder ob er/sie den Anspruch ganz oder teilweise anerkennen will/wollen.

- ☐ Für den vorliegenden Rechtsstreit besteht kein Anwaltszwang.
- ☐ Für den vorliegenden Rechtsstreit besteht Anwaltszwang. Nur ein bei einem Amts- oder Landgericht zugelassener Rechtsanwalt kann wirksam Prozesserklärungen abgeben. D… Widerbeklagte… wird/werden daher aufgefordert, einen Rechtsanwalt als Prozessbevollmächtigten zu bestellen, wenn er/sie sich gegen die Klage verteidigen will/wollen.

Geht innerhalb der Frist keine Anzeige bei Gericht ein, dass d… Widerbeklagte… sich gegen die Klage verteidigen will/wollen, kann auf Antrag d… Widerkläger… ohne mündliche Verhandlung ein **Versäumnisurteil** auch insoweit ergehen, als das Vorbringen des Klägers den Klageantrag in einer Nebenforderung nicht rechtfertigt. Wird mitgeteilt, dass d… Widerbeklagte… den Anspruch ganz oder teilweise anerkennen will/wollen, kann ohne mündliche Verhandlung ein **Anerkenntnisurteil** ergehen.

Die Frist zur schriftlichen Erwiderung auf die Widerklage wird auf **weitere** ☐ zwei Wochen ☐ … Wochen[58] festgesetzt.

Die **Frist zur schriftlichen Erwiderung auf die Widerklage** beginnt <u>nach</u> Ablauf der Frist zur Verteidigungsanzeige. Innerhalb der Klageerwiderungsfrist sind alle Verteidigungsmittel vorzubringen, die gegen die Klage vorgebracht werden sollen, insbesondere eine andere Sachdarstellung, rechtliche Einwände, Beweisanträge und Rügen, die die Zulässigkeit der Klage betreffen. D… Widerbeklagte… wird/werden darauf hingewiesen, dass allein die Nichteinhaltung der Klageerwiderungsfrist zum Unterliegen im Prozess führen kann, auch wenn er/sie im Recht ist/sind.[59]

- ☐ D… Widerbeklagte…[60]
  - ☐ wird/werden auf Folgendes hingewiesen: …
    Zu diesem Hinweis kann binnen
    ☐ zwei Wochen ☐ … Wochen
    Stellung genommen werden.
  - ☐ wird aufgegeben, binnen
    ☐ zwei Wochen ☐ … Wochen
    - ☐ zu erklären, ob einer Entscheidung der Sache durch den Einzelrichter Gründe entgegenstehen.[61]
    - ☐ …

3. ☐ Beglaubigte und unbeglaubigte Abschrift der Streitverkündung vom … 4 (Bl. … d. A.) einschließlich der Anlagen für d… Streitverkündete… an Streitverkündete… (ZU).[62]

Zusatz: Das schriftliche Vorverfahren ist angeordnet. Den Parteien sind folgende Fristen zum Vortrag gesetzt: …

- ☐ Für den vorliegenden Rechtsstreit besteht kein Anwaltszwang.

---

[57] Notfrist: § 276 I 1 ZPO.
[58] Mindestens weitere zwei Wochen: § 276 I 2 ZPO.
[59] Zur Notwendigkeit der Belehrungen siehe *Baumbach/Lauterbach/Albers/Hartmann*, § 276 Rn. 13 ff.; Zöller/*Greger*, § 277 Rn. 2 f.
[60] Hier geht es nur um Hinweise und Auflagen, die der Richter bereits jetzt – ohne Vorliegen der Erwiderung auf die Widerklage – anhand der Widerklageschrift für geboten erachtet.
[61] § 348 a II 3 ZPO.
[62] § 73 S. 2 ZPO.

§ 1. Der allgemeine Verfahrensablauf

☐ Für den vorliegenden Rechtsstreit besteht Anwaltszwang. Nur ein bei einem Amts- oder Landgericht zugelassener Rechtsanwalt kann wirksam Prozesserklärungen abgeben. Sie werden daher aufgefordert, einen Rechtsanwalt als Prozessbevollmächtigten zu bestellen, wenn Sie dem Verfahren als Nebenintervenient beitreten wollen.

Es wird Ihnen Gelegenheit gegeben, bis zum ... zu dem Sach- und Streitstand Stellung zu nehmen.

4. Wiedervorlage: ...

Frankfurt am Main, den ...

☐ Amtsgericht, Abteilung ...   ☐ Landgericht, ... Zivilkammer
                                                                ☐ Der Vorsitzende
                                                                 ☐ Der Einzelrichter

....

Muster 3: Anberaumung der Güteverhandlung und des Haupttermins (§§ 272 I, 278 II ZPO)

☐ Amtsgericht Frankfurt am Main
☐ Landgericht Frankfurt am Main
Aktenzeichen: ...

Verfügung

1. ☐ Vermerk: Güteverhandlung entbehrlich, da
   ☐ ein erfolgloser Einigungsversuch vor einer außergerichtlicher Gütestelle stattgefunden hat.
   ☐ sie erkennbar aussichtslos erscheint, weil ...

2. ☐ Güteverhandlung[63] und
   ☐ Haupttermin zur mündlichen Verhandlung
       ☐ vor der Kammer   ☐ vor dem Einzelrichter
   wird/werden bestimmt auf ..., den ..., ... Uhr, Raum ...

3. ☐ Das persönliche Erscheinen
   ☐ der Parteien   ☐ d... Kläger...   ☐ d... Beklagte...
   wird angeordnet.[64] Ihnen/Ihm/Ihr wird anheim gestellt, zwecks Meidung eines Ordnungsgelds, zur mündlichen Verhandlung einen Vertreter zu entsenden, der zur Aufklärung des Tatbestands in der Lage und zur Abgabe der gebotenen Erklärungen, insbesondere zu einem Vergleichsabschluss, ermächtigt ist.[65]

4. ☐ Die Akten ... sollen zu
   ☐ Informationszwecken   ☐ Beweiszwecken
   beigezogen werden.

5. ☐ Zu dem Termin soll/sollen
   ☐ prozessleitenden   ☐ gemäß Beweisbeschluss vom ...
   ☐ als Zeuge... geladen werden: ...
       ☐ Voraussichtlicher Vernehmungsgegenstand: ...[66]
       ☐ D... Zeug... soll folgende
           ☐ Aufzeichnungen   ☐ Urkunden   ☐ Pläne
       zum Termin zwecks Einsichtnahme mitzubringen: ...[67]
   ☐ als Sachverständige... geladen werden: ...
       ☐ Der Sachverständige soll
           ☐ die Gerichtsakten vor dem Haupttermin zur Kenntnisnahme erhalten;

---

[63] § 278 II ZPO.
[64] § 278 III 1 ZPO.
[65] §§ 278 III 2, 141 III ZPO.
[66] § 377 II Nr. 2 ZPO. Die Angabe des Gegenstandes der Vernehmung ist Voraussetzung dafür, dass gemäß § 380 ZPO gegen einen ausgebliebenen Zeugen ein Ordnungsgeld verhängt werden kann (*Baumbach/Lauterbach/Albers/Hartmann*, § 380 Rn. 4; *Zöller/Greger*, § 380 Rn. 1); sie entfällt, wenn ein gesonderter Beweisbeschluss erlassen wird.
[67] § 378 ZPO.

☐ vor dem Haupttermin eine Ortsbesichtigung durchführen und hierzu die Parteien nebst Prozessbevollmächtigten rechtzeitig laden;
☐ im Haupttermin ein vorbereitetes mündliches Gutachten zu den im anliegenden Beweisbeschluss genannten Fragen erstatten;
☐ gemäß anliegendem Beweisbeschluss ein schriftliches Gutachten erstatten und bis spätestens ... zu den Gerichtsakten in ...-facher Ausfertigung einreichen.
☐ sein erstattetes schriftliches Gutachten vom ... im Haupttermin erläutern.[68]
☐ als Dolmetscher ... geladen werden.
☐ Die Ladung ist davon abhängig, dass folgende Auslagenvorschüsse bis spätestens ... eingezahlt werden:
☐ von d... Kläger... für ...   ☐ von d... Beklagten für ...
☐ ...

6. ☐ Bei d... ... soll eine Auskunft[69] darüber eingeholt werden, ...

7. ☐ D... Kläger...   ☐ D... Beklagte... wird
☐ unter Hinweis auf die Verfügung vom ...   ☐ und
☐ unter Hinweis auf die §§ 282, 296 ZPO
☐ aufgegeben, ...

8. Beglaubigte Abschrift von Ziffer 1.–7. dieser Verfügung
☐ und des anliegenden Beweisbeschlusses
an ☐ Kläger...   ☐ Klägervertreter   ☐ (ZU/EB)[70]
    ☐ Beklagte...   ☐ Beklagtenvertreter   ☐ (ZU/EB).

9. ☐ Parteien gemäß Ziffer 3 mit ZU laden.

10. ☐ Akten gemäß Ziffer 4 anfordern.

11. ☐ Zeuge.../Sachverständige.../Dolmetscher... gemäß Ziffer 5 mit ZU laden.

12. ☐ Auskunft gemäß Ziffer 6 einholen.

13. ☐ Nach Erledigung der vorstehenden Ziffern Akten per Einschreiben an Sachverständigen mit folgendem Anschreiben:
Sehr geehrter Herr ...

In dem Rechtsstreit ...
erhalten Sie in der Anlage die Gerichtsakten bestehend aus ... Band/Bänden mit Bl. ...
☐ sowie folgende   ☐ Beiakten...   ☐ Beistücke...
Sie werden gemäß Ziffer ... der Verfügung vom ... (Bl. ... d. A.)
☐ und dem Beweisbeschluss vom ... (Bl. ... d. A.)
gebeten,
☐ die Ortsbesichtigung durchzuführen;
☐ das schriftliche Gutachten zu erstatten;
☐ die Akten bis spätestens ... an das Gericht zurückzusenden;
☐ zum Haupttermin vom ... (siehe Ziffer ... der Verfügung Bl. ... d. A.) zu erscheinen und dort

---

[68] Dieser Fall kommt in Frage, wenn der Sachverständige in einem vorangegangenen Beweisverfahren ein Gutachten erstattet hat.
[69] § 273 II Nr. 2 ZPO.
[70] Zur formlosen Ladung der klagenden Partei beim Amtgericht vgl. § 497 I ZPO.

☐ Ihr Gutachten mündlich zu erstatten;
☐ Ihr schriftliches Gutachten mündlich zu erläutern.
Sollten Sie an der fristgerechten Durchführung des Auftrages verhindert sein, wird um umgehende Nachricht gebeten.

Mit vorzüglicher Hochachtung

14.   Wiedervorlage: ...

Frankfurt am Main, den ...
☐ Amtsgericht, Abteilung ...   ☐ Landgericht, ... Zivilkammer
                                                ☐ Der Vorsitzende
                                                ☐ Der Einzelrichter

Muster 4: Anberaumung der Güteverhandlung und des frühen ersten Termins (§§ 275, 278 II ZPO)

☐ Amtsgericht Frankfurt am Main
☐ Landgericht Frankfurt am Main
Aktenzeichen: ...

Verfügung

1. ☐ Vermerk: Güteverhandlung entbehrlich, da
   ☐ ein erfolgloser Einigungsversuch vor einer außergerichtlicher Gütestelle stattgefunden hat.
   ☐ sie erkennbar aussichtslos erscheint, weil ...

2. ☐ Güteverhandlung[71] und
   ☐ früher erster Termin zur mündlichen Verhandlung
   ☐ vor der Kammer ☐ vor dem Einzelrichter
   wird/werden bestimmt auf ..., den ..., ... Uhr, Raum ...

   ☐ Die Einlassungs- und Ladungsfrist wird auf ...
   ☐ festgesetzt.[72] ☐ abgekürzt.[73]

   D... Beklagte... wird/werden aufgefordert, etwa vorzubringende Verteidigungsmittel
   ☐ unverzüglich ☐ binnen ... Wochen ab Zustellung der Klage[74]
   schriftlich mitzuteilen.

   ☐ Für den vorliegenden Rechtsstreit besteht kein Anwaltszwang.
   ☐ Für den vorliegenden Rechtsstreit besteht Anwaltszwang. Nur ein bei einem Amts- oder Landgericht zugelassener Rechtsanwalt kann wirksam Prozesserklärungen abgeben. D... Beklagte... wird/werden daher aufgefordert, einen Rechtsanwalt als Prozessbevollmächtigten zu bestellen, wenn er/sie sich gegen die Klage verteidigen will/wollen.

   Es sind ☐ zum frühestmöglichen Zeitpunkt ☐ binnen der Klageerwiderungsfrist **alle Verteidigungsmittel** vorzubringen, die gegen die Klage vorgebracht werden sollen, insbesondere eine andere Sachdarstellung, rechtliche Einwände, Beweisanträge und Rügen, die die Zulässigkeit der Klage betreffen. D... Beklagte... wird darauf hingewiesen, dass allein die Verletzung dieser Verpflichtung zum Unterliegen im Prozess führen kann, auch wenn er/sie im Recht ist/sind.[75]

3. ☐ Das persönliche Erscheinen
   ☐ der Parteien ☐ d... Kläger... ☐ d... Beklagte...
   wird angeordnet.[76] Ihnen/Ihm/Ihr wird anheim gestellt, zwecks Meidung eines Ordnungsgelds, zur mündlichen Verhandlung einen Vertreter zu entsenden, der zur Aufklärung des Tatbestands in der Lage und zur Abgabe der ge-

---

[71] § 278 II ZPO.
[72] § 274 III 2 ZPO.
[73] § 226 ZPO.
[74] Die Fristsetzung ist fakultativ (§ 275 I 1 ZPO). Die Frist beträgt mindestens zwei Wochen (§ 277 III ZPO); zur Bemessung vgl. *Baumbach/Lauterbach/Albers/Hartmann*, § 275 Rn. 5, 6.
[75] Zur Notwendigkeit der Belehrungen siehe *Baumbach/Lauterbach/Albers/Hartmann*, § 277 Rn. 6 ff.; *Zöller/Greger*, § 277 Rn. 2 f.
[76] § 278 III 1 ZPO.

botenen Erklärungen, insbesondere zu einem Vergleichsabschluss, ermächtigt ist.[77]

4. ☐ D... Kläger... [78]
   ☐ wird/werden auf Folgendes hingewiesen: ...
   Zu diesem Hinweis kann binnen
   ☐ zwei Wochen   ☐ ... Wochen Stellung genommen werden.
   ☐ wird/werden aufgegeben, binnen
   ☐ zwei Wochen   ☐ ... Wochen
   ☐ zur Frage der Zuständigkeit des angerufenen Gerichts Stellung zu nehmen, wobei
      ☐ eine schriftliche Gerichtsstandsvereinbarung vorzulegen ist.
      ☐ die Kaufmannseigenschaft d... Beklagte... darzulegen ist.
      ☐ die Voraussetzungen des ☐ § 38 II ZPO   ☐ des § 38 III ZPO darzulegen sind.
   ☐ seinen/ihren Klageantrag darauf zu überprüfen, ob ...
   ☐ folgende Urkunden vorzulegen: ...
   ☐ das Aktenzeichen des ... anzugeben.
   ☐ ...

   D... Kläger... wird/werden darauf hingewiesen, dass verspätetes Vorbringen zurückgewiesen werden kann (§ 296 I ZPO);[79] allein die Nichteinhaltung der Frist kann zum Unterliegen im Prozess führen, auch wenn er/sie im Recht ist/sind. [80]

5. ☐ D... Beklagte...[81]
   ☐ wird/werden auf Folgendes hingewiesen: ...
   Zu diesem Hinweis kann binnen
   ☐ zwei Wochen   ☐ ... Wochen Stellung genommen werden.
   ☐ wird aufgegeben, binnen
   ☐ zwei Wochen   ☐ ... Wochen
   ☐ folgende Urkunden vorzulegen: ...
   ☐ das Aktenzeichen des ... anzugeben.
   ☐ ...

6. ☐ Folgende Akten sollen beigezogen werden: ...

7. Beglaubigte Abschrift von Ziffer 1.–6. dieser Verfügung an:
   ☐ Kläger...   ☐ Klägervertreter   ☐ (ZU/EB)[82]
   ☐ Beklagtenvertreter mit Klageabschriften (EB).
   ☐ Beklagte... mit Klageabschriften (ZU).
      ☐ Zusatz: Das für Sie in der Klageschrift angegebene Anwaltsbüro wurde vom Gericht nicht benachrichtigt; es hat dem Gericht Ihre Vertretung bislang nicht angezeigt.

---

[77] §§ 278 III 2, 141 III ZPO.
[78] Hier geht es nur um Hinweise und Auflagen, die der Richter bereits jetzt – ohne Vorliegen der Klageerwiderung – anhand der Klageschrift für geboten erachtet.
[79] *Baumbach/Lauterbach/Albers/Hartmann*, § 272 Rn. 5.
[80] Zur Notwendigkeit der Belehrungen siehe *Baumbach/Lauterbach/Albers/Hartmann*, § 277 Rn. 6 ff.; *Zöller/Greger*, § 277 Rn. 2 f.
[81] Hier geht es nur um Hinweise und Auflagen, die der Richter bereits jetzt – ohne Vorliegen der Klageerwiderung – anhand der Klageschrift für geboten erachtet.
[82] Zur formlosen Ladung der klagenden Partei beim Amtsgericht vgl. § 497 I ZPO.

8. ☐ Parteien gemäß Ziffer ... mit ZU laden.
9. ☐ Akten gemäß Ziffer ... anfordern.
10. Wiedervorlage:
    ☐ zum Termin.
    ☐ ...

Frankfurt am Main, den ...
☐ Amtsgericht, Abteilung ...

☐ Landgericht, ... Zivilkammer
☐ Der Vorsitzende
☐ Der Einzelrichter

....

Muster 5: Anordnung des schriftlichen Verfahrens (§ 128 ZPO)

☐ Amtsgericht Frankfurt am Main
☐ Landgericht Frankfurt am Main
Aktenzeichen: ...

Beschluss

In dem Rechtsstreit ... gegen ... 1

wird das schriftliche Verfahren gemäß § 128 II ZPO mit Zustimmung der Parteien[83] angeordnet.

Der Termin, bis zu dem Schriftsätze eingereicht werden können (dies entspricht dem Schluss der mündlichen Verhandlung) wird festgesetzt auf ...[84]

Der Termin zur Verkündung einer Entscheidung wird bestimmt auf ..., den ..., ... Uhr, Raum ...[85]

☐ D... Kläger... wird aufgegeben, bis ...[86]
   ☐ zum Schriftsatz d... Beklagte... vom ... Stellung zu nehmen.
   ☐ ...

D... Kläger... wird/werden darauf hingewiesen, dass verspätetes Vorbringen zurückgewiesen werden kann (§ 296 I ZPO);[87] allein die Nichteinhaltung der Frist kann zum Unterliegen im Prozess führen, auch wenn er/sie im Recht ist/sind.[88]

☐ D... Beklagten wird aufgegeben, bis ...[86]
   ☐ zum Schriftsatz d... Kläger... vom ... Stellung zu nehmen.
   ☐ ...

D... Beklagte... wird/werden darauf hingewiesen, dass verspätetes Vorbringen zurückgewiesen werden kann (§ 296 I ZPO);[89] allein die Nichteinhaltung der Frist kann zum Unterliegen im Prozess führen, auch wenn er/sie im Recht ist/sind.[90]

☐ Das Gericht weist die Parteien darauf hin, dass die Akten ...
   ☐ bereits beigezogen sind   ☐ noch beigezogen werden
und bei der Entscheidung berücksichtigt werden.

---

[83] Es handelt sich um eine einseitige, dem Gericht gegenüber vorzunehmende Parteiprozesshandlung, die unzweideutig sein muss (*Baumbach/Lauterbach/Albers/Hartmann*, § 128 Rn. 19 ff.; *Zöller/Greger*, § 128 Rn. 4 ff.).
[84] § 128 II 2 ZPO.
[85] Im Falle des schriftlichen Verfahrens darf der Verkündungstermin nicht später als drei Monate seit Zustimmung der Parteien liegen (§ 128 II 3 ZPO).
[86] Für die nach Schriftsatzschluss eingehenden Schriftsätze gelten die §§ 296a, 156 ZPO.
[87] § 277 IV, II ZPO.
[88] Zur Notwendigkeit der Belehrungen siehe *Baumbach/Lauterbach/Albers/Hartmann*, § 277 Rn. 6 f.; *Zöller/Greger*, § 277 Rn. 2.
[89] § 277 II ZPO.
[90] Zur Notwendigkeit der Belehrungen siehe *Baumbach/Lauterbach/Albers/Hartmann*, § 277 Rn. 6 f.; *Zöller/Greger*, § 277 Rn. 2.

Frankfurt am Main, den ...
☐ Amtsgericht, Abteilung ...   ☐ Landgericht, ... Zivilkammer
                                                 ☐ Der Vorsitzende
                                                 ☐ Der Einzelrichter

....

Verfügung

1. Ausfertigung des Beschlusses an
    ☐ Kläger...   (-Vertreter)   ☐ (ZU/EB).[91]
    ☐ Beklagte...   (-Vertreter)   ☐ (ZU/EB).[91]
2. Wiedervorlage: ...

Frankfurt am Main, den ...
☐ Amtsgericht, Abteilung ...   ☐ Landgericht, ... Zivilkammer
                                                         ☐ Der Vorsitzende
                                                         ☐ Der Einzelrichter

                                                           ....

---

[91] § 329 II 2 ZPO – wird der Beschluss in der mündlichen Verhandlung verkündet, so genügt formlose Mitteilung.

Muster 6: Anordnung des schriftlichen Verfahrens nach billigem Ermessen (§ 495 a ZPO)

Amtsgericht Frankfurt am Main
Aktenzeichen: ...

Beschluss

In dem Rechtsstreit ... gegen ...

wird gemäß § 495 a ZPO das schriftliche Verfahren angeordnet; eine mündliche Verhandlung ist nicht beabsichtigt.

Die Parteien werden darauf hingewiesen, dass das Gericht sein Verfahren nach billigem Ermessen bestimmen kann, weil der Streitwert 600,– € nicht übersteigt und dass im Verkündungstermin sowohl gegen d... Kläger... als auch d... Beklagte... ein Endurteil ergehen kann, das nicht berufungsfähig ist.

Der Termin, bis zu dem Schriftsätze eingereicht werden können (dies entspricht dem Schluss der mündlichen Verhandlung) wird festgesetzt auf ...[92]

Termin zur Verkündung einer Entscheidung wird bestimmt auf ..., den ..., ... Uhr, Raum ...[93]

D... Beklagte... wird/werden aufgefordert, etwa vorzubringende Verteidigungsmittel unverzüglich schriftlich mitzuteilen.[94]

Für den vorliegenden Rechtsstreit besteht kein Anwaltszwang.

Es sind zum frühestmöglichen Zeitpunkt **alle Verteidigungsmittel** vorzubringen, die gegen die Klage vorgebracht werden sollen, insbesondere eine andere Sachdarstellung, rechtliche Einwände, Beweisanträge und Rügen, die die Zulässigkeit der Klage betreffen. D... Beklagte... wird darauf hingewiesen, dass allein die Verletzung dieser Verpflichtung zum Unterliegen im Prozess führen kann, auch wenn er/sie im Recht ist/sind.[95]

☐ Die Parteien werden auf Folgendes hingewiesen:
  ☐ Das angerufene Gericht dürfte unzuständig sein, weil ...[96]
  ☐ ...

Zu diesem Hinweis kann binnen der vorgenannten Schriftsatzfrist Stellung genommen werden.

---

[92] § 128 II 2 ZPO. Achtung: Hier ist die zweiwöchige Einlassungsfrist nach § 274 III ZPO zu beachten.
[93] Im Falle des schriftlichen Verfahrens darf der Verkündungstermin nicht später als 3 Monate seit Zustimmung der Parteien liegen (§ 128 II 3 ZPO).
[94] Für die nach Schriftsatzschluss eingehenden Schriftsätze gelten die §§ 296 a, 156 ZPO, für die davor eingereichten Schriftsätze ist unbedingt rechtliches Gehör zu gewähren (§ 321 a ZPO), erforderlichenfalls sind dafür Schriftsatzfrist und Verkündungstermin zu verlegen. Zur Notwendigkeit der Gewährung rechtlichen Gehörs siehe *Baumbach/Lauterbach/Albers/Hartmann*, § 495 a Rn. 69.
[95] Zur Notwendigkeit der Belehrungen siehe *Baumbach/Lauterbach/Albers/Hartmann*, § 277 Rn. 6 ff.; *Zöller/Greger*, § 277 Rn. 2.
[96] Der an beide Parteien gerichtete Hinweis kommt im Anwendungsbereich des § 504 ZPO, also bei Unzuständigkeit des Amtsgerichts in Betracht.

§ 1. Der allgemeine Verfahrensablauf

☐ D... Kläger... wird/werden auf Folgendes hingewiesen:[97] ...
Zu diesem Hinweis kann binnen der vorgenannten Schriftsatzfrist Stellung genommen werden.[98]

D... Kläger... wird/werden darauf hingewiesen, dass verspätetes Vorbringen zurückgewiesen werden kann (§ 296 I ZPO);[99] allein die Nichteinhaltung der Frist kann zum Unterliegen im Prozess führen, auch wenn er/sie im Recht ist/sind. [100]

☐ D... Beklagte... wird/werden auf Folgendes hingewiesen:[101] ...
Zu diesem Hinweis kann binnen der vorgenannten Schriftsatzfrist Stellung genommen werden.

Frankfurt am Main, den ...
Amtsgericht, Abteilung ...

....

Verfügung

1. Ausfertigung des Beschlusses an
   ☐ Kläger...   (-Vertreter)   ☐ (ZU/EB).
   ☐ Beklagte...   (-Vertreter)   ☐ (ZU/EB).
2. Wiedervorlage: ...

Frankfurt am Main, den...
Amtsgericht, Abteilung ...

....

---

[97] Hier geht es nur um Hinweise und Auflagen, die der Richter bereits jetzt – ohne Vorliegen der Klageerwiderung – anhand der Klageschrift für geboten erachtet.

[98] Für die nach Schriftsatzschluss eingehenden Schriftsätze gelten die §§ 296a, 156 ZPO, für die davor eingereichten Schriftsätze ist unbedingt rechtliches Gehör zu gewähren (§ 321a ZPO), erforderlichenfalls sind dafür Schriftsatzfrist und Verkündungstermin zu verlegen. Zur Notwendigkeit der Gewährung rechtlichen Gehörs siehe *Baumbach/Lauterbach/Albers/Hartmann*, § 495a Rn. 69.

[99] § 277 IV, II ZPO.

[100] Zur Notwendigkeit der Belehrungen siehe *Baumbach/Lauterbach/Albers/Hartmann*, § 277 Rn. 6ff.; *Zöller/Greger*, § 277 Rn. 2.

[101] Hier geht es nur um Hinweise und Auflagen, die der Richter bereits jetzt – ohne Vorliegen der Klageerwiderung – anhand der Klageschrift für geboten erachtet.

Muster 7: Auflage an Klägervertreter betreffend den Nachweis der Voraussetzungen für eine öffentliche Zustellung (§ 185 ZPO)

☐ Amtsgericht Frankfurt am Main
☐ Landgericht Frankfurt am Main
Aktenzeichen: ...

Verfügung

1. Schreiben an Klägervertreter (EB):

    In p. p.
    haben Sie die Bewilligung der öffentlichen Zustellung
    ☐ der Klageschrift ☐ d... ...
    ☐ und die Anordnung des schriftlichen Vorverfahrens vom ...
    ☐ und der Ladung zum Termin vom ...
    an d... Beklagte... beantragt.

    Die nach § 185 ZPO notwendige Voraussetzung, dass
    ☐ der Aufenthalt d... Beklagte... allgemein unbekannt ist,
    ☐ eine Zustellung im Ausland nicht möglich ist oder keinen Erfolg verspricht,
    ☐ die Zustellung nicht erfolgen kann, weil der Ort der Zustellung die Wohnung einer Person ist, die nach den §§ 18 bis 20 GVG der Gerichtsbarkeit nicht unterliegt,
    ist bisher nicht genügend dargetan.

    D... Kläger... obliegt es, zunächst Nachforschungen betreffend den derzeitigen Aufenthaltsort d... Beklagte... zu unternehmen. Hierzu gehören im vorliegenden Verfahren Nachfragen
    ☐ bei der Meldebehörde des letzten Wohnsitzes d... Beklagte...;
    ☐ bei der Meldebehörde, an die sich d... Beklagte... abgemeldet hat/haben;
    ☐ bei der zuletzt zuständigen Poststelle;
    ☐ bei dem letzten Vermieter d... Beklagte...;
    ☐ bei dem letzten Arbeitgeber d... Beklagte...;
    ☐ bei den etwa vorhandenen nächsten Angehörigen d... Beklagte...;
    ☐ bei etwaigen (früheren) Nachbarn d... Beklagte...;
    ☐ bei dem zuständigen Gewerberegister der Stadt ...;
    ☐ durch Einschaltung eines Suchdienstes;
    ☐ ...

    ☐ In vorliegendem Falle wäre auch zu prüfen, ob nicht in der aus der Klageschrift ersichtlichen Person des ... ein Vertreter oder Zustellungsbevollmächtigter zu sehen ist, an den die Zustellung erfolgen könnte.
    Erst wenn Ihre Partei glaubhaft darlegt, dass diese Nachforschungen sämtlich ergebnislos verlaufen sind, kann die öffentliche Zustellung bewilligt werden.

    Ihrer Partei wird Gelegenheit gegeben, bis ... diese Nachforschungen nachzuholen und das Ergebnis dem Gericht mitzuteilen. Das Ergebnis bzw. die Erfolglosigkeit der Nachforschungen ist durch Vorlage der Anschreiben und

Antworten, gegebenenfalls durch eidesstattliche Versicherung, glaubhaft zu machen.

2. Wiedervorlage: ...

Frankfurt am Main, den ...
☐ Amtsgericht, Abteilung ...   ☐ Landgericht, ... Zivilkammer
☐ Der Vorsitzende
☐ Der Einzelrichter

....

Muster 8: Ablehnung der öffentlichen Zustellung (§ 185 ZPO)

☐ Amtsgericht Frankfurt am Main
☐ Landgericht Frankfurt am Main
Aktenzeichen: …

Beschluss

In dem Rechtsstreit … gegen …

wird der Antrag d… Kläger… vom … auf Bewilligung der öffentlichen Zustellung zurückgewiesen.

Gründe

☐ I.[102]

☐ …

☐ II.

Der Antrag vom … auf Bewilligung der öffentlichen Zustellung ist unbegründet. 1
☐ Die Voraussetzungen des § 185 ZPO sind nicht dargetan.
  ☐ Der Aufenthaltsort einer Partei ist nicht bereits dann unbekannt, wenn die klagende Partei ihn nicht kennt; vielmehr muss er allgemein unbekannt sein.
  ☐ Ob eine Zustellung im Ausland nicht möglich ist oder keinen Erfolg verspricht, ist offen.
  ☐ Ob die Zustellung nicht erfolgen kann, weil der Ort der Zustellung die Wohnung einer Person ist, die nach den §§ 18 bis 20 GVG der Gerichtsbarkeit nicht unterliegt, ist offen.

Im Hinblick auf die mit der öffentlichen Zustellung verbundenen Rechtsnachteile ist erforderlich, dass die klagende Partei alle zumutbaren Nachforschungen unternommen hat, um den Aufenthaltsort des Gegners ausfindig zu machen. Dieser Last ist/sind d… Kläger… trotz gerichtlicher Auflage nicht nachgekommen. Er/Sie
  ☐ hat/haben trotz gerichtlicher Auflage nicht dargetan, dass Nachfragen
    ☐ bei der Meldebehörde des letzten Wohnsitzes d… Beklagte…;
    ☐ bei der Meldebehörde, an die sich d… Beklagte… abgemeldet hat/haben;
    ☐ bei der zuletzt zuständigen Poststelle;
    ☐ bei dem letzten Vermieter d… Beklagte…;
    ☐ bei dem letzten Arbeitgeber d… Beklagte…;
    ☐ bei den etwa vorhandenen nächsten Angehörigen d… Beklagte…;
    ☐ bei etwaigen (früheren) Nachbarn d… Beklagte…;
    ☐ bei dem zuständigen Gewerberegister der Stadt …;
    ☐ durch Einschaltung eines Suchdienstes;
    ☐ …
    ohne Erfolg geblieben sind.

---

[102] In Ziffer I. des Beschlusses ist kurz der Sachverhalt darzustellen, soweit dies im Einzelfall erforderlich ist.

☐ hat/haben die vom Gericht aufgeworfene Frage, ob der in der Klageschrift erwähnte ... nicht als Vertreter oder Zustellungsbevollmächtigter Zustellungsvollmacht für Klageschriften und Ladungen hat, nicht geklärt.

☐ In der Zwischenzeit hat sich herausgestellt, dass die beklagte Partei in ... wohnhaft ist. Damit scheidet eine Bewilligung der öffentlichen Zustellung jedenfalls derzeit aus.

☐ Nachdem das Gericht eine Auslandszustellung unter der angegebenen Anschrift in verfügt und in die Wege geleitet hat, ist es notwendig, eine angemessene Zeit abzuwarten um festzustellen, ob das Zustellungsersuchen mit Erfolg durchgeführt werden kann. Diese Wartefrist ist jedenfalls zurzeit noch nicht abgelaufen.

Frankfurt am Main, den ...
☐ Amtsgericht, Abteilung ...   ☐ Landgericht, ... Zivilkammer
                                      ☐ Der Vorsitzende
                                      ☐ Der Einzelrichter

....

Muster 9: Bewilligung der öffentlichen Zustellung (§§ 185–188 ZPO)

☐ Amtsgericht Frankfurt am Main
☐ Landgericht Frankfurt am Main
Aktenzeichen: ...

Beschluss

In dem Rechtsstreit ... gegen ...

    wird die öffentliche Zustellung
☐ der Klageschrift   ☐ d... ...
☐ und der Anordnung des schriftlichen Vorverfahrens vom ...
☐ und der Ladung zum Termin vom ...
    an d... Beklagte... bewilligt (§ 185 ZPO).

☐ Die Frist für den Wirkungszeitpunkt der öffentlichen Zustellung wird auf ... festgesetzt.[103]

☐ Die Benachrichtigung ist   ☐ einmal   ☐ mehrfach
☐ im elektronischen Bundesanzeiger   ☐ in ...
zu veröffentlichen (§ 187 ZPO).

Frankfurt am Main, den ...
☐ Amtsgericht, Abteilung ...   ☐ Landgericht, ... Zivilkammer
                                                          ☐ Der Vorsitzende
                                                          ☐ Der Einzelrichter

....

Verfügung

1. Ausfertigung des Beschlusses an Kläger... (-Vertreter)   ☐ (ZU/EB).[104]
2. Geschäftsstelle zur weiteren Veranlassung (§§ 186 II, III, 187 ZPO).
3. Weitere Verfügung anliegend.[105]

Frankfurt am Main, den ...
☐ Amtsgericht, Abteilung ...   ☐ Landgericht, ... Zivilkammer
                                                        ☐ Der Vorsitzende
                                                        ☐ Der Einzelrichter

....

---

[103] § 188 S. 2 ZPO.
[104] Zur formlosen Ladung der klagenden Partei beim Amtgericht vgl. § 497 I ZPO.
[105] Betrifft das schriftliche Vorverfahren bzw. den frühen ersten Termin.

Muster 10: Aufklärungsmaßnahme betreffend die Prozessfähigkeit des Beklagten

☐ Amtsgericht Frankfurt am Main
☐ Landgericht Frankfurt am Main
Aktenzeichen: …

Verfügung

1. Schreiben an
   ☐ Psychiatrische Klinik …   ☐ …
   Betreff.: …, geb. am …, zuletzt wohnhaft …

1   Sehr geehrte Damen und Herren,

hier ist eine gegen d… Obengenannte… gerichtete Klageschrift eingegangen. Das Gericht müsste die Klageschrift nebst Ladung zum Verhandlungstermin bzw. Aufforderung zu einer Erwiderung auf die Klage im schriftlichen Vorverfahren förmlich zustellen. Die Wirksamkeit der Zustellung setzt jedoch die Prozessfähigkeit d… Beklagte… voraus, gegen die Zweifel aufgekommen sind, weil
☐ sich d… Beklagte… in Ihrer Klinik aufhält.   ☐ …

Es wird um eine kurze Mitteilung
☐ des behandelnden Arztes   ☐ d… … gebeten,
– ob Zustellungen an d… Obengenannte… bei Ihnen erfolgen können; verneinendenfalls, welche Hindernisse dem entgegenstehen;
– ob d… Betreffende als prozessfähig anzusehen ist;
– ob d… Betreffende termins-, wege- und vernehmungsfähig ist;
– wie lange der Klinikaufenthalt voraussichtlich noch dauern wird;
– ob bei Ihnen etwas über die Anordnung einer rechtlichen Betreuung betreffend d… Obengenannte… bekannt ist.

2. Abschrift von Ziffer 1 an Kläger (-Vertreter) mit der Bitte um Kenntnisnahme.

3. Wiedervorlage: …

Frankfurt am Main, den …
☐ Amtsgericht, Abteilung …   ☐ Landgericht, … Zivilkammer
                                        ☐ Der Vorsitzende
                                        ☐ Der Einzelrichter

…………………

Muster 11: Mitteilung an Partei betreffend nicht ausgeführte Zustellung (Rückbriefnachricht) und Einwohnermeldeamtsanfrage

☐ Amtsgericht Frankfurt am Main
☐ Landgericht Frankfurt am Main
Aktenzeichen: ...

Verfügung

1. ☐ Schreiben an   ☐ Kläger (-Vertreter)   ☐ Beklagte... (-Vertreter)

   In p. p.   1
   konnte die Zustellung
   ☐ der Klageschrift   ☐ d... ...
   ☐ und die Anordnung des schriftlichen Vorverfahrens vom ...
   ☐ und die Ladung zum Termin vom ...
   an ... nicht erfolgen. Die Sendung ist von der Post zurückgekommen mit dem Vermerk, der Empfänger sei
   ☐ unbekannt verzogen bzw. unter der Anschrift nicht zu ermitteln bzw. das Geschäftslokal sei zu den üblichen Ladenöffnungszeiten geschlossen.
     ☐ Sie werden um Angabe der neuen ladungsfähigen Anschrift d... gebeten,
     ☐ und zwar umgehend, da bereits am .... Termin ansteht.
   ☐ verstorben.
     ☐ Es wird Ihnen anheimgestellt, die Klage auf die Erben umzustellen und diese namentlich mit ladungsfähiger Anschrift zu benennen.
   ☐ nunmehr wohnhaft in ...
     Sie werden um Stellungnahme binnen ... gebeten, ob
     ☐ die Zustellung im Wege der internationalen Rechtshilfe dort erfolgen soll.
     ☐ der Rechtsstreit an das ...gericht abgegeben werden soll.[106]
     ☐ der Zeuge nunmehr
        ☐ im Wege der Rechtshilfe vernommen werden soll (§ 375 I Nr. 3 ZPO).
        ☐ im Wege der internationalen Rechtshilfe vernommen werden soll.
        ☐ die Beweisfrage schriftlich beantwortet werden soll (§ 377 III ZPO).

2. ☐ Schreiben an Meldebehörde ...

   Betreff.: Aufenthaltsermittlung   2

   Es wird gebeten, den Aufenthalt und die jetzige Wohnung der nachstehend aufgeführten Person – gegebenenfalls durch Nachfrage bei den Angehörigen – zu ermitteln und die ladungsfähige Anschrift mitzuteilen.[107]

---

[106] Es handelt sich um eine formlose Abgabe, nicht um eine nach § 281 II 2, 4 ZPO bindende Verweisung, da die beklagte Partei noch nicht gehört wurde.
[107] Im Regelfall ist es Aufgabe der Partei, die neue Anschrift der Gegenpartei bzw. des Zeugen zu ermitteln und dem Gericht mitzuteilen. In „Eilfällen" (z. B. um einen nicht geladenen Zeugen zu einem umfangreichen Beweistermin beizubringen), kann eine direkte Anfrage des Gerichts angezeigt sein.

§ 1. Der allgemeine Verfahrensablauf

      Name: ...
      Beruf: ...
      Geburtsdatum: ...
      Geburtsort: ...
      letzte bekannte Wohnung: ...

3.   Wiedervorlage: ...

Frankfurt am Main, den ...
☐ Amtsgericht, Abteilung ...   ☐ Landgericht, ... Zivilkammer
                                               ☐ Der Vorsitzende
                                               ☐ Der Einzelrichter

....

Muster 12: Verbindung von Verfahren (§ 147 ZPO)

☐ Amtsgericht Frankfurt am Main
☐ Landgericht Frankfurt am Main
Aktenzeichen: ...

Beschluss

In dem Rechtsstreit ... gegen ... 1

werden die Verfahren ... gegen ... Aktenzeichen: ... und ... gegen .... Aktenzeichen: ... gemäß § 147 ZPO zur gleichzeitigen Verhandlung und Entscheidung miteinander verbunden. Das Verfahren ... gegen ... Aktenzeichen: ... führt.

☐ Die in dem Verfahren ... gegen .... Aktenzeichen: ... erhobene Klage wird als Widerklage behandelt.

☐ Der in dem Verfahren ... gegen ... Aktenzeichen ... bereits anberaumte Termin vom ... bleibt bestehen; er gilt als Termin für beide Verfahren.

Frankfurt am Main, den ...
☐ Amtsgericht, Abteilung ...   ☐ Landgericht, ... Zivilkammer
                                                     ☐ Der Vorsitzende
                                                     ☐ Der Einzelrichter

....

Verfügung

1. Ausfertigung des Beschlusses an
    ☐ Kläger...   (-Vertreter)   ☐ (ZU/EB).
    ☐ Beklagte...   (-Vertreter)   ☐ (ZU/EB).
2. Akten verbinden und neu foliieren.
3. Wiedervorlage: ...

Frankfurt am Main, den ...
☐ Amtsgericht, Abteilung ...   ☐ Landgericht, ... Zivilkammer
                                                     ☐ Der Vorsitzende
                                                     ☐ Der Einzelrichter

....

Muster 13: Übertragung des Rechtsstreits auf den Einzelrichter (§ 348 a ZPO)

Landgericht Frankfurt am Main
Aktenzeichen: ...

Beschluss

In dem Rechtsstreit ... gegen ...

1 wird der Rechtsstreit gemäß § 348 a I ZPO dem Einzelrichter zur Entscheidung übertragen, da die Sache weder besondere Schwierigkeiten tatsächlicher oder rechtlicher Art aufweist noch grundsätzliche Bedeutung hat.[108]

☐ Der bereits anberaumte Kammertermin vom ...
  ☐ bleibt als Einzelrichtertermin aufrechterhalten.
  ☐ wird aufgehoben.
☐ Termin zur Güteverhandlung und mündlichen Verhandlung vor dem Einzelrichter wird von diesem anberaumt auf ..., den ..., ... Uhr, Raum ...

Frankfurt am Main, den ...
Landgericht, ... Zivilkammer

....

Verfügung

1. Ausfertigung des Beschlusses an
   ☐ Klägervertreter   ☐ (EB).
   ☐ Beklagte... (-Vertreter)   ☐ (ZU/EB).
2. Wiedervorlage: ...

Frankfurt am Main, den ...
Landgericht, ... Zivilkammer
Der Vorsitzende

....

---

[108] Der Beschluss sollte trotz § 348 a III ZPO kurz begründet werden (*Baumbach/Lauterbach/Albers/Hartmann*, § 348 Rn. 32, § 348 a Rn. 10; *Zöller/Greger*, § 348 a Rn. 4).

Muster 14: Verlegung bzw. Aufhebung eines Termins (§ 227 ZPO)

☐ Amtsgericht Frankfurt am Main
☐ Landgericht Frankfurt am Main
Aktenzeichen: ...

Verfügung[109]

1.   Der Termin vom ... wird   1
    ☐ gemäß § 227 I 1 ZPO[110]
        ☐ auf Antrag d... ...   ☐ im Einverständnis der Parteien
        ☐ von Amts wegen
        wegen
        ☐ Rücknahme der Klage   ☐ aus dienstlichen Gründen, nämlich ...
        ☐ Verhinderung des ...   ☐ Verhandlungsunfähigkeit des ...
        ☐ Nichtladung des ...   ☐ schwebender Vergleichsverhandlungen
        ☐ zwecks Wahrung des rechtlichen Gehörs d... ...

    ☐ gemäß § 227 III ZPO
        auf Antrag d... ..., der innerhalb der gemäß § 227 III 1 ZPO bestimmten Frist, nämlich am ... bei Gericht eingegangen ist (Fristbeginn gemäß ZU/EB vom ...).

    ☐ verlegt auf ..., den ..., ... Uhr, Raum ...
    ☐ aufgehoben.
        ☐ Neuer Termin wird
        ☐ von Amts wegen anberaumt.   ☐ auf Antrag der Parteien anberaumt.
        ☐ D... ... wird aufgegeben, bis ...
        ☐ die ladungsfähige Anschrift d... Zeugen ... dem Gericht mitzuteilen.
        ☐ mitzuteilen, wann ... wieder zur Verfügung steht.
        ☐ mitzuteilen, wenn die Vergleichsverhandlungen beendet worden sind.
2.   Geladene Beteiligte um-/abladen wie Bl. ... d. A.
    ☐ vorab auch telefonisch oder per Fax
3.   Wiedervorlage: ...

Frankfurt am Main, den ...
☐ Amtsgericht, Abteilung ...   ☐ Landgericht, ... Zivilkammer
                                                                                        ☐ Der Vorsitzende
                                                                                          ☐ Der Einzelrichter

....

---

[109] Die Entscheidung ergeht durch den Vorsitzenden bzw. Einzelrichter. Der Gegenpartei ist in der Regel rechtliches Gehör zu gewähren, soweit dies möglich ist.
[110] Die Entscheidung sollte kurz begründet werden (§ 227 IV 2 ZPO). Bei Einverständnis der Gegenpartei kann auf die Begründung verzichtet werden, zumal die Entscheidung unanfechtbar ist (§ 227 IV 3 ZPO).

Muster 15: Zurückweisung des Antrags auf Verlegung bzw. Aufhebung eines Termins (§ 227 ZPO)

☐ Amtsgericht Frankfurt am Main
☐ Landgericht Frankfurt am Main
Aktenzeichen: ...

Verfügung[111]

1. Der Antrag d... ... vom ... auf Verlegung bzw. Aufhebung des Termins vom ... wird zurückgewiesen. Die genannten Gründe
   ☐ sind nicht erheblich (§ 227 I 2 Nr. ... ZPO).
   ☐ sind trotz Verlangen des Gerichts nicht (hinreichend) glaubhaft gemacht worden (§ 227 II ZPO).

   Dabei ist Folgendes zu berücksichtigen: [112]
   ☐ Die Überschneidung des Termins mit einem anderen, vom Prozessbevollmächtigten d... ... wahrzunehmenden Termin reicht als Verlegungsgrund nicht aus.[113]
   ☐ Der Urlaub d... ... reicht als Verlegungsgrund nicht aus, weil dieser erst nach Anberaumung und Bekanntmachung des genannten Termins gebucht wurde.
   ☐ Im Hinblick auf die Terminslage könnte neuer Termin erst im ... anberaumt werden, wodurch der Rechtsstreit unzumutbar verzögert würde.
   ☐ Im Hinblick auf die bereits geladenen weiteren Beteiligten ist eine Verlegung des Termins nicht zu verantworten.
   ☐ ...

   ☐ rechtfertigen keine Verlegung nach § 227 III 1 ZPO.

   Die Ladung ist d... ... laut ZU/EB vom ... zugegangen, er hat jedoch erst am ..., also nach Ablauf einer Woche beantragt, den Termin zu verlegen.

2. Nachricht von Ziffer 1 vorab auch telefonisch oder per Fax an
   ☐ Kläger... (-Vertreter)   ☐ (ZU/EB).
   ☐ Beklagte... (-Vertreter) ☐ (ZU/EB).

3. Wiedervorlage: ...

Frankfurt am Main, den ...
☐ Amtsgericht, Abteilung ...   ☐ Landgericht, ... Zivilkammer
                                            ☐ Der Vorsitzende
                                            ☐ Der Einzelrichter

....

---

[111] Die Entscheidung ergeht durch den Vorsitzenden bzw. Einzelrichter. Der Gegenpartei ist in der Regel rechtliches Gehör zu gewähren, soweit dies möglich ist.
[112] Die Entscheidung ist nach § 227 IV 2 ZPO kurz zu begründen.
[113] *Baumbach/Lauterbach/Albers/Hartmann*, § 227 Rn. 23.

Muster 16: Protokoll betreffend die Güteverhandlung, den mündlichen Verhandlungstermin, frühen ersten Termin oder Haupttermin (§§ 278, 279, 160 ZPO)

☐ Amtsgericht Frankfurt am Main
☐ Landgericht Frankfurt am Main
Aktenzeichen: ...

Niederschrift über die ☐ öffentliche
 ☐ nicht-öffentliche
Verhandlung ☐ der ... Zivilkammer
 ☐ der ... Kammer für Handelssachen
vom ...

Gegenwärtig: Vorsitzender: ...
Beisitzer: ...
☐ ...
☐ Urkundsbeamter der Geschäftsstelle ...
☐ Von der Zuziehung eines Urkundsbeamten der Geschäftsstelle wurde abgesehen.[114]

in dem Rechtsstreit ☐ p. p.
☐ volles Rubrum wie Bl. ... d. A.[115]

Präsenz 1

erschienen
☐ d... Kläger... in Person   ☐ und
☐ für d... Kläger...   ☐ RA ...
☐ d... Beklagte... in Person   ☐ und
☐ für d... Beklagte...   ☐ RA ...
☐ d... Nebenintervenient... in Person   ☐ und
☐ für d... Nebenintervenient...   ☐ RA ...
☐ d... Streitverkündete... in Person   ☐ und
☐ für d... Streitverkündete...   ☐ RA ...

  ☐ Dieser erklärte: Ich trete als Nebenintervenient dem Rechtsstreit auf Seiten d... ...bei.

☐ folgende Zeugen: ...
☐ als Sachverständiger: ...
☐ als Dolmetscher: ...

  ☐ Dieser nahm Bezug auf seinen allgemein geleisteten Eid und erklärte, dass er treu und gewissenhaft übertragen werde.[116]
  ☐ Der Dolmetscher wurde dahin vereidigt, dass er treu und gewissenhaft übertragen werde.[117]

---

[114] § 159 I 2 ZPO.
[115] Im Regelfall wird nur ein sog. abgekürztes Rubrum eingesetzt (z.B. Müller ./. Schulze). Ein „volles Rubrum" wie im Urteil (§ 313 I Nr. 1 ZPO) ist nur erforderlich, wenn das Protokoll einen Prozessvergleich enthält, der einen Vollstreckungstitel darstellt (§ 794 I Nr. 1 ZPO).
[116] § 189 I 1 GVG.
[117] § 189 I 1 GVG.

☐ Der Dolmetscher erklärte, dass er aus Glaubens- bzw. Gewissensgründen keinen Eid leisten wolle. Er bekräftigte, dass er treu und gewissenhaft übertragen werde. Der Dolmetscher wurde darauf hingewiesen, dass diese Bekräftigung einem Eid gleichsteht.[118]

☐ Es wurde festgestellt, dass d... Kläger, d... Beklagte, ... Zeug ... der deutschen Sprache hinreichend mächtig und deshalb die Hinzuziehung eines Dolmetschers nicht erforderlich ist. Die Parteien und ihre Prozessbevollmächtigten erheben hiergegen keine Einwendungen. Der erschienene Dolmetscher wurde daraufhin um ... Uhr entlassen.

☐ Nicht erschienen waren:

☐ der Zeuge/Sachverständige/Dolmetscher ...
☐ trotz Ladung am ... (ZU Bl. ... d. A.).
☐ Die Ladung des ... konnte nicht festgestellt werden.
☐ Der ... hat sich wegen ... entschuldigt.
☐ Die Entscheidung über die Verhängung eines Ordnungsgeldes wird bis zum Ende der Verhandlung zurückgestellt.[119]
☐ Das Schreiben des Zeugen ... vom ... (Bl. ... d. A.) betreffend die Verweigerung des Zeugnisses wurde verlesen.[120]

☐ Die Zeugen verließen den Sitzungssaal.[121]

2 *Güteverhandlung*

☐ Im Rahmen der Güteverhandlung wurde der Sach- und Streitstand mit den Parteien erörtert. Die Parteien wurden hierzu persönlich gehört.

☐ Das Gericht
☐ wies dabei die Parteien auf Folgendes hin: ...
☐ unterbreitete den Parteien folgenden Vergleichsvorschlag: ...

☐ Die Parteien schlossen sodann folgenden Vergleich: ...

Laut diktiert, vorgelesen/wieder vorgespielt und genehmigt.[122]

☐ Beide Parteien erklärten, den seitens des Gerichts vorgeschlagenen Vergleich nicht annehmen zu wollen.[123]
☐ D... ☐ Kläger...(-Vertreter)   ☐ Beklagte...(-Vertreter)
beantragte, ihm/ihr Gelegenheit zur Stellungnahme zu den Hinweisen des Gerichts zu geben.[124]

beschlossen und verkündet:

☐ Gelegenheit zur Stellungnahme für d... ... auf die heutigen Hinweise des Gerichts ... bis zum ...
☐ Termin zur mündlichen Verhandlung wird bestimmt
auf ..., den ..., ... Uhr, Raum ...
☐ Die mündliche Verhandlung schließt sich unmittelbar an.

---

[118] § 189 I 2, 3 GVG.
[119] Dies ist zweckmäßig, da die zunächst nicht erschienene Person während des Termins noch erscheinen kann.
[120] § 386 ZPO.
[121] Dies ist ratsam, damit die Zeugen bei ihrer Vernehmung möglichst unvoreingenommen sind.
[122] § 160 III Nr. 1, 162 I 1.
[123] § 160 III Nr. 10.
[124] § 139 V ZPO.

☐ Zur Güteverhandlung sind beide Parteien nicht erschienen.

beschlossen und verkündet:

Das Ruhen des Verfahrens wird angeordnet.

☐ Zur Güteverhandlung ist ☐ der Kläger ☐ der Beklagte nicht erschienen.

beschlossen und verkündet:

☐ Termin zur mündlichen Verhandlung wird bestimmt auf ..., den ..., ... Uhr, Raum ...
☐ Die mündliche Verhandlung schließt sich unmittelbar an.

Formalien 3

☐ Es wurde festgestellt, dass
  ☐ der Vollstreckungsbescheid des Amtsgerichts ... Aktenzeichen: ...
  ☐ das Versäumnisurteil
vom ... dem ... am ... zugestellt worden (ZU Bl. ... d.A.) und der Einspruch dagegen am ... bei Gericht eingegangen ist. Der Einspruch ist mithin rechtzeitig.[125]

☐ D... ☐ Kläger...(-Vertreter)   ☐ Beklagte...(-Vertreter)
  rügte die Nichteinhaltung der
  ☐ Ladungsfrist   ☐ Einlassungsfrist
  und beantragte Vertagung.

beschlossen und verkündet:

☐ Die heutige Verhandlung wird wegen Nichteinhaltung der
  ☐ Ladungsfrist betreffend d... ...   ☐ Einlassungsfrist
  vertagt auf ..., den ..., ... Uhr, Raum ...
☐ Der Antrag auf Vertagung wird zurückgewiesen, da die
  ☐ Ladungsfrist   ☐ Einlassungsfrist
  gewahrt ist, weil ...

Überreichen von Schriftsätzen 4

☐ D... ☐ Kläger...(-Vertreter)   ☐ Beklagte...(-Vertreter)
  ☐ Nebenintervenient...(-Vertreter)
  überreichte Schriftsatz vom ..., von d... ... Abschriften erhielt.

☐ D... ☐ Kläger...(-Vertreter)   ☐ Beklagte...(-Vertreter)
  ☐ rügte das Vorbringen in dem überreichten Schriftsatz als verspätet und beantragte, das Vorbringen als verspätet zurückzuweisen.
  ☐ erklärte, dass er auf das Vorbringen in dem überreichten Schriftsatz eine Erklärung nicht abgeben könne und deshalb
    ☐ Vertagung   ☐ Schriftsatznachlass[126]
  beantrage.

---

[125] § 341 I ZPO.
[126] § 283 ZPO.

☐ D... ☐ Kläger...(-Vertreter) ☐ Beklagte...(-Vertreter)
☐ Nebenintervenient...(-Vertreter)
erklärte auf Befragen zu dem Grund der Verspätung: ...

beschlossen und verkündet:

☐ Schriftsatznachlass für d... ... auf den Schriftsatz vom ... bis zum ...
☐ Die heutige Verhandlung wird wegen des verspäteten Vorbringens d... ... vertagt auf ..., den ..., ... Uhr, Raum ...

5   *Stellen der Anträge*

☐ Nach Erörterung der Sachdienlichkeit der Anträge:

☐ D... Kläger... (-Vertreter)
☐ verlas   ☐ nahm Bezug auf[127]
☐ den Antrag/die Anträge aus der Klageschrift vom ... (Bl. ... d. A.).
☐ den Antrag/die Anträge aus dem Schriftsatz vom ... (Bl. ... d. A.).

   ☐ jedoch mit der Maßgabe, dass ...
   ☐ jedoch nur in Höhe von ... nebst ... % Zinsen p. a. seit ...
   ☐ jedoch mit dem handschriftlichen Zusatz vom ...
   ☐ jedoch nur gegen d... Beklagten zu ...
   und erklärte, dass er die weitergehende Klage zurücknehme.
   Laut diktiert, vorgelesen/wieder vorgespielt und genehmigt.[128]

☐ D... Beklagte... (-Vertreter) erklärte:
   ☐ Ich rüge vorab   ☐ die Unzuständigkeit des Gerichts.[129]
                      ☐ die Unzulässigkeit des Rechtsweges.
   ☐ Ich erhebe vorab die Einrede
      ☐ der fehlenden Ausländersicherheit.[130]
      ☐ der fehlenden Kostenerstattung betreffend den Vorprozess ...[131]
      ☐ des Schiedsvertrages.[132]
      ☐ und füge hinzu: Die Rüge wird erst jetzt vorgebracht, weil...[133]
   ☐ Ich erkenne
      ☐ eine Teilforderung von ... an.
      ☐ den Klageanspruch voll an,
      ☐ jedoch unter Protest gegen die Kostenlast.[134]

   Laut diktiert, vorgelesen/wieder vorgespielt und genehmigt.[135]

☐ D... Kläger... (-Vertreter) beantragte er Erlass eine
      ☐ (Teil-) ☐ Anerkenntnisurteils, das antragsgemäß erging.[136]

---

[127] §§ 137 I, 297 II ZPO.
[128] § 160 III Nr. 8, § 162 I 1 ZPO.
[129] § 39 ZPO.
[130] § 110 ZPO.
[131] § 269 VI ZPO.
[132] § 1032 ZPO.
[133] § 296 III ZPO.
[134] § 93 ZPO.
[135] § 160 III Nr. 1, § 162 I 1 ZPO.
[136] Für den Erlass eines Anerkenntnisurteils ist kein Antrag erforderlich, § 307 ZPO.

☐ Hinsichtlich der weiter gehenden Forderung:

☐ D... Beklagte... (-Vertreter)
☐ verlas   ☐ nahm Bezug auf[137]
☐ d... Antrag/Anträge aus dem Schriftsatz vom ... (Bl. ... d. A.).

☐ ☐ D... Nebenintervenient... (-Vertreter)
☐ verlas   ☐ nahm Bezug auf[138]
☐ d... Antrag/Anträge aus dem Schriftsatz vom ... (Bl. ... d. A.).

☐ Die Parteien/Parteivertreter wiederholten die Anträge wie in der Sitzung vom ... (Bl. ... d. A.) und verhandelten zur Sache.

Erledigung der Hauptsache 6

☐ Die Parteien erklärten übereinstimmend
  ☐ die Hauptsache für erledigt und stellten wechselseitige Kostenanträge.
  ☐ die Hauptsache teilweise für erledigt, und zwar
    ☐ hinsichtlich des Klageantrages Ziffer ...;
    ☐ insoweit d... Kläger ... verlangt hat ...
  Hinsichtlich der Teilerledigung stellten sie wechselseitige Kostenanträge. Im Übrigen verhandelten sie streitig zur Sache.

☐ D... Kläger... (-Vertreter) erklärte die Hauptsache
  ☐ insgesamt für erledigt.
  ☐ insoweit für erledigt, als er ... verlangt hat.
    ☐ Zur Begründung für die Erledigungserklärung
    ☐ nahm er Bezug auf den Schriftsatz vom ... (Bl. ... d. A.);
    ☐ erklärte er: ...

D... Beklagte... (-Vertreter) widersprach der Erledigung und
☐ beantragte Klageabweisung.
☐ nahm Bezug auf den Antrag im Schriftsatz vom ... (Bl. ... d. A.).

Klagerücknahme 7

☐ D... Kläger... (-Vertreter) erklärte, dass er
  ☐ die Klage insgesamt zurücknehme.
  ☐ teilweise in Höhe von ... zurücknehme.

Laut diktiert, vorgelesen/wieder vorgespielt und genehmigt.[139]

D... Beklagte... (-Vertreter)
☐ stimmte der Klagerücknahme zu[140] und
  beantragte,
  ☐ im Übrigen die Klage abzuweisen.
  ☐ d... Kläger ... die Kosten des Rechtsstreits aufzuerlegen.[141]

---
[137] §§ 137 I, 297 ZPO.
[138] §§ 137 I, 297 ZPO.
[139] § 160 III Nr. 8, § 162 I 1 ZPO.
[140] § 269 I, II 1 ZPO.
[141] § 269 III 2, IV ZPO.

☐ festzustellen, dass
  ☐ das Versäumnisurteil   ☐ das Teilurteil
  ☐ der Vollstreckungsbescheid   ☐ das Grundurteil
vom ... aufgrund der Klagerücknahme wirkungslos geworden ist.[142]

Der dem Protokoll anliegende Beschluss wurde verkündet.[143]

8   *Rücknahme des Einspruchs*

☐ D... ☐ Kläger...(-Vertreter)   ☐ Beklagte...(-Vertreter)
erklärte, dass er den Einspruch
  ☐ gegen das Versäumnisurteil vom ...
  ☐ gegen den Vollstreckungsbescheid vom ...
zurücknehme[144]   ☐ und zwar teilweise in Höhe von ...

Laut diktiert, vorgelesen/wieder vorgespielt und genehmigt.[145]

☐ D... ☐ Kläger...(-Vertreter)   ☐ Beklagte...(-Vertreter)
beantragte Kostenentscheidung.[146]

beschlossen und verkündet:[147]
Nach Rücknahme des Einspruchs werden die weiteren Kosten des Rechtsstreits d... ... auferlegt.[148]

9   *Einführen in den Sach- und Streitstand*[149]

☐ Das Gericht führte die Parteien in den Sach- und Streitstand ein.

☐ Der Vorsitzende   ☐ Der Berichterstatter
gab einen Bericht über den Sach- und Streitstand einschließlich der vom Gericht getroffenen prozessleitenden Anordnungen und den beabsichtigten weiteren Prozessverlauf.

10   *Anhören der Parteien*

☐ D... persönlich angehörte... Kläger... erklärte/erklärten: ...

☐ D... persönlich angehörte... Beklagte... erklärte/erklärten: ...

☐ Die Parteien erklärten:
  ☐ Es ist unstreitig, dass ...
  ☐ Wir sind damit einverstanden, dass ...

---

[142] § 269 III 1, IV ZPO.
[143] § 269 IV ZPO – der Beschluss kann auch sofort in das Protokoll diktiert werden.
[144] §§ 346, 516 ZPO.
[145] § 160 III Nr. 8, § 162 I 1 ZPO.
[146] Im Unterschied zur Klagerücknahme ist hier gemäß §§ 346, 516 ZPO auch nach Beginn der mündlichen Verhandlung keine Zustimmung des Gegners erforderlich.
[147] Der nachfolgende Beschluss kann nur bei völliger Rücknahme des Einspruchs ergehen; anderenfalls erfolgt die Kostenentscheidung im Schlussurteil.
[148] § 346 und § 516 III ZPO.
[149] Dies ist nur erforderlich, soweit das Gericht nicht bereits in der Güteverhandlung in den Sach- und Streitstand eingeführt hat.

Einführen von Beiakten   11

☐ Die Akten ... waren beigezogen und Gegenstand der mündlichen Verhandlung.
☐ Aus ihnen ☐ wurde das Schreiben ... vom ... (Bl. ...)
            ☐ wurde die Unfallskizze (Bl. ...)
            ☐ wurden die Fotos (Bl. ...)
            ☐ verlesen. ☐ in Augenschein genommen.
☐ Das Gericht wies hierbei auf folgende Aktenteile hin, die es für wesentlich halte:
...

Hinweise des Gerichts   12

☐ Das Gericht wies
   ☐ auf folgende Bedenken hin: ...
   ☐ zu der Schlüssigkeit des Klagevortrages darauf hin, dass ...
   ☐ zu der Einwendung des Beklagten darauf hin, dass ...
   ☐ auf folgende Entscheidung... hin: ...
   ☐ auf folgende offenkundige/gerichtsbekannte Tatsache hin: ...
☐ Hierzu erklärte/erklärten d... ...

☐ D... ☐ Kläger...(-Vertreter)   ☐ Beklagte...(-Vertreter)
beantragte, ihm/ihr Gelegenheit zur Stellungnahme zu den Hinweisen des Gerichts zu geben.[150]

beschlossen und verkündet:

☐ Gelegenheit zur Stellungnahme für d... ... auf die heutigen Hinweise des Gerichts ... bis zum ...

Zeugenvernehmung   13

Die Zeugen wurden herein gerufen, zur Wahrheit ermahnt und auf die Strafbarkeit falscher eidlicher und uneidlicher Aussagen hingewiesen.[151] Anschließend wurden sie einzeln und in Abwesenheit der übrigen Zeugen[152] und wie folgt vernommen:

Zur Person:[153]

Vor-/ Zuname: ..., Alter: ..., Stand/Gewerbe: ..., Wohnort: ...
☐ D... ist mein ...   ☐ Ich bin mit d... verwandt.
Besonders belehrt:[154] Ich will aussagen.
☐ Es wurde festgestellt, dass für d... Zeug... eine Aussagegenehmigung der zuständigen Dienstbehörde vorliegt.[155]

Zur Sache:[156]

☐ Der Zeuge sagte zur Sache aus. Von einer Aufzeichnung der Aussage wurde gemäß § 161 I Nr. ... ZPO Abstand genommen.

---

[150] § 139 V ZPO.
[151] § 395 I ZPO.
[152] § 394 I ZPO.
[153] § 395 II ZPO.
[154] §§ 383–385 ZPO.
[155] § 376 ZPO.
[156] § 396 ZPO.

☐ Auf das Beweisthema angesprochen kann ich sagen, …
　☐ Auf Vorhalt des Gerichts: …
　☐ Auf Vorhalt d… Kläger…(-Vertreters):[157] …
　☐ Auf Vorhalt d… Beklagte…(-Vertreters): …
　☐ D… … stellt folgende Frage an den Zeugen: …

beschlossen und verkündet:[158]
Die Frage wird nicht zugelassen, da sie
　☐ nicht zum Beweisthema gehört.
　☐ nicht auf die Wiedergabe von Tatsachen gerichtet ist, sondern auf
　　☐ eine rechtliche Beurteilung hinausläuft.
　　☐ ein sachverständiges Werturteil hinausläuft.
　　☐ Schlussfolgerungen/Meinungen des Zeugen offenbaren soll.
　☐ bereits beantwortet ist.
　☐ als Suggestivfrage gestellt ist.
　☐ offensichtlich der Ausforschung dient.
　☐ nur unter Verletzung der Verpflichtung zur Verschwiegenheit beantwortet werden könnte (§ 383 III ZPO).
　☐ von der vorliegenden Aussagegenehmigung nicht gedeckt ist.
　☐ offensichtlich den Zeugen bloßstellen soll.

☐ Laut diktiert, vorgelesen/wieder vorgespielt und genehmigt.[159]
☐ Laut diktiert und genehmigt; auf nochmalige Verlesung (nochmaliges Abspielen) wurde allseits verzichtet.[160]
☐ Der Zeuge wurde unter Mitwirkung des Dolmetschers vernommen; die Aussage wurde nach Diktat nochmals vorgelesen (abgespielt), von dem Dolmetscher übersetzt und sodann von dem Zeugen genehmigt.[161]

☐ Der Zeuge erklärt: Ich verweigere die Genehmigung der protokollierten Aussage[162] ☐ und zwar mit folgender Begründung: …

☐ Die Parteien stellten zur Beeidigung des Zeugen folgende Anträge:[163] …

beschlossen und verkündet:

☐ D… Zeug… bleibt unbeeidigt.
☐ D… Zeug… bleibt vorerst unbeeidigt; über die Frage einer etwaigen Beeidigung soll nach Durchführung der gesamten Beweisaufnahme entschieden werden.
☐ D… Zeug… soll beeidigt werden.

Daraufhin wurde
☐ d… Zeug… die Aussage wörtlich vorgelesen.
☐ d… Zeug… über das Eidesverweigerungsrecht belehrt.

---

[157] § 397 ZPO.
[158] § 397 III ZPO.
[159] § 162 I 1 ZPO.
[160] § 162 II 2 ZPO.
[161] § 185 I GVG.
[162] *Baumbach/Lauterbach/Albers/Hartmann*, § 162 Rn. 9.
[163] § 391 ZPO.

☐ d... Zeug... nochmals über die Wahrheitspflicht belehrt und ihm erklärt, er könne die Aussage jetzt noch ergänzen, klarstellen bzw. berichtigen.
D... Zeug... erklärte:
☐ Ich möchte meine obige Aussage noch wie folgt ergänzen: ...
☐ Ich habe meiner obigen Aussage nichts hinzuzufügen.
☐ Ich verweigere den Eid.
☐ Ich bin bereit, meine Aussage zu beschwören.
☐ D... Zeug... wurde sodann ordnungsgemäß vereidigt.
Er/Sie leistete den Eid ☐ mit ☐ ohne religiöse Beteuerung.[164]
☐ D... Zeug... entschuldigte das Fernbleiben im Termin vom ... mit der Erklärung, ...
☐ D... Zeug... legt zur Glaubhaftmachung folgende Urkunde vor: ...
☐ Zur Glaubhaftmachung der vorgetragenen Entschuldigung erklärte d... Zeug... nach Belehrung über die Strafbarkeit einer falschen eidesstattlichen Versicherung: Ich versichere hiermit an Eides Statt, dass ...
Laut diktiert, vorgelesen/wieder vorgespielt und genehmigt.
☐ Ich werde zur Glaubhaftmachung meiner Verhinderung noch
  ☐ ein Attest des behandelten Arztes   ☐ eine Bestätigung des ...
vorlegen.

beschlossen und verkündet:
☐ Der Ordnungsmittelbeschluss vom ... (Bl. ... d.A.) wird aufgehoben, nachdem d... Zeug... das Fernbleiben im Termin vom ... genügend entschuldigt hat.
☐ Der Antrag d... Zeug... auf Aufhebung des Ordnungsmittelbeschlusses vom ... wird zurückgewiesen, weil d... Zeug... das Fernbleiben im Termin vom ... nicht genügend entschuldigt hat.
☐ Über die Aufhebung des Ordnungsmittelbeschlusses wird nach Vorlage der von d... Zeug... angekündigten Unterlagen entschieden.
D... Zeug... wurde um ... Uhr entlassen.[165]
☐ D... Zeug... erklärte, ich verzichte auf Auslagenersatz.

Erstattung eines Sachverständigengutachtens **14**

Der Sachverständige wurde nach Belehrung gemäß § 410 I ZPO wie folgt vernommen:

Zur Person:

☐ Vor-/Zuname: ..., Alter: ..., Stand/Gewerbe: ..., Wohnort: ...
☐ D... ist mein ...   ☐ Ich bin mit d... verwandt.
Besonders belehrt:[166] Ich will aussagen.

Zur Sache:

Ich nehme Bezug auf mein schriftliches Gutachten vom ... (Bl. ... d.A.), das ich auf Befragen wie folgt erläutere und ergänze: ...

---

[164] § 481 ZPO; vgl. auch § 484 ZPO.
[165] Von Bedeutung für die Entschädigung des Zeugen (§§ 19, 20 JVEG).
[166] §§ 383–384 ZPO, vgl. *Baumbach/Lauterbach/Albers/Hartmann*, § 402 Rn. 6; *Zöller/Greger*, § 402 Rn. 8.

§ 1. Der allgemeine Verfahrensablauf

- ☐ Auf Vorhalt des Gerichts: ...
- ☐ Auf Vorhalt d... Kläger...(-Vertreters):[167] ...
- ☐ Auf Vorhalt d... Beklagte...(-Vertreters): ...
- ☐ Laut diktiert, vorgelesen/wieder vorgespielt und genehmigt.[168]
- ☐ Laut diktiert und genehmigt; auf nochmalige Verlesung (nochmaliges Abspielen) wurde allseits verzichtet.[169]

- ☐ beschlossen und verkündet:

    Der Sachverständige soll sein Gutachten beeidigen.[170]

- ☐ Nach Belehrung[171] über die Bedeutung des Eides leistete der Sachverständige den Eid ☐ mit ☐ ohne religiöse Beteuerung.[172]
- ☐ Nach Belehrung über die Bedeutung des Eides leistete der Sachverständige den Eid unter Bezugnahme auf den allgemein von ihm geleisteten Eid.[173]

    Der Sachverständige wurde um ... Uhr entlassen.

15   *Parteivernehmung*

- ☐ Nach Erörterung wurde beschlossen und verkündet:[174]

    D... ... soll gemäß § ... ZPO[175] als Partei zu der Behauptung d... ... vernommen werden, ...

    Die anwesende Partei wurde zur Wahrheit ermahnt und auf die Strafbarkeit einer falschen eidlichen Aussage hingewiesen. Sie wurde ferner über ihr Aussageverweigerungsrecht belehrt und auf die Folgen einer etwaigen Verweigerung hingewiesen (§§ 446, 453 II ZPO).

    Sie erklärte:
- ☐ Ich will aussagen.
- ☐ Ich verweigere die Aussage.

    Zur Person:
- ☐ Vor-/Zuname: ..., Alter: ..., Stand/Gewerbe: ..., Wohnort: ...
    Zur Sache:
- ☐ ...
- ☐ Laut diktiert, vorgelesen/wieder vorgespielt und genehmigt.[176]
- ☐ Laut diktiert und genehmigt; auf nochmalige Verlesung (nochmaliges Abspielen) wurde allseits verzichtet.[177]

---

[167] §§ 402, 397 ZPO.
[168] § 162 I 1 ZPO.
[169] § 162 II 2 ZPO.
[170] § 410 ZPO.
[171] § 480 ZPO.
[172] §§ 410 I 2, 481 ZPO; vgl. auch § 484 ZPO.
[173] § 410 II ZPO.
[174] § 450 ZPO.
[175] In Frage kommen die §§ 445, 447, 448, 287 I 3 ZPO.
[176] § 162 I 1 ZPO.
[177] § 162 II 2 ZPO.

☐ D... ... stellte zur Beeidigung folgende Anträge:[178] ...

beschlossen und verkündet:

☐ Die Partei bleibt unbeeidigt.   ☐ D... ... soll beeidigt werden.

Die Partei wurde nochmals auf die Bedeutung des Eides und ihr Eidesverweigerungsrecht hingewiesen.[179] Sie erklärte:
  ☐ Ich möchte meine obige Aussage noch wie folgt ergänzen: ...
  ☐ Ich habe meiner obigen Aussage nichts hinzuzufügen.
  ☐ Ich verweigere den Eid.
  ☐ Ich bin bereit, meine Aussage zu beschwören.
☐ D... ... wurde sodann ordnungsgemäß vereidigt.
  Er/Sie leistete den Eid ☐ mit ☐ ohne religiöse Beteuerung.[180]

Erörterung zur Beweisaufnahme 16

Nach Beendigung der Beweisaufnahme wurde der Sach- und Streitstand mit den Partei...(-Vertretern) erneut
☐ und das Ergebnis der Beweisaufnahme
  erörtert.[181]

Verhandlung nach Beweisaufnahme 17

☐ Die Parteien verhandelten über das Ergebnis der Beweisaufnahme und zur Sache mit den zuvor gestellten Anträgen.[182]

☐ D... ☐ Kläger...(-Vertreter)   ☐ Beklagte...(-Vertreter) beantragte,
  ☐ noch folgende... Zeug... zu hören zu der Behauptung ...
  ☐ den Sachverständigen ... zur Erläuterung seines Gutachtens vom ... mündlich anzuhören.
  ☐ Gelegenheit zu geben, zum Ergebnis der heutigen Beweisaufnahme schriftlich bis ... Stellung zu nehmen.

Erlass von Ordnungsmittelbeschlüssen 18

☐ Gegen d... nicht erschienenen
  ☐ Zeugen   ☐ Sachverständigen   ☐ Dolmetscher
  erging der dem Protokoll anliegende Beschluss.[183]

Gütliche Beilegung nach Beweisaufnahme 19

☐ Die vergleichsweise Beendigung des Rechtsstreits wurde mit den Beteiligten erörtert.

---

[178] § 452 ZPO.
[179] § 480 ZPO.
[180] § 481 ZPO; vgl. auch § 484 ZPO.
[181] § 279 III ZPO.
[182] § 285 ZPO.
[183] Die Beschlüsse können auch in das Protokoll aufgenommen werden.

☐ Die Parteien schlossen sodann folgenden Vergleich: ...

Laut diktiert, vorgelesen/wieder vorgespielt und genehmigt.[184]

☐ Die Parteien erklärten: Wir verzichten auf die Übertragung der vorläufigen Aufzeichnungen betreffend die vorausgegangene Beweisaufnahme in das Protokoll.[185]

20 *Verkündung der Entscheidung*

☐ Nach Beratung wurde
  ☐ folgender Beschluss verkündet: ...
  ☐ Folgendes Urteil durch Verlesen der Urteilsformel verkündet: ...

beschlossen und verkündet:

☐ Eine Entscheidung soll am Schluss der Sitzung verkündet werden.

☐ Das Gericht macht den Parteien folgenden Vergleichsvorschlag: ...
Dieser Vergleichsvorschlag kann durch Schriftsatz gegenüber dem Gericht dort eingehend spätestens am ... angenommen werden.[186] Für den Fall der Nichtannahme des Vergleichs wird Termin zur Verkündung einer Entscheidung anberaumt auf ..., ... Uhr, Raum ...

☐ Termin zur Verkündung einer Entscheidung wird anberaumt auf ..., den ..., ... Uhr, Raum ...

☐ Zugleich für die Richtigkeit der Übertragung vom Tonband:[187]

....
(☐ Der Vorsitzende) (Der Urkundsbeamte der Geschäftsstelle)
(☐ Der Einzelrichter)

---

[184] § 160 III Nr. 1, 162 I 1.
[185] § 161 I Nr. 2 ZPO. – Der Verzicht ist nur bei einem Vergleich ohne Widerrufsvorbehalt zweckdienlich, anderenfalls sollte man nach § 160a II 2 ZPO verfahren.
[186] § 278 VI ZPO.
[187] § 163 I 2 ZPO.

Muster 17: Ausschluss der Öffentlichkeit der Verhandlung (§ 172 GVG)

☐ Amtsgericht Frankfurt am Main
☐ Landgericht Frankfurt am Main
Aktenzeichen: …

Beschluss

In dem Rechtsstreit … gegen …

wird für die
☐ gesamte Verhandlung ☐ Verhandlung vom …
☐ Dauer der Vernehmung des …
☐ die Öffentlichkeit gemäß § 172 GVG ausgeschlossen, da[188]

    ☐ eine Gefährdung der Staatssicherheit, der öffentlichen Ordnung oder der Sittlichkeit zu besorgen ist.
    ☐ eine Gefährdung von Leben, Leib oder Freiheit d… …[189] zu besorgen ist.
    ☐ ein wichtiges Geschäfts-, Betriebs-, Erfindungs- oder Steuergeheimnis zur Sprache kommt, durch dessen öffentliche Erörterung überwiegende schutzwürdige Interessen d… … verletzt würden.
    ☐ ein privates Geheimnis erörtert wird, dessen unbefugte Offenbarung durch d… …[190] mit Strafe bedroht ist.
    ☐ der zu vernehmende Zeuge noch nicht 16 Jahre alt ist.

☐ die Öffentlichkeit gemäß § 171b GVG ausgeschlossen, da Umstände aus dem persönlichen Lebensbereich d… …[191] zur Sprache kommen, deren öffentliche Erörterung schutzwürdige Interessen verletzen würde.

☐ Den anwesenden Prozessbeteiligten wird die Verpflichtung auferlegt, über die durch die Verhandlung erlangten Tatsachenkenntnisse Stillschweigen zu bewahren (§ 174 III GVG).

☐ Die Vertreter von Presse, Rundfunk und Fernsehen werden darauf hingewiesen, dass sie keinen Bericht über den Inhalt der unter Ausschluss der Öffentlichkeit geführten Verhandlung und den Inhalt eines die Sache betreffenden amtlichen Schriftstücks veröffentlichen dürfen (§ 174 II GVG).

Frankfurt am Main, den …
☐ Amtsgericht, Abteilung …   ☐ Landgericht, … Zivilkammer
                                                                       ☐ Der Vorsitzende
                                                                       ☐ Der Einzelrichter

---

[188] Zu den Entscheidungskriterien vgl. *Baumbach/Lauterbach/Albers/Hartmann*, § 172 GVG Rn. 9.
[189] In Betracht kommen hier vor allem Zeugen aber auch andere Personen.
[190] In Betracht kommen hier Zeugen oder Sachverständige.
[191] In Betracht kommen hier Prozessbeteiligte, Zeugen oder durch eine rechtswidrige Tat (§ 11 I Nr. 5 StGB) Verletzte; vgl. auch *Baumbach/Lauterbach/Albers/Hartmann*, § 171b GVG Rn. 3ff.

Muster 18: Protokoll betreffend einen gesonderten Verkündungstermin (§ 310 I ZPO)

☐ Amtsgericht Frankfurt am Main
☐ Landgericht Frankfurt am Main
Aktenzeichen: ...

1 Öffentliche Sitzung ☐ der ... Zivilkammer
 ☐ der ... Kammer für Handelssachen
vom ...

Gegenwärtig: ☐ Vorsitzender: ...[192] ☐ Beisitzer: ...
 ☐ Urkundsbeamter ☐ Ohne Hinzuziehung
 der Geschäftsstelle ... eines Urkundsbeamten
 der Geschäftsstelle.[193]

In dem Rechtsstreit
... gegen ...

erschien bei Aufruf der Sache
☐ niemand ☐ ...

Es wurde
☐ anliegendes Urteil ☐ durch Verlesen der Urteilsformel[194]
 ☐ unter Bezugnahme auf die Urteilsformel[195]
☐ anliegender Beschluss
verkündet.[196]

☐ folgender Beschluss verkündet:
 Der heutige Verkündungstermin wird verlegt auf ..., den ..., ... Uhr, Raum ..., Gebäude ..., weil
 ☐ das Urteil noch nicht verkündungsreif abgesetzt werden konnte.
 ☐ ...

....
(☐ Der Vorsitzende) (Der Urkundsbeamte der Geschäftsstelle)
(☐ Der Einzelrichter)

---

[192] § 311 IV ZPO.
[193] § 159 I 2 ZPO.
[194] § 311 II 1 ZPO.
[195] § 311 II 2 ZPO.
[196] Zur Beweiskraft des Protokolls siehe § 165 ZPO.

Muster 19: Verweisungsbeschluss wegen Unzuständigkeit (§ 281 ZPO)[197]

☐ Amtsgericht Frankfurt am Main
☐ Landgericht Frankfurt am Main
Aktenzeichen: …

Beschluss

In dem Rechtsstreit … gegen …

erklärt sich, nach Anhörung der beklagten Partei,[198] das
☐ Amtsgericht Frankfurt am Main
☐ Landgericht Frankfurt am Main
☐ örtlich[199]   ☐ und
☐ sachlich[199]
für unzuständig und verweist den Rechtsstreit auf Antrag[200] d… Kläger… gemäß § 281 ZPO an das zuständige
☐ Amtsgericht …   ☐ Familiengericht …
☐ Landgericht …

Gründe[201]

☐ …

Frankfurt am Main, den …
☐ Amtsgericht, Abteilung …   ☐ Landgericht, … Zivilkammer
                                                     ☐ Der Vorsitzende
                                                     ☐ Der Einzelrichter

---

[197] Die Entscheidung kann wegen der in § 281 I 1 ZPO vorgeschriebenen Beschlussform ohne mündliche Verhandlung ergehen, § 128 IV ZPO.
[198] Die Anhörung der beklagten Partei ist zur Gewährung rechtlichen Gehörs notwendig.
[199] Die genaue Angabe dazu, ob wegen sachlicher und/oder örtlicher Unzuständigkeit verwiesen wird, ist wegen des Umfangs der Bindungswirkung des Beschlusses (§ 281 II 4 ZPO) erforderlich.
[200] Auch ein hilfsweise gestellter Antrag des Klägers ist genügend.
[201] Eine Begründung des Beschlusses ist vom Gesetz nicht vorgeschrieben und wegen seiner Unanfechtbarkeit (§ 281 II 2 ZPO) nicht erforderlich. Gleichwohl erscheint eine Begründung jedenfalls dann angebracht, wenn die beklagte Partei der Verweisung widersprochen hat, da in solchen Fällen bei fehlender Begründung die Anfechtbarkeit bejaht und die Bindungswirkung verneint werden kann; vgl. *Baumbach/Lauterbach/Albers/Hartmann*, § 281 Rn. 43.

Muster 20: Abgabebeschluss nach WEG, LwVG

☐ Amtsgericht Frankfurt am Main
☐ Landgericht Frankfurt am Main
Aktenzeichen: ...

Beschluss

In dem Rechtsstreit ... gegen ...

1 wird, nach Anhörung der Parteien,[202] die Sache an das gemäß
☐ § 43 WEG zuständige Amtsgericht
☐ § 12 LwVG zuständige Amtsgericht
in ... abgegeben.

Gründe[203]

☐ ...

Frankfurt am Main, den ...
☐ Amtsgericht, Abteilung ...   ☐ Landgericht, ... Zivilkammer
                                                ☐ Der Vorsitzende
                                                ☐ Der Einzelrichter

....

Verfügung

1. Ausfertigung des Beschlusses an
   ☐ Kläger... (-Vertreter)   ☐ (ZU/EB).[204]
   ☐ Beklagte... (-Vertreter) ☐ (ZU/EB).[202]
2. Wiedervorlage: ...

Frankfurt am Main, den ...
☐ Amtsgericht, Abteilung ...   ☐ Landgericht, ... Zivilkammer
                                                ☐ Der Vorsitzende
                                                ☐ Der Einzelrichter

....

---

[202] Mündliche Verhandlung ist nach § 17a II 1 GVG nicht erforderlich, kann aber im Einzelfall zweckmäßig sein; zur Anwendbarkeit von § 17a GVG auf Verweisungen vom Zivilgericht an ein FGG-Gericht und an ein Landwirtschaftsgericht, vgl. *Baumbach/Lauterbach/Albers/Hartmann*, § 17a GVG Rn. 3 sowie Anh. zu § 281 ZPO.
[203] Gründe sind gemäß § 17a IV 2 GVG erforderlich.
[204] Eine förmliche Zustellung ist erforderlich, da der Beschluss nach § 17a IV 3 GVG mit der sofortigen Beschwerde anfechtbar ist.

Muster 21: Verweisungsbeschluss wegen Unzulässigkeit des Rechtswegs (§ 17 a GVG)

☐ Amtsgericht Frankfurt am Main
☐ Landgericht Frankfurt am Main
Aktenzeichen: ...

Beschluss

In dem Rechtsstreit
d...,
                      Kläger...,
Prozessbevollmächtigter: Rechtsanwalt ...
gegen
d...,
                      Beklagte...,
Prozessbevollmächtigter: Rechtsanwalt ...
☐ hat das Amtsgericht Frankfurt am Main durch
 den Richter am Amtsgericht ...
☐ hat die ... Zivilkammer des Landgerichts Frankfurt am Main durch
 ☐ den Vorsitzenden Richter am Landgericht ... und die Richter am Landgericht ... und ...
 ☐ den Richter am Landgericht ... als Einzelrichter
nach Anhörung der Parteien[205] am ... beschlossen:

Der angerufene Rechtsweg vor den Zivilgerichten ist unzulässig.   1

Der Rechtsstreit wird verwiesen an das für den Rechtsweg
☐ vor den Verwaltungsgerichten zuständige Verwaltungsgericht ....
☐ vor den Finanzgerichten zuständige Finanzgericht ...
☐ vor den Sozialgerichten zuständige Sozialgericht ...
☐ von den Arbeitsgerichten zuständige Arbeitsgericht ...
☐ das für ☐ Vormundschaftssachen ☐ Familiensachen
      ☐ Betreuungssachen ☐ Unterbringungssachen
zuständige Amtsgericht:[206] ...
☐ den für die Entscheidung betreffend die Rechtmäßigkeit von Justizverwaltungsakten zuständigen Zivilsenat des Oberlandesgerichts[207] ...

Gründe[208]

I.

Der Kläger macht einen Anspruch auf ... geltend ...

---

[205] Dies folgt aus § 17 a II 1 GVG und dem Grundsatz des rechtlichen Gehörs.
[206] Zur Zulässigkeit der Verweisung an Arbeitsgerichte, Gerichte der freiwilligen Gerichtsbarkeit und an Familiengerichte vgl. *Baumbach/Lauterbach/Albers/Hartmann*, § 17 a GVG Rn. 2.
[207] §§ 24 ff. EGGVG.
[208] Begründung des Beschlusses ist in § 17 a IV 2 GVG zwingend vorgeschrieben.

II.

Der vom Kläger beschrittene Rechtsweg zu den ordentlichen Gerichten ist nicht gegeben. Eine bürgerliche Rechtsstreitigkeit im Sinne von § 13 GVG liegt nicht vor. Dies setzt voraus, dass die Parteien sich gleichberechtigt, nicht im Verhältnis der Über- und Unterordnung gegenüberstehen und das Rechtsverhältnis, aus dem der Anspruch hergeleitet wird, seine Rechtsgrundlage im bürgerlichen Recht hat. Dies ist hier nicht der Fall, weil ...

Vielmehr handelt es sich um eine Streitigkeit, für die nach

- ☐ § 2 ArbGG die Arbeits-   ☐ § 40 VwGO die Verwaltungs-
- ☐ § 33 FGO die Finanz-   ☐ § 51 SGG die Sozialgerichte zuständig sind, weil ...

- ☐ In vorliegendem Fall ist eine kraft Gesetzes gegebene Sonderzuständigkeit gegeben, die sich aus §§ 23, 25 EGGVG ergibt.

- ☐ In vorliegendem Fall ist kraft besonderer Zuständigkeit das Amtsgericht Abteilung   ☐ Familiensachen   ☐ Vormundschaftssachen
  ☐ Betreuungssachen   ☐ Unterbringungssachen
zuständig, was sich aus ... ergibt.

....

Verfügung

1. Ausfertigung des Beschlusses an
   ☐ Kläger... (-Vertreter)   ☐ (ZU/EB).[209]
   ☐ Beklagte... (-Vertreter)   ☐ (ZU/EB).[209]
2. Wiedervorlage: ...

Frankfurt am Main, den ...
☐ Amtsgericht, Abteilung ...   ☐ Landgericht, ... Zivilkammer
                                    ☐ Der Vorsitzende
                                    ☐ Der Einzelrichter

....

---

[209] Eine förmliche Zustellung ist erforderlich, da der Beschluss nach § 17a IV 3 GVG mit der sofortigen Beschwerde anfechtbar ist.

Muster 22: Entscheidung nach Klagerücknahme (§ 269 ZPO)

☐ Amtsgericht Frankfurt am Main
☐ Landgericht Frankfurt am Main
Aktenzeichen: ...

Beschluss[210]

In dem Rechtsstreit
d...,
Kläger ...,
Prozessbevollmächtigter: Rechtsanwalt ...,
gegen
d...,
Beklagte ...,
Prozessbevollmächtigter: Rechtsanwalt ...,
☐ hat das Amtsgericht Frankfurt am Main durch
    den Richter am Amtsgericht ...
☐ hat die ... Zivilkammer des Landgerichts Frankfurt am Main durch
    ☐ den Vorsitzenden Richter am Landgericht ... und die Richter am Landgericht ... und ...
    ☐ den Richter am Landgericht ... als Einzelrichter
am ... beschlossen:

  ☐ Nach Rücknahme der Klage werden auf Antrag d... Beklagte...[211] und nach 1
    Anhörung d... Kläger...[212] die Kosten des Rechtsstreits d... Kläger... auferlegt;
    ☐ mit Ausnahme der
      ☐ durch die Säumnis d... Beklagte... im Termin vom ... entstandenen Kosten; diese trägt der Beklagte.[213]
      ☐ Kosten des vorangegangenen selbstständigen Beweisverfahrens vor dem Amtsgericht ... (Aktenzeichen: ...).[214]

  ☐ Auf Antrag d... Beklagten wird festgestellt, dass
    ☐ der Rechtsstreit als nicht anhängig gewesen anzusehen ist.
    ☐ das Urteil des ...gerichts vom ...
    ☐ das Versäumnisurteil des ...gerichts vom ...
    ☐ der Vollstreckungsbescheid des ...gerichts ... vom ...
    Aktenzeichen: ... durch Rücknahme der Klage wirkungslos geworden ist (§ 269 III 1 ZPO).

---

[210] Ein gesonderter Beschluss ergeht nur bei völliger Klagerücknahme. Bei teilweiser Klagerücknahme wird über die Kosten des Rechtsstreits insgesamt im Schlussurteil entschieden, vgl. *Baumbach/Lauterbach/Albers/Hartmann*, § 269 Rn. 45.
[211] Der notwendige Antrag kann im Schriftsatz oder in der mündlichen Verhandlung gestellt werden. Für den Antrag besteht im Anwaltsprozess Anwaltszwang.
[212] Rechtliches Gehör für den Kläger ist zu gewähren.
[213] Umstritten, vgl. *Baumbach/Lauterbach/Albers/Hartmann*, § 269 Rn. 34; *Zöller/Greger*, § 269 Rn. 18a.
[214] *Zöller/Greger*, § 269 Rn. 18b; *Baumbach/Lauterbach/Albers/Hartmann*, § 91 Rn. 193.

2 ☐ Nach Rücknahme der Klage werden auf Antrag d... Kläger... und nach Anhörung d... Beklagte...[215] die Kosten des Rechtsstreits d... Beklagte... auferlegt (§ 269 III 3 ZPO).

Gründe[216]

☐ I.[217]

☐ ...

☐ II.

☐ Die Kosten des Rechtsstreits waren nach § 269 III 2 ZPO d... Kläger... aufzuerlegen, weil ...
☐ Hiervon ausgenommen sind die
  ☐ durch die Säumnis d... Beklagte... im Termin vom ... entstandenen Kosten; diese trägt der Beklagte (§ 344 ZPO).
  ☐ Kosten des vorangegangenen selbstständigen Beweisverfahrens vor dem Amtsgericht ... (Aktenzeichen: ...).
☐ Die Kosten des Rechtsstreits waren d... Beklagte... aufzuerlegen, weil der Anlass zur Einreichung der Klage vor Rechtshängigkeit weggefallen ist und die Klage daraufhin zurückgenommen wurde. In diesem Fall bestimmt sich die Kostentragungspflicht unter Berücksichtigung des bisherigen Sach- und Streitstandes nach billigem Ermessen.[218] Danach waren die Kosten d... Beklagte... aufzuerlegen, denn ...
☐ Durch die Zahlung vom ..., die zwar vor der mit Zustellung der Klageschrift am ... eingetretenen Rechtshängigkeit aber nach Einreichung der Klage am ... erfolgte, hat d... Beklagte... d... Kläger... klaglos gestellt. Dies geht zu seinen/ihren Lasten.

....

---

[215] Rechtliches Gehör für den Beklagten ist zu gewähren.
[216] Eine Begründung des Beschlusses ist regelmäßig nur dann erforderlich, wenn nicht der die Klage zurücknehmenden, also der klagenden Partei die Kosten des Rechtsstreits auferlegt werden, sondern – ganz oder zum Teil – der beklagten Partei.
[217] In Ziffer I. des Beschlusses ist kurz der Sachverhalt darzustellen, soweit dies im Einzelfall erforderlich ist.
[218] Dies gilt auch, wenn die Klage nicht zugestellt wurde.

Muster 23: Ablehnung der Kostenentscheidung nach Klagerücknahme (§ 269 III ZPO)

☐ Amtsgericht Frankfurt am Main
☐ Landgericht Frankfurt am Main
Aktenzeichen: ...

Beschluss

In dem Rechtsstreit
d...,
                        Kläger ...,
Prozessbevollmächtigter: Rechtsanwalt ...,
gegen
d...,
                        Beklagte ...,
Prozessbevollmächtigter: Rechtsanwalt ...,
☐ hat das Amtsgericht Frankfurt am Main durch
 den Richter am Amtsgericht ...
☐ hat die ... Zivilkammer des Landgerichts Frankfurt am Main durch
 ☐ den Vorsitzenden Richter am Landgericht ... und die Richter am Landgericht ... und ...
 ☐ den Richter am Landgericht ... als Einzelrichter
am ... beschlossen:

 Der Antrag d... Beklagten vom ..., d... Kläger ... die Kosten des Rechtsstreits aufzuerlegen, wird zurückgewiesen. 1

Gründe

  ☐ I.[219]
☐ ...
  ☐ II.

Dem Antrag, d... Kläger ... die Kosten des Rechtsstreits nach § 269 III ZPO aufzuerlegen, fehlt das Rechtsschutzbedürfnis. Dies folgt aus der Tatsache, dass
☐ der Beklagte die Kosten des Rechtsstreits bereits an den Kläger bezahlt hat.
☐ die Parteien hinsichtlich der Kostentragung eine von § 269 III ZPO abweichende Regelung getroffen haben.[220]
☐ Die vorgenannte Tatsache ist unstreitig.
☐ Zwar hat d... Beklagte ... den Vortrag d... Kläger... bestritten. Gleichwohl hindert das nicht, den Antrag wegen fehlenden Rechtsschutzbedürfnisses zurückzuweisen. Es ist zwar im Grundsatz davon auszugehen, dass der Antrag auf Auferlegung der Kosten nach Klagerücknahme nur dann wegen fehlenden Rechtsschutzbedürfnisses zurückgewiesen werden darf, wenn die maßgebenden

---

[219] In Ziffer I. des Beschlusses ist kurz der Sachverhalt darzustellen, soweit dies im Einzelfall erforderlich ist.
[220] Vgl. *Baumbach/Lauterbach/Albers/Hartmann*, § 269 Rn. 44.

Tatsachen unstreitig sind. Vorausgesetzt wird aber ein substanziiertes Bestreiten, das hier zu verneinen ist:
D... Beklagte... ist dem Vortrag d... Kläger..., der durch
☐ den Beleg über die Zahlung von ...
☐ den außergerichtlichen Vergleich vom ...
☐ die vorgelegte Korrespondenz
substanziiert war, nicht mehr entgegengetreten. Damit muss die Tatsache der anderweitigen Kostenregelung als zugestanden angesehen werden (§ 138 III ZPO).

....

Verfügung

1. Ausfertigung des Beschlusses an
   ☐ Kläger... (-Vertreter)   ☐ (ZU/EB).[221]
   ☐ Beklagte... (-Vertreter)   ☐ (ZU/EB).[221]
2. Kosten.

Frankfurt am Main, den ...
☐ Amtsgericht, Abteilung ...   ☐ Landgericht, ... Zivilkammer
                                                 ☐ Der Vorsitzende
                                                 ☐ Der Einzelrichter

....

---

[221] Förmliche Zustellung ist ein Hinblick auf die Möglichkeit der sofortigen Beschwerde (§ 269 V 1 ZPO) notwendig.

Muster 24: Aussetzung des Verfahrens (§§ 148, 149, 152 ff., 246, 247 ZPO)

☐ Amtsgericht Frankfurt am Main
☐ Landgericht Frankfurt am Main
Aktenzeichen: …

Beschluss[222]

In dem Rechtsstreit … gegen …

    wird das Verfahren ausgesetzt nach   1
    ☐ § 148 ZPO bis zur
        ☐ rechtskräftigen Entscheidung des Rechtsstreits …
        ☐ bis zur Erledigung des Verwaltungsverfahrens bei …
    ☐ § 149 ZPO bis zur Erledigung des Strafverfahrens …
    ☐ § 152 ZPO bis zur Entscheidung über den Eheaufhebungsantrag …[223]
    ☐ § 153 ZPO bis zur Entscheidung über die Vaterschaft …
    ☐ § 154 ZPO bis zur Entscheidung in dem Verfahren betreffend …
        ☐ Feststellung der Wirksamkeit der Ehe
        ☐ Feststellung der Wirksamkeit der Lebenspartnerschaft
        ☐ Feststellung des Eltern- und Kindesverhältnisses
        ☐ Feststellung der elterlichen Sorge
    ☐ § 246 ZPO[224] wegen
        ☐ Todes d…
        ☐ Verlustes der Prozessunfähigkeit d…
        ☐ Wegfall des gesetzlichen Vertreters d…
        ☐ Anordnung der Nachlassverwaltung über das Vermögen d…
        ☐ Eintritts der Nacherbfolge auf Seiten d…
    ☐ § 247 ZPO, weil d… … durch … von dem Verkehr mit dem Prozessgericht abgeschnitten ist.

Frankfurt am Main, den …
☐ Amtsgericht, Abteilung …   ☐ Landgericht, … Zivilkammer
                                            ☐ Der Vorsitzende
                                            ☐ Der Einzelrichter

…………………………   …………………………   …………………………

---

[222] Die Entscheidung kann ohne mündliche Verhandlung ergehen, § 248 II ZPO; dies gilt auch für die Fälle nach §§ 148 ff. ZPO (*Baumbach/Lauterbach/Albers/Hartmann*, § 148 Rn. 35). Den Parteien ist rechtliches Gehör zu gewähren.
[223] Die Entscheidung ergeht nur auf Antrag.
[224] Die Entscheidung ergeht nur auf Antrag.

Muster 25: Bestellung eines Prozesspflegers (§ 57 ZPO)

☐ Amtsgericht Frankfurt am Main
☐ Landgericht Frankfurt am Main
Aktenzeichen: ...

Beschluss[225]

1 In dem Rechtsstreit ... gegen ...

wird gemäß § 57 ZPO für d... Beklagte... als Prozessvertreter... bestellt.

Gründe

An der Prozessfähigkeit d... Beklagten haben sich im Verlauf des Rechtsstreits, insbesondere
☐ in der mündlichen Verhandlung vom ...
☐ ...
Zweifel ergeben. Dem Verlangen des Gerichts, sich durch einen Sachverständigen auf das Vorliegen der Prozessfähigkeit untersuchen zu lassen, ist/sind d... Beklagte... nicht nachgekommen ..., sondern hat/haben erklärt, dass ... sich grundsätzlich weigere/weigern, sich durch einen Arzt insoweit untersuchen zu lassen. Unter diesen Umständen war d... Beklagte... ein Prozessvertreter gemäß § 57 ZPO zu bestellen, da d... Kläger... nicht durch ein zeitlich nicht absehbares Aufschieben des Rechtsstreits rechtlos gestellt werden kann und andererseits d... Beklagte... eines Schutzes bedarf/bedürfen, bis endgültig geklärt ist, ob die Prozessfähigkeit gegeben ist. Es wird ausdrücklich darauf hingewiesen, dass die Bestellung des Prozessvertreters aufgehoben wird, wenn d... Beklagte... den Widerstand gegen die ärztliche Untersuchung aufgibt/aufgeben und durch das dann eingeholte Sachverständigengutachten die gegen die Prozessfähigkeit aufgetauchten Zweifel ausgeräumt sind. Bei der Auswahl des Prozessvertreters ist das Gericht davon ausgegangen, dass ...

Frankfurt am Main, den ...
☐ Amtsgericht, Abteilung ...   ☐ Landgericht, ... Zivilkammer
                                        ☐ Der Vorsitzende
                                        ☐ Der Einzelrichter

....

---

[225] Die Bestellung eines Prozesspflegers kann auch im Wege der Verfügung erfolgen (*Baumbach/Lauterbach/Albers/Hartmann*, § 57 Rn. 8).

Muster 26: Zurückweisung einer Richterablehnung wegen Unzulässigkeit bei einem Kollegialgericht[226]

Landgericht Frankfurt am Main
Aktenzeichen: ...

Beschluss

In dem Rechtsstreit ... gegen ...

    wird das Gesuch d... ... auf Ablehnung d... Richter ... als unzulässig zurückgewiesen, weil   1
- das Ablehnungsgesuch keine Gründe enthält und damit offensichtlich nur der Prozessverschleppung dienen soll. In einem solchen Fall kann die Kammer das Ablehnungsgesuch unter Mitwirkung der abgelehnten Richter selbst als unzulässig verwerfen. Nur ein ernsthaftes, mit Gründen versehenes Ablehnungsgesuch ist dem in § 45 I ZPO bestimmten Richtergremium vorzulegen.[227]
- eine Ablehnung des gesamten Gerichts ohne Angabe von Gründen, die in der Person einzelner Richter eine Besorgnis der Befangenheit rechtfertigen, nicht zulässig ist.[228]
- das Ablehnungsgesuch angesichts der genannten Gründe, offensichtlich nur die Verunglimpfung d... abgelehnten Richter ... bezweckt.[229]
- das Ablehnungsgesuch nur darauf gestützt ist, dass das Gericht erklärt hat, es werde aus Gründen der Rechtseinheit und der Prozessökonomie der ständigen Rechtsprechung folgen, eine Argumentation, die unter keinem denkbaren Gesichtspunkt eine Ablehnung wegen Besorgnis der Befangenheit rechtfertigen kann.[230]
- die für die Besorgnis der Befangenheit geltend gemachten Gründe bereits durch Beschluss der Kammer vom ... ☐ und des Oberlandesgerichts vom ... rechtskräftig für unbegründet erklärt wurden.[227]

Frankfurt am Main, den ...
Landgericht, ... Zivilkammer

....

---

[226] Zur Ablehnung eines Richters beim Amtsgericht vgl. § 45 II ZPO.
[227] *Baumbach/Lauterbach/Albers/Hartmann*, § 42 Rn. 7; *Zöller/Vollkommer*, § 42 Rn. 6.
[228] *Baumbach/Lauterbach/Albers/Hartmann*, Übersicht § 41 Rn. 5.
[229] *Baumbach/Lauterbach/Albers/Hartmann*, § 42 Rn. 7.
[230] *Baumbach/Lauterbach/Albers/Hartmann*, § 42 Rn. 44 f.

Muster 27: Begründete Ablehnung eines Vorsitzenden Richters am Landgericht (§§ 44, 45, 46 ZPO)

Landgericht Frankfurt am Main
Aktenzeichen: ...

Verfügung

1   1. Dienstliche Äußerung gemäß § 44 III ZPO:
Zu dem Ablehnungsgesuch der Klägerin vom ... äußere ich mich wie folgt:

> In der vorliegenden Sache stand Termin an am .... In diesem Termin waren vor allem Fragen an den Inhaber der Klägerin zu richten, dessen persönliches Erscheinen angeordnet worden war. Im Termin meldete sich bei Aufruf der Prozessbevollmächtigte des Beklagten und bat um neuen Termin mit der Begründung, der Klägervertreter habe ihn gerade angerufen und erklärt, er werde zu dem heutigen Termin nicht erscheinen. Ich habe daraufhin zu dem Beklagtenvertreter gesagt, dieses Verhalten passe genau zu dem suspekten Vortrag der Klägerin in deren Schriftsätzen, in denen manches unverständlich und kurios sei. Diese Äußerung muss der Inhaber der Klägerin, der sich im Zuschauerraum aufhielt, sich aber bei Aufruf dem Gericht nicht meldete, gehört haben. Ich fühle mich nicht befangen.

2. Urschrift mit Akten vorlegen Herrn Richter am Landgericht ... als stellvertretenden Vorsitzenden mit der Bitte um weitere Veranlassung.

Frankfurt am Main, den ...
Landgericht, ... Zivilkammer
Der Vorsitzende

....

Verfügung

1. Fotokopie der dienstlichen Äußerung des Vorsitzenden an beide Parteivertreter mit Zusatz: Es wird Gelegenheit zur Stellungnahme binnen einer Woche gegeben.[231]
2. Wiedervorlage: 10 Tage.

Frankfurt am Main, den ...
Landgericht, ... Zivilkammer
Der Vorsitzende

i. V. ....

Beschluss

2   In dem Rechtsstreit ... gegen ...

wird die Ablehnung des Vorsitzenden Richters am Landgericht ... durch die Klägerin für begründet erklärt.

---

[231] Zöller/*Vollkommer*, § 46 Rn. 3.

Muster 27

Gründe[232]

☐ ...

Frankfurt am Main, den ...
Landgericht, ... Zivilkammer

....

Verfügung

1. Neuer Termin wird bestimmt auf ..., den ..., ... Uhr, Raum ...
   Das persönliche Erscheinen beider Parteien wird angeordnet.
2. Nachricht von Ziffer 1 mit Abschrift des obigen Beschlusses[233] an beide Parteivertreter (EB).
3. Beide Parteien laden mit ZU.
4. Herrn Vorsitzenden mit der Bitte um Kenntnisnahme.
5. Schreiben an Herrn Vorsitzenden der ... Zivilkammer im Hause:
   In p. p.
   wird wegen Richterablehnung für die Sitzung vom ..., ... Uhr, Raum ... ein Vertreter benötigt. Es wird gebeten, den nach Ihrer Geschäftsverteilung zuständigen Richter zu verständigen mit der Bitte, zum Termin
   ☐ zu erscheinen
   ☐ sich auf telefonischen Abruf bereitzuhalten.
6. Wiedervorlage zum Termin.

Frankfurt am Main, den ...
Landgericht, ... Zivilkammer
Der Vorsitzende

i. V. ....

---

[232] Der dem Ablehnungsgesuch stattgebende Beschluss sollte trotz seiner grundsätzlichen Unanfechtbarkeit gemäß § 46 II ZPO kurz begründet werden, da bei Verletzung des rechtlichen Gehörs gemäß Art. 103 I GG die sofortige Beschwerde für zulässig erachtet wird, vgl. *Baumbach/Lauterbach/Albers/Hartmann*, § 46 Rn. 8.

[233] Wegen der bei Verletzung rechtlichen Gehörs zulässigen sofortigen Beschwerde gegen den Beschluss sollte dieser förmlich zugestellt werden; im Übrigen erfolgt die hier verfügte Zustellung im Hinblick auf die Terminladung.

Muster 28: Entscheidung bei unbegründeter Richterablehnung (§ 46 ZPO)

☐ Amtsgericht Frankfurt am Main
☐ Landgericht Frankfurt am Main
Aktenzeichen: ...

Beschluss

1 In dem Rechtsstreit ... gegen ...

wird das Ablehnungsgesuch d... ... vom ... betreffend d... Richter... für unbegründet erklärt.

Gründe

☐ I.[234]

☐ ...

☐ II.

Das Gesuch ist gemäß § 44 ZPO formgerecht angebracht.

☐ D... hat/haben jedoch ihr Recht auf Ablehnung verloren, denn nach § 43 ZPO kann eine Partei einen Richter wegen Besorgnis der Befangenheit nicht mehr ablehnen, wenn sie sich bei ihm, ohne den ihr bekannten Ablehnungsgrund geltend zu machen, in eine Verhandlung eingelassen oder Anträge gestellt hat.

☐ D... ... hat/haben im Termin vom ... zur Sache verhandelt, obwohl ih... die jetzt zur Begründung der Befangenheit vorgetragenen Tatsachen bekannt waren. Diese Kenntnis folgt aus dem Umstand, dass ... Damit ist das Recht zur Ablehnung gemäß § 43 ZPO ausgeschlossen.

☐ Die jetzt zur Begründung der Befangenheit vorgetragenen Tatsachen waren der Partei schon in dem früheren Verfahren mit dem Aktenzeichen ... bekannt. Nachdem sie dort daraus keine Ablehnung des Richters hergeleitet, sondern zur Sache verhandelt hat/haben, ist das Recht zur Ablehnung analog § 43 ZPO verwirkt.[235]

☐ Es ist jedoch unbegründet.

Nach § 42 I ZPO kann ein Richter wegen Besorgnis der Befangenheit abgelehnt werden, was voraussetzt, dass ein Grund vorliegt, der geeignet ist, Misstrauen gegen die Unparteilichkeit des Richters zu rechtfertigen. Nach einhelliger Auffassung braucht der Richter objektiv nicht befangen zu sein; es genügen Gründe, die vom Standpunkt einer vernünftigen Partei einen solchen Schluss nahe legen.[236] Solche Gründe liegen aber hier nicht vor:

☐ Die Tatsache, dass d... abgelehnte Richter... den Antrag der Partei auf Verlegung des Termins vom ... abgelehnt hat, gibt keinen Anlass, an der Unparteilichkeit

---

[234] In Ziffer I. des Beschlusses ist kurz der Sachverhalt darzustellen, soweit dies im Einzelfall erforderlich ist.
[235] In diesem Fall wird zum Teil verlangt, dass zwischen dem Vorprozess und dem jetzigen Verfahren ein rechtlicher oder tatsächlicher Zusammenhang besteht, vgl. *Baumbach/Lauterbach/Albers/Hartmann*, § 43 Rn. 5 und § 42 Rn. 24f.
[236] *Baumbach/Lauterbach/Albers/Hartmann*, § 42 Rn. 10 ff. m. w. N.

d... abgelehnten Richter... zu zweifeln. Besondere Umstände, die in der Ablehnung der Terminsverlegung einen Akt der Willkür erkennen lassen sind nicht erkennbar. Die die Terminsverlegung ablehnenden Gründe in der Verfügung vom ... sind durch § 227 I ZPO gedeckt.

☐ Die Tatsache, dass d... abgelehnte Richter... im Termin vom .... eine für d... ... nachteilige Rechtsansicht geäußert hat, rechtfertigt nicht die Besorgnis der Befangenheit. Nach den §§ 139, 278 II 2, 279 III ZPO ist das Gericht verpflichtet, den Sach- und Streitstand mit den Parteien zu erörtern. Dieser Pflicht kann d... Richter... nur nachkommen, wenn er/sie den Parteien auch die Rechtsansichten bekannt gibt, die das Gericht derzeit für die weitere Behandlung des Rechtsstreits zugrunde legen will. Dadurch wird den Parteien das durch Art. 103 I GG zuerkannte Recht auf rechtliches Gehör gewährt. Die Ausübung einer d... Richter... auferlegten Pflicht kann aber bei vernünftiger Betrachtungsweise keine Besorgnis der Befangenheit begründen, da sie dem Gericht gegenüber beiden Parteien obliegt und keinen Anlass gibt, an der Objektivität und Neutralität des Gerichts zu zweifeln. Anhaltspunkte dafür, dass der abgelehnte Richter das Rechtsgespräch in einseitiger, nur eine Partei begünstigenden Weise geführt hat, sind weder vorgetragen noch sonst ersichtlich.

☐ Die Tatsache, dass d... abgelehnte Richter... bei der Terminierung den Beklagten auf die Schonfrist des § 569 III Nr. 2 BGB hingewiesen hat, rechtfertigt nicht die Besorgnis der Befangenheit, denn die Unterrichtung über diese Rechtslage entspricht sozialstaatlicher Fürsorgepflicht. Hierbei muss berücksichtigt werden, dass der Beklagte anwaltlich nicht vertreten war und ist.[237]

☐ Die Tatsache, dass d... abgelehnte Richter... in einem Zeitschriftenbeitrag sich bereits zu der auch hier streitigen Rechtsfrage geäußert hat, begründet keine Besorgnis der Befangenheit, denn er/sie hat dort die streitige Rechtsfrage abstrakt, losgelöst von einem konkreten Fall und ohne Bezug zu dem vorliegenden Rechtsstreit behandelt.[238]

☐ Die Tatsache, dass das Gericht unter Mitwirkung d... abgelehnten Richter... durch Erlass des Auflagen- und Beweisbeschlusses vom ... eine bestimmte Rechtsauffassung zu erkennen gegeben hat, rechtfertigt die Besorgnis der Befangenheit nicht. Die Möglichkeit einer Richterablehnung hat nicht den Sinn, den abgelehnten Richter zu einer Änderung seiner Rechtsauffassung zu veranlassen.[239]

☐ Die Tatsache, dass d... abgelehnte Richter... im vorangegangenen Prozesskostenhilfeverfahren/Arrestverfahren/Verfahren auf Erlass einer einstweiligen Verfügung eine für d... ... ungünstige Rechtsauffassung vertreten hat, reicht nicht aus, ihn/sie im Verfahren der Hauptsache als befangen anzusehen. Das Gericht ist verpflichtet, im Hauptsacheverfahren die Rechtslage neu zu prüfen, und zwar ohne Bindung an eine früher vertretene Rechtsauffassung. Es ist kein Anhaltspunkt vorhanden, dass der abgelehnte Richter die früher vertretene Rechtsauffassung unbesehen übernimmt.[240]

---

[237] *Baumbach/Lauterbach/Albers/Hartmann,* § 42 Rn. 40, 26.
[238] *Baumbach/Lauterbach/Albers/Hartmann,* § 42 Rn. 57.
[239] *Baumbach/Lauterbach/Albers/Hartmann,* § 42 Rn. 44.
[240] *Baumbach/Lauterbach/Albers/Hartmann,* § 42 Rn. 24.

☐ Die Tatsache, dass zwischen d... abgelehnten Richter... und dem Prozessbevollmächtigten der Partei erhebliche persönliche Spannungen bestehen, rechtfertigt in der vorliegenden Situation nicht die Besorgnis der Befangenheit. Es ist nichts dafür erkennbar, dass diese Spannungen geeignet sind, sich auf das Verhältnis d... Richter... zur Partei auszuwirken.[241]

☐ Die Tatsache, dass d... abgelehnte Richter... im Termin vom .... d... ... gefragt hat, ob er/sie die Einrede der Verjährung erheben wolle/wollen, rechtfertigt nicht die Besorgnis der Befangenheit. In der äußerst kontroversen Frage, ob in der Erörterung der Verjährung ein Grund für die Besorgnis der Befangenheit zu erblicken ist[242] vertritt das Gericht einen vermittelnden Standpunkt. D... Richter... darf die Einrede der Verjährung zumindest dann zur Sprache bringen, wenn aus dem Vorbringen der Partei zu entnehmen ist, dass sie aus dem langen Zeitraum zwischen Fälligkeit der Forderung und der Klageerhebung eine Verteidigung gegen den geltend gemachten Anspruch herzuleiten gedenkt. In diesem Fall ist d... Richter... gemäß § 139 ZPO berechtigt und verpflichtet, einen unklaren Parteivortrag daraufhin zu klären, ob darin die Erhebung der Einrede in laienhafter Form zu erblicken ist.

☐ Die Tatsache, dass das Berufungsgericht in dem aufhebenden und zurückverweisenden Urteil die in dem aufgehobenen Urteil von dem Gericht vertretene Rechtsauffassung als unrichtig bezeichnet hat, rechtfertigt keine Besorgnis der Befangenheit gegenüber d... abgelehnten Richter..., der/die an dieser Entscheidung mitgewirkt hat. Das Gericht ist nach Zurückverweisung der Sache analog § 563 II ZPO an die Rechtsauffassung des Berufungsgerichts gebunden. Es sind keine Anhaltspunkte ersichtlich, dass d... abgelehnte Richter... diese Bindungswirkung ignorieren und entsprechend der früher vertretenen Rechtsauffassung entscheiden werde.[243]

☐ Die Tatsache, dass d... abgelehnte Richter... die Prozesspartei im Termin vom ... im Rahmen ihrer Anhörung zur Wahrheit ermahnt hat, stellt keinen Ablehnungsgrund dar. Zu dieser Ermahnung bestand im Hinblick auf den Sach- und Streitstand, wie er sich aus den Schriftsätzen und vorgelegten Urkunden ergab, ein gerechtfertigter Anlass.[244]

☐ Die Tatsache, dass d... abgelehnte Richter... im Termin vom ...d... ... zur Ordnung gerufen und erklärt hat, ... rechtfertigt die Besorgnis der Befangenheit nicht. Das Verhalten des abgelehnten Richters war durch das Verhalten der Partei veranlasst und ist durch die Befugnis Prozessleitung gedeckt gewesen (§ 136 I, II ZPO). Die Erklärung hielt sich auch im Rahmen des Notwendigen.

Frankfurt am Main, den ...
☐ Amtsgericht, Abteilung ...   ☐ Landgericht, ... Zivilkammer
                                                                        ☐ Der Vorsitzende
                                                                         ☐ Der Einzelrichter

---

[241] *Baumbach/Lauterbach/Albers/Hartmann*, § 42 Rn. 48.
[242] *Baumbach/Lauterbach/Albers/Hartmann*, § 42 Rn. 43 m. w. N.
[243] *Baumbach/Lauterbach/Albers/Hartmann*, § 42 Rn. 23.
[244] *Baumbach/Lauterbach/Albers/Hartmann*, § 42 Rn. 28.

Muster 29: Verfahren bei Selbstablehnung (§ 48 ZPO) des Einzelrichters bei einem Kollegialgericht[245]

Landgericht Frankfurt am Main
Aktenzeichen: ...

Verfügung

1. Dienstliche Äußerung gemäß § 44 III ZPO: 1

   In vorliegendem Rechtsstreit zeige ich hiermit an, dass ich möglicherweise von einer der Parteien wegen Besorgnis der Befangenheit abgelehnt werden könnte. Ich habe bei der Beklagten, einem Generalhändler der Automarke ..., einen Pkw gekauft und lasse ihn in der Reparaturwerkstatt der Beklagten regelmäßig warten bzw. im Bedarfsfall reparieren. Ich bin deshalb „Dauerkunde" bei der Beklagten. Den Inhaber der Beklagten kenne ich persönlich, da er des Öfteren von mir Wartungs- und Reparaturaufträge entgegengenommen hat. Ich halte es für unpassend, dass ich dann in einem Rechtsstreit mitwirke, an dem die Beklagte beteiligt ist.

2. Urschrift mit Akten Herrn Vorsitzenden vorlegen unter Hinweis auf obigen Vermerk.

Frankfurt am Main, den ...
Landgericht, ... Zivilkammer

....

Verfügung

1. Durchschrift der dienstlichen Äußerung vom ... an beide Parteivertreter mit Zusatz: Sie haben Gelegenheit, binnen 2 Wochen zu der Selbstablehnung des Einzelrichters ... Stellung zu nehmen.[246]
2. Wiedervorlage: 3 Wochen.

Frankfurt am Main, den ...
Landgericht, ... Zivilkammer
Der Vorsitzende

....

Beschluss 2

In dem Rechtsstreit ... gegen ...

wird festgestellt, dass die Selbstablehnung des Richters ... unbegründet ist.

Gründe

Die von dem Einzelrichter ... in seiner dienstlichen Äußerung mitgeteilten tatsächlichen Verhältnisse rechtfertigen nicht die Besorgnis der Befangenheit (§§ 48,

---

[245] Zum Verfahren bei Selbstablehnung eines Richters beim Amtsgericht vgl. *Baumbach/Lauterbach/Albers/Hartmann*, § 45 Rn. 10; § 48 Rn. 4.
[246] Die Parteien des Rechtsstreits werden wegen Art. 2 I, 20 III, 103 I GG schriftlich angehört, vgl. *Baumbach/Lauterbach/Albers/Hartmann*, § 48 Rn. 7.

42 II ZPO). Keiner der Parteien kann bei vernünftiger Betrachtung der Dinge davon ausgehen, dass der Einzelrichter ... nicht mehr objektiv und unparteiisch den Rechtsstreit führen und entscheiden werde. Dagegen spricht, dass die mitgeteilten Beziehungen des Richters zu der Beklagten nicht von enger und persönlicher Natur, sondern durch routinemäßig abzuwickelnde Wartungs- und Reparaturaufträge geprägt sind. Sie lassen auf keine Bindung des Richters gegenüber der Partei schließen.[247]

Frankfurt am Main, den ...
Landgericht, ... Zivilkammer[248]

....

Verfügung

1. Ausfertigung des Beschlusses an beide Parteivertreter (EB).
2. Urschrift mit Akten
   Herrn Richter am Landgericht ... als Einzelrichter mit der Bitte um Kenntnisnahme und weitere Bearbeitung des Rechtsstreits.

Frankfurt am Main, den ...
Landgericht, ... Zivilkammer
Der Vorsitzende

....

---

[247] Zöller/*Vollkommer*, § 42 Rn. 12.
[248] Zuständig für die Entscheidung über die Ablehnung bzw. Selbstablehnung des Einzelrichters ist die Kammer, vgl. *Baumbach/Lauterbach/Albers/Hartmann*, § 45 Rn. 4.

Muster 30: Protokoll mit Maßnahmen bei Störungen der mündlichen Verhandlung (§§ 172 ff. GVG)

☐ Amtsgericht Frankfurt am Main
☐ Landgericht Frankfurt am Main
Aktenzeichen: ...

Niederschrift über die   öffentliche
Verhandlung   ☐ der ... Zivilkammer
                   ☐ der ... Kammer für Handelssachen
vom ...
Gegenwärtig: Vorsitzender: ...
              Beisitzer: ...
              Urkundsbeamter der Geschäftsstelle ...

in dem Rechtsstreit ... gegen   1

☐ Im Sitzungssaal erschien ein Zuhörer mit entblößtem Oberkörper. Er wurde aufgefordert, das in der Hand befindliche Hemd anzuziehen. Der Angesprochene gab weder Antwort noch leistete er der Aufforderung Folge. Auf nochmaliges Ermahnen erklärte er: „Hier ist dicke Luft." Daraufhin wurde er durch den Vorsitzenden aus dem Sitzungssaal verwiesen.

☐ Der Zeuge ... hatte nach seiner Vernehmung im Sitzungssaal Platz genommen. Während der Vernehmung seiner Ehefrau, der Zeugin ..., störte er mehrfach durch Zwischenrufe, um die Zeugin in ihrer Aussage zu beeinflussen. Er wurde mehrfach vergeblich zur Ruhe aufgefordert. Gleichwohl setzte er die Zwischenrufe fort. Daraufhin wurde er von dem Vorsitzenden aus dem Sitzungssaal verwiesen. Der Zeuge ... leistete dem jedoch keine Folge. Daraufhin wurde dem Zeugen Ordnungshaft angedroht. Gleichwohl verließ er den Sitzungssaal nicht.

Nunmehr wurde nach Anhörung des Zeugen durch die Kammer[249] beschlossen und verkündet:

Der Zeuge ... wohnhaft ... ist wegen mehrfacher Störung der Sitzung und Nichtverlassen des Sitzungszimmers bis 13.00 Uhr in Ordnungshaft zu nehmen (§ 177 GVG). Der Beschluss wurde ausgeführt.

☐ Der Prozessbevollmächtigte des Klägers, Rechtsanwalt ..., unterbrach mehrfach die Vernehmung des Zeugen ..., indem er Fragen an den Zeugen stellte, ohne dass ihm zuvor das Wort erteilt worden war. Rechtsanwalt ... wurde daraufhin durch den Vorsitzenden zweimal auf die Regelung der §§ 396, 397 ZPO hingewiesen, insbesondere darauf, dass er Fragen an den Zeugen erst stellen dürfe, wenn die Vernehmung durch das Gericht beendet und ihm das Wort erteilt sei. Daraufhin erklärte Rechtsanwalt ... wörtlich: „Ich lasse mir nicht das Wort verbieten. Sie kennen wohl nicht das Grundgesetz. Das sind faschistische Methoden, die ich mir nicht bieten lasse."

---

[249] Der Beschluss muss durch die Kammer erlassen werden, da der Betroffene als Zeuge noch nicht entlassen war und deshalb nicht als Zuhörer anzusehen ist; vgl. § 177 S. 2 GVG.

Rechtsanwalt ... wurde durch den Vorsitzenden darum gebeten, die Erklärung zurückzunehmen und sich zu entschuldigen, was dieser jedoch ablehnte.

Nunmehr wurde der Zwischenfall durch den Vorsitzenden diktiert. Während des Diktats rief Herr Rechtsanwalt ... in den Sitzungssaal: „So ein Scheibenkleister."

beschlossen und verkündet:

1. Die heutige Sitzung wird vertagt.
2. Neuer Termin wird von Amts wegen anberaumt.
3. Die Rechtsanwaltskammer in ... soll eine Ausfertigung des Protokolls mit der Bitte um Kenntnisnahme und Prüfung erhalten, ob gegen Rechtsanwalt ... disziplinarische Maßnahmen zu ergreifen sind.

☐ Während der Erörterung des Sach- und Streitstandes erklärte der Beklagte in aufgebrachtem Ton: „Das sind hier Scheißgesetze, wenn Sie die weiter anwenden, können Sie sich denken, was ich von dem Gericht halte." Der Beklagte wurde daraufhin hingewiesen, dass seine Erklärung eine Ungebühr darstelle, wenn er sie nicht sofort zurücknehme und sich entschuldige. Der Beklagte erklärte, er denke nicht daran, etwas zurückzunehmen. Daraufhin wurde ihm Gelegenheit gegeben, zu der beabsichtigten Verhängung eines Ordnungsgeldes Stellung zu nehmen. Der Beklagte erklärte daraufhin: „Machen Sie, was Sie wollen."

beschlossen und verkündet:

Der Beklagte ..., wohnhaft ..., wird wegen Ungebühr gemäß § 178 GVG zu einem Ordnungsgeld von 200,– €, ersatzweise für den Fall der Nichtbeitreibung zu einer Ordnungshaft von vier Tagen verurteilt, weil er in öffentlicher Sitzung erklärt hat: „Das sind hier Scheißgesetze, wenn Sie die weiter anwenden, können Sie sich denken, was ich von dem Gericht halte."

☐ Im Sitzungssaal hatten sich bei Aufruf der Sache um ... Uhr ca. 30 Zuhörer, meist jugendlichen Alters eingefunden, die während der Anhörung des Klägers und der Vernehmung der Zeugen ... und ... Zwischenrufe machten und zweimal einen Sprechgesang artikulierten mit den Worten: „Justitia, Allotria, Schickeria".

Die beteiligten Zuhörer wurden durch den Vorsitzenden mehrfach zur Ordnung gerufen, wobei ihnen angedroht wurde, dass bei weiteren Störungen mit einer Räumung des Sitzungssaals gerechnet werden müsse. Gleichwohl wurden die Zwischenrufe in solcher Lautstärke fortgesetzt, dass eine sachliche Vernehmung mit Fragen an den Zeugen ... nicht mehr möglich war.

Daraufhin wurde durch den Vorsitzenden um ... Uhr die Räumung des Sitzungssaals angeordnet.

Die Anordnung wurde ausgeführt.

Sodann wurde die Vernehmung des Zeugen ... fortgesetzt.

☐ Um ... Uhr hatten sich erneut etwa 20 Zuhörer eingefunden, die die Störung durch Zwischenrufe und Sprechgesang wieder aufnahmen und trotz zweimaliger Ermahnung des Vorsitzenden fortsetzten.

Das Gericht gab daraufhin die Absicht bekannt, die Öffentlichkeit der Verhandlung wegen Störung der Ordnung auszuschließen. Die Parteien und ihre Prozessbevollmächtigten erhielten Gelegenheit zur Stellungnahme.

Muster 30

beschlossen und verkündet:

Die Öffentlichkeit der Verhandlung wird wegen Gefährdung der öffentlichen Ordnung gemäß § 172 Nr. 1 GVG für die gesamte Dauer der heutigen Verhandlung ausgeschlossen, da nach dem bisherigen Verlauf der Sitzung zu besorgen ist, dass die Beweisaufnahme und Schlussverhandlung durch Zwischenrufe und Sprechchöre gestört werden wird.

Der Beschluss wurde während einer Sitzungspause ausgeführt.

Sodann wurde um … Uhr die Verhandlung unter Ausschluss der Öffentlichkeit fortgesetzt.

....
(☐ Der Vorsitzende)   (Der Urkundsbeamte der Geschäftsstelle)
(☐ Der Einzelrichter)

§ 2. Die Aufklärungs- und Beweisbeschlüsse

I. Zeitpunkt und Notwendigkeit

1. Der Zeitpunkt

Aufklärungsmaßnahmen können in jeder Lage des Verfahrens angeordnet werden und haben so früh wie möglich zu erfolgen (§ 139 IV 1 ZPO). Der mit Aufklärungsmaßnahmen oftmals verbundene Beweisbeschluss wird nach § 358 ZPO erlassen, wenn die Beweisaufnahme ein besonderes Verfahren erfordert; er entfällt also insbesondere, wenn die Beweisaufnahme infolge Präsenz des Beweismittels sofort erfolgen kann (Ausnahme: Parteivernehmung, § 450 ZPO).[1]

(1) Werden Zeugen oder Sachverständige nach § 273 II Nr. 4 ZPO vorsorglich zum frühen ersten Termin oder zum Haupttermin geladen, so bedarf es hierfür keines Beweisbeschlusses. Gleichwohl sollte in der Terminsverfügung und folgerichtig in der Ladung (§ 377 II Nr. 2 ZPO) der Gegenstand der Vernehmung angegeben werden, weil nur dann bei Ausbleiben des Zeugen bzw. Sachverständigen ein Ordnungsmittel ergehen kann; außerdem kann sich der Zeuge bzw. Sachverständige nur dann richtig auf den Termin vorbereiten.[2]

(2) Der Beweisbeschluss kann auch schon vor der mündlichen Verhandlung erlassen werden (§ 358a ZPO); notwendig ist dies vor allem bei Einholung eines Sachverständigengutachtens oder bei Erhebung eines Beweises durch einen beauftragten oder ersuchten Richter, um das Beweisthema festzulegen. Auch in diesem Fall setzt er voraus, dass die entsprechenden Tatsachen bestritten sind. Folgerichtig kann der Beweisbeschluss im schriftlichen Vorverfahren frühestens nach Eingang der Klageerwiderung (§§ 276 I 2; 277 I ZPO) ergehen, hinsichtlich der vom Beklagten vorgetragenen Einwendungen erst nach Stellungnahme des Klägers zur Klageerwiderung (§ 277 IV ZPO).

2. Die Voraussetzungen

Die Anordnung einer Beweiserhebung steht unter folgenden Voraussetzungen:

a) Der entsprechende Tatsachenvortrag einer Partei muss ausreichend substanziiert sein (Darlegungs- und Substanziierungslast).

b) Der entsprechende Tatsachenvortrag muss für die Entscheidung des Rechtsstreits rechtlich relevant sein (Schlüssigkeitsprüfung). – Bei Indizien ist erforderlich, dass aus ihnen mit genügender Sicherheit auf das Vorliegen der Haupttatsache geschlossen werden kann.

c) Der entsprechende Tatsachenvortrag muss von der Gegenpartei bestritten worden sein. In Einzelfällen kann ein Bestreiten unter prozessualen Gesichtspunkten unbeachtlich sein. Ein beachtliches Bestreiten muss aber auch nach materiellem Recht erheblich sein, d.h. die Beurteilung des Klageantrages muss bei Weglassen der bestrittenen Tatsachen zu einem anderen Ergebnis führen (Erheblichkeitsprüfung).

d) Das Thema, über das Beweis erhoben werden soll, muss bestimmt bezeichnet sein.

---

[1] *Baumbach/Lauterbach/Albers/Hartmann*, § 358 Rn. 4; *Zöller/Greger*, § 358 Rn. 2.
[2] *Baumbach/Lauterbach/Albers/Hartmann*, § 377 Rn. 7; *Zöller/Greger*, § 377 Rn. 3.

Ein Beweisermittlungsantrag, bei dem die Beweisaufnahme der Ausforschung dienen soll, genügt nicht. Das gilt vor allem bei Behauptung bloß vermuteter Tatsachen. Beweisanträge wegen Behauptungen „ins Blaue hinein" sind deshalb regelmäßig wegen Willkür bzw. Rechtsmissbrauchs unzulässig.[3]

3 e) Das Beweismittel muss genau bezeichnet sein (§§ 371, 373, 403, 420 ff., 445 ZPO).

(1) Dazu gehört bei Zeugen die Angabe der ladungsfähigen Anschrift. Das Gericht hat durch Auflage auf die Angabe der ladungsfähigen Anschrift hinzuwirken; dies gilt insbesondere dann, wenn sich eine Ladung aufgrund der zunächst angegebenen Anschrift als undurchführbar erweist. Gegebenenfalls muss das Gericht eine Frist zur Beibringung nach § 356 ZPO setzen. Gleiches gilt, allerdings nur in Ausnahmefällen, nämlich bei Vorliegen besonderer Schwierigkeiten hinsichtlich der Ermittlung des Namens des Zeugen dann, wenn ein Zeuge (zunächst) namentlich nicht benannt ist (N. N.).[4]

(2) Im Rahmen des Urkundenbeweises muss die von dem Beweisführer bestimmte Urkunde genau bezeichnet sein. Allerdings sollte hierbei das Gericht den unterschiedlichen „Standort" der Urkunde berücksichtigen. Befindet sich die Urkunde im Besitz des Beweisführers, so obliegt es ihm, sie vorzulegen (§ 420 ZPO); deshalb wird man in diesem Falle an die genaue Bezeichnung der Urkunde keine großen Anforderungen stellen, sondern einfach dem Beweisführer aufgeben, die in seinem Vortrag erwähnte Urkunde vorzulegen. Soll dagegen der Gegner oder ein Dritter eine Urkunde vorlegen, so ist der Beweisführer gehalten, in seinem Antrag die Urkunde genau zu bezeichnen (§§ 424, 428 ZPO).

(3) Bezieht sich der Beweisführer im Rahmen des Urkundenbeweises auf die Beiziehung von Akten, so verlangt ein Teil der Praxis, dass der Beweisführer die dort befindliche Urkunde genau bezeichnet und sogar die Stelle angibt, an der sich die Urkunde in den Beiakten befindet (z. B. die Blattzahl).[5] Dahinter steckt die berechtigte Erwägung, dem Gericht die Arbeit zu ersparen, die bei einem oft mühsamen „Durchforsten" der Akte nach der Urkunde entstehen kann. Dieses Vorgehen scheint in Einzelfällen zu streng zu sein. In Fällen, in denen die Akten eine bestimmte Stärke nicht überschreiten, ist das Auffinden der genannten Urkunde, z. B. einer Zeugenaussage, mit keinem größeren Aufwand verbunden. In anderen Fällen genügt es meist, die Beiziehung der Akten anzuordnen und dem Beweisführer aufzugeben, die genaue Stelle der Urkunde anzugeben, an der sich die genannte Urkunde befinden soll.

f) Die beweispflichtige Partei muss den Beweis angetreten haben.

Das Gesetz lässt zwar auch eine Beweisaufnahme von Amts wegen zu (§ 144 ZPO). Die Anordnung einer solchen Beweisaufnahme aber steht im Ermessen des Gerichts.

g) Der Beweis darf nicht durch Gesetz oder Parteivereinbarung ausgeschlossen sein.

(1) Für den gesetzlichen Ausschluss sind hier insbesondere § 139 IV 2 ZPO und § 165 ZPO zu nennen: Die Erteilung eines Hinweises seitens des Gerichts kann nur durch den Inhalt der Akten, die Beachtung der für die Verhandlung vorgeschriebenen Förmlichkeiten nur durch das Protokoll bewiesen werden.

(2) Die Rechtsprechung hat sich in diesem Zusammenhang eingehend mit der Frage beschäftigt, inwieweit rechtswidrig erlangte Beweismittel einem Beweisverbot unterliegen. In Frage kommen vor allem das Belauschen von „Gesprächen unter vier Augen" sowie das heimliche Mithören von Telefongesprächen.[6] In beiden Fällen sind die Beweismittel grundsätzlich unverwertbar.

h) Das Beweismittel muss nach Art des Verfahrens und dem konkreten Verfahrensstand zulässig sein.

Im Urkunds- und Wechselprozess sind z. B. nur der Urkundsbeweis und die Parteivernehmung zulässig (§§ 592, 595 II ZPO), im Falle des Arrests und der einstweiligen Verfügung nur Beweise, die sofort erhoben werden können (§§ 920 II, 936, 294 ZPO).

---

[3] *Baumbach/Lauterbach/Albers/Hartmann*, Einf. § 284 Rn. 27 ff.; *Zöller/Greger*, Vor § 284 Rn. 5 ff.
[4] *Baumbach/Lauterbach/Albers/Hartmann*, § 356 Rn. 4; *Zöller/Greger*, § 356 Rn. 4.
[5] *Baumbach/Lauterbach/Albers/Hartmann*, Einf. § 284 Rn. 24.
[6] *Zöller/Greger*, § 286 Rn. 15 a ff.

i) Das Beweismittel darf nicht völlig ungeeignet sein; eine Vorwegnahme der Beweiswürdigung ist aber grundsätzlich nicht statthaft.

j) Der Beweisantritt darf nicht verspätet sein (§ 296 ZPO).

k) Die beantragte Beweisaufnahme muss in absehbarer Zeit durchgeführt werden können.

Stehen dieser Hindernisse von ungewisser Dauer entgegen, so hat das Gericht gemäß § 356 ZPO eine Frist zu bestimmen, nach deren Ablauf ein Ausschluss des Beweismittels wegen Verfahrensverzögerung erfolgt. In Frage kommt dies bei Nichtangabe ladungsfähiger Anschriften von Zeugen, bei Weigerung einer Partei, sich für eine Untersuchung bei einem ärztlichen Sachverständigen zur Verfügung zu stellen bzw. ihre Zustimmung zur Verwertung ärztlicher Befunde abzugeben. Eine ähnliche Situation entsteht bei Vernehmung ausländischer Zeugen, die wegen Nichterscheinens vor der zuständigen Stelle nicht vernommen werden. Hier kann das Gericht nach § 364 III ZPO verfahren.

l) Der Beweis darf grundsätzlich noch nicht erhoben sein; die Partei hat regelmäßig keinen Anspruch auf Wiederholung der Beweisaufnahme.

4

(1) Für den Zeugenbeweis folgt dies aus § 398 I ZPO: Die wiederholte Vernehmung eines Zeugen steht im Ermessen des Gerichts. Ausnahmen bestehen in den Fällen des § 367 II ZPO sowie des Richterwechsels nach Beweisaufnahme. Für den Sachverständigenbeweis gilt der Sache nach die gleiche Regelung: Die Einholung eines Zweitgutachtens nach § 412 I ZPO hängt davon ab, ob das Gericht das Erstgutachten für ungenügend erachtet, was in seinem Ermessen steht. Eine entsprechende Pflicht wird bei besonders wichtigen Fragen und groben Mängeln des Erstgutachtens bejaht.[7]

(2) Dagegen handelt es sich nicht um eine wiederholte Beweisaufnahme, wenn ein Zeuge oder eine Partei in einem anderen Verfahren vernommen worden ist. Diese Aussage kann zwar immer – auch gegen den Widerspruch einer oder beider Parteien – im Wege des Urkundenbeweises verwertet werden. Die Partei hat aber einen Anspruch auf Beweisaufnahme durch Vernehmung des Zeugen bzw. der Partei in dem neuen Verfahren.[8] Das Einverständnis mit der Verwertung der in den Beiakten enthaltenen Aussagen ist ein Verzicht auf den unmittelbaren Zeugenbeweis.

(3) Ein in einem Vorprozess eingeholtes Sachverständigengutachten kann die Sachkunde des Richters so erweitern, dass die Einholung eines neuen Gutachtens überflüssig erscheint. Zudem kann die schriftliche Begutachtung nach § 411a ZPO durch die Verwertung eines gerichtlich eingeholten Sachverständigengutachtens aus einem anderen Verfahren ersetzt werden. Auch in diesem Fall ist aber der Richter zu einer Wiederholung der Beweisaufnahme verpflichtet, wenn die Partei zu erkennen gibt, dass sie vom Sachverständigen die Beantwortung bestimmter, das Beweisthema betreffender Fragen erwartet, die im Gutachten nicht beantwortet worden sind.

m) Die Beweiserhebung darf nicht überflüssig sein.[9]

(1) Dies ist der Fall, wenn das Gericht von der zu beweisenden Tatsache bereits überzeugt ist (die Nichterhebung dieses Beweises schadet dem Antragsteller nicht). Dagegen muss einem Antrag auf Gegenbeweis stattgegeben werden, wenn das Gericht ohne diese Beweiserhebung den Nachweis als geführt ansehen will.

(2) Ebenso bedürfen offenkundige Tatsachen keines Beweises (§ 291 ZPO); im Hinblick auf die Gewährung rechtlichen Gehörs sind die Parteien aber darauf hinzuweisen, dass das Gericht eine bestimmte Tatsache als offenkundig und damit nicht beweisbedürftig ansieht.

(3) Stellt das Gesetz für das Vorhandensein einer Tatsache eine Vermutung auf, so bedarf diese vermutete Tatsache gleichfalls keines Beweises, allerdings nur, wenn die „Vermutungsbasis" unstreitig oder bewiesen ist. Der Beweis des Gegenteils ist grundsätzlich zulässig (§ 292 ZPO). Er kann sich auf das Nichtvorliegen der Vermutungsbasis oder direkt gegen die vermutete Tatsache richten.

---

[7] *Baumbach/Lauterbach/Albers/Hartmann*, § 412 Rn. 4ff.; Zöller/*Greger*, § 412 Rn. 1ff.
[8] *Baumbach/Lauterbach/Albers/Hartmann*, § 286 Rn. 64ff.
[9] *Baumbach/Lauterbach/Albers/Hartmann*, § 286 Rn. 27ff.; Zöller/*Greger*, Vor § 284 Rn. 8bff.

3. Der Anspruch auf Durchführung

5 Die Partei hat unter den vorgenannten Voraussetzungen einen Anspruch auf Durchführung der Beweisaufnahme, der verfassungsrechtlich durch den Grundsatz des rechtlichen Gehörs (Art. 103 I GG) abgesichert ist.

(1) Eine Ausnahme besteht für den Fall der freien Schätzung, bei dem das Gericht nach § 287 ZPO nicht an Beweisanträge gebunden ist.

(2) Eine weitere Ausnahme hat die Rechtsprechung im Rahmen des Augenscheines zugelassen: Ergeben sich die für die rechtliche Beurteilung maßgebenden Merkmale einer Örtlichkeit bereits aus einer vorgelegten Fotografie, so haben die Parteien keinen Anspruch auf Durchführung einer Ortsbesichtigung.[10] Bei Anwendung dieses der Arbeitsentlastung der Gerichte dienenden Grundsatzes sollte man allerdings zurückhaltend sein; in vielen Fällen erweist sich eine Ortsbesichtigung gegenüber den vorgelegten Fotografien doch als eine bessere Erkenntnisquelle.

II. Die einzelnen Beweismittel

1. Der Zeugenbeweis

6 a) Zeuge ist, wer nicht als Partei oder deren gesetzlicher Vertreter dem Gericht sein Wissen über bestimmte Tatsachen oder Zustände mitteilen soll.

(1) Zu solchen, in das Wissen eines Zeugen zu stellenden Tatsachen gehören auch so genannte innere Tatsachen (Schmerzen, Kenntnis). Soweit es sich bei den inneren Tatsachen nicht um solche des Zeugen, sondern eines Dritten handelt, über die der Zeuge aussagen soll, handelt es sich um einen Indizienbeweis; in diesem Falle muss der Beweisführer darlegen, aufgrund welcher Umstände der Zeuge von der inneren Tatsache in der Person des Dritten Kenntnis erlangt hat.[11]

(2) Die Abgrenzung zum Sachverständigen kann im Einzelfall schwierig sein. Nach § 414 ZPO ist auch derjenige Zeuge, der kraft seiner besonderen Sachkunde *vergangene* Tatsachen oder Zustände wahrgenommen hat. Maßgebendes Kriterium für die Abgrenzung ist die Auswechselbarkeit der Beweisperson. Ist der Zeuge nicht auswechselbar, ist er sachverständiger Zeuge, ist er auswechselbar, ist er Sachverständiger.

(3) Wichtige Konsequenzen für die Einordnung der Beweisperson sind: Der sachverständige Zeuge muss, wenn die Voraussetzungen für einen bestimmten Beweisantrag gegeben sind, vernommen werden; die Einholung eines Gutachtens (bzw. eines weiteren Gutachtens) steht dagegen im Ermessen des Gerichts. Der sachverständige Zeuge kann im Gegensatz zum Sachverständigen nicht wegen Befangenheit abgelehnt werden. Der sachverständige Zeuge erhält Zeugengebühren nach §§ 19ff. JVEG und nicht die in §§ 8ff. JVEG vorgesehene Entschädigung des Sachverständigen. Bei der Vernehmung eines sachverständigen Zeugen ist darauf zu achten, dass an ihn nur Fragen gestellt werden, die seiner Stellung als Zeuge entsprechen; also keine Fragen zu Erfahrungssätzen und sachkundiger Bewertung eines Sachverhalts. Anderenfalls muss die Funktionsänderung im Protokoll festgehalten werden und der sachverständige Zeuge wird sodann als Sachverständiger belehrt, behandelt und entschädigt.[12]

b) Zeuge kann und darf jeder sein, der nicht Partei ist.

Bei der Abgrenzung ist § 455 ZPO heranzuziehen. Gesetzliche Vertreter einer Partei scheiden danach als Zeugen aus. Dagegen kann die prozessunfähige Partei selbst als Zeuge zu vernehmen sein.

7 c) Den Zeugen treffen verschiedene Pflichten:

(1) Der Zeuge ist bei ordnungsgemäßer Ladung zum Erscheinen vor Gericht verpflichtet. Dies gilt allerdings nicht in den Fällen der §§ 375 II, 382 ZPO.

---

[10] *Baumbach/Lauterbach/Albers/Hartmann,* Übersicht § 371 Rn. 4; *Zöller/Greger,* § 371 Rn. 4.
[11] *Baumbach/Lauterbach/Albers/Hartmann,* Einf. § 284 Rn. 16, 20.
[12] *Baumbach/Lauterbach/Albers/Hartmann,* § 414 Rn. 2; *Zöller/Greger,* § 414 Rn. 2f.

II. Die einzelnen Beweismittel

Zur ordnungsgemäßen Ladung gehört die Mitteilung des Gegenstandes der Vernehmung (§ 377 II Nr. 2 ZPO); er muss nicht mit dem Beweisthema identisch sein, das im Beweisbeschluss enthalten ist (§ 359 Nr. 1 ZPO), sondern kann kürzer gefasst sein. Bei Verstoß gegen die Pflicht zum Erscheinen werden Ordnungsmittel verhängt (§ 380 ZPO).

Eine Ausnahme von der Erscheinenspflicht besteht bei Einholung schriftlicher Zeugenaussagen im Rahmen des § 377 III ZPO. Von dieser Befugnis sollte im Hinblick auf den für die Beweiswürdigung notwendigen, jedoch hier fehlenden persönlichen Eindruck des Zeugen, auf die fehlende Möglichkeit zu ergänzenden Fragen und die Gefahr etwaiger Absprachen zwischen Zeugen und Partei nur in Ausnahmefällen Gebrauch gemacht werden. Soweit eine schriftliche Aussage eingeholt wird, ist ein eingehendes Anschreiben mit Belehrung erforderlich.

Eine weitere Ausnahme besteht in den Fällen der Wegeunfähigkeit: In diesem Fall wird der Zeuge zu Hause oder im Krankenhaus entweder durch das Gericht insgesamt (§ 219 I ZPO) oder den beauftragten bzw. ersuchten Richter (§ 375 I Nr. 2 ZPO) vernommen.

Schließlich entfällt die Pflicht zum Erscheinen bei Ausübung eines Zeugnisverweigerungsrechts (§ 386 III ZPO).

(2) Der Zeuge ist verpflichtet, vor Gericht wahrheitsgemäß und vollständig zum Beweisthema auszusagen (§§ 395 I, 396 I, 392 S. 3 ZPO).

Der Zeuge hat deshalb sein Gedächtnis durch entsprechende zumutbare Vorbereitungsmaßnahmen aufzufrischen, nicht aber, sich durch Erkundigungen erstmals Kenntnisse zur Beweisfrage zu verschaffen. Gemäß § 378 ZPO kann er durch eine Anordnung des Gerichts verpflichtet werden, Aufzeichnungen oder sonstige Unterlagen, die sich in seinem Besitz befinden, zum Termin mitzubringen, soweit ihm dies gestattet und zumutbar ist. Bei Vernehmung von Personen des öffentlichen Dienstes über Umstände, auf die sich die Pflicht zur Amtsverschwiegenheit bezieht, ist die Aussagepflicht an eine Genehmigung des Diensthern geknüpft (§ 376 ZPO), die von dem Gericht einzuholen und dem Zeugen vor seiner Vernehmung bekannt zugeben ist.

Die Verpflichtung zur Aussage entfällt bei Vorliegen und Ausübung eines Zeugnisverweigerungsrechts (§§ 383–385 ZPO); es ist vor der Vernehmung auszuüben, entweder im Termin oder vorher schriftlich oder zu Protokoll der Geschäftsstelle (§ 386 ZPO).

Die Partei kann in den Fällen des § 383 I Nr. 4, 6 ZPO den Zeugen von der Schweigepflicht entbinden mit der Folge, dass das Verweigerungsrecht entfällt (§ 385 II ZPO). Wird eine Zeugnisverweigerung von einer Partei nicht anerkannt, ist über die Rechtmäßigkeit der Verweigerung durch Zwischenurteil zu entscheiden (§ 387 ZPO). Bei unrechtmäßiger Verweigerung des Zeugnisses drohen dem Zeugen Ordnungsmaßnahmen (§ 390 ZPO). Der Zeuge kann zu seiner Vernehmung einen Rechtsanwalt seiner Wahl als Rechtsbeistand hinzuziehen.

(3) Der Zeuge hat seine Aussage zu beeiden, wenn das Gericht eine solche Eidesleistung nach § 391 ZPO anordnet.

Die Beeidigung ist bei Minderjährigen unter 16 Jahren sowie unreifen und verstandesschwachen Personen ausgeschlossen (§ 393 ZPO). Der Eid kann unter den gleichen Voraussetzungen wie die Aussage verweigert werden. Soweit Eideszwang besteht, werden bei Weigerung des Eides Ordnungsmaßnahmen gegen den Zeugen ergriffen (§ 390 ZPO). Zur Form des Eides vgl. die §§ 478–484 ZPO.

d) Der Zeuge wird nach dem Justizvergütungs- und -entschädigungsgesetz entschädigt (§ 401 ZPO).

Er hat unter bestimmten Voraussetzungen (§ 3 JVEG) einen Anspruch auf Vorschuss der Reisekosten. Der Anspruch auf Entschädigung entfällt, wenn der Zeuge hierauf verzichtet hat; ein solcher Gebührenverzicht lässt die Vorschusspflicht der Partei (§ 379 ZPO) entfallen und ist unwiderruflich.

2. Der Sachverständigenbeweis

a) Die Aufgaben des Sachverständigen sind, aufgrund seiner besonderen Sachkunde:

(1) Dem Richter bestimmte Erfahrungssätze oder Lehrsätze seines Fachgebietes zu vermitteln.

(2) Bestimmte (streitige) Tatsachen unter Benutzung seines Fachwissens festzustellen (so genannte Befundtatsachen).

Insoweit kann der Sachverständige auch selbst einen Augenschein einnehmen, z. B. eine Ortsbesichtigung oder eine ärztliche Untersuchung durchführen. Die Parteien sind zur Mitwirkung bei der Feststellung der Befundtatsachen verpflichtet. Die Partei hat bei Einnahme eines Augenscheins ein Recht auf Anwesenheit, es sei denn, dass dem die durch das Persönlichkeitsrecht geschützte Intimsphäre entgegensteht.

(3) Die Erfahrungssätze seines Fachgebietes auf einen konkreten Sachverhalt anzuwenden.

Diese drei Aufgaben können in einem Sachverständigengutachten einzeln vorhanden oder aber auch gekoppelt sein. Dagegen fällt es nicht in die Kompetenz des Sachverständigen, Rechtsfragen zu entscheiden oder über die oben erwähnten Befundtatsachen hinaus hinsichtlich sonstiger Anknüpfungstatsachen eine Beweisaufnahme durch Vernehmung von Zeugen vorzunehmen. Das Gericht hat vielmehr insoweit die Beweisaufnahme selbst durchzuführen und bestimmt sodann, welche Tatsachen der Sachverständige seiner Begutachtung zugrunde legen soll (§ 404a III ZPO). Das Gleiche gilt für die Beschaffung weiterer von ihm für notwendig erachteter Unterlagen. Die Parteien können sich allerdings mit einer abweichenden Verfahrensweise einverstanden erklären. So ist es in der Praxis vielfach üblich, dass der Sachverständige weitere, von ihm für die Erstattung des Gutachtens notwendige Unterlagen von den Parteien bzw. ihren Vertretern direkt anfordert; diese müssen dann aber der Gegenpartei zur Verfügung gestellt werden; eine geheime Unterrichtung des Sachverständigen durch eine Partei ist unzulässig. In Zweifelsfällen kann das Gericht Bestimmungen über das Verfahren treffen (§ 404a IV ZPO).

10 b) Ob das Gericht einen Sachverständigen hinzuzieht oder nicht, hängt davon ab, ob es selbst die erforderliche Sachkunde besitzt oder nicht. Diese Frage entscheidet es aufgrund eigenen pflichtgemäßen Ermessens. Zum Teil ist es allerdings zur Einholung eines Sachverständigengutachtens verpflichtet, so insbesondere in den Fällen der §§ 3a II 2 und 14 II RVG.

(1) Das Gericht kann eigene Sachkunde durch Verwertung eines in einem Vorprozess eingeholten Gutachtens gewinnen, selbst wenn der Vorprozess zwischen anderen Parteien geführt worden ist. Die Verwertung eines von einer Partei vorgelegten Privatgutachtens ist nur bei Zustimmung beider Parteien zulässig; das Gericht muss deshalb, wenn es ein solches Privatgutachten verwerten will, die Parteien ausdrücklich hierauf hinweisen. In Ausnahmefällen kann auch ein „Sonderfachwissen" des Richters die Einholung eines Gutachtens entbehrlich machen; der Richter muss allerdings diese besonderen Kenntnisse den Parteien mitteilen, wenn er sie zur Grundlage seiner Entscheidung machen will.

(2) Das Ermessen des Tatrichters über die Notwendigkeit eines Gutachtens ist nur beschränkt nachprüfbar. Ebenso steht die Einholung eines weiteren Gutachtens im Ermessen des Gerichts (§ 412 ZPO), das nur beschränkt nachprüfbar ist. Das Gericht ist allerdings bei Vorliegen mehrerer, zu entgegengesetzten Ergebnissen kommenden Gutachten zur Aufklärung der Widersprüche verpflichtet. Führt das zu keinem greifbaren Ergebnis, kann das Gericht zur Einholung eines Obergutachtens verpflichtet sein.[13]

11 c) Die Bestimmung des Sachverständigen obliegt grundsätzlich dem Gericht (§ 404 I ZPO), das nach § 404 II ZPO in der Regel auf die öffentlich bestellten Sachverständigen zurückgreifen soll.

(1) Häufig wendet sich das Gericht an bestimmte Verbände (Industrie- und Handelskammer, Handwerkskammer, Steuerberaterkammer, Ärztekammer) oder Universitäten, damit diese aufgrund geführter Listen oder besonderer Kenntnisse geeignete Sachverständige vorschlagen. Bei einer solchen Anfrage ist es zweckmäßig, dem angeschriebenen Verband die Gerichtsakten zur Verfügung zu stellen, damit dieser sich anhand derselben in Verbindung mit dem Beweisbeschluss ein Bild über die

---

[13] *Baumbach/Lauterbach/Albers/Hartmann*, § 412 Rn. 5 ff.; *Zöller/Greger*, § 412 Rn. 1 ff.

voraussichtlichen Aufgaben des Sachverständigen und die an ihn gestellten Anforderungen machen kann. Nach Eingang der Vorschläge werden diese den Parteien bzw. ihren Vertretern zwecks Stellungnahme zugeleitet, damit diese etwaige Bedenken und Ablehnungsgründe vorweg mitteilen können. Erst nach Ablauf der gesetzten Frist wird das Gericht den Sachverständigen ernennen.

(2) Die Auswahl des Sachverständigen kann auch einem ersuchten Richter übertragen werden (§ 405 ZPO); das kommt selten in Frage, vor allem aber dann, wenn das Prozessgericht nicht den Einblick in die Verhältnisse am Ort eines Begutachtungsobjekts hat.

(3) Eine Ausnahme besteht bei Einigung der Parteien auf einen bestimmten Sachverständigen (§ 404 IV ZPO); dies ist in der Praxis ebenfalls selten und auch wenig zweckmäßig, da bei Vorschlag eines Sachverständigen durch eine Partei die Gegenpartei meist Bedenken gegen dessen Neutralität hat; außerdem könnte das Gericht in diesem Fall – wenn es Bedenken gegen die Sachkunde des übereinstimmend vorgeschlagenen Sachverständigen hat – gemäß § 144 I ZPO einen weiteren Sachverständigen von Amts wegen bestimmen.

(4) Als Sachverständiger kann nur eine Einzelperson, nicht eine – private oder öffentliche – Institution eingesetzt werden; der eingesetzte Sachverständige hat das Gutachten persönlich in eigener Verantwortung zu erstatten; in gewissem Umfang darf er Hilfspersonen hinzuziehen; dabei muss aber die persönliche Verantwortung für die Richtigkeit des Gutachtens in der Person des bestellten Sachverständigen gewahrt bleiben (§ 407 a II ZPO). Hat statt des im Beweisbeschluss namentlich benannten Sachverständigen ein anderer das schriftliche Gutachten erstattet, so muss das Gericht diesen Sachverständigen nachträglich ernennen und dies den Parteien bekannt geben.[14]

d) **Der Sachverständige ist unter den Voraussetzungen des § 407 I ZPO zur Erstattung des Gutachtens verpflichtet.** 12

Er kann unter den gleichen Voraussetzungen wie ein Zeuge die Erstattung des Gutachtens verweigern (§ 408 I 1 ZPO). Allerdings wird das Gericht in den Fällen der §§ 383 I Nr. 1–3, 384 Nr. 1–2 ZPO schon von sich aus den Sachverständigen nicht bestimmen, da seine Neutralität praktisch ausgeschlossen ist. Das Gericht kann auch aus anderen Gründen den Sachverständigen von der Verpflichtung zur Erstattung des Gutachtens entbinden (§ 408 I 2 ZPO).

e) **Der Sachverständige kann wie ein Richter wegen Besorgnis der Befangenheit abgelehnt werden (§ 406 I ZPO).**

Es muss hierzu ein sachlicher Grund vorliegen, der bei vernünftiger Betrachtung aus der Sicht der Partei Zweifel an der Objektivität des Sachverständigen zulässt. Dem Erfordernis der Objektivität und Neutralität des Sachverständigen sollte das Gericht bereits bei der Auswahl des Sachverständigen soweit wie möglich Rechnung tragen.

f) **Das Gericht hat die Tätigkeit des Sachverständigen zu leiten (§ 404 a ZPO).** Im Einzelnen gehören hierzu: 13

(1) Die genaue Festlegung der Beweisthemen im Beweisbeschluss, d. h. der im Gutachten zu beantwortenden Fragen.

Da der Sachverständige keine Rechtsfragen beantworten darf, ist es z. B. unzulässig, an ihn Fragen dergestalt zu richten, ob ein Verkehrsteilnehmer sich „fahrlässig" verhalten habe oder ob ein bestimmter Bautenzustand als „mangelhaft" anzusehen sei. Ist das Gericht sich im Einzelfall selbst noch nicht im Klaren, wie die Beweisfrage zu formulieren ist, soll es den Sachverständigen vorher anhören und ihn gleichzeitig über seine Aufgaben unterrichten (§ 404 a II ZPO). Die Parteien haben ein Recht auf Anwesenheit in diesem „Einweisungstermin" (§ 404 a V 2 ZPO).

(2) Anweisungen an den Sachverständigen betreffend sein Verfahren, z. B. die Vornahme von Ortsbesichtigungen (nebst Anwesenheitsrecht der Parteien und ihrer Bevollmächtigten), die Zuziehung von Hilfskräften oder die Einschaltung von Zusatzgutachtern.

---

[14] *Baumbach/Lauterbach/Albers/Hartmann*, § 407 a Rn. 4 ff.; *Zöller/Greger*, § 407 a Rn. 2.

(3) Die Festlegung der Tatsachen, die der Sachverständige seinem Gutachten zugrunde legen soll, soweit dies erforderlich ist (§ 404a III ZPO).

Will das Gericht sich insoweit im Rahmen der Würdigung einer stattgefundenen Beweisaufnahme noch nicht festlegen, kann es den Sachverständigen auffordern, das Gutachten auf „alternativer Tatsachenbasis" zu erstellen, wobei der Sachverständige für beide Alternativen zu dem gleichen Ergebnis kommen kann, so dass es auf die Entscheidung zum unterschiedlichen Tatsachenablauf nicht mehr ankommt.[15] Im Einzelfall ist das Gericht trotz des § 404a III ZPO nicht gehindert, den Sachverständigen zu befragen, inwieweit aufgrund seiner Fachkenntnisse eine bestimmte, von den Parteien oder Zeugen vorgetragene Tatsachenversion auszuschließen oder unwahrscheinlich ist.

14 g) Die Form der Gutachtenerstattung bestimmt das Gericht im Rahmen der Leitung des Sachverständigen. In Frage kommen:

(1) Direkte Anhörung des Sachverständigen im Termin in Form eines mündlichen Gutachtens ohne Vorbereitung, gegebenenfalls nach einer gleichzeitig stattgefundenen Beweisaufnahme oder einer Ortsbesichtigung.

Eine solche „Kurzeinschaltung" des Sachverständigen kommt nur selten in Frage, nämlich dann, wenn die Sache einfach gelagert ist. Das von dem Sachverständigen geforderte Wissen muss so beschaffen sein, dass es im Termin jederzeit abrufbar ist. Der zu begutachtende Sachverhalt muss ebenfalls so gelagert sein, dass der Sachverständige im Termin seine Stellungnahme sofort abgeben kann. Von Vorteil ist eine derartige Verfahrensweise, wenn der Sachverständige vor Erstattung des Gutachtens an einer Beweisaufnahme teilnehmen und sachentsprechende Fragen an Parteien und Zeugen stellen kann. Das Gericht kann dann auf die Erstattung des Gutachtens unmittelbar durch Fragen und klarstellende Hinweise Einfluss nehmen. Die Parteien können ebenfalls durch entsprechende Erklärungen und Vorhaltungen zur Vervollständigung des Gutachtens beitragen.

(2) Mündliche Erstattung des Gutachtens nach vorherigem Aktenstudium.

Es handelt sich um eine Modifikation der zuvor beschriebenen Verfahrensweise. Sie ist dadurch gekennzeichnet, dass der Sachverständige ebenfalls nur ein mündliches Gutachten erstattet, sich aber auf die von ihm zu beantwortenden Fragen vor dem Termin vorbereiten kann. Hierzu werden ihm die Akten vor dem Termin zur Einsichtnahme übersandt, so dass er aus den Schriftsätzen den Sach- und Streitstand und außerdem aus dem Beweisbeschluss das Beweisthema erfährt.

Diese Form der Gutachtenerstattung kommt ebenfalls nur bei verhältnismäßig einfach gelagerten Sachverhalten in Frage, wobei lediglich das Erfahrungswissen des Sachverständigen einer gewissen Aufarbeitung bedarf, um diesen im Termin nicht mit ausgefallenen Fragestellungen zu überraschen. Auch hier besteht die Möglichkeit, dass Gericht und Parteien auf die Erstattung des Gutachtens unmittelbar Einfluss nehmen können.

(3) Schriftliche Erstattung des Gutachtens mit vorheriger Aktenübersendung (§ 411 I ZPO). Dies ist die übliche Form der Gutachtenerstattung, wenn der Sachverständige
- erst anhand des Studiums der Akten einen verwickelten Sachverhalt erkennen und gedanklich verarbeiten kann;
- größere Recherchen über Einzelfragen seines Fachwissens anstellen muss;
- eine Sachverhaltsaufklärung in Form bestimmter Untersuchungen oder Ortsbesichtigungen vornehmen muss;
- in Ruhe Gedankengänge zur Lösung einer schwierigen Frage, Einzelheiten bei der Beantwortung verschiedener an ihn gestellter Fragen zu erörtern, umfangreiche Berechnungen anzustellen sind oder eine Auseinandersetzung mit früheren Gutachten erfolgen muss.

Hier eignet sich eine bloß mündliche Erstattung des Gutachtens nicht. Alle beteiligten Personen – Sachverständiger, Gericht und Parteien – wären überfordert. Das Gericht müsste beispielsweise das

---

[15] *Baumbach/Lauterbach/Albers/Hartmann*, § 404a Rn. 7; Zöller/*Greger*, § 404a Rn. 3.

Gutachten in das Sitzungsprotokoll aufnehmen, was nach Umfang und Art der Formulierung unzumutbar, teilweise – wie bei Berechnungen – unmöglich ist. Vor einer Stellungnahme zum Gutachten durch das Gericht und die Parteien bedarf es eines genauen Studiums desselben, was nur vor einem Verhandlungstermin geschehen kann.

Den Vorteilen der schriftlichen Gutachtenerstattung stehen aber auch Nachteile gegenüber. Mangels unmittelbaren Kontaktes zwischen Gericht und Sachverständigen kann der Sachverständige seinen Gutachtenauftrag verkennen; dem ist durch eine genaue Formulierung der Beweisthemen, Festlegung des zugrunde liegenden Sachverhalts, nähere Anweisungen des Gerichts, eventuell durch einen Einweisungstermin (§ 404a II, V 2 ZPO) gegenzusteuern. Außerdem kann das schriftliche Gutachten in seinen Einzelheiten für Gericht und Parteien nicht voll nachvollziehbar sein; dem kann und muss dann durch eine nachträgliche mündliche Anhörung des Sachverständigen oder ein schriftliches Ergänzungsgutachten Rechnung getragen werden.

Welche der drei Formen der Gutachtenerstattung im Einzelfall zu bevorzugen ist, bestimmt das Gericht in eigener Verantwortung nach freiem Ermessen. Notfalls muss es einen Erörterungstermin nach § 404a II, V ZPO vornehmen. Gelegentlich empfiehlt sich auch eine telefonische Rücksprache des Gerichts mit dem Sachverständigen. Hat das Gericht in falscher Einschätzung der Sachlage eine mündliche Erstattung des Gutachtens angeordnet und stellt sich im Termin heraus, dass der Sachverständige die an ihn gestellten Fragen nicht sofort und überzeugend beantworten kann oder eine schriftliche Formulierung des Gutachtens notwendig erscheint, kann das Gericht nachträglich die Erstattung des Gutachtens in schriftlicher Form anordnen.

h) Der Sachverständige ist verpflichtet: 15

(1) das Gutachten in der beauftragten Form zu erstatten.

Er hat sämtliche an ihn gestellten Fragen zu beantworten und für das Gericht und die Parteien verständlich und überzeugend zu begründen. Er darf hierbei nicht über die gestellten Beweisthemen hinausgehen. Hat er über Umfang und Inhalt seines Auftrages oder die Art der gestellten Fragen aus seiner Sicht heraus Zweifel, hat er sich vor Erstattung des Gutachtens mit dem Gericht in Verbindung zu setzen und weitere Weisung abzuwarten (§ 404a I ZPO). Der Sachverständige ist zur persönlichen Erstattung des Gutachtens verpflichtet. Hilfskräfte für untergeordnete Arbeiten darf er allerdings hinzuziehen.

(2) das Gutachten fristgerecht zu erstatten.

Bei vorgesehener mündlicher Erstattung des Gutachtens muss er zum Termin nach ordnungsgemäßer Ladung erscheinen; bei Nichterscheinen sieht § 409 ZPO die Verhängung eines Ordnungsgeldes vor. Ebenso kann bei schriftlichen Gutachten nach erfolgloser Fristsetzung ein Ordnungsgeld verhängt werden (§ 411 II ZPO). Bei erneuter Säumnis kann ein zweites Ordnungsgeld verhängt werden (§§ 409 I 3, 411 II 3 ZPO). Die Verhängung eines dritten Ordnungsgeldes ist nicht zulässig. Es muss dann ein anderer Sachverständiger mit der Erstattung des Gutachtens beauftragt werden.

(3) das Gutachten auf Verlangen des Gerichts zu beeiden (§ 410 ZPO).

i) Der Sachverständige erhält eine Entschädigung nach dem Justizvergütungs- und -entschädigungsgesetz (§ 413 ZPO). Unter bestimmten Voraussetzungen (§ 3 JVEG) hat er Anspruch auf einen Vorschuss. 16

3. Der Augenschein

a) Der richterliche Augenschein besteht in der unmittelbaren Wahrnehmung bestimmter Eigenschaften oder Zustände von Sachen oder Personen. 17

In Frage kommen alle Sinneswahrnehmungen: Ansehen, Hören, Betasten, Schmecken. Dabei können Hilfspersonen zugezogen werden (Ausmessen einer Unfallstelle), insbesondere auch Sachverständige (§ 372 I ZPO). Gegenstand des Augenscheins können Personen und Sachen sein. Hinsichtlich Sachen kommen sowohl unbewegliche (Unfallstelle, Gebäude) als auch bewegliche (Waren, Autos, Modelle, Fotos, Pläne, Skizzen, Tonbänder etc.) in Frage.

b) Die beweisführende Partei hat aufgrund ihres Anspruchs auf rechtliches Gehör einen Anspruch auf Durchführung des Augenscheins. Eine erzwingbare Pflicht zur Duldung des Augenscheins besteht jedoch regelmäßig nicht.

Eine Ausnahme sieht § 372 a ZPO für die Entnahme von Blutproben zur Feststellung der Abstammung vor. Die Augenscheinseinnahme einer Partei kann über § 141 ZPO erreicht werden, indem ihr persönliches Erscheinen zum Termin angeordnet wird; dagegen nicht bei Anordnung des Augenscheins durch einen Sachverständigen (z. B. ärztliche Untersuchung).

Soweit eine Partei den Augenschein endgültig verweigert, kann sie als Beweisführer beweisfällig werden; ist die andere Partei beweispflichtig, kann das Gericht aus ihrer Weigerung analog § 444 ZPO Schlüsse im Rahmen der Beweiswürdigung ziehen.[16] Bei Weigerung eines Dritten ist eine Frist zur Klageerhebung gegen den Dritten zu setzen, § 371 II ZPO.

18 c) Der Ort der Augenscheinseinnahme ergibt sich aus der Art des Augenscheins und der Bestimmung durch das Gericht.

(1) Grundstücke und Unfallstellen werden im Rahmen einer Ortsbesichtigung in Augenschein genommen. Bei beweglichen Sachen bestimmt das Gericht nach der Eigenart des Gegenstandes, ob er zum Termin mitzubringen ist oder von dem Gericht an einem anderen geeigneten Ort besichtigt wird. Soweit Personen als Augenscheinsobjekte in Frage kommen, ist unter Berücksichtigung des Persönlichkeitsrechts zu entscheiden, ob der Richter den Augenschein selbst einnehmen kann oder dies einem Sachverständigen überlassen sollte.

(2) Soweit das Gericht den Augenschein einnimmt, kann dies sowohl durch das Prozessgericht als auch gemäß § 372 II ZPO durch den beauftragten Richter (Berichterstatter) oder einen ersuchten Richter (Rechtshilfe) erfolgen. Letzteres hat aber nur dann Wert, wenn der ersuchte Richter in dem gerichtlichen Protokoll das Ergebnis des Augenscheins detailliert niederlegt, da nur dann das Prozessgericht hieran eine Beweiswürdigung knüpfen kann; im Einzelfall könnte dem ersuchten Richter aufgegeben werden, Fotos von dem Augenscheinsobjekt zu machen und dem Beweisprotokoll beizufügen.

19 d) Das Ergebnis des Augenscheins ist im Protokoll niederzulegen (§ 160 III Nr. 5 ZPO).

Wird ein Sachverständiger zu dem richterlichen Termin hinzugezogen, kann ihm überlassen werden, das Ergebnis des Augenscheins in das Protokoll zu diktieren. Nimmt der Sachverständige den Augenschein allein ein, hat er das Ergebnis in einem schriftlichen Gutachten niederzulegen; in geeigneten Fällen kann der Sachverständige aufgefordert werden, zur Erläuterung des Ergebnisses Fotos oder Skizzen über den Augenschein beizufügen.

4. Der Urkundenbeweis

20 a) Urkunde im Sinne des Zivilprozessrechts ist jede schriftliche Gedankenerklärung. Eine ursprüngliche „Beweisbestimmung" ist nicht erforderlich; es genügt die Beweiseignung im Prozess (so genannte „Zufallsurkunde").

Maßgebend ist das Vorhandensein von Schriftzeichen. Tonbänder, Fotos, Baupläne sind demnach keine Urkunden, sondern Augenscheinsobjekte. Zweifelhaft ist die Urkundeneigenschaft unbeglaubigter Kopien einer Urkunde sowie die Einordnung technischer Aufzeichnungen.[17]

---

[16] *Baumbach/Lauterbach/Albers/Hartmann*, Übersicht § 371 Rn. 8, § 444 Rn. 5f.; Zöller/*Greger*, § 371 Rn. 5.

[17] *Baumbach/Lauterbach/Albers/Hartmann*, Übersicht § 415 Rn. 6f.; Zöller/*Geimer*, vor § 415 Rn. 2.

II. Die einzelnen Beweismittel

b) Nicht jede Vorlage einer Urkunde im Zivilprozess stellt einen Urkundenbeweis dar.

Soweit die Parteien Urkunden vorlegen, dienen sie der Erläuterung ihres Vorbringens. Das Gericht kann die Parteien ebenso wie Dritte hierzu nach §§ 142, 273 II Nr. 2, 5 ZPO anhalten. Werden Existenz und Echtheit der Urkunden nicht bestritten, sind sie Teil des unstreitigen Parteivorbringens. Solange dies nicht geschieht, genügt in der Regel auch die Vorlage einer Fotokopie oder Abschrift.

c) Ein Urkundenbeweis liegt vielmehr nur dann vor, wenn

(1) eine Partei einen bestimmten Sachvortrag des Gegners bestreitet und jene zum Beweis der streitigen Tatsachen eine Urkunde vorlegt oder das Gericht eine Urkunde beizieht oder

(2) eine Partei eine Urkunde vorlegt und der Gegner deren Echtheit bestreitet oder Verfälschung behauptet (§§ 437–440 ZPO). Dann ist Beweis über die Echtheit (d.h. das Herrühren der Urkunde von dem behaupteten Aussteller) bzw. Verfälschung zu erheben.

Die Echtheit einer öffentlichen Urkunde wird vermutet (§ 437 I ZPO); derjenige, der die Echtheit bestreitet, hat den Beweis für die Unechtheit zu führen, wobei das Gericht auch von Amts wegen von der Person oder Behörde, die die Urkunde errichtet haben soll, eine Auskunft einholen kann (§ 437 II ZPO). Bei einer ausländischen öffentlichen Urkunde richtet sich die Echtheit nach den Umständen des Einzelfalles (§ 438 I ZPO), wobei es vor allem auf die Vorlage einer Legalisation ankommt (§ 438 II ZPO).

Die Echtheit einer privaten Urkunde ist zu beweisen (§ 440 I ZPO); dieser Beweis kann mit allen Beweismitteln geführt werden, auch durch Schriftvergleichung (§ 441 ZPO) und durch Einholung eines Gutachtens eines Schriftsachverständigen (§ 442 ZPO). Steht die Echtheit der Unterschrift – sei es kraft unstreitigen Parteivorbringens oder nach Beweisaufnahme – fest, so wird vermutet, dass die über der Unterschrift vorhandenen Erklärungen von dem Aussteller stammen; die Gegenpartei muss also das Gegenteil beweisen (§§ 440 II, 292 ZPO). Das gilt auch bei Vorliegen von Blankounterschriften.

(3) eine Partei verlangt, dass eine im Besitz des Gegners, einer Behörde oder eines Dritten (angeblich) vorhandene Urkunde dem Gericht zugänglich gemacht wird.

Hierfür sind besondere Verfahren vorgesehen, je nachdem, wo sich die Urkunde befindet (vgl. §§ 420, 421, 428, 432 ZPO). Befindet sich die Urkunde im Besitz eines Dritten, so ist es nach § 428 ZPO Aufgabe des Beweisführers, die Urkunde zu beschaffen und dem Gericht vorzulegen.

d) Hinsichtlich der Beweiskraft der Urkunde unterscheidet das Gesetz zwischen öffentlichen Urkunden (§§ 415, 417, 418 ZPO) und privaten Urkunden (§ 416 ZPO).

(1) Öffentliche Urkunden begründen nach §§ 415, 417, 418 ZPO vollen Beweis betreffend die darin beurkundeten Vorgänge.

(2) Bei Privaturkunden ist die Beweiskraft davon abhängig, dass die Urkunde von dem Aussteller unterschrieben ist (§ 416 ZPO). Dabei versteht die Rechtsprechung den Begriff der Unterschrift formal mit der Folge, dass Oberschriften und Nebenschriften grundsätzlich nicht hierunter fallen.[18]

(3) Steht nach diesen Regeln der beurkundete Vorgang fest, obliegt die weitere Beweiswürdigung dem Gericht im Rahmen des § 286 ZPO. Das gilt auch im Falle der Beseitigung bzw. Unbrauchbarmachung einer Urkunde (§ 444 ZPO).

5. Die Parteivernehmung

a) Bei der Parteivernehmung wird die Partei wie ein Zeuge als förmliches Beweismittel eingesetzt.

---

[18] *Baumbach/Lauterbach/Albers/Hartmann*, § 416 Rn. 4; *Zöller/Geimer*, § 416 Rn. 5.

Die Parteivernehmung ist zu unterscheiden von der formlosen Anhörung der Partei (§ 141 ZPO). Diese dient der Klarstellung und Ergänzung des schriftlichen Parteivorbringens zwecks Feststellung, wie sich ein Vorgang im Einzelnen abgespielt hat, sowie ob und inwieweit nach Anhörung der Gegenpartei der Vorgang anders dargestellt wird, also bestritten ist. Die Grenze zur Beweiserhebung ist aber fließend, weil das Gericht auch aufgrund bloßer Anhörung der Parteien einer Partei glauben kann. Die Darstellung der Partei geht im Übrigen der ihres Anwalts vor.[19]

24 b) Die Parteivernehmung erfolgt

(1) auf Antrag der beweisbelasteten Partei, den Gegner über die zu beweisende Tatsache als Partei zu hören (§ 445 I ZPO).

Der Antrag setzt nicht voraus, dass keine anderen Beweismittel vorhanden sind oder dass schon ein bestimmter Grad von Wahrscheinlichkeit für die behauptete Tatsache besteht. Die Parteivernehmung nach § 445 ZPO ist aber insofern subsidiär, als die anderen Beweismittel, die nach dem Parteivortrag und der Prozesslage vorhanden sind, ausgeschöpft sein müssen (vgl. § 450 II ZPO). Die Parteivernehmung nach § 445 I ZPO ist unzulässig zur Führung eines Gegenbeweises (§ 445 II ZPO), d.h. wenn das Gericht das Gegenteil der behaupteten Tatsachen für erwiesen erachtet.

(2) von Amts wegen durch Vernehmung der einen oder anderen Partei nach § 448 ZPO.

In diesem Fall kann das Gericht auch die beweisbelastete Partei vernehmen. Die Vernehmung ist aber nur zulässig, wenn das bisherige Ergebnis der Verhandlungen und einer etwaigen Beweisaufnahme nicht ausreicht, das Gericht von der Wahrheit oder Unwahrheit einer zu erweisenden Tatsache zu überzeugen, wenn mit anderen Worten schon ein gewisser Beweis erbracht ist. Das Gericht muss aber in diesem Fall die Glaubwürdigkeit des Beweisführers einer vorherigen Prüfung unterziehen, d. h. geneigt sein, bei einer Bestätigung des Beweisthemas durch die Partei den Beweis als geführt anzusehen.[20] Lehnt das Gericht nach Vorliegen einer hohen Wahrscheinlichkeit die Parteivernehmung des Beweisführers nach § 448 ZPO ab, so bedarf es hierfür einer nachprüfbaren Begründung im Urteil.

(3) auf Antrag der beweisbelasteten Partei, sie selbst als Partei zu vernehmen, falls der Gegner zustimmt (§ 447 ZPO).

Dieser Fall kommt in der Praxis kaum vor, da der Gegner im Regelfall nicht einverstanden ist, der beweisbelasteten Partei die Beweisführung in dieser Form zu erleichtern. In dem Schweigen auf den Antrag der beweisbelasteten Partei liegt deshalb regelmäßig keine Zustimmung.

(4) von Amts wegen im Fall der Ermittlung der Schadenshöhe (§ 287 I 3 ZPO).[21]

Hier kann die beweisbelastete Partei vernommen werden, weil meist nur sie etwas über die Höhe des bei ihr eingetretenen Schadens aussagen kann.

25 c) Die Parteivernehmung wird stets durch Beweisbeschluss angeordnet (§ 450 I ZPO), also in Abweichung von § 358 ZPO auch dann, wenn sie kein besonderes Verfahren erfordert.

Dies ist notwendig, um sie von der formlosen Anhörung der Partei abzugrenzen, der Partei die Möglichkeit einer Beeidigung vor Augen zu führen (§ 452 ZPO) und das Beweisthema genau festzulegen. Erscheint nämlich die Partei nicht, verweigert sie die Aussage oder die Eidesleistung, so kann das Gericht dieses Verhalten in Bezug auf das angeordnete Beweisthema frei würdigen (§§ 446, 453 II, 454 ZPO), also in freier Würdigung den Beweis als geführt ansehen.

d) Das Gericht kann anordnen, dass die Partei ihre Aussage zu beeidigen hat, wenn das Ergebnis der unbeeidigten Aussage nicht ausreicht, das Gericht von der Wahrheit oder Unwahrheit zu erweisenden Tatsache zu überzeugen (§ 452 I ZPO).

---

[19] *Baumbach/Lauterbach/Albers/Hartmann*, § 141 Rn. 2.
[20] *Baumbach/Lauterbach/Albers/Hartmann*, § 448 Rn. 4f.; Zöller/*Greger*, § 448 Rn. 4.
[21] *Baumbach/Lauterbach/Albers/Hartmann*, § 287 Rn. 34; Zöller/*Greger*, § 287 Rn. 6.

Die Anordnung geschieht durch einen besonderen Beschluss. Entsprechend den Voraussetzungen für die Beeidigung kann dieser Beschluss erst nach der Vernehmung der Partei erlassen werden.

e) Verweigert die Partei die Aussage oder die Leistung des Eides, kann das Gericht dieses Verhalten frei würdigen (§§ 453 II, 446 ZPO), also auch nachteilige Schlüsse zu Lasten der verweigernden Partei ziehen.

Gleiches gilt, wenn die Partei zu dem Termin der Beweisaufnahme bzw. der Eidesleistung nicht erscheint und im Hinblick auf die Nichtangabe von Gründen bzw. die Art der angegebenen Gründe die Aussage bzw. der Eid als verweigert anzusehen ist (§ 454 I ZPO).

III. Der Inhalt des Beweisbeschlusses

1. Der Inhalt des Beweisbeschlusses im Einzelnen

Der Beweisbeschluss enthält: 26

a) die Bezeichnung des Beweisthemas (§ 359 Nr. 1 ZPO).

(1) Das Beweisthema ist so genau zu bezeichnen, dass der Zeuge, dem der Gegenstand der Vernehmung mit der Ladung übermittelt wird (§ 377 II Nr. 2 ZPO), der Sachverständige, dem die Akten zur Erstattung eines Gutachtens übersandt werden, aber auch der ersuchte Richter den Gegenstand der Beweisfrage genau erkennen kann. Es sollte vom Gericht selbstständig formuliert und nicht durch Abschreiben des Parteivortrags aus den Schriftsätzen übernommen werden.

(2) Eine feste Richtlinie bezüglich der Genauigkeit kann nicht gegeben werden. Je nach Durchführung der Beweisaufnahme kann man differenzieren: Führt das Prozessgericht selbst die Beweisaufnahme durch, so kann es das Beweisthema weniger detailliert fassen, da es in Kenntnis der Sach- und Rechtslage die Vernehmung des Zeugen bzw. die mündliche Anhörung des Sachverständigen leiten kann. Unter diesem Aspekt ist nichts dagegen einzuwenden, wenn das Gericht anordnet, dass „über den Hergang des Unfalls vom ..." Beweis zu erheben ist. Anders ist dies jedoch, wenn sich die Beweisaufnahme nicht vor dem Prozessgericht abspielt (schriftliches Sachverständigengutachten, schriftliche Zeugenaussage, Auskünfte, Rechtshilfeersuchen); hier bedarf es durch konkrete Bezeichnung der Beweisthemen einer genauen Anleitung.

(3) Es ist in jedem Fall darauf zu achten, dass das Beweisthema umfassend bezeichnet wird, um möglichen Angriffen der Parteien gegen die Zulässigkeit einer Frage mit dem Hinweis, diese gehöre nicht zum Beweisthema, zu begegnen.

b) die Bezeichnung des Beweismittels (§ 359 Nr. 2 ZPO). 27

(1) Zeugen sind nach Namen und ladungsfähiger Anschrift zu bezeichnen; bei etwaigen Lücken ist der beweispflichtigen Partei eine Auflage zu erteilen, diese durch Nachholung zu beseitigen. Bei nur mit „NN" bezeichneten Zeugen sollte man auf jeden Fall von der Partei die Darlegung verlangen, dass der so bezeichnete Zeuge tatsächlich existiert und aus welchen Gründen er nicht vollständig bezeichnet werden kann bevor der Beweisbeschluss erlassen wird; nur in diesem Fall ist der Erlass des Beweisbeschlusses mit Setzen einer Nachfrist gerechtfertigt.[22]

(2) Bei dem Augenschein ist anzugeben, in welcher Weise er eingenommen werden soll.

(3) Der Sachverständige wird von dem Gericht, falls seine Person schon feststeht, namentlich mit Berufsbezeichnung und Anschrift benannt; steht er noch nicht fest, erfolgt eine Anordnung entweder konkret, wie das Gericht ihn ermitteln will, z.B. durch Anfrage bei der Industrie- und Handelskammer, oder das Gericht behält sich die Anordnung zu einem späteren Zeitpunkt vor (z.B. wenn das Gericht sich in der Art seiner Erkundigungen noch nicht festlegen will).

(4) Bei dem Urkundenbeweis wird die Urkunde genau bezeichnet (Datum, Hersteller, Inhalt, Registernummer einer notariellen Urkunde). Im Übrigen wird angegeben, wie das Gericht in den Besitz der Urkunde kommen soll. Befindet sich die Urkunde in den Händen der beweispflichtigen Partei,

---

[22] *Baumbach/Lauterbach/Albers/Hartmann*, § 356 Rn. 4; *Zöller/Greger*, § 356 Rn. 4.

so wird der Urkundenbeweis durch Vorlage der Urkunde angetreten (§ 420 ZPO); das Gericht kann bei bloßer Bezugnahme auf die Urkunde der Partei aufgeben, sie vorzulegen. Befindet sich die Urkunde nicht in den Händen des Beweisführers, so richtet sich die Beweismittelanordnung danach, wo sich die Urkunde befindet (vgl. §§ 421, 425, 428, 432 ZPO).

c) die Bezeichnung des Beweisführers (§ 359 Nr. 3 ZPO).

Es ist derjenige, der den Beweisantrag gestellt hat, wobei gleichgültig ist, ob er die Beweislast hat. Die Frage des Beweisführers ist von Bedeutung für die Vorschusspflicht (§ 379 ZPO) und die Frage eines Verzichts auf den Zeugen (§ 399 ZPO).

d) die Art der Beweiserhebung.

Grundsätzlich ist diese Angabe entbehrlich. Anders ist dies nur dann, wenn es sich um eine besondere Art der Beweiserhebung handelt, also insbesondere, wenn es sich um eine Beweisaufnahme

(1) vor dem beauftragten Richter (§§ 361, 375 I, 375 I a ZPO),

(2) vor dem ersuchten Richter eines auswärtigen Gerichts (§§ 362, 375 I ZPO) oder

(3) vor einer zuständigen Behörde im Ausland (§ 363 ZPO)

handelt.

28 e) die Anordnung eines Auslagenvorschusses für Zeugen, Sachverständige und Dolmetscher.

(1) Die Anordnung steht nach § 379 ZPO im Ermessen des Gerichts. Danach wird zur Deckung der der Staatskasse entstehenden Aufwendungen regelmäßig ein Vorschuss anzufordern sein. Hierbei wird zweckmäßigerweise eine Frist zur Einzahlung des Vorschusses bzw. Vorlage einer Gebührenverzichtsklärung gesetzt. Die Länge der Frist muss angemessen sein.

(2) Vorschusspflichtig ist der Beweisführer, d. h. diejenige Partei, die sich auf das Beweismittel berufen hat. Haben sich beide Parteien zum *gleichen* Beweisthema auf einen Zeugen oder Sachverständigen berufen, so trifft die Vorschusspflicht die beweispflichtige Partei.[23]

(3) Die Höhe des Vorschusses für Zeugen und Sachverständige ist unter Beachtung der Vorschriften des JVEG überschlägig zu schätzen. Reicht der Vorschuss – nach Mitteilung des Zeugen oder Sachverständigen (§ 407a III 2 ZPO) – nicht aus, so kann er nachträglich erhöht werden. Auch bei der Augenscheinseinnahme kann nach § 17 GKG ein Vorschuss angefordert werden, z. B. für Reisekosten des Gerichts.

(4) Die angeordnete Vorschusspflicht wird unerheblich, wenn eine Gebührenverzichtserklärung des Zeugen eingeht, für den der Vorschuss angefordert wurde.

(5) Die Einzahlung ist rechtzeitig erfolgt, wenn der angeforderte Vorschuss innerhalb der gesetzten Frist bei der Gerichtskasse eingeht. Nachgeprüft wird dies durch die Zahlungsanzeige der Gerichtskasse oder durch die unmittelbare Vorlage des vorschusspflichtige Partei. Eine rechtzeitige Einzahlung ist auch dann gegeben, wenn der Prozessbevollmächtigte der vorschusspflichtigen Partei innerhalb der gesetzten Frist erklärt, er übernehme für den Vorschuss die persönliche Haftung.

(6) Die Folgen unterbliebener bzw. nicht rechtzeitiger Zahlung des Auslagenvorschusses hat der Gesetzgeber in § 379 S. 2 ZPO geregelt: Wird der Vorschuss nicht eingezahlt, dann unterbleibt die Ladung des Zeugen bzw. die Einholung des Gutachtens; im Falle des Zeugenbeweises kann das Gericht allerdings gleichwohl nach seinem Ermessen die Vorschusspflicht entfallen lassen und den Zeugen laden. Im Falle nicht rechtzeitiger Einzahlung unterbleibt die Ladung des Zeugen, wenn diese nicht mehr fristgerecht zum Termin ausgeführt werden könnte; einen Anspruch auf Verlegung des Termins hat die säumige Partei in der Regel nicht; ausnahmsweise wird man den Termin verlegen, wenn die Partei die verzögerte Einzahlung mit erheblichen Gründen entschuldigt. Dagegen ist das Gericht trotz verspäteter Zahlung dann zur Ladung des Zeugen verpflichtet, wenn diese Ladung noch rechtzeitig vor dem Termin ausgeführt werden kann.

(7) Die Anordnung eines Vorschusses entfällt bei Bewilligung der Prozesskostenhilfe (§ 122 I Nr. 1a ZPO) und zwar auch für den Beklagten, falls dem Kläger Prozesskostenhilfe ohne Ratenzahlung

---

[23] *Baumbach/Lauterbach/Albers/Hartmann*, § 379 Rn. 4; Zöller/*Greger*, § 379 Rn. 4.

bewilligt worden ist (§ 122 II ZPO). Außerdem entfällt die Anordnung eines Vorschusses bei Auslagenfreiheit einer Partei (z. B. gemäß § 2 I GKG).

f) im Regelfall die Bestimmung des Beweistermins, der gleichzeitig Termin zur Fortsetzung der mündlichen Verhandlung ist (§ 370 ZPO). 29

Die Terminbestimmung unterbleibt bei einer Beweisaufnahme durch einen ersuchten Richter und durch eine ausländische Behörde, bei Anordnung eines schriftlichen Sachverständigengutachtens (§ 411 I ZPO) oder wenn der Beweistermin aus bestimmten Gründen noch nicht zeitlich abgesichert ist (Beispiele: es sind noch ladungsfähige Anschriften mitzuteilen; es ist noch zu klären, ob eine Partei, ein Zeuge oder ein Sachverständiger zu einem bestimmten Termin zur Verfügung stehen; es soll die Einholung von Auskünften oder der Eingang beigezogener Akten abgewartet werden; es soll zunächst eine Beweisaufnahme durch den ersuchten Richter durchgeführt werden). In diesen Fällen wird im Beweisbeschluss vermerkt, dass der Termin zur Beweisaufnahme von Amts wegen – nach Vorliegen bestimmter Voraussetzungen – bestimmt wird.

g) sonstige Anordnungen, z. B.: 30

(1) Anordnungen über die Reihenfolge der Beweiserhebung.
(2) Auflagen an die Parteien,
– ladungsfähige Anschriften von Zeugen anzugeben,
– Zeugen oder Behörden von der Schweigepflicht zu entbinden,
– mitzuteilen, wann sie ein Zeuge nach Beseitigung bestimmter Hindernisse (Urlaub, Krankheit) für den Beweistermin verfügbar sind,
– bei ausländischen Rechtshilfeersuchen mitzuteilen, ob auf Terminsladung durch die ausländische Behörde verzichtet wird.
(3) Anordnungen, dass bestimmten Zeugen spezielle Hinweise gegeben werden sollen (z. B. die Bitte, bestimmte Unterlagen zum Termin mitzubringen).
(4) Hinweise an Sachverständige über die nähere Durchführung ihres Auftrages, z. B. Durchführung einer Ortsbesichtigung nach Ladung der Parteien und ihrer Prozessbevollmächtigten, Beantwortung konkreter Fragen, Auseinandersetzung mit bestimmtem Parteivorbringen oder Privatgutachten.
(5) Anordnung des persönlichen Erscheinens der Parteien zum Beweistermin.
(6) Ladung eines Sachverständigen zum Beweistermin zur Stellung sachdienlicher Fragen an die Zeugen.
(7) Ladung eines Dolmetschers.
(8) Einen Vorbehalt der Ergänzung des Beweisbeschlusses ohne mündliche Verhandlung.

2. Die Aufhebung und Ergänzung des Beweisbeschlusses

a) Das Gericht darf von sich aus einen Beweisbeschluss wieder aufheben und von 31 einer angeordneten Beweisaufnahme absehen, wenn es dies im Hinblick auf eine Änderung des Sachvortrages oder eine geänderte rechtliche Beurteilung für angezeigt hält.

Allerdings wird es die Parteien vorher nach § 139 ZPO über die beabsichtigte Aufhebung informieren und ihnen Gelegenheit zur Stellungnahme geben. Ist die Sache entscheidungsreif, kann das Gericht auch einen neuen Termin anberaumen und dort Gelegenheit zur Stellungnahme geben, bevor es das Urteil erlässt.

b) Das Gericht kann auch von sich aus einen Beweisbeschluss ergänzen, indem es zu 32 den bereits genannten Beweisthemen neue Beweismittel aufnimmt oder auch Beweis über zusätzliche Beweisthemen anordnet. Dies folgt aus § 360 ZPO in Verbindung mit §§ 358a, 273 ZPO und dem Beschleunigungsgebot. Die Parteien sind „tunlichst" vorher zu hören (§ 360 S. 4 ZPO).

c) Eine Ergänzung des Beweisbeschlusses kann eine Partei nach § 360 ZPO nur in Ausnahmefällen verlangen:

(1) zur Berichtigung/Ergänzung der Beweistatsachen,
(2) zwecks Aufnahme zusätzlicher oder anderer Zeugen und Sachverständigen sowie
(3) bei Zustimmung des Gegners.

d) Die Partei kann jederzeit auf von ihr benannte und im Beweisbeschluss enthaltene Beweismittel verzichten.

Der Beweisbeschluss wird dann nicht mehr durchgeführt. Eine Ausnahme besteht hinsichtlich des Zeugenbeweises nach Erscheinen des Zeugen im Beweistermin: hier kann der Gegner darauf bestehen, dass die Vernehmung begonnen oder fortgesetzt werde (§ 399 ZPO).

IV. Die Begleitverfügung

33   Neben dem Beweisbeschluss kann die Begleitverfügung des Richters zusätzliche Anordnungen treffen. Da sie jedoch den Parteien nicht mitgeteilt wird, kann es sich nur um Ergänzungen handeln, die für die Parteien nicht wesentlich sind. In Frage kommen:

- Die Ladung des Zeugen gegen Zustellungsurkunde (§ 377 I 2 ZPO).
- Bei Einholung schriftlicher Zeugenaussagen (§ 377 III ZPO) eine Belehrung über die Wahrheitspflicht, ein etwaiges Zeugnisverweigerungsrecht, die Mitteilung des Gegenstandes der Vernehmung sowie besondere Hinweise über die Formulierung der Aussage und die etwaige Notwendigkeit einer späteren mündlichen Vernehmung.
- Ein Schreiben an die zuständige Dienstbehörde wegen Erteilung der Aussagegenehmigung.
- Das Ersuchen an die Verkehrspolizei, eine Unfallstelle zur Vornahme einer Ortsbesichtigung polizeilich abzusichern.
- Ein Schreiben an bestimmte Institutionen zwecks Sachverständigenbenennung.
- Ein Schreiben an den ersuchten Richter (§ 362 ZPO).

V. Der Beweisbeschluss im selbstständigen Beweisverfahren

1. Zweck des selbstständigen Beweisverfahrens

34   Das Verfahren nach §§ 485 ff. ZPO bezweckt die rechtzeitige Klärung von Tatsachen vor dem drohenden Verlust oder der drohenden Erschwerung der Benutzbarkeit des Beweismittels sowie die Prozessvermeidung.

2. Materielle Voraussetzungen

35   Unter folgenden – alternativen – Voraussetzungen, die in § 485 I, II ZPO geregelt sind, ist die Zulässigkeit des selbstständigen Beweisverfahrens gegeben:

a) Der Antragsgegner stimmt der beantragten Beweiserhebung zu, wobei die Zustimmung vor Anhängigkeit des Verfahrens oder im Rahmen der Anhörung des Antragsgegners erklärt werden kann.

b) Es besteht die Besorgnis, dass ein Beweismittel (Augenschein, Zeugen, Sachverständigenbeweis) verloren geht oder seine Benutzung erschwert wird.

c) Vor Beginn eines Rechtsstreits besteht ein rechtliches Interesse der antragstellenden Partei daran, dass

(1) der Zustand einer Person oder der Zustand oder Wert einer Sache,

(2) die Ursache eines Personenschadens, Sachschadens oder Sachmangels,

(3) der Aufwand für die Beseitigung eines Personenschadens, Sachschadens oder Sachmangels durch Einholung eines schriftlichen Sachverständigengutachtens festgestellt wird.

Ein solches rechtliches Interesse ist anzunehmen, wenn die Feststellung der genannten Tatsachen der Vermeidung eines Rechtsstreits dienen kann (§ 485 II 2 ZPO); diese Prognose ist aber vom Gericht, das den Sach- und Streitstand im Einzelnen nicht kennt, oft schwer abschätzbar.

3. Formelle Voraussetzungen

a) Erforderlich ist ein Antrag, der nicht dem Anwaltszwang unterliegt[24] und nach § 487 ZPO folgende Bestandteile enthalten muss:

(1) Die Bezeichnung des Antragsgegners.

Dies ist diejenige Person, gegen die sich der beabsichtigte Hauptprozess richten soll; nur dann ist die spätere Verwertung der Beweise gemäß § 493 ZPO zulässig. Eine Häufung von Antragsgegnern ist möglich. Ausnahmsweise bedarf es nicht der Bezeichnung des Antragsgegners, wenn der Antragsteller glaubhaft macht, dass er ohne sein Verschulden außerstande ist, den Antragsgegner zu bezeichnen (§ 494 I ZPO).

(2) Die Bezeichnung der Beweistatsachen.

Diese bedürfen – wie bei einem Beweisantrag im Hauptprozess – einer genauen Bezeichnung. Anträge, die auf eine Ausforschung hinauslaufen, sind nicht zulässig. Allerdings wird man hinsichtlich Kausalität und Beseitigungsaufwand keine übertriebenen Anforderungen stellen dürfen.

(3) Die Bezeichnung der Beweismittel.

In Frage kommen: Zeugen, Augenschein und Sachverständigengutachten. Zeugen sind mit Namen und ladungsfähiger Anschrift (eventuell Aufenthaltsort) zu benennen. Bei dem Augenschein ist die genaue Lage einer Sache bzw. die ladungsfähige Anschrift der zu begutachtenden Person nebst deren Bereitschaft zur Untersuchung anzugeben. Beim Sachverständigenbeweis hat der Antragsteller lediglich ein Benennungsrecht, die Auswahl des Sachverständigen ist dem Gericht vorbehalten.[25]

(4) Glaubhaftmachung der Tatsachen, die die Zulässigkeit des selbstständigen Beweisverfahrens und die Zuständigkeit des angerufenen Gerichts begründen.

Das sind entweder die Zustimmung des Antragsgegners oder der drohende Beweismittelverlust bzw. die drohende Erschwerung der Benutzung eines Beweismittels oder das rechtliche Interesse an der Durchführung des selbstständigen Beweisverfahrens. Allerdings wird sich die Notwendigkeit häufig aus den Umständen ergeben. Als Mittel der Glaubhaftmachung kommt insbesondere die eidesstattliche Versicherung (§ 294 ZPO) in Frage.

Eine schlüssige Begründung des Anspruchs ist dagegen nicht erforderlich; diese wird erst im Hauptprozess geprüft. Allerdings wird ein Antrag dann wegen Rechtsmissbrauchs zurückzuweisen sein, wenn eine Anspruchsgrundlage für einen später geltend zu machenden Anspruch unter keinem rechtlichen Gesichtspunkt ersichtlich ist.[26]

---

[24] Baumbach/Lauterbach/Albers/Hartmann, § 486 Rn. 4; Zöller/Herget, § 486 Rn. 1.
[25] Zöller/Herget, § 487 Rn. 5; a. M. Baumbach/Lauterbach/Albers/Hartmann, § 487 Rn. 6.
[26] Baumbach/Lauterbach/Albers/Hartmann, § 485 Rn. 4; Zöller/Herget, § 485 Rn. 4.

b) Ein Antrag auf Durchführung des selbstständigen Beweisverfahrens ist unzulässig, wenn ein solcher Antrag bereits bei einem anderen Gericht gestellt worden ist oder abgewiesen wurde oder wenn der Hauptprozess bereits anhängig ist und dort Beweis erhoben oder auch nur angeordnet wurde. Auch ein zweiter Antrag zwecks Wiederholung der Beweisaufnahme im ersten Verfahren ist unzulässig.

4. Das Verfahren bis zur Entscheidung

37 a) Zuständig ist das Prozessgericht, d. h. das Gericht, bei dem der Hauptprozess bereits anhängig ist (§ 486 I ZPO) oder das nach dem Vortrag des Antragstellers zur Entscheidung in der Hauptsache berufen wäre (§ 486 II ZPO). Nur in Fällen dringender Gefahr[27] kann der Antrag auch bei dem Amtsgericht gestellt werden, in dessen Bezirk sich die zu vernehmende oder zu begutachtende Person oder die in Augenschein zu nehmende oder zu begutachtende Sache befindet (§ 486 III ZPO).

b) Im Regelfall muss der Antragsgegner vor der Anordnung des Beweises zu dem Antrag gehört werden.[28]

In Eilfällen kann das Gericht allerdings die Einholung des Beweises zunächst anordnen und den Antragsgegner nachträglich anhören. Ergibt sich dann die Unzulässigkeit des Antrags, kann das Gericht den Beschluss betreffend die Erhebung des Beweises wieder aufheben oder auch ändern (§ 360 ZPO).

38 c) Umstritten ist, ob der Antragsgegner durch Stellung eines Gegenantrags auf den Umfang der Beweismittel und/oder die Erweiterung der Beweisthemen Einfluss nehmen und ob er den vom Antragsteller benannten oder den vom Gericht ausgewählten Sachverständigen bereits im selbstständigen Beweisverfahren wegen Besorgnis der Befangenheit ablehnen darf.[29]

Lässt man einen Gegenantrag nicht zu, so ist ein Antrag auf Einleitung eines eigenen selbstständigen Beweisverfahrens konsequenterweise zulässig, womit dann allerdings auch das Ablehnungsrecht entfällt. Folgt man dieser Meinung, so dürften beide Verfahren regelmäßig miteinander zu verbinden sein.

39 d) Ebenso umstritten und zweifelhaft ist, ob einer der Parteien im selbstständigen Beweisverfahren eine Streitverkündung gegenüber einem Dritten nach § 74 ZPO vornehmen kann.[30]

Dagegen dürfte sprechen, dass der Antragsteller den Dritten auch als weiteren Antragsgegner in das selbstständige Beweisverfahren einbeziehen kann und der Antragsgegner es ebenfalls in der Hand hat, durch Stellung eines Gegenantrages bzw. eines Antrags auf Einleitung eines eigenen selbstständigen Beweisverfahrens Dritte in das Beweisverfahren hineinzuziehen.

Lässt man die Streitverkündung zu, so ist zu beachten, dass das Gericht im selbstständigen Beweisverfahren den eingereichten Schriftsatz mit Streitverkündung dem Dritten ohne Prüfung der Zulässigkeit zuzustellen hat. Auf die Frage der Zulässigkeit der Streitverkündung hat es erst dann einzugehen, wenn der Dritte dem Verfahren beitritt (§ 74 ZPO). Unterlässt er dies, so ist die Zulässigkeit und Wirksamkeit der Streitverkündung erst im Drittprozess zu prüfen.

---

[27] *Baumbach/Lauterbach/Albers/Hartmann*, § 486 Rn. 9; Zöller/*Herget*, § 486 Rn. 5.
[28] *Baumbach/Lauterbach/Albers/Hartmann*, § 490 Rn. 5; Zöller/*Herget*, § 490 Rn. 1.
[29] *Baumbach/Lauterbach/Albers/Hartmann*, § 487 Rn. 8; Zöller/*Herget*, § 485 Rn. 3; *Werner/Pastor*, Der Bauprozess, Rn. 94, 60 ff.
[30] *Baumbach/Lauterbach/Albers/Hartmann*, Übersicht § 485 Rn. 4; Einf. §§ 72–74 Rn. 3; Zöller/*Herget*, § 487 Rn. 3; Zöller/*Vollkommer*, § 66 Rn. 2 a.

e) Der Antrag auf Durchführung des Beweisverfahrens kann von dem Antragsteller bis zu seiner Beendigung zurückgenommen werden.[31]

Selbst wenn die schriftliche Begutachtung durch den Sachverständigen oder dessen Vernehmung bereits begonnen hat, kann die Rücknahme des Antrages ohne Einverständnis des Gegners erfolgen.[32]

f) Nach § 490 I ZPO ergeht die Entscheidung über den Antrag auf Durchführung des selbstständigen Beweisverfahrens durch Beschluss. Da zu einer mündlichen Verhandlung nichts bestimmt ist, ist diese gemäß § 128 IV ZPO freigestellt. Dies folgt aus der Eilbedürftigkeit des Verfahrens.

5. Die Entscheidung des Gerichts

a) Sind die materiellen oder formellen Voraussetzungen des Antrags nicht gegeben, wird der Antrag durch Beschluss zurückgewiesen. 40

In diesem Fall sind dem Antragsteller in entsprechender Anwendung des § 91 I ZPO die Kosten des Verfahrens aufzuerlegen. Der Beschluss bedarf einer kurzen Begründung, da das Gericht ein das Verfahren betreffendes Gesuch ablehnt und deshalb die Entscheidung im Wege der sofortigen Beschwerde nach § 567 I Nr. 2 ZPO angefochten werden kann.

b) Sind die Voraussetzungen für den Antrag gegeben, so ordnet das Gericht die Beweisaufnahme durch Beschluss an. 41

(1) Der Beschluss ist der Sache nach ein Beweisbeschluss im Sinne des § 359 ZPO, so dass er die in dieser Vorschrift genannten Bestandteile enthalten muss (§ 490 II 1 ZPO).

Bei Einholung eines Sachverständigengutachtens ist im Regelfall die schriftliche Begutachtung anzuordnen, da das Gutachten für den Hauptprozess in einer fundierten, für das Prozessgericht verständlichen Form vorliegen muss. Auch kommen bei der Anordnung eines Gutachtens weitere Hinweise, vor allem hinsichtlich der Notwendigkeit einer Ortsbesichtigung in Betracht. So kann u. a. auch der Hinweis angebracht sein, dass der Antragsgegner dem Sachverständigen und der Gegenpartei Zutritt zu dem zu besichtigenden Objekt zu gewähren haben, andernfalls die Weigerung des Antragsgegners nach den Grundsätzen der Beweisvereitelung im Rahmen der Beweiswürdigung verwertet werden darf. – Auch ein Auslagenvorschuss ist nach § 379 ZPO in der Regel anzufordern; bei besonderer Eilbedürftigkeit kann hiervon abgesehen werden.

(2) Der Beschluss enthält keine Kostenentscheidung.

Vielmehr werden die Kosten des Beweisverfahrens als Kosten des Hauptprozesses behandelt. Kommt es nicht zum Hauptprozess, kann der Antragsgegner nach § 494 a ZPO eine Kostenentscheidung zu Lasten des Antragstellers erreichen.[33]

(3) Der Beschluss über die Anordnung der Beweisaufnahme bedarf keiner Begründung, da er keiner Anfechtung unterliegt (§ 490 II 2 ZPO).

Allerdings sollte in dem Beschluss zwecks Unterrichtung des noch nicht angehörten Antragsgegners mitgeteilt werden, ob die Anordnung auf § 485 I oder II ZPO beruht.

(4) In der Begleitverfügung sollte das Gericht auf die besondere Eilbedürftigkeit in der Durchführung achten.

---

[31] *Baumbach/Lauterbach/Albers/Hartmann*, § 486 Rn. 4; *Zöller/Herget*, § 486 Rn. 8.
[32] *Zöller/Herget*, § 486 Rn. 8; *Werner/Pastor*, Der Bauprozess, Rn. 37.
[33] *Baumbach/Lauterbach/Albers/Hartmann*, § 91 Rn. 193 ff.; *Zöller/Herget*, § 91 Rn. 13, „Selbstständiges Beweisverfahren".

Das gilt vor allem für die Anforderung des Auslagenvorschusses sowie die Einschaltung des Sachverständigen; bei besonderer Eilbedürftigkeit sind der Antragsteller bzw. sein Vertreter und der Sachverständige vorab per Telefon oder Telefax zu verständigen.

42 c) Zweckmäßigerweise wird bei Entscheidung über den Antrag der Streitwert für das selbstständige Beweisverfahren festgesetzt, wenn dem Gericht die für die Höhe desselben erforderlichen Schätzungstatsachen bekannt sind; diese ergeben sich meist aus der Antragsbegründung. Ist das nicht der Fall, ist den Parteien aufzugeben, binnen einer bestimmten Frist zur Höhe des Streitwerts Stellung zu nehmen. Nur in Ausnahmefällen sollte man bis zum Eingang des Gutachtens warten.

(1) Umstritten ist, ob der Streitwert des selbstständigen Beweisverfahrens im Grundsatz der Höhe des Hauptprozesses entspricht oder ob im Hinblick auf den Sicherungszweck bzw. die Nichterlangung eines Titels Abschläge zu machen sind.[34]

Richtigerweise wird man im Grundsatz von dem Wert des Hauptprozesses ausgehen müssen, allerdings unter Absetzung des Teils der unstreitigen Ansprüche. Unter dem Gesichtspunkt der Identität zwischen Beweisverfahren und Hauptprozess sind außerdem Ansprüche, die mit der Beweiserhebung im Beweisverfahren nichts zu tun haben, ebenso auszuklammern wie etwaige Gegenansprüche.

(2) Die Festsetzung des Streitwerts durch das Gericht des Beweisverfahrens ist für das Gericht der Hauptsache bindend, was sich auf dessen Kostenentscheidung auswirkt.

---

[34] *Baumbach/Lauterbach/Albers/Hartmann,* Anhang § 3 Rn. 102; Zöller/*Herget,* § 3 Rn. 16, „Selbstständiges Beweisverfahren"; *Werner/Pastor,* Der Bauprozess, Rn. 144 f.

Muster 31: Beweisbeschluss (§ 359 ZPO)

☐ Amtsgericht Frankfurt am Main
☐ Landgericht Frankfurt am Main
Aktenzeichen: …

Auflagen- und Beweisbeschluss

in dem Rechtsstreit … gegen …: 1

  I. Es soll Beweis erhoben werden über die Behauptung …
     1. d… Kläger…,
        a) …
        b) …
     2. d… Beklagte…,
        a) …
        b) …
    ☐ durch Vernehmung der Zeugen
        a) … Anschrift Bl. … d. A., zu …;
        b) … Anschrift Bl. … d. A., zu …;
        zu … von d… Kläger…,
        zu … von d… Beklagte… benannt,
    ☐ durch Einholung einer schriftlichen Zeugenaussage d… Zeug… Anschrift Bl. … d. A. zu …, von … benannt;
    ☐ D… Zeug… soll folgende, in seinem Besitz befindliche
    ☐ Aufzeichnungen ☐ Urkunden
    ☐ zum Termin zwecks Einsichtnahme mitbringen:[35]
    ☐ seiner schriftlichen Aussage beifügen:
        ☐ Vertragsunterlagen;
        ☐ Korrespondenz zwischen …
        ☐ Schreiben vom …
        ☐ Gutachten des … vom …
        ☐ Fotos betreffend …
        ☐ …
    ☐ durch Vernehmung d… Kläger… als Partei, zu …;
    ☐ durch Vernehmung d… Beklagte… als Partei, zu …;
    ☐ durch Einholung eines schriftlichen Sachverständigengutachtens, zu …
        ☐ Zum Sachverständigen wird ernannt: …
        ☐ Um die Benennung eines geeigneten Sachverständigen soll ersucht werden: …
        ☐ Der Sachverständige soll[36]
            ☐ insbesondere zu folgenden Fragen Stellung nehmen: …
            ☐ eine Ortsbesichtigung durchführen und hierzu die Parteien und Prozessbevollmächtigten laden.

---

[35] § 378 ZPO.
[36] Weitere konkrete Anweisungen richten sich nach den Umständen des Falles.

☐ auch das Gericht von dem Ortstermin verständigen, damit es hieran teilnehmen kann.
☐ sich mit dem Vorbringen d... ☐ Kläger... ☐ Beklagte... im Schriftsatz vom ... auseinandersetzen.
☐ durch richterliche Augenscheinseinnahme ... zu ...
☐ durch Einholung einer amtlichen Auskunft bei ... zu ...

II. ☐ Die Akten ... sollen
☐ zu Beweiszwecken   ☐ zu Informationszwecken
beigezogen werden.
☐ D... Kläger... ☐ D... Beklagte... wird aufgegeben, binnen ... Wochen nach Mitteilung von dem Eingang der Akten bei dem Prozessgericht anzugeben, welche Aktenteile nach seiner Auffassung für die Entscheidung des Rechtsstreits von Bedeutung sind.

III. ☐ D... ... wird aufgegeben, bis ...
☐ folgende Urkunden vorzulegen: ...
☐ die ladungsfähige Anschrift d... Zeug... mitzuteilen.
☐ mitzuteilen, ob d... Zeuge... der deutschen Sprache mächtig ist oder ob ein Dolmetscher erforderlich ist.
☐ ...

IV. ☐ Folgende Zeugen sollen durch das für ihren Wohnsitz zuständige Amtsgericht ... vernommen werden: ...
☐ Der ersuchte Richter soll hierbei d... Zeugen...
☐ folgende Fragen vorlegen: ...
☐ folgende Urkunden vorhalten: ...
☐ die Aussage d... Zeugen... (Bl. ... d. A.) vorhalten.
☐ die Aussage d... ... (Bl. ... d. A.) vorhalten.

V. ☐ Folgende Zeugen sollen im Wege der internationalen Rechtshilfe vernommen werden: ...
☐ Dem Beweisführer wird aufgegeben, bis ... mitzuteilen,
☐ welche Staatsangehörigkeit d... Zeug... hat;
☐ ob d... Zeug... bereit ist, vor der deutschen Behörde zu erscheinen;
☐ ob d... Zeug... der deutschen Sprache mächtig ist.
☐ Beide Parteien sollen bis ... erklären, ob auf Terminsnachricht verzichtet wird.

VI. ☐ Neuer Termin wird von Amts wegen bestimmt
☐ nach Erledigung des Rechtshilfeersuchens.
☐ nach Erstattung des Sachverständigengutachtens.
☐ Termin   ☐ zur Beweisaufnahme   ☐ zur Ortsbesichtigung
☐ und mündlichen Verhandlung[37]
☐ vor der Kammer   ☐ vor dem Einzelrichter
☐ vor dem Berichterstatter, der mit der Durchführung der Beweisaufnahme gemäß § ... ZPO[38] beauftragt wird,
wird anberaumt auf ..., den ..., ... Uhr,
☐ Raum ...   ☐ an folgender Stelle: ...

---

[37] § 370 ZPO.
[38] §§ 372 II, 375 I, I a ZPO.

☐ Das persönliche Erscheinen
  ☐ d... Kläger...   ☐ d... Geschäftsführer... d...
  ☐ d... Beklagte...   ☐ d... gesetzlichen Vertreter... d...
  ☐ zur Aufklärung des Sachverhalts   ☐ und
  ☐ zum Versuch einer gütlichen Beilegung des Rechtsstreits wird angeordnet.

VII. ☐ Die Ladung der Zeugen
  ☐ Die Versendung der Akten an das Rechtshilfegericht ist davon abhängig, dass
  ☐ d... Kläger... für die Zeugen je ... €
  ☐ d... Beklagte... für die Zeugen je ... €
  Auslagenvorschuss binnen ... Wochen[39] einzahl... oder Gebührenverzichtserklärung vorleg....
  ☐ Die Einholung des Sachverständigengutachtens ist davon abhängig, dass
  ☐ d... Kläger... bis zum ... ... €
  ☐ d... Beklagte... bis zum ... ... € Gebührenvorschuss einzahl...

Frankfurt am Main, den ...
☐ Amtsgericht, Abteilung ...   ☐ Landgericht, ... Zivilkammer
                                          ☐ Der Vorsitzende
                                          ☐ Der Einzelrichter

....

Verfügung

1. Ausfertigung des Beschlusses an
   ☐ Kläger... (-Vertreter)   ☐ (ZU/EB).[40]
   ☐ Beklagte... (-Vertreter)   ☐ (ZU/EB).[40]
2. ☐ Auskunft gemäß Ziffer I des Beschlusses bei ... (Anschrift Bl. ... d. A.) einholen.
3. ☐ Akten gemäß Ziffer II des Beschlusses anfordern.
4. ☐ Schriftliche Aussage bei Zeugen... gemäß Ziffer I des Beschlusses gegen ZU einholen. Zusatz: Falls Ihre schriftliche Aussage bis spätestens ... nicht vorliegt, müssen Sie mit einer Vorladung zu einem mündlichen Termin rechnen.
5. ☐ Sachverständigenanfrage bei ... .
6. ☐ Kläger... persönlich zum Termin laden   ☐ (ZU).
   ☐ Beklagte... persönlich zum Termin laden   ☐ (ZU).
7. ☐ Zeugen... laden   ☐ nach Eingang des Auslagenvorschusses   ☐ (ZU).
8. ☐ Akten versenden an
   ☐ Rechtshilfegericht zur Vernehmung d... Zeug... .
   ☐ Sachverständigen ... gegen ZU mit der Bitte um Gutachtenserstattung gemäß Beweisbeschluss vom ... (Bl. ... d. A.).
   ☐ nach Eingang des Vorschusses.
   ☐ Zusatz:
     ☐ Für Ihr Gutachten ist derzeit ein Vorschuss von ... € bei Gericht eingezahlt. Sollte die Vergütung nach Ihrer Einschätzung diesen Vorschuss überschreiten, wird um Nachricht gebeten, damit ein weiterer Vorschuss angefordert werden kann.

---

[39] Bei der Bestimmung dieser Frist muss berücksichtigt werden, dass durch den Postlauf, den Umstand, dass eine Partei anwaltlich vertreten ist und auch die Beauftragung von Geldinstituten mit der Überweisung des Auslagenvorschusses sowie auch aus anderen Gründen Verzögerungen auftreten können.
[40] Der Beschluss bedarf nach § 329 II 2 ZPO der förmlichen Zustellung, wenn er einen Termin bestimmt oder eine Frist (z. B. für Auslagenvorschuss) in Lauf setzt.

□ Das Gericht geht davon aus, dass das Gutachten bis ... von Ihnen erstattet wird.
□ Das Gericht wäre Ihnen dankbar, wenn Sie
　□ die Ortsbesichtigung möglichst frühzeitig vornehmen
　□ das Gutachten unverzüglich erstatten könnten.
9. □ Vorlage an die Prüfungsstelle für ausländische Rechtshilfeersuchen
10. □ Wiedervorlage: ...

Frankfurt am Main, den ...
□ Amtsgericht, Abteilung ...　　　　　□ Landgericht, ... Zivilkammer
　　　　　　　　　　　　　　　　　　□ Der Vorsitzende
　　　　　　　　　　　　　　　　　　□ Der Einzelrichter

....

Muster 32: Beweisbeschluss vor mündlicher Verhandlung (§ 358 a ZPO)

☐ Amtsgericht Frankfurt am Main
☐ Landgericht Frankfurt am Main
Aktenzeichen: ...

Beweisbeschluss

in dem Rechtsstreit ... gegen ...: 1

    I.   Gemäß § 358 a ZPO soll vor der mündlichen Verhandlung Beweis erhoben werden

        1. ☐ über die örtlichen Verhältnisse ... durch Vornahme einer Ortsbesichtigung
           ☐ durch die Kammer.
           ☐ durch den Berichterstatter als beauftragten Richter.
           Termin hierzu wird anberaumt auf ..., den ..., ... Uhr.

        2. ☐ über die Behauptung d... ...
           durch Vernehmung der Zeugen
           a) ... Anschrift Bl. ... d. A., zu ...;
           b) ... Anschrift Bl. ... d. A., zu ...;
           zu ... von d... Kläger...,
           zu ... von d... Beklagte... benannt,
           ☐ durch den Berichterstatter als beauftragten Richter,
           ☐ durch den ersuchten Richter im Wege der Rechtshilfe durch das zuständige Amtsgericht ...,
           ☐ im Wege der internationalen Rechtshilfe durch ...,
              ☐ weil zur Ermittlung der Wahrheit die Vernehmung des Zeugen im Rahmen der Ortsbesichtigung dienlich erscheint (§ 375 I Nr. 1 ZPO);
              ☐ weil der Zeuge wegen ... verhindert ist, vor dem Prozessgericht zu erscheinen (§ 375 I Nr. 2 ZPO) und das Gericht eine Zeugenvernehmung nach § 128 a II ZPO nicht gestattet hat;
              ☐ weil der Zeuge sich in ... aufhält, seine Vernehmung vor dem Prozessgericht wegen zu weiter Entfernung unzweckmäßig erscheint (§ 375 I Nr. 3 ZPO) und das Gericht eine Zeugenvernehmung nach § 128 a II ZPO nicht gestattet hat;
              ☐ weil dies zur Vereinfachung der Verhandlung vor dem Prozessgericht zweckmäßig erscheint (§ 375 I a ZPO).

           ☐ D... Zeug... soll folgende, in seinem Besitz befindliche
           ☐ Aufzeichnungen   ☐ Urkunden
           ☐ zum Termin zwecks Einsichtnahme mitbringen:[41]
           ☐ seiner schriftlichen Aussage beizufügen:
              ☐ Vertragsunterlagen;
              ☐ Korrespondenz zwischen ...

---

[41] § 378 ZPO.

☐ Schreiben vom …
☐ Gutachten des … vom …
☐ Fotos betreffend …
☐ …

☐ Der ersuchte Richter soll hierbei d… Zeugen…
☐ folgende Fragen vorlegen: …
☐ folgende Urkunden vorhalten: …
☐ die Aussage d… Zeugen… (Bl. … d. A.) vorhalten;
☐ die Aussage d… … (Bl. … d. A.) vorhalten.

☐ Die Durchführung der Beweisaufnahme ist davon abhängig, dass
☐ d… Kläger… für die Zeugen je … €
☐ d… Beklagte… für die Zeugen je … €
Auslagenvorschuss binnen … Wochen[42] einzahl… oder Gebührenverzichtserklärung vorleg….

☐ Termin zur Beweisaufnahme wird anberaumt auf …, … Uhr, Raum …

3. ☐ über die Behauptung d… …
☐ durch Einholung einer amtlichen Auskunft bei …
☐ durch Einholung einer schriftlichen Zeugenaussage des Zeugen … Anschrift Bl. … d. A. gemäß § 377 III ZPO.

☐ D… Zeug… soll die Beweisfrage anhand der vorhandenen schriftlichen Unterlagen beantworten.
☐ D… Zeug… soll gebeten werden, der Aussage folgende Urkunden beizufügen: …

☐ durch Einholung einer kurzen gutachtlichen Stellungnahme des Sachverständigen …
☐ Die Beauftragung des Sachverständigen ist davon abhängig, dass d… bis … einen Auslagenvorschuss von … € einzahlt.

II. ☐ Termin zur mündlichen Verhandlung wird nach Durchführung der Beweisaufnahme von Amts wegen bestimmt.[43]

Frankfurt am Main, den …
☐ Amtsgericht, Abteilung …   ☐ Landgericht, … Zivilkammer
☐ Der Vorsitzende
☐ Der Einzelrichter

....

---

[42] Bei der Bestimmung dieser Frist muss berücksichtigt werden, dass durch den Postlauf, den Umstand, dass eine Partei anwaltlich vertreten ist und auch die Beauftragung von Geldinstituten mit der Überweisung des Auslagenvorschusses sowie auch aus anderen Gründen Verzögerungen auftreten können.

[43] § 370 II 2 ZPO. Die Anberaumung des Termins bleibt bei Durchführung von Rechtshilfeersuchen vorbehalten, da deren Zeitdauer sich meist nicht abschätzen lässt.

Muster 32

Verfügung

1. Ausfertigung des Beschlusses an
   ☐ Kläger... (-Vertreter)   ☐ (ZU/EB).[44]
   ☐ Beklagte... (-Vertreter)   ☐ (ZU/EB).[45]
2. ☐ Eine Abschrift des Beschlusses für das Retent herstellen.[45]
3. ☐ Anliegenden Prozessbericht schreiben und sodann zur Genehmigung vorlegen.[46]
4. ☐ Auskunft gemäß Ziff. I, 3 des Beschlusses einholen.
5. ☐ Zeugenaussage gemäß Ziff. I, 3 des Beschlusses einholen.
6. ☐ Zeugen... laden   ☐ nach Eingang des Auslagenvorschusses   ☐ (ZU).
7. ☐ Akten an Sachverständigen ... gegen ZU mit der Bitte um Erstattung der gutachterlichen Stellungnahme gemäß Ziffer I, 3 des Beschlusses vom ... (Bl. ... d. A.).
   ☐ nach Eingang des Vorschusses.
   ☐ Zusatz: Für Ihr Gutachten ist ein Vorschuss von ... € bei Gericht eingezahlt. Sollte die Vergütung nach Ihrer Einschätzung diesen Vorschuss überschreiten, wird um eine Nachricht gebeten, damit ein weiterer Vorschuss angefordert werden kann.
8. Wiedervorlage: ...

Frankfurt am Main, den ...
☐ Amtsgericht, Abteilung ...   ☐ Landgericht, ... Zivilkammer
                                       ☐ Der Vorsitzende
                                       ☐ Der Einzelrichter

....

---

[44] Der Beschluss bedarf nach § 329 II 2 ZPO der förmlichen Zustellung, wenn er einen Termin bestimmt oder eine Frist (z. B. für Auslagenvorschuss) in Lauf setzt.
[45] Diese Abschrift wird bei Versendung der Akten im Rechtshilfeweg im Retent behalten, sodass das Prozessgericht bei etwa nötig werdenden Bearbeitungen auch ohne Gerichtsakten sich über den Inhalt des Beweisbeschlusses informieren kann.
[46] Ein Prozessbericht wird notwendig, wenn Rechtshilfeersuchen ohne Übersendung der Gerichtsakten erledigt werden sollen.

Muster 33: Ergänzung eines Beweisbeschlusses (§ 360 ZPO)

☐ Amtsgericht Frankfurt am Main
☐ Landgericht Frankfurt am Main
Aktenzeichen: …

Beschluss

1 In dem Rechtsstreit … gegen …

wird der Beweisbeschluss vom … (Bl. … d. A.) gemäß § 360 ZPO wie folgt ergänzt:

I. ☐ Zu dem Beweisthema Ziffer … soll als weiterer seitens d…
☐ Kläger… ☐ Beklagte… ☐ gegenbeweislich
benannter Zeuge … Anschrift Bl. … d. A. gehört werden.

II. ☐ Der im Beweisbeschluss bereits genannte Zeuge … soll zusätzlich zu der Behauptung d… … gehört werden.

III. ☐ Es soll zusätzlich Beweis erhoben werden über die Behauptung d… …
durch Vernehmung der Zeugen
a) … Anschrift Bl. … d. A., zu …;
b) … Anschrift Bl. … d. A., zu …;
zu … von d… Kläger…,
zu … von d… Beklagte… benannt.

IV. ☐ Die Ladung d… Zeugen ist davon abhängig, dass
☐ dass d… Kläger… für die Zeugen je … €
☐ dass d… Beklagte… für die Zeugen je … €
Auslagenvorschuss binnen … Wochen[47] einzahl… oder Gebührenverzichtserklärung vorleg…

V. ☐ Der Sachverständige soll in seinem Gutachten nunmehr auch zu folgender Behauptung Stellung nehmen: …

Frankfurt am Main, den …
☐ Amtsgericht, Abteilung …   ☐ Landgericht, … Zivilkammer
                                                     ☐ Der Vorsitzende
                                                     ☐ Der Einzelrichter

…………………………………   …………………………………   …………………………………

---

[47] Bei der Bestimmung dieser Frist muss berücksichtigt werden, dass durch den Postlauf, den Umstand, dass eine Partei anwaltlich vertreten ist und auch die Beauftragung von Geldinstituten mit der Überweisung des Auslagenvorschusses sowie auch aus anderen Gründen Verzögerungen auftreten können.

Muster 34: Auflagen- und Beweisbeschluss betreffend Verkehrsunfallklärung mit Ortsbesichtigung

Amtsgericht Frankfurt am Main
Aktenzeichen: ...

Auflagen- und Beweisbeschluss

in dem Rechtsstreit ... gegen ... u. a.:

I. Die Strafakten der Staatsanwaltschaft Frankfurt am Main mit dem Aktenzeichen ... sollen beigezogen werden.

II. Es soll Beweis erhoben werden über den Hergang des Unfalls vom ... auf der Bundesstraße ... zwischen ... und Einmündung der ...straße, insbesondere über die Behauptungen
   1. d... Kläger...in,
      a) der Lkw-Tieflader habe für das Einbiegen von der ...straße nach links in die Bundesstraße ... eine Zeit von mindestens 20 Sekunden benötigt;
      b) der Beklagte zu 2 habe von der Einmündung der ...straße in die Bundesstraße ... diese auf eine Strecke von 250 Metern einsehen können;
      c) der Fahrer des Pkw sei mit einer Geschwindigkeit von höchstens 60 km/h gefahren und habe das Abblendlicht eingeschaltet gehabt;
   2. der Beklagte...,
      a) der Lkw-Tieflader habe an der Einmündung der ...straße in die Bundesstraße ... angehalten und sei erst angefahren, als von links auf der Bundesstraße ... kein Fahrzeug in Sicht gewesen sei;
      b) für den Einbiegevorgang habe der Lkw-Tieflader 15 Sekunden benötigt;
      c) der Pkw sei mit einer Geschwindigkeit von mindestens 70–80 km/h und ohne Beleuchtung gefahren; dessen Fahrer habe bis zum Aufprall der Fahrzeuge nicht reagiert;
   durch Vernehmung der Zeugen
      a) ..., zu 1 a–c);   c) ..., zu 2 a–c);
      b) ..., zu 1 b+c);   d) ..., zu 2 a–c;
   zu a)+b) von d... Kläger...in, zu c)+d) von den Beklagte... benannt; sowie durch richterliche Augenscheinseinnahme der Unfallstelle und Fahrversuchen mit dem Lkw-Tieflader, zu 1 a+b, 2 b.

III. Der Beklagte... zu 1 wird aufgegeben
   1. bis ... das Fahrtschreiberblatt vom Unfalltag vorzulegen.
   2. den an dem Unfall beteiligt gewesenen Lkw-Tieflader mit aufgeladener Raupe zu dem Ortstermin zu stellen.

IV. Termin zur Beweisaufnahme vor dem Berichterstatter, der mit der Durchführung der Beweisaufnahme gemäß §§ 372 II, 375 I Nr. 1 ZPO beauftragt wird, wird anberaumt auf Montag, den ..., ... Uhr, an der Einmündung der ...straße in die Bundesstraße ...
Das persönliche Erscheinen des Beklagten zu 2 wird angeordnet.

V. Die Ladung der Zeugen ist davon abhängig, dass die Klägerin für die Zeugen ... und ... je 75,– €, die Beklagte... für die Zeugen ... und ... je 75,– € Auslagenvorschuss einzahlen oder Gebührenverzichtserklärung vorlegen. Frist: ...

VI. Zu dem Termin sollen außerdem geladen werden:
   a) der Dolmetscher ..., falls die Klägerin einen Auslagenvorschuss von 200,– € bis ... einzahlt;
   b) der Sachverständige Dipl.-Ing. ..., falls die Klägerin einen Auslagenvorschuss von 500,– € bis ... einzahlt.

Frankfurt am Main, den ...
Amtsgericht, Abteilung ...

....

Verfügung

2 1. Ausfertigung des Auflagen- und Beweisbeschlusses an beide Parteivertreter (EB).
   2. Akten gemäß Ziffer I des Auflagen- und Beweisbeschlusses anfordern.
      Zusatz: Eilt! Die Akten werden für einen Termin am ... dringend benötigt.
   3. Beklagten zu 2) gegen ZU persönlich zum Termin laden.
   4. Nach Eingang des Auslagenvorschusses:
      – Zeugen und Dolmetscher gegen ZU zum Termin laden.
      – Akten gegen ZU an den Sachverständigen ... mit folgendem Anschreiben senden:
      In p. p.
      werden Sie hiermit zum Ortstermin vom ... geladen und gebeten, zur Vorbereitung von dem Inhalt der beigefügten Gerichtsakten Kenntnis zu nehmen und sodann die Akten wieder zurückzusenden.
   5. Wiedervorlage: ... genau (Rückgabe der Akten?)

Frankfurt am Main, den ...
Amtsgericht, Abteilung ...

....

Muster 35: Beweisbeschluss betreffend Verkehrsunfallklärung durch Einholung einer Auskunft und eines Sachverständigengutachtens

Amtsgericht Frankfurt am Main
Aktenzeichen: ...

Beweisbeschluss

in dem Rechtsstreit ... gegen ... u. a.:

I. Bei der Firma ... GmbH, ..., soll unter Übersendung der Akten und der beigezogenen Strafakten eine Auskunft zur im strafrechtlichen Ermittlungsverfahren erfolgten Diagramm-Auswertung Nr. ... (Bl. ... der Strafakten) darüber eingeholt werden, ob sich aus der ausgewerteten Diagrammscheibe (Bl. ... der Gerichtsakten) bestimmte Schlüsse darauf ziehen lassen, ob der Lkw-Tieflader an der Einmündung der Bundesstraße ... angehalten hat oder bis zum Unfallendpunkt durchgefahren ist.

Die Firma ... soll hierbei
a) zu der Frage Stellung nehmen, ob derart kurze Fahrtstrecken mit geringer Geschwindigkeit (ca. 5 km/h) und Anhaltezeiten von wenigen Sekunden überhaupt aus dem Diagramm zu ermitteln sind;
b) das im Ortstermin vom ... hergestellte Fahrtschreiberdiagramm (Anlage zum Protokoll vom ..., Bl. ... d. A.) auswerten und mit dem Unfalldiagramm vergleichen.

II. Nach Erledigung von Ziffer I soll ein Gutachten des Sachverständigen Dipl.-Ing. ..., ... eingeholt werden
1. zur Geschwindigkeit des Pkw zwischen Kuppe und Unfallstelle, insbesondere
   a) zur Höchstgeschwindigkeit unter Zugrundelegung aller unklaren Punkte zu Lasten der Beklagte... und
   b) zur Mindestgeschwindigkeit unter Zugrundelegung aller unklaren Punkte zu Lasten d... Kläger...in.
2. zur Reichweite des Abblendlichts des Pkw und zur Höhe der Geschwindigkeit, die zulässig war, um innerhalb der Sichtweite anhalten zu können.
3. zur Möglichkeit des Pkw-Fahrers, den Zusammenstoß zu vermeiden, indem er nach Erkennen des Lkw-Tiefladers auf seiner Fahrbahnseite unter Berücksichtigung einer Schrecksekunde eine Vollbremsung vorgenommen hätte, und zwar
   a) unter Zugrundelegung der gemäß Ziffer 1 a) ermittelten Höchstgeschwindigkeit.
   b) unter Zugrundelegung der gemäß Ziffer 1 b) ermittelten Mindestgeschwindigkeit.
   c) unter Zugrundelegung der gemäß Ziffer 2 ermittelten Geschwindigkeit sowie unter Berücksichtigung einer Schrecksekunde.
   d) unter Zugrundelegung der gemäß Ziffer 2 ermittelten Geschwindigkeit ohne Berücksichtigung der Schrecksekunde.
4. zur Stellung des Lkw, insbesondere hinsichtlich der Scheinwerfer, als der Pkw-Fahrer ihn erkennen konnte.

5. zur Zeitspanne, zwischen dem Erkennen des Tiefladers durch den Pkw-Fahrer und dem eventuellen Freimachen der Fahrspur des Pkw von dem Tieflader.
6. zur Möglichkeit des Beklagten zu 2), beim Herausfahren auf die Bundesstraße ... das Herannahen des Pkw-Fahrers von links zu erkennen und zwar unter Zugrundelegung der bei der Ortsbesichtigung ermittelten, bis zur Kuppe einsehbaren Strecke von 228 m
   a) bei der gemäß Ziffer 1 a) ermittelten Höchstgeschwindigkeit.
   b) bei der gemäß Ziffer 1 b) ermittelten Mindestgeschwindigkeit.
   c) bei der gemäß Ziffer 2 ermittelten Geschwindigkeit.
7. zum Einhalten der nach §§ 32, 34 StVZO zulässigen Grenzen hinsichtlich Abmessung, Achslasten und Gesamtgewicht des Lkw-Tiefladers im Unfallzeitpunkt.

Der Sachverständige soll bei Erstattung des Gutachtens die gemäß Ziffer I dieses Beschlusses eingeholte Auskunft der Firma ... GmbH berücksichtigen und sich mit dem Privatgutachten des Sachverständigen ... (Bl. ... d. A.) auseinandersetzen.

III. Die Einholung des Gutachtens ist davon abhängig, dass die Klägerin binnen drei Wochen einen Auslagenvorschuss von 1000,– € bei Gericht einzahlt.

Frankfurt am Main, den ...
Amtsgericht, Abteilung ...

....

Muster 36: Auflagen- und Beweisbeschluss betreffend Ersatz von Heilungskosten, Verdienstausfall und Schmerzensgeld

☐ Amtsgericht Frankfurt am Main
☐ Landgericht Frankfurt am Main
Aktenzeichen: …

Auflagen- und Beweisbeschluss

in dem Rechtsstreit … gegen …: 1

I. D… Kläger… wird aufgegeben, bis zum …
    1. ☐ folgende Urkunden vorzulegen: sämtliche
        ☐ Arztrechnungen. ☐ Rezepte.
        ☐ Rechnungen betreffend medizinische Behandlungen.
        ☐ Rechnungen betreffend Krankentransporte.
        ☐ Belege über den Kuraufenthalt …
        ☐ Belege über eingekaufte „Stärkungsmittel".
        ☐ Belege über Fahrtkosten.
            ☐ zum Arzt. ☐ zur Behandlung.
            ☐ zum Krankenhausbesuch.
        ☐ Belege über die geführten Telefongespräche.
        ☐ Belege über geleistete Zahlungen an
            ☐ die Haushaltshilfe. ☐ die Krankenpflegerin.
        sowie den
        ☐ Rentenbescheid der Deutschen Rentenversicherung.
    2. ☐ dem Gericht mitzuteilen,
        ☐ in welches Krankenhaus d…… nach dem Unfall eingeliefert wurde (Station, behandelnder Arzt) und wie lange die stationäre Behandlung dort gedauert hat.
        ☐ welche Ärzte die Behandlung nach dem Unfall durchgeführt haben.
        ☐ welche Ärzte vor dem Unfall in Anspruch genommen wurden.
        ☐ ob sämtliche behandelnden Ärzte von der Schweigepflicht entbunden werden.
        ☐ ob das Einverständnis mit der Beiziehung der Krankengeschichte des Krankenhauses erteilt wird.
        ☐ Name und Anschrift der Arbeitgeberfirma.
        ☐ das Aktenzeichen der
            ☐ Krankenkasse. ☐ …
            ☐ Deutschen Rentenversicherung.
        ☐ ob hinsichtlich des Schmerzensgeldes Kapital oder Rente verlangt wird.
        ☐ in welcher Größenordnung das verlangte Schmerzensgeld begehrt wird.
    3. ☐ substanziiert unter Beweisantritt
        ☐ darzulegen, dass
        ☐ der Transport im Krankenwagen erforderlich war.

§ 2. Die Aufklärungs- und Beweisbeschlüsse

☐ die Benutzung eines Taxis zu den einzelnen ambulanten Behandlungen erforderlich war.

☐ darzulegen, dass der Kuraufenthalt ... ärztlicherseits verordnet oder angezeigt war.

☐ darzulegen, dass die Einnahme von „Stärkungsmitteln" ärztlicherseits verordnet oder angezeigt war.

☐ sich zur Frage der Anrechnung der Ersparnisse an Eigenverpflegung
  ☐ während des Krankenhausaufenthalts zu äußern.
  ☐ während des Kuraufenthalts zu äußern.

☐ darzulegen, dass die Krankenhausbehandlung in einem
  ☐ Zweibettzimmer   ☐ Einbettzimmer
medizinisch indiziert oder aus anderem Grund notwendig war.

☐ darzulegen, welche Kosten im Einzelnen von der – gesetzlichen oder privaten – Krankenversicherung übernommen worden sind.

☐ die Verletzungen, den Heilungsverlauf und die vorhandenen Dauerschäden anzugeben.

☐ darzulegen, wie lange die unfallbedingte Arbeitsunfähigkeit gedauert hat bzw. noch dauern wird.

☐ die Höhe des Erwerbsschadens – nach einzelnen Zeiträumen gestaffelt – darzulegen, wobei im Einzelnen auch anzugeben ist, welche Zahlungen der Arbeitgeber nach dem EFZG und die Sozialversicherungsträger geleistet haben.

☐ darzulegen, ob und inwieweit durch unterbliebene Fahrten zur Arbeitsstelle eine Ersparnis eingetreten ist.

☐ bei der Höhe des Erwerbsschadens anzugeben, ob Ersatz des entgangenen Brutto- oder Nettoeinkommens verlangt wird. Soweit Ersatz des Nettolohns verlangt wird,
  ☐ soll angegeben werden, ob und welche nach § 24 Nr. 1a EStG zu zahlende Einkommensteuer zusätzlich verlangt wird.
  ☐ ob im Hinblick auf eine möglicherweise eintretende stufenweise Versteuerung gegebenenfalls ein Feststellungsantrag betreffend die zukünftige Ersatzpflicht gestellt wird.

☐ darzulegen, ob nicht zum Ausgleich des Erwerbsschadens andere Erwerbsmöglichkeiten bestanden, z.B. ... und ob ... sich um solche gekümmert hat.

☐ den Sachschaden im Einzelnen zu belegen.

☐ darzulegen, für welchen Zeitraum und welchem Umfang die Inanspruchnahme einer
  ☐ Haushaltshilfe   ☐ Krankenpflegerin
notwendig war.

II. ☐ D... Beklagte... wird aufgegeben, hierauf sodann bis zum ... zu erwidern.

2 III. ☐ Nach Erledigung von Ziffer I und II soll

1. ☐ bei dem von d... Kläger... angegebenen Krankenhaus die Krankengeschichte[48] angefordert und gemäß § 377 III ZPO eine Auskunft der behandelnden Ärzte dazu eingeholt werden,

---

[48] §§ 428 ff. ZPO; *Baumbach/Lauterbach/Albers/Hartmann*, § 422 Rn. 6 „Arztunterlagen".

a) wegen welcher Verletzungen d... Kläger... behandelt wurde.
b) worin die Behandlung bestand und wie sich der Heilungsverlauf gestaltete.
c) in welchem Zeitraum die Behandlung erfolgte.
d) mit welchem Erfolg die Behandlung abgeschlossen wurde.
e) ob d... Kläger... bei Ende der Behandlung noch arbeitsunfähig war, ggf. in welchem Umfang und wie lange voraussichtlich noch.

2. ☐ bei den behandelnden Ärzten ... gemäß § 377 III ZPO eine Auskunft dazu eingeholt werden,
   a) wegen welcher Verletzungen d... Kläger... von ihm behandelt wurde.
   b) worin die Behandlung bestand und wie sich der Heilungsverlauf gestaltete.
   c) in welchem Zeitraum die Behandlung erfolgte.
   d) mit welchem Erfolg die Behandlung abgeschlossen wurde.
   e) ob d... Kläger... bei Ende der Behandlung noch arbeitsunfähig war, ggf. Umfang und Dauer.
   f) ☐ ob d... Kläger... während der Zeit der Behandlung bettlägerig war, ggf. in welchem Zeitraum.
   g) ☐ ob Dauerschäden verbleiben werden.

3. ☐ bei dem Arbeitgeber d... Kläger... gemäß § 377 III ZPO eine schriftliche Auskunft dazu eingeholt werden,
   a) ☐ welchen Verdienst d... Kläger... (brutto und netto) in den letzten ... Monaten vor dem Unfall (Datum: ...) hatte.
   b) ☐ welche Zeit d... Kläger... nach dem Unfall nicht mehr tätig war.
   c) ☐ ob d... Kläger... in dieser Zeit – ohne den Unfall – weiter beschäftigt worden wäre.
   d) ☐ welchen Verdienst hätte d... Kläger... in der Zeit vom Unfalltag bis zur Wiederaufnahme der Arbeit bezogen (brutto, netto) hätte, wenn der Unfall sich nicht ereignet hätte.
   e) ☐ ob d... Kläger... wegen des unfallbedingten Fernbleibens in der Ausfallzeit Einbußen an Urlaubsgeld, Weihnachtsgeld, irgendwelchen Gratifikationen oder dergleichen hatte und, wenn ja, in welcher Höhe.
   f) ☐ welche Zahlungen während der Ausfallzeit an d... Kläger... geleistet wurden (mit Angaben zum Zeitraum).
   g) ☐ ob d... Kläger... nach Wiederherstellung der Arbeitsfähigkeit weiterbeschäftigt werden wird.

4. ☐ bei der zuständigen
   ☐ Krankenkasse.   ☐ ...
   ☐ Deutschen Rentenversicherung.
   eine Auskunft darüber eingeholt werden, welche Leistungen der betreffende Sozialversicherungsträger aufgrund des Unfalls vom ... bisher an d... Kläger... erbracht hat und in Zukunft voraussichtlich noch erbringen wird (bei Renten mit unterschiedlicher Höhe nach monatlichen Zeiträumen gestaffelt).

☐ Gleichzeitig sollen die Akten der angeschriebenen Sozialversicherungsträger angefordert werden.

☐ Die Einholung der Auskünfte bei dem Krankenhaus und den Ärzten ist davon abhängig, dass d... Kläger... bis zum ... einen Auslagenvorschuss von ... € einzahlt.

IV. ☐ Nach Erledigung von Ziffer I, II, III soll ein Sachverständigengutachten darüber eingeholt werden,
1. welche Verletzungen d... Kläger... bei dem Unfall vom ... erlitten hat.
2. wie sich der Heilungsverlauf im Detail gestaltet hat.
3. inwieweit d... Kläger... seit dem Unfall aufgrund dessen Folgen in der Erwerbsfähigkeit beschränkt war und voraussichtlich in Zukunft beschränkt sein wird – gegebenenfalls nach Zeiträumen gestaffelt – und zwar
   a) in dem ausgeübten Beruf als ... .
   b) auf dem allgemeinen Arbeitsmarkt.
4. inwieweit ein Dauerschaden zurückbleiben wird.
5. ☐ inwieweit d... Kläger... aufgrund der Unfallfolgen gehindert war, den Haushalt zu führen, bejahendenfalls inwieweit Ersatzkräfte notwendig waren.
6. ☐ ob die von d... Kläger... vorgelegten Rechnungen als unfallbedingte Behandlungskosten anzuerkennen sind.
7. ☐ inwieweit der Kuraufenthalt ... als notwendige Heilungsmaßnahme angezeigt war.
8. ☐ inwieweit die von d... Kläger... geltend gemachten Kosten für „Stärkungsmittel" vom medizinischen Standpunkt als unfallbedingte Behandlungskosten anzuerkennen sind.
9. ☐ inwieweit der Transport im Krankenwagen am ... als notwendig anzuerkennen ist.
10. ☐ inwieweit die von d... Kläger... geltend gemachten Kosten für Taxifahrten zu den einzelnen ambulanten Behandlungen als notwendig anzuerkennen sind.

Der Sachverständige soll
   d... Kläger... persönlich untersuchen.
☐ die in den Akten der Berufsgenossenschaft befindlichen ärztlichen Stellungnahmen
☐ die vom Gericht beigezogene Krankengeschichte
☐ die eingeholten Auskünfte der Ärzte
   bei seiner Begutachtung berücksichtigen.
☐ sich mit dem von d... Beklagte... vorgelegten Privatgutachten des Sachverständigen ... (Bl. ... d. A.) auseinandersetzen;
☐ sich auch dazu äußern, ob eine Unfallneurose vorliegt.
☐ falls er es für notwendig hält, intern ein Zusatzgutachten der ... Klinik anfordern. Die eingeholten Zusatzgutachten sind dem Hauptgutachten beizufügen.[49]

---

[49] Die Partei muss die Möglichkeit haben, den Haupt- und Zusatzgutachter zur mündlichen Anhörung laden zu lassen.

☐ Die Einholung des Sachverständigengutachtens ist davon abhängig, dass d... Kläger... bis ... einen Auslagenvorschuss von ... € bei Gericht einzahlt.
☐ Mit der Erstattung des Gutachtens wird ... beauftragt.
☐ Um die Benennung eines geeigneten Sachverständigen soll zunächst ... angeschrieben werden.

Frankfurt am Main, den ...
☐ Amtsgericht, Abteilung ...   ☐ Landgericht, ... Zivilkammer
                                           ☐ Der Vorsitzende
                                           ☐ Der Einzelrichter

....

1. Verfügung

1. Ausfertigung des Beschlusses an
   ☐ Kläger... (-Vertreter)   ☐ (ZU/EB).[50]
   ☐ Beklagte... (-Vertreter) ☐ (ZU/EB).
2. ☐ Schreiben an
   ☐ AOK ...   ☐ Berufsgenossenschaft ...   ☐ ...
   In p. p.
   wird um Mitteilung gebeten, welche Leistungen Sie aufgrund des Unfalls vom ... an d... Obengenannte... bewirkt haben bzw. noch bewirken.
   ☐ Gleichzeitig werden Sie gebeten, Ihre Akten zur Einsichtnahme vorzulegen.
3. ☐ Schreiben an Firma ...
   In p. p.
   ist d... Obengenannte... bei Ihnen als Arbeitnehmer beschäftigt. Er/Sie macht aufgrund eines Unfalls vom ... gegen einen anderen Unfallbeteiligten Schadensersatzansprüche geltend. Sie werden gemäß Beweisbeschluss vom ... gebeten, durch Ihren zuständigen Sachbearbeiter (Lohnbuchhaltung) als Zeugen zu folgenden Fragen Stellung zu nehmen: ... (wie Beweisbeschluss Ziffer III, 3).
   ☐ Sollte die Auskunft nicht bis ... vorliegen, müsste das Gericht die persönliche Vernehmung Ihres Sachbearbeiters an Gerichtsstelle in Erwägung ziehen.
4. ☐ Nach Eingang der Erklärung d... Kläger... betreffend die Entbindung der Ärzte von der Schweigepflicht und Eingang des Auslagenvorschusses Schreiben an:
   a) Krankenhaus ...
      In p. p.
      wurde d... Obengenannte in Ihrem Krankenhaus nach dem Unfall vom ... stationär behandelt. Er macht nunmehr Schadensersatzansprüche gegen einen anderen Unfallbeteiligten geltend. Sie werden gemäß Beweisbeschluss vom ... gebeten, dem Gericht die Krankengeschichte zwecks Einsichtnahme gegen spätere Rückgabe zu überlassen. Außerdem werden Sie gebeten, zu folgenden Fragen durch den behandelnden Arzt ... Stellung zu nehmen: ... (wie Beweisbeschluss Ziffer III, 1). Er soll als sachverständiger Zeuge die Fragen anhand der Krankenunterlagen beantworten. D... Kläger... hat die behandelnden Ärzte von der Schweigepflicht entbunden und sich mit der Beiziehung der Krankengeschichte einverstanden erklärt.
      ☐ Die Entbindungserklärungen sind in beglaubigter Fotokopie beigefügt.
   b) Dr. med. ...
      In p. p.
      ist d... Obengenannte bei Ihnen in ärztlicher Behandlung. Er/Sie macht wegen eines aufgrund eines Unfalles vom ... Schadensersatzansprüche gegen einen anderen Unfallbeteiligten

---

[50] Der Beschluss bedarf nach § 329 II 2 ZPO der förmlichen Zustellung, wenn er einen Termin bestimmt oder eine Frist (z. B. für Auslagenvorschuss) in Lauf setzt.

geltend. Sie werden gemäß Beweisbeschluss vom ... gebeten, folgende Fragen als sachverständiger Zeuge anhand Ihrer Karteiunterlagen zu beantworten: ... (wie Beweisbeschluss Ziffer III, 2). D... Kläger... hat Sie ausdrücklich von der Schweigepflicht entbunden. Um alsbaldige Erledigung wird gebeten.
- ☐ Die Entbindungserklärung ist in beglaubigter Fotokopie beigefügt.
- ☐ Sollte die Auskunft nicht bis ... vorliegen, müsste das Gericht Ihre persönliche Vernehmung an Gerichtsstelle in Erwägung ziehen.
5. Wiedervorlage: ...

Frankfurt am Main, den ...
☐ Amtsgericht, Abteilung ...   ☐ Landgericht, ... Zivilkammer
                                        ☐ Der Vorsitzende
                                        ☐ Der Einzelrichter

....

2. Verfügung

1. Je 1 Durchschrift der eingegangenen Auskünfte an Parteien und Parteivertreter.
2. Akten gegen ZU an d... Sachverständige... (Anschrift Bl. ... d. A.) mit folgendem Anschreiben:
In p. p.
erhalten Sie anliegend die Gerichtsakten mit der Bitte um Erstattung eines schriftlichen Gutachtens gemäß Ziffer IV des Beweisbeschlusses vom ... (Bl. ... d. A.).
- ☐ Das Gericht wäre Ihnen dankbar, wenn sie das Gutachten in absehbarer Zeit einreichen könnten. Bitte bestätigen Sie den Eingang der Akten mit der Angabe, wann voraussichtlich mit der Erstattung des Gutachtens zu rechnen ist.
- ☐ Sie werden darauf hingewiesen, dass das Gericht einen Auslagenvorschuss von ... € angefordert hat. Sollte dieser nach Ihrer Auffassung für Ihre Entschädigung nicht ausreichen, so wollen Sie dies bitte vor Erstattung des Gutachtens dem Gericht mitteilen, damit ein weiterer Vorschuss bei den Parteien angefordert werden kann.
3. Wiedervorlage des Retents: ...

Frankfurt am Main, den ...
☐ Amtsgericht, Abteilung ...   ☐ Landgericht, ... Zivilkammer
                                        ☐ Der Vorsitzende
                                        ☐ Der Einzelrichter

....

Muster 37: Beweisbeschluss zum Verdienstausfall von Selbstständigen

☐ Amtsgericht Frankfurt am Main
☐ Landgericht Frankfurt am Main
Aktenzeichen: ...

Beweisbeschluss

in dem Rechtsstreit ... gegen ...:

I. Beim Finanzamt ... soll eine Auskunft dazu eingeholt werden,
   1. welche Einnahmen und Ausgaben d... Kläger... in den Einkommensteuererklärungen für ... angegeben hat.
   2. welche Umsätze d... Kläger... in seinen Umsatzsteueranmeldungen für ... angegeben hat.

   ☐ Die Einholung der Auskunft ist davon abhängig, dass d... Kläger... bis zum ...
      ☐ das zuständige Finanzamt nebst Steuer-Nummer angibt.
      ☐ das Finanzamt von dem Steuergeheimnis entbindet.

II. Nach Erledigung von Ziffer I soll ein Sachverständigengutachten darüber eingeholt werden,
   1. welche Vergütungen d... Kläger... seit dem Unfall vom ... für d... als Ersatzkraft eingestellte ... gezahlt hat.
   2. was d... Kläger... in den letzten ... Jahren vor dem Unfall – brutto und netto – verdient hat.
   3. was d... Kläger... in der Zeit seit dem Unfall vom ... – brutto und netto – verdient hat, und zwar nach Quartalszeiträumen gestaffelt.
   4. was d... Kläger... in der gleichen Zeit wie Ziffer 3 – brutto und netto – verdient hätte, wenn er nicht durch seine Erkrankung ausgefallen wäre, und zwar ebenfalls nach Quartalszeiträumen gestaffelt.
   5. wie hoch der Verdienstausfall in der Zukunft sein wird, wenn man davon ausgeht, dass d... Kläger... entsprechend dem Gutachten des Sachverständigen ...
      ☐ nicht mehr in der Lage ist, seinen Beruf als auszuüben.
      ☐ nur noch in der Lage ist, folgende Arbeiten zu verrichten: ...

   Der Sachverständige soll:
   a) in die von d... Kläger... geführten Buchunterlagen Einsicht nehmen.
   b) die gemäß Ziffer I eingeholte Auskunft des Finanzamts berücksichtigen.
   c) bei Beantwortung der Fragen 4 und 5 den entgangenen Gewinn unter Berücksichtigung des gewöhnlichen Laufs der Dinge, der Marktentwicklung in der einschlägigen Branche und der besonderen, im Betrieb d... Kläger... begründeten Umstände frei schätzen.
   d) bei Beantwortung der Fragen zu 2, 3, 4, 5 außerordentliche Erträge oder Verluste, die nicht mit dem Unfall in Zusammenhang stehen, aussondern, und zwar sowohl für den Zeitraum der Rücklagen und Rückstellungen als auch für die Zeit der Auflösung.

e) bei der Berechnung des entgangenen Bruttogewinns als Vorteil berücksichtigen, dass der ermittelte Gewinn nicht der Umsatzsteuer und Gewerbesteuer unterliegt.[51]

f) angeben, ob d... Kläger... Steuervorteile nach § 3 EStG hat oder haben wird, bejahendenfalls diese von dem gemäß e) errechneten Gewinn abzuziehen.

g) bei der Berechnung des entgangenen Nettogewinns angeben, was d... Kläger... hierfür voraussichtlich an Einkommensteuer (§§ 24, 34 EStG), Kirchensteuer und Gewerbeertragssteuer zu zahlen haben wird;

h) bei Beantwortung der Frage 5 auch zu der Frage Stellung nehmen, ob der Gewinn in den Jahren ab ... nicht auch ohne den Unfall wegen

☐ der Vorerkrankung oder Alters d... Kläger...
☐ der wirtschaftlichen Entwicklung
zurückgegangen wäre.

III. ☐ Mit der Erstattung des Gutachtens wird ... beauftragt.
☐ Um die Benennung eines geeigneten Sachverständigen soll ... ersucht werden.

IV. ☐ Die Einholung des Sachverständigengutachtens ist davon abhängig, dass d... Kläger... bis ... einen Auslagenvorschuss von ... € einzahlt.

Frankfurt am Main, den ...
☐ Amtsgericht, Abteilung ...   ☐ Landgericht, ... Zivilkammer
                                         ☐ Der Vorsitzende
                                         ☐ Der Einzelrichter

....

---

[51] Die Steuervergünstigung der §§ 24 Nr. 1 a, 34 II Nr. 2 EStG ist kein zugunsten des Schädigers zu berücksichtigender Vorteil (Palandt/*Heinrichs*, Vor § 249 Rn. 145).

Muster 38: Auflagen- und Beweisbeschluss betreffend den Ersatz von Kfz-Sachschäden

☐ Amtsgericht Frankfurt am Main
☐ Landgericht Frankfurt am Main
Aktenzeichen: ...

Auflagen- und Beweisbeschluss

in dem Rechtsstreit ... gegen ...:

I. D... Kläger... wird aufgegeben, bis zum ...
   1. ☐ folgende Urkunden vorzulegen:
      ☐ Kostenvoranschlag der Firma ....
      ☐ Reparaturkostenrechnung der Firma ....
      ☐ Mietwagenkostenrechnung der Firma ....
      ☐ Abschleppkostenrechnung der Firma ....
      ☐ Kostenrechnung des Sachverständigen ....
      ☐ Privatgutachten des Sachverständigen ....
      ☐ eine spezifizierte Aufstellung der ... Bank/Sparkasse über die angefallenen Kreditkosten.
      ☐ eine den Erfordernissen des § 10 II RVG genügende Berechnung der angefallenen Anwaltskosten.
      ☐ die Schadensabrechnung des Kaskoversicherers.
      ☐ Fotos des Unfallfahrzeugs mit Angabe des Aufnahmetages.
      ☐ eine Fotokopie des Kraftfahrzeugbriefs.
   2. ☐ im Detail vorzutragen und unter Beweis zu stellen:
      ☐ den genauen Fahrzeugtyp, das Baujahr und den km-Stand des Unfallfahrzeugs.
      ☐ wann der Wagen erworben wurde (neu oder gebraucht?) und zu welchem Preis.
      ☐ die Anzahl der Vorbesitzer.
      ☐ welche werterhaltenden oder wertverbessernden Aufwendungen an dem Fahrzeug während der eigenen Besitzzeit vorgenommen wurden.
      ☐ wann und zu welchem Preis das Unfallfahrzeug weiter veräußert wurde (nach Reparatur oder in beschädigtem Zustand?).
      ☐ wann der Reparaturauftrag erteilt wurde und wann die Reparatur beendet war.
      ☐ aus welchen Gründen der Reparaturauftrag erst am ... erteilt wurde.
      ☐ aus welchen Gründen sich die Reparatur bis zum ... erstreckt hat.
      ☐ die Höhe der Kosten für die Inanspruchnahme öffentlicher Verkehrsmittel (Spezifizierung nach Anzahl, Art und Anlass der Fahrten, Vorlage von Belegen).
      ☐ die Notwendigkeit der Inanspruchnahme eines Mietwagens, insbesondere welche Fahrtstrecke in dem fraglichen Zeitraum zurückgelegt wurde.

- dass ein Fahrzeug gleichen Typs wie das Unfallfahrzeug auf dem Mietwagenmarkt nicht erhältlich war.
- ob, ggf. welche Vergleichsangebote bei anderen Mietwagenunternehmen eingeholt wurden.
- welche Eigenkosten während der Mietwagendauer erspart wurden.
- dass d... Kläger..., ein Familienangehöriger oder eine andere Person während der Zeit des Ausfalls des Unfallfahrzeugs willens und in der Lage gewesen wäre, dasselbe zu nutzen.
- dass die Aufnahme des Kredits bei der ... Bank/Sparkasse infolge Fehlens eigener Mittel notwendig war.
- ob, ggf. wann der Schädiger bzw. sein Haftpflichtversicherer auf die Notwendigkeit der Kreditaufnahme und deren voraussichtliche Höhe hingewiesen wurde.
- den den Anwaltskosten zugrunde liegenden Gegenstandswert.
- die Angemessenheit des Gebührensatzes von ... bei der Geschäftsgebühr nach Nr. 2300 VV des RVG.
- dass d... Kläger... ein Recht auf Vorsteuerabzug nicht zusteht.
- den Anlass der pauschal mit ... € angegebenen Nebenkosten.

3. ☐ mitzuteilen,
- ob, ggf. wo das Unfallfahrzeug noch besichtigt werden kann.
- Name, Anschrift und Aktenzeichen des Kaskoversicherers.
- Name und Anschrift des Käufers des Unfallfahrzeugs.

II. ☐ D... Beklagte... wird aufgegeben, bis zum ...
- zu dem gemäß Ziffer I ergänzten Klagevorbringen substanziiert Stellung zu nehmen.
- anzugeben, welche Schadenspositionen im Einzelnen anerkannt werden.
- anzugeben, bei welchem anderen Mietwagenunternehmen d... Kläger... einen Mietwagen zu einem günstigeren Tarif hätte anmieten können.
- anzugeben, welche Schadenspositionen durch die Teilzahlung vom ... über ... € getilgt werden sollten.
- das Abrechnungsschreiben vom ... vorzulegen.

III. Nach Erledigung von Ziffer I ☐ und II
soll ein Sachverständigengutachten darüber eingeholt werden,
- welchen Verkehrswert das Unfallfahrzeug gehabt hat:
  a) vor dem Unfall, b) nach dem Unfall, c) heute hat.
- ob das Unfallfahrzeug überhaupt noch reparaturfähig ist oder ob ein technischer Totalschaden vorliegt.
- welche Reparaturkosten zur Beseitigung der unfallbedingten Schäden erforderlich sind.
- ob die in der vorgelegten Reparaturkostenrechnung der Firma ... vom ... angegebenen Reparaturarbeiten sämtlich zur Beseitigung der unfallbedingten Schäden erforderlich waren.
- ob die in der vorgelegten Reparaturkostenrechnung der Firma ... vom ... eingesetzten Preise angemessen sind, ggf. welche Preise als angemessen anzusehen sind.

☐ ob, ggf. welcher Abzug „neu für alt" bei bestimmten Positionen der Reparaturkostenrechnung der Firma ... vom ... wegen Eintritts einer Wertverbesserung gerechtfertigt ist.
☐ welche technische und merkantile Wertminderung an dem Fahrzeug nach Durchführung der Reparatur zurückbleiben würde bzw. zurückgeblieben ist, und zwar für die Stichtage
a) Beendigung der Reparatur, b) heute.

☐ Der Sachverständige soll hierbei neben der Berücksichtigung von Baujahr und km-Stand des Fahrzeugs auch zu der Frage Stellung nehmen, ob sich der Schaden nur auf Anbauteile oder auch auf tragende Teile des Fahrzeugs erstreckt hat.

☐ wie lange die Reparatur voraussichtlich dauern wird.
☐ ob die Reparaturdauer von ... Arbeitstagen für die Beseitigung der unfallbedingten Schäden notwendig ist.
☐ welchen Betrag d... Kläger... voraussichtlich aufwenden muss, um sich auf dem Gebrauchtwagenmarkt ein gleichwertiges Gebrauchtfahrzeug gleichen Typs zu beschaffen (Wiederbeschaffungswert).
☐ welcher Zeitraum für die Wiederbeschaffung eines gleichwertigen Gebrauchtfahrzeugs benötigt wird.
☐ ob die Abschleppkosten in dem geforderten Umfang (Rechnung der Firma ... vom ...) notwendig waren und angemessen sind.
Der Sachverständige soll
☐ das Unfallfahrzeug besichtigen und zu dem Besichtigungstermin beide Parteien nebst Prozessbevollmächtigten laden.
☐ sich mit dem Privatgutachten des Sachverständigen ... (Bl. ... d.A.) auseinandersetzen.
☐ sich auch zu der Frage äußern, ob bei den Reparaturarbeiten eine Ganzlackierung notwendig war bzw. ist, bejahendenfalls, welcher Abzug „neu für alt" hierfür gerechtfertigt ist.

IV. ☐ Mit der Erstattung des Gutachtens wird ... beauftragt.
☐ Um die Benennung eines geeigneten Sachverständigen soll ... ersucht werden.

V. ☐ Die Einholung des Sachverständigengutachtens ist davon abhängig, dass d... Kläger... bis ... einen Auslagenvorschuss von ... € einzahlt.

Frankfurt am Main, den ...
☐ Amtsgericht, Abteilung ...   ☐ Landgericht, ... Zivilkammer
                                          ☐ Der Vorsitzende
                                          ☐ Der Einzelrichter

....

1. Verfügung

4 1. Ausfertigung des Beschlusses an
   ☐ Kläger... (-Vertreter)   ☐ (ZU/EB).[52]
   ☐ Beklagte... (-Vertreter) ☐ (ZU/EB).[53]
2. ☐ Eine weitere Abschrift des Beweisbeschlusses für das Retent herstellen.[53]
3. ☐ Sachverständigenanfrage bei ...
4. Wiedervorlage: ...

Frankfurt am Main, den ...
☐ Amtsgericht, Abteilung ...   ☐ Landgericht, ... Zivilkammer
                                            ☐ Der Vorsitzende
                                            ☐ Der Einzelrichter

....

2. Verfügung[54]

1. Beschluss
   Zum Sachverständigen für die Erstattung des Gutachtens gemäß Ziffer III des Auflagen- und Beweisbeschlusses vom ... wird ... ernannt.
2. Akten gegen ZU an d... Sachverständige... (Anschrift Bl. ... d. A.) mit folgendem Anschreiben:
   In p. p.
   erhalten Sie anliegend die Gerichtsakten mit der Bitte um Erstattung eines schriftlichen Gutachtens gemäß Ziffer III des Beweisbeschlusses vom ... (Bl. ... d. A.).
   ☐ Das Gericht wäre Ihnen dankbar, wenn sie das Gutachten in absehbarer Zeit einreichen könnten. Bitte bestätigen Sie den Eingang der Akten mit der Angabe, wann voraussichtlich mit der Erstattung des Gutachtens zu rechnen ist.
   ☐ Das Unfallfahrzeug kann gemäß Angaben im Schriftsatz d... Kläger... (Bl. ... d. A.) an folgender Stelle besichtigt werden: ... Bitte benachrichtigen Sie beide Parteien und ihre Bevollmächtigten rechtzeitig von dem angesetzten Besichtigungstermin.
   ☐ Sie werden darauf hingewiesen, dass das Gericht einen Auslagenvorschuss von ... € angefordert hat. Sollte dieser nach Ihrer Auffassung für Ihre Entschädigung nicht ausreichen, so wollen Sie dies bitte vor Erstattung des Gutachtens dem Gericht mitteilen, damit ein weiterer Vorschuss bei den Parteien angefordert werden kann.
3. Wiedervorlage des Retents: ...

Frankfurt am Main, den ...
☐ Amtsgericht, Abteilung ...   ☐ Landgericht, ... Zivilkammer
                                            ☐ Der Vorsitzende
                                            ☐ Der Einzelrichter

....

---

[52] Der Beschluss bedarf nach § 329 II 2 ZPO der förmlichen Zustellung, wenn er einen Termin bestimmt oder eine Frist (z. B. für Auslagenvorschuss) in Lauf setzt.
[53] Diese Abschrift wird bei Versendung der Akten im Retent behalten, sodass das Prozessgericht bei etwa nötig werdenden Bearbeitungen auch ohne Gerichtsakten sich über den Inhalt des Beweisbeschlusses informieren kann.
[54] Sie erfolgt nach Erledigung der vorangegangenen Verfügung und der Anhörung der Parteien.

Muster 39: Auflagenbeschluss betreffend die Kosten eines Taxiunternehmers wegen Beschädigung des Taxis

Amtsgericht Frankfurt am Main
Aktenzeichen: ...

Auflagenbeschluss

in dem Rechtsstreit ... gegen ...:

I. D... Kläger... wird aufgegeben, bis zum ...
   1. ☐ folgende Urkunden vorzulegen.
      ☐ Mietwagenkostenrechnung.
      ☐ Bilanz betreffend die Jahre ... .
      ☐ Privatgutachten des Steuerberaters ... .
   2. ☐ im Einzelnen vorzutragen und unter Beweis zu stellen:
      a) wie viel Taxen in dem Betrieb im Zeitpunkt des Unfalls und des Ausfalls der Taxe zum Einsatz gekommen sind.
      b) wie viel Fahrer damals in dem Betrieb beschäftigt waren, und zwar aufgeschlüsselt nach fest angestellten, nebenberuflich tätigen und Aushilfsfahrern.
      c) in wie viel Fahrschichten die Unfalltaxe sowie etwaige anderen Taxen eingesetzt wurden.
      d) wie sich die Kundschaft d... Kläger... zusammensetzt.
      e) wie viel Nettoverdienst auf eine Taxe pro Tageseinsatz in den letzten sechs Monaten vor dem Unfall und in dem Monat nach dem Unfall bei den anderen Taxen angefallen ist.
      f) ob besondere Geschäftsaussichten während der Ausfallzeit bestanden.
      g) wie viel Betriebskosten während der Ausfallzeit erspart wurden.
II. ☐ D... Beklagte... wird aufgegeben, bis zum ... zu dem gemäß Ziffer I ergänzten Klagevorbringen substantiiert Stellung zu nehmen.

Frankfurt am Main, den ...
Amtsgericht, Abteilung ...

....

Muster 40: Auflagen- und Beweisbeschluss betreffend den Verdienstausfall des Taxiunternehmers wegen Beschädigung des Taxis

Amtsgericht Frankfurt am Main
Aktenzeichen: ...

Auflagen- und Beweisbeschluss

1 in dem Rechtsstreit ... gegen ...:
    I.   D... Kläger... wird aufgegeben, bis zum ...
          1. darzulegen, an welchen Tagen der Woche und in welchen Schichten das beschädigte Taxi im Einsatz war.
          2. anzugeben, wie hoch die an den Einsatztagen durchschnittlich zurückgelegte Fahrstrecke gewesen ist.
          3. unter Beweisantritt anzugeben, an welchen Tagen das beschädigte Taxi infolge der Reparatur ausgefallen ist.
    II.   Nach Erledigung von Ziffer I soll ein Sachverständigengutachten dazu eingeholt werden, welcher Gewinn d... Kläger... dadurch entgangen ist, dass die Taxe, amtliches Kennzeichen ... in der Zeit vom ... bis ... nicht im Einsatz gewesen ist.

        Der Sachverständige soll
          1. die von d... Kläger... geführten Bücher einsehen und die entgangenen Einnahmen unter Berücksichtigung der Einnahmen in den letzten 3 Monaten vor dem Unfall sowie im vergleichbaren Zeitraum des Vorjahres frei schätzen.
          2. die von d... Kläger... in der Ausfallzeit ersparten Aufwendungen für die Taxe anhand der aus den Buchunterlagen ersichtlichen Betriebskosten frei schätzen.
          3. etwaige Ersparnisse an Steuern und Sozialleistungen berücksichtigen.
    III.☐ Mit der Erstattung des Gutachtens wird ... beauftragt.
        ☐ Um die Benennung eines geeigneten Sachverständigen soll ... ersucht werden.
    IV.☐ Die Einholung des Sachverständigengutachtens ist davon abhängig, dass d... Kläger... bis ... einen Auslagenvorschuss von ... € einzahlt.

Frankfurt am Main, den ...
Amtsgericht, Abteilung ...

....

Muster 41: Auflagenbeschluss bei Ansprüchen aus Gebrauchtwagenkauf

☐ Amtsgericht Frankfurt am Main
☐ Landgericht Frankfurt am Main
Aktenzeichen: ...

Auflagenbeschluss

in dem Rechtsstreit ... gegen ...: 1

I. D... Kläger... wird aufgegeben, bis zum ...

1. ☐ folgende Urkunden vorzulegen:
   ☐ Kaufvertrag vom ...
   ☐ Gutachten des Sachverständigen vom ...
   ☐ Protokoll über die TÜV-Abnahme vom ...
   ☐ Reparaturrechnung der Firma ... vom ...
   ☐ Kostenvoranschlag der Firma ... vom ...
   ☐ Fotos von dem gekauften Gebrauchtwagen mit Angabe des Aufnahmetages.
   ☐ Fotokopie des Kraftfahrzeugbriefs.
   ☐ Fotokopie des Kraftfahrzeugscheins.
   ☐ Fotokopie der Zeitungsanzeige vom ...
   ☐ Schreiben d... vom ...
   ☐ ...

2. ☐ substanziiert unter Beweisantritt vorzutragen
   ☐ zur Übernahme einer Garantie durch d... Beklagte... betreffend
      ☐ die Unfallfreiheit des Wagens.
      ☐ das Vorhandensein eines Austauschmotors.
      ☐ den km-Stand von ...
      ☐ ...
   ☐ zum Zeitpunkt des erstmaligen Auftretens der behaupteten Mängel (km-Stand des Fahrzeugs).
   ☐ zum Vorliegen der behaupteten Mängel bereits bei Übergabe des Fahrzeugs am ...
   ☐ zum km-Stand des Fahrzeugs
      a) bei Abschluss des Kaufvertrages.
      b) im Zeitpunkt des Unfalls vom ...
      c) heute.
   ☐ zur Kenntnis d... Beklagte... von den behaupteten Mängeln ... bei Kaufabschluss.
   ☐ zur Zusammensetzung der verlangten Reparaturkosten
      ☐ sowie dazu, inwiefern diese zur Beseitigung der Mängel notwendig sind;
      ☐ und gegebenenfalls, welche Wertverbesserung eingetreten ist.
   ☐ zur Zusammensetzung der verlangten Abschleppkosten.
   ☐ zum beim Verkauf des Fahrzeugs erzielten Erlös.

☐ zur Ursächlichkeit des Mangels für den Unfall vom ... (Schilderung des Unfallhergangs, Angabe des Aktenzeichens eines polizeilichen oder strafrechtlichen Ermittlungsverfahrens).

II. ☐ D... Kläger... wird/werden darauf hingewiesen,

1. ☐ dass nach dem vorgelegten Kaufvertrag ein Gewährleistungsausschluss betreffend
   ☐ sämtliche   ☐ die offenen, erkennbaren
   Mängel gegeben sein dürfte und deshalb ein Anspruch auf Gewährleistung bzw. Schadensersatz insoweit nur bei Vorliegen einer Arglist d... Beklagte... oder im Falle der Übernahme einer Garantie für die Beschaffenheit der Sache (§ 444 BGB) in Betracht kommt.
2. ☐ dass die vorgelegte Berechnung des Anspruchs für das Gericht nicht nachvollziehbar ist.
3. ☐ dass der Klageantrag einer Ergänzung dahin bedarf,
   ☐ ob Zahlung Zug um Zug gegen Rückgabe des Gebrauchtwagens begehrt wird.
   ☐ dass das Fahrzeug durch Angabe von Typ, Kennzeichen, Fahrgestellnummer näher gekennzeichnet wird.

III. ☐ D... Beklagte... wird aufgegeben, bis ...

1. ☐ zum Schriftsatz d... Kläger... vom ... Stellung zu nehmen.
2. ☐ folgende Unterlagen vorzulegen:
   ☐ Kaufvertrag vom ...
   ☐ TÜV-Protokoll vom ...
   ☐ Reparaturrechnung vom ...
      ☐ Schreiben d... vom ...
      ☐ Fotokopie der Zeitungsanzeige vom ...
      ☐ ...
3. ☐ dazu substanziiert unter Beweisantritt vorzutragen,
   ☐ wann, von wem und zu welchem Preis er den Gebrauchtwagen erworben hat.
   ☐ ob er den Gebrauchtwagen selbst gefahren hat (km-Strecke).
   ☐ ob er Reparaturen oder wertverbessernde Einbauten an dem Fahrzeug vorgenommen hat, gegebenenfalls welche; etwaige Rechnungen Dritter sind vorzulegen.
   ☐ ob das Fahrzeug bei Übergabe am ... fahrbereit war und fehlerfrei gelaufen ist.
   ☐ ob d... Kläger... das Fahrzeug zur Probe gefahren hat.
   ☐ ob d... Kläger... bei den Kaufverhandlungen vor Kaufabschluss die Mängel ... mitgeteilt worden sind.
   ☐ ob er/sie die zugesagten Arbeiten ... ausgeführt hat.
   ☐ vorsorglich den Anspruch auf Nutzungsentschädigung zu berechnen, der bei Rückabwicklung des Kaufvertrages entstehen würde (gefahrene Kilometer, Höhe des Kilometergeldes).

IV. ☐ Termin zur mündlichen Verhandlung wird anberaumt auf ... den ..., ... Uhr, Raum ...

☐ Das persönliche Erscheinen
☐ d... Kläger...   ☐ d... Beklagte...
wird angeordnet.

☐ D... Kläger... wird aufgegeben, das streitige Fahrzeug zum Termin mitzubringen und zu einer Augenscheinseinnahme bereitzuhalten.

Frankfurt am Main, den ...
☐ Amtsgericht, Abteilung ...   ☐ Landgericht, ... Zivilkammer
                                       ☐ Der Vorsitzende
                                       ☐ Der Einzelrichter

....

Muster 42: Beweisbeschluss bei Ansprüchen aus Gebrauchtwagenkauf

☐ Amtsgericht Frankfurt am Main
☐ Landgericht Frankfurt am Main
Aktenzeichen: ...

Beweisbeschluss

in dem Rechtsstreit ... gegen ...:
    I. Es soll Beweis erhoben werden
        1. über die Behauptungen d... Kläger...
           a) ☐ d... Beklagte... habe bei den Kaufverhandlungen am ... gegenüber ... garantiert, der Pkw ...
               ☐ habe einen km-Stand von ...
               ☐ sei unfallfrei;
               ☐ sei bis auf folgende Schäden unfallfrei: ...
               ☐ habe einen Austauschmotor mit einer Laufleistung von ... km;
               ☐ sei erst am ... vom TÜV ohne Beanstandungen abgenommen worden;
           b) ☐ der gemäß Kaufvertrag vom ... gekaufte Pkw
               ☐ sei am ... wegen eines Motorschadens liegen geblieben;
               ☐ weise die folgenden Mängel auf: ...
               ☐ die bereits bei Übergabe am ...vorhanden gewesen seien;
               ☐ sei nicht verkehrssicher, weil ...
               ☐ habe bei Kaufabschluss am ... nur einen Verkehrswert von ... € gehabt;
               ☐ habe heute einen Verkehrswert von ... €;
               ☐ habe während der Besitzzeit des ... einen Unfall mit erheblichen Schäden erlitten, nämlich ...
           c) ☐ d... Beklagte... habe
               ☐ von den oben angeführten Mängeln
               ☐ von folgenden Mängeln: ...
               ☐ von dem früheren Unfall
               ☐ bei Vertragsschluss am ...
               ☐ bei Übergabe am ...
               Kenntnis gehabt;
           d) ☐ zur Beseitigung der unter b) aufgeführten Mängel sei ein Aufwand von ... € erforderlich;
           e) ☐ der Unfall vom ... sei auf den Mangel ... zurückzuführen;
           f) ☐ die Beseitigung der Schäden aus dem Unfall vom ... erfordere einen Aufwand von ... €;
           g) ☐ die Arbeiten gemäß Rechnung der Firma ... vom ... seien zur Beseitigung der Schäden aus dem Unfall vom ... erforderlich gewesen; die eingesetzten Preise seien angemessen;

2. ☐ über die Behauptungen d... Beklagte...,
   a) ☐ er/sie habe bei den Kaufverhandlungen nicht erklärt, dass ...
   b) ☐ d... Kläger... darauf hingewiesen, dass ...
   c) ☐ der Pkw sei in der Zeit bis zur Übergabe am ... ohne Beanstandungen gelaufen;
   d) ☐ von irgendwelchen Mängeln oder Vorschäden oder Unfällen sei ihm/ihr nichts bekannt gewesen,
      ☐ mit Ausnahme von ...
   e) ☐ d... Kläger... habe das Fahrzeug
      ☐ zur Probe gefahren. ☐ selbst untersucht.
      ☐ und in Ordnung befunden;
   f) ☐ der eingebaute Motor sei ein Austauschmotor;

3. ☐ darüber,
   a) ☐ ob der Pkw bei der Übergabe am ... fahrtüchtig und verkehrssicher war;
   b) ☐ ob bei einem Pkw der Marke ... mit dem Baujahr ... nach der Benutzungsdauer von ... ab Zulassung und der Laufleistung von ... km mit
      ☐ Rostschäden
      ☐ der Notwendigkeit des Motoraustauschs
      ☐ der Notwendigkeit des Getriebeaustauschs
      zu rechnen ist;
   c) ☐ ob sichere Anzeichen dafür feststellbar sind, dass festgestellte Mängel auf unzureichende Pflege oder Wartung, unsachgemäße Benutzung oder mangelhafte Reparaturen zurückzuführen sind;
   d) ☐ ob der von d... Kläger... behauptete Mangel ... derart ist, dass er bei der Zeitspanne zwischen Übergabe und Auftreten aller Wahrscheinlichkeit nach schon bei Übergabe vorhanden war und von einem Benutzer infolge konkreter Anzeichen hätte bemerkt werden können und müssen;

☐ durch Vernehmung der Zeugen
   a) ... Anschrift Bl. ... d. A., zu ...
   b) ... Anschrift Bl. ... d. A., zu ...
   zu ... von d... Kläger benannt;
   zu ... von d... Beklagte... benannt.
☐ durch Parteivernehmung
   ☐ d... Kläger... zu ...   ☐ d... Beklagte... zu ...
   ☐ beider Parteien gemäß § 448 ZPO zu ...
☐ durch Einholung einer Auskunft bei ... zu ...
☐ durch Erstattung eines mündlichen Gutachtens zu ...

   ☐ Zum Sachverständigen wird ... ernannt.
   ☐ Um die Benennung eines geeigneten Sachverständigen soll die Industrie- und Handelskammer in ... ersucht werden.

II. Die Ladung d... Zeug... ist davon abhängig, dass
   ☐ d... Kläger... für die Zeugen je ... €
   ☐ d... Beklagte... für die Zeugen je ... €

Auslagenvorschuss binnen ... Wochen einzahl... oder Gebührenverzichtserklärung vorleg....

III. Haupttermin zur mündlichen Verhandlung wird anberaumt auf ... den ..., ... Uhr, Raum ...

☐ Das persönliche Erscheinen d... ... wird angeordnet.

☐ D... Kläger... wird aufgegeben, das streitige Fahrzeug zum Termin mitzubringen und zu einer Augenscheinseinnahme bereitzuhalten.

☐ Zum Termin soll d... Sachverständige geladen werden, falls d... ... bis ... einen Auslagenvorschuss von ... € einzahlt.

☐ Der Sachverständige soll vor dem Termin
　☐ die Gerichtsakten zur Einsicht erhalten;
　☐ sodann im Termin ein mündliches Gutachten zu den Fragen ... erstatten.

Frankfurt am Main, den ...

☐ Amtsgericht, Abteilung ... 　　　　☐ Landgericht, ... Zivilkammer
　　　　　　　　　　　　　　　　　　☐ Der Vorsitzende
　　　　　　　　　　　　　　　　　　☐ Der Einzelrichter

.... 　　　　............... 　　　　...............

Muster 43: Auflagenbeschluss bei Ansprüchen aus Reisevertrag

☐ Amtsgericht Frankfurt am Main
☐ Landgericht Frankfurt am Main
Aktenzeichen: ...

Auflagenbeschluss

in dem Rechtsstreit ... gegen ...: 1

I. D... Kläger... wird aufgegeben, bis zum ...
    1. ☐ folgende Urkunden vorzulegen:
        ☐ Reiseprospekt betreffend Hotel/Apartment-Anlage ...
        ☐ Preisliste zum Reiseprospekt.
        ☐ Reiseanmeldung.
        ☐ Reisebestätigung.
        ☐ Formular betreffend Sonderwünsche.
        ☐ Informationsschreiben des Reiseveranstalters vom ...
        ☐ eigenes Schreiben vom ...
        ☐ Mängelprotokoll/Niederschrift vom ....
        ☐ Anmeldeschreiben vom ...
        ☐ Ablehnungsschreiben des Reiseveranstalters vom ...
        ☐ die gesamte nach Reiseende mit dem Reiseveranstalter gewechselte Korrespondenz.
        ☐ Fotos betreffend ...
        ☐ Lageplan betreffend ...
        ☐ maßstabsgerechte Skizze betreffend
            ☐ die innegehabten Räumlichkeiten.
            ☐ die Lage des Hotels.
            ☐ die um das Hotel führenden Straßen.
            ☐ die Entfernung Hotel – Strand.
            ☐ die behaupteten Baustellen.
        ☐ Kündigungsschreiben vom ....
        ☐ Belege betreffend
            ☐ Transfer.
            ☐ zusätzliche Verpflegung.
            ☐ Reparatur ...
            ☐ Telefonkosten.
            ☐ Buchung der Ersatzreise.
        ☐ Reisegutschein.
    2. ☐ mitzuteilen,
        ☐ die Namen der einzelnen Mitreisenden.
        ☐ wer den Reisevertrag im Einzelnen abgeschlossen hat.
        ☐ welche zusätzlichen Erklärungen im Reisebüro erfolgt sind und wer diese Erklärungen abgegeben hat.
        ☐ mit welcher Person im Reisebüro verhandelt wurde.
        ☐ wie sich der eingeklagte Zahlungsanspruch im Einzelnen zusammensetzt, insbesondere

§ 2. Die Aufklärungs- und Beweisbeschlüsse

- ☐ ob Minderung und/oder Schadensersatz verlangt wird.
- ☐ wie sich die Minderung im Einzelnen errechnet.
- ☐ wie sich der Schadensersatz im Einzelnen errechnet und zwar aufgeteilt nach den einzelnen Reisenden.
- ☐ hinsichtlich der für den Mitreisenden ... verlangten Minderung/Schadensersatz sich zur Frage der Aktivlegitimation zu äußern.
- ☐ wie sich der Reiseverlauf im Einzelnen abgespielt hat.
- ☐ insbesondere in welchen Zeiträumen d... Kläger... in den einzelnen Hotels (bzw. Anlagen) gewohnt hat und wann die erwähnten Umzüge erfolgt sind.
- ☐ ob eine Kündigung ausgesprochen worden ist (wann und wem gegenüber?) und gegebenenfalls den Erstattungsanspruch unter Beachtung der § 651 e III, IV BGB zu berechnen.
- ☐ ob eine Kündigung wegen Beeinträchtigung der Reise durch höhere Gewalt (§ 651 j I BGB) ausgesprochen wurde (wann und wem gegenüber?) und gegebenenfalls den Erstattungsanspruch nach § 651 j II BGB zu berechnen.
- ☐ ob und welche Abschlagszahlungen d... Beklagte... geleistet hat.
- ☐ ob d... Kläger... den Urlaub/Resturlaub zu Hause verbracht hat, gegebenenfalls wo und unter welchen Umständen.
- ☐ welche Ersatzreise d... Kläger... gebucht hat (Reiseziel, Transport- und Verpflegungsart, Dauer der Ersatzreise) und welche Vergütung hierfür zu zahlen war.

3. ☐ aufgegeben,
   - ☐ die einzelnen Mängel nach ihrer Art, Intensität und Häufigkeit sowie Zeitdauer zu substanziieren und hierfür Beweis anzutreten.
   - ☐ insbesondere ....
   - ☐ konkret anzugeben,.
     - a) wer
     - b) wann
     - c) welche der geltend gemachten Mängel
     - d) welcher Person (Reiseleiter? Hotelrezeption?) angezeigt hat.
   - ☐ wegen welcher Mängel Abhilfe verlangt wurde, insbesondere
     - a) wer dies verlangt hat.
     - b) wem gegenüber dies geschehen ist.
     - c) wann dies geschehen ist.
     - d) ob hierbei eine Fristsetzung erfolgte.
     - e) welche Reaktion seitens des Gesprächspartners hierauf erfolgte.
   - ☐ aus welchen Gründen
     - ☐ Abhilfe nicht verlangt wurde.
     - ☐ keine Fristsetzung erfolgte.
     - ☐ der/die Mängel nicht angezeigt wurde(n).
   - ☐ die Voraussetzungen einer Kündigung nach § 651 j I BGB näher darzulegen und hierfür Beweis anzutreten, insbesondere
     - ☐ welche erheblichen Beeinträchtigungen am Urlaubsort aufgetreten sind.

☐ ab wann und in welchem Zeitraum diese Beeinträchtigungen aufgetreten sind.
☐ dass diese Beeinträchtigungen bei Vertragsschluss nicht voraussehbar waren.
☐ welche Auskünfte die Beklagte oder das vermittelnde Reisebüro vor Reiseantritt über die Lage am Urlaubsort gemacht hat.
☐ konkret anzugeben, wann die Rückreise erfolgte und wie der abgebrochene Urlaub verbracht wurde.
☐ konkret anzugeben, wie sich der Unfall vom … im Einzelnen abgespielt hat und welche Pflichtverletzungen nach Auffassung d… Kläger… auf Seiten des Reiseveranstalters bzw. des Leistungsträgers vorliegen.
☐ die Heilungskosten im Einzelnen zu substanziieren, und hierbei
☐ Belege über Arztkosten und Medikamente vorzulegen.
☐ mitzuteilen, wer der behandelnde Arzt am Urlaubsort war (Name, Anschrift), ob er als Zeuge benannt und von der ärztlichen Schweigepflicht entbunden wird.

II. D… Beklagte… wird aufgegeben, bis zum … 2

1. ☐ zur Klageschrift/Schriftsatz vom … substanziiert Stellung zu nehmen.

2. ☐ folgende Urkunden vorzulegen,
☐ Reiseanmeldung.
☐ Reisebestätigung.
☐ die gesamten Reisebedingungen.
☐ Preisliste betreffend Hotel/Apartment-Anlage …
☐ Prospektseiten betreffend …
☐ Mängelprotokoll/Niederschrift vom …
☐ Abfindungsvereinbarung vom …
☐ Reiseleiterbericht vom …
☐ Fotos betreffend …
☐ Lageplan betreffend …
☐ maßstabsgerechte Skizze betreffend …
☐ die von d… Kläger… innegehabten Räumlichkeiten.
☐ die Lage des Hotels.
☐ die um das Hotel führenden Straßen.
☐ die Entfernung Hotel – Strand.
☐ die vorhandenen Baustellen.
☐ Schreiben des … vom …
☐ Original des ihr zugegangenen Anmeldeschreibens.
☐ die nach Reiseende gewechselte Korrespondenz.
☐ …

3. ☐ mitzuteilen,
☐ wann und wie ihre Allgemeinen Geschäftsbedingungen d… Kläger… vor Vertragsschluss übermittelt worden sind.
☐ wie sich der vorprozessual gezahlte Betrag von … € im Einzelnen zusammensetzt.

§ 2. Die Aufklärungs- und Beweisbeschlüsse

- □ wie sich aus ihrer Sicht der Reiseverlauf im Einzelnen gestaltet hat, insbesondere in welchen Zeiträumen d... Kläger... im Einzelnen wo untergebracht war(en) und wann Umzüge erfolgt sind.
- □ den Namen des zuständigen Reiseleiters, insbesondere
  - □ wann und wo er für Mängelrügen und Abhilfeverlangen zur Verfügung stand.
  - □ ob und wann (genaue Zeitpunkte) er mit d... Kläger... verhandelt hat, gegebenenfalls welche Erklärungen er jeweils abgegeben hat.
  - □ auf welche Weise die Reisenden davon Kenntnis hatten, dass die genannte Person der zuständige Reiseleiter war und wie er zu erreichen war.
  - □ ob er als Zeuge benannt wird.
- □ welche Abhilfemaßnahmen der Reiseleiter nach der erfolgten Mängelanzeige unternommen hat.
- □ welche Mängel im Einzelnen bestritten werden.

4. □ sich konkret zu äußern zu dem Vortrag d... Kläger... betreffend
   - □ Zusicherungen im Reisebüro.
   - □ den Mangel ...
   - □ die Beeinträchtigungen am Urlaubsort durch ...
   - □ die Erkennbarkeit der drohenden Gefahren vor Reiseantritt ...
   - □ den Vorfall vom ...
   - □ Nichterreichbarkeit der Reiseleitung ...
   - □ offensichtliche Kenntnis der Reiseleitung betreffend den Mangel ...
   - □ substanziiert vorzutragen, welches Ersatzobjekt d... Kläger... wann und durch wen angeboten wurde;
   - □ und dabei
   - □ das angebotene Ersatzobjekt ... im Einzelnen zu beschreiben (Lage, Entfernung zum Strand, Vorhandensein besonderer Einrichtungen, Katalogpreis).
   - □ mitzuteilen, ob d... Kläger... die Möglichkeit gegeben war, das Ersatzobjekt ... vorher zu besichtigen.

III. □ Termin zur mündlichen Verhandlung wird anberaumt auf ..., den ..., ... Uhr, Raum ...

III. □ Das persönliche Erscheinen
   □ d... Kläger...   □ d... Beklagte...
   wird angeordnet.

Frankfurt am Main, den ...
□ Amtsgericht, Abteilung ...   □ Landgericht, ... Zivilkammer
                                                □ Der Vorsitzende
                                                □ Der Einzelrichter

....

Muster 44: Beweisbeschluss bei Ansprüchen aus Reisevertrag

☐ Amtsgericht Frankfurt am Main
☐ Landgericht Frankfurt am Main
Aktenzeichen: …

Beweisbeschluss

in dem Rechtsstreit … gegen …:

I. Es soll Beweis erhoben werden
   1. ☐ über die Behauptungen d… Kläger…
      a) ☐ bei Buchung der Reise am … sei ih… in der Buchungsstelle … von … erklärt worden, …
      b) ☐ die Leistungen der Beklagte… habe folgende einzelne Mängel aufgewiesen: …
      c) ☐ die unter b) … genannten Mängel habe er/sie am … der örtlichen Reiseleitung, nämlich … angezeigt;
         ☐ gleichzeitig habe er/sie Abhilfe verlangt.
         ☐ und hierzu eine Frist bis … gesetzt.
      d) ☐ eine Anzeige der unter b) … genannten Mängel sei nicht möglich gewesen, da
         ☐ eine Reiseleitung am Urlaubsort nicht vorhanden gewesen sei.
         ☐ die Reiseleitung nicht zu erreichen gewesen sei.
      e) ☐ die wegen der Mängel angesprochene Reiseleitung habe nach der Rüge erklärt
         ☐ er/sie könne keine Abhilfe leisten.
         ☐ er/sie könne Abhilfe nur leisten, indem …
      f) ☐ die von der Reiseleitung angebotene Ersatzunterkunft sei unzumutbar gewesen, da sie
         ☐ folgende Mängel aufgewiesen habe: …
         ☐ von dem gebuchten Hotel/Apartment ca. … entfernt gewesen sei.
      g) ☐ ihr/ihm seien zur Beseitigung der Mängel folgende Aufwendungen entstanden: …
      h) ☐ Er/Sie sei am Urlaubsort folgenden Beeinträchtigungen ausgesetzt gewesen: [55]
         ☐ durch einen Wirbelsturm sei das Hotel … schwer beschädigt worden, insbesondere …
         ☐ durch die politischen Unruhen am Urlaubsort
            ☐ habe man das Hotel überhaupt nicht verlassen können.
            ☐ seien Ausflüge und Rundreisen nicht möglich gewesen.
            ☐ habe man den Strand nicht benutzen können.
         ☐ durch den Streik am Urlaubsort
            ☐ sei die Verpflegung im Hotel ausgefallen.
            ☐ sei die Reinigung der Zimmer unterblieben.
            ☐ sei die Versorgung mit … unterbrochen gewesen.

---

[55] Betrifft Fälle des § 651j BGB.

2. □ über die Behauptungen d... Beklagte...
    a) □ bei der Buchung am ... sei d... Kläger... nicht erklärt worden, dass ...
       □ d... Angestellte habe nur gesagt, dass ...
    b) □ die Leistungen der Beklagte... bzw. der Leistungsträger seien mangelfrei gewesen, nämlich: ...
    c) □ d... Kläger... habe die unter 1.b) ... genannten Mängel nicht gerügt,
       □ sondern nur erklärt ...
    d) □ d... Kläger... habe die unter 1.b) ... genannten Mängel erstmals am ... gegenüber ... gerügt.
    e) □ d... Kläger... sei
       □ unmittelbar nach Rüge □ am ...
       angeboten worden in das
       □ Zimmer/Apartment Nr. ... □ Hotel ...
       umzuziehen.
    f) □ die angebotene Ersatzunterkunft sei
       □ mangelfrei gewesen.
       □ habe folgende Eigenschaften gehabt: ...
       □ sei nur ... von dem gebuchten Objekt entfernt gewesen.
    g) □ die Reise sei keineswegs durch
       □ Wirbelsturm ...
       □ politische Unruhen
       □ Streiks am Urlaubsort
       □ ...
       beeinträchtigt gewesen,[56] denn ...
    durch Vernehmung folgender Zeugen:
    a) ...Anschrift Bl. ... zu ...
    b) ...Anschrift Bl. ... zu ...
    c) ...Anschrift Bl. ... zu ...
    zu ... von d... Kläger...,
    zu ... von der Beklagte... benannt.

II. □ Die Zeugen
    □ sollen im Wege der Rechtshilfe durch das zuständige Amtsgericht vernommen werden.
    □ sollen im Wege der internationalen Rechtshilfe vernommen werden.
    □ sollen vor dem Prozessgericht vernommen werden,
       □ und zwar
       □ vor der Kammer.
       □ durch den Berichterstatter gemäß § 375 Ia ZPO.
    □ sollen gemäß § 377 III ZPO seine/ihre Aussage schriftlich abgeben.

III. □ Die Durchführung der Beweisaufnahme hängt davon ab, dass
    □ d... Kläger... für die Zeugen je ... €
    □ d... Beklagte... für die Zeugen je ... €
    bis spätestens ... Auslagenvorschuss eingezahlt bzw. Gebührenverzichtserklärung vorgelegt.

---

[56] Betrifft Fälle des § 651j BGB.

☐ Die Anforderung des Auslagenvorschusses für das internationale Rechtshilfeersuchen bleibt der Prüfungsstelle vorbehalten.

IV. ☐ D... Beklagte... wird aufgegeben, bis spätestens ...folgendes hinsichtlich d... Zeugen ... dem Gericht mitzuteilen:
☐ derzeitige Heimatanschrift d... Zeugen.[57]
☐ derzeitige Arbeitsanschrift d... Zeugen.
☐ wie lange d... Zeug... an dem mitgeteilten Urlaubsort noch im Einsatz ist; gegebenenfalls wohin er/sie dann versetzt wird.
☐ ob d... Zeug... in absehbarer Zeit nach Deutschland kommt und hier für eine Vernehmung vor dem Prozessgericht zur Verfügung steht.
☐ welche Staatsangehörigkeit d... Zeuge/Zeugin hat.[58]
☐ ob d... Zeuge/Zeugin bereit ist, vor der
☐ deutschen Botschaft in ...
☐ deutschen Konsulat in ...
freiwillig zu erscheinen und auszusagen.
☐ welche Sprache der Zeuge beherrscht.

☐ D... Beklagte... wird unter Hinweis auf die ihr obliegende Prozessförderungspflicht aufgegeben, jeden bevorstehenden Aufenthaltswechsel d... Zeug...dem Gericht unverzüglich mitzuteilen.[59]

V. ☐ Termin zur Beweisaufnahme
☐ und Fortsetzung der mündlichen Verhandlung
☐ wird von Amts wegen nach
☐ Durchführung des Rechtshilfeersuchens
☐ nach Eingang der schriftlichen Zeugenaussagen
bestimmt.
☐ anberaumt auf ... den ..., ... Uhr, Raum ...

☐ Das persönliche Erscheinen
☐ d... Kläger...   ☐ d... Beklagte...
wird angeordnet.

Frankfurt am Main, den ...
☐ Amtsgericht, Abteilung ...   ☐ Landgericht, ... Zivilkammer
                                        ☐ Der Vorsitzende
                                        ☐ Der Einzelrichter

....

---

[57] Betrifft die Vernehmung von Reiseleitern.
[58] Betrifft Vernehmung von Zeugen im Ausland.
[59] Betrifft die Vernehmung von Reiseleitern.

Muster 45: Auflagenbeschluss bei Vergütungsklage aus Bauvertragsrecht

☐ Amtsgericht Frankfurt am Main
☐ Landgericht Frankfurt am Main
Aktenzeichen: ...

Auflagenbeschluss

1 in dem Rechtsstreit ... gegen ...:
    I. ☐ Beiden Parteien wird aufgegeben, bis ... vorzutragen, ob dem Bauvertrag zwischen den Parteien die VOB/B zugrunde liegt.
       ☐ Sie sollen hierbei auch vortragen, auf welche Weise die VOB/B Vertragsbestandteil geworden ist.[60]

    II. ☐ D... Kläger... wird aufgegeben, bis zum ...
       1. ☐ folgende Urkunden vorzulegen:
          ☐ Angebot vom ...
          ☐ Leistungsverzeichnis vom ...
          ☐ Auftragsschreiben vom ...
          ☐ Auftragsbestätigung vom ...
          ☐ Bauvertrag vom ... ☐ nebst folgenden Anlagen:
              ☐ Zusätzliche Vertragsbedingungen.
              ☐ Zusätzliche technische Vorschriften.
          ☐ Zusatzaufträge vom ...
          ☐ Bautagebuch.
          ☐ Stundenlohnzettel (§ 15 Nr. 3 VOB/B).
          ☐ Abnahmeprotokoll vom ...
          ☐ Protokoll über die Ortsbesichtigung vom ...
          ☐ Gemeinsames Aufmaß vom ...
          ☐ Rohbauabnahmeschein.
          ☐ Gebrauchsabnahmeschein.
          ☐ Schlussabnahmeschein.
          ☐ sämtliche Zwischenrechnungen.
          ☐ Schlussrechnung vom ...
          ☐ den Erfordernissen des § 14 Nr. 1 VOB/B genügende prüfungsfähige Rechnung.
          ☐ Kündigungsschreiben vom ...
          ☐ Mahnschreiben vom ...
          ☐ eine Gesamtabrechnung, aus der sämtliche Rechnungen einerseits, Zahlungen und Gutschriften andererseits ersichtlich sind.
       2. ☐ substanziiert unter Beweisantritt
          ☐ den Bauvertragesinhalt darzulegen; ☐ insbesondere
              ☐ die Vereinbarung eines Pauschalpreises.
              ☐ dass der vereinbarte Preis zuzüglich Mehrwertsteuer zu verstehen ist.
              ☐ den vereinbarten Leistungsumfang.

---

[60] §§ 305 II, III, 305 a BGB.

☐ die außerhalb des ursprünglichen Auftrags stehenden Leistungen zu begründen; ☐ insbesondere
　☐ darzulegen, wann und von wem die Zusatzaufträge an wen erteilt wurden.
　☐ bei Erteilung durch einen Dritten zum Handeln in fremdem Namen und mit Vertretungsmacht (§ 164 BGB) vorzutragen.
　☐ darzulegen, wann und von wem die Ausführung der zusätzlichen Leistungen vorher an wen angekündigt worden ist (§ 2 Nr. 6 VOB/B).
　☐ darzulegen, wann und gegenüber wem d… Beklagte… die Leistungen nachträglich anerkannt hat (§ 2 Nr. 8 II 1 VOB/B).
　☐ darzulegen, weshalb diese Leistungen für die Erfüllung des Vertrages notwendig waren, dem mutmaßlichen Willen d… Beklagte… entsprachen und unverzüglich angezeigt wurden (§ 2 Nr. 8 II 2 VOB/B).
☐ die von d… Beklagte… bestrittenen Positionen der Klageforderung näher zu begründen; ☐ insbesondere
　☐ die Preisvereinbarungen unter Beweis zu stellen.
　☐ zur Angemessenheit der Preise vorzutragen.
　☐ den Leistungsumfang näher darzulegen.
　☐ sich zu der Frage zu äußern, auf welchen Gründen die Abweichung der Rechnung vom … von dem Kostenvoranschlag vom … beruht.
　☐ mitzuteilen, ob die Überschreitung des Kostenvoranschlags vom … d… Beklagte… angezeigt worden ist (§ 650 II BGB) und, wenn ja, wann.
　☐ darzulegen, ob von d… Beklagte… die Stundenlohnzettel gemäß § 15 Nr. 3 VOB/B eingereicht worden sind und ob hiergegen Einwendungen erhoben wurden.
　☐ eine Aufschlüsselung des Stundenlohnsatzes nach § 15 Nr. 1 II VOB/B vorzunehmen.
　☐ den Anspruch der Höhe nach unter Beachtung von § 6 Nr. 5 VOB/B zu begründen.
　☐ den Anspruch der Höhe nach unter Beachtung von § 5 Nr. 4 in Verbindung mit § 6 Nr. 6 VOB/B zu begründen.
　☐ den Zinsanspruch nach § 16 Nr. 5 III VOB/B zu begründen.
☐ die Voraussetzungen für eine vorzeitige Entziehung des Auftrages nach
　☐ § 6 Nr. 7 VOB/B　☐ § 9 Nr. 1 VOB/B
　darzulegen; ☐ insbesondere
　☐ anzugeben, welche Vergütung für die ausgeführten Arbeiten verlangt wird.
　☐ anzugeben, ob für die nicht ausgeführten Arbeiten Entschädigung (§ 642 BGB; § 9 Nr. 3 VOB/B) oder Schadensersatz verlangt wird, ggf. welche Ersparnis durch die Nichtausführung eingetreten ist.
　☐ darzulegen, ob eine förmliche Abnahme der Leistungen stattgefunden hat; verneinendenfalls, ob die Voraussetzungen für eine fiktive Abnahme nach § 12 Nr. 5 VOB/B vorliegen.

§ 2. Die Aufklärungs- und Beweisbeschlüsse

- ☐ sich zu den von d... Beklagte... geltend gemachten Mängeln zu äußern; ☐ insbesondere
- ☐ hinsichtlich der Positionen ... darzulegen, ob diese Mängel auf einen der in § 4 Nr. 3 VOB/B genannten Umstände zurückzuführen sind; bejahendenfalls, ob gegenüber der vorgesehenen Art der Ausführung schriftlich die Bedenken de... Beklagte... bzw. dem Architekten mitgeteilt worden sind.
- ☐ darzulegen, inwiefern hinsichtlich der Positionen ... die Voraussetzungen des § 13 Nr. 6 VOB/B vorliegen.
- ☐ sich zu der von d... Beklagte... geltend gemachten Vertragsstrafe zu äußern; ☐ insbesondere
- ☐ ob eine Behinderungsanzeige nach § 6 Nr. 1 VOB/B abgegeben worden ist.
- ☐ wann nach Darstellung d... Kläger... die Arbeiten vertragsgemäß fertig gestellt waren, gegebenenfalls weshalb eine etwaige Verspätung in der Fertigstellung nicht von ih... zu vertreten ist.
- ☐ sich zu dem von d... Beklagte... geltend gemachten Anspruch auf Ersatz des Schadens wegen verspäteter Fertigstellung zu äußern; ☐ insbesondere
- ☐ anzugeben, wann nach Darstellung d... Kläger... die Arbeiten vertragsgemäß fertig gestellt waren und worauf eine etwaige Verzögerung zurückzuführen ist.
- ☐ darzulegen, wodurch d... Beklagte
- ☐ die Forderung am ... anerkannt hat.
- ☐ auf die Mängelrügen betreffend die Positionen ... verzichtet hat.
- ☐ darzulegen, wodurch er/sie sich
- ☐ bei Annahme der Schlusszahlung vom ...
- ☐ nach Ablehnung der weiteren Zahlungspflicht durch d... Beklagte... im Schreiben vom ...
die jetzige Nachforderung vorbehalten hat.

2 III. ☐ D... Beklagte... wird aufgegeben, bis zum ...
  1. ☐ folgende Urkunden vorzulegen:
     - ☐ Schreiben betreffend die Mängelrügen.
     - ☐ Privatgutachten des ... vom ...
     - ☐ Rechnungen betreffend
       - ☐ die Ersatzvornahme
       - ☐ die Mängelbeseitigung
     - ☐ Baugenehmigung
     - ☐ Vertrag mit dem Architekten
     - ☐ Pläne des Architekten ...
       - ☐ nebst der Ausführungszeichnungen betreffend ...
     - ☐ statische Berechnung des ...
     - ☐ Schreiben vom ... betreffend die Entziehung des Auftrages.
     - ☐ Quittungen betreffend die im Schriftsatz vom ... behaupteten Zahlungen.
  2. ☐ anzugeben,
     - ☐ das Aktenzeichen des Beweisverfahrens.

☐ das Aktenzeichen der Bauaufsichtsbehörde.
☐ Zeitpunkt des Beginns und des Endes der Bauarbeiten.
☐ wie sich der von ih… anerkannte und gezahlte Betrag von … € im Einzelnen zusammensetzt.
☐ ob das ☐ gemeinsame Aufmaß ☐ Aufmaß d… …
vom … anerkannt wird.

3. ☐ substanziiert unter Beweisantritt
☐ darzulegen, wann von wem an wen Erklärungen zu den behaupteten mündlichen Nebenabreden zu dem schriftlichen Bauvertrag vom … abgegeben wurden.
☐ darzulegen, woraus sich die Pauschalpreisvereinbarung geben soll.
☐ zur Schlussrechnung vom … Stellung zu nehmen.
☐ zur Abrechnung vom … Stellung zu nehmen.
☐ hinsichtlich der Stundenlohnarbeiten darzulegen, ob und, wenn ja, welche Einwendungen gegen die seinerzeit vorgelegten Stundenlohnzettel erhoben worden sind (§ 15 Nr. 3 VOB/B).
☐ hinsichtlich des geltend gemachten Zusatzauftrages darzulegen,
 ☐ ob die Zusatzauftragserteilung bestritten wird.
 ☐ ob der Architekt … zur Erteilung des Zusatzauftrages bevollmächtigt war oder nicht.
 ☐ ob und wann d… Beklagte… von der Erteilung des Zusatzauftrages Kenntnis erlangt hat und ob der Auftragserteilung widersprochen worden ist.
 ☐ weshalb die ihn betreffenden Arbeiten für die Ausführung des Auftrages nicht notwendig waren.
☐ darzulegen, ob und wann eine Abnahme der Bauleistungen durch d… Kläger… stattgefunden hat, gegebenenfalls, ob die Voraussetzungen für eine fiktive Abnahme nach § 12 Nr. 5 VOB/B vorliegen.
☐ darzulegen, ob und wann das gemeinsame Aufmaß vom … wegen Unrichtigkeit beanstandet worden ist.
☐ die im Schriftsatz vom … geltend gemachten Mängel näher darzulegen; ☐ insbesondere
 ☐ inwieweit eine Abweichung von der vereinbarten Leistung vorliegt.
 ☐ ob die Mängel bei Abnahme gerügt und Gewährleistungsrechte vorbehalten worden sind.
 ☐ wann die Mängel erstmals gerügt worden sind.
 ☐ ob und wann Fristen nach § 13 Nr. 5 VOB/B gesetzt worden sind.
 ☐ ob die Mängel heute noch vorhanden sind.
 ☐ ob Minderung oder Schadensersatz verlangt wird;
  ☐ bei Verlangen von Schadensersatz ist das Verschulden darzulegen.
  ☐ bei Verlangen des Ersatzes von mittelbarem Schaden sind die Voraussetzungen des § 13 Nr. 7 II VOB/B darzulegen.
☐ die zur Aufrechnung gestellte Vertragsstrafe zu begründen; ☐ insbesondere

- ☐ wo sie im Einzelnen vereinbart worden ist.
- ☐ ob ihre Geltendmachung bei Abnahme vorbehalten worden ist (§ 341 III BGB; § 11 Nr. 4 VOB/B).
- ☐ wie sie sich genau berechnet (§ 11 Nr. 3 VOB/B) und für welchen Zeitraum sie geltend gemacht wird.
- ☐ ob und inwiefern die Verzögerung in dem genannten Zeitraum von d… Kläger… zu vertreten ist (§ 11 Nr. 2 VOB/B).

☐ den zur Aufrechnung gestellten Anspruch auf Ersatz des Schadens aus verspäteter Fertigstellung näher darzulegen   ☐ insbesondere
- ☐ Beweis dafür anzutreten, dass die Arbeiten erst am … fertig gestellt waren.
- ☐ mitzuteilen, worauf die Verzögerung im Einzelnen beruht.
- ☐ anzugeben, inwieweit durch die Verzögerung zusätzliche Kosten entstanden sind und hierzu Belege vorzulegen.

4. ☐ die Voraussetzungen für den Entzug des Auftrags
   ☐ § 5 Nr. 4 VOB/B   ☐ § 4 Nr. 7 VOB/B
   darzulegen;   ☐ insbesondere
- ☐ die nach dem Entzug des Auftrags durch die Ersatzfirma … durchgeführten Restarbeiten zu belegen.
- ☐ die noch offenen Restarbeiten und die dafür notwendigen Kosten durch Vorlage eines Kostenvoranschlages zu belegen.
- ☐ die Zahlungen vom … unter Beweis zu stellen.
- ☐ den Schadensersatzanspruch betreffend … näher zu begründen.

IV. ☐ Die Akten der Bauaufsichtsbehörde in … betreffend das Bauvorhaben … sollen beigezogen werden.

☐ Bei der Bauaufsichtsbehörde in … soll betreffend das Bauvorhaben … eine Auskunft darüber eingeholt werden,
- ☐ wann das Bauvorhaben von der Bauaufsichtsbehörde abgenommen worden ist, und zwar wann
  - ☐ die Rohbauabnahme
  - ☐ die Gebrauchsabnahme
  - ☐ die Schlussabnahme
  erfolgt ist.
- ☐ ob bei der …-Abnahme seitens der Bauaufsichtsbehörde irgendwelche Beanstandungen betreffend … erhoben worden sind – etwaige Protokolle oder sonstige Unterlagen sind vorzulegen.
- ☐ ob die von der Bauaufsichtsbehörde erhobenen Beanstandungen betreffend … in der Zwischenzeit behoben worden sind.

V. ☐ Die Akten d… Beweisverfahren… sollen beigezogen werden.

VI. ☐ Termin zur mündlichen Verhandlung
☐ wird erst anberaumt,
- ☐ wenn die obigen Auflagen erfüllt sind.
- ☐ wenn die Auskunft der Bauaufsichtsbehörde vorliegt.
- ☐ wenn die angeforderten Bauakten der Bauaufsichtsbehörde eingetroffen sind.
- ☐ wenn die Akten des selbstständigen Beweisverfahrens eingetroffen sind.

Muster 45

☐ wird bestimmt auf …, den …, … Uhr, Raum …
☐ Das persönliche Erscheinen
    ☐ d… Kläger…   ☐ d… Beklagte…
wird angeordnet.

Frankfurt am Main, den …
☐ Amtsgericht, Abteilung …   ☐ Landgericht, … Zivilkammer
                                           ☐ Der Vorsitzende
                                           ☐ Der Einzelrichter

……………………………………………   ……………………………………………

Muster 46: Beweisbeschluss bei Vergütungsklage aus Bauvertragsrecht (Zeugen- und Parteivernehmung)

☐ Amtsgericht Frankfurt am Main
☐ Landgericht Frankfurt am Main
Aktenzeichen: …

Beweisbeschluss

1 in dem Rechtsstreit … gegen …:
    I. Es soll Beweis erhoben werden
        1. ☐ über die Behauptungen d… Kläger…
           a) ☐ der Architekt … habe den
                ☐ Bauvertrag vom … ☐ Zusatzauftrag vom … namens und in Vollmacht d… Beklagte… geschlossen.
           b) ☐ die Leistungen gemäß Zusatzauftrag vom … seien vor ihrer Ausführung durch … gegenüber d… angekündigt worden.
           c) ☐ d… Beklagte habe die Leistungen gemäß Zusatzauftrag vom … nachträglich anerkannt
                ☐ mündlich am …
                ☐ durch … ☐ gegenüber …
           d) ☐ zwischen den Parteien sei ein Pauschalpreis von … € vereinbart worden, der folgende Leistungen vergüten sollte: …
           e) ☐ zwischen den Parteien sei vereinbart worden, dass zu der im Vertrag vom … vereinbarten Vergütung von … € die Mehrwertsteuer aufzuschlagen sei.
           f) ☐ die in den Positionen … der Schlussrechnung vom … (Bl. … d. A.) aufgeführten Arbeiten seien ausgeführt worden.
           g) ☐ die in den vorgelegten Stundenlohnzetteln (Bl. … d. A.) aufgeführten Stundenleistungen seien voll erbracht worden
           h) ☐ d… Beklagte, bzw. der Architekt habe die den Lohnzettel (Bl. … d. A.) nach Prüfung als richtig anerkannt.
           i) ☐ die Arbeiten seien am … begonnen und am … beendet worden.
           j) ☐ am … seien nur noch folgende Arbeiten offen gewesen: …
           k) ☐ d… Beklagte habe am … die Arbeiten d… Kläger… förmlich abgenommen.
           l) ☐ d… Beklagte habe am … das Werk in Benutzung genommen.
           m) ☐ die Verzögerung der Fertigstellung der Arbeiten d… Kläger… beruhe auf …
           n) ☐ der … habe die Bedenken gegen die Ausführung des … gegenüber dem … ausdrücklich geltend gemacht, worauf diese … auf der Durchführung der Arbeiten bestanden habe.
           o) ☐ d… Kläger… habe am … d… Beklagte… darauf hingewiesen, … könne die Arbeiten wegen … nicht weiterführen.
           p) ☐ d… Beklagte habe die Forderung aus der Schlussrechnung vom … gegenüber … anerkannt.

q) ☐ d... Beklagte habe das Aufmaß d... Kläger... am ... gegenüber ... anerkannt.
r) ☐ d... Beklagte habe am ... auf Mängelrügen betreffend ... verzichtet.
s) ☐ d... Kläger... habe sich bei Annahme der Schlusszahlung vom ... die Nachforderung wegen ... vorbehalten.

2. ☐ über die Behauptungen d... Beklagte...
   a) ☐ der Architekt ... sei
      ☐ zum Abschluss des Bauvertrages vom ...
      ☐ zur Erteilung des Zusatzauftrages vom ...
      ☐ zur Abgabe der Erklärung vom ...
      nicht bevollmächtigt gewesen.
   b) ☐ bei Abschluss der Vereinbarung vom ... sei folgende mündliche Nebenabrede ... getroffen worden: ...
   c) ☐ bei Erteilung des Auftrages sei eine Pauschalpreisabrede über ... € getroffen worden, die folgende Leistungen umfasst habe: ...
   d) ☐ der/die ... habe dem Abschluss der Vereinbarung vom ... durch den ... unverzüglich am ... widersprochen.
   e) ☐ am ... seien die Leistungen d... Kläger... nicht abgenommen worden, denn ...
   f) ☐ der/die ... habe das Aufmaß d... Kläger... vom ... am ... beanstandet.
   g) ☐ der/die ... habe die Mängel ... am ... gegenüber dem ... gerügt.
   h) ☐ der/die ... habe am ... d... Kläger... aufgefordert, die Mängel ... zu beseitigen und hierzu eine Frist bis ... gesetzt.
   i) ☐ die Arbeiten d... Kläger... seien erst am ... begonnen und erst am ... beendet worden.
   j) ☐ die Verzögerung der Fertigstellung der Arbeiten d... Kläger... beruhe auf ...
   k) ☐ durch die verzögerte Ausführung der Arbeiten durch d... Kläger... hätten folgende andere Arbeiten nicht weitergeführt werden können: ...
   l) ☐ er/sie habe folgende Zahlungen geleistet: ...

☐ durch Vernehmung folgender Zeugen:
   a) ...Anschrift Bl. ... zu ...
   b) ...Anschrift Bl. ... zu ...
   c) ...Anschrift Bl. ... zu ...
   zu ... von d... Kläger...,
   zu ... von der Beklagte... benannt.
☐ durch Vernehmung d... Kläger... als Partei, zu ...
☐ durch Vernehmung d... Beklagte... als Partei, zu ...

II. ☐ Die Ladung der Zeugen ist davon abhängig, dass
   ☐ d... Kläger... für die Zeugen je ... €
   ☐ d... Beklagte... für die Zeugen je ... €
   bis spätestens ... Auslagenvorschuss eingezahlt bzw. Gebührenverzichtserklärung vorgelegt.

§ 2. Die Aufklärungs- und Beweisbeschlüsse

    III. ☐ Haupttermin zur mündlichen Verhandlung wird anberaumt auf ... den ..., ... Uhr, Raum ...

        ☐ Das persönliche Erscheinen
            ☐ d... Kläger...   ☐ d... Beklagte...
    wird angeordnet.

Frankfurt am Main, den ...
☐ Amtsgericht, Abteilung ...   ☐ Landgericht, ... Zivilkammer
                                            ☐ Der Vorsitzende
                                            ☐ Der Einzelrichter

Muster 47: Beweisbeschluss bei Vergütungsklage aus Bauvertragsrecht (Sachverständigengutachten)

☐ Amtsgericht Frankfurt am Main
☐ Landgericht Frankfurt am Main
Aktenzeichen: …

Beweisbeschluss

in dem Rechtsstreit … gegen …: 1

I. Es soll ein Sachverständigengutachten dazu eingeholt werden
1. ☐ ob die Forderung d… Kläger… aus der Schlussrechnung vom … unter Berücksichtigung der
☐ im Bauvertrag vom … ☐ im Zusatzauftrag vom …
getroffenen Vereinbarung gerechtfertigt ist, wobei der Sachverständige überprüfen soll:
☐ hinsichtlich der Positionen …,
☐ ob sie von d… Kläger… ausgeführt worden sind.
☐ ob sie gemäß den vertraglichen Vereinbarungen ausgeführt sind, insbesondere, ob sie der Leistungsbeschreibung entsprechen.
☐ ob die berechneten Preise angemessen sind.
☐ ob die zugrunde gelegten Massen zutreffend sind.
☐ ob die in Rechnung gestellten Leistungen durch die vorgelegten Stundenlohnzettel belegt sind.
☐ in welchem Umfang die enthaltenen Stundenlohnarbeiten unter Berücksichtigung des erzielten Ergebnisses bei einem wirtschaftlich vertretbarem Aufwand (§ 15 Nr. 5 VOB/B) anzuerkennen sind und welche Vergütung hierfür nach § 15 Nr. 1 II VOB/B angemessen ist.
☐ hinsichtlich der von d… Kläger.. in den Positionen … als Zusatzarbeiten in Rechnung gestellten Leistungen,
☐ ob sie für die Vertragsausführungen nötig waren
☐ ob sie über den ursprünglich durch den Pauschalauftrag festgelegten Leistungsumfang hinausgehen (§ 2 Nr. 6, Nr. 7 I 3 VOB/B)
☐ ob die Pauschalpreissumme nach § 2 Nr. 7 VOB/B in Verbindung mit § 2 Nr. 3 VOB/B und/oder § 2 Nr. 5 VOB/B zu ändern ist.
☐ ob hinsichtlich der Leistungspositionen Nr. … der Schlussrechnung vom … (Bl. … d. A.) eine Abweichung von mehr als 10% vorliegt; bejahendenfalls
☐ bei einer Überschreitung der Menge um mehr als 10% angeben, welcher neue Preis insoweit unter Berücksichtigung der Mehr- oder Minderkosten als angemessen anzusehen ist (§ 2 Nr. 3 II VOB/B).
☐ bei einer Unterschreitung der Menge um mehr als 10% angeben, inwieweit der Einzelpreis für die tatsächlich ausgeführte Menge zu erhöhen ist (§ 2 Nr. 3 III VOB/B).

2. ☐ ob die Leistungen d... Kläger... die im Schriftsatz d... Beklagte... vom ... (Bl. ... d. A.) näher dargestellten Mängel aufweisen,
☐ wobei der Sachverständige dazu Stellung nehmen soll,
☐ inwieweit die Leistungen d... Kläger... unter Berücksichtigung der
☐ im Bauvertrag vom ...   ☐ im Zusatzauftrag vom ...
getroffenen Vereinbarungen nicht den anerkannten Regeln der Technik entsprechen, sich nicht für die gewöhnliche Verwendung eignen sowie keine Beschaffenheit aufweisen, die bei Werken der gleichen Art üblich ist und die der Besteller nach der Art des Werkes erwarten kann.
☐ ob etwaige Mängel zurückzuführen sind auf
  ☐ die Leistungsbeschreibung des Auftraggebers bzw. dessen Architekten.
  ☐ einen Planungsfehler des Architekten.
  ☐ einer nicht fachgerechten Arbeit der Firma ...
  ☐ einer mangelhaften Koordination der Arbeiten d... Kläger... mit den Arbeiten der Firma ...
  ☐ einem Fehler in der statischen Berechnung.
  ☐ die Nichteinhaltung technischer DIN-Vorschriften.
  ☐ bestimmte Anordnungen des Auftraggebers bzw. seines Architekten.
  ☐ vom Auftraggeber bzw. dessen Architekten gelieferte oder vorgeschriebene Stoffe oder Bauteile.
  ☐ die Beschaffenheit der Vorleistung eines anderen Bauunternehmers, bejahendenfalls,
    ☐ ob d... Kläger... die darin liegende Gefahr einer mangelhaften Leistung unter Berücksichtigung der bei ihm vorausgesetzten Fachkenntnisse hätte erkennen können und deshalb hätte darauf hinweisen müssen.
    ☐ ob d... Kläger... bei Ausführungen der ih... obliegenden Leistungen sich an die Vorarbeiten der Firma ... hätte anpassen müssen.
☐ ob bestimmte Mängel, nämlich ... auf einem Verstoß gegen die anerkannten Regeln der Technik oder auf besonders grober Nachlässigkeit beruhen. Soweit verschiedene Ursachen in Frage kommen, soll sich der Sachverständige dazu äußern, ob
  ☐ nach den festgestellten Umständen Erfahrungssätze der Wissenschaft oder Praxis für einen bestimmten Ursachenzusammenhang sprechen, bejahendenfalls mit welchem Wahrscheinlichkeitsgrad.
  ☐ für die von d... Kläger... geltend gemachte weitere Ursache ... konkrete Anhaltspunkte sprechen und ob dieser Ursachenzusammenhang ernsthaft in Betracht zu ziehen ist.
☐ ob es sich bei den festgestellten Mängeln handelt um
  ☐ äußerlich erkennbare oder versteckte Mängel.
  ☐ versteckte Mängel, von denen der Auftragnehmer oder sein Bauleiter bei Fertigstellung bzw. Abnahme der Arbeiten Kenntnis hatte bzw. Kenntnis gehabt haben musste.

☐ Mängel, die ihrer Art nach typischerweise erst später als fünf Jahre nach Fertigstellung der Bauarbeiten erkennbar werden.
☐ welche Arbeiten erforderlich und welche Kosten hierfür notwendig sind, um die festgestellten Mängel zu beseitigen. Hierbei ist anzugeben, welche Kosten bei ordnungsgemäßer Vertragsvergabe zu einer gegenüber dem Vertrag erhöhten Vergütung geführt hätten.
☐ ob nach Durchführung der Nachbesserungsarbeiten an dem Bauwerk
  ☐ ein Minderwert verbleibt, gegebenenfalls in welcher Höhe.
  ☐ eine Wertverbesserung – gegenüber der vertraglich vereinbarten Ausführungsart – entsteht, gegebenenfalls in welcher Höhe.
Falls die Beseitigung bestimmter Mängel nicht möglich ist oder einen unverhältnismäßigen Aufwand erfordert, welche Minderleistung hierfür anzusetzen ist, wobei gegenüberzustellen ist:
  ☐ die vereinbarte Vergütung für die betreffende Position, der Wert der mangelfreien Leistung und der Wert der mangelhaften Leistung.
  ☐ die gesamte Vergütung für das Bauwerk, der Wert des Bauwerks in mangelfreiem Zustand und der Wert des Bauwerks in mangelhaftem Zustand.

3. ☐ welche Kosten erforderlich sind, um die von d... Kläger... nach dem Vertrag geschuldeten, jedoch nicht ausgeführten Arbeiten durch einen anderen Unternehmer fertig stellen zu lassen,
  ☐ wobei der Sachverständige Stellung nehmen soll, zu d... von d... Beklagte... vorgelegten
    ☐ Kostenvoranschlag der Firma ... vom ...
    ☐ Rechnung der Firma ... vom ...
  ☐ welche Kosten bei ordnungsgemäßer Vertragsvergabe zu einer gegenüber dem Vertrag erhöhten Vergütung geführt hätten.

4. ☐ ob die verspätete Fertigstellung der Arbeiten d... Kläger... (vereinbarter Termin: ...; tatsächlicher Fertigstellungstermin ...) auf eigenes Verhalten d... Kläger... oder auf das Verhalten
    ☐ d... Beklagte... bzw. des Architekten
    ☐ anderer Bauhandwerker
    ☐ ...
  zurückzuführen ist, und – soweit es von d... Kläger... zu vertreten ist –
    ☐ wann die Arbeiten bei normaler, den Vereinbarungen im Bauvertrag entsprechender Arbeitsweise hätten fertig gestellt sein können.
    ☐ inwieweit durch die festgestellte und von d... Kläger... zu vertretende Verzögerung eine Verteuerung des Bauvorhabens eingetreten ist.
    ☐ ob das Bauvorhaben fristgerecht bis ... hätte fertig gestellt werden können, wenn d... Beklagte die hindernden Umstände auf eine Behinderungsanzeige d... Kläger... unverzüglich behoben hätte.

5. ☐ der am ... eingetretene Schaden ... von d... Kläger... zu vertreten ist, bejahendenfalls welche Kosten erforderlich sind, um ihn wieder zu beseitigen.

II. ☐ Der Sachverständige soll
☐ eine Ortsbesichtigung durchführen und hierzu die Parteien nebst Prozessbevollmächtigten rechtzeitig laden.
☐ hinsichtlich des Umfangs der ausgeführten Arbeiten
☐ von dem gemeinsamen Aufmaß der Parteien vom ... (Bl. ... d. A.) ausgehen.
☐ das gemeinsame Aufmaß vom ... (Bl. ... d. A.) durch Neuvermessung überprüfen.
☐ das Aufmaß d... Kläger... vom ... (Bl. ... d. A.) durch Neuvermessung überprüfen, soweit d... Beklagte hinsichtlich der Positionen Einwendungen erhoben hat (siehe Schriftsatz vom ... Bl. ... d. A.).
☐ die von ihm festgestellten Mängel und für ihre Verursachung maßgebenden Anhaltspunkte in Fotos erfassen und dem Gutachten beifügen.
☐ zu dem Privatgutachten des Sachverständigen ... vom ... (Bl. ... d. A.) Stellung nehmen.
☐ das Ergebnis der Beweisaufnahme vom ... (Bl. ... d. A.) berücksichtigen.
☐ die Akten der Bauaufsichtsbehörde ... auswerten.
☐ das Gutachten des Sachverständigen ... aus dem selbstständigen Beweisverfahren ... mitberücksichtigen.
☐ sich zu der Frage äußern, ob
☐ und welche DIN-Normen und sonstige in der Baupraxis anerkannten Regeln der Technik im Zeitpunkt die Ausführung des Bauvorhabens bestanden.
☐ der von d... Kläger... verwendete Baustoff ... im Zeitpunkt der Ausführung schon erprobt und als geeignet für die ihm zukommende Aufgabe anzusehen war.
☐ soweit zur Erstattung seines Gutachtens Materialprüfungen, z.B. ... oder Freilegungsarbeiten betreffend ... notwendig werden, dies vor Vornahme dem Gericht unter Angabe der voraussichtlich anfallenden Kosten mitteilen.
☐ abschließend eine neue Gesamtabrechnung unter Zugrundelegung seines Gutachtens und der Zahlung d... Beklagte... (siehe Bl. ... d. A.) erstellen.

III. ☐ Mit der Erstattung des Gutachtens wird beauftragt ...
☐ Um die Benennung eines geeigneten Sachverständigen soll ... ersucht werden.

IV. ☐ Die Einholung des Gutachtens
☐ zu Ziffer I, 1   ☐ zu Ziffer I, 2   ☐ zu Ziffer I, 4
ist davon abhängig, dass d ... Kläger... bis zum ... einen Auslagenvorschuss von ... € bei Gericht einzahlt;
☐ zu Ziffer I, 2   ☐ zu Ziffer I, 3   ☐ zu Ziffer I, 5

ist davon abhängig, dass d... Beklagte bis zum ... einen Auslagenvorschuss von ... € bei Gericht einzahlt.

Frankfurt am Main, den ...
☐ Amtsgericht, Abteilung ...   ☐ Landgericht, ... Zivilkammer
                                      ☐ Der Vorsitzende
                                      ☐ Der Einzelrichter

....

Muster 48: Beweisbeschluss im Arzthaftungsprozess

☐ Amtsgericht Frankfurt am Main
☐ Landgericht Frankfurt am Main
Aktenzeichen: ...

Beweisbeschluss

1 in dem Rechtsstreit ... gegen ...:

   I. ☐ D... Beklagte... wird aufgegeben, die Krankengeschichte betreffend die Behandlung d... Kläger... in der Zeit vom ... bis ... vorzulegen.

  II. ☐ Die Krankengeschichten betreffend die früheren Behandlungen d... Kläger... in den Kliniken ..., Zeit: ... sollen beigezogen werden,
     ☐ falls d... Kläger... sich hiermit ausdrücklich einverstanden erklärt und die Ärzte von der Schweigepflicht entbindet. Erklärungsfrist: ... Wochen.

 III. ☐ Es soll ein Sachverständigengutachten darüber eingeholt werden, ob bei der Operation vom ... ein dem Beklagte... vorwerfbarer ärztlicher Fehler unterlaufen ist.

    ☐ Der Sachverständige soll hierbei
      ☐ die beigezogene Krankengeschichte auswerten
      ☐ und die Angaben des Beklagte...
      ☐ im Schriftsatz vom ... (Bl. ... d. A.)
      ☐ in seiner mündlichen Anhörung vom ... (Bl. ... d. A.)
      ☐ sowie die vorliegenden Röntgenaufnahmen berücksichtigen.

    ☐ Der Sachverständige soll sich bei der Erörterung der nachstehend gestellten Fragen mit dem Privatgutachten des Sachverständigen ... vom ... (Bl. ... d. A.) auseinandersetzen.

    ☐ Der Sachverständige soll im Einzelnen zu folgenden Fragen Stellung nehmen:
     1. ☐ Welche Diagnose lag der Operation zugrunde?
     2. ☐ Sind die nötigen Befunde für die Diagnose erhoben worden?
     3. ☐ Sind alle nötigen Befunde für die Diagnose in der Krankengeschichte festgehalten worden?
     4. ☐ Handelt es sich bei der durchgeführten Operationsmethode um eine übliche oder eine neu entwickelte?
     5. ☐ Wo ist die Operationsmethode in der medizinischen Literatur beschrieben?
     6. ☐ Ist bei dieser Operationsmethode mit Komplikationen zu rechnen, gegebenenfalls mit welcher Komplikationsdichte?
     7. ☐ Bestand in vorliegendem Fall aufgrund konkreter Umstände erhöhte Gefahr für eine Komplikation?
     8. ☐ Hat eine Behandlungsvariante d... Beklagte... die Komplikation vergrößert?

9. ☐ Sind dem Krankenblatt Hinweise für eine Kontraindikation zu entnehmen?
10. ☐ War das Krankenhaus für die Durchführung der Operation geeignet oder war nach den erhobenen Befunden und der Diagnose eine Verlagerung in eine andere Klinik angezeigt?
11. ☐ Hatte der operierende Arzt ... die vom ärztlichen Standpunkt aus notwendige Sachkunde?
12. ☐ Hätte der Sachverständige die Operation in gleicher Weise ausgeführt?
13. ☐ Ergeben sich aus
    ☐ dem Operationsverlauf   ☐ dem Krankenblatt
    ☐ den Röntgenaufnahmen   ☐ sonstigen Umständen
    hinreichende Anhaltspunkte für eine fehlerhafte Durchführung der Operation?
14. ☐ Sind bei der Operation Komplikationen aufgetreten? Wenn ja: Waren diese voraussehbar? Wie war ihnen zu begegnen?
15. ☐ Liegen Anhaltspunkte vor, dass bei der Erhebung der Diagnose-Befunde oder bei Durchführung der Operation ein grober Behandlungsfehler unterlaufen ist?
16. ☐ Hätte der operierende Arzt über
    ☐ das auftretende Behandlungsrisiko
    ☐ die bei der Operation aufgetretene Komplikation dem Patienten aufklären müssen?
    Wie hoch ist hier die Komplikationsdichte?
17. ☐ Was ist die Ursache für die nach der Operation bei d... Kläger... aufgetretene Schädigung?
18. ☐ Kommen außer der Operation ernsthaft noch andere Ursachen für die aufgetretene Schädigung in Betracht? Wenn ja: sprechen für solche anderen Ursachen konkret belegbare Umstände?
19. ☐ Ist die Narkosebehandlung richtig durchgeführt worden? Verneinendenfalls: Fällt dies in den Verantwortungsbereich des Beklagte... oder des Narkosearztes?
20. ☐ Durfte der Beklagte die Injektion ...
    ☐ dem Assistenzarzt Dr. ...
    ☐ der Krankenschwester ...
    überlassen oder war er nach ärztlicher Sorgfalt gehalten, diese selbst auszuführen oder wenigstens zu überwachen?
21. ☐ Hätte der Beklagte im Anschluss an die Operation für eine stärkere laufende Beobachtung d... Kläger... sorgen müssen? Wäre der Fehler in diesem Falle noch erkannt worden und hätte eine
    ☐ sofort eingeleitete Behandlung
    ☐ Verlegung in eine Spezialklinik den Schaden noch abwenden oder mindern können?
22. ☐ Ist die von dem Krankenhaus vorgelegte Dokumentation vollständig? Sind alle wichtigen Vorgänge richtig und vollständig aufgeführt worden?
23. ☐ Inwieweit ist d... Kläger... durch die Folgen der Operation in der Erwerbsfähigkeit gemindert, und zwar nach Zeiträumen gestaffelt? Wie ist die Prognose für die Zukunft zu stellen?

24. ☐ Wie wäre der Zustand d... Kläger..., wenn die Operation
   ☐ komplikationslos verlaufen wäre?
   ☐ überhaupt unterblieben wäre?
25. ☐ Wäre im gegebenen Fall eine Obduktion angezeigt gewesen? Welche Feststellungen oder Anhaltspunkte hätte sie erbringen können?

IV. ☐ Mit der Erstattung des Gutachtens wird ... beauftragt.
   Der Sachverständige wird darauf hingewiesen, dass er das Gutachten persönlich in eigener Verantwortung zu erstellen hat.
   ☐ Um die Benennung eines geeigneten Sachverständigen soll angeschrieben werden: ...

V. Die Einholung des Gutachtens ist davon abhängig, dass d... Kläger... bis ... einen Auslagenvorschuss von ... € einzahlt.

Frankfurt am Main, den ...
☐ Amtsgericht, Abteilung ...   ☐ Landgericht, ... Zivilkammer
                                      ☐ Der Vorsitzende
                                      ☐ Der Einzelrichter

....

Muster 49: Beweisbeschluss betreffend einen Brandschaden

Landgericht Frankfurt am Main
Aktenzeichen: ...

Beweisbeschluss

in dem Rechtsstreit ... gegen ...:

I. Es soll ein Sachverständigengutachten darüber eingeholt werden worauf der Brand vom ... zurückzuführen ist, insbesondere
  1. ob das von dem Zeugen ... verlegte Gummikabel ordnungsmäßig verlegt worden ist, und zwar unter
     a) Zugrundelegung der Angaben des Zeugen,
     b) Prüfung, ob sonstige Anhaltspunkte für eine unsachgemäße Verlegung ersichtlich und nachgewiesen sind.
  2. ob eine unsachgemäße Verlegung nach den technischen Erkenntnissen generell geeignet war, den Brand auszulösen.
  3. ob der Brand zurückzuführen ist auf ... wobei der Grad der Feststellung einzuteilen ist in:
     (1) mit Sicherheit feststellbar   (2) wahrscheinlich
     (3) möglich   (4) unwahrscheinlich
     (5) mit Sicherheit auszuschließen
  4. ob die Brandausbruchstelle nach dem Ergebnis der Beweisaufnahme lokalisiert werden kann auf ... und unter Einreihung in die in Ziffer 3 erwähnten Kategorien.
  5. ob nach dem Ergebnis der Beweisaufnahme andere als die in Ziffer 3) erwähnten und vom Sachverständigen festgestellten Tatsachen als Brandursache ernsthaft, d.h. durch konkrete Tatsachen belegt, im Bereich des Möglichen liegen, gegebenenfalls ob für diese eine Verantwortlichkeit festgestellt werden kann.

II. Mit der Erstattung des Gutachtens wird der Sachverständige ... beauftragt.

III. Die Einholung des Gutachtens ist davon abhängig, dass d... Kläger... bis zum ... einen Auslagenvorschuss von ... € bei Gericht einzahlt.

Frankfurt am Main, den ...
Landgericht, ... Zivilkammer

....

Muster 50: Ablehnender Beschluss im selbstständigen Beweisverfahren (§§ 485, 486, 487 ZPO)

☐ Amtsgericht Frankfurt am Main
☐ Landgericht Frankfurt am Main
Aktenzeichen: ...

Beschluss

1 In dem selbstständigen Beweisverfahren
d...,
                      Antragsteller...,
Prozessbevollmächtigter: Rechtsanwalt ...
gegen
d...,
                      Antragsgegner...,
Prozessbevollmächtigter: Rechtsanwalt ...
☐ hat das Amtsgericht Frankfurt am Main durch
 den Richter am Amtsgericht ...
☐ hat die ... Zivilkammer des Landgerichts Frankfurt am Main
 durch
  ☐ den Vorsitzenden Richter am Landgericht ... und die Richter am Landgericht ... und ...
  ☐ den Richter am Landgericht ... als Einzelrichter
 am ... beschlossen:

  Der Antrag d... Antragsteller.. vom ... auf Durchführung eines selbstständigen Beweisverfahrens wird zurückgewiesen.
  Die Kosten des Verfahrens hat d... Antragsteller... zu tragen.
  Der Streitwert wird auf ... € festgesetzt.

Gründe
    ☐ I.[61]
☐ ...
    ☐ II.

☐ Der Antrag war als unzulässig zurückzuweisen, da das angerufene Amtsgericht unzuständig ist (§ 486 ZPO).
 ☐ Zuständig ist vielmehr das ...gericht, bei dem der Rechtsstreit in der Hauptsache bereits anhängig ist (§ 486 I ZPO).
 ☐ Nach dem eigenen Vortrag d... Antragsteller... liegt der Wert der Hauptsache über 5000,- €, so dass das Landgericht ... als zuständiges Gericht der Hauptsache in Frage kommt (§§ 486 II ZPO, 23 I Nr. 1, 71 GVG).
 ☐ Für eine Zuständigkeit des Amtsgerichts nach § 486 III ZPO enthält die Antragsschrift keine Anhaltspunkte.

---

[61] In Ziffer I. des Beschlusses ist kurz der Sachverhalt darzustellen, soweit dies im Einzelfall erforderlich ist.

☐ Es ist nicht dargetan, dass sich im Bezirk dieses Gerichts die
  ☐ zu vernehmende bzw. begutachtende Person aufhält.
  ☐ in Augenschein zu nehmende bzw. zu begutachtende Sache befindet.
☐ Es ist nicht dargetan, dass eine dringende Gefahr im Sinne des § 486 III ZPO gegeben ist. D... Antragsteller... kann/können den gleichen Antrag wie den vorliegenden auch bei dem Landgericht ... stellen, ohne dass eine Verzögerung eintritt.

☐ Der Antrag war als unzulässig zurückzuweisen, da das angerufene Landgericht sachlich nicht zuständig ist. Nach dem eigenen Vortrag d... Antragsteller...
  ☐ liegt der Wert der Hauptsache unter 5000,- €, so dass das Amtsgericht ... als zuständiges Gericht der Hauptsache in Frage kommt (§§ 486 II ZPO, 23 I Nr. 1, 71 GVG).
  ☐ ist der streitige Anspruch in einem Wohnraummietverhältnis gegründet, so dass die ausschließliche Zuständigkeit des Amtsgerichts ... als zuständiges Gericht der Hauptsache nach §§ 486 I ZPO, 23 I Nr. 2a GVG gegeben ist.

☐ Der Antrag war als unzulässig zurückzuweisen, da die Voraussetzungen des selbstständigen Beweisverfahrens nach § 485 ZPO nicht gegeben sind. D... Antragsteller... hat
  ☐ nicht vorgetragen
  ☐ nicht glaubhaft gemacht,
  ☐ dass eine Beweissicherung im Sinne von § 485 I ZPO notwendig ist. Es ist nichts dafür ersichtlich, dass
    ☐ der benannte Zeuge künftig im Hauptprozess nicht zur Verfügung steht.
    ☐ der beantragte Augenschein nicht auch im Hauptprozess eingeholt werden könnte; eine Veränderung des Augenscheinsobjekts ist nicht zu erwarten.
    ☐ das beantragte Gutachten eines Sachverständigen nicht auch im Hauptprozess eingeholt werden könnte, da nicht zu erwarten ist.
  ☐ dass die Voraussetzungen des selbstständigen Beweisverfahrens nach § 485 II ZPO gegeben sind. Es ist nichts dafür ersichtlich, dass
    ☐ an der beantragten Beweiserhebung ein rechtliches Interesse besteht;
    ☐ die beantragten Feststellungen durch einen Sachverständigen der Vermeidung eines Rechtsstreits dienen. D... Antragsteller... hat selbst vorgetragen, dass er/sie eine vergleichsweise Regelung der Streitsache ablehnt und die Hauptsacheklage schon vorbereitet sei.

☐ Der Antrag war als unzulässig zurückzuweisen, da er nicht den Erfordernissen des § 487 ZPO entspricht.
  ☐ Der Gegner ist nicht bezeichnet. Es ist in dem Antrag auch nicht glaubhaft gemacht, dass d... Antragsteller... ohne sein/ihr Verschulden außerstande sei, den Gegner zu bezeichnen (§ 494 I ZPO).
  ☐ Die Tatsachen, über die Beweis erhoben werden soll, sind nicht bestimmt genug bezeichnet (§ 487 Nr. 2 ZPO). Eine Ausforschung ist auch im selbstständigen Beweisverfahren unzulässig.[62]
  ☐ Das Beweismittel ist nicht genügend im Sinne des § 487 Nr. 3 ZPO bezeichnet, da

---

[62] *Baumbach/Lauterbach/Albers/Hartmann*, § 487 Rn. 5; *Zöller/Herget*, § 487 Rn. 4.

☐ Name und ladungsfähige Anschrift des Zeugen nicht angegeben sind.
☐ die in Augenschein zu nehmende Sache nicht hinreichend bestimmt ist.
☐ Das rechtliche Interesse im Sinne des § 485 II ZPO ist nicht glaubhaft gemacht (§ 487 Nr. 4 ZPO).

Die Kostenentscheidung beruht auf § 91 I ZPO.

Die Streitwertfestsetzung hat ihre Rechtsgrundlage in §§ 48 I GKG, 3 ZPO. Das Gericht geht hierbei davon aus, dass der Streitwert des selbstständigen Beweisverfahrens sich mit dem Wert der Hauptsache deckt.[63]

---

[63] *Baumbach/Lauterbach/Albers/Hartmann*, Anhang § 3 Rn. 102; Zöller/*Herget*, § 3 Rn. 16 „Selbstständiges Beweisverfahren".

Muster 51: Stattgebender Beschluss im selbstständigen Beweisverfahren (Zeugenvernehmung)

☐ Amtsgericht Frankfurt am Main
☐ Landgericht Frankfurt am Main
Aktenzeichen: ...

Beschluss

In dem selbstständigen Beweisverfahren
d...,
Antragsteller...,
Prozessbevollmächtigter: Rechtsanwalt ...
gegen
d...,
Antragsgegner...,
Prozessbevollmächtigter: Rechtsanwalt ...
☐ hat das Amtsgericht Frankfurt am Main durch
   den Richter am Amtsgericht ...
☐ hat die ... Zivilkammer des Landgerichts Frankfurt am Main durch
   ☐ den Vorsitzenden Richter am Landgericht ... und die Richter am Landgericht ... und ...
   ☐ den Richter am Landgericht ... als Einzelrichter
☐ wegen Dringlichkeit ohne mündliche Verhandlung
☐ und ohne vorherige Anhörung d... Antragsgegner...
am ... beschlossen:

   Es soll Beweis erhoben werden über die Behauptung ... d... Antragsteller...,
   ...
   durch Vernehmung d... Zeug..., Anschrift: ...

   Termin zur Beweisaufnahme wird anberaumt auf ..., den ..., ... Uhr
   ☐ vor dem Prozessgericht
   ☐ vor dem beauftragten Richter
   ☐ im Hause ...
   ☐ im Krankenhaus ... Station ...
   ☐ im Altersheim ...

   ☐ Die Durchführung der Beweisaufnahme ist davon abhängig, dass d... Antragsteller... binnen ... Wochen einen Auslagenvorschuss von ... € bei Gericht einzahlt oder Gebührenverzichtserklärung vorlegt.

   ☐ D... Antragsgegner... wird Gelegenheit gegeben, etwaige Einwendungen gegen die Zulässigkeit dieses Verfahrens oder den Umfang der angeordneten Beweisaufnahme bis spätestens ... dem Gericht mitzuteilen.
   ☐ D... unbekannten ... Antragsgegner... wird zur Wahrnehmung seiner Rechte bei der Beweisaufnahme Rechtsanwalt ... als Vertreter bestellt.

☐ D... Antragsteller... wird aufgegeben, als Vorschuss auf die Vergütung des Vertreters binnen ... Wochen einen Betrag von ... € an die Gerichtskasse zu zahlen.

☐ Der Streitwert für das Verfahren wird auf ... € festgesetzt.

....

Verfügung

Eilt!

2 1. Ausfertigung des Beschlusses an
   ☐ Kläger... (-Vertreter)
   ☐ Beklagte... (-Vertreter)
   ☐ Rechtsanwalt ... als Vertreter für d... unbekannten Antragsgegner...
2. Die in Ziffer 1 genannten Personen telefonisch von dem Erlass des Beschlusses und dem erforderlichen Auslagenvorschuss unterrichten.
3. Zeugen ... mit ZU laden   ☐ und zwar zu Händen ...
4. ☐ Schreiben an
   ☐ Krankenhaus ...   ☐ Altersheim ...   ☐ Herrn/Frau ...
   ☐ Betrifft: Patient ..., Station ...   Betrifft: Herr/Frau ...
   ☐ Betrifft: Vernehmung von ...
   In p.p.
   soll der/die bei Ihnen befindliche Herr/Frau ... am ..., ... Uhr als Zeug.. gerichtlich vernommen werden. Es wird gebeten, für die Vernehmung die notwendigen Vorkehrungen zu treffen, insbesondere einen geeigneten Raum zur Verfügung zu stellen. Die Vernehmung dürfte voraussichtlich ... dauern.
   ☐ Sollten ärztlicherseits Bedenken gegen die Vernehmung bestehen, so wird um umgehende telefonische Benachrichtigung gebeten. Telefon-Nr: ...
5. Wiedervorlage: ...

Frankfurt am Main, den ...
☐ Amtsgericht, Abteilung ...   ☐ Landgericht, ... Zivilkammer
                                     ☐ Der Vorsitzende
                                     ☐ Der Einzelrichter

....

Muster 52: Stattgebender Beschluss im selbstständigen Beweisverfahren (Sachverständigengutachten)

☐ Amtsgericht Frankfurt am Main
☐ Landgericht Frankfurt am Main
Aktenzeichen: ...

Beschluss

In dem selbstständigen Beweisverfahren
d...,
Antragsteller...,
Prozessbevollmächtigter: Rechtsanwalt ...
gegen
d...,
Antragsgegner...,
Prozessbevollmächtigter: Rechtsanwalt ...
☐ hat das Amtsgericht Frankfurt am Main durch
  den Richter am Amtsgericht ...
☐ hat die ... Zivilkammer des Landgerichts Frankfurt am Main durch
  ☐ den Vorsitzenden Richter am Landgericht ... und die Richter am Landgericht ... und ...
  ☐ den Richter am Landgericht ... als Einzelrichter
☐ wegen Dringlichkeit ohne mündliche Verhandlung
☐ und ohne vorherige Anhörung d... Antragsgegner...
☐ nach Anhörung d... Antragsgegner...
am ... beschlossen:

Es soll ein schriftliches Sachverständigengutachten über die Behauptungen d... Antragsteller... eingeholt werden,

1. ☐ die in der Antragsschrift vom ... (Bl. ... d.A.) behaupteten Mängel lägen vor.
2. ☐ das Gebäude ...   ☐ das Bauwerk ...
   ☐ die Wohnung d... Antragsteller... in ...
   ☐ das Kraftfahrzeug Marke ..., Kennzeichen: ...
   ☐ ...
   weise nachfolgende, von d... Antragsteller... behauptete Mängel auf:
   ...
3. ☐ welche konkreten Anzeichen dafür festgestellt werden können, dass die gemäß Ziffer ... festgestellten Mängel
   ☐ auf einer Verletzung der Regeln der Baukunst durch die Antragsgegner... zurückzuführen sind.
   ☐ auf folgende, von d... Antragsteller... behauptete Ursachen zurückzuführen sind: ...
   ☐ im Zeitpunkt der Übergabe des Kraftfahrzeugs an d... Antragsteller... schon vorhanden waren.
   ☐ ...

4. ☐ welche Arbeiten notwendig sind, um die unter Ziffer ... von dem Sachverständigen festgestellten
   ☐ und gemäß Ziffer 3 in den Verantwortungsbereich d... Antragsgegner... fallenden
   Mängel zu beseitigen.
5. ☐ welcher Kostenaufwand zur Beseitigung der Mängel erforderlich ist.
6. ☐ welcher merkantile Minderwert nach Beseitigung der Mängel verbleibt.

Zum Sachverständigen wird ernannt der
   ☐ von d... Antragsteller... vorgeschlagene ...
   ☐ von dem Gericht ausgewählte ...

Der Sachverständige soll
1. ☐ einen Ortstermin durchführen und hierzu beide Parteien nebst ihren Prozessbevollmächtigten rechtzeitig laden.
2. ☐ etwa erforderliche Unterlagen von den Parteien bzw. ihren Vertretern direkt anfordern und seinem Gutachten beifügen.
3. ☐ die von ihm festgestellten Mängel nach Art und Umfang in seinem Gutachten genau festhalten und gegebenenfalls von ihnen Fotos anfertigen und dem Gutachten beifügen;
4. ☐ falls erforderlich und zweckmäßig, hinsichtlich der Feststellung der Kausalität (oben Ziffer 3) getroffenen Feststellungen in Form von Fotos und/Materialproben dokumentieren und seinem Gutachten beifügen.
5. ☐ etwaige weitere, im Interesse der Beweissicherung der Mängel und ihrer Ursachen erforderliche Maßnahmen nach seinem Ermessen treffen.
6. ☐ bei der Schätzung der Beseitigungskosten sich mit dem von d... Antragsteller... vorgelegten
   ☐ Kostenanschlag der Firma ... vom ... (Bl. ... d.A.)
   ☐ Privatgutachten des ... (Bl. ... d.A.)
   auseinandersetzen;

☐ Die Einholung des Gutachtens ist davon abhängig, dass d... Antragsteller... unverzüglich, spätestens bis ... einen Auslagenvorschuss von ... € bei Gericht einzahlt.

☐ D... Antragsteller... wird aufgegeben, bis spätestens ... folgende Unterlagen zu den Gerichtsakten einzureichen: ...
   ☐ Bauvertrag   ☐ Kaufvertrag
   ☐ Leistungsverzeichnis;   ☐ Kfz-Schein;
   ☐ Planunterlagen   ☐ TÜV-Protokoll vom ...
   ☐ Schlussrechnung;   ☐ Reparaturrechnung vom ...
   ☐ Privatgutachten des ... ☐ ...
   ☐ Kostenvoranschlag der Firma ...

☐ D... Antragsgegner... wird Gelegenheit gegeben, etwaige Einwendungen gegen die Zulässigkeit des Verfahrens oder den Umfang der angeordneten Beweisaufnahme bis spätestens ... dem Gericht mitzuteilen.

☐ Der Streitwert für das Verfahren wird auf ... € festgesetzt.

§ 3. Die Durchführung der Beweisaufnahme

I. Entscheidungen vor dem Beweistermin

1. Fristsetzung zwecks Ausschluss mit einem Beweismittel

§ 356 ZPO gibt die Möglichkeit, eine Partei mit einem Beweismittel auszuschließen, wenn der Aufnahme des Beweises ein Hindernis von ungewisser Dauer entgegensteht. Dabei knüpft die Vorschrift an ein rechtzeitiges Vorbringen an, bei dem ein von dem Beweisführer nicht verschuldetes Hindernis vorliegt. Hat der Beweisführer das Hindernis verschuldet, ist § 296 ZPO vorrangig.[1] Die Fristsetzung erfolgt nach Anhörung der betroffenen Partei durch Beschluss, der nach § 329 II 2 ZPO der förmlichen Zustellung bedarf.

Als Hauptbeispiele sind zu nennen:
(1) Unvollständige Bezeichnung eines Zeugen, sei es als „N. N." – hierbei müsste allerdings der Zeuge noch näher individualisiert sein – oder zwar mit namentlicher Angabe aber ohne Mitteilung der ladungsfähigen Anschrift;[2]
(2) Weigerung einer Partei, einen nach § 379 ZPO rechtmäßig geforderten Auslagenvorschuss einzuzahlen.

2. Einholung einer Aussagegenehmigung

Soll ein Richter, Beamter oder eine andere Person des öffentlichen Dienstes als Zeuge über Umstände aussagen, auf die sich ihre Amtsverschwiegenheit bezieht, bedarf sie zu ihrer Aussage einer Genehmigung (§ 376 ZPO). Die Genehmigung ist von dem Prozessgericht vor der Vernehmung einzuholen. Der beauftragte oder ersuchte Richter (§§ 361, 362 ZPO) ist dafür nicht zuständig.[3]

a) Die Einholung geschieht zweckmäßigerweise unmittelbar nach Erlass des Beweisbeschlusses bzw. der prozessleitenden Anordnung.

Ist dies versehentlich unterblieben, so muss das Prozessgericht die Genehmigung noch vor dem Beweistermin, möglicherweise telefonisch, einholen. Die oft geübte Handhabung, dass der Zeuge im Beweistermin laut Diktat des Richters verspricht, „die Aussagegenehmigung nachträglich einzureichen" ist gesetzeswidrig.

b) Die Einholung der Aussagegenehmigung besteht in einem Anschreiben an die dienstvorgesetzten Behörde.

Aus dem Anschreiben müssen die Parteien sowie der Gegenstand des Rechtsstreits und das Beweisthema, zu dem der Zeuge gehört werden soll, ersichtlich sein. Das Gericht hat dann die erteilte Genehmigung dem Zeugen vor seiner Vernehmung zur Sache bekannt zu geben.

---

[1] *Baumbach/Lauterbach/Albers/Hartmann*, § 356 Rn. 1; Zöller/*Greger*, § 356 Rn. 1.
[2] *Baumbach/Lauterbach/Albers/Hartmann*, § 356 Rn. 4; Zöller/*Greger*, § 356 Rn. 4.
[3] *Baumbach/Lauterbach/Albers/Hartmann*, § 376 Rn. 9.

3. Die Einleitung von Rechtshilfeersuchen

3 a) Ob eine Beweisaufnahme im Wege der Rechtshilfe durchzuführen ist, entscheidet das Prozessgericht bei Anordnung im Beweisbeschluss oder – falls sich erst später die besonderen Umstände, die einer Vernehmung vor dem Prozessgericht entgegenstehen, ergeben – durch besonderen Beschluss. Die Durchführung einer Beweisaufnahme durch den Berichterstatter als beauftragten Richter gestaltet sich einfach, da die Akten im Bereich des Prozessgerichts verbleiben und der Berichterstatter den Sach- und Streitstand von der früheren Bearbeitung her kennt. Dagegen ergeben sich Schwierigkeiten bei der Einschaltung eines ersuchten Richters eines auswärtigen Gerichts. Bei diesem fehlt die umfassende Aktenkenntnis und – nicht selten – die Zeit und Bereitschaft, sich zwecks Vornahme einer Beweisaufnahme in einen verwickelten Sachverhalt einzuarbeiten.

Sind zudem die Prozessparteien in dem auswärtigen Beweistermin nicht vertreten, was die Regel ist, so fehlt auch die notwendige Kontrolle der Vernehmung durch Stellung ergänzender Fragen. So kann bei einem Rechtshilfeersuchen ein Vernehmungsprotokoll herauskommen, bei dem die Aussage jeglicher Substanz ermangelt oder oft unverständlich ist. Dieser Problematik gilt es durch besonders genaue Fassung der Beweisthemen und zusätzliche Anweisungen an den ersuchten Richter entgegenzuwirken.

4 b) Bei inländischen Rechtshilfeersuchen ist zunächst zu klären, ob die Gerichtsakten mit zu übersenden sind oder ob man sich mit einer Übersendung des Beweisbeschlusses – eventuell mit einem Prozessbericht, aus dem der Sach- und Streitstand ersichtlich ist – begnügen kann.

Letzteres kann angebracht sein, wenn die Gerichtsakten während des Rechtshilfeersuchens von dem Prozessgericht für andere Beweiserhebungen (Auskünfte, Gutachten, Beweisaufnahmen vor dem Prozessgericht) benötigt werden oder wenn Rechtshilfeersuchen an mehrere Gerichte zu richten sind, die wegen der Beschleunigung des Verfahrens „parallel" erledigt werden sollen.

In dem Rechtshilfeersuchen ist außerdem anzugeben, ob der Zeuge oder die Partei uneidlich oder eidlich zu vernehmen ist.[4]

Praktisch ist – ebenso wie bei der Vernehmung vor dem Prozessgericht – die uneidliche Vernehmung die Regel. Das Prozessgericht entscheidet erst nach der Vernehmung des Zeugen (§ 392 ZPO), zweckmäßigerweise erst nach Durchführung der gesamten Beweisaufnahme, ob ein Zeuge gemäß den in § 391 ZPO normierten Voraussetzungen zu beeidigen ist. Gleiches gilt im Rahmen der Parteivernehmung (§ 452 ZPO). Konsequenterweise muss nach Anordnung der Beeidigung ein zweites Rechtshilfeersuchen zwecks Abnahme des Eides durchgeführt werden, wenn sich nicht das Prozessgericht entschließt, wegen der Bedeutung der Aussage und zwecks Verschaffung eines persönlichen Eindrucks den Zeugen vor das Prozessgericht zu laden.

In dem Rechtshilfeersuchen sollten dem ersuchten Richter nach den Umständen des Einzelfalles Anweisungen gegeben werden, welche bestimmte Fragen er stellen und welche Vorhaltungen er dem Zeugen (bzw. der Partei) machen soll.

5 c) Die vorstehend gegebenen Empfehlungen gelten erst recht für ausländische Rechtshilfeersuchen. Bei ihnen kommen zusätzliche Schwierigkeiten hinsichtlich der formellen Durchführung der Ersuchen hinzu. Die Schwierigkeiten resultieren daraus, dass hinsichtlich Adressat und Form der Ersuchen zahlreiche Vorschriften zu beachten sind, insbesondere die Verordnung (EG) Nr. 1206/2001 über die Zusammenarbeit auf dem Gebiet der Beweisaufnahme (§§ 1072, 1073 ZPO) sowie diverse

---

[4] *Baumbach/Lauterbach/Albers/Hartmann*, § 391 Rn. 9; Zöller/*Greger*, § 391 Rn. 6.

multi- und bilaterale Übereinkünfte soweit diese nicht von der genannten Verordnung verdrängt werden.

Die unübersichtliche Materie, die von dem einzelnen Richter kaum zu überblicken ist und in die er sich nur mit großen Mühen einarbeiten kann, hat dazu geführt, dass bei den einzelnen Gerichten Prüfungsstellen eingerichtet sind, bei denen mit dieser Spezialmaterie vertraute Beamte die angeordneten Rechtshilfeersuchen anhand des Beweisbeschlusses formulieren und die fertig geschriebenen Ersuchen dem Richter dann unterschriftsreif vorlegen. Die vorbereitende Tätigkeit des Richters beschränkt sich auf eine etwaige Übersendungsverfügung an die Prüfungsstelle, in der gewisse Einzelheiten über die Durchführung des Rechtshilfeersuchens der Prüfungsstelle mitgeteilt werden.

Eine zweite Art der Tätigkeit des Richters bei ausländischen Rechtshilfeersuchen besteht im Falle des § 364 II ZPO. Hier kann das Gericht nach seinem Ermessen anordnen, dass die beweisführende Partei selbst die Vernehmung des Zeugen zu veranlassen und das Protokoll über die Vernehmung innerhalb einer bestimmten Frist dem Prozessgericht vorzulegen hat.

In Frage kommt diese Verfahrensweise, wenn der normalen Durchführung des ausländischen Rechtshilfeersuchens Hindernisse entgegenstehen und es sich um Zeugen handelt, die sich im Einflussbereich der beweisführenden Partei befinden.

4. Einholung schriftlicher Zeugenaussagen

Auch bei Einholung schriftlicher Zeugenaussagen (§ 377 III ZPO) können besondere Schwierigkeiten auftauchen: die Gefahr, dass der angeschriebene Zeuge die an ihn gestellten Beweisfragen nicht richtig versteht oder, um eine Partei zu begünstigen, seine Aussage unklar oder unvollständig formuliert. Dem muss durch eine entsprechende Abfassung des Anschreibens entgegengewirkt werden. 6

Die an den Zeugen gerichteten Fragen müssen besonders klar formuliert werden. Der Zeuge muss über die ihn treffende Wahrheitspflicht und ein etwaiges Zeugnisverweigerungsrecht belehrt werden. Er bedarf der Unterrichtung, wie seine schriftliche Aussage nach Inhalt und Form auszusehen hat. Es ist außerdem wichtig, dass der Zeuge durch das Anschreiben motiviert wird, die Aussage überhaupt und in der gewünschten Form abzugeben. Dem entspricht auch die notwendige Belehrung, dass er möglicherweise doch noch zu einer mündlichen Vernehmung vor Gericht erscheinen muss (§ 377 III 2 ZPO).

5. Verfahren bei nicht ausführbaren Ladungen

In vielen Fällen kommt die an einen Zeugen gerichtete Ladung mit dem Vermerk zurück, dass der Zeuge unter der angegebenen Anschrift nicht geladen werden konnte. In diesen Fällen ist bei der beweisführenden Partei anzufragen, wie die neue ladungsfähige Anschrift des Zeugen lautet. Ist die Zeitspanne zum Beweistermin gering, so kommt auch eine telefonische Anfrage bei dem Prozessbevollmächtigten in Betracht mit der Bitte um telefonische Durchsage der neuen Anschrift oder der Bitte, den Zeugen – wenn möglich – zum Termin zu stellen. Wird keine neue Anschrift genannt, so ist nach § 356 ZPO zu verfahren. 7

6. Korrespondenz mit dem nicht anreisewilligen Zeugen

Es kommt häufig vor, dass Zeugen nach Erhalt der Ladung mitteilen, sie möchten zum Termin nicht erscheinen, weil sie zu dem angegebenen Beweisthema nichts aussagen könnten, weil sie bereits früher in einem anderen Verfahren eine Aussage ge- 8

§ 3. Die Durchführung der Beweisaufnahme

macht hätten oder weil die Anreise zu dem Prozessgericht für sie zu beschwerlich oder unzumutbar sei.

Wird geltend gemacht, dass der Zeuge nichts zum Beweisthema aussagen könne, so wird das Gericht diese Eingabe der beweisführenden Partei zur Kenntnis bringen. Die Partei könnte auf den Zeugen verzichten oder nunmehr einen anderen Zeugen benennen. Besteht sie dagegen auf der Vernehmung, so hat das Gericht dem Zeugen mitzuteilen, dass er zum Termin erscheinen muss.

Hat der Zeuge erhebliche Gründe mitgeteilt, dass er zu dem vorgesehenen Termin oder auf Dauer nicht vor dem Prozessgericht erscheinen kann, wird das Gericht den Zeugen abladen. Sollte in dem Beweistermin nur dieser Zeuge vernommen werden, muss dieser Termin nunmehr aufgehoben oder verlegt werden. Hat der Zeuge dagegen keine triftigen Gründe für seine ablehnende Haltung mitgeteilt, wird das Gericht ihn anschreiben und auf seiner Vernehmung bestehen.

7. Auswahl des Sachverständigen

9   Zwecks Auswahl eines geeigneten Sachverständigen wendet sich das Gericht häufig an bestimmte Institutionen oder Berufsverbände mit der Bitte, aus den dort geführten Listen geeignete Sachverständige vorzuschlagen. Die angeschriebenen Stellen bedürfen der genauen Unterrichtung, welche Anforderungen an das Sachgebiet und die Qualifikation des Sachverständigen gestellt werden. Dies muss in dem Anschreiben angegeben werden, das auch zusätzliche Hinweise hinsichtlich der Person des Sachverständigen enthalten kann. In geeigneten Fällen müssen die Gerichtsakten übersandt werden, wobei man – zur Erleichterung der angeschriebenen Stelle – auf bestimmte Blattzahlen verweisen sollte. Die Vorschläge sind den Parteien zur Stellungnahme zuzuleiten. Anschließend kann das Gericht dann den Sachverständigen bestellen.

8. Anleitung des Sachverständigen

10 Der Sachverständige als Richtergehilfe bedarf der Anleitung durch das Gericht (§ 404 a ZPO). Dieses bestimmt die Beweisthemen und die Fragestellungen, über die das Gutachten zu erstatten ist. Die genaue Umreißung des Gutachterauftrages geschieht in erster Linie durch den Beweisbeschluss. Zusätzlich kommen in Frage:

a) Eine Ergänzung des Beweisbeschlusses wegen neuen Parteivortrages oder neuer Erkenntnisse des Gerichts.

Rechtsgrundlage hierfür ist § 360 S. 2 ZPO. Danach können die dem Sachverständigen vorgelegten Beweisthemen ergänzt und konkretisiert werden. Über den Rahmen des § 360 S. 2 ZPO hinaus kommt eine Erweiterung des Gutachterauftrages nur nach erneuter mündlicher Verhandlung oder im schriftlichen Verfahren (§ 128 II ZPO) in Betracht.[5]

11 b) Die Beschaffung weiterer Beweisstücke als Anknüpfungstatsachen für den Sachverständigen, denn es kommt vor, dass der Sachverständige nach seiner Einschätzung und aufgrund seiner Sachkunde die Klärung bestimmter Tatsachen oder die Beschaffung weiterer Beweisunterlagen (z. B. Urkunden, Skizzen, Fotos) für erforderlich hält. Eine derartige Mitteilung des Sachverständigen ist an die Parteien mit entsprechenden Auflagen weiterzuleiten. Nach Ergänzung des Parteivorbringens kann es dann notwendig werden, dass das Gericht vor Erstattung des Gutachtens in eine Beweisaufnahme durch Vernehmung von Zeugen eintritt.

---

[5] *Baumbach/Lauterbach/Albers/Hartmann*, § 360 Rn. 5; Zöller/*Greger*, § 360 Rn. 3.

I. Entscheidungen vor dem Beweistermin

Hierzu bedarf es der Erweiterung des Beweisbeschlusses, die im schriftlichen Verfahren, anderenfalls nur nach erneuter mündlicher Verhandlung erfolgen kann. Kommt es zu einer mündlichen Verhandlung, so kann das Gericht die benötigten Zeugen gemäß § 273 II Nr. 4 ZPO laden; auch kann es zweckmäßig sein, den Sachverständigen ebenfalls zu dem Termin zu laden, damit er an die Zeugen sachdienliche Fragen stellen kann.

In vielen Fällen benötigt der Sachverständige allerdings nur bestimmte Urkunden, Fotos, Zeichnungen etc., um sein Gutachten erstatten zu können.

Diese werden von dem Gericht durch Auflagen an die Parteien beigezogen und sodann die Akten erneut dem Sachverständigen zur Erstattung seines Gutachtens übersandt. Im Einzelfall kann die Beschaffung der Urkunden zwecks Beschleunigung auch derart gehandhabt werden, dass den Parteien aufgegeben wird, diese direkt dem Sachverständigen zu übersenden und dem Gericht eine „Vollzugsmeldung" abzugeben. Handelt es sich hierbei um Unterlagen, die die Gegenpartei bisher nicht kennt, dann sollte man der Partei gleichzeitig aufgeben, der Gegenpartei eine (beglaubigte Abschrift) der betreffenden Urkunde etc. zu übermitteln.

c) Im Einzelfall kann sich aus Eingaben des Sachverständigen, möglicherweise auch aus Telefonaten zwischen ihm und dem Gericht ergeben, dass der Sachverständige die Fragestellungen des Gerichts, wie sie aus dem Beweisbeschluss ersichtlich sind, nicht richtig verstanden hat und deshalb bei sofortiger Erstattung des Gutachtens die Antworten des Gutachters an diesen Fragestellungen vorbeigehen würden.

In einem solchen Fall wird es zweckmäßig sein, entweder dem Sachverständigen schriftlich eine Klarstellung zu übermitteln oder aber einen Erörterungstermin vor Gericht mit Parteien und Sachverständigen anzuberaumen (§ 404 a V 2 ZPO).

Erkennt der Sachverständige, dass der vom Gericht angeforderte Vorschuss für seine voraussichtlich entstehende Entschädigung nicht ausreicht, so muss er das Gericht hierauf hinweisen (§ 407 a III 2 ZPO). 12

Das Gericht hat dann unter Berücksichtigung der Mitteilung des Sachverständigen einen weiteren Auslagenvorschuss einzufordern. Die Parteien erhalten auf diese Weise die Möglichkeit, die Wirtschaftlichkeit der Gutachtenerstattung zu überdenken und vielleicht einer vergleichsweisen Regelung näher zu treten. Erst nach Eingang des weiteren Vorschusses darf der Sachverständige an der Erstattung des Gutachtens weiterarbeiten. Unterlässt der Sachverständige den Hinweis auf die Erhöhung seiner Entschädigung, so ist eine Kürzung seines Honorars zu prüfen.[6]

9. Beschleunigung der Gutachtenerstattung

Die gewünschte Verfahrensbeschleunigung verlangt, dass der Sachverständige das Gutachten möglichst bald erstattet.

a) Es ist dem Ermessen des Gerichts überlassen, ob es von vornherein dem Sachverständigen eine Frist zur Erstattung des Gutachtens setzt (§ 411 I ZPO) – was in der Praxis eher unüblich ist – oder im Vertrauen auf die zügige Arbeitsweise des Sachverständigen eine angemessene Zeit abwartet, ob das Gutachten „ohne gerichtlichen Druck" erstattet wird. 13

Bei der Bemessung des Zeitraums für die Gutachtenerstattung kann allerdings nicht nur auf die notwendige Zeit für den konkreten Gutachterauftrag abgestellt werden, sondern es muss die sonstige Arbeitsbelastung des Gutachters mitberücksichtigt werden. Im Einzelfall kann es zweckmäßig sein, den Sachverständigen vor seiner Ernennung oder wenigstens bei Übersendung der Gerichtsakten zu fragen, bis wann voraussichtlich mit der Erstattung des Gutachtens zu rechnen ist. Wird hierauf eine zu

---

[6] *Baumbach/Lauterbach/Albers/Hartmann*, § 407 a Rn. 20; *Zöller/Greger*, § 413 Rn. 6.

lange Zeitspanne genannt, kann das Gericht eventuell einen anderen Sachverständigen beauftragen. Auf jeden Fall erfahren Gericht und Parteien durch eine solche Mitteilung des Sachverständigen, welche Wartezeit auf sie zukommt; außerdem tritt eine gewisse Selbstbindung des Sachverständigen ein.

14 b) Wird das Gutachten nach der vom Gericht gesetzten, vom Sachverständigen selbst genannten oder einer angemessenen Frist nicht erstattet, so kommen folgende Maßnahmen in Betracht:

(1) Bei schriftlichen Gutachten wird das Gericht bei dem Sachverständigen höflich nach „dem Stand der Sache" anfragen und die Bitte äußern, sich zu erklären, bis wann mit der Erstattung des Gutachtens nunmehr zu rechnen ist.

(2) Bei Ergebnislosigkeit der Anfrage oder bei ungewissen Vertröstungen kann das Gericht dem Sachverständigen eine Nachfrist zur Erstattung des Gutachtens mit gleichzeitiger Androhung eines Ordnungsgeldes setzen (§ 411 II ZPO).

(3) Nach fruchtlosem Ablauf der Frist wird sodann das zuvor angedrohte Ordnungsgeld festgesetzt.

(4) Gleichzeitig wird eine weitere Frist gesetzt, innerhalb deren der Sachverständige das Gutachten zu den Gerichtsakten einzureichen hat.

(5) Verstreicht auch diese Frist ungenutzt, so wird ein weiteres Ordnungsgeld festgesetzt.

Damit sind die Zwangsmittel des Gerichts erschöpft; die Festsetzung eines dritten Ordnungsgeldes ist nicht zulässig. Regelmäßig muss deshalb nach Festsetzung des zweiten Ordnungsgeldes nach § 409 ZPO verfahren und sodann ein neuer Sachverständiger beauftragt werden,[7] es sei denn, der säumige Sachverständige erklärt sich jetzt glaubhaft zur alsbaldigen Erstattung des Gutachtens bereit.

10. Verfahren nach Eingang des schriftlichen Gutachtens

15 a) Das Gericht wird das eingegangene Gutachten daraufhin überprüfen, ob es dem erteilten Auftrag entspricht, d. h. die im Beweisbeschluss gestellten Fragen beantwortet sowie nach Inhalt und Gedankengang den gestellten Anforderungen entspricht. Je nachdem kann das Gericht folgende Maßnahmen ergreifen:

(1) Sind die im Beweisbeschluss gestellten Fragen nicht oder nicht alle beantwortet oder leidet das Gutachten an sonstigen schwerwiegenden Mängeln, kann das Gericht das Gutachten dem Sachverständigen zurücksenden und ihn anweisen, seinem Auftrag durch Überarbeitung des Gutachtens nachzukommen. Dazu wird man zweckmäßigerweise dem Sachverständigen eine Frist setzen.

(2) Ist das Gutachten unklar oder nicht vollständig, kann das Gericht das Erscheinen des Sachverständigen zum nächsten Termin anordnen, damit er das Gutachten mündlich erläutere (§ 411 III ZPO).

Diese Erläuterung kann der Sachverständige nur persönlich vornehmen; er darf also keinen „Vertreter" oder Mitarbeiter entsenden. Bei der Ladung zum Termin kann das Gericht dem Sachverständigen Hinweise geben, bei welchen Punkten und in welcher Richtung die Erläuterung gewünscht wird, damit der Sachverständige sich vorbereiten kann.

16 (3) Ist dagegen das Gutachten für das Gericht klar und eindeutig, so kann das Gericht sofort Termin zur mündlichen Verhandlung bestimmen oder um die Zustim-

---

[7] Zöller/*Greger*, § 411 Rn. 7.

mung der Parteien zum schriftlichen Verfahren bitten, um den Rechtsstreit alsbald auf der Basis des Gutachtens zu entscheiden. Muss das Gericht je nach Sachlage mit einem Antrag einer der Parteien auf Ladung des Sachverständigen zum Termin rechnen, so kann es allerdings auch zunächst die Parteien zur Stellungnahme auffordern.

b) Neben der Amtsmaßnahme nach § 411 III ZPO können die Parteien grundsätzlich nach §§ 402, 397 ZPO ihr Fragerecht durch einen Antrag auf persönliches Erscheinen des Sachverständigen zur Geltung bringen.[8] Um Klarheit zu schaffen, ob die Parteien von diesem Recht Gebrauch machen, kann das Gericht ihnen nach § 411 IV ZPO aufgeben, dieses Antragsrecht innerhalb einer bestimmten Frist auszuüben und ihre Einwendungen gegen das Gutachten vorzutragen. Bei nicht rechtzeitigem Antrag bzw. Vortrag der Einwendungen gilt die Präklusionsvorschrift des § 296 I ZPO (§ 411 IV 2 ZPO). Dem (rechtzeitigen) Antrag der Partei auf Ladung des Sachverständigen ist grundsätzlich stattzugeben, ohne Rücksicht darauf, ob die Partei konkrete Einwendungen gegen das Gutachten vorgetragen hat; eine vorherige Ankündigung der Fragen kann nicht verlangt werden. Nur im Falle eines rechtsmissbräuchlich gestellten Antrages kann die Ladung des Sachverständigen unterbleiben.[9] Soweit konkrete Fragen und Einwendungen gegen das Gutachten angekündigt werden, kann das Gericht diese Schriftsätze oder im Einzelfall die gesamten Gerichtsakten dem Sachverständigen vor dem Termin zugänglich machen, damit er sich auf die von den Parteien vorgetragenen Argumente und Probleme vorbereiten kann.

c) Ist das Gutachten unklar oder sind seitens der Parteien erhebliche Einwendungen vorgetragen, die sich bei einer mündlichen Erörterung nur schlecht erledigen lassen, kann das Gericht auch die Einholung eines schriftlichen Ergänzungsgutachtens anordnen.

17

Der Sachverständige kann in diesem – gegebenenfalls nach weiteren Recherchen und Vornahme neuer Berechnungen – sein Gutachten ergänzen, bzw. modifizieren. Nach Eingang des Ergänzungsgutachtens ist ebenso wie nach Eingang des Gutachtens zu verfahren.

11. Ablehnung des Sachverständigen wegen Besorgnis der Befangenheit

a) Der Sachverständige kann grundsätzlich aus den gleichen Gründen wie ein Richter wegen Besorgnis der Befangenheit abgelehnt werden (§§ 406 I, 42 ZPO). Es genügt auch hier der vom Standpunkt einer vernünftigen Partei berechtigte Anschein fehlender Objektivität und Neutralität.[10]

18

b) Das Ablehnungsgesuch ist bei dem Gericht vor der Vernehmung des Sachverständigen, spätestens jedoch binnen zwei Wochen nach Verkündung oder Zustellung des Beschlusses über die Ernennung des Sachverständigen zu stellen (§ 406 II 1 ZPO). Bei späterer Ablehnung ist glaubhaft zu machen, dass der Ablehnungsgrund der Partei ohne ihr Verschulden nicht bekannt war und deshalb nicht geltend gemacht werden konnte (§ 406 II 2 ZPO).

Erst recht ist eine Ablehnung unzulässig, wenn eine Partei in Kenntnis der die Befangenheit begründenden Umstände sich mit der Bestellung des Sachverständigen einverstanden erklärt hatte. Eine Ablehnung unter einer Bedingung ist nicht zulässig; vielmehr ist eine eindeutige Erklärung erforderlich.[11]

---

[8] Zöller/*Greger*, § 411 Rn. 5a.
[9] *Baumbach/Lauterbach/Albers/Hartmann*, § 411 Rn. 14; Zöller/*Greger*, § 411 Rn. 5a.
[10] *Baumbach/Lauterbach/Albers/Hartmann*, § 406 Rn. 5ff.; Zöller/*Greger*, § 406 Rn. 7ff.
[11] *Baumbach/Lauterbach/Albers/Hartmann*, § 406 Rn. 21; Zöller/*Greger*, § 406 Rn. 10.

c) Das Ablehnungsgesuch hat die Tatsachen anzugeben, aus denen die Besorgnis der Befangenheit hergeleitet wird. Der Ablehnungsgrund ist glaubhaft zu machen (§ 406 III ZPO).

Dies kann geschehen durch Bezugnahme auf Gründe, die sich aus dem (vor allem schriftlichen) Gutachten ergeben, gerichtskundige Tatsachen über die Stellung des Sachverständigen, durch Vorlage von Urkunden, durch Bezugnahme auf eine einzuholende Auskunft des Sachverständigen oder durch Abgabe einer eidesstattlichen Versicherung, zu der aber die Partei selbst nicht zugelassen werden darf (§ 406 III ZPO).

19 d) Nach Eingang des Ablehnungsgesuchs sollte dem Sachverständigen schon wegen seiner Rechte aus Art. 2 I, 20 III, 103 I GG Gelegenheit zur Stellungnahme geben werden[12] – eine dem § 44 III ZPO entsprechende Vorschrift fehlt allerdings für den Sachverständigen.

Auch der Gegenpartei sollte, obwohl sie nicht beteiligt ist, eine solche Gelegenheit zur Stellungnahme eingeräumt werden, zumal sie in vielen Fällen zu dem Grund der Ablehnung etwas sagen und vielleicht den Vortrag der ablehnenden Partei berichtigen kann. Die Äußerung des Sachverständigen und die Stellungnahme des Gegners sollten der ablehnenden Partei nochmals zur Stellungnahme übersandt werden, damit die Partei bei Bestreiten der die Ablehnung begründenden Umstände durch den Sachverständigen Gelegenheit hat, die Umstände nunmehr glaubhaft zu machen.[13]

e) Die Entscheidung über das Ablehnungsgesuch ergeht durch Beschluss bei freigestellter mündlicher Verhandlung (§§ 406 IV, 128 IV ZPO).

Eine Entscheidung erst in den Gründen der Sachentscheidung ist nicht zulässig. Wird dem Ablehnungsgesuch stattgegeben, so ist dieser Beschluss zwar nicht anfechtbar (§ 406 V ZPO); gleichwohl sollte der Beschluss im Hinblick auf die Gegenpartei und den Sachverständigen selbst, der möglicherweise seinen Anspruch auf Entschädigung verliert, mit einer kurzen Begründung versehen werden. Wird die Ablehnung für unbegründet erklärt, so bedarf der Beschluss in jedem Fall einer Begründung, da er der Anfechtung durch sofortige Beschwerde unterliegt.

II. Der Beweistermin

1. Die Vorbereitung des Beweistermins

20 Dem Richter, der die Beweisaufnahme durchführt und leitet, werden die Akten vor dem Beweistermin zwecks Vorbereitung vorgelegt. In welchem zeitlichen Abstand vor dem Termin dies geschieht, bestimmt er durch Anweisung an seine Geschäftsstelle. Zwecks Vorbereitung sind folgende Punkte zu beachten:

21 a) Der Richter wird sich anhand des Beweisbeschlusses zunächst unterrichten, was im Beweistermin im Einzelnen geschehen soll. Daran hat sich das anschließende Aktenstudium auszurichten.

b) Es ist sodann zu prüfen, ob sämtliche am Beweistermin beteiligte Personen rechtzeitig und ordnungsgemäß geladen sind.

Es kommt immer wieder vor, dass einzelne Ladungen nicht ausgeführt sind, sei es zum Beispiel, dass es sich um ein Versehen der Geschäftsstelle handelt oder Auslagenvorschüsse nicht eingezahlt wurden. Der Richter hat nach Entdeckung des Versäumnisses sofort das Notwendige zu veranlassen, nämlich die unverzügliche Ladung eines Zeugen oder der Partei, eventuell telefonisch. Das hat auch zu geschehen, wenn die Säumnis auf ein Verschulden der Partei zurückzuführen ist; es besteht eine

---

[12] Zöller/*Greger*, § 406 Rn. 12a; a. M. *Baumbach/Lauterbach/Albers/Hartmann*, § 406 Rn. 28.
[13] *Baumbach/Lauterbach/Albers/Hartmann*, § 406 Rn. 28; Zöller/*Greger*, § 406 Rn. 12a.

Nachholungspflicht des Gerichts, etwaige Säumnisse der Parteien und ihrer Bevollmächtigten zwecks Vermeidung der Zurückweisung verspäteten Vorbringens auszugleichen. Kann eine Nachholung im Einzelfall nicht mehr rechtzeitig erfolgen, so ist zu prüfen, ob der Beweistermin insgesamt aufzuheben oder zu verlegen ist.

c) Es sollte dann weiter geprüft werden, ob erforderliche Aussagegenehmigungen angefordert wurden und nunmehr vorliegen. Verneinendenfalls ist das Erforderliche sofort zu veranlassen; es gilt das Gleiche wie im Falle der Nichtausführung von Ladungen.

d) Anschließend sollte die Erledigung der vorangegangenen Beweisaufnahmen und Aufklärungsmaßnahmen geprüft werden. Diese Prüfung erstreckt sich darauf, ob vorgezogene Rechtshilfeersuchen erledigt, ob angeforderte Beiakten eingegangen und ob angeforderte Auskünfte eingegangen sind.

Es kann sein, dass ihr Vorliegen unverzichtbare Voraussetzung für die nunmehr anstehende Beweisaufnahme ist. Dies gilt vorzugsweise für beigezogene Akten, aus denen den Zeugen Vorhaltungen zu machen sind. Auch hier muss der Richter notfalls versuchen, Fehlendes vor dem Beweistermin noch durch Eilanforderungen beizubringen.

e) Sodann sollte sich der Richter über den Sach- und Streitstand erneut unterrichten. Die Durchführung einer Beweisaufnahme setzt genaue Kenntnis des Akteninhalts voraus. Meist ist der Richter – als Vorsitzender oder Berichterstatter – bereits durch die bisherige Bearbeitung der Sache über den Sach- und Streitstand unterrichtet. Die Tätigkeit erstreckt sich deshalb auf folgende Arbeitsgänge: **22**

(1) Wiederauffrischung des bereits bekannten Akteninhalts.

Die Erinnerung des Richters kann je nach dem Zeitpunkt der zurückliegenden Bearbeitung unterschiedlich sein. Je nachdem ist nur ein erneutes „Anlesen" oder eine neue genaue Durchsicht erforderlich – hilfreich ist hier ein anlässlich des Erlasses des Beweisbeschlusses gefertigtes Votum. Die Wiederauffrischung der Kenntnis des Akteninhalts sollte stets unter dem besonderen Aspekt erfolgen, welche Aktenstellen für den Ablauf des Beweistermins von besonderem Interesse sind. Dies betrifft meist Einzelheiten von Geschehensabläufen oder Schadensbeschreibungen, zu denen die Parteien zu befragen, zu denen den Zeugen Vorhaltungen zu machen oder dem Sachverständigen zusätzliche Fragen zu stellen sind.

(2) Genaues Studium neuer, nach Erlass des Beweisbeschlusses oder der letzten Bearbeitung eingegangener Schriftsätze der Parteien.

Aus ihnen können sich eine Ergänzung oder Änderung des Parteivorbringens, aber auch neue Sachanträge und Beweisantritte ergeben – ein etwa vorhandenes Votum sollte entsprechend ergänzt werden. Im Einzelfall kann es notwendig oder zweckmäßig sein, einen „nachgeschobenen Zeugen" noch zum Beweistermin zu laden (§ 273 II Nr. 4 ZPO). Soweit dies nicht möglich oder unzweckmäßig ist, wird der Richter überlegen, wie er sich im Termin zu diesen Beweisantritten stellt, d.h. überprüfen, ob das entsprechende Vorbringen wegen Verspätung zurückzuweisen oder nachträglich Beweis zu erheben ist.

(3) Studium bereits eingegangener Beweisergebnisse.

Es kann sich hierbei um vorgezogene Zeugenvernehmungen im Wege der Rechtshilfe, schriftliche Zeugenaussagen, eingeholte Auskünfte und beigezogene Akten handeln – auch insoweit sollte ein etwa vorhandenes Votum ergänzt werden. Der Inhalt dieser Schriftstücke bedarf der Überprüfung, inwieweit möglicherweise nunmehr die Rechtslage anders als bisher zu beurteilen ist und inwieweit diese Beweisergebnisse im Rahmen des bevorstehenden Beweistermins heranzuziehen sind (Fragen, Vorhaltungen, Beiakten zum Gegenstand der Verhandlung machen).

f) Für die Durchführung des Beweistermins wird dem Richter regelmäßig ein Sitzungsraum sowie ein Diktiergerät oder ein Protokollführer zur Verfügung gestellt. **23**

§ 3. Die Durchführung der Beweisaufnahme

Gelegentlich ist es jedoch erforderlich, dass der Richter hierfür selbst Sorge zu tragen hat, etwa dann, wenn der Sitzungsraum versehentlich doppelt belegt wurde, das Diktiergerät nicht funktioniert oder der Protokollführer kurzfristig erkrankt ist.

Zudem kann es erforderlich sein, für weitere Dinge Sorge zu tragen, so für
- die Einschaltung von Hilfspersonen für Behinderte oder für Zeugen oder Parteien mit Kleinkindern,
- das Ersuchen um Vorführung von Parteien oder Zeugen, die sich in Untersuchungs- oder Strafhaft befinden,
- die Kontaktaufnahme mit einem Gerichtsvollzieher, der einen Zeugen zwangsweise vorführen soll,
- die Einleitung von Sicherheitsvorkehrungen bei drohender Störung des Beweistermins;
- Bereitstellung eines Fernseh- und Videovorführgerätes zwecks Abspielung eines von der Partei eingereichten Videofilms;
- Hinzuziehung eines Protokollführers zu einem auswärtigen Termin (Ortstermin, Zeugenvernehmung im Krankenhaus oder der Wohnung) oder Bereitstellung eines Diktiergeräts;
- Kontaktaufnahme mit dem zuständigen Krankenhauspersonal, wenn ein Zeuge dort vernommen werden soll (Vernehmungsfähigkeit, besonderer Raum für die Vernehmung).

24 g) Den Ablauf des Beweistermins kann der Richter nicht der Augenblickssituation und seinem Gutdünken überlassen. Er bedarf der gedanklichen Vorbereitung der zeitlichen Reihenfolge der einzelnen Abschnitte und der inhaltlichen Programmierung der Beweisaufnahme.

Der Richter muss sich deshalb vorher Gedanken machen,
- in welcher Reihenfolge Parteien, Zeugen und Sachverständige zu hören sind;
- welche Fragen und Vorhaltungen er gegenüber den Beweispersonen machen will;
- an welcher Stelle ein Augenschein oder Urkunden (einschließlich Beiakten) in das Verfahren einzuführen sind;
- wie sich der weitere Verlauf des Verfahrens nach Beendigung der Beweisaufnahme abspielen soll;
- ob und welches Vergleichsangebot möglicherweise den Parteien gemacht werden soll.

2. Der Ablauf des Beweistermins

25 Der Beweistermin besteht aus den nachfolgenden Abschnitten:

a) Zunächst erfolgt der Aufruf der Sache (§ 220 ZPO). Er hat so zu erfolgen, dass er auch von den vor dem Sitzungssaal wartenden Prozessbeteiligten vernommen werden kann.[14]

b) Sodann wird – auch für den Protokollführer zwecks Aufnahme in die Sitzungsniederschrift – festgehalten, wer im Einzelnen an Parteien, Vertretern, Prozessbevollmächtigten, Zeugen, Sachverständigen, Dolmetscher erschienen ist.

Sind Parteien, Zeugen oder Sachverständige trotz ordnungsmäßiger Ladung nicht erschienen, kommt die Verhängung eines Ordnungsmittels in Betracht. Es kann allerdings zweckmäßig sein, diese Maßnahmen zunächst bis zum Ende des Termins zurückzustellen, da ein zunächst Säumiger verspätet erscheinen kann und dann die Maßnahme sich erledigt.

26 c) Anschließend erfolgt die Belehrung der Zeugen über die Wahrheitspflicht (§ 395 I ZPO). Sind mehrere Zeugen erschienen, kann die Belehrung aller gleichzeitig erfolgen.

Im Einzelfall kann es zweckmäßig sein, bestimmte Zeugen einzeln zu belehren, wenn sie nur auf diese Weise ansprechbar sind – zum Beispiel Kinder oder Ausländer, die mit Hilfe eines Dolmetschers zu vernehmen sind – oder besonderer Anlass besteht, an ihrer Wahrheitsliebe zu zweifeln. Das

---

[14] *Baumbach/Lauterbach/Albers/Hartmann*, § 220 Rn. 4; *Zöller/Stöber*, § 220 Rn. 2.

kann dazu führen, bei einem einzelnen Zeugen die vorher erfolgte generelle Belehrung zu wiederholen oder durch auf die Person des Zeugen zugeschnittene Zusätze zu ergänzen.

Die Belehrung hat sich zu erstrecken auf die Wahrheitspflicht (§ 395 ZPO), die Möglichkeit der Beeidigung (§ 391 ZPO) und die Strafbarkeit falscher eidlicher und uneidlicher Aussagen (§§ 153, 154 StGB).

Die Belehrung über ein etwaiges Zeugnisverweigerungsrecht erfolgt nicht in diesem Stadium, sondern erst bei der Vernehmung des einzelnen Zeugen, und zwar nach Vernehmung zu seiner Person.

Die Belehrung hat in ruhiger sachlicher Form zu erfolgen, und zwar in einem sprachlichen Ausdruck, dass ein – juristisch nicht vorgebildeter – Zeuge sie verstehen kann.

d) Sodann ergeht die Aufforderung an die Zeugen, den Sitzungssaal zu verlassen mit dem Hinweis, dass sie einzeln zur Vernehmung hereingerufen werden (§ 394 I ZPO).

In den wenigsten Fällen bestehen bei der Justiz besondere Wartezimmer für Zeugen, so dass diese dazu gezwungen sind, auf dem Gang vor dem Sitzungssaal auf ihre Vernehmung zu warten. Dort sollten wenigstens Sitzgelegenheiten vorhanden sein. Im Übrigen besteht daneben die Gefahr, dass mehrere vor dem Sitzungssaal sich aufhaltende Zeugen in ein Gespräch kommen und über die Beweisthemen reden. Das kann zu einer Verfälschung der späteren Aussage führen, indem der Zeuge nunmehr Dinge sagt, die er erst von seinem Gesprächspartner gehört hat. Es kann sogar vorkommen, dass Zeugen in einem solchen gemeinsamen Gespräch in einer „privaten Beweisaufnahme" das Beweisthema, z.B. einen Unfallhergang „klären" und anschließend dem Gericht übereinstimmend das Beweisthema entsprechend diesem Gespräch schildern. – Der Gefahr kann teilweise begegnet werden durch zeitlich gestaffelte Ladung der Zeugen und durch höfliche Ermahnung der Zeugen, nicht über die Sache zu sprechen. In prekären Fällen wird der Richter einen besonders wichtigen Zeugen als ersten vernehmen und wenigstens diesen aus der Gefahrenzone herausnehmen.

Ein erschienener Sachverständiger wird dagegen nicht aus dem Sitzungssaal geschickt. Er darf der folgenden Beweisaufnahme beiwohnen und hat sogar das Recht, an die Beweispersonen bei ihrer Vernehmung sachdienliche Fragen zu stellen.

e) Hat das Gericht das persönliche Erscheinen zur Aufklärung des Sachverhalts angeordnet (§ 141 ZPO), dann gebietet es nicht nur die – ursprünglich angenommene – Aufklärungsbedürftigkeit, sondern auch die Höflichkeit, nunmehr zunächst die Partei anzuhören. Es geht nicht an, eine Partei, welche die mit dem Erscheinen verbundene Aufwendungen und Lasten auf sich genommen hat, während des gesamten Termins zu ignorieren. Es ist fast niemals angezeigt, die Parteien zu veranlassen, ihr gesamtes schriftliches Vorbringen noch einmal zu wiederholen. Die Anhörung sollte gezielt auf folgende Punkte gerichtet werden:

(1) Unklares Vorbringen, das aus den Schriftsätzen nicht verständlich ist.

Unklares Vorbringen kann auf schlechter Information des Anwalts oder einer ungeschickten Formulierung beim Diktat des Schriftsatzes beruhen. Es wird aber gelegentlich auch zur Verschleierung eines für die Partei ungünstigen Sachverhalts eingesetzt. Durch Befragen der Partei lässt sich dies leicht klären.

(2) Ergänzungsbedürftiges Vorbringen.

Es kommt häufig vor, dass aus dem Schriftsatz der Ablauf eines Geschehens nicht in vollem Umfang ersichtlich ist, da der Anwalt ungünstiges Vorbringen verständlicherweise weggelassen hat. Besonders gilt dies bei Verkehrsunfällen hinsichtlich der Fahrweise der beteiligten Partei. Eine Anhörung der Partei mit entsprechenden Fragen des Gerichts kann solche Lücken schließen.

(3) Feststellung, in welchem Umfang eine Partei den Vortrag der Gegenpartei in einem bestimmten Punkt bestreiten will und kann.

In den Schriftsätzen kann man oft lesen, es werde alles bestritten, der Inhalt eines bestimmten Gesprächs werde insgesamt bestritten. Bei der Befragung stellt sich dann heraus, dass dieses Bestreiten zu weit gegriffen hat und nur ein eng begrenzter Teil des gegnerischen Vorbringens bestritten wird. Dann kann die anschließende Beweisaufnahme durch Beschränkung der Zeugenvernehmung auf den oder die strittigen Punkte eingegrenzt und oft intensiviert werden.

(4) Feststellung, ob bei einem „klaren Vorbringen" andere, nach der Lebenserfahrung meist vorliegende Abläufe verschwiegen werden.

Es spricht in Einzelfällen trotz klarer Darstellung nach der Lebenserfahrung viel dafür, dass ein Vorgang sich im Detail nicht wie vorgetragen abgespielt haben kann. Vor allem gilt dies für übertriebene Darstellungen. Hier sollte sich das Gericht durch Nachfragen vergewissern.

(5) Feststellung eines bestimmten äußeren Erscheinungsbildes der Partei oder ihrer Glaubwürdigkeit.

Sie können im Rahmen der Beweiswürdigung eine ausschlaggebende Rolle spielen, beispielsweise dann, wenn es um tätliche Auseinandersetzungen zwischen den Parteien geht oder Beweiserleichterungen für den klagenden Versicherungsnehmer.

Es ist bei der Anhörung darauf zu achten, dass es sich um eine Anhörung der „Partei" handelt.

An die Partei gerichtete Fragen sind deshalb von ihr selbst und nicht von dem anwesenden Rechtsanwalt zu beantworten. Aus oft verständlichen Gründen möchte der Anwalt die Frage statt der Partei beantworten. Dem ist durch klare Belehrung des Anwalts über die Funktion der Parteianhörung entgegenzutreten. Im Übrigen geht bei Widersprüchen zwischen der Darstellung der Partei und derjenigen ihres Rechtsanwalts die Erklärung der Partei vor.[15]

Im Einzelfall kann es angezeigt sein, die Partei nach Vernehmung eines Zeugen nochmals anzuhören.

Dies ist z. B. der Fall, wenn ein der Partei nahe stehender Zeuge einen Vorgang ganz abweichend von der Partei, die sich für ihre Darstellung auf den Zeugen berufen hat, schildert. Gleiches gilt, wenn ein von der Partei benannter Zeuge zu einem Vorgang gar nichts zu sagen weiß oder sich nicht erinnert. Dem Kommentar einer Partei zu solchen Vorgängen kann im Rahmen der Beweiswürdigung eine erhebliche Bedeutung zukommen.

Soweit die Parteianhörung wesentliche neue Gesichtspunkte zutage fördert, sollten diese kurz im Protokoll festgehalten werden.

28 f) Der Anhörung der Partei bzw. der Parteien folgt die Vernehmung der einzelnen Zeugen. Sie werden einzeln in den Sitzungssaal gerufen. Bei ihrer Vernehmung ergeben sich folgende Unterabschnitte:

(1) In Einzelfällen (ängstliche Zeugen, Kinder etc.) kann eine Kontaktaufnahme erforderlich sein. Den genannten Zeugen müssen durch einige vertrauensvolle Worte Angst und Hemmungen genommen werden, damit sie aussagebereit sind.

29 (2) Sodann folgt die Vernehmung des Zeugen zur Person (§ 395 II ZPO), an die sich – nach Feststellung der Personalien (Vorname, Zuname, Alter, Stand oder Gewerbe, Wohnort) die Frage anschließt, ob der Zeuge mit den Parteien verwandt oder verschwägert ist; über ein daraus folgendes Zeugnisverweigerungsrecht ist der Zeuge zu belehren.

Der Zeuge muss sich dann selbst entscheiden, ob er hiervon Gebrauch macht; der Richter hat sich jeder Beeinflussung zu enthalten; er kann lediglich darauf hinweisen, dass im Falle der Aussagebereit-

---

[15] *Baumbach/Lauterbach/Albers/Hartmann*, § 141 Rn. 2.

schaft der Zeuge wie jeder andere zur Einhaltung der Wahrheitspflicht verpflichtet ist. Es können nach § 395 II 2 ZPO dem Zeugen auch Fragen zur Glaubwürdigkeit gestellt werden. Dabei sollte es sich in der Regel um allgemeine Umstände handeln, z. B. ob der Zeuge mit einer der Parteien in einer Lebensgemeinschaft zusammenlebt oder bei ihr beschäftigt ist. Konkrete „peinliche Fragen" sollte man lieber an den Schluss der Vernehmung stellen, um die Atmosphäre nicht vorzeitig zu belasten.

(3) Anschließend erfolgt die Vernehmung des Zeugen zur Sache (§ 396 ZPO). Dabei 30
sollte man dem Zeugen zunächst das Beweisthema mitteilen, zu dem er aussagen soll. Im Einzelfall kann dies aber überflüssig sein, weil es für den Zeugen offensichtlich ist, wozu er aussagen soll. Zweckmäßigerweise wird dann an den Anfang der Vernehmung gestellt, was der Zeuge mit der Sache zu tun hat, insbesondere wo er sich während des aufzuklärenden Vorgangs aufgehalten hat. Sodann soll der Zeuge nach § 396 I ZPO zunächst von sich aus angeben, was er von dem Beweisthema weiß. Er soll also nicht durch Fragen oder Hinweise des Gerichts auf eine bestimmte „Marschrichtung" seiner Aussage festgelegt werden.

Eine Beeinflussung des Zeugen durch das Gericht und die Parteien soll also ausgeschaltet werden. Die Art und Weise, wie der Zeuge von sich aus an das Beweisthema herangeht, kann für die Beurteilung seiner Glaubwürdigkeit von Bedeutung sein. Selbst wenn der Zeuge mit weit vom Beweisthema abliegenden Nebensächlichkeiten beginnt, sollte das Gericht nicht sofort eingreifen.

Dem Idealbild des Zeugen, der dem Gericht einen chronologisch geordneten, auf das Wesentliche beschränkten und sachlich erschöpfenden Vortrag präsentiert, vermögen die wenigsten Zeugen zu genügen. In der Regel wird der Zeuge in seiner Erzählung durch Fragen des Richters geleitet, der durch kurze Stichworte den Bericht des Zeugen auf die für das Beweisthema wesentlichen Fragen hinlenken soll. Der Richter hat sich aber hierbei jeder Beeinflussung des Zeugen (z. B. durch Suggestivfragen) zu enthalten. Der Vernehmende hat vor allem zu klären, was der Zeuge selbst wahrgenommen hat und was er nur aus Erzählungen Dritter weiß; bei Wertungen und Schlussfolgerungen ist zu fragen, worauf dieselben beruhen; bei lang zurückliegenden Vorgängen, worauf sich die Erinnerung gründet. Art und Inhalt der Vernehmung sind an den Erkenntnissen der Aussagepsychologie auszurichten: Fragen nach Details des Geschehens, Beziehungen des Zeugen zu den Parteien sowie Einbeziehung bestimmter Merkmale, die für die Glaubwürdigkeit bzw. Irrtum eines Zeugen sprechen, geben erst das Material für eine substanzielle Beweiswürdigung.

Dem Zeugen ist es gestattet, zur Vernehmung eigene schriftliche Notizen zu benutzen oder einen schriftlichen Bericht vorzulegen; in diesem Falle wird der Richter durch geschickte Fragen zu klären suchen, ob der Zeuge die Notizen bzw. den Bericht selbst verfasst hat oder ihm diese von einem Dritten vorgelegt worden sind. Ein detaillierter schriftlicher Bericht kann als Anlage zum Protokoll genommen werden; er ist aber in den Einzelheiten mit dem Zeugen durchzusprechen, eventuell dann durch zusätzliche Erklärungen des Zeugen zu ergänzen; dabei besteht ebenfalls Gelegenheit zur Erkundung, auf welche Weise der Bericht zustande gekommen ist.

Falls keine wortgetreue Tonaufnahme erfolgt, diktiert der Richter die Aussage. Die Aussage wird hierbei von dem Richter zusammengefasst, wobei er sich jeder Verfälschung der Aussage durch eigene Wortwahl zu enthalten hat.

Es hängt von dem Umfang der Aussage ab, ob der Richter Wiedergabe und Diktat in einem Zuge vornimmt. Bei einer kleineren Aussage ist dies durchaus angebracht, wenn der Richter hierbei die Aussage in den Einzelheiten behalten kann. Bei mehreren Beweisthemen oder einer umfangreichen Aussage zu einem Beweisthema empfiehlt es sich dagegen, Wiedergabe und Diktat in einzelnen Abschnitten vorzunehmen. Auf jeden Fall sollte der Richter die Aussage diktiert haben, bevor er anderen Prozessbeteiligten das Fragerecht überlässt. Es besteht die Möglichkeit, dass der Zeuge auf einzelne Fragen seine ursprünglichen Angaben verändert oder sogar berichtigt, so dass bei dem Diktat, das dann beide Varianten umfassen muss, Schwierigkeiten auftreten können.

Bei einer Beweisaufnahme vor dem beauftragten oder ersuchten Richter muss dieser persönliche Eindrücke von dem Zeugen im Protokoll niederlegen, andernfalls sie nicht von dem erkennenden Gericht bei der Beweiswürdigung verwendet werden dürfen. Dies geschieht regelmäßig nicht, da solche Eindrücke schwer in Worte zu fassen sind und sie außerdem bei der dann notwendigen Protokollierung zu unliebsamen Reaktionen – seitens des Zeugen oder der Prozessbeteiligten – führen können.

31 Anschließend stellt der Vorsitzende ergänzende Fragen (§ 396 II ZPO), deren Antworten ebenfalls in das Protokoll diktiert werden.

Hierbei kann es sich um notwendige Ergänzungen handeln, die sich nach Auffassung des Gerichts aus der bisherigen, bereits diktierten Aussage ergeben, um Vorhaltungen einer früheren – inhaltlich abweichenden – Aussage des gleichen Zeugen, um Vorhaltungen aus anderen Zeugenaussagen oder dem Gericht vorliegenden Urkunden oder um Umstände, die die Glaubwürdigkeit des Zeugen betreffen. In diesem Stadium der Vernehmung kann es angebracht sein, dass der Richter gegenüber dem Zeugen auch Zweifel an der Richtigkeit seiner Aussage äußert und ihm nahelegt, seine bisherige Aussage noch einmal zu überdenken.

Nach diesem Abschnitt folgen dann Fragen der anderen Prozessbeteiligten: des Berichterstatters, des zweiten Beisitzers (§ 396 III ZPO), der Parteien und ihrer Vertreter (§ 397 ZPO) und zwar zunächst des Prozessbevollmächtigten des Beweisführers, dann der Partei selbst, sodann des Prozessbevollmächtigten des Beweisgegners und schließlich dieser Partei selbst.

Der Vorsitzende als Leiter der Verhandlung (§ 136 I, II ZPO) hat dafür Sorge zu tragen, dass diese Reihenfolge eingehalten wird, vor allem dass der Zeuge nicht von verschiedenen Seiten gleichzeitig mit Fragen konfrontiert wird. Auch die Antworten des Zeugen auf diese ergänzenden Fragen werden in gleicher Weise wie der Bericht des Zeugen durch Diktat des Richters in das Protokoll aufgenommen. Im Hinblick auf die oft bedeutsame wörtliche Erfassung der Antwort sollte der protokollierende Richter nicht zu viele Fragen und Antworten auflaufen lassen, sondern möglichst jede (Frage und) Antwort einzeln im Protokoll niederlegen, bevor die nächste Frage gestellt wird.

Bei der Befragung durch Parteien und Anwälte kann es gelegentlich zu unliebsamen Vorfällen kommen. Unzulässige Fragen hat das Gericht – nicht der Vorsitzende – zurückzuweisen (§§ 140, 397 III ZPO), was von Amts wegen oder auf eine Beanstandung erfolgen kann. Hierzu bedarf es eines Beschlusses, bei einer Kammer also einer vorangehenden Beratung, die auch im Sitzungssaal durch kurze Verständigung erfolgen kann. Der Beschluss ist zu verkünden und mit einer kurzen Begründung in das Protokoll aufzunehmen.

32 Unzulässig sind
– Suggestivfragen, die den Zeugen zu einer bestimmten Antwort drängen sollen;
– Fragen, die nicht auf Tatsachen gerichtet sind, sondern auf Mutmaßungen und Bewertungen des Zeugen hinauslaufen, wobei beim sachverständigen Zeugen die Grenze zur Wertung weiter zu ziehen sein dürfte – unzulässig ist jedenfalls die Vernehmung eines Privatsachverständigen über seine tatsächlichen Wahrnehmungen hinaus über Wertungsfragen, die auf ein verkapptes Gutachten hinauslaufen;
– Fragen, die keinerlei Zusammenhang mehr mit dem Beweisthema erkennen lassen, wobei die Abgrenzung oft schwierig ist – bei einer einzelnen Frage ist Großzügigkeit am Platze, stellt sich bei Stellung mehrerer Fragen deren Abwegigkeit klar heraus, muss der Richter allerdings eingreifen;
– Fragen, die bereits beantwortet sind, jedoch darf ein bestimmter Punkt der Aussage aufgegriffen werden mit dem Hinweis, ob der Zeuge diese Aussage wirklich aufrechterhalten will – unzulässig aber ist das Verhalten von (einzelnen) Anwälten, nach der Vernehmung des Zeugen durch das Gericht durch Stellung einzelner Fragen die gesamte Aussage des Zeugen wiederholen zu lassen;
– Fragen nach Tatsachen, die bei dem Zeugen einem Berufsgeheimnis unterliegen (§ 383 III ZPO);
– Fragen, die den Zeugen beleidigen oder „bloßstellen" sollen.[16]

---

[16] *Baumbach/Lauterbach/Albers/Hartmann*, § 397 Rn. 7; Zöller/*Greger*, § 397 Rn. 4.

II. Der Beweistermin

Bei derartigen Fragen der Parteien kann der Vorsitzende das zunächst unmittelbar eingeräumte Fragerecht (§ 397 II ZPO) entziehen und die Partei darauf verweisen, dass sie ab sofort nur über seine Person dem Zeugen die Fragen vorlegen lassen könne, die zur Aufklärung der Sache oder der Verhältnisse des Zeugen für dienlich erachtet werden (§ 397 I ZPO); stellt die Partei dann erneut unzulässige Fragen, wird sie der Vorsitzende nicht weitergeben. Bei „unverschämten Fragen" eines Rechtsanwalts zieht diese prozessuale Vorgehensweise nicht. Hier kann der Vorsitzende den Rechtsanwalt auf das Ungebührliche seines Verhaltens hinweisen und den Zeugen belehren, dass er eine bestimmte Frage nicht zu beantworten brauche. Bei derartigen „explosiven Beweisaufnahmen", die in Zivilprozessen selten vorkommen, kommt es sehr auf das Geschick und die Persönlichkeit des vernehmenden Richters an.

Nach der grundsätzlichen Regelung ist das laut Diktat im Protokoll Niedergelegte 33 dem Zeugen nochmals vorzulesen oder zur Durchsicht vorzulegen (§ 162 I ZPO). Bei Diktat auf Tonband muss dann ein Abspielen des Tonbandes erfolgen. Da diese Vorgänge besonders bei einer umfangreichen Aussage längere Zeit erfordern, sieht das Gesetz zur Erleichterung eine Ausnahmeregelung vor. Auf das nochmalige Vorlesen oder Abspielen der diktierten oder aufgenommenen Aussage kann nämlich nach § 162 II 2 ZPO durch die „Beteiligten" verzichtet werden.

Beteiligter in diesem Sinne sind der vernommene Zeuge sowie die Parteien und ihre Anwälte. Besteht einer derselben auf nochmaligem Vorlesen oder Abspielen, so hat dies zu geschehen, selbst wenn dies mit erheblichem Zeitaufwand verbunden ist. Auch unabhängig davon wird das Gericht dies veranlassen, wenn die Sachlage es verlangt, z. B. wenn schon bei dem Diktat sich Schwierigkeiten in der Formulierung der Aussage mit dem Zeugen ergeben haben oder wenn ein Verdacht der Falschaussage besteht. Wenn ein Zeuge nach Verlesen oder Abspielen der Aussage die Genehmigung verweigert, so ist dies im Protokoll – mit einer etwaigen Begründung des Zeugen – zu vermerken.

(4) Nach der Vernehmung des Zeugen zur Sache folgt die Gegenüberstellung von Zeugen (§ 394 II ZPO).

Bei der Gegenüberstellung soll festgestellt werden, ob einer der Zeugen von seiner Aussage abrückt. Auch das Verhalten der gegenübergestellten Personen kann bei der Beweiswürdigung verwertet werden. Die Gegenüberstellung steht im Ermessen des Gerichts.

(5) Anschließend ist die Entscheidung über die Beeidigung von Zeugen zu treffen (§ 391 ZPO).

Sie steht im Ermessen des Gerichts. Sie sollte bis zum Abschluss der Beweisaufnahme, d. h. der Vernehmung aller Zeugen und der Erstattung eines Gutachtens zu dem gleichen Beweisthema zurückgestellt werden, da sich bis dahin neue Aspekte ergeben können, die den Zeugen zu einer Ergänzung oder Berichtigung seiner Aussage veranlassen können. Beide Parteien müssen vorher angehört werden, da sie gemeinsam auf die Beeidigung verzichten können (§ 391 ZPO). – Bei Bejahung erfolgt die Eidesbelehrung (§ 480 ZPO) zweckmäßigerweise die – erstmalige oder nochmalige – Verlesung der Aussage und die Abnahme des Eides (§§ 481, 483, 484 ZPO).

(6) Schließlich erfolgt die Entlassung des Zeugen. Soweit in einem Beweistermin 34 mehrere Zeugen zu dem gleichen Beweisthema zu vernehmen sind, sollte die Entlassung des Zeugen nach Möglichkeit bis zur Vernehmung des letzten Zeugen zurückgestellt werden.

Bei der Vernehmung eines späteren Zeugen stellen sich oft Dinge heraus, die dem früher vernommenen Zeugen vorgehalten werden müssen und diesen oft zu einer Ergänzung, eventuell sogar Berichtigung seiner Aussage veranlassen. Außerdem ist nur auf diese Weise die Gegenüberstellung von Zeugen und die Entscheidung über die Beeidigung eines Zeugen möglich. Oft kommt das Gericht aber nicht umhin, dem Drängen eines Zeugen auf vorherige Entlassung aus dringenden Gründen nachzugeben.

Vor der Entlassung des Zeugen wird dieser regelmäßig befragt, ob er eine Entschädigung verlangt (§ 401 ZPO), soweit er hierauf nicht verzichtet hat. Bejahendenfalls ist der Entlassungszeitpunkt im Protokoll festzuhalten, da dies für die Höhe der Entschädigung nach §§ 6, 7, 20, 21, 22 JVEG von Bedeutung sein kann (Aufwand, Aufwendungen, Zeitversäumnis, Haushaltsführung, Verdienstausfall).

Der Zeuge erhält dann eine mit den Personalien, Terminsbeginn und Zeitpunkt der Entlassung versehene Kassenanweisung, die vom Richter unterschrieben wird, und mit der er bei dem zuständigen Urkundsbeamten (bei größeren Gerichten einer besonderen Gebührenanweisungsstelle) vorspricht, die dann die genaue Entschädigung errechnet und endgültig anweist. Hat der Zeuge die Reise von einem anderen als in der Ladung bezeichneten Ort angetreten, ohne dies vorher dem Gericht anzuzeigen (§ 5 V JVEG), so kann es angezeigt sein, dass das Gericht die weite Anreise nachträglich genehmigt und dies der Vorsitzende auf der Kassenanweisung vermerkt, um eine Kürzung der Reisekosten und eine nochmalige Befassung des Gerichts nach § 4 JVEG zu verhindern.

35 g) Der Vernehmung der einzelnen Zeugen schließt sich regelmäßig die Erstattung eines Sachverständigengutachtens an.

Nur ausnahmsweise kann es angezeigt sein, die Erstattung des Sachverständigengutachtens vorzuziehen. Im Einzelfall kann es zweckmäßig sein, den Sachverständigen an der Beweisaufnahme teilnehmen zu lassen und ihm unmittelbare Fragen an Parteien und Zeugen zu gestatten. Nach Beendigung der Beweisaufnahme hinsichtlich der Zeugen kann es notwendig werden, dass das Gericht sich über das Ergebnis derselben schlüssig wird und dem Sachverständigen mitteilt, welche Anknüpfungstatsachen er seinem Gutachten zugrunde zu legen hat.

Bei der Erstattung seines Gutachtens hat das Gericht den Sachverständigen zunächst mündlich anzuhören. Anschließend sind etwaige Unklarheiten im Gedankengang und der Konkretisierung der vom Gericht zur Beantwortung des Beweisthemas für notwendig erachteten Antworten durch mündliche Erörterung mit dem Sachverständigen zu klären. Dabei vergibt sich der Richter nichts, wenn er seine geringe oder fehlende Sachkunde zu erkennen gibt und um Belehrung durch den Sachverständigen bittet. Bei der Entgegennahme des Gutachtens ist darauf zu achten, dass der Sachverständige seine Wertungen an unstreitige bzw. vom Gericht für nachgewiesen erachtete Tatsachen anknüpft. Soweit der Sachverständige selbst Feststellungen trifft, kann es im Einzelfall notwendig sein, ihn nach der Wahrscheinlichkeit seiner Feststellungen zu befragen.

Danach sind die Erklärungen des Sachverständigen in das Protokoll aufzunehmen, wobei der Richter wie beim Zeugen die Wortfassung diktiert, bei schwierigen Details aber zweckmäßigerweise den Sachverständigen um Hilfe bei der Formulierung bittet. Anschließende Fragen betreffend die eigenverantwortliche Erstattung des Gutachtens sowie zur Qualifikation des Sachverständigen runden die Vernehmung ab. Es folgen die Fragen der Beisitzer, der Rechtsanwälte und der Parteien, wobei die gleiche Reihenfolge wie beim Zeugenbeweis einzuhalten ist.

Im Einzelfall kann es sachdienlich sein, auch einem Privatsachverständigen, den eine Partei zum Termin mitgebracht hat, ein Fragerecht einzuräumen; dieser handelt insoweit in Vertretung der Partei. Hieraus kann sich eine Diskussion zwischen gerichtlich bestellten Sachverständigen und dem Privatgutachter entwickeln, was durchaus zur Erhellung unklarer Punkte führen kann.

Auch der Sachverständige kann im Einzelfall auf sein Gutachten vereidigt werden (§§ 402, 391 ZPO).

Das wird aber nur in seltenen Fällen in Betracht kommen. Die Beeidigung kann laut § 410 I ZPO vor oder nach Erstattung des Gutachtens vorgenommen werden. Ist der Sachverständige für die Erstattung von Gutachten der betreffenden Art im Allgemeinen vereidigt, so kann er den Eid durch Berufung auf diesen allgemein geleisteten Eid leisten (§ 410 II ZPO).

Hinsichtlich der Entlassung und Entschädigung gelten die oben zum Zeugenbeweis gemachten Ausführungen entsprechend.

Der Sachverständige ist in der Regel zu befragen, ob er seine Entschädigung wie ein Zeuge sogleich angewiesen haben will. Dann ist wie bei dem Zeugen zu verfahren. Der Sachverständige kann aber auch erklären, dass er seine Rechnung zu Hause erstellen und dann zu den Gerichtsakten einreichen will; dann ist im Termin – außer der Feststellung der Entlassungszeit im Protokoll – nichts zu veranlassen.

h) Etwas anders gestaltet sich der Verlauf der Vernehmung des Sachverständigen, wenn dieser bereits ein schriftliches Gutachten erstattet hat, das nunmehr zu erläutern ist. Zunächst wird der Sachverständige auf sein schriftliches Gutachten verweisen. Eine vollständige Wiederholung desselben ist überflüssig, da es dem Gericht und den Parteien bekannt ist.

Soweit das Gericht eine mündliche Erläuterung des Gutachtens für erforderlich gehalten hat, wird es sodann die entsprechenden Punkte mit dem Sachverständigen besprechen, z. B.
– wie der Sachverständige bestimmte Anknüpfungstatsachen aufgeklärt hat (Ortsbesichtigung, Auskünfte, Befragung von Personen, Auswertung von Fotos, Untersuchung bestimmter Materialien etc.);
– welches Erfahrungswissen der Sachverständige angewandt hat und wie er zu diesem Wissen gekommen ist (allgemeines, zu seinem Fach gehörendes Wissen, DIN-Vorschriften, Auswertung von Schrifttum etc.);
– wie der allgemeine Gedankengang des Gutachtens ist;
– welche Sicherheit oder Wahrscheinlichkeit das von dem Gutachter gefundene Ergebnis hat;
– ob der Sachverständige vom Gericht vorgetragene Zweifel und Bedenken beseitigen kann;
– wie gewisse, von den Parteien vorgetragene Einwendungen, die nach Auffassung des Gerichts zu Recht erhoben werden, von dem Sachverständigen beurteilt werden.

Nachdem diese Punkte erledigt sind, steht den Parteien das Fragerecht zu. Wenn das Gericht das Gutachten für eindeutig gehalten und die mündliche Anhörung nur wegen des Antrags einer Partei angeordnet hat, wird es sofort nach der Bezugnahme des Sachverständigen auf das schriftliche Gutachten den Parteien die Ausübung des Fragerechts überlassen.

Das Fragerecht steht in erster Linie der Partei zu, die den Antrag auf mündliche Erläuterung gestellt hat. Auch hier kann die Partei einen Privatsachverständigen zur Ausübung des Fragerechts einschalten. Soweit Anlass besteht, kann das Gericht natürlich die Erörterung bestimmter Punkte aufgreifen und seinerseits Fragen an den Sachverständigen stellen. Gelegentlich ist dies auch notwendig, um bei gewissen „Fehlformulierungen", die der Sachverständige auf einzelne Fragen der Partei unternommen hat, klarzustellen, ob er sein schriftliches Gutachten in Frage stellen will.

Soweit bei der mündlichen Erläuterung des Gutachtens nunmehr Punkte aufgetaucht sind, die sich im Termin nicht endgültig klären lassen, bedarf es einer Erörterung, wie weiter zu verfahren ist.

Das kann im Einzelfall zu einem schriftlichen Ergänzungsgutachten des Sachverständigen oder aber zu einer Vertagung des Termins mit einer erneuten mündlichen Anhörung des Sachverständigen im neuen Termin führen.

Hinsichtlich Beeidigung, Entlassung und Entschädigung des Sachverständigen gelten die obigen Ausführungen betreffend den Zeugen entsprechend.

i) Die Einnahme des Augenscheins ist im Beweistermin nicht zeitlich exakt auf einen bestimmten Abschnitt festzulegen. Sie erfolgt unter Zweckmäßigkeitsgesichtspunkten: vor oder nach der Anhörung der Parteien bzw. Vernehmung der Zeugen oder des Sachverständigen, wenn sich das zugrunde liegende Beweisthema von der übrigen Beweisaufnahme sachlich trennen lässt. Im Einzelfall kann es aber zweckmäßig sein, den Augenschein mit der Anhörung einer Partei bzw. der Vernehmung von Zeugen oder Sachverständigen zu verbinden, wobei die angehörte (bzw. vernommene) Person das Objekt des Augenscheins erläutert bzw. ihre Aussage hierauf abstimmt.

38 j) Hinsichtlich des Urkundenbeweises gilt Ähnliches wie beim Augenschein. Urkunden können Parteien und Zeugen vorgehalten werden, damit sie sich zur Echtheit einer Urkunde äußern oder ihren Inhalt erläutern bzw. ihre bereits gemachte Aussage ergänzen oder revidieren.

Gleiches gilt von Urkunden oder sonstigen Unterlagen, die ein Zeuge auf Veranlassung des Gerichts (§ 378 I ZPO) zum Termin mitgebracht hat. Sie sind zum Gegenstand der mündlichen Verhandlung zu machen, wobei im Regelfall eine Verlesung derselben in Betracht kommt, insbesondere dann, wenn sie den Parteien oder auch nur einer Partei bisher nicht bekannt waren. Anschließend ist zu klären, ob die Urkunde im Einverständnis mit dem Zeugen zu den Gerichtsakten genommen werden soll, wobei spätere Rückgabe seitens des Gerichts zugesichert wird. Ist der Zeuge hiermit nicht einverstanden und soll der Inhalt der Urkunde bei der Entscheidung verwertet werden, so empfiehlt es sich, vor der Rückgabe eine Fotokopie der Urkunde anzufertigen und zu den Gerichtsakten zu nehmen; dabei kann es im Einzelfall zweckmäßig sein, für jede Partei eine eigene Fotokopie anzufertigen und diesen auszuhändigen. Kommt es bei umfangreichen Urkunden nur auf einige wenige Sätze an, besteht auch die Möglichkeit, diese in das Protokoll aufzunehmen, bevor die Urkunde zurückgegeben wird.

39 k) Bei einer Beweisaufnahme vor dem Prozessgericht schließt sich sodann die mündliche Verhandlung an (§ 370 I ZPO). Das bedeutet, dass gemäß § 279 III ZPO der Sach- und Streitstand erneut zu erörtern ist und – soweit möglich – auch das Ergebnis des Beweisergebnisses. Es sollte auch in diesem Stadium des Verfahrens nochmals der Versuch einer gütlichen Beilegung des Rechtsstreits unternommen werden. Die Wiederholung der schon gestellten Sachanträge nach der Beweiserörterung ist entbehrlich,[17] jedoch kommt eine erneute Stellung der Sachanträge insbesondere dann in Betracht, wenn die Parteien aufgrund des Ergebnisses der Beweisaufnahme ihre Anträge ändern. Es folgt sodann die Beratung und Verkündung der Entscheidung.

Erst nach Beendigung der Beweisaufnahme kommt die Möglichkeit eines Versäumnisurteils in Betracht.[18]

Bei einer Beweisaufnahme vor dem beauftragten oder ersuchten Richter findet dagegen keine mündliche Verhandlung statt. Diese wird dann von Amts wegen von dem Prozessgericht anberaumt.

III. Das selbstständige Beweisverfahren

Nach § 492 I ZPO erfolgt die Beweisaufnahme im selbstständigen Beweisverfahren nach den für die Aufnahme des betreffenden Beweismittels überhaupt geltenden Vorschriften. Besonderheiten können sich allerdings aus der Situation der Eilbedürftigkeit ergeben.

---

[17] *Baumbach/Lauterbach/Albers/Hartmann*, § 285 Rn. 2; *Zöller/Greger*, § 285 Rn. 1.
[18] *Baumbach/Lauterbach/Albers/Hartmann*, § 370 Rn. 5; *Zöller/Greger*, § 370 Rn. 1.

1. Zeugenbeweis

a) Die im Hauptprozess geltende Ladungsfrist (§ 217 ZPO) gilt nicht für das selbstständige Beweisverfahren; doch ist der Antragsgegner so zeitig zu dem für die Beweisaufnahme bestimmten Termin zu laden, dass er in diesem Termin seine Rechte wahrzunehmen vermag (§ 491 ZPO).

Dem Gericht wird damit eine gewisse Flexibilität eingeräumt, um etwaigen Eilfällen (z. B. schwere Erkrankung oder drohendes Ableben eines Zeugen, bevorstehende Abreise des Zeugen in ein fremdes Land) Rechnung zu tragen. Bei nicht rechtzeitiger Ladung droht die in § 493 II ZPO angedrohte Sanktion.

b) Vor Vernehmung eines erkrankten oder vor dem Ableben stehenden Zeugen kann es angezeigt sein, dessen Vernehmungsfähigkeit festzustellen, sei es durch eigene Erhebung oder durch Rücksprache mit dem Arzt. Das Ergebnis der Feststellung sollte in einem Vermerk aktenkundig gemacht werden, der im Protokoll der Vernehmung oder in einer Anlage enthalten ist.

c) Wegen der Gefahr eines Verlusts der Aussage sollte dieselbe auf jeden Fall protokolliert werden (keine Anwendung von § 161 ZPO). Außerdem sollte die diktierte Aussage von dem Zeugen stets nach nochmaligem Vorlesen oder Abspielen genehmigt werden (keine Anwendung von § 162 II ZPO).

d) Die Beeidigung hat nur zu erfolgen, wenn das Prozessgericht sie angeordnet hat (§ 391 ZPO).

e) Das Protokoll ist bei dem Gericht zu hinterlegen, das die Beweisaufnahme angeordnet hat (§ 492 II ZPO).

2. Sachverständigengutachten

a) Das eingeholte schriftliche Gutachten ist den Parteien mit der Aufforderung zu übersenden, sich zur Frage der mündlichen Anhörung zu äußern und ihre Einwendungen gegen das Gutachten vorzutragen, wozu ihnen eine Frist gesetzt werden sollte (§ 411 IV ZPO). Sollte eine mündliche Anhörung verlangt werden, ist sie beschleunigt durchzuführen, um zu klären, ob eine nochmalige Ortsbesichtigung erforderlich ist oder ob der Antragsteller den bisherigen Zustand verändern kann.

b) Bei der mündlichen Anhörung ist zu klären, ob sonstige Beweismittel, die der Sachverständige für die Erstattung seines Gutachtens benutzt hat (z. B. Fotos, Materialproben etc.) ebenfalls sichergestellt werden.

3. Versuch einer gütlichen Einigung

Das Gericht selbst wird regelmäßig die Initiative zu einer gütlichen Einigung nur ergreifen können, wenn der Hauptprozess bereits anhängig ist (§ 278 ZPO). Im Übrigen kann es die Parteien zur mündlichen Erörterung laden, wenn eine Einigung zu erwarten ist (§ 492 III ZPO); mangels Einblick in die jeweilige Sachlage wird dies regelmäßig nur in Frage kommen, wenn eine Partei oder beide einen entsprechenden Antrag stellen oder wenn aus dem Gutachten des Sachverständigen hervorgeht, dass die Parteien ihm gegenüber – z. B. im Rahmen einer Ortsbesichtigung – eine Vergleichsbereitschaft angedeutet haben.

4. Zwang zur Klageerhebung

43 a) Ist ein Rechtsstreit nicht anhängig, so hat das Gericht auf Antrag des Antragsgegners nach Beendigung der Beweisaufnahme anzuordnen, dass der Antragsteller binnen einer bestimmten Frist Klage zu erheben hat (§ 494a I ZPO).

Der Antragsgegner kann den Antrag zur Fristsetzung auf einzelne Antragsteller beschränken. Bei mehreren Antragsgegnern kann die Fristsetzung nur zugunsten derjenigen erfolgen, die den Antrag gestellt haben.

b) Wird nicht fristgerecht Klage erhoben, kann der Antragsgegner beantragen, dass die Kosten des Beweisverfahrens dem Antragsteller auferlegt werden (§ 494a II ZPO). In Ausnahmefällen kann dieser Antrag wegen fehlenden Rechtsschutzbedürfnisses unzulässig sein.

IV. Ordnungsmittel gegen Parteien und Zeugen

1. Sanktion bei Ausbleiben der Partei

Im Fall des § 141 ZPO und deshalb auch im Fall des § 278 ZPO, nicht jedoch in den Fällen der §§ 118 I 3 und 492 III ZPO, kann das Gericht wie gegen einen im Vernehmungstermin nicht erschienenen Zeugen verfahren (§ 141 III 1 ZPO). Grund für diese Sanktion ist die Förderung der sachgemäßen Erledigung des Rechtsstreits, nicht etwa die bewusste Missachtung des Gerichts.[19] Gegen die Partei ist nur die Verhängung von Ordnungsgeld, nicht aber die Verhängung von Ordnungshaft zulässig; ebenso wenig können ihr die durch das Nichterscheinen verursachten Kosten auferlegt werden, wie dies bei einem ausgebliebenen Zeugen der Fall ist (§ 380 I 1 ZPO).

44 a) Die Verhängung des Ordnungsgeldes hat folgende Voraussetzungen:

(1) Es muss eine Anordnung des persönlichen Erscheinens vorliegen.

Aus der Anordnung muss sich ergeben, dass das persönliche Erscheinen zur Aufklärung des Sachverhalts bzw. für die Güteverhandlung sowie für weitere Güteversuche angeordnet worden ist. Die nähere Angabe, was im Einzelnen im Termin aufgeklärt werden soll, ist jedenfalls keine Zulässigkeitsvoraussetzung für die Verhängung des Ordnungsgeldes. Ob sie zweckmäßigerweise erfolgt, ist eine Frage des Einzelfalles. Dagegen kann der psychologische „Überraschungseffekt" sprechen, wenn die Partei im Termin vor eine bestimmte Sachverhaltsfrage gestellt wird; für eine Mitteilung in der Ladung kann die Notwendigkeit einer Vorbereitung und die Möglichkeit des Mitbringens von Unterlagen sprechen.

(2) Die Partei selbst, nicht ihr Prozessbevollmächtigter, muss geladen worden sein.

Eine förmliche Zustellung der Ladung ist nicht erforderlich (§ 141 II 2 ZPO); es genügt also im Regelfall die Feststellung, dass die Ladung an die Partei abgesandt worden ist.

(3) Der Prozessbevollmächtigte der geladenen Partei muss von der erfolgten Ladung verständigt worden sein (§§ 273 IV 1, 329 II, 172 ZPO).

(4) Die Partei muss in der Ladung auf die Folgen des Ausbleibens hingewiesen worden sein, § 141 III 3 ZPO.

Da die Ladung mittels eines gedruckten Formblatts erfolgt, kann das Gericht von dieser Belehrung ausgehen.

---

[19] *Baumbach/Lauterbach/Albers/Hartmann*, § 141 Rn. 37; *Zöller/Greger*, § 141 Rn. 12.

IV. Ordnungsmittel gegen Parteien und Zeugen

(5) **Die Partei darf nicht einen besonderen Vertreter entsandt haben.**

Zweifelhaft ist, ob – wie häufig – dieser Ausnahmetatbestand dadurch geschaffen werden kann, dass die Partei ihrem Prozessbevollmächtigten eine besondere Vollmacht zur Wahrnehmung der Rechte gemäß § 141 III 2 ZPO erteilt. Der Anwalt, der nur die schriftsätzlichen Erklärungen wiederholen kann, ist als besonderer Vertreter jedenfalls ungeeignet. Richtiger Ansicht nach sind nur solche Personen geeignet, die in der Sphäre der Partei stehen und mit dem Sachverhalt besonders vertraut sind, z. B. Sachbearbeiter, Prokuristen etc.[20] Der Vertreter muss außerdem zur Abgabe aller gebotenen Prozesserklärungen einschließlich eines Vergleichsabschlusses bevollmächtigt sein.

(6) **Die Partei kann ihr Ausbleiben entschuldigen (§§ 381, 141 III 1 ZPO).** 45

Dies kann durch eine vor dem Termin eingehende schriftliche oder telefonisch übermittelte Erklärung oder durch ihren Anwalt geschehen. Es steht im Ermessen des Gerichts, ob es diese Entschuldigung ohne Nachprüfung gelten lässt oder eine Glaubhaftmachung fordert, bevor es über die Verhängung des Ordnungsgeldes befindet. Berechtigte Entschuldigungsgründe sind: Krankheit, dringender Arztbesuch, Krankenhausaufenthalt, Beerdigung, wichtige und unaufschiebbare geschäftliche Termine, eine bereits gebuchte Urlaubsreise. Kein Entschuldigungsgrund ist die Erklärung, man habe sich über den Terminstag geirrt oder habe „andere wichtige Dinge zu tun". Zweifelhafte Entschuldigungsgründe sind: Vorhandensein kleiner Kinder; die bloße Behauptung anderweitiger Geschäftstermine und die Erklärung des Anwalts, er habe der Partei mitgeteilt, sie brauche nicht zu erscheinen; bei letzterem Grund hängt die Entscheidung davon ab, ob man das Verschulden des Anwalts der Partei nach § 85 II ZPO zurechnen darf.[21]

(7) **Die Partei muss sich auf die Sache insgesamt eingelassen haben.**

Lässt die Partei in dem Termin Versäumnisurteil gegen sich ergehen, so kann nicht wegen Nichterscheinens trotz Anordnung des persönlichen Erscheinens ein Ordnungsgeld verhängt werden. Außerdem kann die Partei analog § 386 III ZPO erklären, dass sie selbst an einer Sachaufklärung nicht mitwirken will; sie muss dann allerdings die Folge auf sich nehmen, dass diese Weigerung im Rahmen der Beweiswürdigung gegen sie verwertet wird.[22]

(8) **Die Verhängung des Ordnungsgeldes muss zur Aufklärung des Sachverhalts noch erforderlich sein.**

Das Gericht hat zur Beurteilung dieser Frage einen gewissen Ermessensspielraum. So ist die Verhängung eines Ordnungsgeldes überflüssig, wenn der Rechtsstreit durch Vergleich oder auf andere Weise seine Erledigung gefunden hat; wenn die Entscheidungsreife des Rechtsstreits auf andere Weise eingetreten ist; wenn es auch ohne Säumnis der Partei aus anderen Gründen nicht zu einer Aufklärung gekommen wäre.

b) **Der im Falle des Ausbleibens der Partei ergehende Beschluss hat folgenden Inhalt:** 46

(1) Zu verhängen ist lediglich ein Ordnungsgeld. Eine Höhe muss sich im Rahmen von Art. 6 I EGStGB bewegen (5 € bis 1.000 €).

Maßgebende Gesichtspunkte für die Bemessung des Ordnungsgeldes sind vor allem das Maß des persönlichen Verschuldens und die Einkommensverhältnisse der säumigen Partei. Die Anordnung einer Ersatzhaft für den Fall der Nichtbeitreibbarkeit hat zu unterbleiben. Die Auferlegung der durch das Ausbleiben der Partei entstandenen Kosten ist nicht zulässig; hierfür kommen gesonderte Maßnahmen nach § 38 GKG bzw. § 95 ZPO in Betracht. Ebenso wenig ist eine zwangsweise Vorführung der Partei möglich. Im Fall wiederholten Ausbleibens kann das Ordnungsgeld noch einmal festgesetzt werden (§ 141 III 1 i. V. m. § 380 II ZPO).

(2) Der Beschluss kann ohne vorherige Anhörung der Partei ergehen, da eine nachträgliche Entschuldigung möglich ist (§§ 381 I 3, 141 III 1 ZPO). Er wird dann re-

---

[20] *Baumbach/Lauterbach/Albers/Hartmann*, § 141 Rn. 46 ff.; *Zöller/Greger*, § 141 Rn. 17 f.
[21] *Baumbach/Lauterbach/Albers/Hartmann*, § 381 Rn. 6; *Zöller/Greger*, § 381 Rn. 3.
[22] *Baumbach/Lauterbach/Albers/Hartmann*, § 141 Rn. 29.

gelmäßig nur formelhaft begründet. Im Einzelfall kann jedoch eine kurze Auseinandersetzung mit Einwendungen in Frage kommen.

Das Gericht kann aber auch der Partei erst Gelegenheit geben, die Gründe des Fernbleibens darzulegen und eventuell glaubhaft zu machen, bevor es über die Verhängung des Ordnungsgeldes entscheidet; dies wird in der Regel dann geschehen, wenn der Prozessbevollmächtigte im Termin schon greifbare Anhaltspunkte für ein berechtigtes Fernbleiben vorgetragen oder die Partei selbst solche Gründe mitgeteilt hat. Bei einer solch nachträglichen Verhängung des Ordnungsgeldes ist es zweckmäßig, dass das Gericht sich mit den vorgetragenen Entschuldigungsgründen im Beschluss auseinandersetzt.

2. Ordnungsmittel bei Nichterscheinen des Zeugen

Verletzt der Zeuge seine Pflicht zum Erscheinen vor Gericht, so sieht das Gesetz in § 380 ZPO Ordnungsmaßnahmen als Sanktion vor.

47 a) Die Verhängung dieser Ordnungsmaßnahmen hat folgende Voraussetzungen:

(1) Der Zeuge darf nicht erschienen sein.

Der Zeuge ist zu pünktlichem Erscheinen verpflichtet, wobei aber eine kurzfristige Verspätung, die die Durchführung des Termins nicht hindert, außer Betracht zu bleiben hat. Eine Ordnungsmaßnahme wird regelmäßig erst zu erwägen sein, wenn das Gericht im Termin alle anderen Aufgaben erledigt hat und nunmehr zu einer Vertagung genötigt ist. – Der in nicht vernehmungsfähigem Zustand (z. B. betrunken) erscheinende Zeuge gilt als nicht erschienen.[23]

(2) Der Zeuge muss zu dem Termin ordnungsgemäß geladen sein.

Hierzu gehört der Zugang der Ladung. Da die Ladung formlos erfolgen kann (§ 377 I 2 ZPO), genügt die Feststellung, dass die Ladung an die von dem Beweisführer angegebene und noch nicht aufgrund bestimmter Umstände (Ladung kommt als unzustellbar zurück; Partei teilt selbst mit, der Zeuge wohne inzwischen woanders; der Zeuge meldet sich von einem anderen Wohnsitz aus) als unrichtig erkannte Anschrift abgesandt worden ist oder der Zeuge die Ladung an einem anderen Ort, z. B. durch Nachsendung erhalten hat.

Zur Ordnungsmäßigkeit der Ladung gehört ferner die Bezeichnung des Gegenstandes der Vernehmung in der Ladung (§ 377 II Nr. 2 ZPO); dies gilt auch für die im Wege der prozessleitenden Anordnung (§ 273 II Nr. 4 ZPO) geladenen Zeugen.

Die Ladung muss schließlich dem Zeugen „rechtzeitig" zugegangen sein. Das Gesetz hat hier – im Gegensatz zu der für die Partei geltenden Ladungsfrist (§ 217 ZPO) – keine starre Frist gesetzt, die zwischen dem Zugang der Ladung und dem Beweistermin liegen muss. Es kommt deshalb in erster Linie auf die Umstände des Einzelfalles an (Entfernung zwischen Wohnsitz und Terminsort; anderweitige Inanspruchnahme), auf die Belange des Zeugen sollte vom Gericht Rücksicht genommen werden.[24] In Anlehnung an § 217 ZPO wird man aber für den Regelfall davon ausgehen müssen, dass ein Zeuge unterhalb einer Grenze von drei Tagen sein Erscheinen unter Hinweis auf anderweitige Disposition absagen kann; in diesen Fällen kommt eine Ordnungsmaßnahme nur in Betracht, wenn der Zeuge sein Erscheinen ohne jeglichen Grund oder aus grundsätzlichen Erwägungen überhaupt, d. h. auch für spätere Termine, ablehnt.

(3) Die Erscheinenspflicht des Zeugen darf nicht ausnahmsweise ausgeschlossen sein.

In Betracht kommen die Ausnahmefälle der §§ 375 II, 382 ZPO sowie die Ausübung eines Zeugnisverweigerungsrechts vor dem Termin gemäß § 386 III ZPO. Gleiches gilt, wenn das Gericht dem Zeugen mitgeteilt hat, er brauche nicht zu erscheinen, wenn er vor dem Termin die mitgeteilte Beweisfrage schriftlich beantworte (§ 377 III ZPO) und diese schriftliche Beantwortung eingetroffen ist, dem Gericht aber wegen ihrer Kürze oder sonstiger Mängel nicht ausreicht.

---

[23] *Baumbach/Lauterbach/Albers/Hartmann*, § 380 Rn. 4; Zöller/*Greger*, § 380 Rn. 2.
[24] *Baumbach/Lauterbach/Albers/Hartmann*, § 377 Rn. 4; Zöller/*Greger*, § 377 Rn. 4 b.

IV. Ordnungsmittel gegen Parteien und Zeugen

(4) Der Zeuge kann sich durch Angabe „genügender Gründe" entschuldigen (§ 381 I 1 ZPO).

In Betracht kommen Krankheit, dringende persönliche und geschäftliche Termine, eine bereits geplante Urlaubsreise oder eine plötzliche Autopanne. Nicht genügen: die allgemeine Erklärung, man habe wichtigere Dinge zu tun; die große Entfernung zum Terminsort; das Vorhandensein kleiner Kinder oder sonstiger zu betreuender Personen; das Nichtabholen der gemäß § 181 ZPO niedergelegten Ladung, wenn die Benachrichtigung am Zustellort ordnungsgemäß hinterlegt wurde.[25] Das Gericht kann im Rahmen seines Ermessens die Glaubhaftmachung der Entschuldigungsgründe verlangen.[26] Der Zeuge hat nach § 381 I 2 ZPO auch dann für die Folgen seines Nichterscheinens einzustehen, wenn er durch die rechtzeitige Anzeige seiner Verhinderung unnötigen Verfahrensaufwand hätte vermeiden können; die Schuldlosigkeit an der Verspätung ist glaubhaft zu machen, § 294 ZPO.

(5) Eine Ordnungsmaßnahme muss nach dem Stand des Verfahrens angezeigt sein.

Sie kann deshalb unterbleiben, wenn das Nichterscheinen des Zeugen zu keiner Beeinträchtigung des Verfahrens geführt hat; z. B. wenn das Beweisthema im Termin unstreitig wird, der Termin aus anderen Gründen sowieso verlegt werden muss oder der Rechtsstreit sich anderweitig endgültig erledigt. Da die Erscheinenspflicht des Zeugen ebenso wie die der Partei kein Selbstzweck ist, sondern der Sachaufklärung dient, dürfte es richtig sein, in solchen Fällen analog § 47 OWiG von einer Ordnungsmaßnahme abzusehen.[27]

b) Erscheint der Zeuge nicht, so ergeht ein Ordnungsmittelbeschluss im Regelfall im Termin, in dem der Zeuge ausgeblieben ist ohne vorherige Anhörung des Betroffenen.

Rechtliches Gehör wird dann nachträglich gewährt, wenn der Zeuge Rechtsbehelfe einlegt. Das Gericht kann aber auch, wenn eine oder mehrere Voraussetzungen zweifelhaft sind, sich die Entscheidung vorbehalten und dem Zeugen zunächst Gelegenheit zur Äußerung, eventuell zur Angabe und Glaubhaftmachung von Entschuldigungsgründen geben. Letzteres ist vor allem dann geraten, wenn der Zeuge vorher schriftlich, telefonisch oder unter Einschaltung der Prozessbeteiligten oder eines Dritten sein Fernbleiben mitgeteilt hatte.

Der Ordnungsmittelbeschluss enthält folgende Teile:
- Die Festsetzung des Ordnungsgeldes, dessen Höhe dem Strafrahmen des Art. 6 I EGStGB entnommen wird (5 € bis 1.000 €).
- Die Festsetzung einer ersatzweise zu vollstreckenden Ordnungshaft für den Fall, dass das Ordnungsgeld nicht beigetrieben werden kann (§ 380 I 2 ZPO); deren Mindestmaß beträgt 1 Tag, das Höchstmaß liegt bei 6 Wochen (Art. 6 II EGStGB); meist wird für einen bestimmten Teilbetrag des Ordnungsgeldes ersatzweise ein Tag Ordnungshaft angegeben.
- Die Verurteilung des Zeugen in die durch sein Ausbleiben entstandenen Kosten, wobei es sich im Wesentlichen um Reisekosten der Parteien und Zeugen und eventuell eines Sachverständigen handelt.
- Die Androhung einer erneuten Verhängung des Ordnungsgeldes und der zwangsweisen Vorführung des Zeugen bei erneutem Ausbleiben.
- Die Begründung der Entscheidung, da der Ordnungsmittelbeschluss mit der sofortigen Beschwerde angegriffen werden kann.

c) Ist gegen ihn ein Ordnungsmittelbeschluss ergangen, so kann der Zeuge dagegen formell auf zweifache Weise vorgehen:

(1) Der Zeuge kann im Wege einer Gegenvorstellung geltend machen, die Voraussetzungen für die Verhängung der Ordnungsmaßnahme hätten nicht vorgelegen (z. B. Nichtzugang der Ladung) oder er kann sich durch Angabe konkreter Gründe für sein Ausbleiben entschuldigen (§ 381 I 3 ZPO).

---

[25] Zu weiteren Beispielen: *Baumbach/Lauterbach/Albers/Hartmann*, § 381 Rn. 6 ff.; Zöller/*Greger*, § 381 Rn. 3.
[26] *Baumbach/Lauterbach/Albers/Hartmann*, § 381 Rn. 4; Zöller/*Greger*, § 381 Rn. 2.
[27] *Baumbach/Lauterbach/Albers/Hartmann*, § 380 Rn. 9; Zöller/*Greger*, § 380 Rn. 3.

(2) Der Zeuge kann gegen den Ordnungsmittelbeschluss das Rechtsmittel der sofortigen Beschwerde einlegen (§ 380 III ZPO). Dann hat das Gericht zu entscheiden, ob es der Beschwerde abhelfen will (§ 572 I ZPO). Die inhaltliche Prüfung ist die gleiche wie bei der Gegenvorstellung.

Die Eingabe des Zeugen sollte schon wegen der Kosten einer erfolglosen Beschwerde sorgfältig nach ihrem Sinne ausgelegt werden: Im Zweifel ist von der kostengünstigeren Gegenvorstellung bzw. Entschuldigung auszugehen.

Das Gericht kann in beiden Fällen verlangen, dass der Zeuge die vorgebrachten Entschuldigungsgründe glaubhaft macht (§ 381 I 2 ZPO); z.B. durch Vorlage eines ärztlichen Attestes über seine Erkrankung, Vorlage eines Flugtickets über die geplante Geschäftsreise, Vorlage der Reisebestätigung über die geplante Urlaubsreise, Vorlage einer eidesstattlichen Versicherung über die behauptete Autopanne oder den Nichterhalt der Ladung.

Erachtet es die Entschuldigung für genügend, so hebt es den gesamten Ordnungsmittelbeschluss auf, wenn es sich bei der Eingabe des Zeugen um eine Gegenvorstellung oder Entschuldigung handelt. Im Falle der sofortigen Beschwerde unterbleibt natürlich die Vorlage an das Beschwerdegericht, da der Beschwerde abgeholfen worden ist. Erachtet das Gericht die Entschuldigung nicht für genügend, so weist es die Gegenvorstellung zurück oder legt die sofortige Beschwerde nunmehr wegen Nichtabhilfe dem Beschwerdegericht zur Entscheidung vor (§ 572 I ZPO).

Im Einzelfall kann es angebracht sein, die Entscheidung über die beantragte Aufhebung der Ordnungsmaßnahme bis zum Erscheinen des Zeugen im nächsten Termin zurückzustellen. Es besteht dann die Möglichkeit, ergänzende Fragen zur Verhinderung des Zeugen zu stellen. Gelegentlich wird auf diese Weise auch ein „heilsamer Druck" auf den Zeugen ausgeübt, nunmehr zum zweiten Termin zu erscheinen.

3. Ordnungsmittel bei Verweigerung von Zeugenaussage oder Eid

51 a) Der Zeuge ist, soweit nicht bestimmte Verweigerungsrechte eingreifen, zur Aussage verpflichtet. Hierzu gehört nicht nur eine formelhafte Aussage, sondern auch die Beantwortung gestellter Detailfragen und gegebenenfalls auch das Bemühen um Erinnerung durch geeignete Nachforschungen.

Bei Verweigerung der Aussage ergeht ein Ordnungsmittelbeschluss nach § 390 I ZPO, der inhaltlich mit dem Ordnungsmittelbeschluss bei Säumnis des Zeugen übereinstimmt. Gleichzeitig wird neuer Termin anberaumt mit der Androhung, dass bei erneuter Verweigerung der Aussage Erzwingungshaft angeordnet werden wird.

Bei erneuter Verweigerung der Aussage in dem neuen Termin wird sodann die Erzwingungshaft angeordnet (§ 390 II ZPO). Sie kann sich bis zu einer Höchstdauer von 6 Monaten erstrecken (§ 913 ZPO).

b) Der Zeuge ist bei Anordnung der Vereidigung zudem zur Abgabe des Eides verpflichtet. Er kann allerdings bei Vorliegen eines Zeugnisverweigerungsrechts die Ableistung des Eides ebenfalls verweigern. Eine unberechtigte Verweigerung des Eides führt zu den gleichen Ordnungsmaßnahmen wie die Verweigerung der Aussage. Das Gericht hat davon Abstand zu nehmen, wenn die Parteien nachträglich auf die Beeidigung verzichten (§ 391 ZPO).

V. Streit über die Aussagepflicht des Zeugen

1. Fallkonstellationen

52 Ein Streit über die Aussagepflicht des Zeugen kann folgende Fallkonstellationen betreffen:

a) Streit über die Zeugenstellung.

Hier geht es um die Abgrenzung des Zeugen gegenüber der Partei und dem Sachverständigen. Das Gericht hat von Amts wegen darauf zu achten, dass der Beweisperson die richtige Stellung zugeordnet wird. In Zweifelsfällen sollte das Gericht die Parteien gemäß § 139 ZPO zur Stellungnahme auffordern. Im Einzelfall kann aber auch die Rüge einer Partei den Streit herausfordern.

b) Streit über den Umfang der Aussagepflicht, insbesondere die Pflichten des Zeugen zur Vorbereitung seiner Aussage.

c) Streit über das Bestehen eines Beweisverbots.

d) Streit über das Bestehen eines Aussageverweigerungsrechts, bei dem das Gesetz folgende Gruppen von Verweigerungsrechten unterscheidet:

(1) Zeugnisverweigerung aus persönlichen Gründen (§ 383 ZPO).

In der ersten Untergruppe handelt es sich um Verweigerungsrechte der Familienangehörigen: Verlobte, Ehegatten, Lebenspartner, Verwandte und Verschwägerte (§ 383 I Nr. 1–3 ZPO). Bei Minderjährigen besteht Streit über die Ausübung des Verweigerungsrechts. Der Minderjährige, der die erforderliche Einsichtsfähigkeit besitzt, kann sein Verweigerungsrecht selbst ausüben. Fehlt dagegen dem Minderjährigen die erforderliche Verstandesreife, so entscheidet der gesetzliche Vertreter bzw. – bei Interessenkollision – ein hierfür eingesetzter Ergänzungspfleger (§ 1909 BGB), wobei aber dem Minderjährigen noch freistehen soll, selbst die Aussage zu verweigern, wenn der gesetzliche Vertreter (bzw. Pfleger) das Verweigerungsrecht nicht ausübt.[28]

Die zweite Untergruppe betrifft das Verweigerungsrecht derjenigen Personen, die kraft ihres Berufs zur Verschwiegenheit verpflichtet sind (§ 383 I Nr. 4–6 ZPO). Es handelt sich vor allem um folgende Personengruppen: Geistliche, Mitarbeiter von Presse und Rundfunk, Rechtsanwälte, Notare, Ärzte, Steuerberater, Wirtschaftsprüfer. Unter die nach § 383 I Nr. 6 ZPO verweigerungsberechtigten Personen fallen unter anderem auch Geschäftsführer einer GmbH, Vorstandsmitglieder einer AG sowie Aufsichtsratsmitglieder.[29] Den Abgeordneten des Deutschen Bundestages und den Abgeordneten der Länderparlamente steht ein Zeugnisverweigerungsrecht über solche Tatsachen zu, die ihnen in ihrer Eigenschaft als Abgeordnete anvertraut worden sind (Art. 47 GG sowie entsprechende Vorschriften der Länderverfassungen).

Das Verweigerungsrecht des zur Verschwiegenheit Verpflichteten bedarf einer Ausübung durch den Zeugen. Eine Belehrung durch das Gericht ist hier nicht vorgeschrieben (arg. e contrario § 383 II ZPO). Auch ohne Ausübung des Verweigerungsrechts soll das Gericht von Amts wegen solche Fragen nicht stellen, deren Beantwortung zu einer Verletzung der Verschwiegenheitspflicht führen könnte (§ 383 III ZPO); eine unter Verletzung des § 383 III ZPO zustande gekommene Aussage ist aber verwertbar.[30]

(2) Zeugnisverweigerung aus sachlichen Gründen (§ 384 ZPO).

Es ist auf die Beantwortung bestimmter Fragenbereiche beschränkt. Das Verweigerungsrecht besteht einmal dann, wenn die Beantwortung bei dem Zeugen oder den in § 383 I Nr. 1–3 ZPO genannten nahestehenden Personen zu einem unmittelbaren Vermögensschaden führen würde (§ 384 Nr. 1 ZPO) oder dem Zeugen bzw. den nahestehenden Personen zur Unehre gereichen oder die Gefahr einer strafgerichtlichen Verfolgung bzw. einem Bußgeldverfahren führen könnte (§ 384 Nr. 2 ZPO). Außerdem kann der Zeuge die Aussage insoweit verweigern, als er sonst ein Kunst- oder Gewerbegeheimnis offenbaren würde (§ 384 Nr. 3 ZPO). Fraglich ist, inwieweit aus Art. 2 GG ein Zeugnisverweigerungsrecht zum Schutz der Intimsphäre hergeleitet werden kann.[31]

---

[28] *Baumbach/Lauterbach/Albers/Hartmann*, Einf. §§ 383–389 Rn. 5; Zöller/*Greger*, § 383 Rn. 4.
[29] *Baumbach/Lauterbach/Albers/Hartmann*, § 383 Rn. 13, 16; Zöller/*Greger*, § 383 Rn. 20.
[30] *Baumbach/Lauterbach/Albers/Hartmann*, § 383 Rn. 21; Zöller/*Greger*, § 383 Rn. 22.
[31] *Baumbach/Lauterbach/Albers/Hartmann*, Einf. §§ 383–389 Rn. 1.

(3) Entbindung von der Schweigepflicht.

Die in § 383 Nr. 4, 6 ZPO genannten Personen dürfen das Verweigerungsrecht nicht mehr ausüben, wenn sie von der Verpflichtung zur Verschwiegenheit entbunden worden sind (§ 385 II ZPO). Die Entbindungserklärung muss durch den Geheimnisträger erfolgen.

Soweit ein Verweigerungsrecht besteht, darf es nicht durch Verlesung der Urkunde über die Vernehmung aus einem früheren Verfahren, in welchem eine Belehrung über das Verweigerungsrecht nicht erfolgt ist, ersetzt werden. Hat der Zeuge das Verweigerungsrecht einmal ausgeübt, so scheidet er für die Zukunft als Zeuge in dem gleichen Verfahren aus. Eine Ausnahme besteht, wenn die Partei glaubhaft macht, dass der Zeuge nunmehr wieder aussagen will.

2. Verfahren und Entscheidung bei Streit über die Aussagepflicht

54 a) Im Falle eines Streits über die Zeugenstellung oder über das Bestehen eines Beweisverbots muss von Amts wegen über das weitere Verfahren entschieden werden, es sei denn, dass die Parteien auf die weitere Vernehmung des Zeugen überhaupt verzichten.

Bei einem Streit über den Umfang der Aussagepflicht oder das Bestehen eines Aussageverweigerungsrechts entfällt die Notwendigkeit einer Entscheidung, wenn die beweisführende Partei sich mit der beschränkten Aussage bzw. der Aussageverweigerung zufrieden gibt. Besteht sie dagegen auf der (weiteren) Aussage, so muss das Gericht in einem Zwischenverfahren über das Bestehen der Aussagepflicht entscheiden.

Der Zwischenstreit wird zwischen dem Zeugen und der beweisführenden Partei ausgetragen. Die Gegenpartei braucht sich an diesem Zwischenstreit nicht zu beteiligen. Tut sie es dennoch, so ist sie je nach Stellungnahme zu der Frage der Aussagepflicht als Streitgehilfe (Nebenintervenient) des Zeugen oder der beweisführenden Partei anzusehen.

55 b) Die Entscheidung ergeht durch ein Zwischenurteil, in welchem die Stellung der Beweisperson geklärt bzw. das Bestehen oder der Umfang der Aussagepflicht festgestellt wird. Das Zwischenurteil enthält eine Kostenentscheidung nach § 91 ZPO; die Kosten des Zwischenstreits trägt diejenige Person, die in dem Zwischenstreit unterlegen ist. Das Zwischenurteil kann mit der sofortigen Beschwerde angefochten werden (§ 387 III ZPO).

Muster 53: Fristsetzung zwecks Ausschluss mit einem Beweismittel (§ 356 ZPO)

☐ Amtsgericht Frankfurt am Main
☐ Landgericht Frankfurt am Main
Aktenzeichen: ...

Beschluss[32]

In dem Rechtsstreit ... gegen ... 1

wird d... ☐ Kläger... ☐ Beklagte... ☐ Nebenintervenient...
eine Frist bis ... gesetzt, innerhalb der
☐ Name und ladungsfähige Anschrift d... Zeuge... mitzuteilen ist;
☐ die Partei sich bei dem Sachverständigen ... zwecks Vornahme der notwendigen Untersuchung einzufinden hat;
☐ die Partei dem Sachverständigen ... zur Verfügung zu stellen hat
    ☐ das Kraftfahrzeug ... zwecks Besichtigung;
    ☐ folgende Unterlagen: ...;
☐ die Partei den Zeugen ... zu entbinden hat von der
    ☐ ärztlichen Schweigepflicht;
    ☐ beruflichen Schweigepflicht;
☐ die Partei Klage vor dem Verwaltungsgericht gegen die Behörde... zwecks Erteilung der Aussagegenehmigung zugunsten d... Zeug... einzureichen und dem Prozessgericht nachzuweisen hat.
Nach fruchtlosem Ablauf der Frist kann die Partei das Beweismittel ... nur benutzen, wenn nach der freien Überzeugung des Gerichts dadurch das Verfahren nicht verzögert wird (§ 356 ZPO).

☐ Die Partei wird außerdem darauf hingewiesen, dass ihr Verhalten im Rahmen der freien Beweiswürdigung möglicherweise auch zu ihrem Nachteil gewertet werden kann.

Frankfurt am Main, den ...
☐ Amtsgericht, Abteilung ...   ☐ Landgericht, ... Zivilkammer
                                            ☐ Der Vorsitzende
                                            ☐ Der Einzelrichter

....

---

[32] An diejenige Partei bzw. ihren Vertreter, der/dem die Frist gesetzt wird, ist förmlich zuzustellen (§ 329 II 2 ZPO).

Muster 54: Einholung einer Aussagegenehmigung (§ 376 ZPO)

☐ Amtsgericht Frankfurt am Main
☐ Landgericht Frankfurt am Main
Aktenzeichen: ...

Verfügung

1 1. Schreiben an
   ☐ Herrn / Frau Polizeipräsident...
   ☐ Die Oberfinanzdirektion ...
   ☐ Herrn / Frau Präsident... /Direktor... des ...gerichts in ...

   Betr.: Erteilung einer Aussagegenehmigung
           Dortige(s) ☐ Aktenzeichen: ... ☐ Steuernummer: ...
   Sehr geehrte... ...
   In dem Rechtsstreit (volles Rubrum wie Bl. ... d. A.)
   soll ... gemäß Beweisbeschluss vom ... (Bl. ... d. A.) zur Behauptung d...
       ☐ Kläger... ☐ Beklagte... ☐ Nebenintervenient...
   ... als Zeug... gehört werden.
   Um Erteilung der Aussagegenehmigung wird gebeten.
   ☐ Um baldige Erledigung wird gebeten. ☐ Termin steht an am ...
   Mit freundlichen Grüßen

2. Schreiben Ziffer 1 zur Unterschrift vorlegen.

3. Weitere Verfügung siehe Bl. ...

4. Wiedervorlage: ... genau.

Frankfurt am Main, den ...
☐ Amtsgericht, Abteilung ...   ☐ Landgericht, ... Zivilkammer
                                    ☐ Der Vorsitzende
                                    ☐ Der Einzelrichter

....

Muster 55: Rechtshilfeersuchen an inländische Gerichte (§ 375 ZPO, §§ 156, 157 GVG)

☐ Amtsgericht Frankfurt am Main
☐ Landgericht Frankfurt am Main
Aktenzeichen: ...

Verfügung

1. Schreiben an Amtsgericht ... unter Beifügung
   ☐ der Gerichtsakten   ☐ und der Beiakten
   ☐ einer beglaubigten Fotokopie des Beweisbeschlusses vom ...
   ☐ sowie des anliegenden Prozessberichts:

   In dem Rechtsstreit
   ☐ (volles Rubrum wie Bl. ... d. A.).[33]
   erhalten Sie in der Anlage
   ☐ die Gerichtsakten   ☐ nebst den Beiakten
   ☐ eine beglaubigte Fotokopie des Beweisbeschlusses vom ...
   ☐ sowie einen kurzen Prozessbericht
   mit dem Ersuchen,
   ☐ d... Zeug...   ☐ uneidlich   ☐ eidlich
   zu den im Beweisbeschluss vom ...(Bl. ... d. A.) angegebenen Beweisthemen zu vernehmen;
   ☐ d... Kläger...   ☐ d... Beklagte...
      ☐ zur Aufklärung des Sachverhalts zu dem im Beschluss vom ... (Bl. ... d.A.) angegebenen Sachverhalt zu hören;
      ☐ als Partei zu den im Beweisbeschluss vom ...(Bl. ... d. A.) genannten Beweisthema uneidlich zu vernehmen;
      ☐ auf seine Aussage vom ...(Bl. ... d.A.) zu vereidigen.

   ☐ Es wird gebeten, d...   ☐ Zeug...   ☐ Kläger...   ☐ Beklagte...
      ☐ folgende Fragen vorzulegen: ...
      ☐ folgende Aktenteile vorzuhalten und ihn/sie zu einer detaillierten Stellungnahme zu veranlassen:
         ☐ Schriftsatz d... Kläger... vom ..., Seite .... (Bl. ... d.A.);
         ☐ Schriftsatz d... Beklagte... vom ..., Seite ... (Bl. ... d.A.);
         ☐ die Aussage d...   ... im Termin vom ... (Bl. ... d.A.);
         ☐ die Fotos betreffend ... (Bl. ... d.A.);
         ☐ die Skizze betreffend ... (Bl. ... d.A.);
         ☐ die Ausführungen des Sachverständigen ...
            ☐ im Gutachten vom ..., Seite ... (Bl. ... d.A.);
            ☐ im Termin vom ... (Bl. ... d.A.);
         ☐ ...

1

---

[33] Die Angabe des vollen Rubrums ist unentbehrlich, wenn die Gerichtsakten dem Rechtshilfeersuchen nicht beigefügt werden. Nur dann ist es dem Rechtshilfegericht möglich, die Parteien und ihre Prozessbevollmächtigten von dem Beweistermin zu verständigen.

- ☐ Es wird weiterhin gebeten, d... Zeug... zu befragen, ob er/sie im Besitz folgender Unterlagen ist: ... und ihn/sie bejahendenfalls zu veranlassen, diese im Original (Rückgabe nach Erledigung wird zugesichert) oder Fotokopie zu den Akten einzureichen.
- ☐ D... Zeug... hat auf Entschädigung verzichtet (Bl. ... d. A.).
- ☐ D... ☐ Parteien ☐ Kläger... ☐ Beklagte
  hat/haben auf Terminsladung verzichtet.
- ☐ Es wird gebeten, nach Erledigung des Rechtshilfeersuchens die Sitzungsniederschrift in dreifacher Ausfertigung mit Akten
  - ☐ an das Prozessgericht zurückzusenden;
  - ☐ an das Amtsgericht ... weiterzuleiten, das hiermit um Erledigung des Rechtshilfeersuchens betreffend ... gemäß Beweisbeschluss vom ... (Bl. ... d. A.), Ziffer ... ersucht und um anschließende Rücksendung der Akten gebeten wird.

2. Wiedervorlage: ...

Frankfurt am Main, den ...
☐ Amtsgericht, Abteilung ...   ☐ Landgericht, ... Zivilkammer
                                                   ☐ Der Vorsitzende
                                                   ☐ Der Einzelrichter

Muster 56: Übersendungsverfügung an die Prüfungsstelle bei ausländischen Rechtshilfeersuchen

☐ Amtsgericht Frankfurt am Main
☐ Landgericht Frankfurt am Main
Aktenzeichen: ...

Verfügung

Urschrift mit Akten   1
an die Prüfungsstelle für Rechtsverkehr mit dem Ausland
im Hause mit der Bitte,
☐ die Zustellung   ☐ der Klageschrift vom ... (Bl. ... d. A.)
                       ☐ der Ladung zum Termin vom ... (Bl. ... d. A.)
                       ☐ des Schriftsatzes vom ... (Bl. ... d. A.)
an ... im Wege der internationalen Rechtshilfe zu veranlassen.

   Der Empfänger hat die ... Staatsangehörigkeit.
   Die Zustellung soll   ☐ – falls zulässig – formlos
                            ☐ förmlich erfolgen.
   ☐ In die Ladung soll folgende zusätzliche Belehrung aufgenommen werden: ...

☐ gemäß Beweisbeschluss vom ... (Bl. ... d. A.) die Vernehmung des ... im Wege der internationalen Rechtshilfe zu veranlassen.

   Die zu vernehmende Person hat die ... Staatsangehörigkeit.
   ☐ Die Vernehmung soll erfolgen durch
      ☐ die deutsche Auslandsvertretung.
      ☐ die ausländische Behörde.
      ☐ ...
   ☐ Die zu vernehmende Person ist laut Mitteilung Bl. .... bereit, vor der zuständigen deutschen Behörde zu erscheinen und auszusagen.
   ☐ Die Vernehmung soll   ☐ eidlich   ☐ uneidlich erfolgen.
   ☐ D...   ☐ Parteien   ☐ Kläger...   ☐ Beklagte ...
      besteht/bestehen auf Ladung zu dem Termin.
      hat/haben auf Terminsladung verzichtet.

☐ die Einholung des Sachverständigengutachtens gemäß Beweisbeschluss vom ... (Bl. ... d. A.) im Wege der internationalen Rechtshilfe zu veranlassen.

   ☐ Die Auswahl des Sachverständigen soll der zuständigen Behörde in ... übertragen werden. Dabei soll auf Folgendes hingewiesen werden: ...
   ☐ Die Parteien haben auf eine Ladung zu dem von dem Sachverständigen vorzunehmenden Ortstermin verzichtet.
   ☐ D...   ☐ Parteien   ☐ Kläger...   ☐ Beklagte ...
      besteht/bestehen auf Ladung zu dem von dem Sachverständigen vorzunehmenden Ortstermin.

☐ gemäß Beweisbeschluss vom ... (Bl. ... d. A.) die schriftliche Befragung des Zeugen ... nach § 377 III ZPO im Wege der internationalen Rechtshilfe durch die zuständige deutsche Auslandsvertretung in ... zu veranlassen.

   ☐ D... Zeug... hat die ... Staatsangehörigkeit
   ☐ Nach Bl. ... d. A. ist damit zu rechnen, dass d... Zeug... der Bitte um schriftliche Befragung nachkommt.
   ☐ Das an d... Zeug... zu richtende Schreiben ist beigefügt.

☐ gemäß Beweisbeschluss vom ... (Bl. ... d. A.) im Wege der internationalen Verfahrenshilfe bei der zuständigen ausländischen Behörde in ... eine Auskunft einzuholen. Als Grund für die Auskunft bitte ich anzugeben: ...

☐ gemäß Beweisbeschluss vom ... (Bl. ... d. A.) im Wege der internationalen Verfahrenshilfe die zuständige ausländische Behörde ... um Übersendung von Abschriften (oder Fotokopien) folgender Teile aus den Akten ... zu ersuchen: ... Als Grund für die benötigte Übersendung der Aktenauszüge bitte ich anzugeben: ...

☐ Ein Tatbestand ist in der Anlage beigefügt.

☐ Ein Fragenkatalog ist in der Anlage beigefügt.

☐ In dem Ersuchen soll folgender Hinweis aufgenommen werden: ...

☐ Ein Auslagenvorschuss ist
    ☐ bisher nicht angefordert; ich bitte ihn direkt bei d... als Beweisführer anzufordern.
    ☐ in Höhe von ... €   ☐ angefordert ☐ eingezahlt
    (Bl. ... d. A.).
    ☐ nicht angefordert, da d... ☐ Kläger... ☐ Beklagte...
    Prozesskostenhilfe bewilligt ist.

Frankfurt am Main, den ...
☐ Amtsgericht, Abteilung ...   ☐ Landgericht, ... Zivilkammer
                                       ☐ Der Vorsitzende
                                       ☐ Der Einzelrichter

....

Muster 57: Anordnung der Parteimitwirkung bei einer Beweisaufnahme im Ausland
(§ 364 II, III ZPO)

☐ Amtsgericht Frankfurt am Main
☐ Landgericht Frankfurt am Main
Aktenzeichen: ...

Beschluss

In dem Rechtsstreit ... gegen ...　　　　　　　　　　　　　　　　　　　　　1

wird angeordnet, dass die mit Beweisbeschluss vom ... (Bl. ... d. A.) angeordnete Beweisaufnahme betreffend d... Zeug... (nunmehr) dadurch ausgeführt werden soll, dass d... ☐ Kläger... ☐ Beklagte... als Beweisführer... eine den Gesetzen des Vernehmungsstaates entsprechende öffentliche Urkunde beizubringen und bis spätestens ... auf der Geschäftsstelle niederzulegen hat/haben.

Auf die Pflicht des Beweisführers zur Benachrichtigung des Gegners von Ort und Zeit der Beweisaufnahme wird hingewiesen.

Gründe[34]

☐ I.[35]

☐ ...

☐ II.

Die Anordnung nach § 364 II ZPO ist notwendig, nachdem
☐ das Rechtshilfeersuchen des Gerichts an ... trotz Erinnerung ... vom ... ohne Beantwortung geblieben ist.
☐ das Rechtshilfeersuchen des Gerichts nicht ausgeführt werden konnte, weil d... Zeug...
　☐ laut Mitteilung vom ... zur Vernehmung nicht erschienen ist;
　☐ mehrfach seinen/ihren Aufenthaltsort in ein anderes Land verlegt hat und deshalb nicht gewährleistet ist, dass ein neues Rechtshilfeersuchen in ... von Erfolg sein wird.
☐ Rechtshilfeersuchen im Gebiet ...
　☐ zur Zeit nicht ausgeführt werden;
　☐ mit besonderen Schwierigkeiten und besonderem Zeitaufwand verbunden sind.

---

[34] Der Beschluss sollte begründet werden, da – sofern er durch ein erstinstanzliches Gericht erlassen wird – er mit der sofortigen Beschwerde nach § 567 I Ziff. 2 ZPO angegriffen werden kann, wobei das Beschwerdegericht Ermessensmissbrauch des Gerichts nachprüfen kann (*Baumbach/Lauterbach/Albers/Hartmann*, § 364 Rn. 5; a.M. *Zöller/Geimer*, § 364 Rn. 4). Darüber hinaus kommt unter den Voraussetzungen des § 574 ZPO die Rechtsbeschwerde in Betracht.

[35] In Ziffer I. des Beschlusses ist kurz der Sachverhalt darzustellen, soweit dies im Einzelfall erforderlich ist.

§ 3. Die Durchführung der Beweisaufnahme

☐ Auf die Mitteilung des Auswärtigen Amtes vom ..., die den Parteien bereits übermittelt wurde, wird Bezug genommen.

Frankfurt am Main, den ...
☐ Amtsgericht, Abteilung ...   ☐ Landgericht, ... Zivilkammer
                                                ☐ Der Vorsitzende
                                                ☐ Der Einzelrichter

....

Verfügung

1. Ausfertigung des Beschlusses an
   ☐ Kläger... (-Vertreter)   ☐ (ZU/EB).[36]
   ☐ Beklagte... (-Vertreter)   ☐ (ZU/EB).[36]
2. Wiedervorlage: ...

Frankfurt am Main, den ...
☐ Amtsgericht, Abteilung ...   ☐ Landgericht, ... Zivilkammer
                                                ☐ Der Vorsitzende
                                                ☐ Der Einzelrichter

....

---

[36] Der Beschluss ist an den Beweisführer, dem die Frist gesetzt wird, förmlich zuzustellen (§ 329 II 2 ZPO).

Muster 58: Einholung einer schriftlichen Zeugenaussage (§ 377 III ZPO)

☐ Amtsgericht Frankfurt am Main
☐ Landgericht Frankfurt am Main
Aktenzeichen: ...

Verfügung

1. Schreiben an Zeug... Anschrift Bl. ... d. A.   1
   ☐ mit ZU
   ☐ mit Einschreiben/Rückschein:

   Sehr geehrte... Herr/Frau ...,
   in dem Rechtsstreit p. p. bittet Sie das Gericht um eine schriftliche Zeugenaussage, da Sie von einer Partei als Zeug... benannt worden sind. Laut Beweisbeschluss des Gerichts sollen Sie sich zu folgende... Frage... äußern: ...

   Ich muss Sie dahingehend belehren, dass Sie verpflichtet sind, sich wahrheitsgemäß schriftlich zu äußern. Sie dürfen Ihrer Aussage nichts Unrichtiges hinzufügen oder wesentliche Umstände verschweigen. Die Wahrheitspflicht bezieht sich auch auf die Angaben zu Ihrer Person. Ein Verstoß gegen diese Wahrheitspflicht kann strafrechtlich geahndet werden.

   ☐ Ich mache Sie darauf aufmerksam, dass Ihnen ein **Zeugnisverweigerungsrecht** zustehen kann. Ob dies der Fall ist, entnehmen Sie bitte dem beigefügten Text der §§ 383–385 ZPO. Bitte teilen Sie mir mit, ob Ihnen ein Zeugnisverweigerungsrecht zusteht, und ob Sie von diesem Gebrauch machen.[37]

   Teilen Sie bitte zunächst Ihre Personalien (Vor- und Nachname, Alter, Beruf, Wohnanschrift sowie etwaige Verwandtschafts- und Schwägerschaftsverhältnisse zu einer der Parteien) mit und äußern sich sodann eingehend zu dem/den oben mitgeteilten Beweisthema/ Beweisthemen. Teilen Sie bitte hierbei mit,
   a) was Sie insgesamt mit der Sache zu tun gehabt haben;
   b) ob Ihre Angaben auf eigener Wahrnehmung (oder nur vom Hörensagen), auf etwaigen Aufzeichnungen oder sonstige Gedächtnisstützen beruhen und ob Sie noch eine klare Erinnerung an die Vorgänge haben.
   c) ob Sie Angaben zu folgende... Punkt... machen können: ...

   ☐ Für die Übersendung etwaiger Aufzeichnungen wäre Ihnen das Gericht dankbar.[38]

   ☐ Dies gilt insbesondere für folgende Urkunden, die sich möglicherweise in Ihrem Besitz befinden: ... . Sie können diese Urkunden im Original einsenden, sie werden Ihnen nach Anfertigung von Fotokopien durch das Gericht umgehend zurückgesandt. Sie können aber auch selbst eine Fotokopie fertigen und

---

[37] Eine solche Mitteilung sollte nur erfolgen, wenn der Zeuge mutmaßlich in der Lage ist, die Vorschriften richtig zu interpretieren. Im Übrigen kann es zweckmäßig sein, den Zeugen zu laden, mündlich zu belehren und zu vernehmen.
[38] § 378 ZPO.

diese einsenden; hierbei entstehende Unkosten werden Ihnen bei Vorlage der Rechnung erstattet.

<u>Zur weiteren Klärung des Beweisthemas können Sie auch dann noch geladen werden, wenn Sie Ihre schriftliche Aussage bereits eingereicht haben.</u>[39]

☐ Sollte Ihre schriftliche Aussage nicht bis zum ... bei Gericht eingegangen sein, gehe ich davon aus, dass Sie sich nicht schriftlich zu den angesprochenen Fragen äußern möchten. Sie werden dann zu einem Beweisaufnahmetermin geladen werden.
Für Ihre Bemühungen bedanke ich mich im Voraus.

Mit freundlichen Grüßen

2. Schreiben Ziffer 1 zur Unterschrift vorlegen und dann absenden
☐ mit Fotokopie der §§ 383–385 ZPO
☐ mit folgendem zusätzlichen Hinweis:

Um eine schnelle Bearbeitung Ihrer schriftlichen Aussage zu gewährleisten und den Verfahrensablauf bei Gericht möglichst reibungslos zu gestalten, geben Sie bitte unbedingt das oben angegebene Aktenzeichen auf Ihrer schriftlichen Aussage an.

3. Wiedervorlage: ...

Frankfurt am Main, den ...
☐ Amtsgericht, Abteilung ...   ☐ Landgericht, ... Zivilkammer
                                                ☐ Der Vorsitzende
                                                ☐ Der Einzelrichter

---

[39] § 377 III 2 ZPO.

Muster 59: Schreiben an den Zeugen mit der Aufforderung, der Terminsladung Folge zu leisten

☐ Amtsgericht Frankfurt am Main
☐ Landgericht Frankfurt am Main
Aktenzeichen: ...

Verfügung

1. Schreiben an Zeug... Anschrift Bl. ... d. A.
   ☐ ZU   ☐ Einschreiben/Rückschein   ☐ Fax
   Betr.: Rechtsstreit ... gegen ...
   Ihre Vernehmung als Zeuge im Termin vom ...

   Sehr geehrte ...   ☐ Herr ...   ☐ Frau ...,
   ich bestätige den Eingang Ihrer Eingabe vom .... Ich habe durchaus Verständnis für Ihre Darlegungen, weshalb Sie nicht zum Termin vom ... erscheinen wollen. Gleichwohl sehe ich mich nicht in der Lage, Sie von Ihrer Pflicht zum Erscheinen zu entbinden.

   ☐ Ihre Auffassung, Sie können nichts Wesentliches zur Sache aussagen, vermag ich in Kenntnis des Inhalts der Gerichtsakten nicht zu teilen. Aus ... ist zu entnehmen, dass
      ☐ Sie an/bei dem fraglichen Vorfall, der Gegenstand des Beweisthemas ist
         ☐ beteiligt waren.   ☐ anwesend waren.
      ☐ Sie bereits früher eine Aussage gemacht haben, aus der zu entnehmen ist, dass Sie zur Aufklärung der Sache beitragen können.

   ☐ Ihre Mitteilung, Sie könnten nichts Wesentliches zur Sache aussagen, habe ich an die Partei weitergegeben, die Sie als Zeug... benannt hat. Diese hat mitgeteilt, dass auf Ihre Vernehmung nicht verzichtet werden kann. Hieran ist das Gericht gebunden.

   ☐ Ihre Auffassung, Sie bräuchten nicht erneut zur Sache auszusagen, weil Sie bereits im
      ☐ vorangegangenen Strafverfahren
      ☐ Rechtsstreit ... gegen ...
   als Zeuge vernommen worden sind, ist nicht richtig. Es handelt sich bei Ihrer jetzigen Vorladung um ein neues Verfahren, in dem die hier beteiligten Parteien das Recht haben, auf einer erneuten Vernehmung zu bestehen und Fragen an Sie zu richten.

   ☐ Ich verstehe durchaus, dass die Anreise von ... mit erheblichen Belastungen für Sie verbunden ist. Andererseits erachtet das Gericht Ihre Aussage für so wesentlich, dass es weder auf Ihr Erscheinen verzichten noch die Vernehmung dem örtlich zuständigen Rechtshilfegericht überlassen kann. Ich bitte hierfür um Ihr Verständnis.

   ☐ Ich verstehe durchaus, dass Ihre geschäftlichen Verpflichtungen durch die Reise nach hier beeinträchtigt werden. Nach dem Gesetz geht aber Ihre staatsbürgerliche Pflicht, als Zeuge dem Gericht zur Verfügung zu stehen, diesen privaten Verpflichtungen vor. Ich bitte hierfür um Ihr Verständnis.

☐ Ich verstehe durchaus, dass Ihre Abwesenheit für Sie im Hinblick auf Ihre Verpflichtungen gegenüber ... mit großen Schwierigkeiten verbunden ist. Ich bitte aber um Prüfung, ob Sie nicht die Pflege Ihre ... für die Dauer der Abwesenheit einem anderen Familienmitglied oder einer sonstigen Pflegeperson überlassen könnten.

☐ Ihre Mitteilung, Sie seien aus gesundheitlichen Gründen gehindert, hier vor dem Prozessgericht zu erscheinen, vermag ich erst anzuerkennen, wenn Sie Ihre Wegeunfähigkeit durch ein spezielles ärztliches Attest neuesten Datums belegt haben. Reichen Sie bitte ein solches Attest bis spätestens ... an das Gericht unter Angabe des obigen Aktenzeichens ein.

☐ Sobald Ihre dauernde Wegeunfähigkeit feststeht, wird das Gericht darüber befinden, ob und wann Sie zu Hause oder im Wege der Rechtshilfe durch das zuständige Amtsgericht zu vernehmen sind.

☐ Ihre Mitteilung, Sie seien aus Krankheitsgründen derzeit gehindert, vor dem Prozessgericht zu erscheinen, vermag ich erst anzuerkennen, wenn Sie diese Krankheit und die daraus folgende Wegeunfähigkeit durch ein ärztliches Attest belegt haben. Ich darf Sie höflich bitten, ein solches Attest bis spätestens ... nach hier einzureichen und dabei gleichzeitig anzugeben, wie lange Ihre Erkrankung voraussichtlich dauern wird, d. h. wann Sie erstmals wieder zum Gericht anreisen könnten.

☐ Soweit Sie geltend machen, Sie hätten nicht die erforderlichen finanziellen Mittel zur Bestreitung der Reisekosten, kann dem durch einen Reisekostenvorschuss seitens des Gerichts abgeholfen werden. Bitte weisen Sie in diesem Fall bis spätestens ... durch Vorlage d...
  ☐ Verdienstbescheinigung
  ☐ Sozialhilfebescheids
  ☐ Rentenbescheides
  ☐ Bescheinigung der Agentur für Arbeit
nach, dass Sie zur Zahlung der Reisekosten nicht in der Lage sind. Das Gericht wird Ihnen dann zeitnah vor dem Termin übermitteln
  ☐ einen Gutschein zur Einlösung einer Bundesbahnfahrkarte;
  ☐ und einen Betrag für ...

☐ Die Tatsache allein, dass Sie wegen Ihrer Behinderung nicht allein zum Prozessgericht anreisen können, steht Ihrer Pflicht zum Erscheinen nicht entgegen. Sie haben die Möglichkeit, eine Hilfsperson auf die Reise mitzunehmen, deren Kosten bei ärztlichem Nachweis der Notwendigkeit von der Gerichtskasse übernommen werden.

☐ Ich weise erneut darauf hin, dass im Falle Ihres – bis jetzt nicht genügend entschuldigten – Fernbleibens gegen Sie ein Ordnungsgeld und im Falle der Nichtbeitreibbarkeit desselben auch Ordnungshaft verhängt werden kann. Außerdem können Sie zur Tragung der Kosten verurteilt werden, die durch eine Vertagung des Termins notwendig werden. Schließlich kann bei wiederholtem Ausbleiben Ihre zwangsweise Vorführung angeordnet werden.

☐ Das Gericht wäre Ihnen sehr dankbar, wenn Sie nunmehr Ihre Bedenken zurückstellen, zum Termin erscheinen und damit zur Aufklärung des Sachverhalts beitragen würden.

Mit freundlichen Grüßen

2. Schreiben Ziffer 1 zur Unterschrift vorlegen und dann absenden.
3. Abschrift von Ziffer 1 an
 □ Kläger... (-Vertreter) □ (ZU/EB).
 □ Beklagte... (-Vertreter) □ (ZU/EB).
 zur Kenntnisnahme.
4. Wiedervorlage: ...

Frankfurt am Main, den ...
□ Amtsgericht, Abteilung ... □ Landgericht, ... Zivilkammer
□ Der Vorsitzende
□ Der Einzelrichter

....

Muster 60: Auswahl und Bestellung eines Sachverständigen (§ 404 ZPO) mit Verfügung betreffend Übersendungsschreiben

☐ Amtsgericht Frankfurt am Main
☐ Landgericht Frankfurt am Main
Aktenzeichen: ...

1. Verfügung

1 1. Schreiben an
    ☐ Industrie- und Handelskammer in ...
    ☐ Landesärztekammer ... in ...
    ☐ ...
    ☐ unter Übersendung der Gerichtsakten   ☐ mit Beiakten.

   Betr.: Benennung eines geeigneten Sachverständigen zur Erstattung eines Gerichtsgutachtens

   Sehr geehrte Damen und Herren,
   in der Anlage erhalten Sie
   ☐ eine Abschrift des Beweisbeschlusses vom ...
   ☐ und die Gerichtsakten   ☐ mit Beiakten
   mit der Bitte, einen oder besser mehrere geeignete Sachverständige zur Erstattung des in Ziffer ... des Beweisbeschlusses vom ... (Bl. ... d. A.) vorgesehenen Gutachtens zu benennen.

    ☐ Der Sachverständige soll
    ☐ besondere Kenntnisse auf dem Gebiet des ... haben;
    ☐ in keinen persönlichen und geschäftlichen Beziehungen zu den Beteiligten stehen;
    ☐ nach Möglichkeit im Raume ... ansässig sein.
    ☐ Es wird darauf hingewiesen, dass ... als Sachverständiger nicht mehr in Frage kommt, da er bereits ein Privatgutachten erstattet hat.

   Mit freundlichen Grüßen

  2. Wiedervorlage: ...

Frankfurt am Main, den ...
☐ Amtsgericht, Abteilung ...   ☐ Landgericht, ... Zivilkammer
                                     ☐ Der Vorsitzende
                                     ☐ Der Einzelrichter

....

2. Verfügung

2 1. Schreiben an beide Parteivertreter:
   In p. p.
   hat die von dem Gericht wegen der Benennung eines geeigneten Sachverständigen angeschriebene ... in ... als geeignete... Sachverständige... vorgeschlagen: ... (wie

Bl. ... d. A.). Es besteht für die Parteien Gelegenheit zur Stellungnahme binnen ... Wochen.

2. Wiedervorlage: ...

Frankfurt am Main, den ...
☐ Amtsgericht, Abteilung ...   ☐ Landgericht, ... Zivilkammer
                                                ☐ Der Vorsitzende
                                                ☐ Der Einzelrichter

....

Beschluss

In dem Rechtsstreit ... gegen ...

wird zum Sachverständigen für die Erstattung des Gutachtens gemäß Beweisbeschluss vom ... ... ernannt.

☐ Der Sachverständige wird darauf hingewiesen, dass er das Gutachten persönlich in eigener Verantwortung zu erstatten hat.

Frankfurt am Main, den ...
☐ Amtsgericht, Abteilung ...   ☐ Landgericht, ... Zivilkammer
                                                ☐ Der Vorsitzende
                                                ☐ Der Einzelrichter

....

Verfügung

1. Ausfertigung des Beschlusses an
   ☐ Kläger... (-Vertreter)[40]
   ☐ Beklagte... (-Vertreter)[40]
2. Urschrift mit Akten per Einschreiben an Sachverständigen ... (Anschrift Bl. ...) mit folgenden Anschreiben:

Sehr geehrte... Herr/Frau ...
In p. p. werden Ihnen in der Anlage die Gerichtsakten ☐ mit den Beiakten
übersandt mit der Bitte, gemäß Beweisbeschluss vom ... (Bl. ... d. A.) ein Sachverständigengutachten zu erstatten.
   ☐ Das Unfallfahrzeug kann gemäß Angaben im Schriftsatz d... Kläger... (Bl. ... d. A.) an folgender Stelle besichtigt werden: ... Bitte benachrichtigen Sie beide Parteien und ihre Bevollmächtigten rechtzeitig von dem angesetzten Besichtigungstermin.
   ☐ Wegen der notwendigen Untersuchung d... ... bitte ich Sie, sich direkt mit der Partei in Verbindung zu setzen. Den Untersuchungstermin bitte ich den Parteivertretern und dem Gericht mitzuteilen.
   ☐ Das Gericht wäre Ihnen dankbar, wenn Sie das Gutachten in absehbarer Zeit einreichen könnten. Bitte bestätigen Sie den Eingang der Akten mit der Angabe, wann voraussichtlich mit der Erstattung des Gutachtens zu rechnen ist.

---

[40] Der Beschluss wird formlos mitgeteilt (§ 329 II 1 ZPO).

☐ Bitte benachrichtigen Sie das Gericht vor Erstattung des Gutachtens, falls der angeforderte Auslagenvorschuss von ... € nach Ihrer Auffassung für Ihre Entschädigung nicht ausreichend ist, damit ein weiterer Vorschuss angefordert werden kann.

Mit freundlichen Grüßen
3. Abschrift des Schreibens und des Beweisbeschlusses zum Retent nehmen.[41]
4. Wiedervorlage: ...

Frankfurt am Main, den ...
☐ Amtsgericht, Abteilung ...   ☐ Landgericht, ... Zivilkammer
                                            ☐ Der Vorsitzende
                                            ☐ Der Einzelrichter

....

---

[41] Dies erscheint zweckmäßig, damit das Gericht auch ohne Akten sich über den Inhalt des Beweisbeschlusses und die dem Sachverständigen in dem Anschreiben gemachten Mitteilungen Kenntnis verschaffen kann.

Muster 61: Zwischenverfügung nach einer Zwischenanfrage des Sachverständigen

☐ Amtsgericht Frankfurt am Main
☐ Landgericht Frankfurt am Main
Aktenzeichen: ...

Verfügung

1. Schreiben an
   ☐ Kläger... (-Vertreter)   ☐ (ZU/EB)
   ☐ Beklagte... (-Vertreter) ☐ (ZU/EB):
   In p. p.
   hat der Sachverständige ... folgendes mitgeteilt: ...
   Demgemäß wird ...
   ☐ beiden Parteien   ☐ d... Kläger...   ☐ d... Beklagten
   aufgegeben, bis ...

   ☐ a) zu den Ausführungen des Sachverständigen Stellung zu nehmen;
   ☐ b) folgende Unterlagen vorzulegen: ... und zwar
       ☐ dem Gericht, das sie an den Sachverständigen weiterleiten wird;
       ☐ an den Sachverständigen direkt unter gleichzeitiger Anzeige an das Gericht;
       ☐ und unter Übermittlung einer beglaubigten Abschrift an die Gegenpartei;
   ☐ c) zu folgenden Fragen Stellung zu nehmen
       ☐ und Beweis anzutreten: ...

   Das Gericht behält sich vor, die Akten von dem Sachverständigen zurückzufordern und vor Erstattung des Gutachtens eine Beweisaufnahme durchzuführen; falls die Parteien nicht innerhalb der obengenannten Frist widersprechen, geht das Gericht davon aus, dass diese mit dem Erlass eines Beweisbeschlusses im schriftlichen Verfahren einverstanden sind.

   ☐ d) mitzuteilen, ob er/sie damit einverstanden ist/sind, dass der Zeuge ... von dem Sachverständigen zu dem beabsichtigten Ortstermin hinzugezogen und informationshalber angehört wird.
       ☐ Bei Nichteinverständnis der Parteien behält sich das Gericht vor, den Zeugen vor Erstattung des Gutachtens an Gerichtsstelle zu vernehmen oder aber einen richterlichen Ortstermin anzuberaumen und hierbei den Zeugen in Gegenwart des Sachverständigen zu vernehmen.

   ☐ e) einen weiteren Auslagenvorschuss von ... € bis zum ... bei Gericht einzuzahlen, andernfalls die Einholung des Gutachtens unterbleibt.
       ☐ Im Hinblick auf die Höhe der nunmehr anfallenden Kosten für den Sachverständigen gibt das Gericht zu bedenken, ob es nicht bei wirtschaftlicher Betrachtung sinnvoller ist, den Rechtsstreit durch einen Vergleich zu beenden. Das Gericht schlägt folgende vergleichsweise Regelung vor: ... Die Parteien sollen bis ... mitteilen, ob einer solchen vergleichsweisen Regelung zugestimmt wird.

   ☐ f) mitzuteilen, ob sie bereit sind, die von dem Sachverständigen für notwendig befundenen Maßnahmen, nämlich ... zu bevorschussen. Bejahendenfalls wäre von d... ...innerhalb der oben genannten Frist ein Auslagenvorschuss von ... € einzuzahlen.

☐ g) ...

2. Durchschrift des Schreibens an den Sachverständigen ... mit der Bitte um Kenntnisnahme und Zusatz:

☐ Sie erhalten zu gegebener Zeit weitere Nachricht.

☐ Das Gericht beabsichtigt, entsprechend Ihrer Anregung über die Frage ... Beweis zu erheben und Sie zu diesem Termin zu laden, damit Sie an die Zeugen die sachdienlichen Fragen stellen. Das Gericht wird sich mit Ihnen zwecks Abstimmung des Termins noch in Verbindung setzen.

3. Wiedervorlage: ...

Frankfurt am Main, den ...
☐ Amtsgericht, Abteilung ...   ☐ Landgericht, ... Zivilkammer
                                                 ☐ Der Vorsitzende
                                                 ☐ Der Einzelrichter

....

Muster 62: Nachfristsetzung gegenüber säumigem Sachverständigen (§ 411 II ZPO)

☐ Amtsgericht Frankfurt am Main
☐ Landgericht Frankfurt am Main
Aktenzeichen: …

Beschluss

In dem Rechtsstreit … gegen …

wird dem Sachverständigen … zur Erstattung des Gutachtens gemäß Beweisbeschluss vom … eine Nachfrist bis … gesetzt.

Für den Fall des fruchtlosen Ablaufs der Nachfrist wird die Festsetzung eines Ordnungsgeldes bis zur Höhe von … € angedroht.

Gründe

I.

Der Sachverständige ist gemäß Beweisbeschluss vom … beauftragt, ein Gutachten zu erstatten. Ihm wurden die Akten am … übersandt.

☐ Er hat den von ihm selbst im Schreiben vom … gesetzten Termin vom … zur Erstattung des Gutachtens nicht eingehalten.

☐ Er hat die gerichtlichen Anfragen vom …, bis wann mit der Gutachtenserstattung gerechnet werden könne, unbeantwortet gelassen.

II.

Dem Sachverständigen war nunmehr gemäß § 411 II ZPO eine Frist zur Erstattung des Gutachtens zu setzen. Eine weitere Verzögerung des Rechtsstreits erscheint nicht mehr vertretbar. Nach fruchtlosem Ablauf der Frist wird das Gericht nunmehr ein Ordnungsgeld gegen den Sachverständigen festsetzen.

☐ Die von dem Sachverständigen im Schreiben vom … mitgeteilten Gründe über die Verzögerung in der Erstattung des Gutachtens können nicht anerkannt werden. Sie rechtfertigen es nicht, die Erstattung des Gutachtens weiter hinauszuschieben, denn …

Frankfurt am Main, den …

☐ Amtsgericht, Abteilung …   ☐ Landgericht, … Zivilkammer
                                                        ☐ Der Vorsitzende
                                                        ☐ Der Einzelrichter

…………………………   …………………………   …………………………

Muster 63: Verhängung eines Ordnungsgeldes gegen säumigen Sachverständigen mit erneuter Fristsetzung (§ 411 II ZPO)

☐ Amtsgericht Frankfurt am Main
☐ Landgericht Frankfurt am Main
Aktenzeichen: ...

Beschluss

1 In dem Rechtsstreit ... gegen ...

    wird gegen den Sachverständigen ... gemäß § 411 II ZPO ein Ordnungsgeld von ... € festgesetzt.

    ☐ Gleichzeitig wird dem Sachverständigen eine weitere Frist zur Erstattung des Gutachtens bis ... gesetzt.

    ☐ Für den Fall des fruchtlosen Ablaufs dieser Frist wird ein weiteres Ordnungsgeld bis zur Höhe von ... € angedroht.[42]

Gründe

I.

Der Sachverständige ist gemäß Beweisbeschluss vom ... beauftragt, ein Gutachten zu erstatten. Ihm wurden die Akten am ... übersandt.

☐ Er hat den von ihm selbst im Schreiben vom ... gesetzten Termin vom ... zur Erstattung des Gutachtens nicht eingehalten.

☐ Er hat die gerichtlichen Anfragen vom ..., bis wann mit der Erstattung des Gutachtens gerechnet werden könne, nicht beantwortet.

Außerdem hat er das Gutachten innerhalb der durch Beschluss vom ... gesetzten Nachfrist bis ... nicht erstattet.

II.

Gegen den Sachverständigen war nunmehr im Interesse einer Prozessbeschleunigung gemäß § 411 II ZPO ein Ordnungsgeld festzusetzen. Eine weitere Verzögerung des Rechtsstreits erscheint nicht mehr vertretbar.

☐ Nach fruchtlosem Ablauf der weiteren Frist wird das Gericht ein weiteres Ordnungsgeld gegen den Sachverständigen festsetzen.

☐ Die von dem Sachverständigen im Schreiben vom ... mitgeteilten Gründe über die Verzögerung vermögen die Nichterstattung des Gutachtens nicht zu entschuldigen, denn ...

Frankfurt am Main, den ...

☐ Amtsgericht, Abteilung ...   ☐ Landgericht, ... Zivilkammer
                                                             ☐ Der Vorsitzende
                                                             ☐ Der Einzelrichter

....

---

[42] Nur zulässig bei der erstmaligen Festsetzung des Ordnungsgeldes.

Verfügung

1. Ausfertigung des Beschlusses an
   ☐ Kläger... (-Vertreter)[43]
   ☐ Beklagte... (-Vertreter)[43]
   ☐ Sachverständigen   ☐ (ZU/EB).
2. Herrn/Frau Rechtspfleger... mit der Bitte um weitere Veranlassung.[44]
3. Wiedervorlage: ...

Frankfurt am Main, den ...
☐ Amtsgericht, Abteilung ...   ☐ Landgericht, ... Zivilkammer
                                      ☐ Der Vorsitzende
                                      ☐ Der Einzelrichter

....

---

[43] Der Beschluss wird formlos mitgeteilt (§ 329 II 1 ZPO).
[44] § 31 III RPflG.

Muster 64: Rücksendung eines Gutachtens zwecks Überarbeitung

☐ Amtsgericht Frankfurt am Main
☐ Landgericht Frankfurt am Main
Aktenzeichen: ...

Verfügung

1. Eine Ausfertigung/Fotokopie des Gutachtens des Sachverständigen ... vom ... zu den Akten nehmen.

2. Original des Gutachtens des Sachverständigen ... vom ... mit ZU und folgenden Anschreiben an diesen zurücksenden:

   Sehr geehrte... Herr/Frau ...,
   in p. p. bestätige ich den Eingang Ihres Gutachtens vom ... . Leider sehe ich mich gezwungen, Ihnen dieses Gutachten zurückzusenden mit der Bitte, dasselbe eingehend zu überarbeiten, da es in der vorliegenden Form nicht dem Ihnen erteilten Gutachtenauftrag entspricht.

   ☐ Ich verweise insoweit auf den Beweisbeschluss vom ...,
      ☐ und das Auftragsschreiben vom ...,
      wonach Sie
      ☐ das Gutachten zu folgenden Beweisthemen erstatten sollten: ....
      ☐ zu folgenden Fragen Stellung nehmen sollten: ....
      ☐ eine Ortsbesichtigung durchführen und hierbei Feststellungen zu folgenden Punkten treffen sollten: ....
      ☐ sich mit den Ausführungen im Privatgutachten des Sachverständigen ... auseinandersetzen sollten.
      ☐ den/die Kläger... persönlich untersuchen sollten.
      ☐ die Krankenunterlagen des ... Krankenhauses
      ☐ die Röntgenaufnahmen des ... Krankenhauses
      anfordern und bei Ihrer Stellungnahme auswerten sollten.

   Diese... Punkt... haben Sie in Ihrem übersandten Gutachten nicht
   ☐ angesprochen.
   ☐ beantwortet.
   ☐ durchgeführt.
   ☐ nicht im Einzelnen begründet.

   ☐ Sie haben das Gutachten nicht persönlich erstattet, sondern die gesamte Ausarbeitung
      ☐ Ihrem Mitarbeiter ...
      ☐ dem Assistenzarzt ...
      überlassen. Dies ist nach der Rechtsprechung nicht zulässig. Nur untergeordnete Hilfsarbeiten dürfen von dem Gutachter einem Mitarbeiter übertragen werden.

   Das Gutachten ist deshalb in der vorliegenden Form für eine Entscheidungsfindung des Gerichts nicht verwertbar.

☐ Eine Honorierung kann derzeit nicht stattfinden.
☐ Ich habe deshalb Ihre eingereichte Liquidation vorläufig nur zu den Akten genommen.

Ich sehe einer überarbeiteten Fassung Ihres Gutachtens, die d... mitgeteilten Beanstandung... Rechnung trägt, nunmehr bis spätestens ... entgegen.

Ich bitte für dieses Schreiben um Ihr Verständnis. Für eine von Ihnen gewünschte mündliche oder telefonische Rücksprache steht der Unterzeichnete jederzeit zur Verfügung.

Mit freundlichen Grüßen

3. Schreiben zur Unterschrift vorlegen und sodann absenden.
4. Durchschrift des Schreibens jeweils an
   ☐ Kläger... (-Vertreter)
   ☐ Beklagte... (-Vertreter)
   mit der Bitte um Kenntnisnahme.
5. Wiedervorlage: ...

Frankfurt am Main, den ...
☐ Amtsgericht, Abteilung ...   ☐ Landgericht, ... Zivilkammer
                                                 ☐ Der Vorsitzende
                                                 ☐ Der Einzelrichter

....

Muster 65: Anhörung der Parteien nach Eingang des schriftlichen Sachverständigengutachtens

☐ Amtsgericht Frankfurt am Main
☐ Landgericht Frankfurt am Main
Aktenzeichen: ...

Verfügung

1 1. Eine Ausfertigung des Gutachtens des Sachverständigen ... vom ... (Bl. ... d. A.) an
   ☐ Kläger... (-Vertreter)
   ☐ Beklagte... (-Vertreter)
   mit Zusatz:

   In p. p.
   erhalten Sie anliegend das Gutachten des Sachverständigen ... vom ... mit der Bitte um Kenntnisnahme und Mitteilung etwaiger Einwendungen gegen das Gutachten, die Begutachtung betreffende Anträge oder Ergänzungsfragen zu dem Gutachten bis spätestens ...

   ☐ Das Gericht beabsichtigt, Ihre etwaigen Einwendungen gegen das Gutachten dem Sachverständigen vor dem Anhörungstermin zwecks Vorbereitung zuzuleiten.

   ☐ Auf die Folgen einer Fristversäumung nach § 411 IV 2 ZPO wird hingewiesen.

2. Akten an Gebührenanweisungsstelle mit der Bitte um Prüfung und Anweisung der Entschädigung an den Sachverständigen ... (Liquidation Bl. ... d. A.). Der Stundensatz von ... € ist gerechtfertigt.

3. Wiedervorlage: ...

Frankfurt am Main, den ...
☐ Amtsgericht, Abteilung ...   ☐ Landgericht, ... Zivilkammer
                                                ☐ Der Vorsitzende
                                                ☐ Der Einzelrichter

....

Muster 66: Terminsanberaumung nach Eingang des schriftlichen Sachverständigengutachtens (§ 411 III, IV ZPO)

☐ Amtsgericht Frankfurt am Main
☐ Landgericht Frankfurt am Main
Aktenzeichen: ...

Verfügung

1. Termin zur mündlichen Verhandlung wird anberaumt auf ..., den ..., ... Uhr, Raum ...

2. Der Sachverständige .... soll zu dem Termin geladen werden, damit er sein schriftliches Gutachten vom ... mündlich erläutere.

   ☐ Dies gilt nach vorläufiger Beurteilung durch das Gericht vor allem für folgende Punkte: ...

3. Beide Partei...(-Vertreter) mit ZU/EB zum Termin laden mit je einer Gutachtensausfertigung Bl. ... d. A. und Zusatz: Der Sachverständige ... ist zu diesem Termin geladen.

   ☐ Es besteht seitens der Parteien Gelegenheit, Einwendungen betreffend das Gutachten bis ... spätestens ... vorzutragen. Auf § 411 IV 2 ZPO wird hingewiesen.

4. Sachverständigen ... mit ZU zum Termin laden und Zusatz: Sie sollen im Termin Ihr schriftliches Gutachten vom ... mündlich erläutern. Hierzu werden Sie hiermit persönlich geladen.

   ☐ Das Gericht erachtet besonders folgende Punkte Ihres Gutachtens für erläuterungsbedürftig: ...

   ☐ Falls die Parteien Einwendungen gegen Ihr Gutachten vortragen, wird das Gericht Ihnen diese rechtzeitig zuleiten.

5. Akten an Gebührenanweisungsstelle mit der Bitte um Prüfung und Anweisung der Entschädigung an den Sachverständigen ... (Bl. ... d. A.). Der Stundensatz von ... € ist gerechtfertigt.

6. Wiedervorlage: ...

Frankfurt am Main, den ...
☐ Amtsgericht, Abteilung ...   ☐ Landgericht, ... Zivilkammer
                                         ☐ Der Vorsitzende
                                         ☐ Der Einzelrichter

....

Muster 67: Verhängung eines Ordnungsgeldes gegen den im Termin säumigen bzw. die Erstattung des Gutachtens verweigernden Sachverständigen (§ 409 ZPO)

☐ Amtsgericht Frankfurt am Main
☐ Landgericht Frankfurt am Main
Aktenzeichen: …

Beschluss

1 In dem Rechtsstreit … gegen …

wird gegen den Sachverständigen … gemäß § 409 I ZPO ein Ordnungsgeld von … € verhängt, weil er
☐ zu dem Termin vom … trotz ordnungsgemäßer Ladung nicht erschienen ist
☐ und sein Fernbleiben auch nicht entschuldigt hat.
☐ und die mitgeteilten Gründe für das Fernbleiben keine genügende Entschuldigung darstellen.
☐ im Termin vom … die Erstattung des im Beweisbeschluss vom … angeordneten Gutachtens verweigert und
☐ hierfür keine Gründe abgegeben hat.
☐ die hierfür angegebenen Gründe keine ausreichende Entschuldigung darstellen.

Zugleich werden dem Sachverständigen die durch sein Verhalten entstehenden Kosten auferlegt.

Neuer Termin zur Beweisaufnahme, Erstattung des Gutachtens und Fortsetzung der mündlichen Verhandlung wird anberaumt auf …, den …, … Uhr Raum …

Der Sachverständige wird darauf hingewiesen, dass bei erneuter Säumnis oder Weigerung zur Erstattung des Gutachtens ein weiteres Ordnungsgeld bis zu einer Höchstgrenze von 1000,- € verhängt werden kann und ihm erneut die durch sein Verhalten entstehenden Kosten auferlegt werden können.

Frankfurt am Main, den …
☐ Amtsgericht, Abteilung …

☐ Landgericht, … Zivilkammer
☐ Der Vorsitzende
☐ Der Einzelrichter

………………………………   ………………………………   ………………………………

Muster 68: Beweisbeschluss betreffend die Einholung eines Ergänzungsgutachtens

☐ Amtsgericht Frankfurt am Main
☐ Landgericht Frankfurt am Main
Aktenzeichen: ...

Beweisbeschluss

in dem Rechtsstreit ... gegen ...: 1

I. Es soll ein Ergänzungsgutachten des Sachverständigen ... eingeholt werden. Der Sachverständige soll hierin
   ☐ sich mit den Einwendungen d... Kläger... gegen sein Erstgutachten (vgl. Schriftsatz vom ... Bl. ... d. A.) auseinandersetzen,
   ☐ insbesondere mit ...;
   ☐ sich mit den Einwendungen d... Beklagten gegen sein Erstgutachten (vgl. Schriftsatz vom ... Bl. ... d. A.) auseinandersetzen,
   ☐ insbesondere mit ...;
   ☐ sich mit dem von d... vorgelegten Privatgutachten des Sachverständigen ... vom ... (Bl. ... d. A.) auseinandersetzen;
   ☐ zu folgenden Fragen Stellung nehmen: ...

II. Die Einholung des Ergänzungsgutachtens hängt davon ab, dass
   ☐ d... Kläger... einen Auslagenvorschuss von ... €
   ☐ d... Beklagte einen Auslagenvorschuss von ... €
   bei Gericht bis spätestens ... einzahl...

III. Neuer Termin wird von Amts wegen nach Eingang des Ergänzungsgutachtens bestimmt.

Frankfurt am Main, den ...
☐ Amtsgericht, Abteilung ...   ☐ Landgericht, ... Zivilkammer
                                         ☐ Der Vorsitzende
                                         ☐ Der Einzelrichter

....

Muster 69: Formularbeschluss betreffend eine begründete Sachverständigenablehnung (§§ 406 I, 42 II ZPO)

☐ Amtsgericht Frankfurt am Main
☐ Landgericht Frankfurt am Main
Aktenzeichen: ...

Beschluss

1 In dem Rechtsstreit ... gegen ...
   wird die Ablehnung des Sachverständigen ... für begründet erklärt.

Gründe

Die Voraussetzungen für eine Ablehnung des Sachverständigen wegen Befangenheit (§§ 406 I, 42 II ZPO) liegen vor. Der Kläger hat Tatsachen vorgetragen und glaubhaft gemacht, die von seinem Standpunkt aus geeignet sind, Misstrauen gegen die Unparteilichkeit des Sachverständigen zu rechtfertigen.

Nach Anhörung des Sachverständigen steht fest, dass dieser eine Besichtigung der Arbeiten des Klägers vorgenommen hat, ohne den Kläger und seinen Prozessbevollmächtigten zu benachrichtigen. Ein solches Verhalten ist geeignet, bei der nicht geladenen Partei den Verdacht entstehen zu lassen, dass der Sachverständige sich einseitig informiert und sein Gutachten nicht auf einer objektiven Grundlage aufbauen wird.

Der Sachverständige hat zwar mitgeteilt, dass die fehlende Benachrichtigung des Klägers auf einem Versehen seines Büros beruht. Dies kann jedoch die an seiner Unparteilichkeit entstandenen Zweifel aus der Sicht des Klägers nicht beseitigen. Der Sachverständige hätte bei Nichterscheinen des Klägers und Erkennen des Büroversehens die Besichtigung abbrechen und einen neuen Ortstermin unter Ladung beider Parteien bestimmen müssen. Indem er die Besichtigung fortsetzte, setzte er sich dem Vorwurf der Parteilichkeit aus.

Frankfurt am Main, den ...
☐ Amtsgericht, Abteilung ...   ☐ Landgericht, ... Zivilkammer
                                                ☐ Der Vorsitzende
                                                ☐ Der Einzelrichter

....

Verfügung

1. Ausfertigung des Beschlusses an
   ☐ Kläger... (-Vertreter)[45]
   ☐ Beklagte... (-Vertreter)[45]
   mit Zusatz: Das Gericht beabsichtigt, nunmehr als Sachverständigen ... zu beauftragen. Es wird Gelegenheit zur Stellungnahme binnen 2 Wochen gegeben.

---

[45] Es genügt formlose Mitteilung, da der Beschluss, der die Ablehnung für begründet erklärt, nicht anfechtbar ist, § 406 V ZPO.

2. Ausfertigung des Beschlusses an Sachverständigen ... mit der Bitte um Kenntnisnahme und Rückgabe der Gerichtsakten.
Zusatz: Nach der Rechtsprechung steht dem mit Erfolg abgelehnten Sachverständigen für die geleistete Arbeit keine Entschädigung zu, wenn er den Ablehnungsgrund durch grobe Fahrlässigkeit oder die Verletzung grundlegender Verfahrensregeln gesetzt hat. Unter Berücksichtigung dieser Grundsätze erscheint es zweifelhaft, ob Ihnen in vorliegendem Falle eine Entschädigung bewilligt werden kann.
Das Gericht hatte in dem Beweisbeschluss ausdrücklich angeordnet, dass die Ortsbesichtigung nach Ladung beider Parteien und ihrer Prozessbevollmächtigten erfolgen soll. Sie werden deshalb um Mitteilung gebeten, ob ein Entschädigungsanspruch von Ihnen geltend gemacht wird. Bejahendenfalls müsste das Gericht förmlich über Ihren Antrag auf Festsetzung der Entschädigung befinden.
3. Wiedervorlage: ...

Frankfurt am Main, den ...
☐ Amtsgericht, Abteilung ...   ☐ Landgericht, ... Zivilkammer
                                                   ☐ Der Vorsitzende
                                                   ☐ Der Einzelrichter

Muster 70: Formularbeschluss betreffend die Zurückweisung einer Sachverständigenablehnung (§§ 406, 42 II ZPO)

☐ Amtsgericht Frankfurt am Main
☐ Landgericht Frankfurt am Main
Aktenzeichen: ...

Beschluss

1 In dem Rechtsstreit ... gegen ...

wird das Gesuch d... ... vom ..., den Sachverständigen ... wegen Besorgnis der Befangenheit abzulehnen, zurückgewiesen.

Gründe

☐ Das Ablehnungsgesuch ist verspätet im Sinne von § 406 II 1 ZPO. Danach ist das Ablehnungsgesuch vor der Vernehmung des Sachverständigen, spätestens innerhalb von zwei Wochen nach Verkündung oder Zustellung des Beschlusses über die Ernennung des Sachverständigen zu stellen. Diese Frist war hier abgelaufen. Der Beweisbeschluss, der die Ernennung des Sachverständigen enthält, ist am ... verkündet worden. Damit lief die Frist für die Ablehnung am ... ab. Der Eingang des Ablehnungsgesuchs am ... war verspätet.

☐ Auf § 406 II 2 ZPO kann sich der Kläger nicht berufen. Das Vorbringen, er habe erst am ... von dem Ablehnungsgrund erfahren, reicht zur Annahme einer nicht verschuldeten Unkenntnis des Ablehnungsgrundes nicht aus, denn die Partei ist nach Mitteilung über die Person des Sachverständigen verpflichtet, sich über etwaige Ablehnungsgründe zu informieren; dies ergibt sich aus der allgemeinen Prozessförderungspflicht.[46] Hier war es dem Kläger möglich, sich zu vergewissern, ob der Sachverständige auch Privatgutachten für die beklagte Versicherung in Unfallsachen anfertige.

☐ Das Ablehnungsgesuch ist verspätet im Sinne von § 406 II 2 ZPO eingereicht. Der Kläger stützt die Befangenheit auf Äußerungen des Sachverständigen im Gutachten vom ... Dieses Gutachten ist dem Kläger am ... zu Händen seines Prozessbevollmächtigten zugegangen. Nach Kenntnisnahme von dem Gutachten und den nunmehr als unsachlich beanstandeten Passagen war der Kläger gehalten, das Ablehnungsgesuch unverzüglich einzureichen.[47] Dabei braucht hier nicht abschließend entschieden zu werden, was unter „unverzüglich" im Einzelnen zu verstehen ist, obwohl das Gericht dazu neigt, in Anlehnung an § 406 II 1 ZPO eine zweiwöchige Frist als Richtlinie zugrunde zu legen. Ebenso braucht nicht entschieden zu werden, ob der Partei eine „angemessene Überlegungsfrist" zuzubilligen ist, denn die erst am ... erfolgte Ablehnung ist jedenfalls verspätet im Sinne des § 406 II 2 ZPO, weil ...

☐ Die vorgetragenen Gründe rechtfertigen es nicht, den Sachverständigen als befangen anzusehen (§§ 406 I, 42 II ZPO). Der Umstand, dass der Sachverständige in

---

[46] *Baumbach/Lauterbach/Albers/Hartmann*, § 406 Rn. 24.
[47] *Baumbach/Lauterbach/Albers/Hartmann*, § 406 Rn. 25 f.; *Zöller/Greger*, § 406 Rn. 11.

Fragen der Grundstücksbewertung schon öfters die auch in dem jetzt erstatteten Gutachten vertretene Meinung über die bauliche Entwicklung des Gebiets ... eingenommen haben soll, rechtfertigt es nicht, vom Standpunkt einer vernünftigen Partei Misstrauen in seine Unparteilichkeit zu äußern, denn der Sachverständige hat seine Meinung durch sachliche Argumente belegt. Dies spricht für seine Objektivität. Seine auf Seite ... des Gutachtens abgegebene Erklärung, der Kläger habe bei der Ortsbesichtigung des Grundstücks „hartnäckig und widerspenstig" die Vorlage von Urkunden verweigert, mag in ihrer Ausdrucksweise nicht geschickt gewählt sein. Sie rechtfertig jedoch ebenfalls nicht die behauptete Befangenheit, da der Kläger den Vorgang selbst nicht abstreitet und in seiner persönlichen Eingabe vom ... den gleichen Standpunkt einnimmt.

☐ D... Antragsteller hat die Tatsachen, aus denen er die Besorgnis der Befangenheit herleitet, nicht glaubhaft gemacht (§ 406 III ZPO). Er behauptet, der Sachverständige habe bei der Ortsbesichtigung erklärt, „er erstatte die Begutachtung von Mängeln und die Stellungnahme zur Ortsüblichkeit von Preisen grundsätzlich auf einer mittleren Basis von 50% : 50%, so dass ein späteres Urteil wie ein Vergleich wirke." Der Sachverständige hat in seiner Stellungnahme zu dem Ablehnungsgesuch diese Behauptung entschieden abgestritten. Auch der Prozessbevollmächtigte des Klägers, der bei dem Ortstermin zugegen war, hat erklärt, der Sachverständige habe sich nicht in diesem Sinne geäußert. Der Antragsteller hat – obwohl das Gericht ihm dies anheimgestellt hatte – seine Behauptung nicht glaubhaft gemacht. Danach ist davon auszugehen, dass sie – wenigstens in dieser Form – nicht gefallen ist.

Frankfurt am Main, den ...
☐ Amtsgericht, Abteilung ...
                                      ☐ Landgericht, ... Zivilkammer
                                      ☐ Der Vorsitzende
                                      ☐ Der Einzelrichter

Muster 71: Terminierung oder Anschreiben der Parteien nach Eingang des Gutachtens im selbstständigen Beweisverfahren

☐ Amtsgericht Frankfurt am Main
☐ Landgericht Frankfurt am Main
Aktenzeichen: ...

Verfügung

1. 1. Abschrift des Sachverständigengutachtens ... (Bl. ... d. A.) an:
      ☐ Antragsteller... (-Vertreter)   (ZU/EB)
      ☐ Antragsgegner... (-Vertreter)   (ZU/EB)
      mit Zusatz:

      In dem selbstständigen Beweisverfahren p. p. wird
      ☐ anliegend Abschrift des Sachverständigengutachtens vom ... übersandt mit der Bitte um Kenntnisnahme und Mitteilung etwaiger Einwendungen gegen das Gutachten, die Begutachtung betreffende Anträge oder Ergänzungsfragen bis spätestens .... Mit Ablauf der gesetzten Frist ist das Verfahren beendet.

      ☐ Termin zur mündlichen Erstattung und Erläuterung des Gutachtens wird anberaumt auf ..., den ..., ... Uhr, Raum .... Zu diesem Termin werden Sie hiermit geladen.

         ☐ Es erscheint zweckmäßig, dass die Parteien die dem Sachverständigen vorzulegenden Fragen dem Gericht vorweg mitteilen, damit der Sachverständige sich vorbereiten kann.

         ☐ Das persönliche Erscheinen der Parteien wird gemäß § 492 III ZPO angeordnet.

   2. ☐ Sachverständigen ...   ☐ Parteien zum Termin mit ZU laden.

   3. ☐ Akten an Gebührenanweisungsstelle mit der Bitte um Prüfung und Anweisung der Entschädigung an den Sachverständigen ... (Bl. ... d. A.). Der Stundensatz von ... € ist gerechtfertigt.

   4. Wiedervorlage: ...

Frankfurt am Main, den ...
☐ Amtsgericht, Abteilung ...   ☐ Landgericht, ... Zivilkammer
                                                ☐ Der Vorsitzende
                                                ☐ Der Einzelrichter

....

Muster 72: Fristsetzung zur Klageerhebung im selbstständigen Beweisverfahren
(§ 494 a I ZPO)

☐ Amtsgericht Frankfurt am Main
☐ Landgericht Frankfurt am Main
Aktenzeichen: …

Beschluss

In dem selbstständigen Beweisverfahren … gegen …　　　　　　　　1
d…,
　　　　　　　　　　　　　　　　　　　　　　　Antragsteller…,
Prozessbevollmächtigter: Rechtsanwalt …,
gegen
d…,
　　　　　　　　　　　　　　　　　　　　　　　Antragsgegner…,
Prozessbevollmächtigter: Rechtsanwalt …,
☐ hat das Amtsgericht Frankfurt am Main durch den Richter am Amtsgericht …
☐ hat die … Zivilkammer des Landgerichts Frankfurt am Main durch
　　☐ den Vorsitzenden Richter am Landgericht … und die Richter am Landgericht
　　　 … und …
　　☐ den Richter am Landgericht … als Einzelrichter
　　am … beschlossen:

　　　Auf Antrag d… Antragsgegner… zu …[48] wird d… Antragsteller… zu …[49]
　　　eine Frist zur Erhebung der Hauptklage gegen d… Antragsgegner… zu …[48]
　　　bis … gesetzt.

　　　D… Antragsteller… wird/werden auf § 494 a II ZPO hingewiesen.

....　　.................................　　.................................

---

[48] Ausfüllung nur notwendig, wenn mehrere Antragsgegner im Beweisverfahren vorhanden sind und der Antrag nicht von allen Antragsgegnern gestellt wird.
[49] Ausfüllung nur notwendig, wenn mehrere Antragsteller im Beweisverfahren vorhanden sind und der Antrag auf Erhebung der Hauptklage nicht gegen alle Antragsteller gestellt wird.

Muster 73: Kostenbeschluss im selbstständigen Beweisverfahren wegen Nichterhebung der Hauptklage (§ 494a II 1 ZPO)

☐ Amtsgericht Frankfurt am Main
☐ Landgericht Frankfurt am Main
Aktenzeichen: ...

Beschluss

1 In dem selbstständigen Beweisverfahren ... gegen ...
d...,
                                                            Antragsteller...,
Prozessbevollmächtigter: Rechtsanwalt ...,
gegen
d...,
                                                            Antragsgegner...,
Prozessbevollmächtigter: Rechtsanwalt ...,
☐ hat das Amtsgericht Frankfurt am Main durch den Richter am Amtsgericht ...
☐ hat die ... Zivilkammer des Landgerichts Frankfurt am Main durch
   ☐ den Vorsitzenden Richter am Landgericht ... und die Richter am Landgericht ... und ...
   ☐ den Richter am Landgericht ... als Einzelrichter
nach Anhörung d... Antragsteller...[50] am ... beschlossen:

D... Antragsteller... hat/haben die
☐ dem/der Antragsgegner... zu ...[51]
im Beweisverfahren entstandenen Kosten zu tragen.

☐ Der Streitwert wird auf ... € festgesetzt.

Gründe[52]

Der Antrag ist nach § 494a II 1 ZPO begründet.

☐ Innerhalb der durch Beschluss vom ... gesetzten Frist bis ... hat/ haben d... Antragsteller die Hauptklage nicht erhoben.

☐ D... Antragsteller... hat/haben nicht nachgewiesen, dass er/sie innerhalb der durch Beschluss vom ... gesetzten Frist bis ... die Hauptklage erhoben hat/haben.

☐ Der Einwand d... Antragsteller..., die Hauptklage sei gegen d... Antragsgegner zu ... erhoben worden, ist unerheblich. Für den hier maßgebenden Antrag d... Antragsgegner... zu ... ist nur maßgeblich, dass gegen ihn jedenfalls der Anspruch nicht geltend gemacht worden ist.

---

[50] Rechtliches Gehör ist notwendig (*Baumbach/Lauterbach/Albers/Hartmann*, § 494a Rn. 16; *Zöller/Herget*, § 494a Rn. 3).
[51] Ausfüllung nur notwendig, wenn mehrere Antragsgegner vorhanden sind und nur einer den Antrag auf Kostenerstattung gestellt hat.
[52] Eine Begründung ist im Hinblick auf die Anfechtbarkeit des Beschlusses (§ 494a II 2 ZPO) notwendig.

☐ Unerheblich ist, dass d... Antragsteller die streitige Forderung in dem Rechtsstreit d... Antragsgegner... gegen den Antragsteller ... (Aktenzeichen ...) im Wege der Aufrechnung geltend gemacht hat. Denn die Aufrechnung kann der Klageerhebung nicht gleichgestellt werden.[53]

☐ Die Festsetzung des Streitwerts beruht auf §§ 48 I GKG, 3 ZPO.

....

Verfügung

1. Ausfertigung des Beschlusses an
    ☐ Antragsteller... (-Vertreter)   ☐ (ZU/EB)[54]
    ☐ Antragsgegner... (-Vertreter)
2. Kosten, Register, Weglegen.

Frankfurt am Main, den ...
☐ Amtsgericht, Abteilung ...   ☐ Landgericht, ... Zivilkammer
                                        ☐ Der Vorsitzende
                                        ☐ Der Einzelrichter

....

---

[53] *Baumbach/Lauterbach/Albers/Hartmann*, § 494a Rn. 13; a. M. *Zöller/Herget*, § 494a Rn. 2.
[54] Förmliche Zustellung ist wegen der Anfechtbarkeit durch sofortige Beschwerde notwendig (§ 329 II 2 i. V. m. § 494a II 2 ZPO).

Muster 74: Zurückweisung eines Kostenantrags im selbstständigen Beweisverfahren
(§ 494 a II ZPO)

☐ Amtsgericht Frankfurt am Main
☐ Landgericht Frankfurt am Main
Aktenzeichen: …

Beschluss

1 In dem selbstständigen Beweisverfahren … gegen …

wird der Antrag d… Antragsgegner… vom … auf Feststellung der Kostenerstattungspflicht zurückgewiesen.

Die Entscheidung ergeht gerichtsgebührenfrei; die außergerichtlichen Kosten de… Antragsteller… trägt d… Antragsgegner…

Gründe

☐ I.[55]

☐ …

☐ II.

Der Antrag ist unbegründet.

☐ D… Antragsteller… hat nach
☐ dem unwidersprochen gebliebenen Vortrag im Schriftsatz vom …
☐ ausweislich der beigezogenen Akten …
die Hauptklage eingereicht.

☐ Unerheblich ist, dass diese Klage nur auf
☐ Zahlung von … €
☐ Feststellung der Ersatzpflicht d… Antragsgegner…
gerichtet ist.

Der Kostenausspruch nach § 494 a II ZPO ist bereits dann nicht mehr möglich, wenn der Antragsteller überhaupt eine Klage einreicht, mit der er den im Beweisverfahren zu klärenden Anspruch in der Hauptsache geltend macht. Das Gericht vertritt die Auffassung, dass eine Teilkostenentscheidung im Fall der Erhebung einer Teilklage nicht zulässig ist (Zöller/*Herget*, § 494a Rn. 4a; *Werner/Pastor*, Der Bauprozess, Rn. 133). Der Ausnahmefall, dass die Teilklage nur auf einen geringfügigen Betrag erhoben ist und damit ein Fall des Rechtsmissbrauchs gegeben wäre (*Baumbach/Lauterbach/Albers/Hartmann*, § 494a Rn. 13) ist hier offensichtlich nicht gegeben.

☐ Unerheblich ist, dass die Klage erst nach Ablauf der mit Beschluss vom … gesetzten Klagefrist zugestellt und damit verspätet erhoben wurde. Denn die gemäß § 494 a I ZPO gesetzte Frist zur Klageerhebung ist keine Ausschlussfrist (*Baumbach/Lauterbach/Albers/Hartmann*, § 494a Rn. 17).

---

[55] In Ziffer I. des Beschlusses ist kurz der Sachverhalt darzustellen, soweit dies im Einzelfall erforderlich ist.

☐ Zwar hat d... Antragsteller... keine Hauptklage erhoben. Dies ist aber darauf zurückzuführen, dass d... Antragsgegner... den Hauptsacheanspruch in der Zwischenzeit durch Zahlung erfüllt hat. Damit ist die beabsichtigte Klage gegenstandslos geworden. In diesem Fall kann d... Antragsteller... nicht gezwungen werden, den Hauptsacheanspruch gerichtlich geltend zu machen, da er der Klageabweisung verfallen würde. D... Antragsgegner... verstößt gegen Treu und Glauben, wenn er sich auf die fehlende Klageerhebung beruft, nachdem er/sie den Anspruch durch Erfüllung voll anerkannt hat (*Baumbach/Lauterbach/Albers/Hartmann*, § 494a Rn. 13; *Zöller/Herget*, § 494a Rn. 5).

Die Kostenentscheidung beruht auf § 1 GKG, § 91 I ZPO.

Frankfurt am Main, den ...
☐ Amtsgericht, Abteilung ...   ☐ Landgericht, ... Zivilkammer
                                                ☐ Der Vorsitzende
                                                ☐ Der Einzelrichter

....

Muster 75: Verhängung eines Ordnungsgeldes gegen die nicht erschienene Partei (§ 141 III ZPO)

☐ Amtsgericht Frankfurt am Main
☐ Landgericht Frankfurt am Main
Aktenzeichen: ...

Beschluss

1 In dem Rechtsstreit ... gegen ...

    wird d... ... zu ... wegen unentschuldigten Ausbleibens im Termin vom ... zu einem Ordnungsgeld von ... € verurteilt.

Gründe

Die Partei war in dem genannten Termin trotz ordnungsmäßiger Ladung nicht erschienen.

☐ Die vorgetragenen Gründe
    ☐ stellen keine hinreichende Entschuldigung dar.
    ☐ sind trotz gerichtlichen Hinweises vom ... nicht glaubhaft gemacht.

☐ Die Tatsache, dass der Prozessbevollmächtigte im Termin eine Vollmacht der Partei „zur Vertretung im Sinne von § 141 III 2 ZPO" vorgelegt hat, stellt keinen Grund dar, von der Verhängung des Ordnungsgeldes abzusehen.

    ☐ Der Prozessbevollmächtigte hat nämlich auf Befragen im Termin angegeben, dass er über den Sachverhalt nicht mehr erklären könne, als in den Schriftsätzen bereits vorgetragen sei. Das reicht nicht aus, ihn als aufklärungsfähige Person im Sinne des § 141 III ZPO anzusehen (*Baumbach/Lauterbach/Albers/Hartmann*, § 141 Rn. 47; *Zöller/Greger*, § 141 Rn. 17). Insbesondere ist ihm nach seinen Erklärungen keine besondere Aufklärung durch die Partei zur Wahrnehmung des Termins zuteil geworden.

    ☐ Der Prozessbevollmächtigte ist laut der vorgelegten Vollmacht nicht zu allen gebotenen Prozesserklärungen, insbesondere zum Abschluss eines Vergleiches, bevollmächtigt (*Baumbach/Lauterbach/Albers/Hartmann*, § 141 Rn. 50; *Zöller/Greger*, § 141 Rn. 18).

☐ Der Hinweis des Prozessbevollmächtigten, er habe der Partei mitgeteilt, sie brauche nicht zu erscheinen, stellt keinen Entschuldigungsgrund dar., denn diese Erklärung steht im Widerspruch zu der Ladung der Partei durch das Gericht; zusätzliche Tatsachen, die einen Vertrauenstatbestand der Partei begründen können, sind nicht vorgetragen.

☐ Das Verschulden des Prozessbevollmächtigten muss sich die Partei bei der Beurteilung, ob eine genügende Entschuldigung vorliegt, gemäß § 85 II ZPO zurechnen lassen. ...

☐ Bei der Bemessung der Höhe des Ordnungsgeldes hat das Gericht berücksichtigt, dass ....

Muster 75

Frankfurt am Main, den ...
☐ Amtsgericht, Abteilung ...   ☐ Landgericht, ... Zivilkammer
                                                ☐ Der Vorsitzende
                                                ☐ Der Einzelrichter

....

Verfügung

1. Ausfertigung des Beschlusses an
   ☐ Kläger... (-Vertreter)   ☐ (ZU/EB)[56]
   ☐ Beklagte... (-Vertreter)   ☐ (ZU/EB)[56]
2. Herrn/Frau Rechtspfleger... mit der Bitte um weitere Veranlassung.[57]
3. Wiedervorlage: ...

Frankfurt am Main, den ...
☐ Amtsgericht, Abteilung ...   ☐ Landgericht, ... Zivilkammer
                                                ☐ Der Vorsitzende
                                                ☐ Der Einzelrichter

....

---

[56] Förmliche Zustellung ist wegen der Anfechtbarkeit durch sofortige Beschwerde notwendig (§ 141 III 1 i. V.m. § 380 III ZPO).
[57] § 31 III RPflG.

Muster 76: Ordnungsmittelbeschluss gegen den ausgebliebenen Zeugen (§ 380 ZPO)

☐ Amtsgericht Frankfurt am Main
☐ Landgericht Frankfurt am Main
Aktenzeichen: ...

Beschluss

1 In dem Rechtsstreit ... gegen ...

    wird gegen d... Zeug... wegen
    ☐ Nichterscheinens   ☐ erneuten Ausbleibens
    im Termin vom ... ein Ordnungsgeld von ... € festgesetzt, ersatzweise für je ... € ein Tag Ordnungshaft.

    Gleichzeitig werden d... Zeug... die durch das Ausbleiben im Termin vom ... verursachten Kosten auferlegt.

    ☐ Die zwangsweise Vorführung d... Zeug...
        ☐ zum Termin vom ...
        ☐ nächsten Termin[58]
    wird angeordnet.[59]

Gründe[60]

D... Zeug... ist laut Zustellungsurkunde vom ... (Bl. ... d.A.) zu dem Termin vom ... ordnungsgemäß geladen worden.

☐ Gleichwohl ist d... Zeug... zu dem Termin ohne Angabe von Gründen nicht erschienen.

☐ D... Zeug... hat das Fernbleiben nicht genügend entschuldigt. Die Angaben im Schreiben vom ... stellen keine genügende Entschuldigung dar. ...

Danach ist die Auferlegung des Ordnungsgeldes und die Verurteilung in die durch die Terminsverlegung entstandenen Kosten nach § 380 II ZPO gerechtfertigt.

☐ Das Gericht vertritt die Auffassung, dass auch im Falle
    ☐ wiederholten Ausbleibens einem Zeugen die durch sein Ausbleiben verursachten Kosten auferlegt werden können (*Baumbach/Lauterbach/Albers/Hartmann*, § 380 Rn. 15).
    ☐ eines dritten Ausbleibens, wie es hier vorliegt, die Verhängung eines Ordnungsmittels zulässig ist (*Baumbach/Lauterbach/Albers/Hartmann*, § 380 Rn. 16; Zöller/*Greger*, § 380 Rn. 8).

---

[58] Soll der Zeuge zwangsweise zum nächsten Termin vorgeführt werden, empfiehlt es sich, diesen Termin im Ordnungsmittelbeschluss nicht zu nennen, da der Zeuge ansonsten die Vorführung vereiteln könnte.
[59] Betrifft das wiederholte Ausbleiben (§ 380 II ZPO).
[60] Der Beschluss sollte – auch wenn er in das Terminsprotokoll aufgenommen wird – kurz begründet werden, da er gemäß § 380 III ZPO der sofortigen Beschwerde unterliegt.

☐ D… Zeug… wird darauf hingewiesen, dass im Falle erneuten Ausbleibens ein weiteres Ordnungsgeld verhängt werden kann; auch kann das Gericht die zwangsweise Vorführung d… Zeug… zum nächsten Termin anordnen.[61]

☐ Gleichzeitig war gemäß § 380 II ZPO die zwangsweise Vorführung d… Zeug… zum nächsten Termin anzuordnen.[62]

Frankfurt am Main, den …
☐ Amtsgericht, Abteilung …   ☐ Landgericht, … Zivilkammer
                                              ☐ Der Vorsitzende
                                              ☐ Der Einzelrichter

………………………………   ………………………………   ………………………………

Verfügung

1. Beschlussausfertigung d… Zeug… mit ZU zustellen.
2. ☐ Beglaubigte Beschlussausfertigung an das Amtsgericht …, Gerichtsvollzieherverteilungsstelle, mit dem Ersuchen, d… Zeug… durch den zuständigen Gerichtsvollzieher zum Termin vom …, … Uhr, im Gerichtsgebäude Frankfurt am Main …, Raum … vorzuführen.
3. Ausfertigung des Beschlusses an
   ☐ Kläger… (-Vertreter)
   ☐ Beklagte… (-Vertreter)
4. Herrn/Frau Rechtspfleger… mit der Bitte um weitere Veranlassung.[63]
5. Wiedervorlage: …

Frankfurt am Main, den …
☐ Amtsgericht, Abteilung …   ☐ Landgericht, … Zivilkammer
                                              ☐ Der Vorsitzende
                                              ☐ Der Einzelrichter

………………………………

---

[61] Betrifft das erstmalige Ausbleiben des Zeugen.
[62] Betrifft die Anordnung der zwangsweisen Vorführung bei wiederholtem Ausbleiben.
[63] § 31 III RPflG.

Muster 77: Zurückweisung eines Antrags einer Partei auf Verhängung eines Ordnungsmittels (§ 381 ZPO)

☐ Amtsgericht Frankfurt am Main
☐ Landgericht Frankfurt am Main
Aktenzeichen: ...

Beschluss

1 In dem Rechtsstreit ... gegen ...

    wird der Antrag d... ... vom ... auf Festsetzung eines Ordnungsgeldes gegen d... Zeug... und Auferlegung von Kosten zurückgewiesen.

Gründe

Der Antrag auf Festsetzung eines Ordnungsgeldes ist unbegründet, da die Voraussetzungen des § 380 I ZPO nicht vorliegen. Zwar war d... Zeug... im Termin vom ... nicht erschienen.

☐ D... Zeug... war jedoch zu diesem Termin nicht ordnungsgemäß geladen.
  ☐ Die Ladung ist formlos erfolgt. Nach Lage der Dinge besteht keine Gewähr, dass diese Ladung d... Zeug... erreicht hat.
  ☐ Ausweislich der Zustellungsurkunde vom ... (Bl. ... d. A.) ist d... Zeug... unter der Anschrift ... geladen worden. Es bestehen Bedenken gegen die Ordnungsmäßigkeit der Ladung, weil ...
  ☐ Die Ladungsurkunde enthielt nämlich keine Mitteilung über den Gegenstand der Vernehmung, was zwingend erforderlich ist.[64]

☐ D... Zeug... war auch zu diesem Termin ausweislich der Zustellungsurkunde vom ... (Bl. ... d. A.) ordnungsgemäß geladen.
  ☐ Er hat sein Fernbleiben jedoch genügend entschuldigt (§ 381 ZPO), indem er ...
  ☐ Gleichwohl konnte ein Ordnungsmittel nicht verhängt werden, da gegen d... Zeug... in dieser Sache bereits zweimal ein Ordnungsgeld festgesetzt worden ist. Das Gericht legt § 380 II ZPO dahin aus, dass gegen einen ausgebliebenen Zeugen nur zweimal ein Ordnungsgeld verhängt werden, bei abermaligem Ausbleiben jedoch nur die zwangsweise Vorführung angeordnet werden kann (*OLG Dresden* MDR 2002, 1088; *OLG Karlsruhe* NJW 1967, 2166).[65]
  ☐ Gleichwohl konnte trotz Vorliegens der formellen Voraussetzungen des § 380 I ZPO kein Ordnungsmittel festgesetzt werden, da das Ausbleiben d... Zeug... weder für die Parteien noch für das Gericht irgendwelche nachteiligen Auswirkungen gehabt hat. Das Gericht schließt sich der in der Rechtsprechung vertretenen Meinung an, dass die Verhängung eines Ordnungsgeldes keinen Selbstzweck hat, sondern der Sicherung der Sachaufklärung dient. Danach hat sie analog § 153 I StPO, § 47 OWiG zu entfallen, wenn der Zeuge für

---

[64] § 377 II Nr. 2 ZPO.
[65] Zur Gegenmeinung: Muster 78.

die Sachaufklärung künftig nicht mehr benötigt wird und hinsichtlich des Ausbleibens kein erhebliches Verschulden vorliegt (Zöller/*Greger*, § 380 Rn. 3). So liegen die Dinge hier: ...

☐ Gleichwohl konnte ein Ordnungsgeld nicht verhängt werden, da d... Zeug... vor dem Termin schriftlich von dem Zeugnisverweigerungsrecht[66] Gebrauch gemacht hat. Unter diesen Umständen war er/sie nicht verpflichtet zum Termin zu erscheinen (§ 386 III ZPO).

Frankfurt am Main, den ...
☐ Amtsgericht, Abteilung ...   ☐ Landgericht, ... Zivilkammer
                                                                            ☐ Der Vorsitzende
                                                                            ☐ Der Einzelrichter

....

Verfügung

1. Ausfertigung des Beschlusses an
   ☐ Kläger... (-Vertreter)   ☐ (ZU/EB)[67]
   ☐ Beklagte... (-Vertreter)   ☐ (ZU/EB)[67]
2. Wiedervorlage: ...

Frankfurt am Main, den ...
☐ Amtsgericht, Abteilung ...   ☐ Landgericht, ... Zivilkammer
                                                                            ☐ Der Vorsitzende
                                                                            ☐ Der Einzelrichter

....

---

[66] §§ 383 I, 384 ZPO.
[67] Förmliche Zustellung ist deshalb erforderlich, weil bei einer Zurückweisung des Gesuches grundsätzlich die sofortige Beschwerde zulässig ist.

Muster 78: Zurückweisung des Antrags eines Zeugen auf Aufhebung eines verhängten Ordnungsmittels (§§ 381 I, 380 III ZPO)

☐ Amtsgericht Frankfurt am Main
☐ Landgericht Frankfurt am Main
Aktenzeichen: …

Beschluss

1 in dem Rechtsstreit … gegen …

☐ wird der Antrag d… Zeug… vom …, den Ordnungsmittelbeschluss vom … aufzuheben, zurückgewiesen.[68]

☐ wird der sofortigen Beschwerde d… Zeug… vom … gegen den Ordnungsmittelbeschluss vom … nicht abgeholfen[69] und die Sache dem Beschwerdegericht zur Entscheidung vorgelegt.

Gründe

☐ I.

Gegen d… Zeug… ist durch Beschluss vom … gemäß § 380 I ZPO ein Ordnungsgeld von … €, ersatzweise für je … € ein Tag Ordnungshaft, festgesetzt worden; zugleich ist d… Zeug… zur Tragung der durch die Säumnis entstandenen Kosten verurteilt worden.

Mit Schriftsatz vom …
☐ beantragt d… Zeug…, den Beschluss aufzuheben.[68]…
☐ erhebt d… Zeug… sofortige Beschwerde gegen diesen Beschluss.[69]…

☐ II.

☐ Der Antrag auf Aufhebung des Beschlusses hat keinen Erfolg.[68]
☐ Der sofortigen Beschwerde wird nicht abgeholfen.[69]
Die Voraussetzungen des § 381 I ZPO liegen nicht vor:

☐ D… Zeug… hat nicht glaubhaft gemacht, dass er/sie von der Ladung und dem Termin keine Kenntnis hatte. Ausweislich der Zustellungsurkunde vom … (Bl. … d. A.) ist ihm/ihr die Ladung zum Termin vom … am … zugestellt worden. Das Gericht hat ihm/ihr anheimgestellt, durch eigene eidesstattliche Versicherung glaubhaft zu machen, dass ihn/sie dennoch die Ladung nicht erreicht hat. Dies hat d… Zeug… abgelehnt.

☐ D… Zeug… hat keine Gründe vorgetragen, die das Fernbleiben im Termin genügend entschuldigen. Jeden der deutschen Gerichtsbarkeit Unterworfenen trifft eine Zeugnispflicht. Dieser Pflicht kann nicht mit dem Hinweis begegnet werden, man sei unabkömmlich. Genau so wie der Zeuge bei einer Krankheit für eine Vertretung zu sorgen hat, ist er bei einer Ladung als Zeuge hierzu verpflichtet.

---

[68] Fall des § 381 I 2 ZPO: Gegenvorstellung des Zeugen.
[69] Fall des § 380 III ZPO: sofortige Beschwerde des Zeugen.

☐ D... Zeug... hat zwar Gründe vorgetragen, die das Fernbleiben im Termin vom ... nachträglich gerechtfertigt erscheinen lassen. Gleichwohl konnte der angegriffene Beschluss nicht aufgehoben werden, da d... Zeug... die Hinderungsgründe nicht rechtzeitig vor dem Termin mitgeteilt hat, obwohl dies möglich gewesen wäre.[70]

☐ Zu Unrecht macht der Zeuge geltend, dass im Fall wiederholten Ausbleibens eine Auferlegung der durch das Ausbleiben verursachten Kosten nicht zulässig sei. Das Gericht schließt sich der überwiegend vertretenen Meinung[71] an, dass § 380 II ZPO insgesamt auf § 380 I ZPO verweist.

Frankfurt am Main, den ...
☐ Amtsgericht, Abteilung ...   ☐ Landgericht, ... Zivilkammer
                                                ☐ Der Vorsitzende
                                                ☐ Der Einzelrichter

....

Verfügung

1. Beschlussausfertigung an Zeug... (ZU) und formlos an beide Partei... (-Vertreter).
2. ☐ Urschrift mit Akten an das   ☐ Landgericht ...   ☐ Oberlandesgericht ...
   mit der Bitte um Entscheidung über die sofortige Beschwerde.
3. Herrn/Frau Rechtspfleger... mit der Bitte um weitere Veranlassung.[72]
4. Wiedervorlage: ...

Frankfurt am Main, den ...
☐ Amtsgericht, Abteilung ...   ☐ Landgericht, ... Zivilkammer
                                                ☐ Der Vorsitzende
                                                ☐ Der Einzelrichter

....

---

[70] *Baumbach/Lauterbach/Albers/Hartmann*, § 381 Rn. 8; *Zöller/Greger*, § 381 Rn. 4.
[71] *Baumbach/Lauterbach/Albers/Hartmann*, § 380 Rn. 15.
[72] § 31 III RPflG.

Muster 79: Aufhebung eines verhängten Ordnungsmittels infolge nachträglicher Entschuldigung (§ 381 ZPO)

☐ Amtsgericht Frankfurt am Main
☐ Landgericht Frankfurt am Main
Aktenzeichen: ...

Beschluss

1 in dem Rechtsstreit ... gegen ...

wird der Ordnungsmittelbeschluss vom ... gegen d... Zeug... aufgehoben.

Gründe

Der Beschluss war gemäß § 381 I 2 ZPO aufzuheben, nachdem d... Zeug... das Fernbleiben im Termin von ... nachträglich genügend entschuldigt hat. Er/Sie hat durch Vorlage ... glaubhaft gemacht, dass er/sie an der Wahrnehmung des Termins durch ... verhindert war.

☐ Dem steht nicht entgegen, dass d... Zeug... sich nicht rechtzeitig entschuldigt und damit die frühere Verlegung des Termins verhindert hat, was zu zusätzlichen Kosten führte. Nach der Einlassung des Zeugen hat er die Nachricht von seiner Verhinderung nur vermeidbar spät abgesandt, so dass der Kostenbeschluss des Gerichts wieder aufzuheben war (*OLG Frankfurt/M.* MDR 1999, 824).

Die Notwendigkeit der Aufhebung des Ordnungsmittelbeschlusses gilt nicht nur für das verhängte Ordnungsgeld, sondern auch für die Auferlegung der durch das Ausbleiben verursachten Kosten.

Frankfurt am Main, den ...
☐ Amtsgericht, Abteilung ...   ☐ Landgericht, ... Zivilkammer
                                                 ☐ Der Vorsitzende
                                                 ☐ Der Einzelrichter

....

Muster 80: Beschluss über die Vollstreckung der Ordnungshaft

☐ Amtsgericht Frankfurt am Main[73]
☐ Landgericht Frankfurt am Main[73]
Aktenzeichen: …

Beschluss

in dem Rechtsstreit … gegen …:

Die Vollstreckung der gemäß Beschluss vom … ersatzweise festgesetzten Ordnungshaft von … gegen d… Zeug… wird angeordnet.

Der zuständige Gerichtsvollzieher wird ersucht, d… Zeuge… zu verhaften und in die zuständige Straf- und Vollzugsanstalt … einzuliefern.[74]

Die Straf- und Vollzugsanstalt … wird ersucht, die Ordnungshaft zu vollstrecken.

D… Zeug… kann die Vollstreckung der Ordnungshaft jederzeit dadurch abwenden, dass er den Betrag von … € entrichtet.

Gründe

Gegen d… Zeug… ist durch Beschluss vom … gemäß § 380 II ZPO ein Ordnungsgeld von … €, im Nichtbeitreibungsfalle für je … € ein Tag Ordnungshaft, festgesetzt worden. Die Voraussetzungen für eine Vollstreckung der Ersatzordnungshaft sind gegeben:

Nach Mitteilung des Gerichtsvollziehers … ist die bisherige Zwangsvollstreckung des Ordnungsgeldes fruchtlos ausgefallen.

Für das Bestehen von Geldforderungen, in die vollstreckt werden könnte, bestehen keine genügenden Anhaltspunkte.

Eine in der Vollstreckung liegende unbillige Härte (Art. 8 II EGStGB) ist nicht ersichtlich. …

Frankfurt am Main, den …
☐ Amtsgericht, Abteilung …   ☐ Landgericht, … Zivilkammer
                                                 ☐ Der Vorsitzende
                                                 ☐ Der Einzelrichter

....

---

[73] Zur Zuständigkeit vgl. §§ 4 II, 28 RPflG. – Zuständig ist je nach dem, wer die Ordnungshaft verhängt hat, der Amtsrichter, die Kammer oder der Einzelrichter.
[74] Zur Zuständigkeit des Gerichtsvollziehers vgl. § 190 Nr. 2 GVGA.

Muster 81: Verhängung eines Ordnungsgeldes wegen Verweigerung der Aussage oder Leistung des Eides (§ 390 I ZPO)

☐ Amtsgericht Frankfurt am Main
☐ Landgericht Frankfurt am Main
Aktenzeichen: …

Beschluss

1 In dem Rechtsstreit … gegen …

wird gegen d… Zeuge… gemäß § 390 I ZPO ein Ordnungsgeld von … €, ersatzweise für je … € ein Tag Ordnungshaft festgesetzt, nachdem d… Zeug… im Termin vom …
☐ ohne Angabe von Gründen die Aussage verweigert hat.
☐ erneut die Aussage verweigert hat, obwohl die Aussageverweigerung durch inzwischen rechtskräftiges Zwischenurteil vom … für nicht rechtmäßig erklärt worden ist.
☐ ohne Angabe von Gründen die Eidesleistung verweigert hat.
☐ die Leistung des Eides verweigert hat, obwohl die Eidesverweigerung aus den angegebenen Gründen durch Zwischenurteil vom … für nicht rechtmäßig erklärt worden ist.

Gleichzeitig werden d… Zeug… die durch die Weigerung verursachten Kosten auferlegt.

Neuer Termin
☐ zur Vernehmung   ☐ zur Eidesleistung
wird bestimmt auf …, den …, … Uhr, Raum …

D… Zeug… wird darauf hingewiesen, dass bei nochmaliger Weigerung auf Antrag des Beweisführers zur Erzwingung
☐ des Zeugnisses   ☐ der Eidesleistung
die Haft bis zur Dauer von sechs Monaten angeordnet werden kann.[75]

Frankfurt am Main, den …
☐ Amtsgericht, Abteilung …   ☐ Landgericht, … Zivilkammer
                                         ☐ Der Vorsitzende
                                         ☐ Der Einzelrichter

....

---

[75] §§ 390 II, 913 ZPO.

Muster 82: Zwischenurteil im Streit über die Zulässigkeit der Vernehmung einer Partei als Zeuge

Amtsgericht Frankfurt am Main
Aktenzeichen: …

Zwischenurteil
Im Namen des Volkes

In dem Rechtsstreit
des …,
                     Klägers zu 1),
des …,
                     Klägers zu 2),
Prozessbevollmächtigter: …,
gegen
die …,
                     Beklagte zu 1),
den …,
                     Beklagten zu 2),
den …,
                     Beklagten zu 3),
Prozessbevollmächtigter: …,
hat das Amtsgericht Frankfurt am Main durch den Richter am Amtsgericht … aufgrund der mündlichen Verhandlung vom … für Recht erkannt:

  Es wird festgestellt, dass die Vernehmung der Klägerin zu 2) als Zeugin gemäß Beweisbeschluss vom … zulässig ist.

Tatbestand

Die Kläger machen gegen den Beklagten zu 1) als Halter eines Pkw, den Beklagten zu 2) als Fahrer und die Beklagte zu 3) als deren Haftpflichtversicherer Ansprüche auf Schadensersatz aus einem Verkehrsunfall vom … geltend.

Der von dem Kläger zu 1) gesteuerte Pkw, in dem die Klägerin zu 2) als Beifahrerin saß, stieß mit dem Pkw des Beklagten zu 1), der von dem Beklagten zu 2) gelenkt wurde, zusammen. Dabei wurden beide Kläger erheblich verletzt; außerdem entstand Sachschaden an dem Pkw des Klägers zu 1).

Der Kläger zu 1) verlangt Ersatz des Sachschadens, des Verdienstausfalls sowie Zahlung eines angemessenen Schmerzengeldes. Die Klägerin zu 2) verlangt ebenfalls die Zahlung eines angemessenen Schmerzengeldes. Beide tragen vor, dass der Beklagte zu 2) durch falsche Fahrweise den Unfall allein verschuldet habe. Die Beklagten stellen ein Verschulden in Abrede und berufen sich ihrerseits auf ein Mitverschulden des Klägers zu 1).

Durch Beweisbeschluss vom … hat das Gericht eine Beweisaufnahme über den Unfallhergang angeordnet. Dabei sollen entsprechend den Beweisangeboten der Parteien zur Frage des Mitverschuldens des Klägers zu 1) der von den Beklagten benannte Zeuge ... sowie gegenbeweislich die von dem Kläger zu 1) benannte Klägerin zu 2) als Zeugen gehört werden.

Die Beklagten halten die Einvernahme der Klägerin zu 2) als Zeugin für unzulässig, da sie Partei des Rechtsstreits sei.

Sie beantragen,
festzustellen, dass die Vernehmung der Klägerin zu 2) als Zeugin gemäß Beweisbeschluss vom ... unzulässig ist.

Die Kläger beantragen,
den Antrag zurückzuweisen.

Sie halten die Vernehmung der Klägerin zu 2) als Zeugin für zulässig.

Entscheidungsgründe

Über die Zulässigkeit der Zeugenvernehmung war gemäß § 303 ZPO durch Zwischenurteil zu entscheiden.

Die durch Beweisbeschluss vom ... angeordnete Vernehmung der Klägerin zu 2) als Zeugin ist zulässig.

Zwar ist im Grundsatz davon auszugehen, dass nur derjenige Zeuge sein kann, der nicht Partei des Rechtsstreits ist. Davon sind jedoch Ausnahmen zuzulassen, damit nicht eine Lücke zwischen Parteivernehmung und Zeugenbeweis entsteht; das Gesetz geht nämlich davon aus, dass jede Person entweder als Partei oder als Zeuge im Prozess zur Verfügung steht, um ihre Tatsachenkenntnis im Prozess verwertbar zu machen (*Baumbach/Lauterbach/Albers/Hartmann*, Übersicht § 373 Rn. 11). Dieser Gesichtspunkt führt bei Rechtsstreitigkeiten mit Streitgenossen zu dem Ergebnis, dass ein Streitgenosse für Tatsachen, die ausschließlich das Prozessverhältnis des anderen Streitgenossen betreffen, als Zeuge vernommen werden kann (*Baumbach/Lauterbach/Albers/Hartmann*, Übersicht § 373 Rn. 22; Zöller/*Greger*, § 373 Rn. 5a).

So liegen die Dinge hier. Der von den Beklagten erhobene Einwand des Mitverschuldens kann nur gegenüber dem Kläger zu 1) erhoben werden; er greift gegenüber der Ehefrau als Insassin des Fahrzeugs nicht durch.

Ein Eigenverschulden der Klägerin zu 2) scheidet nach dem beiderseitigen Parteivorbringen aus. Das etwaige Verschulden des Klägers zu 1) braucht sich die Klägerin zu 2) nicht zurechnen lassen. Eine Anwendung des § 278 BGB hinsichtlich des Mitverschuldens bei Entstehung des Schadens (§ 254 I BGB) ist außerhalb von Vertragsverhältnissen nicht möglich (Palandt/*Grüneberg*, § 254 Rn. 49f.). Die analoge Anwendung von § 831 BGB scheidet ebenfalls aus, da die Klägerin zu 2) nicht als Verrichtungsgehilfe des Klägers zu 1) anzusehen ist. Daraus folgt, dass die Klägerin zu 2) nach der vorgesehenen Beweisaufnahme nicht in eigener Sache, sondern nur in der Sache ihres Ehemannes aussagen soll. Dem entspricht ihre Stellung als Zeugin.

Dieses Ergebnis ist auch entgegen der Auffassung der Beklagten nicht unbillig. Hätte der Kläger zu 1) seine Ansprüche alleine eingeklagt, dann hätte seine Ehefrau als Zeugin zur Verfügung gestanden. Durch die klagweise Verbindung beider Ansprüche kann sich hieran nichts ändern. Im Übrigen obliegt die Aussage der Klägerin zu 2) der freien Beweiswürdigung (§ 286 ZPO). Soweit die Beklagten darauf hinweisen, dass der Beklagte zu 2) ebenfalls nicht als Zeuge zur Verfügung stehe und das hier vertretene Ergebnis den „Grundsatz der Waffengleichheit" verletze, vermag das Gericht dem nicht zu folgen, denn der Beklagte zu 2) ist als eigener Schuldner verklagt und kann den Einwand des Mitverschuldens gegenüber dem Kläger zu 1) erheben. Den ihm obliegenden Beweis kann er nicht durch seine eigene Aussage führen (§ 445 I ZPO). Zudem schließt seine Parteistellung seine Anhörung nach § 141 ZPO und bei einem entsprechenden Beweisergebnis seine Parteivernehmung nach § 448 ZPO nicht aus. Im Rahmen der freien Beweiswürdigung könnte seiner Darstellung im Einzelfall die gleiche, wenn nicht sogar höhere Überzeugungskraft zukommen als der Zeugenaussage der Klägerin zu 2).

....

Muster 83: Zwischenurteil im Streit über den Umfang der Aussage und Nachforschungspflicht eines Zeugen (§ 387 ZPO)

Landgericht Frankfurt am Main
Aktenzeichen: ...

Zwischenurteil

Im Namen des Volkes

In dem Rechtsstreit
des ...

Klägers,

Prozessbevollmächtigter: Rechtsanwalt ...,

gegen

die ...

Beklagte,

Prozessbevollmächtigter: Rechtsanwalt ...,

hat die ... Zivilkammer des Landgerichts Frankfurt am Main durch den Vorsitzenden Richter am Landgericht ... als Einzelrichter aufgrund der mündlichen Verhandlung vom ... für Recht erkannt:

> Es wird festgestellt, dass der Zeuge ... nicht verpflichtet ist, zu dem Beweisthema im Beweisbeschluss vom ... nochmals auszusagen.
>
> Die Kosten des Zwischenstreits hat die Beklagte zu tragen.
>
> Der Streitwert wird auf 1500,– € festgesetzt.

Tatbestand

Der Kläger klagt gegen die Beklagte, eine frühere Bekannte, auf Unterlassung und Widerruf der Behauptung, er habe im Sommer ... mit der Ehefrau seines Freundes ... in Spanien seinen Urlaub verbracht und in einem Doppelzimmer im Hotel ... in ... intime Beziehungen unterhalten.

Die Beklagte hat sich zum Beweis für die Richtigkeit ihrer Behauptung auf das Zeugnis des Zeugen ... bezogen, der Geschäftsführer der Zentrale des Reisebüros ... ist, bei dem der Kläger und Frau ... die Reise gebucht haben sollen. Das Gericht hat gemäß Beweisbeschluss vom ... (Bl. ... d. A.) die Vernehmung des Zeugen ... angeordnet. Dieser hat im Termin vom ... (Bl. ... d. A.) ausgesagt, er kenne den Kläger und Frau ... nicht. Zu einer Nachforschung in den Reiseunterlagen seiner Firma halte er sich nicht verpflichtet.

Die Beklagte ist der Auffassung, dass der Zeuge ... verpflichtet sei, in den schriftlichen Unterlagen seines Reisebüros nachzuforschen, ob der Kläger und Frau ... im Sommer ... ein Doppelzimmer gebucht hatten.

Sie beantragt,
> festzustellen, dass der Zeuge ... verpflichtet ist, zu dem Beweisthema im Beweisbeschluss vom ... nach Nachforschungen über das Vorliegen der Buchung des Klägers nochmals auszusagen.

Der Zeuge beantragt,
   den Antrag zurückzuweisen.

Er stellt eine Nachforschungspflicht in Abrede und beruft sich darauf, dass die Frage, ob Kunden des Reisebüros Doppel- oder Einzelzimmer bestellen, zu den Geschäftsgeheimnissen gehöre, so dass er zur Verweigerung der Aussage nach § 383 I Nr. 6 ZPO berechtigt sei.

Entscheidungsgründe

Über die Rechtmäßigkeit der Weigerung des Zeugen zur Ergänzung seiner Aussage war gemäß § 387 I ZPO durch Zwischenurteil zu entscheiden.

Der Zeuge ist nicht verpflichtet, zu dem gleichen Beweisthema nach Anstellung von Nachforschungen nochmals auszusagen.

Zwar steht dem Zeugen kein Zeugnisverweigerungsrecht nach § 383 I Nr. 6 ZPO zu, da ihm kraft seines Gewerbes keine Tatsachen anvertraut sind, für die ihm eine Schweigepflicht obliegt; es besteht weder eine Schweigepflicht von Reiseveranstaltern und Reisebüros kraft Gesetzes noch wird eine solche nach der Verkehrssitte von den Kunden diesen Personen gegenüber kraft Vertrauensstellung angenommen.

Gleichwohl braucht der Zeuge hier nicht nochmals auszusagen, da er seine Pflicht zur Aussage bereits erfüllt hat. Aufgabe des Zeugen ist es lediglich, das wiederzugeben, was er aufgrund früherer Beobachtung von dem Beweisthema zur Kenntnis genommen hatte. Der Zeuge ist allerdings verpflichtet, sein Gedächtnis durch Einsichtnahme in Urkunden oder sonstige Aufzeichnungen wieder aufzufrischen, soweit dies im Hinblick auf den Zeitablauf und die Möglichkeit, die Urkunden einzusehen, zumutbar ist (§ 378I 1 ZPO). Diese Aufgabe des Zeugen wird aber hier überschritten, da der Zeuge auch ursprünglich zu dem Beweisthema nichts wusste. Der Beweisantrag der Beklagten auf nochmalige Vernehmung des Zeugen nach Anstellung von Nachforschungen in den Buchungsunterlagen zielt nicht darauf ab, dass der Zeuge sein Gedächtnis auffrischt, sondern dass er durch Nachforschung und Einsichtnahme in die Buchungsunterlagen sich erstmals eine Kenntnis verschafft, die es ihm ermöglichen würde, zum Beweisthema auszusagen. Damit wird der Zeuge als „Ausforscher" in Anspruch genommen, wobei der Beweisführer auf diese Weise die Voraussetzungen über die Einsichtnahme oder Vorlage von Urkunden (§§ 810 BGB, 258 ff. HGB) umgehen könnte. Dies ist nicht der Sinn des Zeugenbeweises (*Baumbach/Lauterbach/Albers/Hartmann*, § 378 Rn. 5; § 422 Rn. 6 Stichwort „Ausforschung").

Die Kostenentscheidung beruht auf § 91 ZPO.

Die Streitwertfestsetzung richtet sich nach § 3 ZPO, wobei der Wert nach dem Wert der Aussage des Zeugen für die Hauptsache zu schätzen ist (*Baumbach/Lauterbach/Albers/Hartmann*, Anhang § 3 Rn. 147). Das Gericht ist hierbei von ¼ des Hauptsachestreitwertes von 6000,– € ausgegangen, also von einem Streitwert von 1500,– €.

....

Muster 84: Zwischenurteil im Streit über die Zulässigkeit der Zeugnisverweigerung eines Zeugen (§§ 387, 383 I Nr. 6 ZPO)

Landgericht Frankfurt am Main
Aktenzeichen: ...

Zwischenurteil

Im Namen des Volkes

In dem Rechtsstreit
der ...

Klägerin,

Prozessbevollmächtigter: Rechtsanwalt ...,
gegen
den ...

Beklagten,

Prozessbevollmächtigter: Rechtsanwalt ...,

hier: Zwischenstreit über die Rechtmäßigkeit der Zeugnisverweigerung des Zeugen ...

Beistand: Rechtsanwalt ...

hat die ... Zivilkammer des Landgerichts Frankfurt am Main durch die Richterin ... als Einzelrichterin aufgrund der mündlichen Verhandlung vom ... für Recht erkannt:

Die Zeugnisverweigerung des Zeugen ... wird für unrechtmäßig erklärt.

Die Kosten des Zwischenstreits hat der Zeuge zu tragen.

Der Streitwert wird auf 15 000,– € festgesetzt.

Tatbestand

Beide Parteien sind Abkömmlinge der am ... in ..., im Alter von 93 Jahren verstorbenen ... Die Verstorbene hatte in den letzten Jahren vor ihrem Tode verschiedene letztwillige Verfügungen errichtet. Durch notarielles Testament vom 20. 6. 1986 (Urkunde des Notars ... Nr. ...) hatte sie die Klägerin, den Beklagten und eine weitere Tochter als Miterben ihres aus umfangreichen Ländereien bestehenden Vermögens zu je ⅓ eingesetzt. Durch privatschriftliches Testament vom 20. 12. 1990 gewährte sie dem Beklagten ein Vorausvermächtnis von 200 000,– € mit dem Hinweis, dieser habe seit Anfang 1988 ihre Pflege bis zu ihrem Ableben übernommen. Durch notarielles Testament vom 15. 7. 1993 (Urkunde des Notars ... Nr. ...) hob sie sämtliche früheren letztwilligen Verfügungen auf und setzte den Beklagten als Alleinerben ein.

Die Klägerin hat Klage erhoben mit dem Antrag festzustellen, dass die von der Erblasserin errichteten letztwilligen Verfügungen vom 20. 12. 1990 und 15. 7. 1993 nichtig sind und sie aufgrund des Testaments vom 20. 6. 1986 Miterbin zu ⅓ geworden ist. Sie hat behauptet, dass die Erblasserin seit Mitte 1988 an altersbedingter Geistesschwäche gelitten habe und bei Abfassung der Testamente vom 20. 12. 1990 und 15. 7. 1993 testierunfähig im Sinne des § 2229 IV BGB gewesen sei. Der Beklagte hat

Muster 84

Klageabweisung beantragt; er hat die Testierunfähigkeit der Erblasserin bestritten. Das Gericht hat gemäß Beweisbeschluss vom ... (Bl. ... d. A.) eine umfangreiche Beweisaufnahme zu einzelnen Behauptungen der Parteien, die sich mit dem Geisteszustand der Erblasserin in den letzten Jahren vor ihrem Ableben befassen, angeordnet. Dabei soll u. a. auf Antrag des Beklagten auch der Zeuge ... zur Frage der Testierfähigkeit gehört werden, da er die Erblasserin seit 1990 bis zu ihrem Tod als Hausarzt betreut hat.

Der Zeuge ... trägt durch seinen Beistand vor, er berufe sich auf seine ärztliche Schweigepflicht und verweigere deshalb die Aussage. Er führt aus, dass die Schweigepflicht des Arztes auch nach dem Tode des Patienten fortbestehe und auch nicht durch das Einverständnis der Erben und nächsten Angehörigen aufgehoben werden könne.

Er beantragt,
 festzustellen, dass er nach § 383 I Nr. 6 ZPO nicht zur Aussage verpflichtet sei.

Der Beklagte beantragt,
 die Aussageverweigerung für unrechtmäßig zu erklären.

Er ist der Auffassung, dass der Arzt mit Einverständnis der Erben und nächsten Angehörigen aussagen müsse. Seine Aussage liege auch im Interesse der Erblasserin, die ihm, dem Beklagten, in den letzten Wochen vor ihrem Tod gesagt habe, sie hoffe, dass ihr im Testament vom 15. 7. 1993 niedergelegter Wille zur Ausführung gelange.

Entscheidungsgründe

Über die Rechtmäßigkeit der Aussageverweigerung des Zeugen war gemäß § 387 I ZPO durch Zwischenurteil zu entscheiden.

Die Aussageverweigerung war für unrechtmäßig zu erklären.

Dem Zeugen steht ein Recht zur Verweigerung der Aussage nach § 383 I Nr. 6 ZPO nicht zu.

Dem Zeugen oblag zu Lebzeiten gegenüber seiner Patientin die ärztliche Schweigepflicht (§ 203 I Nr. 1 StGB), an die das Zeugnisverweigerungsrecht des § 383 I Nr. 6 ZPO anknüpft. Diese Schweigepflicht ist mit dem Tode der Patientin auch nicht untergegangen, wie sich aus § 203 IV StGB ergibt. Das Recht zur Entbindung von der Schweigepflicht (§ 385 II ZPO) ist jedoch in vorliegendem Fall auf die Erben als Hüter des Geheimnisses übergegangen. Dies ergibt sich aus dem mutmaßlichen Willen der Erblasserin (*BGH* NJW 1984, 2893).

Dabei ist zunächst entscheidend, dass die Schweigepflicht bereits zu Lebzeiten des Patienten nicht unbeschränkt ist; so darf der Arzt Angaben über die Behandlung machen, wenn er sein Honorar einklagt (*Fischer*, § 203 Rn. 32). Es ist nicht einzusehen, warum in diesem Fall das vermögensrechtliche Interesse des Arztes überwiegen darf, während bei einem Streit über die Erbenstellung der Arzt sich auf seine Schweigepflicht berufen kann.

Ferner ist es bedeutsam, dass die Aussage des Arztes in einem gerichtlichen Verfahren erfolgt, das nur in beschränktem Umfang für die Öffentlichkeit zugänglich ist (vgl. die Möglichkeit des Ausschlusses der Öffentlichkeit nach § 172 Nr. 3 GVG).

Im Übrigen zeigt die Bestimmung des § 18 II BNotO, dass eine Befreiung von der Schweigepflicht nach dem Tode des Geheimnisträgers durch eine Behörde durchaus dem Willen des Gesetzgebers entspricht. Dafür spricht letzten Endes auch die Tatsache, dass es sich um eine Rechtsfrage handelt, für deren Entscheidung das Gericht eher kompetent ist als der Arzt, wenn er diese Frage ohne Möglichkeit einer gerichtlichen Überprüfung in eigener Zuständigkeit ohne Angabe von Gründen entscheiden müsste.

Unter Zugrundelegung dieser Rechtslage kann der Zeuge sich in diesem Verfahren nicht auf eine Schweigepflicht berufen und die Aussage verweigern. Die in der Beweisaufnahme zu klärenden Gesichtspunkte einer Altersdemenz sind nicht derart schwerwiegend und die Persönlichkeit der Verstorbenen beeinträchtigend, dass sie das Interesse der Parteien an der Klärung der Frage der Testierfähigkeit überwiegen.

Der Auffassung, wonach ältere Menschen üblicherweise daran interessiert seien, ihren Hinterbliebenen und Bekannten als geistig rege und nicht als geschäftsunfähig in Erinnerung zu bleiben, vermag sich das Gericht jedenfalls für den vorliegenden Einzelfall nicht anzuschließen. Es kommt nämlich hier hinzu, dass die bei der Verstorbenen in den letzten Jahren unstreitig aufgetretenen Ausfallerscheinungen anderen Personen zugänglich waren, wie die bisherige Beweisaufnahme durch Vernehmung zahlreicher Personen gezeigt hat. Im Grunde geht es nur darum, dass ein besonders sachverständiger Zeuge aus seiner Sicht über Dinge berichtet, die im Kern dritten Personen seit Jahren bekannt waren.

Etwas anderes könnte nur gelten, wenn die Verstorbene ausdrücklich Weisung gegeben hätte, dass der Arzt nach ihrem Tode nicht als Zeuge gehört werden dürfe. Eine solche Bestimmung wäre nach Auffassung des Gerichts bindend; der Sache nach wäre sie eine Beschränkung der Beweismittel und der erfolgten Erbeinsetzung. Für einen solchen Willen, geschweige eine ausdrückliche Erklärung bestehen aber keine Anhaltspunkte; auch der Zeuge hat sich nicht auf das Vorliegen einer solchen Erklärung berufen. Dann entspricht es aber im Regelfall eher dem kraft Gesetzes (§ 2084 BGB) zu begünstigenden Willen des Erblassers, dass seine getroffenen Verfügungen von Todes wegen auch Wirksamkeit erlangen und die mit Tatsachenwissen begabten Zeugen durch ihre Aussage hierzu beitragen.

Die Kostenentscheidung beruht auf § 91 ZPO.

Die Streitwertfestsetzung richtet sich nach § 3 ZPO, wobei der Wert nach dem Wert der Aussage des Zeugen für die Hauptsache zu schätzen ist (*Baumbach/Lauterbach/ Albers/Hartmann*, Anhang § 3 Rn. 147; *Zöller/Herget*, § 3 Rn. 16 „Zeugnisverweigerung"). Das Gericht ist hierbei von ¼ des Hauptsachestreitwertes von 60 000,– € ausgegangen, also von einem Streitwert von 15 000,– €.

Muster 85: Zwischenurteil im Streit über die Aussageverweigerung eines Zeugen (§§ 387, 384 I Nr. 2 ZPO)

Landgericht Frankfurt am Main
Aktenzeichen: ...

Zwischenurteil

Im Namen des Volkes

In dem Rechtsstreit
der ...

Klägerin,

Prozessbevollmächtigter: Rechtsanwalt ...,

gegen

den ...,

Beklagten zu 1),

die ...,

Beklagte zu 2),

Prozessbevollmächtigter: Rechtsanwältin ...,

hier: Zwischenstreit über die Rechtmäßigkeit der Aussageverweigerung des Zeugen ...

hat die ... Zivilkammer des Landgerichts Frankfurt am Main durch Richter ... als Einzelrichter im schriftlichen Verfahren mit Schriftsatzfrist bis zum ... für Recht erkannt:

Die Aussageverweigerung des Zeugen ... wird für unrechtmäßig erklärt.

Die Kosten des Zwischenstreits hat der Zeugen zu tragen.

Der Streitwert wird auf 3000,– € festgesetzt.

Tatbestand

Die Klägerin ist die Witwe des bei einem Verkehrsunfall vom 10. 5. 1995 tödlich verunglückten ... Sie nimmt die Beklagten gemäß § 844 II BGB, § 10 II StVG auf Schadensersatz in Anspruch. Die Parteien streiten darüber, wer den Verkehrsunfall verschuldet hat. Das Gericht hat gemäß Beweisbeschluss vom ... eine Beweisaufnahme über den Hergang des Unfalls angeordnet, wobei u.a. auf Antrag der Beklagten auch der Zeuge ... vernommen werden soll, der im Zeitpunkt des Unfalls den Pkw des Getöteten gelenkt hatte. Der Zeuge hat nach Erhalt der Ladung mitgeteilt, er werde zum Beweistermin nicht erscheinen, da er von seinem Zeugnisverweigerungsrecht nach § 384 I Nr. 2 ZPO Gebrauch mache.

Der Zeuge war im Beweistermin vom ... nicht erschienen. Er hat auf Anfrage des Gerichts nochmals mitgeteilt, er verweigere die Aussage, weil er in den Unfall verwickelt sei und bei seiner Aussage die Gefahr bestehe, dass er sich selbst belasten müsse.

Die Klägerin beantragt,
die Aussageverweigerung des Zeugen für nicht rechtmäßig zu erklären.

Sie macht geltend, dass die Strafverfolgung gegen den Zeugen längst verjährt sei.

Die Akten der Staatsanwaltschaft bei dem Landgericht ... mit dem Aktenzeichen ... waren beigezogen.

Die Klägerin und der Zeuge haben sich mit einer Entscheidung im schriftlichen Verfahren einverstanden erklärt.

Entscheidungsgründe

Über die Rechtmäßigkeit der Aussageverweigerung des Zeugen war gemäß § 387 I ZPO durch Zwischenurteil zu entscheiden.

Die Aussageverweigerung des Zeugen ... ist nicht rechtmäßig.

Zwar stand dem Zeugen ... ursprünglich ein Recht zur Verweigerung der Aussage nach § 384 I Nr. 2 ZPO zu, da er durch die Beantwortung von Fragen über den Hergang des Unfalls sich der Gefahr aussetzte, wegen fahrlässiger Tötung (§ 222 StGB), fahrlässiger Körperverletzung (§ 229 StGB) sowie wegen Verstößen gegen die Vorschriften der StVO (§§ 3, 5 StVO) verfolgt zu werden. Diese Gefahr besteht aber heute nicht mehr, da die Verfolgung wegen sämtlicher Straf- und Ordnungswidrigkeitstatbestände verjährt ist (§§ 78 StGB, 31 OWiG).

Die längste, in Frage kommende Verjährungsfrist für den Fall der fahrlässigen Tötung beträgt fünf Jahre (§ 78 III Nr. 4 StGB). Sie begann am 10. 5. 1995 mit dem Ableben des Ehemannes der Klägerin zu laufen (§ 78 a StGB). Sie wurde nach dem Inhalt der beigezogenen Strafakten letztmalig durch die richterliche Vernehmung des Zeugen am 13. 6. 1996 unterbrochen (§ 78 c I Nr. 2 StGB). Danach lief die Verjährung am 13. 6. 2001 ab.

Steht aber unzweifelhaft fest, dass der Zeuge nach der jetzigen Sachlage nicht mehr mit einer Strafverfolgung rechnen muss, so entfällt auch das Recht zur Aussageverweigerung nach § 384 I Nr. 2 ZPO (*Meyer-Goßner,* § 55 StPO Rn. 8). Die Aussageverweigerung war demnach für nicht rechtmäßig zu erklären.

Die Kostenentscheidung beruht auf § 91 ZPO.

Die Streitwertfestsetzung richtet sich nach § 3 ZPO, wobei der Wert nach dem Wert der Aussage des Zeugen für die Hauptsache zu schätzen ist (*Baumbach/Lauterbach/ Albers/Hartmann,* Anhang § 3 Rn. 147; Zöller/*Herget,* § 3 Rn. 16 „Zeugnisverweigerung"). Das Gericht ist hierbei von ¼ des Hauptsachestreitwertes von 12 000 € ausgegangen, also von einem Streitwert von 3000 €.

....

§ 4. Das Urteil

Das Urteil besteht nach § 313 I ZPO aus einzelnen Teilen.

I. Der Urteilseingang

Der Urteilseingang wird in der Praxis vom Richter im Urteilsentwurf nicht vorgeschrieben, sondern meist von der Kanzlei selbstständig aus dem Rubrum der Klageschrift und dem Protokoll der letzten mündlichen Verhandlung zusammengesetzt. Das setzt die Vollständigkeit und Richtigkeit des Klagerubrums voraus, was der Richter bei Urteilsabfassung überprüfen und eventuell ergänzen und berichtigen sollte.

Geregelt ist der Urteilseingang in § 313 I Nr. 1–3 ZPO. Er hat folgende Bestandteile:

1. Die Bezeichnung der Parteien und ihrer gesetzlichen Vertreter

Die Bezeichnung der Parteien und ihrer gesetzlichen Vertreter besteht aus Vorname und Nachname.

Bei Minderjährigen ist das Geburtsdatum anzugeben, bei Volljährigen nur, soweit es sich um ein Scheidungsurteil handelt, dann jedoch zusammen mit dem Geburtsort. Bei juristischen Personen und sonstigen parteifähigen Gesellschaften ist die Rechtsform anzugeben sowie die gesetzlichen Vertreter; bei letzteren ist namentliche Angabe notwendig – die Angabe: „vertreten durch den Geschäftsführer" bzw. „vertreten durch den Vorstand" ist nichtssagend. Parteien kraft Amtes sind in ihrer Amtsstellung zu kennzeichnen. Bei Kaufleuten kann nach § 17 II HGB die Firma an die Stelle des bürgerlichen Namens treten; zweckmäßigerweise werden aber Firma und bürgerlicher Name gleichzeitig angegeben.

Die Parteien werden in ihrer Parteirolle gekennzeichnet; dabei ist – entsprechend dem grammatikalischen Satzbau des Urteilseingangs die klagende Partei im Genitiv, die beklagte Partei im Akkusativ zu kennzeichnen. Der Streitverkündete wird nur erwähnt, wenn er dem Rechtsstreit beigetreten ist, und zwar im Anschluss an die von ihm unterstützte Partei.

Maßgebend für die Bezeichnung der Parteien (bzw. sonstiger Beteiligter) ist der Zeitpunkt der letzten mündlichen Verhandlung – im schriftlichen Verfahren tritt an dessen Stelle der Zeitpunkt, bis zu dem Schriftsätze eingereicht werden dürfen (Schriftsatzfrist). Hat die Partei während des Prozesses gewechselt, so muss auf jeden Fall die Fall die neue Partei angegeben werden; die alte Partei wird aber zweckmäßigerweise ebenfalls noch erwähnt.

2. Die Angabe der Prozessbevollmächtigten

Unter Angabe der Prozessbevollmächtigten fallen nicht der Unterbevollmächtigte, der Terminsvertreter, der Verkehrsanwalt und der Beweisanwalt. Eine erfolgte Mandatsniederlegung schließt im Anwaltsprozess die Erwähnung nicht aus, solange sich kein anderer Anwalt für die Partei gemeldet hat (arg. § 87 ZPO); hat sich ein neuer Anwalt als Prozessbevollmächtigter gemeldet, so ist nur noch dieser anzugeben.

Bei Anwälten am Sitz des Prozessgerichts erübrigt sich die Angabe der näheren Anschrift. Die Zustellung des Urteils an derartige Anwälte erfolgt regelmäßig über einen „Gerichtsbriefkasten".

3. Der Betreff

Gelegentlich enthält der Urteilseingang auch eine – vom Gesetz nicht vorgeschriebene – kurze Bezeichnung des Streitgegenstandes (sog. „Betreff").

Er kann bei Einlegung der Berufung der Zuweisung der Sache an die nach der Geschäftsverteilung richtige Berufungskammer (Zivilsenat) dienen und hat deshalb nur Sinn, wenn er eine konkrete Bezeichnung enthält (z.B. Mietsache, Maklerprovision, Ansprüche aus Verkehrsunfall etc.). Aus demselben Grund kann er auch bei Einlegung der sofortigen Beschwerde gegen ein Zwischenurteil im Streit über die Zulässigkeit der Zeugnis- oder Aussageverweigerung eines Zeugen sinnvoll sein.

4. Die Bezeichnung des Gerichts

3 Die Bezeichnung des Gerichts besteht aus Gerichtsart (Amtsgericht, Landgericht etc.), Ortsangabe, Spruchkörper und Namen der Richter, die bei der Entscheidung mitgewirkt haben. Die Amtsbezeichnung der Richter ist anzugeben. Entscheidet der Einzelrichter, so ist dies zu erwähnen.

Bei der Entscheidung mitgewirkt haben diejenigen Richter, die in der letzten mündlichen Verhandlung mitgewirkt haben (§ 309 ZPO) bzw. bei angeordnetem schriftlichen Verfahren oder Entscheidung nach Aktenlage die für den Zeitpunkt der Entscheidung bestimmten gesetzlichen Richter, also nicht diejenigen, die an einer früheren Verhandlung mitgewirkt haben, die für den Zeitpunkt der Anordnung des schriftlichen Verfahrens bestimmten gesetzlichen Richter oder die Richter, die das Urteil verkünden.

5. Die Angabe des Schlusses der mündlichen Verhandlung

Hier genügt die Angabe der letzten mündlichen Verhandlung. Bei schriftlichen Verfahren tritt an deren Stelle der Zeitpunkt, den das Gericht für die Einreichung der Schriftsätze bestimmt (§ 128 II 2 ZPO).

Bei Entscheidung nach Aktenlage ist ebenfalls die letzte mündliche Verhandlung mit einem Hinweis auf die Aktenlageentscheidung anzugeben.
Ergeht das Urteil im schriftlichen Vorverfahren ist hierauf hinzuweisen und das Entscheidungsdatum anzugeben; handelt es sich um ein Anerkenntnisurteil außerhalb des schriftlichen Vorverfahrens, so genügt die Angabe des Entscheidungsdatums.

II. Der Urteilstenor

4 Der Urteilstenor muss bei Verkündung schriftlich abgefasst vorliegen, denn er ist bei Verkündung grundsätzlich zu verlesen (§ 311 II 1 ZPO).

Er enthält in kurzer, prägnanter Formulierung die von dem Gericht im Ergebnis getroffene Entscheidung. Im Hinblick auf die Erteilung abgekürzter Ausfertigungen des Urteils (§ 317 II 2 ZPO) muss der Urteilstenor aus sich heraus verständlich sein.

II. Der Urteilstenor

Er hat dem Erfordernis der Bestimmtheit zu entsprechen, damit der Umfang der materiellen Rechtskraft und der Leistungspflicht hinsichtlich der Vollstreckung feststehen. Das schließt allerdings nicht aus, in Ausnahmefällen die Entscheidungsgründe zur Auslegung heranzuziehen.[1]

Bei Leistungen mit umfangreichem Inhalt wird man die Bezugnahme auf eine dem Urteil beigefügte Anlage gestatten müssen. Bei der abgekürzten Ausfertigung ist diese Anlage der Ausfertigung beizufügen, da es sich um eine Ergänzung des Tenors handelt.

Geregelt ist der Urteilstenor in § 313 I Nr. 4 ZPO. Er hat folgende Bestandteile:

1. Der Entscheidungssatz zur Hauptsache

Der Entscheidungssatz zur Hauptsache entspricht üblicherweise dem Klageantrag. 5

Eine Ausnahme besteht bei einstweiligen Verfügungen (§ 938 I ZPO) sowie in gewissem Sinn bei dem auf unbezifferten Klageantrag ergehenden (zusprechenden) Urteil.

Er hat sich auch über die Nebenentscheidungen zu äußern – insbesondere müssen Zinshöhe und Zinsbeginn aus dem Tenor selbst ersichtlich sein, falls neben der Hauptforderung die Zahlung von Zinsen begehrt wird.

Er darf nicht über den Klageantrag hinausgehen oder etwas anderes als beantragt zusprechen (§ 308 I ZPO); besondere Ausnahmen sind gesetzlich geregelt.
Wird weniger zugesprochen als beantragt, so ist die Klage im Übrigen abzuweisen; das gilt auch bei Nebenansprüchen (Zinsbeginn, Zinshöhe).

Wird nur einem Hilfsantrag entsprochen, so ist zuvor der Hauptantrag abzuweisen.

Die Angabe des Schuldgrundes gehört regelmäßig nicht in den Entscheidungssatz zur Hauptsache.

Ausnahmen finden sich gelegentlich bei der Verurteilung zur Zahlung eines Schmerzensgeldes, bei Prozessabweisungen, sowie bei bestimmten Anspruchsarten, die in der Zwangsvollstreckung privilegiert sind.

2. Die Kostenentscheidung

Die Kostenentscheidung besteht in einer „Kostengrundentscheidung", die sich dazu 6
äußert, wem im Verhältnis der Parteien untereinander die Kosten des Rechtsstreits zur Last fallen.

Die Höhe der gemäß dieser Grundentscheidung zu erstattenden Kosten wird anschließend im Kostenfestsetzungsverfahren (§§ 103 ff. ZPO) durch Beschluss festgesetzt.

Die Kostenentscheidung ergeht, ohne dass insoweit ein Antrag erforderlich ist (§ 308 II ZPO) und bewirkt, wenn sie zu Lasten der beklagten Partei ergeht, dass diese nunmehr Kostenschuldner gegenüber dem Justizfiskus wird (§ 29 Nr. 1 GKG).

Keine Kostenentscheidung enthalten die Zwischenurteile unter den Parteien (einschließlich des Grundurteils), im Regelfall auch nicht die Teilurteile. Dagegen ist bei Vorbehaltsurteilen und Zwischenurteilen im Streit mit Dritten eine Kostenentscheidung zu treffen.

---

[1] *Baumbach/Lauterbach/Albers/Hartmann*, § 313 Rn. 13; *Zöller/Vollkommer*, § 313 Rn. 8.

3. Der Ausspruch über die vorläufige Vollstreckbarkeit

7 Dieser Ausspruch fehlt bei Urteilen, die generell nicht der Anfechtung im Rechtsmittelweg unterliegen und bei Urteilen, die keinen vollstreckungsfähigen Inhalt haben.

Auch die Kostenentscheidung ist für vorläufig vollstreckbar zu erklären, und zwar wenn beide Parteien nach der getroffenen Kostenverteilung einen Kostenerstattungsanspruch haben, zugunsten beider Parteien.

4. Sonstige Nebenentscheidungen

8 Hierzu zählen vor allem
– die Zulassung der Berufung nach § 511 IV ZPO,
– die Zulassung der Revision nach § 543 II ZPO,
– die Vorbehalte nach §§ 302, 599, 780 I ZPO,
– die Fristsetzungen nach §§ 255, 510b ZPO,
– die Räumungsfrist nach § 721 ZPO,
– die Hinterlegungsbefugnis nach § 923 ZPO sowie
– die Besonderheiten nach §§ 7, 9 UKlaG.

III. Der Tatbestand

1. Begriff und Bedeutung

9 Im Tatbestand (§ 313 I Nr. 5 ZPO) sollen die erhobenen Ansprüche und die dazu vorgebrachten Angriffs- und Verteidigungsmittel unter Hervorhebung der gestellten Anträge dargestellt werden, allerdings nur ihrem wesentlichen Inhalt nach und knapp – wegen der Einzelheiten des Sach- und Streitstandes soll auf Schriftsätze, Protokolle und andere Unterlagen verwiesen werden (§ 313 II ZPO). Ihm kommen zwei Funktionen zu:

a) Die Abfassung des Tatbestandes zwingt den Richter zur Aufarbeitung des Prozessstoffs.

Dadurch wird gewährleistet, dass nicht Teile des Parteivorbringens übersehen oder ignoriert werden. Insoweit ist das Erfordernis des Tatbestandes Ausfluss des Grundsatzes des rechtlichen Gehörs.

b) Der Tatbestand erbringt den Beweis für das mündliche Parteivorbringen (§ 314 ZPO).

Aus der Beweiskraft ergeben sich Konsequenzen für das Rechtsmittelverfahren: das Berufungsgericht entnimmt dem Tatbestand, was es grundsätzlich seiner Entscheidung zugrunde zu legen hat und ob ein bestimmtes Vorbringen für die Berufungsinstanz „neu" ist (§ 529 ZPO); der Tatbestand des Berufungsurteils, ausnahmsweise im Falle der Sprungrevision der Tatbestand des erstinstanzlichen Urteils, ist sodann Grundlage für die Beurteilung des Revisionsgerichts (§§ 559, 566 ZPO).

Entkräften kann eine Partei den Tatbestand nur durch das Sitzungsprotokoll, nicht aber durch eine Bezugnahme auf abweichenden Vortrag in Schriftsätzen, da sie durch den Vortrag in der mündlichen Verhandlung überholt sein können. Zum Ausgleich für etwaige Fehler bei der Abfassung dient das Berichtigungsverfahren nach § 320 ZPO.

2. Allgemeine Grundsätze

Für die Abfassung des Tatbestandes gelten folgende Grundsätze: 10

a) Abzustellen ist auf den Zeitpunkt der letzten mündlichen Verhandlung (vgl. §§ 136 IV, 296a ZPO), im schriftlichen Verfahren auf den nach § 128 II 2 ZPO bestimmten Zeitpunkt für das Einreichen von Schriftsätze, der dem Zeitpunkt der letzten mündlichen Verhandlung entspricht.

Was bis zu diesem Zeitpunkt an Parteivortrag, Anträgen und Beweisantritten überholt ist, kann entfallen. Nachgereichte Schriftsätze sind nur zu berücksichtigen, soweit die Partei die darin enthaltenen Erklärungen gemäß § 139 V ZPO oder § 283 ZPO nachbringen darf, nicht also hinsichtlich des darin etwa enthaltenen neuen Vorbringens. Nicht nachgelassene Schriftsätze sollten unter Kennzeichnung ihrer Nachreichung kurz erwähnt werden, weil das Gericht die Notwendigkeit des Wiedereintritts in die mündliche Verhandlung (§ 156 ZPO) prüfen muss. Eine Wiedergabe der Prozessgeschichte ist nur notwendig, wenn sie für die Entscheidung noch von Bedeutung ist, insbesondere also, wenn sie für die Anträge der Parteien von Bedeutung ist sowie im Falle einer Beweisaufnahme.

b) Der Tatbestand soll eine gedrängte Darstellung des Sach- und Streitstandes enthalten.

§ 313 II 1 ZPO hebt im Interesse der Arbeitserleichterung den Grundsatz der Kürze besonders hervor: Die erhobenen Ansprüche und die dazu vorgebrachten Angriffs- und Verteidigungsmittel sollen nur ihrem wesentlichen Inhalt nach knapp dargestellt werden. Wegen der Einzelheiten soll auf den Akteninhalt verwiesen werden (§ 313 II 2 ZPO), wobei als Verweisungsobjekte insbesondere Schriftsätze, Protokolle, Beiakten, Sachverständigengutachten, Urkunden und Augenscheinsobjekte in Frage kommen.

c) Der Tatbestand darf keine Wertung des Parteivorbringens und der Beweisaufnahme enthalten, weder in tatsächlicher noch in rechtlicher Hinsicht; diese gehört in die Entscheidungsgründe. Deshalb ist auch rein äußerlich eine Trennung von Tatbestand und Entscheidungsgründen notwendig.

d) Oberster Grundsatz ist das Erfordernis der Verständlichkeit, dem sich die anderen Grundsätze unterzuordnen haben.

Dieser Grundsatz erfordert eine klare und übersichtliche Gliederung unter chronologischen und logischen Gesichtspunkten. Bei aller Kürze muss der Tatbestand aus sich heraus verständlich sein, allerdings nicht für jeden Dritten, sondern nur für die Parteien. Sind diese rechtskundig vertreten, so genügt die Verständlichkeit für die Prozessbevollmächtigten.

3. Der Aufbau des Tatbestandes im Einzelnen

Der typische Aufbau eines normalen Tatbestandes besteht aus folgenden Abschnitten:

a) In Ausnahmefällen, die besonders kompliziert sind, ist ein kurzer Hinweis auf den Gegenstand des Rechtsstreits angebracht, damit der Leser den Sach- und Streitstand beim Lesen leichter erfassen kann. Dabei sollte insbesondere die Art des Begehrens angegeben, nicht jedoch bereits an dieser Stelle der Klageantrag des Klägers wiedergegeben werden, denn aus diesem kann der Leser nicht den Gegenstand des Rechtsstreits erkennen.

Unschädlich ist es, eine solche „Individualisierung" regelmäßig vorzunehmen.

b) Im Regelfall beginnt der Tatbestand mit der Darstellung des unstreitigen Partei-   11
vorbringens. Es besteht in der chronologischen Wiedergabe des unstreitigen Tatsachenablaufs in seinen wesentlichen Grundzügen.

(1) Dem Leser sollte ein verständliches „Gerippe" des historischen Ablaufs vor Augen geführt werden, in das er die später behandelten Dinge einordnen kann. Aus Gründen der Verständlichkeit können einerseits unstreitige Tatsachen hier weggelassen und später im Streitstand nachgeholt, umgekehrt ausnahmsweise streitige Tatsachen hier eingeführt werden; diese Einordnung an regelwidriger Stelle bedarf jedoch dann der Kenntlichmachung.

(2) Unstreitig sind solche Tatsachen, die entweder von beiden Parteien übereinstimmend vorgetragen werden, oder aber von einer Partei vorgetragen und von der Gegenpartei nicht bestritten werden. Letzteres kann auf einem konkludenten Zugestehen (§ 138 III ZPO) oder einem ausdrücklichen Geständnis (§ 288 ZPO) beruhen.

(3) Ist nach dem Akteninhalt zweifelhaft, ob eine Tatsache unstreitig ist, so ist sie unter Wiedergabe des unklaren Vorbringens im Streitstand einzuordnen; die Entscheidung, ob sie von dem Gericht als unstreitig oder streitig behandelt wird, erfolgt sodann in den Entscheidungsgründen. Das gilt richtigerweise auch bei einem unzulässigen Bestreiten mit Nichtwissen (§ 138 IV ZPO).

(4) Darstellungsform des unstreitigen Parteivorbringens ist die direkte Rede, Zeitform in der Regel das Imperfekt, ausnahmsweise für gegenwärtige Zustände das Präsens und für zeitlich vom chronologischen Ablauf abweichend dargestellte Vorgänge das Plusquamperfekt, nicht dagegen das Perfekt.

12 c) Es folgt das streitige Vorbringen des Klägers, das aus den vom Beklagten bestrittenen Tatsachenbehauptungen des Klägers besteht, ausnahmsweise auch in der Wiedergabe von Rechtsansichten.

(1) Noch nicht erledigte Beweisantritte sind im Anschluss an die unter Beweis gestellte Tatsache kurz zu erwähnen; in der Praxis wird hiervon vielfach abgesehen und insoweit auf den Akteninhalt verwiesen. Vorgetragene Rechtsansichten sind nur in Ausnahmefällen und dann kurz zu erwähnen, wenn ohne sie der Tatsachenvortrag nicht verständlich wäre oder der Streit überhaupt nur um Rechtsfragen geht.[2] Davon zu unterscheiden sind jedoch Rechtsbegriffe, die einen Tatsachenvortrag beinhalten.

(2) Oberstes Einteilungsprinzip für den Klagevortrag ist nicht die chronologische Reihenfolge, sondern die vorgebrachten Angriffsmittel, die nach logisch-juristischen Gesichtspunkten aneinander gereiht werden. Dabei genügt in der Regel die Anführung der jeweiligen für das Angriffsmittel subsumtionsfähigen Haupttatsache, während wegen Einzelheiten, insbesondere wegen der für die Beweiswürdigung vorgetragenen Umstände, auf die Schriftsätze verwiesen werden kann. Darstellungsform ist die indirekte Rede (Konjunktiv), Zeitform das Perfekt und das Präsens.

13 d) Die Anträge der Parteien, die dem streitigen Vorbringen des Klägers folgen, sind durch Absätze und durch Einrücken hervorzuheben.

(1) Die Anträge sind wörtlich wiederzugeben, wobei offensichtliche Schreibfehler und stilistische Mängel berichtigt werden dürfen, während sachliche Veränderungen im Wege der Auslegung zu unterbleiben haben; sie obliegen den Entscheidungsgründen. Die teilweise Übung, bei stattgebenden Urteilen den Antrag des Klägers auf die Mitteilung „wie erkannt" zu reduzieren und damit auf den Urteilstenor zu verweisen, ist nicht zulässig, da er mit der Beurkundungsfunktion des Tatbestandes nicht zu vereinbaren ist. Auch Hilfsanträge sind aufzunehmen ohne Rücksicht darauf, ob sie bei der Entscheidung des Gerichts zum Tragen kommen.

(2) Bei einer Widerklage werden die dazu gehörigen Anträge im Anschluss an die Anträge zur Klage wiedergegeben, wenn Klage und Widerklage denselben Streitgegenstand betreffen; andernfalls werden der Sachvortrag der Parteien und die Anträge zur Widerklage erst nach vollständiger Darstellung des Parteivorbringens zur Klage wiedergegeben.

(3) Maßgebend sind die in der letzten mündlichen Verhandlung gestellten Anträge; frühere abweichende Anträge sind nur zu erwähnen, wenn sie für die zu treffende Entscheidung von Bedeutung sind.

(4) Maßgebende Zeitform ist für die zuletzt gestellten Anträge das Präsens, für früher gestellte Anträge das Perfekt.

(5) Anträge zu Nebenentscheidungen sind nur aufzunehmen, wenn die Entscheidung nur auf Antrag ergehen kann, also nicht bei von Amts wegen zu treffenden Entscheidungen. Anträge zur Kostenent-

---

[2] *Baumbach/Lauterbach/Albers/Hartmann*, § 313 Rn. 26.

III. Der Tatbestand

scheidung entfallen damit regelmäßig (§ 308 II ZPO); Anträge zur vorläufigen Vollstreckbarkeit sind nur aufzunehmen, wenn sie eine Abweichung von der von Amts wegen zu treffenden Entscheidung zum Inhalt haben (§§ 710, 711 S. 3, 712, 714 ZPO).

e) Für das Verteidigungsvorbringen des Beklagten, das den Anträgen der Parteien folgt, gilt das zum Vorbringen des Klägers Gesagte entsprechend.

(1) Soweit der Beklagte den Klagevortrag einfach bestreitet, ist eine Erwähnung nicht erforderlich, da dieses Bestreiten schon durch die Einordnung des Klägervortrags in den Streitstand ersichtlich wird. Bei „substanziiertem" Bestreiten kann und muss die Gegendarstellung aufgenommen werden. Auch hier sind nicht erledigte Beweisanträge mitzuteilen.

(2) Oberstes Einteilungsprinzip für den Beklagtenvortrag sind die vorgebrachten Verteidigungsmittel, die folgende Reihenfolge nahe legen:
– Rügen mangelnder Verfahrensvoraussetzungen,
– qualifiziertes Bestreiten der Klagetatsachen,
– rechtshindernde Einwendungen,
– rechtsvernichtende Einwendungen,
– Einreden,
– Vorbringen zur Höhe,
– Gegenansprüche.

Dabei ist die Einhaltung der gleichen Reihenfolge wie im Klagevortrag (so genannte spiegelbildliche Gegenüberstellung des Parteivorbringens) zweckmäßig. Sind mehrere Beklagte vorhanden, so muss bei unterschiedlichen Einwendungen eine Aufteilung erfolgen.

f) Eine gesonderte Wiedergabe des Vorbringens des Klägers zu den Einwendungen des Beklagten (Replik des Klägers), die sich sodann an das Verteidigungsvorbringen des Beklagten anschließen würde, wird nur in Ausnahmefällen notwendig sein, wenn nämlich dieses Vorbringen erst im Anschluss an den Beklagtenvortrag verständlich wird (Hauptfall: Stellungnahme des Klägers zu einer zur Aufrechnung gestellten Gegenforderung).

g) Die gegebenenfalls nachfolgenden Ausführungen zur Beweisaufnahme sind Prozessgeschichte und werden in der Praxis nicht im Einzelnen in den Tatbestand aufgenommen, sondern durch Verweisung auf den Akteninhalt einbezogen (§ 313 II 2 ZPO).

(1) Dabei wird hinsichtlich der Beweisanordnung auf die ergangenen Beweisbeschlüsse verwiesen; soweit solche nicht vorhanden sind (z.B. bei nach § 273 ZPO geladenen oder freiwillig erschienenen und damit präsenten Zeugen) ist der Gegenstand des Beweises kurz zu bezeichnen. Hinsichtlich des Ergebnisses der Beweisaufnahme wird auf die Protokolle und sonstigen Unterlagen (Sachverständigengutachten, Auskünfte) verwiesen. Ist das Ergebnis der Beweisaufnahme nicht im Protokoll festgehalten (§ 161 ZPO), so ist es kurz im Tatbestand wiederzugeben.

(2) Die Wiedergabe der Beweisaufnahme entfällt, wenn das Beweisthema später unstreitig geworden ist; die nunmehr unstreitige Tatsache wird in dem unstreitigen Parteivorbringen wiedergegeben, eventuell mit der Kennzeichnung, dass diese Tatsache nach Beweisaufnahme unstreitig geworden ist.

h) Etwaige Angriffe der Parteien gegen die Zulässigkeit oder Beweiskraft eines Beweismittels (Beweiseinreden) können aus Gründen der Verständlichkeit erst im Anschluss an die Beweisaufnahme gebracht werden.

Die übliche, von den Parteien im Anschluss an eine Beweisaufnahme vorgetragene Beweiswürdigung gehört nicht hierher. Zu erwähnen sind nur besondere Beweisantritte, die sich gegen die Glaubwürdigkeit eines Zeugen richten oder auf Erschütterung der Richtigkeit eines Sachverständigengutachtens gerichtet sind.

i) Beigezogene Akten und die Tatsache, dass sie Gegenstand der mündlichen Verhandlung waren, werden im Anschluss an die Darstellung der Beweisaufnahme erwähnt.

j) Im Einzelfall kann noch ein Hinweis auf nachgereichte, aber nicht nachgelassene Schriftsätze, auf prozessuale Ereignisse, die die Zulässigkeit der getroffenen Entscheidung betreffen (Einverständnis der Parteien mit einer Entscheidung im schriftlichen Verfahren, Voraussetzungen einer Entscheidung nach Aktenlage), auf Anträge auf Aussetzung des Verfahrens, auf bereits ergangene Entscheidungen (Grundurteile, Zwischenurteile) oder auf im Vorprozess erfolgte Streitverkündungen erfolgen. Dies alles sollte aber nur aufgenommen werden, wenn es die Entscheidung beeinflussen kann.

k) In der Praxis folgt oft zum Schluss des Tatbestandes eine allgemeine Verweisung auf die Schriftsätze der Parteien.

Diese „salvatorische Klausel" ist angesichts des § 313 II ZPO entbehrlich. Erfolgt sie dennoch, ist sie aber unschädlich.[3]

4. Entbehrlichkeit des Tatbestandes

17 Der Tatbestand ist ausnahmsweise entbehrlich,
– wenn ein Rechtsmittel gegen das Urteil unzweifelhaft nicht eingelegt werden kann (§ 313 a I 1 ZPO), wobei aber Ausnahmen bestehen (§ 313 a IV ZPO),
– wenn das Urteil in dem Termin, in dem die mündliche Verhandlung geschlossen worden ist, verkündet wird und die Parteien auf Rechtsmittel gegen das Urteil verzichten; ist das Urteil nur für eine Partei anfechtbar, so genügt es, wenn diese verzichtet (§ 313 a II ZPO) – auch insoweit bestehen Ausnahmen (§ 313 a IV ZPO) – und
– bei Versäumnis-, Anerkenntnis- sowie Verzichtsurteilen (§ 313 b ZPO).

IV. Die Entscheidungsgründe

1. Begriff und Bedeutung

18 „Die Entscheidungsgründe enthalten eine kurze Zusammenfassung der Erwägungen, auf denen die Entscheidung in tatsächlicher und rechtlicher Hinsicht beruht" (§ 313 III ZPO). Der Zweck der Entscheidungsgründe ist ein dreifacher: einsichtige Darlegung des tragenden Gedankengangs für die Parteien, Überprüfbarkeit der Entscheidung durch die Rechtsmittelinstanz sowie die Selbstkontrolle des Richters.[4] Diesen verschiedenen Zielsetzungen muss auch der Stil der Entscheidungsgründe Rechnung tragen.

a) Der Gesetzgeber verbindet mit der inhaltlichen Definition der Entscheidungsgründe in § 313 III ZPO die Aufforderung an den Richter zur Kürze, was zu einem weiteren Spannungsfeld mit dem Gebot der verständlichen Darlegung der Gründe führt.

(1) Da es unmöglich ist, einem Gericht zu verbieten, die Gründe seiner Entscheidung ausführlich zu gestalten – eine Sanktion für eine „gesetzwidrige Überlänge" fehlt – kann es hier nur darum gehen, inwieweit der Richter durch § 313 III ZPO ermächtigt ist, die Entscheidungsgründe zu verkürzen bzw. auf ein Minimum zu beschränken.

---

[3] *Baumbach/Lauterbach/Albers/Hartmann*, § 313 Rn. 16; *Zöller/Vollkommer*, § 313 Rn. 18.
[4] *Baumbach/Lauterbach/Albers/Hartmann*, § 313 Rn. 33 f.; *Zöller/Vollkommer*, § 313 Rn. 19.

IV. Die Entscheidungsgründe

Insoweit liegt die Gestaltung der Entscheidungsgründe im pflichtgemäßen Ermessen des Richters.

(2) Rein formelhafte und nichtssagende Formulierungen reichen sicher nicht aus, um § 313 III ZPO Genüge zu tun. Die Gründe müssen jedenfalls so präzise sein, dass sie dem Rechtsmittelgericht eine Nachprüfung des Urteils erlauben. Außerdem müssen sie die Parteien über die maßgebenden Erwägungen des Gerichts unterrichten und geeignet sein, sie von der Richtigkeit der getroffenen Entscheidung zu überzeugen.

Dabei ist zu beachten, dass es der Grundsatz des rechtlichen Gehörs es verlangt, dass das Gericht sich mit dem wesentlichen Vorbringen der Partei auseinandersetzt und dies in irgendeiner Form aus den Entscheidungsgründen hervorgeht. Dieses Erfordernis gilt unter gewissen Voraussetzungen auch für letztinstanzliche Entscheidungen trotz ihrer Unanfechtbarkeit. Dementsprechend dürfen die Entscheidungsgründe nicht auf allgemeine Floskeln beschränkt werden. Dem Gebot der Kürze ist vor allem dadurch Rechnung zu tragen, dass die Entscheidungsgründe schwerpunktartig auf die rechtlichen und tatsächlichen Gesichtspunkte zu konzentrieren sind, um die die Parteien gestritten haben und die das Gericht für die Entscheidung des Rechtsstreits als „entscheidende Weichenstellung" ansieht.[5]

b) Während der Tatbestand eine gedrängte Darstellung des Sach- und Streitstandes ist, also beschreibenden Charakter hat, stellen die Entscheidungsgründe eine Wertung des Richters in rechtlicher und/oder tatsächlicher Hinsicht dar. Das erfordert eine grundsätzliche Trennung beider Urteilsbestandteile. Besonders für den Anfänger ist zu betonen: Ebenso wie im Tatbestand Wertungen zu unterbleiben haben, soll in den Entscheidungsgründen grundsätzlich keine Wiedergabe des Parteivorbringens erfolgen. Von diesem „Trennungsgrundsatz" bestehen aber Ausnahmen.

19

(1) Einmal kann es aus Gründen der Verständlichkeit erforderlich sein, vor einer Subsumtion den einzelnen Parteivortrag zu einem bestimmten Punkt zu wiederholen oder in Einzelheiten zu präzisieren, um für den Leser klarzustellen, was das Gericht nunmehr im Einzelnen abhandelt.

(2) Gleiches gilt bei der Beweiswürdigung: Hier kann es erforderlich sein, dass zunächst eine bestimmte Zeugenaussage (bzw. ein anderes Beweisergebnis) kurz angesprochen wird, um daran die eigentliche Beweiswürdigung anzuknüpfen.

(3) Bei so genannten „Punktesachen" (zum Beispiel in Bauprozessen) kann diese Erwägung noch weiter ausgebaut werden, indem man zu jeder Position den Vortrag beider Parteien gegenüberstellt und anschließend die gerichtliche Wertung vornimmt. Damit kann dem Leser der schwierige Wechsel zwischen dem im Tatbestand zu jedem Punkt wiedergegebenen Vortrag von Kläger und Beklagten und der dazugehörigen Wertung in den Entscheidungsgründen erspart werden.

2. Beschränkung auf die tragenden Gründe

Die Entscheidungsgründe beschränken sich – im Gegensatz zu dem Gutachten – auf die das Urteil tragenden Gründe. Eine Ausnahme besteht wegen der unterschiedlichen Rechtskraftwirkung für die Fälle prozessualen Vorrangs: Zulässigkeit der Klage; Haupt- und Hilfsantrag; Hilfsaufrechnung. Im Übrigen gibt es keinen Vorrang einzelner Begründungselemente.

20

a) Bei stattgeben der Klage genügt die Begründung *einer* Anspruchsgrundlage und die Verneinung sämtlicher Einwendungen, die von der beklagten Partei vorgetragen waren. Bei Abweisung der Klage genügt die Begründung einer durchgreifenden Einwendung; sonst ist die Verneinung sämtlicher in Betracht kommender Anspruchsgrundlagen notwendig.

---

[5] *Baumbach/Lauterbach/Albers/Hartmann*, § 313 Rn. 33; *Zöller/Vollkommer*, § 313 Rn. 19.

Mehrfache Begründungen oder Hilfserwägungen sollten unterbleiben, zumindest nur in Ausnahmefällen gegeben werden, wenn die zusätzliche Begründung oder die Hilfserwägungen die gleiche Überzeugungskraft wie die Haupterwägung besitzen.

b) Der Grundsatz der Beschränkung auf die tragenden Gründe gilt auch für die Beweiswürdigung; es genügt die Feststellung, dass eine Tatsache nicht erwiesen ist; die Feststellung des Gegenteils ist nicht notwendig.

c) Aus Gründen der Verständlichkeit für den Leser kann es allerdings gestattet sein, einen rechtlich oder tatsächlich nicht tragenden Grund mit einem sogenannten „Zwar-Satz" kurz zu erwähnen, um den Gedankengang des Gerichts offen zulegen.

3. Rechtsausführungen

21 Die rechtlichen Erwägungen bestehen in einer Subsumtion der entscheidungserheblichen Tatsachen unter die angewendete bzw. verneinte Rechtsnorm.

a) Dabei ist mit dem Tatbestand der jeweiligen Norm als Obersatz zu beginnen und sodann „im Untersatz" die tatsächlichen Voraussetzungen für die einzelnen Tatbestandsmerkmale festzustellen bzw. zu verneinen.

b) Erörterungen über rechtliche Streitfragen sind auf das unumgängliche Maß zu beschränken; nur in Ausnahmefällen, in denen die Anwendung der Rechtsnorm eine schwierige Auslegung erfordert, ist eine eingehende Begründung erforderlich.[6]

Wenn ein Gericht allerdings von einer ständigen Rechtsprechung anderer Gerichte oder gar des Bundesgerichtshofs abweicht, dann sollte es dies im Einzelnen begründen. Gleiches sollte auch dann gelten, wenn ein Gericht seine eigene – möglicherweise veröffentlichte – Rechtsprechung modifiziert oder aufgibt. Eine kurze Begründung ist auch erforderlich, wenn ein Vorbringen nach § 296 ZPO wegen Verspätung zurückgewiesen wird, damit die Rechtsmittelinstanz die Rechtmäßigkeit der Zurückweisung überprüfen kann (§ 531 I ZPO).

4. Die Tatsachenfeststellung

22 Die Feststellung der entscheidungserheblichen Tatsachen ist in ihrem Umfang unterschiedlich je nachdem, ob sie unstreitig oder bestritten sind. Sind die Tatsachen unstreitig, so genügt die kurze Feststellung, dass der Vortrag unstreitig ist oder aber dass der Vortrag der einen Partei von der Gegenseite nicht ausdrücklich (§ 138 III ZPO) oder nicht substanziiert bestritten wurde und deshalb als unstreitig zu behandeln ist.

Sind dagegen die entscheidungserheblichen Tatsachen streitig, so bedarf es einer Beweiswürdigung (§ 286 ZPO). Bei dieser Beweiswürdigung hat das Gericht in den Entscheidungsgründen die Gründe anzugeben, die für die richterliche Überzeugungsbildung „leitend" gewesen sind (§ 286 I 2 ZPO), wobei erforderlich und genügend die persönliche Gewissheit des Richters ist, die vernünftige Zweifel an der Wahrheit ausschließt.

23 a) Zum Umfang der Beweiswürdigung besagt § 286 ZPO zum einen, dass der Richter sich auf die wesentlichen Erwägungen beschränken kann, also nicht jede Verästelung der gedanklichen Erwägungen mitteilen muss, zum andern aber, dass er gehalten ist, die wesentlichen konkreten Erwägungen den Parteien bekanntzugeben.[7] Der Um-

---

[6] *Baumbach/Lauterbach/Albers/Hartmann*, § 313 Rn. 45.
[7] *Baumbach/Lauterbach/Albers/Hartmann*, § 286 Rn. 20; *Zöller/Greger*, § 286 Rn. 21.

fang dieser Erörterung hängt im Einzelfall davon ab, ob die Beweisaufnahme ein mehr oder weniger eindeutiges oder ein sehr „buntes" Ergebnis aufweist.

Je eindeutiger das Ergebnis der Beweisaufnahme ist, um so kürzer können die mitzuteilenden Erwägungen ausfallen; weisen sämtliche Beweismittel in die gleiche Richtung, so genügt im Regelfall die Feststellung, dass die Zeugen übereinstimmend ausgesagt haben bzw. das Sachverständigengutachten überzeugend ist und dass dieses Ergebnis nicht durch anderweitige konkrete Anhaltspunkte in Frage gestellt wird.

Weichen dagegen die einzelnen Beweismittel in ihrer Aussage wesentlich voneinander ab, so bedarf es einer Erörterung, aus welchen Gründen das Gericht zur Feststellung in einer bestimmten Richtung gelangt ist oder aber die Feststellung der betreffenden Tatsache verneint hat. Aus den Urteilsgründen muss hierbei hervorgehen, dass der Richter die an das Beweismaß zu stellenden Anforderungen zutreffend eingeschätzt und den gesamten Prozessstoff umfassend gewürdigt hat.

b) Bei dem Aufbau der Beweiswürdigung im Urteil ist auf die einzelnen Beweisthemen abzustellen, nicht auf die einzelnen Beweismittel. Je nachdem, ob der Beweis als geführt anzusehen ist oder nicht, ist ein unterschiedlicher Aufbau geboten: Bei einem als geführt anzusehenden Beweis wird man zunächst die beweiskräftigen Beweismittel anführen, anschließend die unergiebigen Beweismittel und schließlich die negativergiebigen, die der Annahme der Beweistatsache nicht entgegenstehen. Ist der Beweis nicht als geführt anzusehen, wird man zunächst die positiven Beweismittel zitieren, um anschließend festzustellen, dass bestimmte andere negative Beweismittel der Überzeugungsbildung entgegenstehen. **24**

Bei der Beweiswürdigung sind zunächst die einzelnen Beweismittel auf ihren Aussagewert, ihre Ergiebigkeit und ihre Überzeugungskraft zu behandeln und dann anschließend in einer Gesamtschau in ihrem Beweiswert gegeneinander abzuwägen. Da nach § 286 ZPO der gesamte Inhalt der Verhandlungen zu berücksichtigen ist, sind auch das übrige Parteivorbringen, vorprozessuale Ereignisse, offenkundige Tatsachen, Beweisaufnahmen aus anderen Verfahren sowie Sätze der allgemeinen Lebenserfahrung in die Gesamtwürdigung einzubeziehen. Außerdem sind die so genannten Denkgesetze sowie die Lehren der Aussagepsychologie betreffend Fehlerquellen und Glaubwürdigkeitsmerkmale bei Zeugen zu beachten.

c) Auch die Ergebnisse von Sachverständigengutachten darf das Gericht nicht „unbesehen" übernehmen; es hat die Anknüpfungstatsachen auf ihre Richtigkeit und den Gedankengang des Gutachtens auf seine Schlüssigkeit zu überprüfen und muss bei sich widersprechenden Gutachten darlegen, warum es dem einen folgt und das andere Gutachten als nicht beweiskräftig ablehnt.[8]

Mit Angriffen einer Partei gegen die Richtigkeit des Gutachtens, die nicht von der Hand zu weisen sind, hat sich das Gericht auseinanderzusetzen.

d) Beim Anscheinsbeweis hat das Gericht den maßgebenden Erfahrungssatz, die Anwendungstatsachen für den Erfahrungssatz, die anschließende Subsumtion dieser Tatsachen unter den Erfahrungssatz sowie das Nichteingreifen atypischer Geschehensabläufe darzulegen.[9] Soweit einzelne Punkte (Erfahrungssatz, Anwendungstatsachen, Tatsachen betreffend atypische Verläufe) streitig sind, müssen diese zunächst durch Beweismittel festgestellt oder ausgeschieden werden. **25**

e) Beim Indizienbeweis sind zunächst die einzelnen Indizien zusammenzustellen, wobei hinsichtlich streitiger Indizien eine Beweiswürdigung stattzufinden hat. In

---

[8] *Baumbach/Lauterbach/Albers/Hartmann*, § 286 Rn. 50 ff.
[9] *Baumbach/Lauterbach/Albers/Hartmann*, Anhang § 286 Rn. 16 ff.; *Zöller/Greger*, Vor § 284 Rn. 29 ff.

einem zweiten Arbeitsgang ist dann zu erörtern, ob aus den unstreitigen und nachgewiesenen Indizien der Schluss auf die Haupttatsache gezogen werden kann.

26 f) Lässt sich bei widersprechenden Beweisergebnissen keine richterliche Überzeugung für die von der Partei aufgestellte Tatsachenbehauptung begründen, so ist auf die Beweislast zurückzugreifen und die beweispflichtige Partei für beweisfällig zu erklären.

g) Gegebenenfalls ist auch kurz zu begründen, warum einem noch offenen Beweisantrag einer Partei nicht stattgegeben wurde.

Das gilt natürlich nur für den Beweisantrag derjenigen Partei, hinsichtlich der das Gericht den Beweis als nicht geführt ansieht.

27 h) Bei der Feststellung der Höhe eines Schadens ist das Gericht nach § 287 I ZPO freier gestellt: Es kann die Höhe des ersatzfähigen Schadens unter Würdigung aller Umstände frei schätzen.

Dabei sind aber auch hier die tatsächlichen Grundlagen der Schätzung und ihre Auswertung in den Entscheidungsgründen darzulegen; ebenso ist zu begründen, warum eine Schätzung nicht möglich gewesen und aus welchen Gründen Beweisanträgen der beweispflichtigen Partei nicht stattgegeben worden ist.

Zu beachten gilt es zudem, dass § 287 I 1, 2 ZPO bei vermögensrechtlichen Streitigkeiten auch in anderen Fällen anwendbar ist, soweit die Höhe einer Forderung unter den Parteien streitig und die vollständige Aufklärung aller hierfür maßgeblichen Umstände mit Schwierigkeiten verbunden ist, die zu der Bedeutung des streitigen Teils der Forderung in keinem Verhältnis stehen (§ 287 II ZPO).

5. Der Urteilsstil

28 Sämtliche Rechtsausführungen wie Tatsachenfeststellungen erfolgen im so genannten Urteilsstil, bei dem das Ergebnis jeweils vorangestellt und anschließend begründet wird.

Eine Trennung der Entscheidungsgründe in Schlüssigkeit, Erheblichkeit und Beweisstation findet – im Gegensatz zum Gutachten – nicht statt; vielmehr sind bei jedem einzelnen rechtlichen Gesichtspunkt an den Obersatz die festgestellten Tatsachen – gegebenenfalls mit der jeweiligen Beweiswürdigung – anzufügen. Im Übrigen ist bei den für die Parteien bestimmten Entscheidungsgründen auf Verständlichkeit besonders zu achten: Der Gebrauch von Fremdwörtern ist tunlichst zu vermeiden, Fachausdrücke sind nur soweit nötig zu verwenden. Sachfremde Erwägungen und die Parteien herabsetzende Äußerungen haben zu unterbleiben. Ebenso ist ein Urteil nicht der Ort, um an ein Rechtsproblem literarische, humoristische oder satirische Äußerungen anzuknüpfen oder seiner Neigung zum Dichten in Reimen zu frönen.

6. Die Gliederung der Entscheidungsgründe

Sie erfolgt nach sachlogischen Gesichtspunkten unter Berücksichtigung der zur Anwendung kommenden materiellen Rechtsnormen. Im Regelfall ist folgende Reihenfolge einzuhalten:

29 a) Die Klage ist unzulässig oder zulässig und begründet bzw. zulässig aber unbegründet, wobei eine Feststellung zur Zulässigkeit der Klage nicht in Betracht kommt, wenn diese unproblematisch ist. Regelmäßig lautet die einleitende Feststellung deshalb: „Die Klage ist unbegründet" oder „Die Klage ist begründet".

IV. Die Entscheidungsgründe

b) Zulässigkeitsvoraussetzungen sind nur positiv festzustellen, wenn eine Partei das Fehlen einer bestimmten Prozessvoraussetzung ausdrücklich gerügt hat oder sonst ernsthafte Zweifel an deren Vorliegen bestehen.

Liegt bereits ein Zwischenurteil über die Zulässigkeit der Klage (§ 280 ZPO) vor, so ist wegen der Bindungswirkung dieses Urteils (§ 318 ZPO) hierauf zu verweisen.

Ist die Klage unzulässig, so ist die Begründung auf diesen Abschnitt zu beschränken; in aller Regel verbieten sich Erörterungen zur Begründetheit angesichts des prozessualen Vorrangs der Prozessvoraussetzungen.

c) Für die Erörterungen zur Begründetheit empfiehlt sich im Regelfall folgende Reihenfolge:
 (1) Aktivlegitimation.
 (2) Passivlegitimation.
 (3) Anspruchsgrundlage(n).
 (4) Einwendungen.
 (5) Einreden.
 (6) Anspruchserhaltende Tatsachen.
 (7) Höhe des Anspruchs.

Bei „Punktesachen" sind die Ausführungen nach den einzelnen Positionen übersichtlich zu gliedern. Außerdem kann es in diesem Falle angezeigt sein, am Schluss eine zusammenstellende Berechnung zu geben.

 (8) Etwaige zur Aufrechnung gestellte Gegenforderung(en).
 (9) Nebenforderungen.
 (10) Nebenentscheidungen (Kosten, vorläufige Vollstreckbarkeit).

d) Stehen mehrere Anträge zur Entscheidung, so ist bei der Reihenfolge der Erörterung zunächst ein etwaiger prozessualer Vorrang zu beachten; dies gilt besonders für einen Hilfsantrag, der erst nach Erörterung und Verneinung der Begründetheit des Hauptantrags zu behandeln ist. Im Übrigen kommt es darauf an, ob die Anträge in der Begründung eine Zusammengehörigkeit aufweisen oder nicht. Je nachdem sind sie gemeinsam oder getrennt abzuhandeln; gelegentlich kann der Anspruchsgrund gemeinsam erörtert werden, während bei der Behandlung der Höhe die einzelnen Anträge einer getrennten Erörterung bedürfen.

Gleiche Erwägungen gelten bei einer subjektiven Klagehäufung, d. h. einer Mehrheit der Parteien.

Ist eine Widerklage vorhanden, sind Klage und Widerklage in der Regel getrennt abzuhandeln, wobei im Einzelfall dann bei der Erörterung der Widerklage auf die vorangegangenen Ausführungen zur Klage verwiesen werden kann; auch kann es sich im Einzelfall empfehlen, die Widerklage vorab zu erörtern, wenn sie die umfassendere Beurteilung des Rechtsverhältnisses ermöglicht und die Beurteilung der Klage darauf aufbauen kann.

7. Entbehrlichkeit der Entscheidungsgründe

Die Entscheidungsgründe sind ausnahmsweise entbehrlich,
– wenn ein Rechtsmittel gegen das Urteil unzweifelhaft nicht eingelegt werden kann und entweder die Parteien auf sie verzichten oder ihr wesentlicher Inhalt in das Protokoll aufgenommen worden ist (§ 313a I ZPO), wobei aber Ausnahmen bestehen (§ 313a IV ZPO),

– wenn das Urteil in dem Termin, in dem die mündliche Verhandlung geschlossen worden ist, verkündet wird und die Parteien auf Rechtsmittel gegen das Urteil verzichten; ist das Urteil nur für eine Partei anfechtbar, so genügt es, wenn diese verzichtet (§ 313a II ZPO) – wobei aber Ausnahmen bestehen (§ 313a IV ZPO) und
– bei Versäumnis-, Anerkenntnis- sowie Verzichtsurteilen (§ 313b ZPO).

V. Die Unterschriften der Richter

1. Funktion der Unterschriften

33 Die Unterschriften der Richter (§ 315 I ZPO) stellen die beglaubigte Feststellung dar, dass das Urteil, insbesondere die Entscheidungsgründe entsprechend dem Ergebnis der Beratung und Abstimmung abgefasst sind. Da eine nachträgliche Änderung des Urteils nur in engen Grenzen möglich ist (§§ 319, 320, 321 ZPO), sind die Unterschriften vor der Verkündung zu leisten.

Die Unterschriften können nur unter ein in den Einzelheiten fertig gestelltes Urteil gesetzt werden, nicht auf ein Formular mit Textbausteinen, deren Auswahl der Kanzlei obliegt. Äußerlich verlangt die Unterschrift einen individuellen Schriftzug mit charakteristischen Merkmalen. Es unterschreiben die – im Urteilseingang aufgeführten – Richter, die bei der Entscheidung mitgewirkt haben, also nicht diejenigen, die es nur verkündet haben. Die Unterschrift lässt sich jederzeit nachholen, also auch noch nach Einlegung eines Rechtsmittels.

2. Verhinderung eines Richters an der Unterschrift

34 Ist ein Richter verhindert, so vermerkt dies der Vorsitzende, bei dessen Verhinderung der älteste beisitzende Richter, unter Angabe des Verhinderungsgrundes und unterzeichnet für diesen mit (§ 315 I 2 ZPO).

Üblich sind in der Praxis zwei Varianten: entweder *eine* Unterschrift mit dem Vermerk „zugleich für den durch ... an der Unterschrift verhinderten Richter ..." oder die Angabe „Richter ... ist durch ... an der Unterschrift verhindert" mit einer zweiten Unterschrift des Vertreters.

Aus der gesetzlichen Regelung folgt, dass die Unterschrift des Amtsrichters ebenso wie die des Einzelrichters nicht ersetzt werden können.

Die Unterschrift eines Richters, der diese verweigert, kann gleichfalls nicht ersetzt werden.

VI. Rechtsmittelbelehrung

35 Im Gegensatz zur Regelung in anderen Verfahrensordnungen, insbesondere im Gegensatz zur Regelung im FamFG (vgl. §§ 39, 113 I FamFG), sieht die ZPO eine Pflicht zur Rechtsmittelbelehrung nicht vor.

VII. Streitwertfestsetzung

36 In der Praxis ist es üblich, im Anschluss an das Urteil in einem gesonderten Beschluss den Streitwert festzusetzen, soweit dies nicht schon vorher geschehen ist (§ 63 I GKG). Notwendig ist dies bei nicht in Geldbeträgen ausgedrückten Anträgen

im Hinblick auf eine bei der vorläufigen Vollstreckbarkeit festzusetzende Sicherheitsleistung und die erforderliche Kostenquotelung bei teilweisem Obsiegen und Unterliegen. Im Übrigen erfolgt die Festsetzung, sobald eine Entscheidung über den gesamten Streitgegenstand ergeht oder sich das Verfahren anderweitig erledigt (§ 63 II 1 GKG).

Festgesetzt wird regelmäßig der sog. Gebührenstreitwert (§§ 63 I GKG, 32 I RVG), dessen Höhe sich in erster Linie nach den §§ 39 ff. GKG und nur subsidiär nach den §§ 3 ff. ZPO richtet. Die Festsetzung erfolgt nach Anhörung der Beteiligten. Eine Aufteilung für verschiedene Anträge bzw. einzelne Verfahrensabschnitte kann geboten sein.

Eine (kurze) Begründung der Streitwertfestsetzung ist erforderlich, wenn der für die Berechnung maßgebende Gesichtspunkt für die Parteien nicht ohne weiteres ersichtlich ist. Der Streitwertbeschluss enthält in der Praxis dagegen meist gar keine Begründung.

Die Wertfestsetzung kann innerhalb von sechs Monaten nach dem die Entscheidung Rechtskraft erlangt oder sich das Verfahren anderweitig erledigt hat geändert werden (§ 63 III GKG). Die Änderung kann von Amts wegen oder auf Gegenvorstellung einer Partei erfolgen.

VIII. Besonderheiten bei einzelnen Urteilsarten

1. Anerkenntnis- und Verzichtsurteile (§§ 306, 307 ZPO)

Sie sind als solche zu bezeichnen und bedürfen grundsätzlich keines Tatbestandes und keiner Entscheidungsgründe (§ 313b I, III ZPO).

37

Ein solches Urteil kann sogar auf die bei den Akten befindliche Urschrift oder Abschrift der Klage oder auf ein damit zu verbindendes Blatt gesetzt werden; in diesem Falle entfällt sogar ein eigenes Rubrum (§ 313b II ZPO). Wenig zweckmäßig ist dies allerdings bei *Teil*-Anerkenntnis- bzw. *Teil*-Verzichtsurteilen, da hier nicht einfach auf den Antrag der Klageschrift verwiesen werden kann; hier empfiehlt sich die Abfassung nach § 313b I ZPO.

2. Versäumnisurteile (§§ 330 ff. ZPO)

Auch sie sind als solche zu bezeichnen und bedürfen grundsätzlich keines Tatbestandes und keiner Entscheidungsgründe (§ 313b I, III ZPO).

Ein solches Urteil kann ebenfalls auf die bei den Akten befindliche Urschrift oder Abschrift der Klage oder auf ein damit zu verbindendes Blatt gesetzt werden; in diesem Falle entfällt ebenfalls ein eigenes Rubrum (§ 313b II ZPO).

Das Gesetz sieht bei ihnen außerdem eine Belehrung über die Folgen der Versäumung der Einspruchsbegründungsfrist vor (§ 340 III 4 ZPO).

Die Belehrung erfolgt nicht im Urteil, sondern formularmäßig bei dessen Zustellung.

3. Zwischenurteile (§§ 303, 304, 280 ZPO)

Sie enthalten keine Kostenentscheidung und keinen Ausspruch über die vorläufige Vollstreckbarkeit. Tatbestand und Entscheidungsgründe sind im Hinblick auf den

38

beschränkten Gegenstand der Entscheidung auf die Wiedergabe dessen zu beschränken, was zur Entscheidung ansteht.

Bei den Grundurteilen (§ 304) ist im Tatbestand der Sach- und Streitstand auf das Parteivorbringen zum Grund abzustellen, während die Ausführungen zur Höhe sich auf eine Angabe der eingeklagten Positionen beschränken. Anträge sollten im Tatbestand des Grundurteils im Hinblick auf den Umfang der Bindungswirkung (§ 318 ZPO) erwähnt werden. Umgekehrt hat im anschließenden Endurteil eine Darstellung des Sach- und Streitstandes bezüglich des Grundes zu unterbleiben; er wird durch einen Hinweis auf das Grundurteil ersetzt. Nunmehr ist im Endurteil der Sach- und Streitstand zur Höhe der eingeklagten Positionen darzustellen, über die im Endurteil zu befinden ist.

4. Teilurteile (§ 301 ZPO)

39 Hier sind im Tatbestand zwei Darstellungsweisen möglich:

a) Der Tatbestand des Teilurteils enthält das gesamte Parteivorbringen einschließlich der Ausführungen zu den noch nicht erledigten Anträgen. In diesem Fall kann im späteren Schlussurteil auf den Tatbestand des Teilurteils weitgehend verwiesen werden.

b) Der Tatbestand des Teilurteils beschränkt sich auf das Parteivorbringen zu den entschiedenen Anträgen. Dementsprechend ist im Tatbestand des Schlussurteils das nunmehr zur Entscheidung anstehende Parteivorbringen wiederzugeben.

Welche Darstellungsweise vorzuziehen ist, ist Ermessenssache. Die zuerst genannte Darstellungsweise empfiehlt sich, wenn der nicht erledigte Teil nur gering und mit einer alsbaldigen Entscheidung über den Rest zu rechnen ist. Die an zweiter Stelle genannte Darstellungsweise liegt nahe, wenn das Parteivorbringen insgesamt sehr umfangreich, aber trennbar und mit dem Erlass des Schlussurteils in absehbarer Zeit nicht zu rechnen ist, so dass die Parteien doch noch Weiteres vortragen.

Die Zulässigkeit eines Teilurteils wird leider oftmals überschätzt. Sie setzt zum einen Entscheidungsreife hinsichtlich eines von mehreren eingeklagten Ansprüchen, eines Teils eines Anspruchs oder im Falle der Widerklage Entscheidungsreife nur bezüglich der Klage oder der Widerklage voraus. Zum anderen muss nach dem derzeitigen Rechtsverhältnis eine getrennte Entscheidung überhaupt möglich sein, d. h. es müsste ein Endurteil ergehen können, wenn nur der fragliche Teil im Streit wäre. Zudem muss es ausgeschlossen sein, dass sich das später ergehende Endurteil in Widerspruch zu dem Teilurteil setzt – die Entscheidung über den Teil darf folglich nicht davon abhängig sein, wie der Streit über den Rest ausgeht.[10]

5. Vorbehaltsurteil (§ 302 ZPO)

40 Da im Vorbehaltsurteil über die Gegenforderung nicht entschieden wird, beschränkt sich der Tatbestand des Vorbehaltsurteils auf das Parteivorbringen zur Klageforderung. Die zur Aufrechnung gestellte Gegenforderung wird nur kurz und insoweit erwähnt, um den Vorbehalt der Aufrechnung verständlich werden zu lassen und eine Prüfung der Voraussetzungen des § 302 I ZPO (Verneinung der Konnexität, Ermessen) zu ermöglichen.

Umgekehrt befasst sich der Tatbestand des Schlussurteils im Nachverfahren nur noch mit dem Parteivorbringen und dem Beweisverfahren zur Gegenforderung; über die im Vorbehaltsurteil bereits entschiedene Klageforderung wird nur kurz als Prozessgeschichte berichtet. Da im Nachverfahren der Beklagte der „Angreifer" ist, wird zweckmäßigerweise sein Vorbringen vorangestellt.

---

[10] *Baumbach/Lauterbach/Albers/Hartmann*, § 301 Rn. 5 f.; *Zöller/Vollkommer*, § 301 Rn. 7.

Muster 86: Grundtypen von Hauptsacheentscheidungen

I. Leistungsurteile

1. Zahlungsurteile

a) Normalfall:
Der Beklagte wird verurteilt, an die Klägerin 5000,– € nebst 8% Zinsen p.a. daraus seit dem 1. 2. 2011[11] zu zahlen.

b) Variabler Zinssatz:
Der Beklagte wird verurteilt, an die Klägerin 5000,– € nebst Zinsen in Höhe von 5 Prozentpunkten über dem Basiszinssatz daraus p.a. seit dem 1. 2. 2011 zu zahlen.

c) Gestaffelter Zinssatz:
Der Beklagte wird verurteilt, an die Klägerin 5000,– € nebst 6% Zinsen p.a. aus 2000,– € seit dem 3. 1. 2011, aus 1500,– € seit dem 3. 4. 2011 und aus 1500,– € seit dem 1. 6. 2011 zu zahlen.

d) Verurteilung abzüglich Teilzahlungen:
Der Beklagte wird verurteilt, an die Klägerin 10000,– € nebst 8% Zinsen p.a. daraus seit dem 3. 1. 2011 abzüglich am 14. 8. 2010 gezahlter 2500,– €, am 6. 11. 2010 gezahlter 1000,– € und am 5. 12. 2010 gezahlter 1200,– € zu zahlen.

e) Mehrere Beklagte:
Die Beklagten[12] (die Beklagten zu 1) und 2))[13] werden verurteilt, als Gesamtschuldner an die Klägerin 5000,– € nebst 8% Zinsen p.a. daraus seit dem 1. 2. 2011 zu zahlen.

f) Zahlung an mehrere Kläger:
Die Beklagte wird verurteilt,
☐ an die Klägerin zu 1) 5000,– € nebst 5% Zinsen p.a. daraus seit dem 1. 3. 2011 und an den Kläger zu 2) 3000,– € nebst 5% Zinsen p.a. daraus seit dem 1. 3. 2011 zu zahlen.
☐ an die Kläger als Gesamtgläubiger[14] 5000,– € nebst 5% Zinsen p.a. daraus seit dem 1. 3. 2011 zu zahlen.
☐ an die Kläger gemeinschaftlich[15] 5000,– € nebst 5% Zinsen p.a. daraus seit dem 1. 3. 2011 zu zahlen.

g) Zahlung an Kläger und dritte Personen:[16]
Die Beklagte wird verurteilt, an den Kläger und Frau ... gemeinschaftlich 5000,– € nebst Zinsen in Höhe von 5 Prozentpunkten über dem Basiszinssatz daraus p.a. seit dem 1. 3. 2011 zu zahlen.

h) Verurteilung zu einer vierteljährlichen Rentenzahlung:
Der Beklagte wird verurteilt, an die Klägerin
☐ auf deren Lebenszeit ☐ bis zur Vollendung des 67. Lebensjahres der Klägerin
eine vierteljährliche Rente von 7500,– €, fällig jeweils am ersten eines jeden Quartals[17], erstmals am 1. 4. 2011 zu zahlen.

---

[11] Das Datum des Zinsbeginns ist anzugeben. Der im Klageantrag oft enthaltene Zinsbeginn „ab Klagezustellung" bzw. „ab Rechtshängigkeit" darf nicht in den Urteilstenor übernommen werden.
[12] So, wenn alle aus dem Rubrum ersichtlichen Beklagten verurteilt werden.
[13] So, wenn nicht alle, sondern nur einzelne im Rubrum genannte Beklagte verurteilt werden.
[14] § 428 BGB.
[15] Fälle der Gesamthand: BGB-Gesellschaft, Erbengemeinschaft.
[16] § 432 BGB.
[17] §§ 843 II 1, 760 II BGB.

§ 4. Das Urteil

i) Verurteilung zur Zahlung von Unterhalt (Rückstand und monatliche Rente):
Der Beklagte wird verurteilt, an den Kläger
☐ zu Händen seiner gesetzlichen Vertreterin, Frau ...
einen Unterhaltsrückstand von 4500,- € nebst 5% Zinsen p.a. daraus seit dem 1. 10. 2010 sowie ab 1. 1. 2011 eine monatliche Unterhaltsrente von 850,- €, fällig am 3. eines jeden Monats, zu zahlen.

j) Verurteilung zu einer gestaffelten Rentenzahlung mit Endzeitpunkt:
Der Beklagte wird verurteilt, an die Klägerin für die Zeit vom 1. 4. 2010 bis 31. 12. 2026 eine vierteljährliche Rente zu zahlen, und zwar in Höhe von
4500,- € für die Zeit vom 1. 4. 2010 bis 31. 12. 2012;
5000,- € für die Zeit vom 1. 1. 2013 bis 31. 12. 2015;
5300,- € für die Zeit vom 1. 1. 2016 bis 31. 12. 2026,
fällig jeweils am 3. eines jeden Quartals.

k) Verurteilung wegen einer vorsätzlichen unerlaubten Handlung:[18]
Der Beklagte wird verurteilt, an die Klägerin wegen einer vorsätzlich verübten unerlaubten Handlung 6000,- € nebst Zinsen in Höhe von 5 Prozentpunkten über dem Basiszinssatz daraus p.a. seit dem 16. 5. 2011 zu zahlen.

l) Verurteilung zu einer künftigen Geldzahlung:[19]
Der Beklagte wird verurteilt, am 1. 10. 2015 an die Klägerin 10 000,- € nebst Zinsen in Höhe von 5 Prozentpunkten über dem Basiszinssatz daraus p.a. ab diesem Zeitpunkt zu zahlen.

m) Verurteilung unter Vorbehalt der Entscheidung über eine zur Aufrechnung gestellte Gegenforderung:[20]
Der Beklagte wird verurteilt, an die Klägerin 20 000,- € nebst 5% Zinsen p.a. daraus seit dem 1. 6. 2002 zu zahlen.
Vorbehalten bleibt die Entscheidung über die zur Aufrechnung gestellte Gegenforderung aus Darlehen in Höhe von 5000,- € vom August 2010.

n) Verurteilung unter Vorbehalt der beschränkten Erbenhaftung:[21]
Die Beklagte wird verurteilt, an den Kläger 20 000,- € nebst 5% Zinsen p.a. daraus seit dem 1. 2. 2011 zu zahlen.
Der Beklagten bleibt die Geltendmachung der beschränkten Haftung auf den Nachlass des am 16. 5. 2010 verstorbenen ... vorbehalten.

o) Verurteilung zu einer Entschädigung nach vorheriger Verurteilung zu einer Handlung:[22]
Der Beklagte wird verurteilt, bis spätestens 4. 11. 2011 an die Klägerin einen Kühlschrank, Marke ..., Modell ..., zu liefern.
Für den Fall der nicht fristgerechten Lieferung wird der Beklagte verurteilt, an die Klägerin 1000,- € nebst Zinsen in Höhe von 5 Prozentpunkten über dem Basiszinssatz daraus p.a. seit dem 5. 11. 2011 zu zahlen.

p) Verurteilung zur Zahlung mit Ersetzungsbefugnis:
Der Beklagte wird verurteilt, an den Kläger 2000,- € zu zahlen. Der Beklagte ist berechtigt, sich von dieser Zahlungspflicht in Höhe von jeweils 500,- € zu befreien, wenn er an den Kläger je eine ... zurückgibt.

---

[18] § 850f II ZPO.
[19] §§ 257, 259 ZPO.
[20] § 302 ZPO.
[21] §§ 305, 780 ZPO.
[22] § 510b ZPO. Die Vorschrift gilt nur im Verfahren vor dem Amtsgericht.

2. Urteile auf Duldung der Zwangsvollstreckung

a) Duldung der Zwangsvollstreckung aus einem Grundpfandrecht:[23]

Der Beklagte wird verurteilt, die Zwangsvollstreckung der Klägerin in das Grundstück ..., eingetragen im Grundbuch von ..., Band ..., Blatt ... wegen der in Abteilung III, Nr. 4 eingetragenen Hypothek (Grundschuld) in Höhe von 150 000,– € nebst 10% Zinsen p. a. seit 1. Januar 2008 zu dulden.

b) Duldung der Zwangsvollstreckung nach dem Anfechtungsgesetz:[24]

Der Beklagte wird verurteilt, wegen der dem Kläger laut Urteil des Landgerichts Frankfurt am Main vom ..., Aktenzeichen ... rechtskräftig zuerkannten Forderung von 90 000,– € nebst 8% Zinsen p. a. daraus seit dem 15. 8. 2009 die Zwangsvollstreckung in folgende Gegenstände zu dulden:
– das Grundstück ... eingetragen im Grundbuch von ..., Band ..., Blatt ...;
– den Pkw Marke ..., Typ ..., Baujahr ..., amtl. Kennzeichen ..., Fahrgestellnummer ...;
– die in seinem Besitz befindliche, inzwischen bei dem Gerichtsvollzieher ... unter DR-Register Nr. II – ... vom 13. 11. 2010 sichergestellte Briefmarkensammlung.

3. Urteile auf Herausgabe und Räumung

a) Herausgabe beweglicher Sachen:

Der Beklagte wird verurteilt, an die Klägerin folgende Sachen herauszugeben:
– ein Schlafzimmerschrank Eiche, Marke ..., zweitürig, Größe 2 m × 1,80 × 0,70 m;
– vier Gobelin-Sessel, grüner Bezug, mit Goldknöpfen;
– eine Ausgabe von Goethes Werken, 40 Lederbände, „Vollständige Ausgabe letzter Hand", Cotta 1850;
– eine Kassette mit neun Schallplatten: Beethoven, Sämtliche Symphonien, Dirigent ..., Marke ...;
– fünf gelbe Bettlaken, 2 m × 4 m, mit eingestickten Zeichen „...";
– ein Herren-Fahrrad, Marke ..., 5-Gang, brauner Sattel.

b) Herausgabe eines Pkw:

Der Beklagte wird verurteilt, an den Kläger den Pkw Marke ..., Typ ..., Baujahr ..., amtliches Kennzeichen ..., Fahrgestellnummer ... nebst dazugehörigem Kraftfahrzeugschein und Kraftfahrzeugbrief herauszugeben.

c) Herausgabe Zug-um-Zug:[25]

Der Beklagte wird verurteilt, das Motorrad Marke ..., Typ ..., Baujahr ..., amtliches Kennzeichen ..., Fahrgestellnummer ... herauszugeben, und zwar Zug um Zug gegen Zahlung von 3000,– €.

d) Herausgabe gegen Sicherheitsleistung:[26]

Der Beklagte wird verurteilt, an den Kläger den Computer Marke ..., Typ ..., Identnummer ... herauszugeben, sobald der Kläger Sicherheit in Höhe von 1500,– € geleistet hat.

e) Räumung einer Mietwohnung:

Die Beklagten werden verurteilt, die von ihnen innegehaltene Wohnung im Hause ..., ... Stock, bestehend aus ... sowie die im Hof des gleichen Grundstücks befindliche Garage Nr. ... zu räumen und an den Kläger herauszugeben.
Den Beklagten wird eine Räumungsfrist bis 31. 10. 2011 gewährt.[27]

f) Räumung eines Grundstücks nebst Aufbauten:

Der Beklagte wird verurteilt, das Grundstück ... – Lagerplatz –
☐ nebst dem darauf befindlichen eingeschossigen Bürogebäude
zu räumen und an den Kläger herauszugeben.
Gleichzeitig wird der Beklagte verurteilt, den auf dem gleichen Grundstück errichteten Lagerschuppen auf seine Kosten zu beseitigen.

---

[23] §§ 1147, 1192 BGB.
[24] § 13 AnfG.
[25] §§ 273, 274 I, 322 BGB.
[26] §§ 1000, 273 III BGB.
[27] § 721 ZPO.

§ 4. Das Urteil

g) Wiedereinräumung des Besitzes:[28]

Die Beklagten werden verurteilt, dem Kläger den Besitz an dem auf den Namen „..." hörenden Hund der Rasse ..., Farbe ..., mit der Tätowierungsnummer ... im linken Ohr, wieder einzuräumen.

4. Verurteilung zu vertretbaren Handlungen (§ 887 ZPO)

a) Befreiung von einer Verbindlichkeit:[29]

Der Beklagte wird verurteilt, den Kläger von seiner Verbindlichkeit gegenüber dem Bauträger ..., in Höhe von 20 000,– € nebst Zinsen nach dem Stand vom 5. 1. 2009 zu befreien.

b) Beseitigung eines störenden Zustands:

Der Beklagte wird verurteilt, den auf dem Zaun zwischen den Grundstücken ... und ... aufgesetzten Stacheldraht (Länge ca. 7 m, Höhe ca. 30 cm) zu entfernen.

c) Beseitigung eines Überbaus:

Der Beklagte wird verurteilt, die auf seinem ..., auf der Seite zum Nachbargrundstück ... befindlichen Balkone (jeweils zwei Stück auf je vier Stockwerken) um ca. 30 cm zu verkürzen, so dass sie nicht mehr in das Nachbargrundstück herein ragen.

d) Wiederherstellung eines früheren Zustandes:

Der Beklagte wird verurteilt, die auf der Grundstücksgrenze zwischen den Grundstücken ... und ... errichtete Mauer (ca. 7 m Länge und ca. 2 m Höhe) zu beseitigen und auf der Grundstücksgrenze einen verzinkten Maschendrahtzaun in Höhe von 1,20 m mit Metallpfosten in Entfernung von 1,50 m zu errichten.

e) Herstellung geeigneter Maßnahmen:

Die Beklagte wird verurteilt, durch geeignete Maßnahmen dafür Sorge zu tragen, dass sämtlicher Fahrzeugverkehr von und auf das Grundstück ... ausschließlich über ... erfolgt.

f) Vornahme von Bauarbeiten:

Der Beklagte wird verurteilt, im Hause ... eine Holztreppe vom Erdgeschoss zum 1. Stock (15 Stufen) und vom 1. Stock zum 2. Stock (12 Stufen) mit einer Stufenbreite 1,80 m fachmännisch einzubauen.

g) Vornahme von Bauarbeiten (Rohbau):

Die Beklagte wird verurteilt, auf der Liegenschaft ... den von ihr geschuldeten Rohbau zu errichten, wie er sich aus der diesem Urteil als Anlage beigefügten Baubeschreibung ergibt.

h) Erteilung eines Buchauszuges:[30]

Die Beklagte wird verurteilt, für den Zeitraum vom 1. 1. 2011 bis 30. 6. 2011 einen Buchauszug zu erstellen, aus dem sich
– alle von dem Kläger in diesem Zeitraum vermittelten Geschäfte
– alle von der Beklagten in dem Zeitraum im Bereich der Stadt ... abgeschlossenen Geschäfte
ergeben, und zwar jeweils unter Angabe von Datum, Vertragspartner, Kaufpreis, gelieferter Ware, Sonderkonditionen.

5. Verurteilung zu nicht vertretbaren Handlungen

a) Uneingeschränkter Widerruf einer Behauptung:[31]

Der Beklagte wird verurteilt, die von ihm aufgestellte Behauptung, ..., zu widerrufen, und zwar schriftlich gegenüber

---

[28] § 861 BGB.
[29] § 257 BGB.
[30] § 87 c II HGB.
[31] Erforderlich ist, dass die Unwahrheit der Behauptung feststeht: vgl. Palandt/*Sprau*, Einf. vor § 823 Rn. 32.

☐ dem Kläger persönlich;   ☐ den nachfolgenden Personen: ...
☐ Dem Kläger wird die Befugnis zuerkannt, bis spätestens 1. 6. 2012 Rubrum und Tenor des Urteils einmal in der Tageszeitung ..., Ausgabe Samstag, in einer Größe von 6 × 8 cm zu veröffentlichen. Die Kosten der Veröffentlichung hat der Beklagte zu tragen.

b) Eingeschränkter Widerruf:[32]
Der Beklagte wird verurteilt, folgende Erklärung gegenüber ... schriftlich abzugeben: „..."
☐ Dem Kläger wird die Befugnis zuerkannt, bis spätestens 1. 12. 2012 Rubrum und Tenor des Urteils einmal in der Tageszeitung ..., Ausgabe Samstag, in einer Größe von 6 × 10 cm zu veröffentlichen. Die Kosten der Veröffentlichung hat der Beklagte zu tragen.[33]

c) Einsicht in Geschäftsbücher:[34]
Die Beklagte wird verurteilt, dem Kläger oder einem von ihm zu bestimmenden Wirtschaftsprüfer oder vereidigten Sachverständigen Einsicht in die Geschäftsbücher und Vertragsunterlagen zu gewähren, soweit es sich um den Abschluss von Liefergeschäften für den Zeitraum vom 1. 1. 2011 bis 30. 6. 2011 für das Stadtgebiet ... handelt.

d) Duldung einer Reparatur:[35]
Der Beklagte wird verurteilt, zu dulden, dass im Hause ... die in seiner Wohnung im ... Stock befindliche Heizung repariert wird. Diese Duldungspflicht umfasst insbesondere,
– dass der Beklagte in der Tageszeit von 7 Uhr morgens bis abends 18 Uhr Handwerkern den Zutritt zu der Wohnung ermöglicht;
– gleichzeitig die Möbelstücke beiseite geschoben werden, damit die Handwerker an die für die Reparatur notwendigen Rohre und Heizkörper gelangen können.

6. Verurteilung zur Unterlassung

a) Wettbewerbsrecht.
Die Beklagte wird verurteilt, es zu unterlassen, folgende Waren in Verkehr zu bringen und dafür zu werben: ...
Der Beklagten wird für jeden Fall der Zuwiderhandlung ein Ordnungsgeld von 500,- €, ersatzweise für den Fall, dass dieses nicht beigetrieben werden kann, für je 50,- € ein Tag Ordnungshaft angedroht, zu vollstrecken an dem Geschäftsführer ... als gesetzlichen Vertreter der Beklagten.

b) Unzulässige Allgemeine Geschäftsbedingungen:[36]
D... Beklagte wird verurteilt, bei Meidung von Ordnungsgeld für jeden Fall der Zuwiderhandlung bis zu 250 000,- €, ersatzweise von Ordnungshaft bis zu sechs Monaten
☐ zu vollstrecken an de... Geschäftsführer... d... Beklagten,
es zu unterlassen,
☐ in Bezug auf ...-Verträge
folgende Allgemeine Geschäftsbedingungen in der angegebenen Form oder inhaltsgleiche Bestimmungen
☐ ausgenommen gegenüber
  ☐ einem Unternehmer
  ☐ juristischen Personen des öffentlichen Rechts oder einem öffentlich-rechtlichen Sondervermögen
zu verwenden: ...
☐ D... Beklagte wird außerdem verurteilt, es zu unterlassen, sich im Rechtsverkehr bei der Abwicklung derartiger ...-Verträge auf die genannten Klauseln im Umfang der Untersagung zu berufen.

---

[32] Palandt/*Sprau*, Einf. vor § 823 Rn. 28.
[33] Zur Veröffentlichungsbefugnis bei eingeschränktem Widerruf: Palandt/*Sprau*, Einf. vor § 823 Rn. 30.
[34] § 87c IV HGB.
[35] § 554 BGB.
[36] §§ 9, 11 UKlaG.

☐ D... Beklagte wird weiterhin verurteilt, es zu unterlassen, die Verwendung der vorgenannten Klauseln gegenüber ... zu empfehlen
  ☐ und die bereits ausgesprochene Empfehlung gegenüber ... zu widerrufen.
☐ D... Kläger... wird die Befugnis zugesprochen, die Urteilsformel mit der Bezeichnung des verurteilten Verwenders/Empfehlers auf Kosten d... Beklagten im Bundesanzeiger, im Übrigen auf eigene Kosten bekanntzumachen.
☐ Diese Befugnis ist auf den Zeitraum bis ... begrenzt.
☐ Im Übrigen wird die Klage abgewiesen.

c) Ehrenschutz – uneingeschränkte Verurteilung:

Der Beklagte wird verurteilt, es zu unterlassen, weiter die Behauptung zu verbreiten, ...
Dem Beklagten wird für jeden Fall der Zuwiderhandlung ein Ordnungsgeld von 1000,– €, ersatzweise für den Fall, dass dieses nicht beigetrieben werden kann, für je 50,– € ein Tag Ordnungshaft angedroht.

d) Ehrenschutz – Verurteilung mit Einschränkungen:

Die Beklagte wird verurteilt, es zu unterlassen, das in ihrem Verlag erschienene Buch des Autors ... mit dem Titel „..." weiter zu verbreiten, solange nicht folgende Textstellen unkenntlich gemacht sind: Seite ...: „..."; Seite ...: „...".
... (Androhung von Ordnungsmaßnahmen).
☐ Dem Kläger wird die Befugnis zuerkannt, Rubrum und Tenor des Urteils bis spätestens 1. 6. 2012 einmal im Börsenblatt des Deutschen Buchhandels zu veröffentlichen.[37] Die Kosten der Veröffentlichung hat die Beklagte zu tragen.

e) Ehrenschutz – Verurteilung mit Klarstellung:

Der Beklagte wird verurteilt, das von ihm verfasste Buch „..." solange nicht mehr zu verbreiten, als nicht durch einen Zusatz zu dem Kapitel „..." (S. ...) klargestellt ist, dass der Autor den Mitarbeitern der Firma ... nicht mehr unterstellt, diese hätten ...
... (Androhung von Ordnungsmaßnahmen).

f) Lärmbelästigung:

Die Beklagten werden verurteilt, es zu unterlassen, in der Wohnung ..., ... Stock, in der Zeit von 22 Uhr abends bis 7 Uhr morgens solche handwerklichen Arbeiten auszuführen, dass der Kläger erheblich in seiner Nachtruhe gestört wird.

g) Zwangsvollstreckung:

Die Beklagte wird verurteilt, die Zwangsvollstreckung aus dem Vollstreckungsbescheid des Amtsgerichts ... vom ..., Aktenzeichen ... zu unterlassen
☐ und den genannten Titel an den Kläger herauszugeben.

12 ## 7. Verurteilung zur Abgabe einer Willenserklärung[38]

a) Auflassung:

Der Beklagte wird verurteilt, das Grundstück ..., eingetragen im Grundbuch von ..., Band ..., Blatt ... an den Kläger aufzulassen
☐ und zwar Zug um Zug gegen Zahlung von 130 000,– €, zu zahlen auf das Notaranderkonto des Notars ...
☐ und zwar Zug um Zug gegen Übernahme der in Abt. III, Nr. 1 eingetragenen Schuld aus der Briefhypothek in Höhe von 50 000,– € nebst Zinsen gegenüber der ...

b) Bauhandwerkersicherungshypothek:

Der Beklagte wird verurteilt, die Eintragung einer Bauhandwerkersicherungshypothek zugunsten des Klägers auf dem Grundstück ..., eingetragen im Grundbuch von ..., Band ..., Blatt ... wegen

---

[37] Zur Veröffentlichungsbefugnis bei Unterlassungsverpflichtungen: Palandt/*Sprau*, Einf. vor § 823 Rn. 30.
[38] §§ 894, 895 ZPO.

einer Forderung von 33 217,23 € nebst 5% Zinsen p. a. daraus seit dem 29. 6. 2010 und einer Kostenpauschale von 2500,– € – in Ausnutzung des Ranges entsprechend der in Abt. III, Nr. ... eingetragenen Vormerkung – zu bewilligen.

c) Grundbuchberichtigung:
Der Beklagte wird verurteilt, zu bewilligen, dass hinsichtlich des Grundstücks ..., eingetragen im Grundbuch von ..., Band ..., Blatt ...
– in Abt. I, Nr. ... der Beklagte als Eigentümer gelöscht und nunmehr die Klägerin als Eigentümer eingetragen wird;
– in Abt. III, Nr. ... die zu seinen Gunsten eingetragene Eigentümergrundschuld von 50 000,– € gelöscht wird.

d) Erfüllung eines Kaufvertrages – Stückschuld:
Der Beklagte wird verurteilt, an den Kläger die in seinem Besitz befindliche Druckmaschine Marke ..., Modell ..., Identnummer ... an den Kläger zu übergeben und zu übereignen.

e) Erfüllung eines Kaufvertrages – Gattungsschuld:
Der Beklagte wird verurteilt,
– an den Kläger 500 Zentner Kartoffeln, Güteklasse 1 zu liefern;
– hinsichtlich der von dem Gerichtsvollzieher ausgewählten Lieferungsobjekte das Eigentum an den Kläger zu übertragen.

f) Mieterhöhung:[39]
Die Beklagten werden verurteilt, einer Mieterhöhung für die Wohnung ... von 573,– € um 18,– € auf 591,– € netto monatlich mit Wirkung ab 1. 3. 2011 zuzustimmen.

g) Auszahlung eines hinterlegten Betrages:
Der Beklagte wird verurteilt, dahin einzuwilligen, dass der bei dem Amtsgericht ... – Hinterlegungsstelle – unter dem Aktenzeichen ... hinterlegte Betrag von 10 000,– € an die Klägerin ausgezahlt wird.

II. Feststellungsurteile

1. Urteile auf Abweisung der Klage

a) Volle Abweisung:
☐ Die Klage wird abgewiesen.
☐ Die Widerklage wird abgewiesen.

b) Teilweise Abweisung der Klage bei gleichzeitiger Verurteilung bezüglich des Restes:
☐ Der Beklagte wird verurteilt, ... Im Übrigen wird die Klage abgewiesen.
☐ Unter Abweisung der Klage im Übrigen wird der Beklagte verurteilt, ...

c) Teilweise Abweisung der Klage durch Teilurteil (ohne gleichzeitige Verurteilung hinsichtlich des Restes):
☐ Die Klage wird hinsichtlich des Klageantrages Ziff. 2 abgewiesen.
☐ Die Klage wird insoweit abgewiesen, als der Kläger Zahlung von ... € nebst ... % Zinsen p. a. daraus seit dem ... verlangt.
☐ Die Klage wird insoweit abgewiesen, als der Kläger mehr als 10 000,– € nebst ... % Zinsen p. a. daraus seit dem ... verlangt.

2. Feststellung von Rechtsverhältnissen

a) Positive Feststellung:
☐ Es wird festgestellt, dass der Gesellschaftsvertrag vom 17. Januar 2011 rechtswirksam zustande gekommen ist.

---

[39] § 558 BGB.

☐ Es wird festgestellt, dass der zwischen den Parteien abgeschlossene Gesellschaftsvertrag vom 17. Januar 2011 mit Wirkung ab 1. März 2011 in Kraft getreten ist.

b) Negative Feststellung:
Es wird festgestellt, dass dem Beklagten aus dem Pachtverhältnis vom 24. 1. 2009 betreffend ... keine Forderungen mehr zustehen.

c) Feststellung der Beendigung eines Rechtsverhältnisses:
Es wird festgestellt, dass der zwischen den Parteien bestehende Handelsvertretervertrag durch die Kündigung der Klägerin vom 29. 9. 2010 mit Wirkung vom 31. 12. 2010 beendet worden ist.

d) Feststellung des Weiterbestehens eines Rechtsverhältnisses:
Es wird festgestellt, dass der gemäß Beschluss des Vorstandes des Beklagten vom 10. Februar 2011 erfolgte Ausschluss des Klägers unwirksam ist und das Mitgliedschaftsverhältnis des Klägers weiter besteht.

15 *e) Feststellung der Schadensersatzpflicht in Folge Verkehrsunfalls:*
Es wird festgestellt, dass
☐ der Beklagte verpflichtet ist,
☐ die Beklagten als Gesamtschuldner verpflichtet sind,
dem Kläger
☐ allen Schaden
☐ allen weiteren Schaden
☐ jeweils ¾ allen – weiteren – Schadens
aus dem Unfall vom ... zu ersetzen;
☐ und zwar
☐ im Rahmen der Höchstbeträge nach § 12 StVG.
☐ vorbehaltlich des Übergangs der Ansprüche auf
  ☐ den Arbeitgeber nach § 6 EFZG.
  ☐ den Dienstherrn nach § 76 BBG.[40]
  ☐ den Sozialversicherungsträger nach § 116 SGB X.
☐ Die weitergehende Feststellungsklage wird abgewiesen.

16 *f) Feststellung der Nichtigkeit eines Hauptversammlungsbeschlusses im Aktienrecht:*[41]
Es wird festgestellt, dass der in der Hauptversammlung der Beklagten vom ... gefasste Beschluss betreffend ... nichtig ist.

g) Feststellung der Unwirksamkeit eines Hauptversammlungsbeschlusses im Aktienrecht:
Es wird festgestellt, dass der Beschluss der Hauptversammlung der Beklagten vom ... betreffend
☐ die Erhöhung des Grundkapitals gemäß § 182 II AktG
☐ die Kapitalherabsetzung gemäß § 222 II AktG
unwirksam ist.

h) Feststellung der Unwirksamkeit eines Gesellschafterbeschlusses im Bereich der Personengesellschaften:
Es wird festgestellt, dass der Beschluss der Gesellschafterversammlung der Beklagten vom ... betreffend die Aufnahme des Kaufmanns ... unwirksam ist.

17 *i) Feststellung einer Forderung zur Tabelle eines Insolvenzverfahrens:*[42]
Die von der Klägerin in dem Insolvenzverfahren betreffend die ... KG – Amtsgericht ..., Aktenzeichen ... – angemeldete Forderung von 10 000,– € nebst 5% Zinsen p.a. seit 10. 1. 2010 wird zur Tabelle des Insolvenzverfahrens festgestellt.

---

[40] In Frage kommen auch entsprechende Vorschriften der Landesbeamtengesetze.
[41] § 241 AktG.
[42] §§ 179 ff. InsO.

j) Feststellung einer Masseschuld in der Insolvenz:
Es wird festgestellt, dass der Klägerin aus dem Leasing-Vertrag vom 13. 3. 2009 für die Zeit vom 20. 6. 2010 bis 30. 9. 2010 eine als Masseschuld bevorrechtigte Forderung gemäß §§ 209 I Nr. 2, 209 II Nr. 2 InsO von 1 000,- € zusteht.

k) Feststellung auf Widerspruch nach § 179 II InsO:
Der von dem Kläger in dem Insolvenzverfahren betreffend die ... KG – Amtsgericht ..., Aktenzeichen ... – erhobene Widerspruch gegen die von der Beklagten zur Tabelle des Insolvenzverfahrens aufgrund des rechtskräftigen Versäumnisurteils des Landgerichts ... vom ..., Aktenzeichen ... angemeldete Forderung von 10 000,- € ist gerechtfertigt.

l) Feststellung des Nichtbestehens einer Masseverbindlichkeit in der Insolvenz:
Es wird festgestellt, dass der Firma ..., aus dem Maklervertrag vom ... keine Provisionsforderung von 10 000,- € als Masseverbindlichkeit in dem Insolvenzverfahren der Firma ... KG – Amtsgericht ..., Aktenzeichen ... – zusteht.

m) Feststellung der Berechtigung aus einer Hinterlegung:
Es wird festgestellt, dass der von dem ..., bei dem Amtsgericht ... unter dem Aktenzeichen ... zugunsten der Parteien hinterlegte Betrag von 10 000,- € nebst den Zinsen dem Kläger zusteht.

n) Zusätzliche negative Feststellung einer Forderung neben Leistungsurteil:
Es wird festgestellt, dass dem Kläger über den
☐ durch Urteil vom 28. 1. 2011 zuerkannten Betrag von 10 000,- € hinaus
☐ mit der Klage geltend gemachten Betrag von 10 000,- € hinaus kein weiterer Anspruch auf Schadensersatz zusteht.

o) Zwischenfeststellungsurteil:[43]
Es wird festgestellt, dass das zwischen den Parteien bestehende Pachtverhältnis betreffend die Gaststätte „..." in ... über den 31. 12. 2011 hinaus fortbesteht
☐ und der Beklagte verpflichtet ist, auch ab 1. 1. 2012 einen monatlichen Pachtzins von 2000,- € zu zahlen.

p) Feststellung über die Echtheit bzw. Unechtheit einer Urkunde:
☐ Es wird festgestellt, dass der Schuldschein vom 10. 1. 2011 über die Aus- und Rückzahlung eines Darlehens von 25 000,- € von dem Beklagten unterschrieben ist.
☐ Es wird festgestellt, dass der Schuldschein vom 10. 1. 2011 über Aus- und Rückzahlung eines Darlehens von 25 000,- € nicht die Unterschrift des Klägers trägt.

III. Gestaltungsurteile

1. Materielle Gestaltungsurteile

a) Auflösung einer oHG:[44]
Die zwischen den Parteien bestehende, unter der gemeinsamen Firma ... oHG betriebene offene Handelsgesellschaft, eingetragen im Handelsregister des Amtsgerichts ... Aktenzeichen HRA ..., wird aufgelöst.

b) Ausschließung eines Gesellschafters aus der oHG:[45]
Der Beklagte wird aus der zwischen den Parteien bestehenden, unter der gemeinsamen Firma ... oHG betriebenen offenen Handelsgesellschaft, eingetragen im Handelsregister des Amtsgerichts ... Aktenzeichen HRA ..., ausgeschlossen.

---

[43] § 256 II ZPO.
[44] §§ 131 I Nr. 4, 133 HGB.
[45] § 140 HGB.

c) Entziehung der Geschäftsführungsbefugnis und/oder der Vertretungsmacht des Komplementärs bei der oHG:[46]

Dem Beklagten wird die ihm
☐ nach dem Gesellschaftsvertrag vom ... zustehende
☐ kraft Gesetzes zustehende
☐ Geschäftsführungsbefugnis   ☐ und Vertretungsbefugnis
hinsichtlich der unter der Firma ... betriebenen offenen Handelsgesellschaft, eingetragen im Handelsregister des Amtsgerichts ... Aktenzeichen HRA ... entzogen.

d) Ausschließung eines Gesellschafters aus der GmbH:[47]

Der Beklagte wird aus der unter der Firma ... GmbH betriebenen, im Handelsregister des Amtsgerichts ... Aktenzeichen HRB ... eingetragenen GmbH ausgeschlossen. Die Ausschließung wird wirksam, falls die Klägerin dem Beklagten bis spätestens 31. 12. 2012 einen Betrag von 10 000,- € als Gegenwert für seinen Geschäftsanteil zahlt.

e) Anfechtung eines Hauptversammlungsbeschlusses im Aktienrecht:[48]

Der Beschluss der Hauptversammlung der Beklagten vom ... betreffend ... (Urkunde des Notars ... Nr. ...) wird für nichtig erklärt.

f) Herabsetzung einer Vertragsstrafe:[49]

☐ Die in § ... des Vertrages zwischen den Parteien vom ... zu Lasten d... Kläger... vereinbarte Vertragsstrafe wird auf ... € herabgesetzt.
☐ Es wird festgestellt, dass d... Kläger... nicht verpflichtet ist/sind, eine über ... € hinausgehende Vertragsstrafe zu zahlen.

2. Prozessuale Gestaltungsurteile

a) Vollstreckungsgegenklage:[50]

Die Zwangsvollstreckung aus dem Urteil des ...gerichts ... vom ..., Az.: ... wird
☐ für unzulässig erklärt.
☐ insoweit für unzulässig erklärt, als der dortige Beklagte und jetzige Kläger verurteilt worden ist, ... € nebst ...% Zinsen p. a. daraus seit dem ... zu zahlen.
☐ teilweise für unzulässig erklärt, nämlich insoweit die Verurteilung über einen Betrag von ... € nebst ...% Zinsen p. a. daraus seit dem ... hinausgeht.

b) Abänderungsklage:[51]

Das Urteil des ...gerichts ... vom ..., Aktenzeichen ... wird dahin abgeändert, dass
☐ d... Kläger... ab dem ... nur noch eine monatliche Rente von ... € zu zahlen hat.
☐ mit Wirkung vom ... die Verurteilung zur Zahlung einer Rente entfällt.
☐ d... Beklagte ab dem ... nunmehr eine monatliche Rente von ... € zu zahlen hat, und zwar fällig jeweils am ...

c) Drittwiderspruchsklage:[52]

Die Zwangsvollstreckung d... Beklagten in die laut Pfändungsprotokoll des Gerichtsvollziehers ... in .... vom ..., Aktenzeichen ... gepfändeten Sachen, nämlich ... wird für unzulässig erklärt.

---

[46] §§ 117, 127 HGB.
[47] §§ 21, 34, 47 GmbHG.
[48] §§ 243, 248 AktG.
[49] § 343 BGB – eine solche Herabsetzung kommt nur bei individuell vereinbarten Vertragsstrafen in Betracht (bei Kaufleuten, siehe § 348 HGB). Bei im Wege von AGB vereinbarten Vertragsstrafen ist ein Verstoß gegen § 307 BGB bzw. § 309 Nr. 6 BGB vorrangig und führt zur Unwirksamkeit der Regelung insgesamt.
[50] § 767 ZPO.
[51] § 323 ZPO.
[52] § 771 ZPO.

d) Klage auf vorzugsweise Befriedigung:[53]

D... Kläger... ist wegen einer Forderung von .... € nebst ...% Zinsen p. a. daraus seit dem ... aus dem Reinerlös des folgenden, im Auftrag d... Beklagten bei dem Schuldner ... gepfändeten Gegenstands ... (Pfändungsprotokoll des Gerichtsvollziehers ... in ..., Aktenzeichen ...) vorab zu befriedigen.

e) Widerspruchsklage gegen den Teilungsplan:[54]

Der Widerspruch d... Kläger... gegen den im Verteilungsverfahren von dem Amtsgericht – Vollstreckungsgericht ..., Aktenzeichen ... aufgestellten Verteilungsplan vom ... wird für begründet erklärt.

☐ Der auf Anordnung des Gerichts hinterlegte Betrag von ... € ist an d... Kläger... auszuzahlen.
☐ Die Anfertigung eines neuen Plans und die Durchführung eines anderweitigen Verteilungsverfahrens wird angeordnet.

f) Geltendmachung der beschränkten Erbenhaftung:[55]

Die Zwangsvollstreckung d... Beklagte... in die gemäß Pfändungsprotokoll des Gerichtsvollziehers .... in ... vom ..., Aktenzeichen ... gepfändeten Sachen, nämlich ...

☐ wird für unzulässig erklärt.
☐ wird dahin eingeschränkt, dass die Verwertung der gepfändeten Sachen erst ab dem ... erfolgen darf.

g) Klauselerteilungsverfahren:[56]

☐ Die Erteilung einer Vollstreckungsklausel zugunsten d... Kläger... betreffend die Zwangsvollstreckung aus dem Urteil des ...gerichts ... vom ..., Aktenzeichen ... gegen d... Beklagte... wird für zulässig erklärt.
☐ Die gegen d... Kläger... erteilte Vollstreckungsklausel zugunsten der Kläger ... betreffend die Zwangsvollstreckung aus dem Urteil des ...gerichts ... vom ..., Aktenzeichen ... wird für unzulässig erklärt.

IV. Zwischenurteile

1. Zulässigkeit der Klage[57]

a) Zuständigkeit:

Das angerufene Landgericht ... ist
☐ örtlich ☐ und
☐ sachlich zuständig.

b) Persönliche Prozessvoraussetzungen:

Es wird festgestellt, dass d... ☐ Kläger... ☐ d... Beklagte...
☐ parteifähig
☐ prozessfähig
☐ prozessführungsbefugt
ist/sind.

c) Einrede des Schiedsvertrages:

Die Einrede des Schiedsvertrages ist nicht begründet.

d) Einrede der mangelnden Kostenerstattung:[58]

Die Einrede der mangelnden Kostenerstattung ist nicht begründet.

---

[53] § 805 ZPO.
[54] §§ 878 ZPO, 115 ZVG.
[55] §§ 780, 785 ZPO.
[56] §§ 731, 768 ZPO.
[57] § 280 ZPO.
[58] § 269 VI ZPO.

e) Sicherheitsleistung:[59]
D... Kläger... ist
☐ nicht verpflichtet, für die Prozesskosten Sicherheit zu leisten.
☐ verpflichtet, für die Prozesskosten Sicherheit in Höhe von ... € zu leisten, und zwar binnen eines Monats nach Verkündung dieses Urteils.

f) Rechtsschutzbedürfnis:
Es wird festgestellt, dass für die Klage ein Rechtsschutzbedürfnis besteht.

2. Grundurteil

a) Volle Bejahung des Anspruchsgrundes:
☐ Die Klage ist dem Grunde nach gerechtfertigt.
☐ Klage und Widerklage werden dem Grunde nach für gerechtfertigt erklärt.
☐ Die Klage wird abgewiesen. Die Widerklage wird dem Grunde nach für gerechtfertigt erklärt.
☐ Die Klage ist dem Grunde nach gerechtfertigt. Die Widerklage wird abgewiesen.

b) Quotenmäßige Bejahung des Anspruchsgrundes:
☐ Die Klage ist dem Grunde nach zu ½ gerechtfertigt.
☐ Die (Teil-)Klage ist dem Grunde nach zu ½ des aus dem Unfall vom ... entstandenen Schadens gerechtfertigt.[60]

c) Begrenzung nach § 12 StVG:
Die Klage ist dem Grunde nach
☐ voll ☐ zu ...
innerhalb der Höchstgrenzen des § 12 StVG gerechtfertigt.

d) Vorbehalt des Anspruchsübergangs:
Die Klage ist dem Grunde nach
☐ voll ☐ zu ...
gerechtfertigt, jedoch vorbehaltlich des Anspruchsübergangs auf
☐ den Arbeitgeber nach § 6 EFZG.
☐ den Dienstherrn nach § 76 BBG.[61]
☐ den Sozialversicherungsträger nach § 116 SGB X.

e) Vorbehalt der Haftungsbeschränkung:
Die Klage ist dem Grunde nach
☐ voll ☐ zu ...
gerechtfertigt, jedoch vorbehaltlich einer Haftungsbeschränkung nach § 305 I ZPO.

---

[59] §§ 110, 112 ZPO.
[60] *Baumbach/Lauterbach/Albers/Hartmann*, § 304 Rn. 15 „Mitverschulden" und Rn. 16 „Schmerzensgeld".
[61] In Frage kommen auch entsprechende Vorschriften der Landesbeamtengesetze.

Muster 87: Grundtypen von Kostenentscheidungen[62]

I. Grundtyp 1: Volle Kostenlast (§ 91 ZPO)[63]

1. Es ist nur eine unterliegende Partei vorhanden:

☐ D... Kläger... hat/haben die Kosten des Rechtsstreits zu tragen.
☐ D... Beklagte... hat/haben die Kosten des Rechtsstreits zu tragen.

2. Es sind mehrere unterliegende Kläger vorhanden:

a) Im Regelfall besteht Haftung nach Kopfteilen (§ 100 I ZPO), wobei der Kopfteil nicht angegeben wird.

☐ D... Kläger... haben die Kosten des Rechtsstreits zu tragen.

b) Bei unterschiedlicher Beteiligung kann auf deren Verhältnis abgestellt werden (§ 100 II ZPO).

☐ Von den Kosten des Rechtsstreits haben d... Kläger .. zu 1) ...% und d... Kläger... zu 2) ...% zu tragen.

c) Hat ein Kläger durch besondere Angriffsmittel zusätzliche Kosten verursacht, so werden sie ihm im Wege der Kostentrennung vorweg auferlegt (§ 100 III ZPO):

☐ Von den Kosten des Rechtsstreits hat d... Kläger... zu ...) die durch die Beweisaufnahme gemäß Beweisbeschluss vom ... entstandenen Kosten vorab zu tragen; von den übrigen Kosten des Rechtsstreits haben d... Kläger... zu 1) ...% und d... Kläger... zu 2) ...% zu tragen.

3. Es sind mehrere unterliegende Beklagte vorhanden:

a) Im Regelfall gelten die gleichen Regelungen wie für mehrere unterliegende Kläger.

b) Bei Verurteilung in der Hauptsache als Gesamtschuldner gilt die Sonderregelung des § 100 IV ZPO.

☐ Die Beklagten haben die Kosten des Rechtsstreits als Gesamtschuldner zu tragen.

II. Grundtyp 2: Kostenverteilung (§ 92 I ZPO)[64]

1. Begriff des Teilunterliegens

Ein Teilunterliegen liegt vor, wenn dem Klageantrag bzw. Widerklageantrag einer Partei nicht voll entsprochen und insoweit die Klage bzw. Widerklage abgewiesen wird; dabei ist unerheblich, ob der abgewiesene Teil des Antrags streitwertmäßig ins Gewicht fällt. Im Einzelnen sind folgende Fälle des Teilunterliegens zu erwähnen:

a) Teilweises Abweisen der Klage.
b) Verurteilung zur Leistung nur Zug-um-Zug anstatt vollumfänglich.
c) Verurteilung zur Leistung zu einem späteren Zeitpunkt anstatt vollumfänglich.
d) Abweisung von Klage und Widerklage.

---

[62] *Baumbach/Lauterbach/Albers/Hartmann*, Übersicht § 91 Rn. 1 ff.
[63] *Baumbach/Lauterbach/Albers/Hartmann*, § 91 Rn. 1 ff.
[64] *Baumbach/Lauterbach/Albers/Hartmann*, § 92 Rn. 1 ff.

e) Stattgeben von Klage und Widerklage.

f) Abweisung des Hauptantrages, Stattgeben des Hilfsantrages.

g) Verurteilung mehrerer Beklagter als Teilschuldner anstatt als Gesamtschuldner.[65]

h) Abweisung von Nebenforderungen (z. B. Zinsen; vorprozessuale Auslagen).

i) Verurteilung nach dem geänderten Klageantrag, wenn der frühere Antrag besondere Kosten veranlasst hat (analog § 96 ZPO).

j) Abweisung der Klage wegen Durchgreifens der Hilfsaufrechnung (im Hinblick auf §§ 322 II ZPO, 45 III GKG).

k) Teilweises Abweisen der Klage bei einem (zulässigerweise) unbezifferten Klageantrag, wenn der zugesprochene Betrag unter dem vom Kläger (notwendigerweise) angegebenen Mindestbetrag oder Eckwert oder außerhalb der von ihm zumindest angegebenen Größenordnung liegt.[66]

l) Verurteilung nur unter Vorbehalt der beschränkten Erbenhaftung (§§ 305, 780 ZPO) anstatt vollumfänglich.

m) Einem Teilunterliegen ist die teilweise Klagerücknahme gleichzustellen, da insoweit der Kläger die Rechtsverfolgung mit der Kostenfolge des § 269 III 2 ZPO aufgibt.

4 Die Lösung der Kostenfrage bei Stellung von Hilfsanträgen hängt entscheidend von der Bestimmung des Streitwerts ab. Nach § 45 I 2 GKG wird ein hilfsweise geltend gemachter Anspruch mit dem Hauptanspruch zusammengerechnet, soweit eine Entscheidung über ihn ergeht. Eine Ausnahme besteht nur, wenn Haupt- und Hilfsantrag denselben Gegenstand betreffen; dann ist der Wert des höheren Antrags maßgebend (§ 45 I 3 GKG). Damit ergeben sich für die Kostenentscheidung folgende Konsequenzen:

– Kein Teilunterliegen liegt vor, wenn nur über den Hauptanspruch entschieden wird.

– Ein Teilunterliegen liegt dagegen vor, wenn der Hauptantrag abgewiesen und über den Hilfsantrag entschieden wird. Das gilt jedenfalls dann, wenn der Hilfsantrag geringerwertig ist als der Hauptantrag. Hat er dagegen einen höheren Wert, ist umstritten, ob ein Teilunterliegen vorliegt. Bei Bejahen eines Teilunterliegens ist in diesen Fällen entsprechend den Einzelstreitwerten von Haupt- und Hilfsantrag zu quoteln. Wird der Hilfsantrag teilweise abgewiesen, ist dies bei der Quotelung ebenfalls zu berücksichtigen: Der Wert des abgewiesenen Hauptantrags und der Wert der Teilabweisung des Hilfsantrags sind in das Verhältnis zu setzen zu dem Wert des teilweise stattgegebenen Hilfsantrags.[67]

– Ein Teilunterliegen liegt nicht vor, wenn Haupt- und Hilfsantrag hinsichtlich der wirtschaftlichen Zielsetzung gleichwertig sind (§ 45 I 3 GKG).

5 *2. Maßstäbe für die Verteilung der Kosten*

a) Ausgangspunkt für die Kostenverteilung ist das Verhältnis des gegenseitigen Obsiegens und Unterliegens. Dabei wird in erster Linie auf die Streitwerte abgestellt. Daraus folgt, dass bei nicht bezifferten Klageanträgen der Streitwert spätestens bei Erlass des Urteils festgesetzt werden muss.

(1) Bei (zulässigerweise) unbezifferten Anträgen ist eine Kostenquotelung nur dann gerechtfertigt, wenn der zugesprochene Betrag unter dem vom Kläger (notwendigerweise) angegebenen Mindestbetrag oder Eckwert oder außerhalb der von ihm zumindest angegebenen Größenordnung liegt.

(2) Bei Teilabweisungen, die streitwertmäßig nicht ins Gewicht fallende Teile betreffen, ist eine Beteiligung des Klägers geboten, wenn die Teilabweisung besondere Kosten verursacht hat, z. B. durch eine Beweisaufnahme, oder bei einer erheblichen Abweichung.

---

[65] *Baumbach/Lauterbach/Albers/Hartmann*, § 92 Rn. 15 „Kopfhaftung".
[66] *Baumbach/Lauterbach/Albers/Hartmann*, § 92 Rn. 21 „Schmerzensgeld".
[67] *Baumbach/Lauterbach/Albers/Hartmann*, § 92 Rn. 12; *Zöller/Herget*, § 92 Rn. 8.

(3) Bei Abweisung des Hauptantrags und Stattgeben des Hilfsantrages sind verschiedene Fallkonstellationen zu unterscheiden:
– Handelt es sich um verschiedene Sachverhalte, so richtet sich die Quotelung nach dem Verhältnis von Haupt- und Hilfsantrag.
– Eine Quotelung unterbleibt, wenn Haupt- und Hilfsantrag nach ihrer Zielsetzung auf das gleiche wirtschaftliche Interesse gerichtet sind.
– Sind die Sachverhalte für Haupt- und Hilfsantrag identisch, ohne dass der Fall der wirtschaftlichen Identität vorliegt, so muss eine Quotelung stattfinden. Ist der Wert des Hauptantrages höher als der Hilfsantrags, so ist der Wert der beiden Anträge in ein entsprechendes Verhältnis zu setzen. Umstritten ist dagegen, ob eine Quotelung stattfinden soll, wenn der Hilfsantrag höherwertiger ist als der Hauptantrag.

b) Bei Veränderung des Streitwerts während des Verfahrens ist entsprechend dem Verursachungsprinzip zu berücksichtigen, aus welchen Streitwerten die jeweiligen Gebühren angefallen sind und ob die entstandenen Auslagen auf bereits erledigte Teile zu konkretisieren sind (gebührenbezogene Kostenquotelung).

Es findet dann entsprechend dem Verhältnis von Obsiegen und Unterliegen eine Verteilung der jeweiligen Kosten statt; anschließend ist aus der rechnerischen Belastung der Parteien wieder eine Gesamtquote zu bilden.

c) Entsprechend dem Verursachungsprinzip sind auch die Fälle der Kostentrennung einzubeziehen.

Es kann außerdem berücksichtigt werden, dass bestimmte Gebühren und Auslagen nur Teile des Streitgegenstandes betrafen, z.B. eine Beweisaufnahme nur hinsichtlich der Widerklage angeordnet wurde.

d) Von einer Verteilung der Kosten kann nach § 92 II ZPO bei einer verhältnismäßig geringfügigen Zuvielforderung, die keine oder nur geringfügig höhere Kosten verursacht hat sowie dann abgesehen werden, wenn der Betrag der Forderung von der Festsetzung durch richterliches Ermessen, von der Ermittlung durch Sachverständige oder von einer gegenseitigen Berechnung abhängig war.[68]

Ob eine Geringfügigkeit im Sinne des § 92 II ZPO vorliegt, ist aufgrund der gesamten Umstände des Einzelfalls durch Ermittlung des Verhältnisses der zugesprochenen Leistung zur ursprünglichen Klageforderung zu ermitteln. Kosten hat die Zuvielforderung insbesondere dann verursacht, wenn bei den Gerichtskosten oder bei den Anwaltskosten die Mehrforderung zu einem Sprung in der jeweiligen Gebührentabelle geführt hat.

3. Die technische Durchführung der Kostenverteilung

Die technische Durchführung der Kostenverteilung kann in verschiedener Weise erfolgen:

a) Die Kosten des Rechtsstreits werden gegeneinander aufgehoben.

In diesem Fall hat jede Partei ihre außergerichtlichen Kosten zu tragen, während die Gerichtskosten geteilt werden (§ 92 I 2 ZPO). Diese Kostenverteilung kommt bei annähernd gleichem Obsiegen und Unterliegen der Parteien in Frage. Sie vereinfacht die kostenmäßige Abwicklung, da hinsichtlich der außergerichtlichen Kosten ein Kostenausgleich (§ 106 ZPO) nicht stattfindet. Der Kostenbeamte kann die noch offenen Gerichtskosten unter Berücksichtigung der geleisteten Vorschüsse hälftig auf die beiden Parteien verteilen.

b) Die Kosten des Rechtsstreits haben die Parteien jeweils zur Hälfte zu tragen.

In diesem Fall werden im Unterschied zur Kostenaufhebung die außergerichtlichen Kosten der Parteien in die Halbierung einbezogen, so dass ein Kostenausgleich nach § 106 ZPO stattfinden muss. Rechnerisch kann dies zu einer von der Kostenaufhebung abweichenden Verteilung der Kosten füh-

---

[68] *Baumbach/Lauterbach/Albers/Hartmann*, § 92 Rn. 44 ff.; *Zöller/Herget*, § 92 Rn. 10 ff.

ren, wenn die außergerichtlichen Kosten der Parteien ausnahmsweise differieren (Beispiele: in einem Amtsgerichtsprozess ist nur eine Partei anwaltlich vertreten; eine Partei hatte zusätzliche Reisekosten, für einen Verkehrsanwalt); an den höheren Kosten ist die Gegenpartei zur Hälfte beteiligt.

c) Von den Kosten des Rechtsstreites haben d... Kläger...% und d... Beklagte...% zu tragen.

Diese Art der Kostenverteilung ist die häufigste, da sie bei einem Teilobsiegen zu einer gerechten Kostenverteilung führt. Die Quoten können in Bruchteilen oder Prozenten angegeben werden. Die Rechtsprechung verlangt allerdings nicht unbedingt eine genaue mathematische Berechnung, zumal der Differenzierung keine Grenzen gesetzt sind und sich andererseits die außergerichtlichen Kosten der Parteien bei Erlass des Urteils oft nicht genau überblicken lassen; es besteht insoweit bei der Ermittlung der Kostenquoten ein Ermessensspielraum des Gerichts.

d) D... Kläger... (Beklagte...) hat/haben die Kosten des Rechtsstreits zu tragen mit Ausnahme eines Betrages von ... €, den d... Beklagte... (Kläger...) von den eigenen außergerichtlichen Kosten selbst zu tragen hat/haben.

Diese Art der Kostenverteilung kommt ausnahmsweise in Betracht, wenn die Kostenlast einer Partei geringfügig ist, aber § 92 II ZPO nicht anwendbar ist. Die Errechnung eines festen Betrages, mit dem die eine Partei belastet wird, vermeidet irgendwelche Quoten mit zu hohen Bruchteilen.

Nicht zulässig ist es dagegen, die Kosten nach Zeitabschnitten oder Prozessabschnitten innerhalb einer Instanz oder hinsichtlich einzelner Anträge zu verteilen. Das gilt insbesondere hinsichtlich der Kosten von Klage und Widerklage, bei der der Streitwert nach § 45 I GKG zu ermitteln ist und dann eine Quotelung der gesamten Kosten des Rechtsstreits erfolgt.

4. Beispiele für die Kostenverteilung:

Beispiel 1

Klage auf Schadensersatz von 10 000,- € und Widerklage auf Feststellung, dass dem Kläger keine weiteren Ansprüche ... zustehen (Streitwert 20 000,- €). Urteil: Der Beklagte wird verurteilt, 10 000,- € zu zahlen. Auf die Widerklage wird festgestellt, dass dem Kläger keine weiteren Ansprüche ... zustehen.

> Berechnung: Gesamtstreitwert 30 000,- €
> Kläger unterliegt mit Widerklage: 20 000,- €
> Beklagter unterliegt mit Klage: 10 000,- €
> Quotelung: $^2/_3$: $^1/_3$

Kostenentscheidung: Von den Kosten des Rechtsstreits haben der Kläger $^2/_3$ und der Beklagte $^1/_3$ zu tragen.

Beispiel 2

Klage auf Zahlung von 50 000,- €; Widerklage auf Zahlung von 70 000,- €. Urteil: Der Beklagte wird verurteilt, 25 000,- € zu zahlen. Der Kläger wird verurteilt, 20 000,- € zu zahlen. Im Übrigen werden Klage und Widerklage abgewiesen.

> Berechnung: Gesamtstreitwert: 120 000,- €.
> Kläger unterliegt mit 25 000,- € + 20 000,- € = 45 000,- €
> Beklagter unterliegt mit 25 000,- € + 50 000,- € = 75 000,- €.
> Quotelung: 37,5%: 62,5% oder $^{45}/_{120}$: $^{75}/_{120}$ = $^3/_8$: $^5/_8$

Kostenentscheidung: Von den Kosten des Rechtsstreits haben der Kläger 37,5% und der Beklagte 62,5% zu tragen.

Beispiel 3

Klage auf Zahlung von 50 000,- €. Im frühen ersten Termin erklären die Parteien die Hauptsache wegen eines in der Zwischenzeit gezahlten Teilbetrages von 20 000,- € für erledigt; insoweit stellen sie wechselseitige Kostenanträge. Hinsichtlich der Restforderung von 30 000,- € verhandeln sie streitig.

Vor dem Haupttermin nimmt der Kläger die Klage in Höhe von 10 000,- € zurück. Im Haupttermin erkennt der Beklagte weitere 5000,- € an. Das Gericht erhebt sodann Beweis durch Vernehmung von zwei Zeugen und eines Sachverständigen (alle gemäß § 273 ZPO geladen). Anschließend ergeht folgendes Urteil: Der Beklagte wird verurteilt, an den Kläger 10 000,- € zu zahlen. Im Übrigen wird die Klage abgewiesen.

Materielle Kostenverteilung:
- Teilerledigung von 20 000,- €: Kosten hat Beklagter zu tragen (91a ZPO).
- Teilrücknahme von 10 000,- €: Kosten hat Kläger zu tragen (§ 269 III 2 ZPO).
- Teilanerkenntnis von 5000,- €: Kosten hat Beklagter (§ 91 ZPO).
- Streitentscheidung über 15 000,- €: Kosten haben Kläger und Beklagter entsprechend dem Verhältnis 5000 : 10000 zu tragen, Kläger $1/3$, Beklagter $2/3$.

Berechnung der Kosten:
- Kosten für das Prozessverfahren mit einem Streitwert von 50 000,- €.

gerichtliche Prozessgebühr (§ 34 I GKG, Anl. 1 Nr. 1210) =	
3 × 456,- € =	1368,00 €
anwaltliche Verfahrensgebühren (§ 2 II RVG, VV 3100: 1,3) =	
2 × 1,3 × 1046,- € =	2719,60 €
2 anwaltliche Auslagenpauschalen (§ 2 II RVG, VV 7002: 1,0) =	
2 × 20,- € =	40,00 €
19% Mehrwertsteuer aus 2759,60 € (2719,60 € + 40,- €) =	531,92 €
Summe:	4659,52 €

Hiervon haben zu tragen entsprechend dem Verhältnis von Obsiegen und Unterliegen
(15 000 : 35 000) = $15/50 : 35/50 = 3/10 : 7/10$:   Kläger $3/10$ =   1397,86 €
                                                    Beklagter $7/10$ =   3261,66 €

- Kosten für die streitige Verhandlung mit einem Streitwert von 30 000,- €.

anwaltliche Terminsgebühren (§ 2 II RVG, VV 3104: 1,2)	
2 × 1,2 × 758,- € =	1819,20 €
19% Mehrwertsteuer aus 1 819,20 €	345,65 €
Summe:	2164,85 €

Hiervon haben zu tragen entsprechend dem Verhältnis von Obsiegen und Unterliegen
(15 000 : 15 000) = $15/30 : 15/30 = 1/2 : 1/2$:   Kläger $1/2$ =   1082,43 €
                                                   Beklagter $1/2$ =   1082,43 €

- Kosten der Beweisaufnahme mit einem Streitwert von 15 000,- €.

Gebühren für Zeugen, Sachverständige (§ 3 II GKG, Anl. 1 Nr. 9005)	800,00 €
Summe:	800,00 €

Hiervon haben zu tragen entsprechend dem Verhältnis von Obsiegen und Unterliegen
(5000 : 10 000) = $5/15 : 10/15 = 1/3 : 2/3$:   Kläger $1/3$ =   266,67 €
                                                  Beklagter $2/3$ =   533,33 €

- Zusammenrechnung der einzelnen Kostenbelastungen:

Kosten:	Summe:	Belastung/Kl.:	Belastung/Bekl.:
– des Prozessverfahrens	4659,52 €	1397,86 €	3261,66 €
– der streitigen Verhandlung	2164,85 €	1082,43 €	1082,43 €
– der Beweisaufnahme	800,00 €	266,67 €	533,33 €
Summen:	7624,37 €	2746,96 €	4877,42 €

Belastung des Klägers: $\dfrac{2746,96\ € \times 100}{7624,37\ €}$
            = 36%

Belastung des Beklagten: $\dfrac{4877,42 \times 100}{7624,37\ €}$
            = 64%

Kostenentscheidung: Von den Kosten des Rechtsstreits haben der Kläger $1/3$ und der Beklagte $2/3$ zu tragen.

11 **5. Kostenprobleme bei der Aufrechnung**[69]

Bei der Kostenentscheidung ist zu beachten, wie hoch der Streitwert des Rechtsstreits ist. Nach § 45 III GKG erhöht sich der Streitwert bei einer hilfsweise erklärten Aufrechnung mit einer bestrittenen Gegenforderung, soweit über die Gegenforderung eine der Rechtskraft fähige Entscheidung ergeht. Grundgedanke der Vorschrift ist, eine solche Streitwerterhöhung dann für gerechtfertigt zu halten, wenn das Gericht über die Aufrechnungsforderung im Hinblick auf § 322 II ZPO wie bei einer Widerklage entscheidet und durch die Befassung mit der Gegenforderung ein besonderer Arbeitsaufwand entsteht. Die Streitwerterhöhung muss dann entsprechend dem Verursacherprinzip zu einer entsprechenden Kostenverteilung führen.

a) Erste Voraussetzung für die Streitwerterhöhung ist das Bestreiten der Klageforderung.

Ist die Klageforderung unstreitig und rechnet der Beklagte gegenüber dieser unstreitigen Klageforderung auf, so wird dieser Fall der Primäraufrechnung von § 45 III GKG weder nach seinem Wortlaut noch von seinem Sinn her erfasst.[70] Dabei liegt ein Bestreiten der Klageforderung sowohl bei Bestreiten der ihr zugrunde liegenden Tatsachen als auch bei Verteidigung mit Rechtsausführungen vor. Zu verneinen dürfte dagegen ein Bestreiten der Klageforderung sein, wenn sich der Beklagte auf die Rüge fehlender Prozessvoraussetzungen beschränkt.

b) Die Streitwertaddition hängt von der Geltendmachung einer Gegenforderung auf Zahlung von Geld ab, die auch selbstständig eingeklagt werden könnte.

c) Schließlich muss über die Aufrechnungsforderung eine der Rechtskraft fähige Entscheidung ergehen.

(1) Das ist nach § 322 II ZPO sowohl der Fall, wenn die Gegenforderung verneint und der Beklagte verurteilt wird, als auch dann, wenn die Gegenforderung durch Aufrechnung verbraucht und die Klage abgewiesen wird. Die rechtskraftfähige Entscheidung ist begrenzt durch die Höhe der vom Gericht bejahten Klageforderung. Bei einem Vorbehaltsurteil im Urkunden- oder Wechselprozess soll deshalb keine Streitwertaddition stattfinden, weil das Vorbehaltsurteil keiner materiellen Rechtskraft fähig ist. Ebenso dürfte eine Streitwertaddition ausscheiden, wenn das Gericht die Aufrechnung wegen Unzulässigkeit, wegen fehlender Fälligkeit oder wegen fehlender Aktivlegitimation nicht für durchgreifend hält.[71]

(2) Rechnet der Beklagte mit mehreren Gegenforderungen auf, so erhöht sich der Streitwert mehrfach – jeweils bis zur Höhe der bejahten Klageforderung – insoweit, als das Gericht die einzelnen Gegenforderungen bejaht oder aberkennt.

(3) Schwierigkeiten entstehen, wenn die Gerichte in den einzelnen Rechtszügen sich unterschiedlich zur Begründetheit der Klage äußern.[72] Eine Meinung will im Hinblick darauf, dass nur die letzte Instanz ein rechtskraftfähiges Urteil erlässt, auf die Begründung der letzten Instanz abstellen. Die Folge wäre, dass eine nach dem Urteil der ersten Instanz vorzunehmende Streitwertaddition nachträglich wieder wegfiele, wenn die höhere Instanz die Klage wegen Nichtbestehen der Klageforderung abwiese. Das erscheint im Hinblick auf den in der Vorinstanz betriebenen Arbeitsaufwand unbefriedigend. Richtiger Ansicht nach sollte man jede Instanz getrennt betrachten; es muss deshalb genügen, wenn das Urteil erster Instanz trotz seiner Anfechtbarkeit eine potenziell der Rechtskraft fähige Entscheidung fällt. Die für die erste Instanz vorgenommene Streitwertaddition bleibt erhalten. Umgekehrt erhöht sich der Streitwert der Berufungsinstanz nicht, wenn in dieser über die Hilfsaufrechnung nicht entschieden wird. Gleiches gilt auch bei Rücknahme der Berufung.

---

[69] *Baumbach/Lauterbach/Albers/Hartmann*, § 92 Rn. 13; *Zöller/Herget*, § 92 Rn. 3.
[70] *Hartmann*, Kostengesetze, § 45 GKG Rn. 44.
[71] *Hartmann*, Kostengesetze, § 45 GKG Rn. 46 f.
[72] *Hartmann*, Kostengesetze, § 45 GKG Rn. 48 f.

d) Beispiele für die Kostenverteilung im Falle einer Aufrechnung: 12

Beispiel 1

Klageforderung 20000,- € nicht bestritten; Gegenforderung 20000,- €, bestritten. Das Gericht weist Klage ab.

Kostenentscheidung: Der Kläger hat die Kosten des Rechtsstreits zu tragen.

Grund: Der Kläger unterliegt hinsichtlich der Gegenforderung. Es handelt sich um eine Primäraufrechnung, bei der nur um die Gegenforderung gestritten wird, so dass sowohl bei Abweisung der Klage als auch bei Stattgeben der Klage der Streitwert 20000,- € beträgt. § 45 III GKG ist nicht anwendbar.

Beispiel 2

Klageforderung 20000,- €, bestritten; Gegenforderung 20000,- €, bestritten. Das Gericht weist Klage wegen Nichtbestehens der Klageforderung ab.

Kostenentscheidung: Der Kläger hat die Kosten des Rechtsstreits zu tragen.

Grund: Der Kläger unterliegt hinsichtlich der Klageforderung. Obwohl es sich um eine Hilfsaufrechnung handelt, findet aber keine Streitwertaddition statt, da das Gericht nicht über die Gegenforderung entschieden hat.

Beispiel 3

Klageforderung 20000,- €, bestritten; Gegenforderung 20000,- €, bestritten. Das Gericht verurteilt den Beklagten zur Zahlung von 20000,- €, da Klageforderung bestehe und Gegenforderung nicht bestehe.

Kostenentscheidung: Der Beklagte hat die Kosten des Rechtsstreits zu tragen.

Grund: Der Beklagte unterliegt hinsichtlich der Klageforderung und der Gegenforderung. Der Streitwert beträgt nach § 45 III GKG 40000,- €.

Beispiel 4

Klageforderung 20000,- €, bestritten; Gegenforderung 20000,- €, bestritten. Das Gericht weist die Klage ab, da Klageforderung zwar bestehe, aber durch die Aufrechnung mit der Gegenforderung erloschen sei.

Kostenentscheidung: Die Kosten des Rechtsstreits werden gegeneinander aufgehoben.

Grund: Jede Partei unterliegt mit 20000,- €. Der Streitwert beträgt nach § 45 III GKG 40000,- €, da auch in diesem Fall über die Aufrechnungsforderung eine rechtskraftfähige Entscheidung im Sinne von § 322 II ZPO ergeht.

Beispiel 5

Klageforderung 20000,- €, bestritten; Gegenforderung 20000,- €, bestritten. Das Gericht bejaht die Klageforderung in Höhe von 12000,- €, weist die Klage aber auch insoweit wegen Durchgreifens der Aufrechnung mit der Gegenforderung ab.

Kostenentscheidung: Von den Kosten des Rechtsstreits haben der Kläger $5/8$ und der Beklagte $3/8$ zu tragen.

Grund: Kläger unterliegt in Höhe von 8000,- € + 12000,- € = 20000,- €, Beklagter unterliegt in Höhe von 12000,- €. Daraus folgt die Kostenquotelung $5/8$: $3/8$. Streitwert: 20000,- € + 12000,- € = 32000,- €; in Höhe der verneinten Klageforderung von 8000,- € erfolgt keine Streitwertaddition, da insoweit keine Entscheidung über die Gegenforderung erfolgt.

Beispiel 6

Klageforderung 20000,- €, bestritten; Gegenforderung Nr. 1: 25000,- €, bestritten; Gegenforderung Nr. 2: 20000,- €, bestritten; Gegenforderung Nr. 3: 10000,- €, bestritten. Das Gericht bejaht Klageforderung und verneint sämtliche Gegenforderungen. Das Urteil lautet: Der Beklagte wird verurteilt, 20000,- € zu zahlen.

Kostenentscheidung: Der Beklagte hat die Kosten des Rechtsstreits zu tragen.

Grund: Der Beklagte unterliegt hinsichtlich der Klageforderung und hinsichtlich aller Gegenforderungen. Streitwert: 70 000,– € (20 000,– € + 20 000,– € + 20 000,– € + 10 000,– €), da die Gegenforderung Nr. 1 nur mit 20 000,– € angesetzt werden kann, weil nur insoweit eine der Rechtskraft fähige Entscheidung ergeht.

Beispiel 7

Klageforderung 20 000,– €, bestritten; Gegenforderung Nr. 1: 25 000,– €, bestritten; Gegenforderung Nr. 2: 20 000,– €, bestritten; Gegenforderung Nr. 3: 10 000,– €, bestritten. Das Gericht bejaht Klageforderung, verneint Gegenforderung Nr. 1, bejaht Gegenforderung Nr. 2. Das Urteil, lautet: Die Klage wird abgewiesen.

Kostenentscheidung: Von den Kosten des Rechtsstreits haben der Kläger $1/3$ und der Beklagte $2/3$ zu tragen.

Grund: Kläger unterliegt mit 20 000,– € (Gegenforderung Nr. 2), der Beklagte unterliegt mit 20 000,– € (Klageforderung) + 20 000,– € (Gegenforderung Nr. 1) = 40 000,– €. Daraus folgt die Kostenquotelung $1/3 : 2/3$. Streitwert: 20 000,– € + 20 000,– € + 20 000,– € = 60 000,– €, da die Gegenforderung Nr. 1 nur mit 20 000,– € angesetzt wird, weil nur insoweit eine der Rechtskraft fähige Entscheidung ergeht; Gegenforderung Nr. 3 bleibt außer Betracht, da über sie nicht entschieden worden ist.

Beispiel 8

Klageforderung 20 000,– €, bestritten; Gegenforderung Nr. 1: 25 000,– €, bestritten; Gegenforderung Nr. 2: 20 000,– €, bestritten; Gegenforderung Nr. 3: 10 000,– €, bestritten. Das Gericht bejaht Klageforderung mit 10 000,– €, verneint Gegenforderung Nr. 1, bejaht Gegenforderung Nr. 2 mit 3000,– € und Gegenforderung Nr. 3 mit 2000,– €. Das Urteil lautet: Der Beklagte wird verurteilt, 5000,– € zu zahlen, im Übrigen wird die Klage abgewiesen.

Kostenentscheidung: Von den Kosten des Rechtsstreits haben der Kläger $15/47$ und der Beklagte $32/47$ zu tragen.

Grund: Der Kläger unterliegt mit 10 000,– € (verneinte Klageforderung) + 3000,– € (Gegenforderung Nr. 2) + 2000,– € (Gegenforderung Nr. 3). Der Beklagte unterliegt mit 10 000,– € (bejahte Klageforderung) + 10 000,– € (aberkannte Gegenforderung Nr. 1) + 7000,– € (aberkannte Gegenforderung Nr. 2) + 5000,– € (aberkannte Gegenforderung Nr. 3). Daraus folgt die Kostenquotelung $15/47 : 32/47$. Streitwert: 20 000,– € (Klageforderung) + 10 000,– € (Gegenforderung Nr. 1) + 10 000,– € (Gegenforderung Nr. 2) + 7000,– € (Gegenforderung Nr. 3) = 47 000,– €. Dabei können die Gegenforderungen Nr. 1 + 2 nur mit jeweils 10 000,– € angesetzt werden, da nur in Höhe der bejahten Klageforderung von 10 000,– € eine Aufrechnung in Frage kommt. Die Gegenforderung Nr. 3 kann nur noch mit 7000,– € angesetzt werden, da nach Durchgreifen der Gegenforderung Nr. 2 mit 3000,– € nur noch 7000,– € für eine Aufrechnung notwendig sind.

Beispiel 9

Klageforderung 20 000,– €, bestritten; Gegenforderung 20 000,– €, bestritten. Das Gericht 1. Instanz weist Klage mit der Begründung ab, die Klageforderung habe bestanden, sei aber durch Aufrechnung erloschen. Auf die Berufung des Beklagten weist das Berufungsgericht die Klage mit der Begründung ab, die Klageforderung bestehe nicht.

Kostenentscheidung: Die Kosten des Rechtsstreits erster Instanz werden gegeneinander aufgehoben. Die Kosten des Rechtsstreits zweiter Instanz hat der Kläger zu tragen.

Grund: Nach richtiger Ansicht sind die beiden Instanzen entsprechend der Begründungen der jeweiligen Urteile zu behandeln. Das bedeutet: Für die erste Instanz gilt die Lösung gemäß Beispiel 4, für die zweite Instanz gilt die Lösung gemäß Beispiel 2. Streitwert für erste Instanz: 40 000,– €, für zweite Instanz: 20 000,– €.

Beispiel 10

Klageforderung 20 000,– €, nicht bestritten; Gegenforderung Nr. 1: 10 000,– €, bestritten; Gegenforderung Nr. 2: 15 000,– €, bestritten; Gegenforderung Nr. 3: 5000,– €, bestritten. Das Gericht verurteilt den Beklagten zur Zahlung von 20 000,– €, indem es sämtliche Gegenforderungen verneint.

Kostenentscheidung: Die Kosten des Rechtsstreits hat der Beklagte zu tragen.

Grund: Der Beklagte unterliegt mit allen Gegenforderungen. Es handelt sich nach dem Wortlaut des § 45 III GKG um eine Primäraufrechnung, bei der nur um die Gegenforderung gestritten wird, so dass an sich der Streitwert 20 000,- € beträgt. Gleichwohl erscheint es gerechtfertigt, den Streitwert analog § 45 III GKG auf 30 000,- € zu erhöhen, weil die Gegenforderungen, soweit sie die Klageforderung übersteigen, nur hilfsweise geltend gemacht sind.[73]

Beispiel 11

Klageforderung 20 000,- €, nicht bestritten; Gegenforderung Nr. 1: 10 000,- €, bestritten; Gegenforderung Nr. 2: 15 000,- €, bestritten; Gegenforderung Nr. 3: 5000,- €, bestritten. Das Gericht verneint die Gegenforderungen Nr. 1 und Nr. 2, bejaht aber Gegenforderung Nr. 3. Das Urteil lautet: Der Beklagte wird verurteilt, 15 000,- € zu zahlen; im Übrigen wird die Klage abgewiesen.

Kostenentscheidung: Von den Kosten des Rechtsstreits haben der Kläger ⅙ und der Beklagte ⅚ zu tragen.

Grund: Der Beklagte unterliegt mit 10 000,- € + 15 000,- € = 25 000,- €, der Kläger unterliegt mit 5000,- €. Daraus folgt die Kostenquotelung ⅙ : ⅚. Trotz Vorliegens einer Primäraufrechnung ist die Streitwertaddition analog § 45 III GKG gerechtfertigt; es gilt das gleiche wie in Beispiel 10. Der Streitwert beträgt mithin 30 000,- € (10 000,- € + 15 000,- € + 5000,- €).

III. Sonderfall: Teilweises Obsiegen bei Streitgenossen

1. Allgemeine Grundsätze

Die Kostenentscheidung folgt aus einer Kombination der unter I und II dargestellten Grundsätze. Nach der so genannten „*Baumbach'schen Formel*"[74] ist zwischen einzelnen Kostenpositionen zu unterscheiden:

a) Kostenpositionen, die nur in einem Prozessrechtsverhältnis entstanden sind, nämlich die außergerichtlichen Kosten der Streitgenossen und etwaige im Wege der Kostentrennung auf ein Prozessrechtsverhältnis zu beschränkende Kostenpositionen, sind nach §§ 91, 92 ZPO in dem Prozessrechtsverhältnis zu verteilen, in dem sie entstanden sind.

b) Kostenpositionen, die sich auf die verschiedenen Prozessrechtsverhältnisse beziehen, nämlich die Gerichtskosten und die außergerichtlichen Kosten des Gegners der Streitgenossen sind vorab analog § 100 III ZPO quotenmäßig auf die einzelnen Prozessrechtsverhältnisse zu verteilen. Nach dieser Verteilung unterliegen die einzelnen Quoten der gleichen Quotelung wie die vorgenannten, nur in einem Prozessrechtsverhältnis entstandenen Kostenpositionen.

c) Bei Verurteilung von Streitgenossen als Gesamtschuldner ist § 100 IV ZPO zu beachten. Das bedeutet, dass die für die einzelnen Streitgenossen ausgerechneten Quoten zu addieren sind. Kommen gesamtschuldnerische und teilschuldnerische Haftung bei einem Streitgenossen zusammen, so ist die zunächst für sein gesamtes Unterliegen festgestellte Quote nochmals auf die Verurteilung nach § 100 I und § 100 IV ZPO entsprechend dem Verhältnis der Streitwerte aufzuteilen.

2. Beispiele für die Kostenverteilung nach „Baumbach'scher Formel":

Beispiel 1

K klagt gegen A und B auf Zahlung von 10 000,- €. Urteil: A wird verurteilt, an K 10 000,- € zu zahlen; im Übrigen wird die Klage abgewiesen.

---

[73] *Hartmann*, Kostengesetze, § 45 GKG Rn. 44.
[74] *Baumbach/Lauterbach/Albers/Hartmann*, § 100 Rn. 52 f.; *Zöller/Herget*, § 100 Rn. 5 ff.

Berechnung:
1. Außergerichtliche Kosten des A. Sie betreffen nur das Prozessrechtsverhältnis K – A und sind von A voll zu tragen, da er voll unterlegen ist.
2. Außergerichtliche Kosten des B. Sie betreffen das Prozessrechtsverhältnis K – B und sind von K voll zu tragen, da die Klage gegen B voll abgewiesen worden ist.
3. Gerichtskosten und außergerichtliche Kosten des K. Sie betreffen die Prozessrechtsverhältnisse K – A und K – B. Diese Kostenmasse ist zunächst auf die beiden Prozessrechtsverhältnisse zu verteilen, und zwar, da K gegen A und B auf die gleiche Summe geklagt hat, im Verhältnis $1/2 : 1/2$.

K – A : $1/2$; diese Hälfte hat A zu tragen, da er unterlegen ist.
K – B : $1/2$; diese Hälfte hat K zu tragen, da er insoweit unterlegen ist.

Kostenentscheidung: K hat die Hälfte der Gerichtskosten und der eigenen außergerichtlichen Kosten sowie die vollen außergerichtlichen Kosten des B zu tragen. A hat die Hälfte der Gerichtskosten und der außergerichtlichen Kosten des Klägers sowie die vollen eigenen außergerichtlichen Kosten zu tragen.

Beispiel 2

K klagt gegen A und B auf Zahlung von 1200,– €. Urteil: B wird verurteilt, an K 400,– € zu zahlen; im Übrigen wird die Klage abgewiesen.

Berechnung:
1. Außergerichtlichen Kosten des A. Sie betreffen nur das Prozessrechtsverhältnis K – A und sind von K voll zu tragen, da die Klage gegen A abgewiesen worden ist.
2. Außergerichtliche Kosten des B. Sie betreffen nur das Prozessrechtsverhältnis K – B und sind entsprechend dem Verhältnis von Obsiegen und Unterliegen (800 : 400) zu quoteln, so dass zu tragen haben: K $2/3$ und B $1/3$.
3. Gerichtskosten und außergerichtliche Kosten des K. Sie betreffen die Prozessrechtsverhältnisse K – A und K – B. Diese Kostenmasse ist zunächst auf die beiden Prozessrechtsverhältnisse zu verteilen, und zwar, da K gegen A und B auf die gleiche Summe geklagt hat, im Verhältnis $1/2 : 1/2$.

K – A: $1/2$; diese Hälfte hat K zu tragen, da er unterlegen ist.
K – B: $1/2$; diese Hälfte ist entsprechend dem Verhältnis von Obsiegen und Unterliegen zu quoteln, so dass zu tragen haben: K $2/3$ und B $1/3$. Auf die zu verteilende Hälfte bezogen ergibt dies: K $1/2 \times 2/3 = 1/3 = 2/6$ und B $1/2 \times 1/3 = 1/6$.

K hat mithin aus dieser Kostenmasse $1/2 = 3/6$ aus dem Verhältnis K – A und $2/6$ aus dem Verhältnis K – B, zusammen also $5/6$, B dagegen nur $1/6$ zu tragen.

Kostenentscheidung: Von den Gerichtskosten haben K $5/6$ und B $1/6$ zu tragen. Von den außergerichtlichen Kosten haben K die vollen außergerichtlichen Kosten des A, $2/3$ der außergerichtlichen Kosten des B sowie $5/6$ seiner eigenen außergerichtlichen Kosten zu tragen; B $1/3$ der eigenen außergerichtlichen Kosten und $1/6$ der außergerichtlichen Kosten des K.

Beispiel 3

K_1, K_2 und K_3 klagen gegen B auf Zahlung, und zwar K1 auf Zahlung von 10 000,– €, K2 auf Zahlung von 30 000,– €, K3 auf Zahlung von 15 000,– €. Urteil: B wird verurteilt, an K1 5000,– €, an K2 20 000,– €, an K3 12 000,– € zu zahlen. Im Übrigen wird die Klage abgewiesen.

Berechnung:
1. Außergerichtliche Kosten des K_1. Sie betreffen nur das Prozessrechtsverhältnis K_1 – B und sind entsprechend dem Verhältnis von Obsiegen und Unterliegen (5000 : 5000) zu quoteln, so dass zu tragen haben: K_1 $1/2$ und B $1/2$.
2. Außergerichtliche Kosten des K_2. Sie betreffen nur das Prozessrechtsverhältnis K_2 – B und sind entsprechend dem Verhältnis von Obsiegen und Unterliegen (10 000 : 20 000) zu quoteln, so dass zu tragen haben: K_2 $1/3$ und B $2/3$.
3. Außergerichtliche Kosten des K_3. Sie betreffen nur das Prozessrechtsverhältnis K_3 – B und sind entsprechend dem Verhältnis von Obsiegen und Unterliegen (3000 : 12 000) zu quoteln, so dass zu tragen haben: K_3 $1/5$ und B $4/5$.
4. Gerichtskosten und außergerichtliche Kosten des B. Sie betreffen alle drei Prozessrechtsverhältnisse und sind entsprechend deren Wert wie folgt zu verteilen:

$K_1 - B$: 10 000,- € = $^{10}/_{55}$ = $^{2}/_{11}$
$K_2 - B$: 30 000,- € = $^{30}/_{55}$ = $^{6}/_{11}$
$K_3 - B$: 15 000,- € = $^{15}/_{55}$ = $^{3}/_{11}$
Summe: 55 000,- €

Dementsprechend ergibt sich folgende Quotelung:
$K_1 - B$: K_1: $^{2}/_{11} \times ^{1}/_{2} = ^{1}/_{11} = ^{5}/_{55}$ B: $^{2}/_{11} \times ^{1}/_{2} = ^{1}/_{11} = ^{5}/_{55}$
$K_2 - B$: K_2: $^{6}/_{11} \times ^{1}/_{3} = ^{2}/_{11} = ^{10}/_{55}$ B: $^{6}/_{11} \times ^{2}/_{3} = ^{4}/_{11} = ^{20}/_{55}$
$K_3 - B$: K_3: $^{3}/_{11} \times ^{1}/_{5} = \phantom{^{2}/_{11} =\ } ^{3}/_{55}$ B: $^{3}/_{11} \times ^{4}/_{5} = \phantom{^{2}/_{11} =\ } ^{12}/_{55}$

B hat mithin aus dieser Kostenmasse $^{5}/_{55}$ aus dem Verhältnis $K_1 - B$, $^{20}/_{55}$ aus dem Verhältnis $K_2 - B$ und $^{12}/_{55}$ aus dem Verhältnis $K_3 - B$, zusammen also $^{37}/_{55}$, K_1 dagegen nur $^{5}/_{55}$, K_2 nur $^{10}/_{55}$ und K_3 $^{3}/_{55}$ zu tragen.

Kostenentscheidung: B hat $^{37}/_{55}$ der Gerichtskosten und eigenen außergerichtlichen Kosten, $^{1}/_{2}$ der außergerichtlichen Kosten des K_1, $^{2}/_{3}$ der außergerichtlichen Kosten des K_2, und $^{4}/_{5}$ der außergerichtlichen Kosten des K_3. zu tragen. K_1 hat $^{1}/_{11}$ der Gerichtskosten und außergerichtlichen Kosten des B und $^{1}/_{2}$ der eigenen außergerichtlichen, K_2 $^{2}/_{11}$ der Gerichtskosten und außergerichtlichen Kosten des B und $^{1}/_{3}$ der eigenen außergerichtlichen Kosten und K_3 $^{3}/_{55}$ der Gerichtskosten und außergerichtlichen Kosten des B und $^{1}/_{5}$ der eigenen außergerichtlichen Kosten zu tragen.

Beispiel 4

K klagt gegen A und B auf Zahlung von 12 000,- € als Gesamtschuldner. Urteil: A und B werden verurteilt, als Gesamtschuldner an K 6000,- € zu zahlen; A wird verurteilt, weitere 6000,- € zu zahlen. Im Übrigen wird die Klage abgewiesen.

Berechnung:

1. Außergerichtliche Kosten des A. Sie betreffen nur das Prozessrechtsverhältnis K – A und von A voll zu tragen, da er in vollem Umfang unterlegen ist.
2. Außergerichtliche Kosten des B. Sie betreffen nur das Prozessrechtsverhältnis K – B und sind entsprechend dem Verhältnis von Obsiegen und Unterliegen (6000 : 6000) zu quoteln, so dass zu tragen haben: K $^{1}/_{2}$ und B $^{1}/_{2}$.
3. Gerichtskosten und außergerichtliche Kosten des K. Sie betreffen die Prozessrechtsverhältnisse K – A und K – B. Diese Kostenmasse ist auf die beiden Prozessrechtsverhältnisse zunächst zu verteilen, und zwar, da K gegen A und B auf die gleiche Summe geklagt hat, im Verhältnis $^{1}/_{2}$: $^{1}/_{2}$.
   K – A: $^{1}/_{2}$; diese Hälfte hat A voll zu tragen, da er in vollem Umfang unterlegen ist. Von dieser Hälfte entfallen auf die gesamtschuldnerische Verurteilung (6000) die Hälfte = $^{1}/_{4}$, auf die Verurteilung als Teilschuldner die andere Hälfte = $^{1}/_{4}$.
   K – B: $^{1}/_{2}$; diese Hälfte ist entsprechend dem Verhältnis von Obsiegen und Unterliegen (6000 : 6000), d. h. $^{1}/_{2}$: $^{1}/_{2}$ aufzuteilen.

Mithin haben aus dieser Kostenmasse K $^{1}/_{2} \times ^{1}/_{2} = ^{1}/_{4}$ und B $^{1}/_{2} \times ^{1}/_{2} = ^{1}/_{4}$ zu tragen, zusammen also $^{1}/_{2}$, A ebenfalls $^{1}/_{2}$. Für die gesamtschuldnerische Haftung (§ 100 IV ZPO) sind zudem zusammenzurechnen: die Haftung des A: $^{1}/_{4}$ und die Haftung des B: $^{1}/_{4}$, zusammen $^{1}/_{2}$.

Kostenentscheidung: A und B haben $^{1}/_{2}$ der Gerichtskosten und der außergerichtlichen Kosten des K als Gesamtschuldner, B ein weiteres $^{1}/_{4}$ der Gerichtskosten und der außergerichtlichen Kosten des K als Teilschuldner zu tragen. K hat $^{1}/_{4}$ der Gerichtskosten und seiner eigenen außergerichtlichen Kosten zu tragen sowie $^{1}/_{2}$ der außergerichtlichen Kosten des B. Im Übrigen haben A und B ihre außergerichtlichen Kosten allein zu tragen.

Beispiel 5

K klagt gegen A auf Zahlung von 5000,- €, gegen B auf Zahlung von 10 000,- € und gegen C auf Zahlung von 10 000,- € (jeweils als Teilschuldner). Urteil: A wird verurteilt, 2500,- €, B wird verurteilt, 4000,- € zu zahlen. Im Übrigen wird die Klage abgewiesen.

Berechnung:

1. Außergerichtliche Kosten des A. Sie betreffen nur das Prozessrechtsverhältnis K – A und sind entsprechend dem Verhältnis von Obsiegen und Unterliegen (2500 : 2500) zu verteilen, so dass zu tragen haben: K $^{1}/_{2}$ und A $^{1}/_{2}$.

2. Außergerichtliche Kosten des B. Sie betreffen nur das Prozessrechtsverhältnis K – B und sind entsprechend dem Verhältnis von Obsiegen und Unterliegen (6000 : 4000) zu verteilen mit der Folge, dass zu tragen haben: K $^3/_5$ und B $^2/_5$.
3. Außergerichtliche Kosten des C. Sie betreffen nur das Prozessrechtsverhältnis K – C. und sind von K voll zu tragen, da seine Klage gegen C voll abgewiesen worden ist.
4. Gerichtskosten und außergerichtliche Kosten des K. Sie betreffen alle drei Prozessrechtsverhältnisse und sind entsprechend deren Wert wie folgt zu verteilen:

K – A: 5 000,– € = $^1/_5$
K – B: 10 000,– € = $^2/_5$
K – C: 10 000,– € = $^2/_5$
Summe: 25 000,– €

Dementsprechend ergibt sich folgende Quotelung:

K – A: K: $^1/_5 \times ^1/_2 = ^1/_{10}$ = $^5/_{50}$ A: $^1/_5 \times ^1/_2 = ^1/_{10}$ = $^5/_{50}$
K – B: K: $^2/_5 \times ^3/_5 = ^6/_{25}$ = $^{12}/_{50}$ B: $^2/_5 \times ^2/_5 = ^4/_{25}$ = $^8/_{50}$
K – C: K: $^2/_5 \times 1 = ^2/_5$ = $^{20}/_{50}$ C: $^2/_5 \times 0 = 0$ = 0

K hat mithin aus dieser Kostenmasse $^5/_{50}$ aus dem Verhältnis K – A, $^{12}/_{50}$ aus dem Verhältnis K – B und $^{20}/_{50}$ aus dem Verhältnis K – C, zusammen also $^{37}/_{50}$, A dagegen nur $^5/_{50}$, B nur $^8/_{50}$ und C nichts zu tragen.

Kostenentscheidung: Von den Gerichtskosten und den außergerichtlichen Kosten des K haben dieser selbst $^{37}/_{50}$, A $^5/_{50}$ und B $^8/_{50}$ zu tragen. Die außergerichtlichen Kosten des A haben dieser selbst und K jeweils zur Hälfte zu tragen. Von den außergerichtlichen Kosten des B haben dieser selbst $^2/_5$ und K $^3/_5$ zu tragen. Die außergerichtlichen Kosten des C hat der Kläger zu tragen.

Beispiel 6

K klagt vor dem unzuständigen Landgericht … gegen A auf Zahlung von 5000,– € und gegen B auf Zahlung von 10 000,– € (als Teilschuldner). Nach Verweisung des Rechtsstreits an das zuständige Landgericht … ergeht gegen B zunächst Versäumnisurteil. Nach Einspruch des B ergeht folgendes Schlussurteil: Der A wird verurteilt, 2000,– € zu zahlen. Das Versäumnisurteil gegen den B wird in Höhe von 6000,– € aufrechterhalten. Im Übrigen wird es aufgehoben. Die weitergehende Klage wird abgewiesen.

Berechnung:
1. Im Wege der Kostentrennung sind vorweg auszusondern und getrennt zu behandeln die durch die Anrufung des unzuständigen Landgerichts … entstandenen Mehrkosten, die nach § 281 III 2 ZPO der Kläger zu tragen hat und die durch die Säumnis des B entstandenen Kosten, die dieser nach § 344 ZPO selbst zu tragen hat.
2. Außergerichtliche Kosten des A. Diese betreffen nur das Prozessrechtsverhältnis K – A und sind zu quoteln entsprechend dem Verhältnis von Obsiegen und Unterliegen (3000 : 2000) = $^3/_5 : ^2/_5$ mit der Folge, dass zu tragen haben: K $^3/_5$ und A $^2/_5$.
3. Außergerichtliche Kosten des B. Sie betreffen nur das Prozessrechtsverhältnis K – B und sind entsprechend dem Verhältnis von Obsiegen und Unterliegen zu quoteln (4000 : 6000) = $^2/_5 : ^3/_5$ mit der Folge, dass zu tragen haben: K $^2/_5$ und B $^3/_5$.
4. Gerichtskosten und außergerichtliche Kosten des K. Sie betreffen die beiden Prozessrechtsverhältnisse K – A und K – B und sind entsprechend deren Wert wie folgt zu verteilen:

K – A: 5 000,– € = $^1/_3$
K – B: 10 000,– € = $^2/_3$
Summe: 15 000,– €

Dementsprechend ergibt sich folgende Quotelung:

K – A: K: $^1/_3 \times ^3/_5 = ^3/_{15}$ A: $^1/_3 \times ^2/_5 = ^2/_{15}$
K – B: K: $^2/_3 \times ^2/_5 = ^4/_{15}$ B: $^2/_3 \times ^3/_5 = ^6/_{15}$

K hat mithin aus dieser Kostenmasse $^3/_{15}$ aus dem Verhältnis K – A und $^4/_{15}$ aus dem Verhältnis K – B, zusammen also $^7/_{15}$, A dagegen nur $^2/_{15}$ und B nur $^6/_{15}$ zu tragen.

Kostenentscheidung: Von den Kosten des Rechtsstreits haben vorab K die durch die Anrufung des unzuständigen Landgerichts … verursachten Mehrkosten und B die durch die Säumnis im Termin vom … entstandenen Kosten zu tragen. Die übrigen Kosten des Rechtsstreits werden wie folgt verteilt: Von den Gerichtskosten und den außergerichtlichen Kosten des K haben dieser selbst $^7/_{15}$, A $^2/_{15}$

und B $^6/_{15}$ zu tragen. Von den außergerichtlichen Kosten des A haben dieser selbst $^2/_5$ und K $^3/_5$ zu tragen. Von den außergerichtlichen Kosten des B haben dieser selbst $^3/_5$ und K $^2/_5$ zu tragen.

Beispiel 7

K klagt gegen A und B auf Zahlung von 1200,– € als Gesamtschuldner. B erhebt Widerklage gegen K und X auf Zahlung von 900,– € als Gesamtschuldner. Urteil A und B werden verurteilt, als Gesamtschuldner an K 300,– € zu zahlen. Auf die Widerklage werden K und X verurteilt, an B 450,– € zu zahlen. Im Übrigen werden Klage und Widerklage abgewiesen.

Berechnung:
1. Außergerichtliche Kosten des A. Sie betreffen nur das Prozessrechtsverhältnis K – A. und sind zu quoteln entsprechend dem Verhältnis von Obsiegen und Unterliegen (900 : 300) = $^3/_4$: $^1/_4$ mit der Folge, dass zu tragen haben: K $^3/_4$ und A $^1/_4$.
2. Außergerichtliche Kosten des X. Sie betreffen nur das Prozessrechtsverhältnis B – X und sind zu quoteln entsprechend dem Verhältnis von Obsiegen und Unterliegen (450 : 450) = $^1/_2$: $^1/_2$ mit der Folge, dass zu tragen haben: B $^1/_2$ und X $^1/_2$.
3. Außergerichtliche Kosten des B. Sie betreffen die Prozessrechtsverhältnisse K – B und B – X und sind entsprechend deren Wert wie folgt zu verteilen:

   K – B: 1050,– € [(1200 : 2) + (900 : 2)]   = $^{105}/_{150}$ = $^{210}/_{300}$ = $^{21}/_{30}$ = $^7/_{10}$
   B – X: 450,– € [900 : 2]   = $^{45}/_{150}$ = $^{90}/_{300}$ = $^9/_{30}$ = $^3/_{10}$
   Summe: 1500,– €

   a) Im Verhältnis K – B ergibt sich damit folgende Quotelung entsprechend dem Verhältnis von Obsiegen und Unterliegen von 1350 [900 + 450] : 750 [300 + 450] = $^{135}/_{210}$: $^{75}/_{210}$ = $^{27}/_{42}$: $^{15}/_{42}$ = $^9/_{14}$: $^5/_{14}$:
   K – B: K: $^7/_{10}$ × $^9/_{14}$ = $^{56}/_{140}$ = $^9/_{20}$ B: $^7/_{10}$ × $^5/_{14}$ = $^{35}/_{140}$ = $^5/_{20}$
   Von der Belastung des K mit $^9/_{20}$ entfallen entsprechend dem Verhältnis von 450 (Verurteilung auf Widerklage) : 900 (Abweisung der Klage) = $^1/_3$: $^2/_3$ auf
   – die gesamtschuldnerische Haftung (§ 100 IV ZPO): $^1/_3$ × $^9/_{20}$ = $^3/_{20}$
   – die Teilschuldnerhaftung (§ 100 I ZPO) : $^2/_3$ × $^9/_{20}$ = $^6/_{20}$

   b) Im Verhältnis B – X ergibt sich damit folgende Quotelung entsprechend dem Verhältnis von Obsiegen und Unterliegen von (450 : 450) = $^1/_2$: $^1/_2$:
   B – X: B: $^3/_{10}$ × $^1/_2$ = $^3/_{20}$ X: $^3/_{10}$ × $^1/_2$ = $^3/_{20}$
   Die von X zu tragenden $^3/_{20}$ betreffen die gesamtschuldnerische Haftung nach § 100 IV ZPO.

   c) K hat mithin aus dieser Kostenmasse $^9/_{20}$, B $^5/_{20}$ aus dem Verhältnis K – B und $^3/_{20}$ aus dem Verhältnis B – X, zusammen $^8/_{20}$ und X nur $^3/_{20}$ zu tragen, K und X je $^3/_{20}$, zusammen $^6/_{20}$ als Gesamtschuldner.

4. Außergerichtliche Kosten des K. Sie betreffen die Prozessrechtsverhältnisse K – A und K – B und sind entsprechend deren Wert wie folgt zu verteilen:

   K – A: 600,– € [1200 : 2]   = $^{60}/_{165}$ = $^{12}/_{33}$ = $^4/_{11}$
   K – B: 1050,– € [(1200 : 2) + (900 : 2)]   = $^{105}/_{165}$ = $^{21}/_{33}$ = $^7/_{11}$
   Summe: 1650,– €

   a) Im Verhältnis K – A ergibt sich damit folgende Quotelung entsprechend dem Verhältnis von Obsiegen und Unterliegen von (900 : 300) = $^3/_4$: $^1/_4$:
   K – A: K: $^4/_{11}$ × $^3/_4$ = $^{12}/_{44}$ = $^3/_{11}$ A: $^4/_{11}$ × $^1/_4$ = $^4/_{44}$ = $^1/_{11}$
   Das von A zu tragende $^1/_{11}$ betrifft die gesamtschuldnerische Haftung nach § 100 IV ZPO.

   b) Im Verhältnis K – B ergibt sich damit folgende Quotelung entsprechend dem Verhältnis von Obsiegen und Unterliegen von 1350 [900 + 450] : 750 [300 + 450] = $^{135}/_{210}$: $^{75}/_{210}$ = $^{27}/_{42}$: $^{15}/_{42}$ = $^9/_{14}$: $^5/_{14}$:
   K – B   K: $^7/_{11}$ × $^9/_{14}$ = $^{63}/_{154}$ = $^9/_{22}$ B: $^7/_{11}$ × $^5/_{14}$ = $^{35}/_{154}$ = $^5/_{22}$
   Von der Belastung des B mit $^5/_{22}$ entfallen entsprechend dem Verhältnis von 450 (Abweisung der Widerklage) : 300 (Verurteilung auf Klage) = $^3/_5$: $^2/_5$ auf
   – die gesamtschuldnerische Haftung (§ 100 IV ZPO): $^2/_5$ × $^5/_{22}$ = $^1/_{11}$
   – die Teilschuldnerhaftung (§ 100 I ZPO): $^3/_5$ × $^5/_{22}$ = $^3/_{22}$

c) K hat mithin aus dieser Kostenmasse $3/11$ aus dem Verhältnis K – A und $9/22$ aus dem Verhältnis K – B, zusammen $15/22$, A $1/11$ und B $5/22$ zu tragen, A und B je $1/11$, zusammen $2/11$ als Gesamtschuldner.

5. Gerichtskosten. Sie betreffen die Prozessrechtsverhältnisse K – A, K – B und B – X und sind entsprechend deren Wert wie folgt zu verteilen:

K – A: 600,– € [1200 : 2]   = $60/210$ = $12/42$ = $2/7$
K – B: 1050,– € [(1200 : 2) + (900 : 2)] = $105/210$ = $21/42$ = $1/2$
B – X: 450,– € [900 : 2]   = $45/210$ = $9/42$ = $3/14$
Summe: 2100,– €

a) Im Verhältnis K – A ergibt sich damit folgende Quotelung entsprechend dem Verhältnis von Obsiegen und Unterliegen von (900 : 300) = $3/4$: $1/4$:
K – A: K: $2/7 \times 3/4 = 6/28 = 3/14$ A: $2/7 \times 1/4 = 2/28 = 1/14$
Das von A zu tragenden $1/14$ betrifft die gesamtschuldnerische Haftung nach § 100 IV ZPO.

b) Im Verhältnis K – B ergibt sich damit folgende Quotelung entsprechend dem Verhältnis von Obsiegen und Unterliegen von 1 350 [900 + 450] : 750 [300 + 450] = $135/210$: $75/210$ = $27/42$: $15/42$ = $9/14$: $5/14$:
K – B   K: $1/2 \times 9/14 = 9/28$ B: $1/2 \times 5/14 = 5/28$

Von den von K zu tragenden $9/28$ entfallen entsprechend dem Verhältnis von 900 (Abweisung der Klage) : 450 (Verurteilung auf Widerklage) = $2/3$: $1/3$ auf
– die gesamtschuldnerische Haftung (§ 100 IV ZPO) $9/28 \times 1/3 = 3/28$
– die Teilschuldnerhaftung (§ 100 I ZPO) $9/28 \times 2/3 = 3/24$

Von den von B zu tragenden $5/28$ entfallen entsprechend dem Verhältnis von 300 (Verurteilung auf Klage) : 450 (Abweisung der Widerklage) = $2/5$: $3/5$ auf
– die gesamtschuldnerische Haftung (§ 100 IV ZPO) $5/28 \times 2/5 = 1/14$
– die Teilschuldnerhaftung (§ 100 I ZPO) $5/28 \times 3/5 = 1/14$

c) Im Verhältnis B – X ergibt sich damit folgende Quotelung entsprechend dem Verhältnis von Obsiegen und Unterliegen von (450 : 450) = $1/2$: $1/2$:
B – X: B: $3/14 \times 1/2 = 3/28$ X: $3/14 \times 1/2 = 3/28$
Die von X zu tragenden $3/28$ betreffen die gesamtschuldnerische Haftung nach § 100 IV ZPO.

d) K hat mithin aus dieser Kostenmasse $3/14$ aus dem Verhältnis K – A und $9/28$ aus dem Verhältnis K – B, zusammen $15/28$, A $1/14$, B $5/28$ aus dem Verhältnis K – B und $3/28$ aus dem Verhältnis B – X, zusammen $8/28$, X nur $3/28$ zu tragen, A und B je $1/14$, zusammen $2/14$ sowie K und X je $3/28$, zusammen $6/28$ als Gesamtschuldner.

Kostenentscheidung: A und B haben als Gesamtschuldner $2/14$ der Gerichtskosten und $2/11$ der außergerichtlichen Kosten des K. zu tragen. K und X haben als Gesamtschuldner $6/28$ der Gerichtskosten und $6/20$ der außergerichtlichen Kosten des B zu tragen. K hat weitere $12/28$ ($15/28$–$3/28$) der Gerichtskosten, $3/4$ der außergerichtlichen Kosten des A, $6/20$ ($9/20$–$3/20$) der außergerichtlichen Kosten des B sowie $15/22$ der eigenen außergerichtlichen Kosten zu tragen. A hat $1/4$ der eigenen außergerichtlichen Kosten zu tragen. B hat weitere $6/28$ ($8/28$–$2/28$) der Gerichtskosten, $1/2$ der außergerichtlichen Kosten des X, $3/22$ ($5/22$–$2/22$) der außergerichtlichen Kosten des K sowie $8/20$ der eigenen außergerichtlichen Kosten zu tragen. X hat $1/2$ der eigenen außergerichtlichen Kosten zu tragen.

IV. Grundtyp 3: Kostenlast der obsiegenden Partei

In Ausnahmefällen sieht das Gesetz in Abweichung von dem Prinzip des Obsiegens und Unterliegens eine ganze oder teilweise Kostenlast der obsiegenden Partei vor. Tragender Grund für diese Lösung ist eine vorprozessuale Pflicht der Partei bzw. beider Parteien zur vorherigen Information über den beabsichtigten Prozess und die hierbei zur Begründung vorzutragenden Tatsachen, um damit die Möglichkeit einer Klaglosstellung oder einer außergerichtlichen Einigung herbeizuführen. Zu erwähnen sind folgende Fälle:

1. Sofortiges Anerkenntnis bei nicht veranlasster Klage (§ 93 ZPO)   15

Die Anwendung der Vorschrift setzt Folgendes voraus:

a) Der Beklagte darf zur Erhebung der Klage keine Veranlassung gegeben haben. Das ist der Fall, wenn der Kläger nach dem Verhalten des Beklagten davon ausgehen musste, dass er ohne die Klageerhebung zu seinem Recht kommen werde.[75]

(1) Der Kläger muss deshalb, bei anderen als fälligen Forderungen, den Beklagten vor Klageerhebung nochmals zur Erfüllung auffordern, d. h. ihn durch Mahnung – bei Unterlassungsansprüchen durch Abmahnung – in Verzug setzen.[76] Es ist dann eine Obliegenheit des Beklagten, eine – eventuell schriftliche – Erklärung abzugeben, ob er dem Erfüllungsverlangen nachkommen will. Eventuell muss er ein Teilanerkenntnis abgeben.

In der Regel wird der Kläger dem Beklagten eine angemessene Frist setzen und für den Fall der Erfolglosigkeit die Klageerhebung androhen. Im Einzelfall – vor allem in schwierigen wettbewerbsrechtlichen Fragen – kann der Gläubiger gehalten sein, einen Hinweis auf eine eindeutige Rechtsprechung zu geben. Bei Ansprüchen aus Verkehrsunfällen ist dem Kfz-Haftpflichtversicherer unter Berücksichtigung der Mitwirkungspflichten des Geschädigten eine angemessene Frist zur Prüfung des Anspruchs zuzubilligen.

(2) Für die Frage der Veranlassung ist auf das Verhalten des Beklagten vor Prozessbeginn abzustellen; seine spätere Verhaltensweise kann diese frühere Veranlassung allerdings indizieren.[77]

(3) Auch bei einstweiligen Verfügungen – insbesondere im Wettbewerbsrecht – ist § 93 ZPO anwendbar.[78]

Nach Durchführung des einstweiligen Verfügungsverfahrens muss der Gläubiger vor Erhebung der Hauptklage durch ein sogenanntes „Abschlussschreiben" den Schuldner zu einer Stellungnahme auffordern, ob er durch Verzicht auf Widerspruch (§ 924 ZPO), Verzicht auf Aufhebung wegen veränderter Umstände (§ 927 ZPO) und Verzicht auf Klageerhebung (§ 926 ZPO) die einstweilige Verfügung als endgültige Regelung anerkennen will.

Auch bei einstweiligen Verfügungen, die die Eintragung von Vormerkungen und Widersprüchen in das Grundbuch betreffen, kann aufgrund der Umstände des Einzelfalls eine Aufforderung des Gläubigers zur Bewilligung der Vormerkung bzw. des Widerspruchs nötig sein, obwohl die §§ 885 I 2, 899 II 2 BGB eine besondere Glaubhaftmachung der Gefährdung des Anspruchs nicht verlangen.

b) Der Beklagte muss den Anspruch „sofort" anerkennen.[79]

(1) Im Falle der Anordnung eines frühen ersten Termins bedeutet dies, dass der Anspruch in der ersten mündlichen Verhandlung anerkannt werden muss, bevor der Beklagte den Antrag auf Klageabweisung stellt; im Falle der Anordnung des schriftlichen Vorverfahrens muss der Beklagte innerhalb der Frist von zwei Wochen für die Anzeige der Verteidigungsabsicht nach § 276 I 1 ZPO anerkennen, ohne zuvor einen Sachantrag anzukündigen – die Anzeige der Verteidigungsabsicht allein ist unschädlich.[80]

---

[75] *Baumbach/Lauterbach/Albers/Hartmann*, § 93 Rn. 29 ff.; *Zöller/Herget*, § 93 Rn. 3, 6.
[76] *Baumbach/Lauterbach/Albers/Hartmann*, § 93 Rn. 34 „Aufforderung"; *Zöller/Herget*, § 93 Rn. 3, 6 „Aufforderung".
[77] *Baumbach/Lauterbach/Albers/Hartmann*, § 93 Rn. 51, 65; *Zöller/Herget*, § 93 Rn. 3.
[78] *Baumbach/Lauterbach/Albers/Hartmann*, § 93 Rn. 33 f. „Arrest, einstweilige Verfügung"; *Zöller/Herget*, § 93 Rn. 6 „einstweilige Verfügung".
[79] *Baumbach/Lauterbach/Albers/Hartmann*, § 93 Rn. 88 ff.; *Zöller/Herget*, § 93 Rn. 4.
[80] *Baumbach/Lauterbach/Albers/Hartmann*, § 93 Rn. 93 „Früher erster Termin"; Rn. 97 „Klagerwiderung"; *Zöller/Herget*, § 93 Rn. 4.

(2) Bei Arrest und einstweiliger Verfügung kommt einem auf die Kosten beschränkten Widerspruch (sogenannter „Kostenwiderspruch") ebenfalls die Wirkung eines Anerkenntnisses zu.[81]

Die anerkennende Partei muss dann, um der Kostenlast zu entgehen, die Voraussetzungen des § 93 ZPO – keine Veranlassung zu dem Antrag auf Arrest bzw. einstweiliger Verfügung – in dem Widerspruch darlegen.

c) Die Anwendung des § 93 ZPO setzt schließlich voraus, dass der Beklagte „unter Protest" gegen die Kostenlast anerkennt und außerdem substanziiert darlegt, aus welchen Gründen er keine Veranlassung zur Klageerhebung gegeben hat.[82]

Erkennt der Beklagte ohne diese Erklärungen an, so ergeht auf Antrag des Klägers Anerkenntnisurteil mit Kostenlast des Beklagten, ebenso, wenn der Kläger ein kontradiktorisches Urteil beantragt.[83] Genügt dagegen der Beklagte den oben genannten Voraussetzungen, so ist dem Kläger Gelegenheit zu geben, zu dem tatsächlichen Vorbringen des Beklagten, er habe keine Veranlassung zur Klageerhebung gegeben, Stellung zu nehmen; dies kann gegebenenfalls auch in einem nachgelassenen Schriftsatz geschehen. Bleibt das Vorbringen des Beklagten unbestritten, so erlässt das Gericht das Anerkenntnisurteil und entscheidet gleichzeitig über die Kosten nach § 93 ZPO. Bestreitet dagegen der Kläger den Tatsachenvortrag des Beklagten erheblich, so muss hierüber Beweis erhoben werden; in diesem Fall kann ein Teil-Anerkenntnisurteil betreffend die Hauptsache ergehen, während die Kostenentscheidung in einem Schlussurteil nachgeholt wird, das gemäß § 128 III ZPO keiner mündlichen Verhandlung bedarf.[84]

16 *2. Kosten der Räumungsklage (§ 93 b ZPO)*

Bei sofortigem Anerkenntnis des Räumungsanspruchs durch den beklagten Wohnraummieter kann das Gericht dem Vermieter die Kosten ganz oder teilweise auferlegen, wenn der Beklagte vorprozessual unter Angabe von Gründen die Fortsetzung des Mietverhältnisses oder eine den Umständen nach angemessene Räumungsfrist von dem Vermieter vergeblich verlangt hatte (§ 93 b III ZPO).

§ 93 b ZPO gestattet zudem, im Falle des Vorliegens eines Verlangens des beklagten Wohnraummieters auf Fortsetzung des Mietverhältnisses aufgrund der §§ 574 bis 574 b BGB, in Abweichung von dem Prinzip des Obsiegens und Unterliegens die Kosten dem klagenden Vermieter ganz oder teilweise aufzuerlegen, wenn dieser aus Gründen obsiegt, die erst nachträglich entstanden sind (§ 93 b I ZPO). Gleiches gilt für den beklagten Wohnraummieter, wenn er nicht unverzüglich auf Verlangen des klagenden Vermieters Auskunft über die Gründe seines Widerspruchs Auskunft erteilt hat (§ 93 b II ZPO).

V. Die Sonderfälle der Kostentrennung

17 *1. Gesetzlich geregelte Fälle*

In besonderen vom Gesetz bestimmten Fällen werden einer Partei trotz Obsiegens bestimmte einzelne Kostenpositionen – obligatorisch oder fakultativ – auferlegt, weil sie den Rechtsstreit verzögert oder zunächst einen falschen prozessualen Weg eingeschlagen hat. Das Charakteristikum der Kostentrennung besteht in der Tenorierung: Die Kosten werden nicht in die gesamte Quotelung einbezogen, sondern vorweg aus

---

[81] *Baumbach/Lauterbach/Albers/Hartmann*, § 93 Rn. 34; Zöller/*Herget*, § 93 Rn. 6 „Kostenwiderspruch".
[82] *Baumbach/Lauterbach/Albers/Hartmann*, § 93 Rn. 103; Zöller/*Herget*, § 93 Rn. 6 „Verwahrung gegen die Kosten".
[83] *Baumbach/Lauterbach/Albers/Hartmann*, § 307 Rn. 19; Zöller/*Vollkommer*, § 307 Rn. 5 ff.
[84] *Baumbach/Lauterbach/Albers/Hartmann*, § 128 Rn. 36 f.; Zöller/*Greger*, § 128 Rn. 17.

der nach den allgemeinen Grundsätzen zu treffenden Kostenentscheidung ausgegliedert und der benachteiligten Partei auferlegt; welche Kosten im Einzelnen von dieser abweichenden Kostenentscheidung erfasst werden, bestimmt der Rechtspfleger im Kostenfestsetzungsverfahren. Es handelt sich um folgende Fälle:
- § 94 ZPO (Anspruchsübergang);
- § 95 ZPO (Verfahrensverzögerung);
- § 344 ZPO (gesetzmäßig ergangenes Versäumnisurteil);
- § 96 ZPO (erfolgloses Angriffs-/Verteidigungsmittel);
- § 100 III ZPO (Angriffs-/Verteidigungsmittel eines Streitgenossen);
- § 281 III 2 ZPO (Anrufung des unzuständigen Gerichts);
- § 17b II 2 GVG (Klage im unzulässigen Rechtsweg);
- § 238 IV ZPO (Wiedereinsetzung in den vorigen Stand).

Die Formulierung der Kostenentscheidung erfolgt bei der Kostentrennung entweder „vorab" oder im Anschluss an die übrige Kostenentscheidung durch Ausklammerung:

☐ Von den Kosten des Rechtsstreits haben
    ☐ d... Kläger...   ☐ d... Beklagte... vorab
    ☐ die durch die Beweisaufnahme gemäß Beweisbeschluss vom ... entstandenen Kosten;
    ☐ d... Kläger... die durch die Anrufung des unzuständigen ...gerichts ... entstandenen Kosten;
zu tragen; von den übrigen Kosten des Rechtsstreits haben
d... Kläger ...% und d... Beklagte ...% zu tragen.
☐ Von den Kosten des Rechtsstreits haben d... Kläger...% und d... Beklagte...% zu tragen, mit Ausnahme der
    ☐ durch die Säumnis im Termin vom ...
    ☐ durch die Verlegung des Termins vom ...
entstandenen Kosten; diese hat/haben
    ☐ d... Kläger...   ☐ d... Beklagte... zu tragen.

2. Kosten des selbstständigen Beweisverfahrens

18

Bei den Kosten eines dem Hauptprozess vorangegangenen selbstständigen Beweisverfahrens kann eine Kostentrennung, d.h. eine gesonderte Behandlung dieser Kostenposition notwendig werden.

a) Unter folgenden Voraussetzungen sind die Kosten eines selbstständigen Beweisverfahrens Teil der Kosten des anschließenden Hauptprozesses[85]:

(1) Die Ergebnisse des selbstständigen Beweisverfahrens müssen im Hauptprozess ausgewertet sein.

Das ist z.B. nicht der Fall, wenn die Klage im Hauptprozess mangels Fälligkeit abgewiesen wird oder wenn das selbstständige Beweisverfahren sich auf eine im Hauptprozess hilfsweise zur Aufrechnung gestellte Forderung bezieht, über die dort – wegen Verneinung der Klageforderung – nicht entschieden wird.

(2) Die Streitwerte von selbstständigem Beweisverfahren und Hauptprozess müssen identisch sein.

---

[85] *Baumbach/Lauterbach/Albers/Hartmann*, § 91 Rn. 193; *Zöller/Herget*, § 91 Rn. 13 „Selbstständiges Beweisverfahren".

Abzustellen ist auf den vollen Wert der dort zu klärenden Forderung, selbst wenn das Beweisgericht den Streitwert mit einem Bruchteil derselben festgesetzt hat. Bei teilweiser Identität der Gegenstandswerte sind die Kosten des selbstständigen Beweisverfahrens nur teilweise entsprechend dem anteiligen Verhältnis der beiden Gegenstandswerte in die Kostenentscheidung der Hauptsachen einzubeziehen. Bei bloß unterschiedlicher Bewertung des Anspruchs ist dagegen eine volle Einbeziehung angebracht.

(3) Die Streitgegenstände der beiden Verfahren müssen identisch sein.

Diese sachliche Identität ist gegeben, wenn die im selbstständigen Beweisverfahren geprüfte Forderung mit der im Hauptprozess geltend gemachten Forderung identisch ist. Nur dann ist eine Verwertung der Ergebnisse des selbstständigen Beweisverfahrens gegeben.

(4) Die Identität der Parteien des selbstständigen Beweisverfahrens und des Hauptprozesses muss gegeben sein.

Sind die Parteien auf Aktiv- und Passivseite nicht identisch, können die Kosten des selbstständigen Beweisverfahrens nicht in die Kostenentscheidung des Hauptprozesses einbezogen werden. Eine nur scheinbare Ausnahme besteht in den Fällen der Rechtsnachfolge.

Bei einer Parteierweiterung im Hauptverfahren muss sich jedenfalls im Grundsatz die Einbeziehung der Kosten des selbstständigen Beweisverfahrens auf die im selbstständigen Beweisverfahren aufgetretenen Parteien beschränken, denn die neu in den Hauptprozess einbezogene Partei ist nicht an die Ergebnisse des selbstständigen Beweisverfahrens gebunden; sie kann eine Wiederholung der Beweisaufnahme verlangen. Etwas anderes kann nur gelten, wenn die neue Partei sich ausdrücklich mit der Verwertung der Beweisaufnahme des selbstständigen Beweisverfahrens einverstanden erklärt; diese „Unterwerfungserklärung" rechtfertigt die Einbeziehung der neuen Partei in die Kostenlast.

Bei einer im Hauptprozess erfolgten Parteibeschränkung müssen die anteiligen Kosten, die die nicht verklagte Partei betreffen, außer Betracht bleiben. Der nicht verklagten Partei bleibt das Verfahren nach § 494a ZPO vorbehalten.

b) Sind die Voraussetzungen der Identität gegeben, muss die Kostenentscheidung des Hauptprozesses ausdrücklich aussprechen, dass sie sich – ganz oder teilweise – auf die Kosten des selbstständigen Beweisverfahrens bezieht. Ist das unterblieben, bedarf es einer Ergänzung des Urteils. Sind mehrere Hauptprozesse – zwischen den gleichen Parteien – anhängig, sind die Kosten des selbstständigen Beweisverfahrens anteilig auf die Hauptprozesse zu verteilen.

(1) Auch der Prozessvergleich sollte sich ausdrücklich über die Kostentragung hinsichtlich des selbstständigen Beweisverfahrens aussprechen. Ist dies unterblieben, so bedarf es der Auslegung, inwieweit die Kosten des selbstständigen Beweisverfahrens von der allgemeinen Kostenregelung erfasst werden.

(2) Nicht zu berücksichtigen ist bei der Kostenentscheidung, ob die Einleitung und die Durchführung des selbstständigen Beweisverfahrens im Einzelnen zur zweckentsprechenden Rechtsverfolgung erforderlich waren. Ein Teil dieses Problems ist dadurch gelöst, dass die Einbeziehung der Kosten des selbstständigen Beweisverfahrens es erfordert, dass das Hauptverfahren sich mit den Ergebnissen des selbstständigen Beweisverfahrens befassen muss; damit steht auch fest, dass die Einleitung des selbstständigen Beweisverfahrens erforderlich war. Im Übrigen ist über die Frage der Erforderlichkeit im Kostenfestsetzungsverfahren zu entscheiden.

19 c) Beispiele für die Kostenverteilung nach voran gegangenem selbstständigem Beweisverfahren:

Beispiel 1

Selbstständiges Beweisverfahren über Herausgabe einer Maschine mit Streitwert über 10 000,– €. Im Hauptprozess wird der Beklagte verurteilt, die Maschine herauszugeben.

Kostenentscheidung: Die Kosten des Rechtsstreits einschließlich der Kosten des selbstständigen Beweisverfahrens ... hat der Beklagte zu tragen.

Beispiel 2

Selbstständiges Beweisverfahren über Mängel a, b, c eines Bauwerks, Streitwert 10 000,– €. Im Hauptprozess wegen der gleichen Mängel über 10 000,– € wird der Beklagte verurteilt, 6000,– € zu zahlen; im Übrigen wird die Klage abgewiesen.

Kostenentscheidung: Von den Kosten des Rechtsstreits einschließlich der Kosten des selbstständigen Beweisverfahrens ... haben der Kläger $2/5$ und der Beklagte $3/5$ zu tragen.

Beispiel 3

Selbstständiges Beweisverfahren über Mängel a, b, c eines Bauwerks mit Streitwert über 10 000,– €. Hauptprozess über 20 000,– €, begründet mit den Mängeln a, b und c sowie zusätzlichen Mängeln d und e. Das Gericht sieht die Mängel a, b und c als erwiesen an, nicht dagegen die Mängel d und e. Es verurteilt den Beklagten zur Zahlung von 10 000,– € und weist die Klage im Übrigen ab.

Kostenentscheidung: Die Kosten des Rechtsstreits werden gegeneinander aufgehoben. Die Kosten des selbstständigen Beweisverfahrens hat der Beklagte zu tragen.

Beispiel 4

Selbstständiges Beweisverfahren und Hauptprozess wie im Beispiel 3. Das Gericht sieht die Mängel a und b als erwiesen an, nicht dagegen die Mängel c, d und e. Es verurteilt den Beklagten zur Zahlung von 7500,– € und weist im Übrigen die Klage ab.

Kostenentscheidung: Von den Kosten des Rechtsstreits haben der Kläger $5/8$ und der Beklagte $3/8$ zu tragen. Von den Kosten des selbstständigen Beweisverfahrens ... haben der Kläger $1/4$ und der Beklagte $1/4$ zu tragen.

Beispiel 5

Selbstständiges Beweisverfahren des K gegen A mit Streitwert über 10 000,– €. Im Hauptprozess über 10 000,– € rechnet A mit einer Gegenforderung von 10 000,– € hilfsweise auf, die nicht Gegenstand des Selbstständigen Beweisverfahrens war.

1. Alternative

Das Gericht hält die Klageforderung für unbegründet, auf die Gegenforderung geht es nicht ein. Es ergeht Urteil auf Klageabweisung.

Kostenentscheidung: Der Kläger hat die Kosten des Rechtsstreits und die Kosten des selbstständigen Beweisverfahrens ... zu tragen.

2. Alternative

Das Gericht hält die Klageforderung für begründet, die Aufrechnungsforderung für unbegründet. Es verurteilt zur Zahlung von 10 000,– €.

Kostenentscheidung: Der Beklagte hat die Kosten des Rechtsstreits und die Kosten des Selbstständigen Beweisverfahrens ... zu tragen.

3. Alternative

Das Gericht hält Klageforderung und Gegenforderung für begründet. Es weist die Klage ab.

Kostenentscheidung: Die Kosten des Rechtsstreits werden gegeneinander aufgehoben. Die Kosten des selbstständigen Beweisverfahrens hat der Beklagte zu tragen.

Beispiel 6

Selbstständiges Beweisverfahren des K gegen A betreffend Baumängel mit Streitwert von 10 000,– €. Im Hauptprozess klagt K gegen A und B auf Zahlung von 10 000,– € als Gesamtschuldner.

1. Alternative

Das Gericht hält Klage gegenüber beiden Beklagten für unbegründet. Es ergeht Urteil auf Klageabweisung.

Kostenentscheidung: K hat die Kosten des Rechtsstreits einschließlich der Kosten des selbstständigen Beweisverfahrens zu tragen.

2. Alternative

Die Klage ist gegenüber beiden Beklagten begründet. Urteil lautet auf Zahlung von 10 000,- € durch A und B als Gesamtschuldner.

Kostenentscheidung: Die Kosten des Rechtsstreits haben A und B als Gesamtschuldner zu tragen. Die Kosten des selbstständigen Beweisverfahrens hat A allein zu tragen.

Ausnahme

B hat sich mit der Verwertung der Ergebnisse des selbstständigen Beweisverfahrens ausdrücklich einverstanden erklärt.

Kostenentscheidung: Die Kosten des Rechtsstreits einschließlich der Kosten des selbstständigen Beweisverfahrens haben A und B als Gesamtschuldner zu tragen.

3. Alternative

Die Klage ist gegenüber A begründet, während sie gegenüber B unbegründet ist. Es ergeht Urteil auf Zahlung durch A und Abweisung der Klage im Übrigen.

Kostenentscheidung: Von den Kosten des Rechtsstreits haben K die Hälfte der Gerichtskosten und seiner eigenen außergerichtlichen Kosten sowie die außergerichtlichen Kosten des B zu tragen. A hat die Hälfte der Gerichtskosten und der außergerichtlichen Kosten des K sowie seine gesamten außergerichtlichen Kosten zu tragen. A hat außerdem die Kosten des selbstständigen Beweisverfahrens ... zu tragen.

4. Alternative

Die Klage ist gegenüber A unbegründet, gegenüber B begründet. Es ergeht Urteil auf Zahlung durch B und Abweisung der Klage im Übrigen.

Kostenentscheidung: Von den Kosten des Rechtsstreits hat K die Hälfte der Gerichtskosten und seiner eigenen außergerichtlichen Kosten sowie die gesamten außergerichtlichen Kosten des A und die Kosten des selbstständigen Beweisverfahrens ... zu tragen. B hat die Hälfte der Gerichtskosten und der außergerichtlichen Kosten des K sowie seine gesamten außergerichtlichen Kosten zu tragen.

Ausnahme

Auch hier könnte die in der 2. Alternative erwähnte Ausnahme zum Zuge kommen, wenn sich B mit der Verwertung des Ergebnisses des Selbstständigen Beweisverfahrens ausdrücklich einverstanden erklärt hat. Dann müssten die Kosten des selbstständigen Beweisverfahrens zwischen K und B je zur Hälfte verteilt werden.

Beispiel 7

Selbstständiges Beweisverfahren des K gegen A und B betreffend Baumängel mit einem Streitwert von 10 000,- €. Sodann erhebt K Hauptklage auf Zahlung von 10 000,- € nur gegenüber A.

1. Alternative

Klage ist begründet. A wird verurteilt.

Kostenentscheidung: Die Kosten des Rechtsstreits hat A zu tragen. Von den Kosten des selbstständigen Beweisverfahrens hat A die Hälfte der Gerichtskosten und außergerichtlichen Kosten des K sowie seine eigenen außergerichtlichen Kosten zu tragen.

2. Alternative:

Klage ist unbegründet und wird abgewiesen.

Kostenentscheidung: Die Kosten des Rechtsstreits hat K zu tragen. Von den Kosten des selbstständigen Beweisverfahrens hat K die Hälfte der Gerichtskosten und eigenen außergerichtlichen Kosten sowie die vollen außergerichtlichen Kosten des A zu tragen.

Beispiel 8

Selbstständiges Beweisverfahren des A gegen K mit Streitwert von 20 000,- €. Im Hauptprozess klagt K gegen A auf Zahlung von 50 000,- €. A rechnet mit seinem Anspruch auf Zahlung von 20 000,- € auf, der Gegenstand des selbstständigen Beweisverfahrens war.

1. Alternative

Das Gericht hält den Anspruch von 50 000,- € für begründet, lässt aber den Gegenanspruch durchgreifen. Es ergeht Urteil gegen A auf Zahlung von 30 000,- € und Klageabweisung im Übrigen.

Kostenentscheidung: Von den Kosten des Rechtsstreits haben der Kläger 2/7 und der Beklagte 5/7 zu tragen. Die Kosten des selbstständigen Beweisverfahrens ... hat der Kläger zu tragen.

2. Alternative

Das Gericht hält den Anspruch für begründet, lässt aber den Gegenanspruch des A nur mit 10 000,– € durchgreifen. Es ergeht Urteil auf Zahlung von 40 000,– € durch A und Klageabweisung im Übrigen.

Kostenentscheidung: Von den Kosten des Rechtsstreits haben der Kläger 1/7 und der Beklagte 6/7 zu tragen. Die Kosten des selbstständigen Beweisverfahrens ... werden gegeneinander aufgehoben.

VI. Sonderfall: Nebenintervention (§ 101 ZPO)

1. Notwendigkeit einer zusätzlichen Kostenentscheidung

20

Über die Kosten der Nebenintervention ist in der Kostenentscheidung gesondert zu befinden; sie sind nicht ohne weiteres Kosten des Rechtsstreits. Daraus folgt, dass bei einem Übergehen der Kosten des Nebenintervenienten in der Kostenentscheidung des Urteils dieses gemäß § 321 ZPO zu ergänzen ist.[86]

2. Kostengrundsätze

Die Regelung in § 101 I ZPO besagt, dass bei Obsiegen der vom Nebenintervenienten unterstützten Partei der Gegner die Kosten der Nebenintervention zu tragen hat. Unterliegt dagegen die von dem Nebenintervenienten unterstützte Partei, so hat der Nebenintervenient die durch seine Intervention verursachten Kosten selbst zu tragen; die unterstützte Partei wird also durch die Nebenintervention nicht belastet.

Schwierigkeiten ergeben sich, wenn die Parteien den Rechtsstreit durch Vergleich ohne Hinzuziehung des Nebenintervenienten erledigen und der Vergleich sich nicht über die Kosten der Nebenintervention äußert. Das Gericht hat dann durch Beschluss über die Kosten der Nebenintervention zu befinden.[87]

3. Fallkonstellationen

21

a) Nebenintervention auf der Klägerseite:

1. Unterfall

Die von dem Nebenintervenienten unterstützte Hauptpartei obsiegt. Der unterlegene Gegner hat die Kosten der Nebenintervention zu tragen.

Kostenentscheidung: Der Beklagte hat die Kosten des Rechtsstreits und die durch die Nebenintervention entstandenen Kosten zu tragen.

2. Unterfall

Die von dem Nebenintervenienten unterstützte Hauptpartei unterliegt. Der Nebenintervenient hat die durch seine Nebenintervention entstandenen Kosten selbst zu tragen, also nicht die unterstützte Hauptpartei.

Kostenentscheidung: Der Kläger hat die Kosten des Rechtsstreits zu tragen; die durch die Nebenintervention entstandenen Kosten hat der Nebenintervenient zu tragen.

---

[86] *Baumbach/Lauterbach/Albers/Hartmann*, § 101 Rn. 12 ff.; *Zöller/Herget*, § 101 Rn. 5.
[87] *Baumbach/Lauterbach/Albers/Hartmann*, § 101 Rn. 21 ff.; *Zöller/Herget*, § 101 Rn. 6 ff.

3. Unterfall

Teilweises Obsiegen und Unterliegen der unterstützten Hauptpartei. Die Grundsätze des 1. und 2. Unterfalls sind zu kombinieren. Beispiel: Kläger obsiegt nur zu ³/₄.

Kostenentscheidung: Von den übrigen Kosten des Rechtsstreits haben der Kläger ¹/₄ und der Beklagte ³/₄ zu tragen. Von den Kosten der Nebenintervention haben der Beklagte ³/₄ und der Nebenintervenient ¹/₄ zu tragen.

b) Nebenintervention auf der Beklagtenseite:

1. Unterfall

Der Beklagte obsiegt.

Kostenentscheidung: Der Kläger hat die Kosten des Rechtsstreits einschließlich der durch die Nebenintervention entstandenen Kosten zu tragen.

2. Unterfall

Der Kläger obsiegt.

Kostenentscheidung: Der Beklagte hat die Kosten des Rechtsstreits zu tragen. Die durch die Nebenintervention entstandenen Kosten hat der Nebenintervenient zu tragen.

3. Unterfall

Teilweises Obsiegen von Kläger und Beklagten. Beispiel: Kläger obsiegt nur zu ¹/₂.

Kostenentscheidung: Die Kosten des Rechtsstreits werden gegeneinander aufgehoben. Die Kosten der Nebenintervention haben der Kläger und der Nebenintervenient je zur Hälfte zu tragen.

VII. Sonderfall: Parteiwechsel

Die kostenrechtlichen Folgen der Parteiänderung sind analog den Vorschriften über die Klagerücknahme zu behandeln, weil in einer Änderung der Partei durch den Kläger ebenso wie bei einer Klagerücknahme ein freiwilliges Unterliegen zu sehen ist, das die Kostenfolge des § 269 III 2 ZPO rechtfertigt.[88] Daraus folgt:

1. Parteiwechsel auf der Klägerseite

Scheidet der bisherige Kläger A aus und tritt der neue Kläger B an seine Stelle, so hat A die bis zu seinem Ausscheiden entstandenen Kosten zu tragen.

Eine dahingehende generelle Tenorierung der Kostenentscheidung ist aber nicht zulässig, da eine Aufteilung der Kosten nach Verfahrensabschnitten den gebührenauslösenden Tatbeständen des Kostenrechts nicht gerecht wird und die eigentliche Kostenverteilung auf den Kostenbeamten und Rechtspfleger verlagert. Vielmehr muss auch hier – ebenso wie im Fall der Streitgenossenschaft – zwischen den einzelnen Kostenpositionen unterschieden werden.

a) Die außergerichtlichen Kosten des ausscheidenden Klägers A trägt dieser selbst.

Einer gesonderten Kostenentscheidung bedarf es nicht, da A keinen Antrag auf Kostenerstattung stellen wird. In Frage kommt lediglich ein Festsetzungsantrag des Rechtsanwalts gegen die eigene Partei nach § 11 RVG, der aber keiner Kostenentscheidung bedarf.

b) Die außergerichtlichen Kosten des neu eintretenden Klägers B richten sich nach den allgemeinen Regeln, d.h. vor allem danach, ob er im Rechtsstreit obsiegt oder unterliegt.

Diese Kostenentscheidung wird – wie üblich – im Urteil getroffen.

---

[88] *Baumbach/Lauterbach/Albers/Hartmann*, § 263 Rn. 15 f.; Zöller/*Greger*, § 263 Rn. 25, 31.

Bei den außergerichtlichen Kosten von A und B ist es für die Kostenentscheidung ohne Bedeutung, ob der Rechtsanwalt, der sowohl A als auch B vertreten hat, seine Gebühren einmal oder zweimal liquidieren kann, was von der Auslegung der §§ 7 und 15 II RVG abhängt.[89]

Diese Entscheidung ist im Festsetzungsverfahren – entweder zwischen Kläger B und Beklagten oder zwischen dem Rechtsanwalt und Kläger A – zu treffen. Es handelt sich um die gleiche Situation wie bei Streitgenossen mit demselben Rechtsanwalt.

c) Bei den außergerichtlichen Kosten des Beklagten und bei den Gerichtskosten ist es umstritten, ob die Gebühren einfach oder doppelt anfallen[90], was wiederum von der Interpretation der §§ 7 und 15 II RVG bzw. des § 35 GKG abhängt. Diese Frage darf bei der Kostenentscheidung des Gerichts nicht offen bleiben, weil je nach Entscheidung dieser Frage die Kostenverteilung anders ausfallen muss.

(1) Geht das Gericht davon aus, dass die Gebühren zweimal anfallen, so dürften keine Bedenken gegen die Tenorierung bestehen, dass der Kläger A die bis zu seinem Ausscheiden entstandenen Gerichtskosten und außergerichtlichen Kosten des Beklagten zu tragen hat; hinsichtlich der nach dem Ausscheiden erneut angefallenen Gerichtsgebühren und Anwaltsgebühren des Beklagten (zuzüglich Auslagen) ist sodann die Quotelung entsprechend Obsiegen und Unterliegen zu treffen.

(2) Ist dagegen das Gericht der Meinung, dass die Gebühren nur einmal anfallen, so müssen die bis zu dem Parteiwechsel angefallenen Gerichtsgebühren und Anwaltsgebühren des Beklagten dem Kläger A zur Hälfte auferlegt werden, während die andere Hälfte in das Prozessrechtsverhältnis des Klägers B zum Beklagten einzubringen und dort – eventuell mit erst jetzt angefallenen Gebühren und Auslagen – zu quoteln sind.

2. Parteiwechsel auf der Beklagtenseite

23

Nimmt der Kläger die Klage gegen den Beklagten A zurück und verklagt er nunmehr B, so gelten die unter Ziffer 1 dargestellten Grundsätze entsprechend mit umgekehrten Vorzeichen. Das bedeutet:

a) Der Kläger ist analog § 269 III ZPO verpflichtet, dem ausscheidenden Beklagten A seine außergerichtlichen Kosten zu erstatten.

Dies ist auf Antrag durch Beschluss auszusprechen.

b) Die außergerichtlichen Kosten des neu eintretenden Beklagten B werden in der Kostenentscheidung des Urteils nach den allgemeinen Grundsätzen, insbesondere dem Prinzip des Obsiegens und Unterliegens verteilt.

In dem Kostenfestsetzungsverfahren zwischen A und Kläger, bzw. B und Kläger ist zu entscheiden, ob der Rechtsanwalt, der sowohl A als auch B vertreten hat, seine Gebühren ein- oder zweimal erhält. Eventuell kommt hierfür auch das Festsetzungsverfahren des Rechtsanwalts gegen A oder B nach § 11 RVG in Frage.

c) Hinsichtlich der Gerichtskosten und außergerichtlichen Kosten des Klägers gilt das zu den außergerichtlichen Kosten des Beklagten und den Gerichtskosten im Falle des Parteiwechsels auf der Klägerseite Gesagte entsprechend: Das Gericht muss bei der im Urteil zu treffenden Kostenentscheidung sich entscheiden, ob die Gerichts- und Anwaltskosten aus diesen Kostenpositionen ein- oder zweimal anfallen.

---

[89] *Hartmann*, Kostengesetze, § 15 RVG Rn. 41.
[90] *Baumbach/Lauterbach/Albers/Hartmann*, § 263 Rn. 15 f.; *Zöller/Herget*, § 91 Rn. 13 „Parteiwechsel".

§ 4. Das Urteil

(1) Fallen diese Kosten nach Auffassung des Gerichts zweimal an, so ist auszusprechen, dass die bis zum Parteiwechsel angefallenen Gerichtskosten und außergerichtlichen Kosten des Klägers diesem zur Last fallen. Über die nach dem Parteiwechsel angefallenen Gerichtskosten und Anwaltskosten des Klägers ist im Urteil nach allgemeinen Grundsätzen zu entscheiden.

(2) Ist das Gericht der Meinung, dass diese Kosten nur einmal anfallen, so ist wiederum eine Kostenberechnung durchzuführen. Dabei wird der Kläger mit der Hälfte der bis zum Parteiwechsel entstandenen Gerichtskosten und eigenen außergerichtlichen Kosten vorweg belastet, während die andere Hälfte zusammen mit weiteren, nach dem Parteiwechsel entstandenen Gebühren und Auslagen entsprechend den allgemeinen Grundsätzen auf A und B zu verteilen ist.

Muster 88: Formeln für die vorläufige Vollstreckbarkeit

Nach § 704 ZPO findet die Zwangsvollstreckung aus Endurteilen statt, die rechtskräftig oder für vorläufig vollstreckbar erklärt sind. Die vorläufige Vollstreckbarkeit eines Urteils soll dem Gläubiger die Möglichkeit geben, aus dem erlangten Titel bereits vor dessen formeller Rechtskraft die Zwangsvollstreckung zu betreiben, damit er möglichst bald den geltend gemachten Anspruch verwirklichen kann.

Die Gefahren der vorläufigen Vollstreckbarkeit bestehen in der Möglichkeit der Aufhebung des Urteils in der Rechtsmittelinstanz mit der Folge, dass dann die durchgeführten Vollstreckungsmaßnahmen rückgängig gemacht werden müssen; soweit dies nicht mehr möglich ist oder dem Schuldner ein weiterer Schaden entstanden ist, besteht ein vom Verschulden unabhängiger Gefährdungshaftungstatbestand nach § 717 II ZPO. Der Schuldner hat insoweit ein Sicherungsinteresse, dass er diesen „Rückabwicklungsanspruch" auch tatsächlich gegen den Gläubiger durchsetzen kann.

1. Der Umfang der vorläufigen Vollstreckbarkeit 1

a) Die vorläufige Vollstreckbarkeit betrifft nur Urteile, gegen die ein Rechtsmittel gegeben ist und die deshalb nicht mit der Verkündung sofort rechtskräftig werden.

Urteile des Landgerichts zweiter Instanz und Urteile des Bundesgerichtshofs scheiden mithin von vornherein aus. Dagegen ist eine vorläufige Vollstreckbarkeit dann anzuordnen, wenn gegen das Urteil ein Rechtsmittel an sich statthaft ist, unabhängig davon, ob die weiteren Voraussetzungen der Zulässigkeit des jeweiligen Rechtsmittels vorliegen (§ 713 ZPO). So sind Urteile des Amtsgerichts und des Landgerichts erster Instanz auch bei einem Beschwerdewert bis 600,– € für vorläufig vollstreckbar zu erklären. Über die Frage, ob der Beschwerdewert erreicht ist bzw., ob die (weiteren) Zulässigkeitsvoraussetzungen des jeweiligen Rechtsmittels vorliegen, entscheidet das Rechtsmittelgericht, so dass bei Erlass des Urteils oft nicht absehbar ist, ob das später eingelegte Rechtsmittel zulässig ist.

b) Die vorläufige Vollstreckbarkeit bezieht sich nur auf Urteile mit vollstreckungsfähigem Inhalt.

Vollstreckbar ist bei Leistungsurteilen die Entscheidung in der Hauptsache sowie die Kostenentscheidung, bei Feststellungs- und Gestaltungsurteilen nur die Kostenentscheidung, ebenso bei Urteilen auf Abgabe einer Willenerklärung und abweisenden Urteilen. Bei den Gestaltungsurteilen machen die prozessualen Gestaltungsklagen eine Ausnahme, da hier an die prozessuale Gestaltung meist mit der Verkündung schon eine Vorwirkung verknüpft ist (§§ 775 Nr. 1, 776 ZPO).

c) In Ausnahmefällen hat der Gesetzgeber eine Sonderregelung getroffen, wonach eine vorläufige Vollstreckbarkeit nicht anzuordnen ist (§ 62 I 1 ArbGG).

2. Die von Amts wegen zu treffende Entscheidung über die vorläufige Vollstreckbarkeit 2

Über die vorläufige Vollstreckbarkeit hat das Gericht von Amts wegen zu entscheiden. Nach dem Gesetz sind hierbei drei Gruppen von Urteilen zu unterscheiden:

a) Nichtstreitige Urteile (§ 708 Nr. 1–3 ZPO).

Sie sind von Amts wegen ohne Sicherheitsleistung für vorläufig vollstreckbar zu erklären. Maßgebender Gesichtspunkt für diese Regelung ist das überwiegende Gläubigerinteresse, bei den Versäumnisurteilen und Aktenlageentscheidungen der Sanktionscharakter, der in der Säumnis der Partei seine Rechtfertigung findet.

b) Streitige Urteile im Sinne der § 708 Nr. 4–11 ZPO.

(1) Bei diesen katalogartigen zusammengestellten Urteilen bewertet das Gesetz im Regelfall das Gläubigerinteresse als vorrangig. Sie sind deshalb ohne Sicherheitsleistung vorläufig vollstreckbar. Dem Interesse des Schuldners wird durch einen von Amts wegen anzuordnenden Vollstreckungsschutz Rechnung getragen, der aber durch eine Sicherheitsleistung oder Hinterlegung des Gläubigers seinerseits wieder beseitigt werden kann (§ 711 S. 1 ZPO). Die vorläufige Vollstreckbarkeit nebst Vollstreckungsschutz mit Abwendungsbefugnis des Gläubigers kommt auch zum Zuge, wenn das Urteil nur hinsichtlich der Kosten einen vollstreckungsfähigen Inhalt hat, z. B. bei Feststellungsurteilen, materiellrechtlichen Gestaltungsurteilen und klageabweisenden Urteilen. Bei den letzteren ist der Beklagte hinsichtlich des Kostenerstattungsanspruchs der Gläubiger, der Kläger der Schuldner, dem der Vollstreckungsschutz zusteht, den der Beklagte durch Sicherheitsleistung oder Hinterlegung seinerseits wieder aus dem Wege räumen kann.

(2) Einzelne Entscheidungsteile, die verschiedenen Nummern des § 708 ZPO unterfallen, sind getrennt zu beurteilen, können also bei einer Häufung einzelner Nummern zu einer Vollstreckbarkeit ohne Sicherheitsleistung führen. Ebenso kommt es bei der „Bagatellgrenze" des § 708 Nr. 11 ZPO darauf an, ob bei dem einzelnen Beklagten (bzw. bei Klageabweisung dem einzelnen Kläger) diese Grenze von 1250,– € (bzw. 1500,– €) überschritten wird.

c) Übrige, nicht unter § 708 ZPO fallende Urteile (§ 709 S. 1 ZPO). Bei ihnen soll im Regelfall die Vollstreckung nur gegen Sicherheitsleistung stattfinden; ein Vollstreckungsschutz steht dem Beklagten in diesem Fall regelmäßig nicht zu.

Diese grundsätzliche Interessenbewertung wird durch § 720a ZPO gemildert, wonach der Gläubiger auch in diesem Fall ohne Sicherheitsleistung eine Sicherungsvollstreckung durchführen kann, gegenüber der der Schuldner mit Vollstreckungsschutz bzw. der Gläubiger mit Abwendungsbefugnis reagieren kann (§ 720a III ZPO). Bei der Fassung der vorläufigen Vollstreckbarkeit im Tenor des Urteils ist diese Modifizierung allerdings nicht zu erwähnen.

3. Modifizierung der vorläufigen Vollstreckbarkeit auf Antrag

Der oben geschilderte Normalfall der vorläufigen Vollstreckbarkeit kann, wenn die Voraussetzungen, unter denen ein Rechtsmittel gegen das Urteil stattfindet, unzweifelhaft nicht vorliegen (§ 713 ZPO), um den besonderen Interessenlagen des Einzelfalles Rechnung zu tragen, auf Antrag der Parteien (§ 714 ZPO) mit entsprechender Begründung und Glaubhaftmachung der Voraussetzungen nach verschiedenen Richtungen abgeändert werden
– zugunsten des Schuldners
  – durch Wegfall der Abwendungsbefugnis des Gläubigers gegenüber dem Vollstreckungsschutz (§ 712 I 1 ZPO);[91]
  – durch Ausschluss der vorläufigen Vollstreckbarkeit (§ 712 I 2 Halbs. 1 ZPO);
  – durch Beschränkung der Vollstreckung auf die Sicherungsmaßnahmen nach § 720a ZPO (§ 712 I 2 Halbs. 2 ZPO);
  – in den Fällen des § 708 Nr. 4–11 ZPO: durch Anordnung der Vollstreckbarkeit gegen Sicherheitsleistung (§ 712 II 2 ZPO);
– zugunsten des Gläubigers
  – in den Fällen der § 708 Nr. 4–11 ZPO: durch Anordnung der vorläufigen Vollstreckbarkeit ohne den Vollstreckungsschutz nach § 711 S. 1 ZPO (§ 711 S. 3 ZPO);

---

[91] Diese Modifikation entfällt allerdings, wenn ein überwiegendes Gläubigerinteresse entgegensteht (§ 712 II 1 ZPO).

– in den Fällen des § 709 ZPO: durch Anordnung der vorläufigen Vollstreckbarkeit ohne Sicherheitsleistung und ohne Vollstreckungsschutz (§ 710 ZPO).

4. Höhe der Sicherheitsleistung

Über die Höhe und Art der Sicherheitsleistung bestimmt das Gericht nach freiem Ermessen (§ 108 I 1 ZPO).

a) Soweit wegen einer Geldforderung zu vollstrecken ist, kann die Höhe der Sicherheitsleistung in einem bestimmten Verhältnis zur Höhe des jeweils zu vollstreckenden Betrages (§ 709 S. 2 ZPO) bzw. in einem bestimmten Verhältnis zur Höhe des aufgrund des Urteils vollstreckbaren Betrages (§ 711 S. 2 ZPO) angegeben werden. Dieses Verhältnis liegt durchschnittlich bei 110%–120%, kann sich aber im Einzelfall je nach Höhe der Geldforderung einerseits und Anzahl sowie Kosten der Vollstreckungsmaßnahmen andererseits gänzlich anders darstellen.[92]

b) Die Höhe der Sicherheitsleistung bemisst sich nach dem, was aus dem Titel vollstreckt werden kann und was zur Sicherung eines etwaigen Schadensersatzanspruches des Schuldners aus § 717 II ZPO erforderlich ist.[93]

(1) Bei den der Klage stattgebenden Urteilen handelt es sich um folgende Positionen:

– Hauptsache

Diese ist regelmäßig bei Leistungsurteilen zu berücksichtigen, ferner bei prozessualen Gestaltungsklagen. Dagegen scheidet die Hauptsache bei Feststellungsurteilen als Position bei der Berechnung der Höhe der Sicherheitsleistung aus, da diese nicht vollstreckbar ist.

Der Wert der Verurteilung ist bei der Berechnung grundsätzlich in voller Höhe anzusetzen, also der Betrag, zu dessen Zahlung der Beklagte verurteilt wird, der Wert der herauszugebenden Sache, bei Verurteilung zu einer Auskunft derjenige Betrag, den der Auskunftspflichtige für die Erteilung der Auskunft aufwenden muss. Da Teilsicherheitsleistungen gemäß § 752 ZPO zulässig sind, können jedoch bereits bei der Tenorierung für einzelne Positionen Teilsicherheitsleistungen festgelegt werden.

Bei Urteilen auf wiederkehrende Leistungen ist die Sicherheit in einem bestimmten Verhältnis zur Höhe des jeweils zu vollstreckenden Betrages anzuordnen.

Bei prozessualen Gestaltungsurteilen errechnet sich die Sicherheitsleistung danach, in Höhe welchen Betrags die Zwangsvollstreckung aus dem angegriffenen Titel betroffen wird.

Bei Verurteilung zur Leistung Zug-um-Zug gegen eine Gegenleistung kommt es nur auf den Wert der von dem Beklagten zu erbringenden Leistung an.

– Zinsen auf die Hauptforderung

Der Zinsbeginn und die Zinshöhe ergeben sich aus dem Tenor der Verurteilung. Das für die Zinsberechnung maßgebende Ende ist nach § 108 ZPO zu schätzen. Im Regelfall sollte ein Zeitpunkt gewählt werden, bis zu dem das Rechtsmittelgericht voraussichtlich eine Entscheidung über die einstweilige Einstellung nach § 719 ZPO treffen kann; das dürfte im Normalfall 4 Monate nach Verkündung der Fall sein. Es liegt aber durchaus im Rahmen der nach § 108 ZPO vorzunehmenden Schätzung, hierfür einen Zeitraum von 5 oder 6 Monaten anzusetzen, zumal wenn es sich um verhältnismäßig geringfügige Beträge handelt.

– andere Nebenforderungen

Hierher gehören zum Beispiel Kosten für vorprozessuale Mahnungen, Gewerbeamtsanfragen, Handelsregisterauszüge und – soweit erstattungsfähig – Inkassokosten.

---

[92] *Baumbach/Lauterbach/Albers/Hartmann*, § 709 Rn. 4; *Zöller/Herget*, § 709 Rn. 6.
[93] *Baumbach/Lauterbach/Albers/Hartmann*, § 108 Rn. 2; *Zöller/Herget*, § 108 Rn. 4.

– Gerichtskosten

Es sind diejenigen Beträge einzusetzen, die der Kläger wegen der von ihm verauslagten Gerichtskosten gegen den Beklagten vollstrecken kann. Dies ist in der Regel die nach § 12 I GKG von ihm verauslagte Prozessgebühr, die gemäß § 34 I GKG, Anl. 1 Nr. 1210 das dreifache der Normalgebühr beträgt, sowie etwaige Auslagenvorschüsse für Zeugen und Sachverständige. Auch Auslagenvorschüsse für Zeugen und Sachverständige, die der Kläger in einem selbstständigen Beweisverfahren geleistet hat, sind anzusetzen, da die dort angefallenen Kosten als solche des Hauptverfahrens anzusehen sind – bei Teilidentität zwischen selbstständigem Beweisverfahren und Hauptverfahren ist gegebenenfalls nur ein Teil dieser Kosten anzusetzen.

Die gesamten Positionen der Gerichtskosten entfallen natürlich, wenn dem Kläger Prozesskostenhilfe bewilligt worden ist und er deshalb keine Vorschüsse geleistet hat (§ 122 ZPO).

– Anwaltskosten

Die außergerichtlichen Kosten des Klägers in Form der von ihm an Anwälte – auch Korrespondenz- und Beweisanwälte – zu zahlenden gesetzlichen Gebühren und Auslagen (§ 91 II ZPO) gehören zu den vollstreckungsfähigen Kosten und sind deshalb in die Sicherheitsleistung einzubeziehen. In der Regel sind dies die Gebühren nach § 2 II RVG, VV 3100, 3104, 7002 RVG und die auf die Anwaltsvergütung zu entrichtende Mehrwertsteuer. In Betracht kommen auch die außergerichtlichen Kosten des selbstständigen Beweisverfahrens, bei Teilidentität nur der entsprechende Teil dieser Kosten. Sonstige Positionen wie Reisekosten, Fotokopiekosten sind in der Regel nicht bekannt und bleiben unberücksichtigt.

– eigene außergerichtliche Kosten der klagenden Partei

Sie kommen nur ausnahmsweise in Betracht. Möglich wäre dies für voraussichtlich entstandene Reisekosten, Entschädigung für Zeitversäumnis (§ 91 I 2 ZPO), die Kosten eines im Prozess vorgelegten Privatgutachtens, soweit das Gericht bereits jetzt die Erstattungsfähigkeit dieser Positionen für wahrscheinlich hält.

– Zinsen auf den Kostenerstattungsanspruch

Die Vollstreckbarkeit dieses Anspruchs ergibt sich aus § 104 I 2 ZPO. Auch hier ist die Dauer des Zinsanspruchs ebenso festzulegen wie bei den Zinsen für die Hauptforderung. Es handelt sich um geringfügige Beträge, die in der Praxis bei der Schätzung der Sicherheitsleistung nach § 108 ZPO meist übergangen werden.

– voraussichtliche Vollstreckungskosten

Es handelt sich um die Vollstreckungsgebühr des Rechtsanwalts (§ 2 II RVG, VV 3309, 3310) zuzüglich Mehrwertsteuer sowie die voraussichtlichen Kosten des Gerichtsvollziehers gemäß § 9 GvKostG.

– weiterer möglicherweise entstehender Vollstreckungsschaden

Er kommt vor allem im gewerblichen Rechtsschutz (z.B. Produktionsausfall) und in Räumungssachen (z.B. Anmietung von Ersatzräumen) in Betracht. Hier ist das Gericht meist auf eine vage Schätzung angewiesen; in geeigneten Fällen kann es angebracht sein, in der mündlichen Verhandlung die Frage anzusprechen und die Parteien zur Angabe von Schätzungstatsachen zu veranlassen.

(2) Bei einem klageabweisenden Urteil besteht die Sicherheitsleistung in Höhe der von dem Kläger an den Beklagten zu erstattenden Kosten zuzüglich eines etwaigen Vollstreckungsschadens. Es handelt sich dann um folgende Positionen, wobei wegen der Einzelheiten auf vorstehende Ausführungen verwiesen werden kann:

– Gerichtskosten

Anzusetzen sind nur die von dem Beklagten geleisteten Auslagenvorschüsse für Zeugen und Sachverständige, dagegen keine Gerichtsgebühren: Der Beklagte hat bisher keine Gerichtsgebühren bezahlt, da der Kläger die Prozessgebühr gemäß § 12 I GKG vorgeschossen hat.

– Anwaltskosten

Es geht um die von dem Beklagten zu zahlenden Kosten für seinen Prozessbevollmächtigten.

– eigene außergerichtliche Kosten der beklagten Partei
– Zinsen auf die Kostenerstattungsanspruch
– voraussichtliche Vollstreckungskosten
– weiterer möglicherweise entstehender Vollstreckungsschaden

Liegt der so errechnete vollstreckbare Kostenerstattungsanspruch unter der Bagatellgrenze von 1500,– € (§ 708 Nr. 11 ZPO) ist das Urteil ohne Sicherheitsleistung für vorläufig vollstreckbar zu erklären. Der für die Sicherheitsleistung errechnete Betrag entspricht dann der Abwendungsbefugnis des Klägers nach § 711 S. 1 ZPO.

(3) Bei einem Teilobsiegen und daraus folgender Kostenquotelung sind die Kostenerstattungsansprüche der Parteien (arg. § 106 II ZPO) getrennt zu behandeln, also nicht gegeneinander zu verrechnen. Es sind also für jede Partei getrennte Sicherheitsleistungen anzusetzen. Auch hier kann bei Nichterreichen der Bagatellgrenze die Sicherheitsleistung entfallen und der entsprechende Betrag dann in die Abwendungsbefugnis hinüberwechseln.

5. Beispiele für die Entscheidung zur vorläufigen Vollstreckbarkeit

a) Formulierungen.

Formel 1 (§§ 708 Nr. 4–11, 711 S. 1 ZPO):

Das Urteil ist vorläufig vollstreckbar. D… Beklagte…/Kläger… darf/dürfen die Vollstreckung durch Sicherheitsleistung oder Hinterlegung in Höhe von …,– € abwenden, wenn nicht d… Kläger…/Beklagte… vor der Vollstreckung Sicherheit in gleicher Höhe leistet/leisten.

Formel 2 (§§ 708 Nr. 4–11, 711 S. 1 und 2 ZPO):

Das Urteil ist vorläufig vollstreckbar. D… Beklagte…/Kläger… darf/dürfen die Vollstreckung durch Sicherheitsleistung oder Hinterlegung in Höhe von 120% des aufgrund des Urteils vollstreckbaren Betrages abwenden, wenn nicht d… Kläger…/Beklagte… vor der Vollstreckung Sicherheit in Höhe von 120% des jeweils zu vollstreckenden Betrages leistet/leisten.

Formel 3 (§ 709 S. 1 ZPO):

Das Urteil ist gegen Sicherheitsleistung in Höhe von …,– € vorläufig vollstreckbar.

Formel 4 (§ 709 S. 1 und 2 ZPO):

Das Urteil ist gegen Sicherheitsleistung in Höhe von 120% des jeweils zu vollstreckenden Betrages vorläufig vollstreckbar.

Formel 5 (§ 712 I 1 ZPO):

Das Urteil ist vorläufig vollstreckbar. D… Beklagte…/Kläger… darf/dürfen die Vollstreckung durch Sicherheitsleistung oder Hinterlegung in Höhe von … € abwenden.

Formel 6 (§ 712 I 1 ZPO):

Das Urteil ist gegen Sicherheitsleistung in Höhe von … € vorläufig vollstreckbar. D… Beklagte…/Kläger… darf/dürfen die Vollstreckung durch Sicherheitsleistung oder Hinterlegung in Höhe von … € abwenden.

Formel 7 (§ 712 I 2 Halbs. 1 ZPO):

Das Urteil ist nicht vorläufig vollstreckbar.

§ 4. Das Urteil

Formel 8 (§ 712 I 2 Halbs. 2 ZPO):

Das Urteil ist vorläufig vollstreckbar, jedoch nur im Rahmen der Sicherungsmaßnahmen nach § 720 a ZPO.

Formel 9 (§ 712 I 2 Halbs. 2 ZPO):

Das Urteil ist gegen Sicherheitsleistung in Höhe von ...,- € vorläufig vollstreckbar, jedoch nur im Rahmen der Sicherungsmaßnahmen nach § 720 a ZPO.

Formel 10 (§§ 711 S. 2, 710 ZPO bzw. § 710 ZPO):

Das Urteil ist vorläufig vollstreckbar.

Bei den in § 708 Nr. 1–3 ZPO erwähnten nichtstreitigen Urteilen, die auf Anerkenntnis und Säumnis einer Partei zurückzuführen sind, verbleibt es bei der vorläufigen Vollstreckbarkeit ohne Sicherheitsleistung und ohne Vollstreckungsschutz. Eine Modifizierung findet – mangels Antrags des Beklagten – nicht statt. Es gilt also stets die Formel 10.

b) Berechnungen.

K klagt gegen B mit den Anträgen, 1. B zu verurteilen, an ihn 10 000,- € nebst 8% Zinsen p. a. daraus für den Zeitraum vom 1. 1. 2010 bis zum 31. 12. 2010 zu zahlen und 2. festzustellen, dass B verpflichtet ist, ihm allen weiteren Schaden aus dem Unfall vom 20. 6. 2009 zu ersetzen. Bei den 10 000,- € handelt es sich um Ersatz von Körper- und Sachschaden aus einem Verkehrsunfall vom 20. 6. 2009. Das Gericht erhebt Beweis; K hat hierzu 800,- €, B hat 200,- € Auslagenvorschuss eingezahlt. Den Streitwert für den Feststellungsantrag hat das Gericht auf 5000,- € festgesetzt.

1. Unterfall:

Das Gericht gibt der Klage in vollem Umfang statt. Die Kosten des Rechtsstreits hat B voll zu tragen.

Die Sicherheitsleistung für die vorläufige Vollstreckbarkeit nach § 709 S. 1 ZPO (ein Fall des § 708 Nr. 8 ZPO soll nicht vorliegen) errechnet sich wie folgt:

Hauptforderung – der Feststellungsantrag bleibt mangels Vollstreckbarkeit außer Betracht		10 000,00 €
8% Zinsen p. a. aus 10 000,- € für die Zeit vom 1. 1. 2010 bis 31. 12. 2010		800,00 €
Gerichtskosten (Streitwert: 15 000,- €)		
– Prozessgebühr, §§ 34 I, Anl. 1 Nr. 1210, 12 I GKG: 3 × 242,- €	726,00 €	
– Auslagenvorschuss, §§ 34 I, Anl. 1 Nr. 9005, 17 GKG:	800,00 €	1 526,00 €
Anwaltskosten des K (Streitwert: 15 000,- €)		
– Anwaltsgebühren, § 2 II RVG, VV 3100, 3104, 1003 (1,3 + 1,2 + 1) × 566,- €	1981,00 €	
– Auslagenpauschale, § 2 II RVG, VV 7002:	20,00 €	
Zwischensumme:	2001,00 €	
Zuzüglich 19% Mehrwertsteuer:	380,19 €	2381,19 €
		14 707,19 €
Aufgerundet:		15 000,00 €

Ergebnis: Das Urteil ist gegen Sicherheitsleistung in Höhe von 15 000,- € vorläufig vollstreckbar.

2. Unterfall:

Die Klage wird in vollem Umfang abgewiesen. Die Kosten des Rechtsstreits trägt der Kläger.

Die Sicherheitsleistung für die vorläufige Vollstreckbarkeit zugunsten des Kostenerstattungsanspruchs des Beklagten nach § 709 S. 1 ZPO errechnet sich wie folgt:

Gerichtskosten		
– Auslagenvorschuss, §§ 34 I, Anl. 1 Nr. 9005, 17 GKG:		200,00 €
Anwaltskosten des B (Streitwert: 15 000,– €)		
– Anwaltsgebühren, § 2 II RVG, VV 3100, 3104, 1003		
(1,3 + 1,2 + 1) × 566,– €	1981,00 €	
– Auslagenpauschale, § 2 II RVG, VV 7002:	20,00 €	
Zwischensumme:	2001,00 €	
Zuzüglich 19% Mehrwertsteuer:	380,19 €	2381,19 €
		2581,19 €
Aufgerundet:		2800,00 €

Ergebnis: Das Urteil ist gegen Sicherheitsleistung in Höhe von 2800,– € vorläufig vollstreckbar.

3. Unterfall:

Das Gericht gibt dem Klageantrag zu Ziffer 1 statt, weist aber die Feststellungsklage ab. Die Kostenentscheidung lautet: Die Kosten des Rechtsstreits haben der Kläger zu 1/3 und der Beklagte zu 2/3 zu tragen.

Es ist die Sicherheitsleistung für beide Parteien auszurechnen, da das Urteil für beide Parteien für vorläufig vollstreckbar zu erklären ist.

(1) Sicherheitsleistung für den Kläger (§ 709 S. 1 ZPO).

Hauptforderung – der Feststellungsantrag bleibt mangels Vollstreckbarkeit außer Betracht		10 000,00 €
8% Zinsen p.a. aus 10 000,– € für die Zeit vom 1.1.2010 bis 31.12.2010		800,00 €
Gerichtskosten (Streitwert: 15 000,– €)		
– Prozessgebühr, §§ 34 I, Anl. 1 Nr. 1210, 12 I GKG: 3 × 242,– €	726,00 €	
– Auslagenvorschuss, §§ 34 I, Anl. 1 Nr. 9005, 17 GKG:	800,00 €	
	1526,00 €	
Hiervon 2/3:		1017,33 €
Anwaltskosten des K (Streitwert: 15 000,– €)		
– Anwaltsgebühren, § 2 II RVG, VV 3100, 3104, 1003		
(1,3 + 1,2 + 1) × 566,– €	1981,00 €	
– Auslagenpauschale, § 2 II RVG, VV 7002:	20,00 €	
Zwischensumme:	2001,00 €	
Zuzüglich 19% Mehrwertsteuer:	380,19 €	
	2381,19 €	
Hiervon 2/3		1587,46 €
		13 404,79 €
Aufgerundet:		13 700,00 €

(2) Sicherheitsleistung für den Beklagten (§ 708 Nr. 11 ZPO).

Gerichtskosten	
– Auslagenvorschuss, §§ 34 I, Anl. 1 Nr. 9005, 17 GKG:	200,00 €
Anwaltskosten des B (Streitwert: 15 000,– €)	
– Anwaltsgebühren, § 2 II RVG, VV 3100, 3104, 1003	
(1,3 + 1,2 + 1) × 566,– €	1 981,00 €
– Auslagenpauschale, § 2 II RVG, VV 7002:	20,00 €
Zwischensumme:	2 001,00 €
Zuzüglich 19% Mehrwertsteuer:	380,19 €
	2 381,19 €
Hiervon ⅓	793,73 €
	993,73 €
Aufgerundet:	1 200,00 €

Da dieser Betrag unter der Bagatellgrenze von 1500,– € liegt, ist das Urteil für den Beklagten ohne Sicherheitsleistung vorläufig vollstreckbar. Die errechnete Sicherheitsleistung gilt nunmehr für die Abwendungsbefugnis des Klägers nach § 711 S. 1 ZPO.

Ergebnis: Das Urteil ist gegen Sicherheitsleistung in Höhe von 13 700,– € vorläufig vollstreckbar. Der Kläger darf die Vollstreckung durch Sicherheitsleistung oder Hinterlegung in Höhe von 1200,– € abwenden, wenn nicht der Beklagte vor der Vollstreckung Sicherheit in gleicher Höhe leistet.

6 *6. Die Art der Sicherheitsleistung*[94]

Sie ergibt sich aus § 108 ZPO: Mangels anderweitiger Angabe im Urteil ist die Sicherheit durch schriftliche, unwiderrufliche, unbedingte und unbefristete Bürgschaft eines im Inland zum Geschäftsbetrieb befugten Kreditinstituts, anderenfalls durch Hinterlegung von Geld oder solchen Wertpapieren bei der Hinterlegungsstelle des Amtsgerichts zu bewirken, die nach § 234 I, III BGB zur Sicherheitsleistung geeignet sind.

7. Die Begründung der vorläufigen Vollstreckbarkeit

Die Begründung der Entscheidung zur vorläufigen Vollstreckbarkeit beschränkt sich in der Praxis im Regelfall auf das Anführen der maßgebenden Vorschriften. Insbesondere wird die Höhe der Sicherheitsleistung nicht näher begründet. Ausnahmsweise kann dies erforderlich sein, wenn das Gericht bei der Höhe der Sicherheitsleistungen einen besonders hohen Vollstreckungsschaden einbeziehet.

---

[94] *Baumbach/Lauterbach/Albers/Hartmann,* § 108 Rn. 6 ff.; *Zöller/Herget,* § 108 Rn. 5 ff.

Muster 89: Berichtigung des Urteils (§ 319 ZPO)

☐ Amtsgericht Frankfurt am Main
☐ Landgericht Frankfurt am Main
Aktenzeichen: …

Beschluss[95]

In dem Rechtsstreit … gegen …

    wird das Urteil[96] vom … dahin berichtigt, dass
    ☐ im Urteilseingang
        ☐ die Parteibezeichnung[97] ☐ die Anschrift d…
           ☐ Kläger… ☐ Beklagte… wie folgt lautet: …
        ☐ als Prozessbevollmächtigter[98] d…
           ☐ Kläger… ☐ Beklagte…
        Rechtsanwalt … eingefügt
        ☐ und der dort genannte Rechtsanwalt … gestrichen wird.
        ☐ die mitwirkenden Richter[99] wie folgt angegeben werden: …
    ☐ der Tenor hinsichtlich der Entscheidung betreffend die
        ☐ Hauptsache ☐ Kosten[100] ☐ vorläufige Vollstreckbarkeit
    wie folgt lautet: …
    ☐ im Tatbestand Seite … Absatz … Satz …
    ☐ in den Entscheidungsgründen Seite … Absatz … Satz …
    wie folgt lautet: …
    ☐ die Unterschrift des Richters … gestrichen und durch die Unterschrift des Richters … ersetzt wird.

Gründe

Das Urteil ist nach § 319 ZPO zu berichtigen, da
☐ ein offensichtlicher ☐ Schreibfehler ☐ Rechenfehler[101]
☐ eine offensichtliche ☐ Auslassung ☐ Unrichtigkeit
vorliegt.

---

[95] Der Beschluss kann ohne mündliche Verhandlung ergehen (§ 128 IV ZPO), nach Einlegung eines Rechtsmittels (*Baumbach/Lauterbach/Albers/Hartmann*, § 319 Rn. 26) sowie nach Eintritt der formellen Rechtskraft (*Zöller/Vollkommer*, § 319 Rn. 21). Eine Anhörung der Parteien ist notwendig, soweit durch die Berichtigung in ihre Rechte eingegriffen wird (*Baumbach/Lauterbach/Albers/Hartmann*, § 319 Rn. 28; *Zöller/Vollkommer*, § 319 Rn. 23). An dem Beschluss können andere Richter mitwirken als die an dem Urteil beteiligten (*Baumbach/Lauterbach/Albers/Hartmann*, § 319 Rn. 27; *Zöller/Vollkommer*, § 319 Rn. 22), jedoch darf nicht das Kollegium ein Urteil des Einzelrichters berichtigen oder umgekehrt.
[96] In entsprechender Anwendung des § 319 ZPO können auch Beschlüsse berichtigt werden (*Baumbach/Lauterbach/Albers/Hartmann*, § 319 Rn. 3; *Zöller/Vollkommer*, § 319 Rn. 3).
[97] *Baumbach/Lauterbach/Albers/Hartmann*, § 319 Rn. 18; *Zöller/Vollkommer*, § 319 Rn. 14.
[98] *Baumbach/Lauterbach/Albers/Hartmann*, § 319 Rn. 19; *Zöller/Vollkommer*, § 319 Rn. 14.
[99] *Baumbach/Lauterbach/Albers/Hartmann*, § 319 Rn. 20 „Richterbezeichnung"; *Zöller/Vollkommer*, § 319 Rn. 14.
[100] *Baumbach/Lauterbach/Albers/Hartmann*, § 319 Rn. 16 „Kosten"; *Zöller/Vollkommer*, § 319 Rn. 15.
[101] *Baumbach/Lauterbach/Albers/Hartmann*, § 319 Rn. 6; *Zöller/Vollkommer*, § 319 Rn. 9.

§ 4. Das Urteil

Dies ergibt sich
☐ aus dem Zusammenhang des Urteils.
☐ aus dem aus den Gerichtsakten deutlich erkennbaren Verlauf des Verfahrens.

Frankfurt am Main, den ...
☐ Amtsgericht, Abteilung ...   ☐ Landgericht, ... Zivilkammer
                                            ☐ Der Vorsitzende
                                            ☐ Der Einzelrichter

....

Verfügung

2 1. Ausfertigung des Beschlusses an
    ☐ Kläger... (-Vertreter)   (ZU/EB)
    ☐ Beklagte... (-Vertreter)   (ZU/EB)
    mit Zusatz: Um Rückgabe der bereits erteilten Urteilsausfertigung zwecks Berichtigung wird gebeten.[102]
2. Geschäftsstelle zur weiteren Veranlassung.

Frankfurt am Main, den ...
☐ Amtsgericht, Abteilung ...   ☐ Landgericht, ... Zivilkammer
                                    ☐ Der Vorsitzende
                                    ☐ Der Einzelrichter

....

---

[102] Grund: § 319 II ZPO.

Muster 90: Zurückweisung des Antrags auf Urteilsberichtigung (§ 319 ZPO)

☐ Amtsgericht Frankfurt am Main
☐ Landgericht Frankfurt am Main
Aktenzeichen: ...

Beschluss

in dem Rechtsstreit ... gegen ...:

Der Antrag ☐ d... Kläger... ☐ d... Beklagten vom ... auf Berichtigung des Urteils wird zurückgewiesen.

Gründe

☐ I.[103]

☐ ...

☐ II.

Die Voraussetzungen für eine Berichtigung
☐ des Urteilseingangs
☐ des Urteilstenors
☐ des Tatbestandes des Urteils
☐ der Entscheidungsgründe des Urteils
sind nicht gegeben.

Nach § 319 ZPO kann das Urteil nur bei Schreibfehlern, Rechnungsfehlern und ähnlichen offenbaren Unrichtigkeiten berichtigt werden.

☐ Vorausgesetzt wird mithin stets eine fehlerhafte Niederlegung des Urteils in Form einer Abweichung zwischen dem von dem Gericht Gewollten und dem vom Gericht Erklärten. Bei der mit diesem Antrag geltend gemachten Beanstandung geht es aber nicht um eine derartige falsche Formulierung, sondern um eine Darlegung, die das Gericht im Urteil bewusst getroffen hat. In diesem Fall ist aber eine Berichtigung gemäß § 319 ZPO nicht zulässig, da die Vorschrift nicht das Ziel hat, die Willensbildung des Gerichts und daraus folgende Unrichtigkeiten der Entscheidung zu berichtigen.[104]

☐ Es mag zwar bei der mit dem vorliegenden Antrag geltend gemachten Beanstandung eine Unrichtigkeit im Sinne einer Diskrepanz zwischen den vom Gericht Gewollten und im Urteil Erklärten vorliegen. Gleichwohl ist eine Berichtigung nicht möglich, da sie nicht „offenbar" ist. Das wäre die Unrichtigkeit nur, wenn sie ohne weiteres für jeden Dritten *deutlich* erkennbar wäre.[105] Das ist aber hier nicht der Fall, denn ...

☐ Die Berichtigung war hier ohne Rücksicht auf das Vorliegen der Voraussetzungen des § 319 ZPO schon deshalb abzulehnen, weil der Antrag auf Berichtigung des

---

[103] In Ziffer I. des Beschlusses ist kurz der Sachverhalt darzustellen, soweit dies im Einzelfall erforderlich ist.
[104] *Baumbach/Lauterbach/Albers/Hartmann*, § 319 Rn. 6 ff.; *Zöller/Vollkommer*, § 319 Rn. 4.
[105] *Baumbach/Lauterbach/Albers/Hartmann*, § 319 Rn. 10 ff.; *Zöller/Vollkommer*, § 319 Rn. 5 ff.

Urteils sich als Rechtsmissbrauch darstellt. Ein gegen Treu und Glauben verstoßendes Verhalten kann auch im Prozessrecht beachtlich sein und zur Unzulässigkeit des Antrags auf Berichtigung des Urteils führen.[106] Ein solcher Verstoß gegen Treu und Glauben ist im vorliegenden Fall gegeben, da ...

Frankfurt am Main, den ...
☐ Amtsgericht, Abteilung ...

☐ Landgericht, ... Zivilkammer
☐ Der Vorsitzende
☐ Der Einzelrichter

....

Verfügung

2 1. Ausfertigung des Beschlusses an
☐ Kläger... (-Vertreter) (ZU/EB)[107]
☐ Beklagte... (-Vertreter) (ZU/EB)[107]
mit Zusatz: Um Rückgabe der bereits erteilten Urteilsausfertigung zwecks Berichtigung wird gebeten.
2. Geschäftsstelle zur weiteren Veranlassung.

Frankfurt am Main, den ...
☐ Amtsgericht, Abteilung ...

☐ Landgericht, ... Zivilkammer
☐ Der Vorsitzende
☐ Der Einzelrichter

....

---

[106] *Baumbach/Lauterbach/Albers/Hartmann*, § 319 Rn. 26; *Zöller/Vollkommer*, § 319 Rn. 21.
[107] Eine förmliche Zustellung ist erforderlich: Zwar unterliegt der die Berichtigung ablehnende Beschluss – anders als der die Berichtigung aussprechende Beschluss – grundsätzlich nicht der sofortigen Beschwerde (§ 319 III ZPO). Ausnahmsweise kann jedoch auch der ablehnende Beschluss mit der Gehörsrüge nach § 321a ZPO angegriffen werden (*Zöller/Vollkommer*, § 319 Rn. 27).

Muster 91: Berichtigung des Tatbestands (§ 320 ZPO)

☐ Amtsgericht Frankfurt am Main
☐ Landgericht Frankfurt am Main
Aktenzeichen: ...

Beschluss[108]

in dem Rechtsstreit ... gegen ...:   1

    Der Tatbestand[109] des Urteils vom ... wird gemäß § 320 ZPO wie folgt berichtigt: Auf Seite ... wird/werden
    ☐ in Absatz ... d... Satz...   ☐ gestrichen.   ☐ ersetzt durch: ...
    ☐ nach Absatz ... Satz ... folgendes eingefügt: ...
    ☐ d... von d...   ☐ Kläger...   ☐ Beklagte...
    gestellte... Antrag/Anträge wie folgt geändert: ...
    ☐ Der weitergehende Antrag wird zurückgewiesen.

Gründe

☐ I.[110]

☐ ...

☐ II.

☐ Die von d... Antragsteller... vermisste Wiedergabe des Vorbringens betreffend ... findet sich in dem Tatbestand auf Seite ... Auf die Verwendung der mit der Berichtigung beantragten Formulierung besteht kein Anspruch. Eine Unklarheit für den Leser besteht nicht.

☐ Die von d... Antragsteller... vermisste Wiedergabe des Vorbringens betreffend ... ist durch die nach § 313 II 1 ZPO vorgeschriebene Kürze des Tatbestandes bedingt und durch die im Tatbestand enthaltene Verweisung auf die Schriftsätze der Parteien gedeckt (§ 313 II 2 ZPO).

☐ Weder aus den Schriftsätzen d... noch aus den Protokollen ergibt sich, dass d...
    ☐ Kläger...   ☐ Beklagte...
    ☐ den Vortrag der Gegenseite betreffend ... bestritten hat; dieser Vortrag ist demnach im Tatbestand zu Recht als unstreitig dargestellt worden.

---

[108] Der Beschluss ergeht nur auf fristgebundenen Antrag (§ 320 I, II ZPO). Auf Antrag ist über ihn mündlich zu verhandeln (§ 320 III ZPO). Es wirken nur die Richter mit, die bei dem Urteil mitgewirkt haben (§ 320 IV 2 ZPO).
[109] Es kann nur der Tatbestand, nicht die Entscheidungsgründe berichtigt werden. Anders ist dies nur dann, wenn Tatbestandsteile in die Entscheidungsgründe verlagert wurden (*Baumbach/Lauterbach/Albers/Hartmann*, § 320 Rn. 1; *Zöller/Vollkommer*, § 320 Rn. 4).
[110] In Ziffer I. des Beschlusses ist kurz der Sachverhalt darzustellen, soweit dies im Einzelfall erforderlich ist.

☐ den jetzt erwähnten Beweisantrag ... gestellt hat; er ist deshalb zu Recht in dem Tatbestand nicht erwähnt.

☐ ...
Frankfurt am Main, den ...
☐ Amtsgericht, Abteilung ...   ☐ Landgericht, ... Zivilkammer
                                          ☐ Der Vorsitzende
                                          ☐ Der Einzelrichter

....

Muster 92: Ergänzung des Urteilstenors (§ 321 ZPO)

☐ Amtsgericht Frankfurt am Main
☐ Landgericht Frankfurt am Main
Aktenzeichen: ...

Urteil[111]

Im Namen des Volkes

In dem Rechtsstreit 1
d...

Kläger...,

Prozessbevollmächtigter: Rechtsanwalt ...,

gegen

d...

Beklagte...,

Prozessbevollmächtigter: Rechtsanwalt ...,

☐ hat das Amtsgericht Frankfurt am Main durch
    den Richter am Amtsgericht ...
☐ hat die ... Zivilkammer des Landgerichts Frankfurt am Main durch
    ☐ den Vorsitzenden Richter am Landgericht ... und die Richter am Landgericht ... und ...
    ☐ den Richter am Landgericht ... als Einzelrichter
☐ aufgrund der mündlichen Verhandlung vom ...
☐ im schriftlichen Verfahren mit Schriftsatzschluss am ...
für Recht erkannt:

Das Urteil vom ... wird im Tenor[112] wie folgt ergänzt: ...

Tatbestand

☐ Das Amtsgericht Frankfurt am Main
☐ Die ... Zivilkammer des Landgerichts Frankfurt am Main
hat am ... folgendes Urteil erlassen: ...

    D... ... beantragt, mit dem am ... eingegangenen Schriftsatz, die am ... zugestellte Entscheidung dahin zu ergänzen, ...
    D... ...
        ☐ stellt keinen Antrag.
        ☐ ist im Termin nicht erschienen.
        ☐ beantragt, den Antrag zurückzuweisen.

---

[111] Das Urteil ergeht nur auf fristgebundenen Antrag (§ 321 II ZPO). Auf den Antrag ist ein Termin zur mündlichen Verhandlung anzuberaumen (§ 321 III 1 ZPO).
[112] Nur der Tenor des Urteils kann ergänzt werden. Eine Kostenentscheidung ist in dem Ergänzungsurteil in der Regel entbehrlich. Gleiches gilt für die vorläufige Vollstreckbarkeit (*Baumbach/Lauterbach/Albers/Hartmann*, § 321 Rn. 9; *Zöller/Vollkommer*, § 321 Rn. 10).

Entscheidungsgründe

Der Antrag ist nach § 321 ZPO statthaft und auch fristgerecht innerhalb der Zweiwochenfrist nach Zustellung des erlassenen Urteils gestellt.

Er ist zudem begründet.

In dem Urteil ist durch ein Versehen[113]
☐ der Nebenanspruch auf ... übergangen worden.
☐ die Kostenentscheidung unterblieben.
☐ nicht über die Kosten der Nebenintervention entschieden worden.
☐ der Ausspruch über die vorläufige Vollstreckbarkeit unterblieben.
☐ der Vorbehalt über die zur Aufrechnung gestellte Forderung aus ... nicht aufgenommen worden.
☐ der Vorbehalt zugunsten der Ausführung der Rechte im Nachverfahren (§ 599 II ZPO) unterblieben.
☐ der Vorbehalt der beschränkten Erbhaftung unterblieben.
☐ dem Beklagten keine Räumungsfrist bewilligt worden.

Diese Entscheidung war durch Ergänzung des Urteils nachzuholen.

Sie gründet sich auf § ...

....

---

[113] *Baumbach/Lauterbach/Albers/Hartmann*, § 321 Rn. 5; *Zöller/Vollkommer*, § 321 Rn. 2.

Muster 93: Klageabweisendes Urteil (Bauhandwerkerforderung)

Amtsgericht Frankfurt am Main
Aktenzeichen: ...

Urteil

Im Namen des Volkes

In dem Rechtsstreit
d...

                                                                    Kläger...,

Prozessbevollmächtigter: Rechtsanwalt ...,

gegen

d...

                                                                   Beklagte...,

Prozessbevollmächtigter: Rechtsanwalt ...,

hat das Amtsgericht Frankfurt am Main durch den Richter am Amtsgericht ... aufgrund der mündlichen Verhandlung vom ... für Recht erkannt:

    Die Klage wird abgewiesen.

    Der Kläger hat die Kosten des Rechtsstreits zu tragen.

    Das Urteil ist vorläufig vollstreckbar. Der Kläger darf die Vollstreckung Sicherheitsleistung oder Hinterlegung in Höhe von 120% des aufgrund des Urteils vollstreckbaren Betrages abwenden, wenn nicht der Beklagte vor der Vollstreckung Sicherheit in Höhe von 120% des jeweils zu vollstreckenden Betrages leistet.

Tatbestand

Der Kläger verlegte Anfang Juli 2010 im Auftrag des Beklagten in dessen Eigentumswohnung in ... die Fliesen in Küche, Bad und WC. Er verlangt die Zahlung der Vergütung gemäß Rechnung vom 15. 7. 2010 in Höhe von 3429,97 €.

Vor der Auftragserteilung hatte der Beklagte die Firma ..., welche u. a. auch Fliesen herstellt, aufgesucht und sich anhand eines Prospektes (Bl. ... d. A.) und durch Vorlage von Musterfliesen über das Angebot an Fliesen hinsichtlich Art und Farbe orientiert. Der Beklagte wählte eine Keramikfliese der Serie „..." Nr. ... (korallenorange) aus (Bl. ... d. A.) und teilte dies dem Kläger mit, der diese Fliese dann von der Herstellerfirma ... bezog. Nach Durchführung der Arbeiten und Erhalt der Rechnung vom 15. 7. 2010 rügte der Beklagte im Schreiben vom 26. 7. 2010 die Mangelhaftigkeit der Fliesen im Bad und bat den Kläger, die Bezahlung der Rechnung bis zur Beseitigung der Mängel auszusetzen. Auf dessen Reklamation teilte der Kläger dem Beklagten mit, dass die Herstellerfirma ... die Beanstandungen unter Hinweis auf die Beschreibung des keramischen Farbspiels im Prospekt nicht anerkenne.

Der Kläger behauptet, er habe die Fliesen so verlegt, wie sie der Beklagte bestellt habe. Die im Bad des Beklagten aufgetretenen Farbabweichungen seien typisch für die Fliesen der von ihm ausgewählten Serie; sie hielten sich im Rahmen der im Prospekt der Herstellerfirma vorsorglich angekündigten Farbabweichungen. Diese müsse der Beklagte auch deshalb in Kauf nehmen, weil er die Fliesen selbst ausgesucht, vor der Verlegung nochmals gesehen und genehmigt habe.

Der Kläger ist der Ansicht, dass der Beklagte ihm die Farbabweichungen jetzt nicht entgegenhalten könne, sondern sich an die Herstellerfirma halten müsse. Schließlich könne der Beklagte nicht die Bezahlung der Fliesenverlegung in Küche und WC verweigern, da er – unstreitig – insoweit keine Beanstandungen vorgebracht hat.

Der Kläger beantragt,
den Beklagten zu verurteilen, an ihn 3429,97 € nebst Zinsen in Höhe von 5 Prozentpunkten über dem Basiszinssatz daraus p. a. seit dem 14. 8. 2010 zu zahlen.

Der Beklagte beantragt,
die Klage abzuweisen.

Er behauptet, die Fliesen entsprächen nicht den Mustern der Herstellerfirma und den Abbildungen in deren Prospekt. Die Farbe sei nicht „korallenorange", sondern eher „rubinrot". Die Fliesen wiesen zudem sowohl Verfärbungen infolge von Brennfehlern als auch untereinander eine stark abweichende Farbgebung auf. Diese Mängel habe er von Anfang an beanstandet und die Abnahme verweigert.

Das Gericht hat Beweis erhoben gemäß den Beweisbeschlüssen vom … und vom … (Bl. … d. A.) durch Vernehmung der Zeugen …, … und … sowie durch Einholung eines schriftlichen Sachverständigengutachtens. Hinsichtlich des Ergebnisses der Beweisaufnahme wird auf das Protokoll der mündlichen Verhandlung vom … (Bl. … d. A.) und das Gutachten des Sachverständigen … vom … (Bl. … d. A.) Bezug genommen.

Entscheidungsgründe

Die Klage ist unbegründet.

Dem Kläger steht gegen den Beklagten kein Anspruch auf Zahlung einer Vergütung von 3429,97 € gemäß § 631 I BGB zu.

Bei dem zwischen den Parteien geschlossenen Vertrag handelt es sich um einen Werkvertrag im Sinne von § 631 BGB, bei dem der Kläger vorleistungspflichtig ist: Solange die Werkleistung nicht in der vertraglich vereinbarten Weise bewirkt ist, besteht keine Verpflichtung des Beklagten, die Arbeiten des Klägers abzunehmen und den Werklohn zu entrichten (§§ 633, 640, 641 BGB). Dies ist hier der Fall:

2 Die Arbeiten des Klägers sind nach dem Ergebnis der Beweisaufnahme mangelhaft. Er hat folglich seine vertraglichen Verpflichtungen gegenüber dem Beklagten nicht gehörig erfüllt, weshalb dieser die Arbeiten zu Recht bislang nicht abgenommen hat.

Die von dem Kläger im Bad der Eigentumswohnung des Beklagten in … verlegten Fliesen weisen nicht diejenigen Eigenschaften auf, die sie nach dem Vertrag haben müssten. Sie entsprechen nicht der Farbgebung, die der Beklagte nach den ausgewählten Musterfliesen und dem Prospekt der Herstellerfirma …, die beide als Vertragsbestandteil anzusehen sind, erwarten konnte.

Zwar heißt es in dem Prospekt, dass „ein geringfügiges, echt keramisches Farbspiel innerhalb der Fliese und von Fliese zu Fliese" bei der betreffenden Serie möglich sei und nicht beanstandet werden könne; außerdem werden Farbabweichungen vorbehalten. Das Farbbild der verlegten Fliesen hält sich aber nicht mehr im Rahmen dieser Formulierungen, wie sich aus den vom Sachverständigen vorgelegten Fotos und den Erläuterungen seines Gutachtens ergibt.

Einmal ist bei etwa der Hälfte der Fliesen die Farbglasur nicht gleichmäßig über die Fliese verteilt, so dass der graue Untergrund zu sehen ist; wie der Sachverständige ausführt, ist dies darauf zurückzuführen, dass die Hersteller damals bei diesen neu aufgekommenen Keramikfliesen den Brennvorgang häufig nicht unter voller Kontrolle hatten. Dies entlastet aber weder die Herstellerfirma noch den Kläger, da es nach den vertraglichen Vereinbarungen dann notwendig ist, solche mit Brennfehlern behafteten Fliesen auszusondern und nur einwandfreie zu liefern. Der Kläger kann nicht mit Erfolg unter Hinweis auf das im Prospekt erwähnte „Farbspiel" solche mit Brennfehlern behafteten Fliesen als vertragliche Leistung bezeichnen.

Außerdem ist die Farbgebung der einzelnen Fliesen untereinander stark unterschiedlich; die Fliesen wirken nach den Fotos als eine buntscheckige Fläche. Auch dies kann nicht mit dem „keramischen Farbspiel" gerechtfertigt werden. Wie der Sachverständige ausgeführt hat, werden bei den Fliesen einer bestimmten Farbe Sortierungen nach Farbnuancen vorgenommen und sodann nur Fliesen benachbarter Nuancennummern verlegt, bei denen man dann von einem nach dem Prospekt hinzunehmenden Farbspiel sprechen könne; eine derartige Auswahl benachbarter Farbnuancen sei aber hier unterblieben. Auch dies geht zu Lasten des Klägers. Er kann sich nicht darauf berufen, dass der Beklagte sich an die Herstellerfirma halten müsse. Denn der Beklagte steht in keinen Vertragsbeziehungen zur Herstellerfirma, sondern zum Kläger, der als Handwerksmeister für die Ordnungsmäßigkeit seiner versprochenen Leistung gewährleistungspflichtig ist. Hierzu hat der Sachverständige überzeugend ausgeführt, dass die bei Keramikfliesen durch Brennfehler und Farbunterschiede auftretenden Schwierigkeiten in der Branche durchaus bekannt seien. Der Kläger konnte und musste ihnen durch Prüfung der gelieferten Fliesen Rechnung tragen. Er war außerdem aufgrund seiner Sachkunde verpflichtet, den Beklagten bei Entgegennahme des Auftrags durch einen Hinweis auf diese Schwierigkeiten zu beraten.

Der Beklagte hat nach dem Ergebnis der Beweisaufnahme die gelieferten Fliesen auch weder genehmigt noch die Arbeiten abgenommen.

Zwar hat der Beklagte nach den Aussagen der Ehefrau des Klägers einen Teil der Fliesen vor der Verlegung angesehen und die begonnene Arbeit in seinem Bad besichtigt, ohne etwas zu beanstanden. Darin liegt jedoch keine Genehmigung der festgestellten Mängel. Nach den glaubhaften Aussagen der Zeugen ..., denen der Kläger nicht mehr entgegengetreten ist, hat sich dieser Vorgang anders abgespielt: Ursprünglich waren Fliesen einer ganz anderen, nicht bestellten Farbe (karminrot) angeliefert worden, die nach Beanstandung des Beklagten von dem Kläger zurückgegeben wurden; bei der Anlieferung der Ersatzlieferung wurde sodann ein Karton geöffnet, um festzustellen, ob nunmehr die Fliesen mit der richtigen Farbe angeliefert seien. Dabei holte der Kläger einige Fliesen aus dem geöffneten Karton heraus und der Beklagte erklärte, dies seien die „richtigen Fliesen". Hierin kann aber nur eine Genehmigung insoweit gesehen werden, dass der Beklagte die Übereinstimmung mit der bestellten Farbe anerkannt hat, nicht aber die Mangelfreiheit aller Fliesen und erst recht nicht das farbliche Zusammenspiel der Fliesen untereinander, das man erst nach Beendigung der Arbeiten beurteilen konnte. Aus dem gleichen Grunde kann daraus, dass der Beklagte die Verlegung der Fliesen gelegentlich beobachtete, ohne Mängel zu rügen, nicht auf eine endgültige Genehmigung des farblichen Gesamteindrucks geschlossen werden. Der Beklagte konnte diese Stellungnahme bis zur Beendigung der Arbeiten des Klägers zurückstellen.

Der Beklagte ist auch nicht verpflichtet, an den Kläger die Rechnungsbeträge für die Fliesenverlegung in Küche und WC zu bezahlen. Er hatte dem Kläger einen einheitlichen Auftrag zur Fliesenverlegung in allen drei Räumen erteilt. Wegen der Vorleistungspflicht des Klägers ist er erst dann zur Zahlung des Werklohns verpflichtet, wenn dieser seine gesamte Leistung vollständig und richtig erbracht hat und damit die Abnahmefähigkeit des Werkes gegeben ist.

Im Übrigen liegt ein Missverhältnis zwischen den geltend gemachten Mängeln und dem verweigerten Zahlungsbetrag, welches Anlass für eine analoge Anwendung des §§ 320 II, 641 III BGB sein könnte, nicht vor. Ein solches Missverhältnis wäre erst gegeben, wenn der Wert der mangelfreien Leistung das Dreifache der Nachbesserungskosten übersteigen würde. Davon kann hier keine Rede sein.

Die Kostenentscheidung beruht auf § 91 ZPO. Die Nebenentscheidungen zur vorläufigen Vollstreckbarkeit haben ihre Rechtsgrundlage in den §§ 708 Nr. 11, 711 S. 1 und 2 ZPO.

Muster 94: Klagestattgebendes Urteil (Partnervermittlung)

Amtsgericht Frankfurt am Main
Aktenzeichen: ...

Urteil

Im Namen des Volkes

In dem Rechtsstreit

d...

Kläger...,

Prozessbevollmächtigter: Rechtsanwalt ...,

gegen

d...

Beklagte...,

Prozessbevollmächtigter: Rechtsanwalt ...,

hat das Amtsgericht Frankfurt am Main durch den Richter am Amtsgericht ... im schriftlichen Verfahren mit Schriftsatzschluss am ... für Recht erkannt:

Die Beklagte wird verurteilt, an den Kläger 4000,– € nebst Zinsen in Höhe von 5 Prozentpunkten über dem Basiszinssatz daraus p. a. seit dem 3. 2. 2010 zu zahlen.

Die Beklagte hat die Kosten des Rechtsstreits zu tragen.

Das Urteil ist gegen Sicherheitsleistung in Höhe von 120% des jeweils zu vollstreckenden Betrages vorläufig vollstreckbar.

Tatbestand

Der damals 24-jährige Kläger ist aufgrund eines Unfallschadens mit einem Dauerschaden (Sprachstörungen und Bewegungseinschränkungen des linken Armes) behaftet. Er suchte am 8. 6. 2009 zusammen mit seiner Mutter die Geschäftsräume der Beklagten, die ein Partnervermittlungsinstitut betreibt, auf, da er zwecks Eheschließung eine Partnerin suchte. Nach Verhandlungen mit der Filialleiterin ... unterschrieb er einen Partnervermittlungsvertrag (Bl. ... d. A.), in welchem die Beklagte sich verpflichtete, ihm geeignete Interessentinnen während eines Jahres bis zur Höchstzahl von 10 Personen vorzuschlagen und entsprechende Kontakte zu vermitteln. Der Kläger zahlte das vertraglich vereinbarte Honorar von 4000,– € nach Unterzeichnung des Vertrages. In der Folgezeit teilte ihm die Filialleiterin ... als geeignete Interessentinnen die Zeugin ... und eine weitere Dame namens ... mit. Zu geeigneten Kontakten kam es jedoch nicht. Nachdem die Mutter des Klägers vergeblich weitere Adressen angemahnt hatte, „kündigte" der Kläger den Vertrag vom 8. 6. 2009 mit Schreiben vom 20. 1. 2010 (Bl. ... d. A.) „wegen Täuschung". Zugleich forderte er die Beklagte zur Rückzahlung des Honorars unter Fristsetzung zum 3. 2. 2010 auf. Die Beklagte verweigert die Rückzahlung der gezahlten Vergütung.

Der Kläger behauptet, vor Abschluss des Vertrages vom 8. 6. 2009 hätte seine Mutter die Filialleiterin ... ausdrücklich auf seine Behinderung hingewiesen und gefragt, ob in einem solchen Falle überhaupt eine Vermittlung Aussicht auf Erfolg habe. Das habe die Filialleiterin ... ausdrücklich mit dem Hinweis bejaht, sie habe bereits eine

Interessentin im Auge, nämlich die Zeugin ..., die ausgezeichnet zu dem Kläger passe und auch gegen eine Behinderung, wie sie beim Kläger vorliege, nichts einzuwenden habe. Bei einer versuchten Kontaktaufnahme des Klägers habe die Zeugin ... aber erklärt, sie sei schon seit einem Jahr mit einem Partner fest liiert und habe dies auch der Beklagten mitgeteilt. Die sodann als „Ersatzlösung" mitgeteilte die Zeugin ... habe nach einer persönlichen Kontaktaufnahme kein Interesse gezeigt. Bei einer erneuten Vorsprache am 15. 9. 2009 im Büro der Beklagten, bei der man die Rückforderung der 4000,- € verlangt habe, habe die Filialleiterin ... erklärt, jetzt sei die Zeugin ... wieder frei und vermittelbar, was sich aber bei einem Telefonat als falsch herausgestellt habe.

Der Kläger beantragt,
    die Beklagte zu verurteilen, an ihn 4000,- € nebst Zinsen in Höhe von 5 Prozentpunkten über dem Basiszinssatz daraus p.a. seit dem 3. 2. 2010 zu zahlen.

Die Beklagte beantragt,
    die Klage abzuweisen.

Sie behauptet, die Mutter des Klägers habe bei den Vertragsverhandlungen nur erklärt, dass ihr Sohn etwas schüchtern sei. Der Kläger habe sich bei den mitgeteilten Interessentinnen, den Zeuginnen ... und ... nicht genügend um die Anbahnung entsprechender Kontakte bemüht. Beide seien als vermittelbare und geeignete Damen in der Kartei der Beklagten geführt worden. Im Übrigen habe es der Kläger bei Vorsprache im Januar 2010 strikt abgelehnt, weitere Partnervorschläge entgegenzunehmen.

Das Gericht hat Beweis erhoben gemäß Beweisbeschluss vom ... (Bl. ... d.A.). Hinsichtlich des Ergebnisses der Beweisaufnahme wird auf das Protokoll der mündlichen Verhandlung vom ... (Bl. ... d.A.) Bezug genommen.

Entscheidungsgründe

Die Klage ist begründet.

Dem Kläger steht gegen die Beklagte ein Anspruch auf Zahlung von 4000,- € gemäß § 812 I 1 Alt. 1 BGB zu.

Die Beklagte ist um das von dem Kläger gezahlte Honorar von 4000,- € ungerechtfertigt bereichert. Sie hat diesen Betrag vom Kläger ohne Rechtsgrund erlangt, denn dieser hat den Partnervermittlungsvertrag der Parteien vom 8. 6. 2009 wirksam wegen arglistiger Täuschung angefochten (§§ 123 I, 142 I BGB).

2 Das Gericht geht nach dem Ergebnis der Beweisaufnahme davon aus, dass die Zeugin ..., die Filialleiterin der Beklagten, den Kläger bei Abschluss des Partnervertrages arglistig getäuscht hat. Sie hat nämlich nach Überzeugung des Gerichts der Wahrheit zuwider behauptet, die Zeugin ... werde – derzeit – als Interessentin in der Kartei der Beklagten geführt. Außerdem hat sie – ohne angestellte Erkundigungen – ins Blaue hinein behauptet, die Zeugin hätte gegen eine Partnerschaft und Eheschließung mit dem behinderten Kläger nichts einzuwenden:

Die Mutter des Klägers hat als Zeugin glaubhaft bekundet, die Zeugin ..., die Filialleiterin der Beklagten, habe vor der Unterschriftsleistung unter den Vertrag die genannten Äußerungen getan. Die Glaubwürdigkeit der Zeugin ergibt sich für das Gericht zunächst aus dem persönlichen Eindruck und dem Detailreichtum ihrer Aussage. Sie hat die Vertragsverhandlung in allen Einzelheiten anschaulich geschildert. Für diesen Ablauf spricht auch die Lebenserfahrung: das Gericht glaubt der Zeugin, dass sie als Mutter wegen der Behinderung ihres Sohnes Zweifel hegte, ob sich geeignete und heiratswillige Damen finden würden und deshalb der Vertragsschluss angezeigt sei. Es erscheint dem Gericht plausibel, dass sie diese Frage vor Abschluss des Vertrages stellte, der den Kläger zur Zahlung einer nicht unbedeutenden Summe verpflichtete und damit die Familie des Klägers erheblich finanziell belastete.

Die Zeugin ..., die Filialleiterin der Beklagten, konnte diese Aussage nicht entkräften. Sie hat erklärt, dass sie sich weder an den Kläger und seine Mutter noch an den Inhalt der Verhandlungen erinnern könne. Das erscheint dem Gericht zumindest unwahrscheinlich. Dass sie bei Vertragsschluss zugegen war, folgt aus der Unterschrift unter dem Vertrag. Ein Vorgang, dass eine behinderte Person einen Partnervermittlungsvertrag im Beisein ihrer Mutter schließt, ist schließlich kein alltäglicher Vorgang, der in der Erinnerung verblasst wie bei der Vielzahl der routinemäßig abgeschlossenen Verträge. Ebenso wenig will sich die Zeugin an die spätere Vorsprache mit der nochmaligen Verweisung auf die wieder „frei gewordene" Zeugin ... erinnern. Dieser Vorgang wird aber ebenfalls von der Mutter des Klägers glaubhaft geschildert und insofern durch die Zeugin ... mittelbar bestätigt, die aussagte, dass der Kläger sich unter Hinweis auf dieses Gespräch nochmals bei ihr telefonisch meldete.

Die von dem Gericht als bewiesen angesehene Behauptung, die Zeugin ... stehe als geeignete Partnerin für den Kläger zur Verfügung, war jedoch falsch.

Dies folgt aus der glaubhaften Aussage der Zeugin ... Diese hat für das Gericht überzeugend geschildert, dass sie zwar früher einmal in der Kartei der Beklagten als Interessentin geführt worden sei, aber seit Weihnachten 2008 einen festen Partner habe, mit dem sie zusammenlebe. Dies habe sie damals unverzüglich der Beklagten mitgeteilt. Auch nach dem Anruf des Klägers Ende Juni 2009 habe sie dies nochmals der Zeugin ..., der Filialleiterin der Beklagten, mitgeteilt und sich die Zuweisung weiterer Kandidaten verbeten; die Filialleiterin habe damals versprochen, in ihrer Kartei einen „Sperrvermerk" anzubringen. Umso erstaunter sei sie gewesen, als der Kläger sich im Herbst 2009 wieder gemeldet habe. Die Beklagte hat es auf Befragen des Gerichts abgelehnt, unter Hinweis auf den „Persönlichkeitsschutz" die Karteikarte der Zeugin ... vorzulegen, obwohl diese sich im Beweistermin ausdrücklich mit der Vorlage derselben einverstanden erklärt hatte.

Die unwahre Behauptung der Zeugin ..., die als Verhandlungsführerin der Beklagten auftrat, muss sich die Beklagte zurechnen lassen, ohne dass es auf die Kenntnis oder Kennen müssen der Geschäftsführerin der Beklagten ankommt. Das Gericht geht auch davon aus, dass der Kläger nur im Hinblick auf diese Äußerungen der Zeugin ... den Vertrag unterschrieben hat.

Der Kläger konnte demnach den Partnervermittlungsvertrag nach § 123 I BGB anfechten, was er mit seinem Schreiben vom 20. 1. 2010 fristgerecht getan hat. Unerheblich ist hierbei, dass er in diesem Schreiben von einer Kündigung gesprochen hat, zumal er gleichzeitig als Grund für seine Erklärung auf eine Täuschung durch die Beklagte hingewiesen hat. Auf weitere Vermittlungsversuche der Beklagten brauchte er sich nicht einzulassen.

Der zuerkannt Anspruch auf Zahlung von Verzugszinsen ist gemäß §§ 280 I, II, 286, 288 I BGB begründet.

Die Kostenentscheidung beruht auf § 91 I ZPO. Die vorläufige Vollstreckbarkeit hat ihre Rechtsgrundlage in § 709 S. 1 und 2 ZPO.

....

Muster 95: Überwiegend klagestattgebendes Urteil (Maklerprovision)

Amtsgericht Frankfurt am Main
Aktenzeichen: ...

Urteil

Im Namen des Volkes

In dem Rechtsstreit
d...
                                                                              Kläger...,
Prozessbevollmächtigter: Rechtsanwalt ...,

gegen

d...
                                                                              Beklagte... zu 1),
d...
                                                                              Beklagte... zu 2),
Prozessbevollmächtigter: Rechtsanwalt ...,

hat das Amtsgericht Frankfurt am Main durch den Richter am Amtsgericht ... aufgrund der mündlichen Verhandlung vom ... für Recht erkannt:

    Die Beklagten werden verurteilt, als Gesamtschuldner an den Kläger 9762,– € nebst Zinsen in Höhe von 5 Prozentpunkten über dem Basiszinssatz daraus p. a. seit 22. 10. 2010 zu zahlen.

    Im Übrigen wird die Klage abgewiesen.

    Die Kosten des Rechtsstreits haben die Beklagten zu tragen.

    Das Urteil ist gegen Sicherheitsleistung in Höhe von ...,– € vorläufig vollstreckbar.

Tatbestand

Der Kläger, ein Immobilienmakler, macht gegen die Beklagten einen Anspruch auf Maklerprovision wegen des Nachweises und anschließend erfolgten Ankaufs des Grundstücks ... geltend.
Er bot Anfang Februar 2010 im Amtsblatt der Gemeinde ... Grundstücke zum Verkauf an, die im Baugebiet „..." lagen und von der ... GmbH zum Verkauf anstanden. Die beklagten Eheleute suchten für ihre Tochter, die vor der Verheiratung stand, ein baureifes Grundstück. Sie traten aufgrund der Zeitungsanzeige an den Kläger heran, woraufhin am 5. 2. 2010 eine Besichtigung des Geländes stattfand, bei der die Ehefrau des Klägers den Beklagten das Projekt zeigte. Am 8. 2. 2010 sprachen die Tochter der Beklagten und ihr Bräutigam, die jetzigen Eheleute ..., bei der ... GmbH vor. Sie verhandelten an diesem Tag sowie am 15. 2. 2010 und 11. 3. 2010 wegen des Ankaufs eines Grundstück aus dem Bauprojekt „..." und aus einem weiteren Bauprojekt der ... GmbH. Am 15. 7. 2010 kauften sie von der ... GmbH aus dem seitens des Klägers den Beklagten bereits gezeigten Projekt „..." die Grundstücksparzelle ... zum Kaufpreis von 195 240,– €.

Der Kläger verlangt von den Beklagten die Maklerprovision in Höhe von 5% des Kaufpreises mit der Behauptung, er habe am 5. 2. 2010 durch seine Ehefrau das gesamte Projekt „…", unter anderem auch die später angekaufte Parzelle … nachgewiesen. Der Ankauf vom 15. 7. 2010 durch die Tochter und den Schwiegersohn der Beklagten sei auf diesen Nachweis zurückzuführen.

In der mündlichen Verhandlung vom 9. 12. 2010 hat das Gericht die Beklagten vor der Verhandlung zur Hauptsache darauf hingewiesen, dass es sachlich nicht zuständig ist.

Der Kläger beantragt,
> die Beklagten zu verurteilen, als Gesamtschuldner an ihn 9762,- € nebst Zinsen in Höhe von 5 Prozentpunkten über dem Basiszinssatz daraus p. a. seit dem 1. 8. 2010 zu zahlen.

Die Beklagten beantragen,
> die Klage abzuweisen.

Von dem Bauprojekt „…" der … GmbH hätten sie schon Ende 2009 von dem Bauaufsichtsamt der Stadt … erfahren; diese Vorkenntnis sei der Ehefrau des Klägers auch bei der Besichtigung am 5. 2. 2010 mitgeteilt worden. Außerdem habe die Ehefrau des Klägers ihnen nur die Parzellen …, … und … angeboten, nicht dagegen die Parzelle …, die ihre Tochter und ihr Schwiegersohn gekauft haben. Diese sei damals für einen anderen Interessenten reserviert gewesen sei. Die Vorsprache der Tochter am 8. 2. 2010 bei der … GmbH sei wegen eines anderen Bauprojekts erfolgt; zu diesem Zeitpunkt sei die Tochter über die Besichtigung des Geländes durch ihre Eltern am 5. 2. 2010 noch nicht unterrichtet gewesen. Die Parzelle … sei erst in der Verhandlung vom 11. 3. 2010 von dem Vertreter der … GmbH angeboten worden, nachdem der frühere Interessent für diese Parzelle zurückgetreten sei.

Das Gericht hat Beweis erhoben gemäß Beweisbeschluss vom 9. 12. 2010 (Bl. … d. A.). Hinsichtlich des Ergebnisses der Beweisaufnahme wird auf das Protokoll der mündlichen Verhandlung vom 9. 12. 2010 (Bl. … d. A.) Bezug genommen.

Entscheidungsgründe

Die Klage ist zulässig.

Das angerufene Gericht ist in Folge rügeloser Einlassung der Beklagten gemäß § 39 ZPO sachlich zuständig. In der mündlichen Verhandlung vom 9. 12. 2010 hat das Gericht die Beklagten nach § 504 ZPO vor der Verhandlung zur Hauptsache darauf hingewiesen, dass es sachlich nicht zuständig ist. Die Beklagten haben dies nicht gerügt, sondern die Abweisung der Klage beantragt.

Die Klage ist zudem begründet.

Dem Kläger steht gegen die Beklagten ein Anspruch auf Zahlung einer Provision von 9762,- € gemäß § 652 BGB zu.

2 Zwischen den Parteien ist – wie die Beklagten nach ihrer persönlichen Anhörung nicht mehr in Abrede stellen – ein Maklervertrag im Sinne des § 652 BGB zustande gekommen. Die Beklagten haben die Dienste des Klägers als Immobilienmakler in Anspruch genommen, wobei die Ehefrau des Klägers die Beklagten ausdrücklich auf die Provisionspflicht hingewiesen hat. Inhalt des Maklervertrags war der Nachweis

eines geeigneten, baureifen Grundstücks für die Tochter der Beklagten. In einem solchen Fall hat der Makler die Provision verdient, wenn der dem Makler als Kaufinteressent angegebene Dritte aufgrund des Nachweises das angebotene Grundstück kauft. Dies gilt besonders dann, wenn der Auftraggeber des Maklers und der spätere Käufer in engen wirtschaftlichen oder persönlichen Beziehungen zueinander stehen. Diese Voraussetzungen liegen hier vor:

Der Kläger hat den Beklagten bei der Besichtigung vom 5. 2. 2010 die Parzelle ... nachgewiesen, die die Tochter der Beklagten und ihr Schwiegersohn später gekauft haben.

Dies folgt aus der glaubhaften Aussage der Ehefrau des Klägers, die von den Beklagten bei ihrer anschließenden Anhörung nicht mehr ernsthaft in Frage gestellt wurde. Danach hat sich die Besichtigung vom 5. 2. 2010 nicht auf die Parzellen ..., ... und ... beschränkt. Vielmehr hat die Ehefrau des Klägers anhand der mitgebrachten Pläne das gesamte Bauprojekt erläutert; sie hat die Bebaubarkeit der einzelnen Parzellen beschrieben und hierbei Angaben über den qm-Preis der Parzellen sowie die voraussichtlich anfallenden Erschließungskosten gemacht. Es mag sein, dass in dem Gespräch die drei genannten Parzellen als „noch frei" von der Ehefrau des Klägers besonders hervorgehoben und die Parzelle ... als „möglicherweise reserviert" bezeichnet wurde. Durch diese Angaben schied die Parzelle jedoch ... keineswegs aus dem Angebot des Klägers aus. Es kommt schließlich häufig vor, dass ein Dritter für ein bestimmtes Grundstück ebenfalls Interesse zeigt und auch Verhandlungen mit dem Verkäufer aufgenommen hat, die sich aber nachträglich wieder zerschlagen, so dass das Grundstück wieder zur freien Verfügung steht. Auch in einem solchen Fall hat der Makler durch den Nachweis des Grundstücks bei späterem Ankauf desselben den wirtschaftlichen Erfolg zugunsten seines Auftraggebers herbeigeführt. So liegen die Dinge auch hier: Den Beklagten schien gerade die Parzelle ... wegen ihrer Größe besonders geeignet; die ... GmbH hat aufgrund des von der Tochter der Beklagten und deren Schwiegersohn für die Parzelle ... gezeigten Interesses die Verhandlungen mit dem ursprünglichen Kaufinteressenten forciert und bei dessen Zögern schließlich abgebrochen, um die Parzelle der kaufwilligen Tochter der Beklagten und deren Schwiegersohn zu überlassen.

Der Kauf vom 15. 7. 2010 ist auch auf diese Nachweistätigkeit des Klägers zurückzuführen.

Stehen sowohl der Nachweis eines bestimmten Objekts durch den Makler als auch der – in absehbarer Zeit – erfolgte Ankauf des gleichen Objekts durch den Auftraggeber fest, so spricht eine tatsächliche Vermutung dafür, dass der spätere Vertragsschluss auf den Nachweis ursächlich zurückzuführen ist; der Auftraggeber hat dann den fehlenden Ursachenzusammenhang zwischen Nachweis und Vertragsschluss darzulegen und zu beweisen.

Die Beklagten haben den ihnen obliegenden Beweis dafür, dass zwischen der Besichtigung vom 5. 2. 2010 und dem Kaufvertrag vom 15. 7. 2010 kein Zusammenhang besteht, nicht geführt.

Vielmehr spricht das Ergebnis der Beweisaufnahme gegen die Darstellung der Beklagten. Unerheblich ist hierbei ihr Vorbringen, sie seien schon Ende 2009 von der Bauaufsichtsbehörde der Stadt ... auf das Bauprojekt der ... GmbH hingewiesen worden; hierbei hat es sich nach der Aussage der Zeugin ... nur um einen pauschalen

Hinweis gehandelt, der weder den Beklagten noch der Tochter der Beklagten und deren Schwiegersohn den Anlass gab, konkrete Verhandlungen aufzunehmen. Solche Verhandlungen mit der Verkäuferin wurden bezeichnenderweise erst am 8. 2. 2010 – drei Tage nach der vorgenommenen Besichtigung – aufgenommen, wie die Zeugin … und der Zeuge … übereinstimmend ausgesagt haben. Dabei kann dahingestellt bleiben, ob bereits am 8. 2. 2010 über das hier fragliche Grundstück verhandelt wurde, denn der Zeuge … hat bestätigt, dass spätestens bei der zweiten Besprechung am 15. 2. 2010 das Projekt „…" und dabei auch die später von der Tochter der Beklagten und deren Schwiegersohn erworbene Parzelle … angesprochen worden ist.

Das Gericht ist im Hinblick auf den zeitlichen Zusammenhang zwischen Besichtigung und Aufnahme der Verhandlungen der Überzeugung, dass die Tochter der Beklagten und deren Schwiegersohn erst aufgrund der von den Beklagten vorgenommenen Besichtigung und der dabei erfolgten Erläuterung des Bauprojekts durch die Ehefrau des Klägers die Verhandlungen mit der … GmbH aufgenommen haben.

Zwar haben sowohl die Beklagten als auch die Zeugin … in ihren Aussagen in Abrede gestellt, dass die Beklagten die Besichtigung vom 5. 2. 2010 ihrer Tochter und ihrem Schwiegersohn vor dem Besuch bei der … GmbH mitgeteilt hätten; die Zeugin … will von dieser Besichtigung erst nach Rückkehr von den Verhandlungen erfahren haben, während der Zeuge … sich an die zeitlichen Zusammenhänge nicht mehr erinnern kann. Das Gericht vermag dieser Darstellung aber nicht zu folgen. Es erscheint unglaubhaft, dass die Beklagten im Interesse ihrer Tochter die Besichtigung geeigneter Baugrundstücke vornehmen, ohne diese anschließend hiervon zu unterrichten, obwohl die Zeugin … damals bei ihren Eltern wohnte. Die Zeugin … konnte auch keinen plausiblen Grund dafür angeben, warum sie ausgerechnet am 8. 2. 2010 die Verbindung mit der … GmbH aufgenommen hat, nach dem sie seit Jahresende 2009 in der Grundstücksangelegenheit nichts mehr unternommen hatte. Es kommt hinzu, dass die Beklagten diesen Einwand in der Klageerwiderung noch nicht vorgetragen hatten, sondern sich zunächst auf die Verteidigung beschränkten, die Parzelle … sei nicht nachgewiesen worden.

Die Höhe der vereinbarten Maklerprovision von 5% des Verkaufspreises ist zwischen den Parteien unstreitig.

Der zuerkannte Anspruch auf Zahlung von Verzugszinsen ist gemäß §§ 280 I, II, 286, 288 I BGB begründet. Für die Zeit vor Rechtshängigkeit steht dem Kläger gegen die Beklagten ein solcher Anspruch allerdings nicht zu, denn er hat die Voraussetzungen eines früheren Verzuges nicht dargetan. Eines diesbezüglichen Hinweises des Gerichts bedurfte es gemäß § 139 II ZPO nicht, weil es sich bei den Verzugszinsen um eine Nebenforderung handelt.

Die Nebenentscheidungen beruhen auf §§ 92 II, 100 IV, 709 S. 1 ZPO.

Muster 96: Teilweise stattgebendes, teilweise abweisendes Urteil (Ansprüche aus Reisevertrag)

Landgericht Frankfurt am Main
Aktenzeichen: ...

Urteil

Im Namen des Volkes

In dem Rechtsstreit

d...

Kläger...,

Prozessbevollmächtigter: Rechtsanwalt ...,

gegen

d...

Beklagte...,

Prozessbevollmächtigter: Rechtsanwalt ...,

hat die ... Zivilkammer des Landgerichts Frankfurt am Main durch den Richter am Landgericht ... als Einzelrichter aufgrund der mündlichen Verhandlung vom ... für Recht erkannt:

Die Beklagte wird verurteilt, an den Kläger 1864.25 € nebst Zinsen in Höhe von 5 Prozentpunkten über dem Basiszinssatz daraus p. a. seit dem 24. 9. 2010 zu zahlen.

Im Übrigen wird die Klage abgewiesen.

Von den Kosten des Rechtsstreits haben der Kläger 85% und die Beklagte 15% zu tragen.

Das Urteil ist gegen Sicherheitsleistung in Höhe von 120% des jeweils zu vollstreckenden Betrages vorläufig vollstreckbar. Der Kläger darf die Vollstreckung durch Sicherheitsleistung oder Hinterlegung in Höhe von 120% des aufgrund des Urteils vollstreckbaren Betrages abwenden, wenn nicht die Beklagte vor der Vollstreckung Sicherheit in Höhe von 120% des jeweils zu vollstreckenden Betrages leistet.

Tatbestand

Der Kläger macht Ansprüche auf Minderung und Schadensersatz aus einem Reisevertrag wegen mangelhafter Reiseleistungen geltend. Er buchte am 6. 3. 2010 für sich und seine Lebensgefährtin ... eine Pauschalreise nach ..., Hotel ... für die Zeit vom 20. 7. 2010 bis 17. 8. 2010 zum Gesamtpreis von 8417,– € (Halbpension). Das Hotel wird in dem Reiseprospekt der Beklagten (Bl. ... d. A.) unter anderem wie folgt beschrieben: „First-class-Hotel, Entfernung vom Strand 200 m, großer Swimmingpool mit Meerwasser, Tennisplätze."

Mit der Klage verlangt der Kläger aus eigenem und abgetretenem Recht seiner Lebensgefährtin Rückzahlung des Reisepreises in Höhe von 50% = 4208.50 € sowie

Schadensersatz wegen erheblicher Beeinträchtigung des Urlaubs in Höhe von 8400 €. Er macht geltend, die Reise sei mit erheblichen Mängeln behaftet gewesen.

So habe die Entfernung vom Strand nicht 200 m, sondern 800 m betragen. Der Swimmingpool sei nicht mit Meerwasser, sondern mit Süßwasser gefüllt gewesen. Die Tennisplätze seien zur Hälfte nicht fertig gestellt, die benutzbaren Tennisplätze wegen zu großen Andrangs für ihn nicht verfügbar gewesen. Der Zimmerservice habe nicht einem first-class-Hotel entsprochen; so seien die Handtücher nur einmal in der Woche gewechselt worden. Das Essen sei mäßig gewesen; insbesondere hätten die Pommes frites mengenmäßig nicht zum Sattwerden ausgereicht. Der Speisezettel sei eintönig gewesen; es habe in jeder Woche mindestens sechsmal Hähnchen gegeben. Die genannten Mängel seien mehrfach bei der örtlichen Reiseleiterin erfolglos gerügt worden; sie rechtfertigten eine Minderung des Reisepreises um die Hälfte. Außerdem verlange er, da er sich wegen der Mängel überhaupt nicht erholt habe, Schadensersatz wegen entgangener Urlaubsfreude, den er bei einem monatlichen Bruttoverdienst von 9000,- € auf 28 Tage à 300,- € = 8400,- € beziffere.

Unstreitig hat der Kläger die einzelnen Mängel mit Ausnahme der nicht fertig gestellten bzw. für ihn angeblich nicht benutzbaren Tennisplätze gegenüber der Beklagten mit Schreiben vom 19. 8. 2010 unter Fristsetzung zur Zahlung zum 23. 9. 2010 geltend gemacht, woraufhin diese mit Schreiben vom 6. 9. 2010 (Bl. ... d. A.) um Verständnis bat und 240,- € erstattete.

Der Kläger beantragt,
die Beklagte zu verurteilen, an ihn 12 608,50 € nebst Zinsen in Höhe von 5 Prozentpunkten über dem Basiszinssatz daraus p.a. seit dem 24. 9. 2010 zu zahlen.

Die Beklagte beantragt,
die Klage abzuweisen.

Sie behauptet, bei der Differenz hinsichtlich der Strandentfernung handele es sich um einen Druckfehler im Katalog, den sie nicht zu vertreten habe; im Übrigen sei der Unterschied in der Entfernung nur geringfügig, diene zudem der körperlichen Ertüchtigung der Reisenden und rechtfertige schon deshalb keine Minderung. Außerdem habe der Kläger diesen angeblichen Mangel nicht der Reiseleitung vor Ort angezeigt. Der Swimmingpool sei während der Reise des Klägers ausnahmsweise nicht mit Meerwasser gefüllt worden, da dieses damals zu viele Algen enthalten habe. Der Zimmerservice sei in Ordnung gewesen, die Handtücher seien jeden zweiten Tag gewechselt worden. Ebenso sei das Essen mengen- und qualitätsmäßig nicht zu beanstanden; Hähnchen habe es nur dreimal in der Woche gegeben, jedoch jeweils in anderer Zubereitung.

Weiter ist sie der Meinung, auf die überfüllten Tennisplätze könne sich der Kläger nicht mit Erfolg berufen, da ihm im Prospekt nicht garantiert worden sei, dass sie für ihn allein zur Verfügung ständen; außerdem habe der Kläger diesen angeblichen Mangel erstmals in der Klageschrift vorgebracht, so dass im Einzelnen nicht mehr dazu Stellung genommen werden könne, wie der Belegungsgrad der Tennisplätze in der Reisezeit des Klägers gewesen sei. Die Beklagte ist zudem der Ansicht, dem Kläger keinen Schadensersatz wegen entgangener Urlaubsfreude zu schulden, zumal sein Einkommen dafür kein geeigneter Bemessungsfaktor sei.

Das Gericht hat Beweis erhoben gemäß Beweisbeschluss vom ... (Bl. ... d.A.). Hinsichtlich des Ergebnisses der Beweisaufnahme wird auf das Protokoll der mündlichen Verhandlung vom ... (Bl. ... d.A.) Bezug genommen.

Entscheidungsgründe

Die Klage ist teilweise begründet.

Dem Kläger steht gegen die Beklagte ein Anspruch auf Minderung und Rückzahlung des Reisepreises in Höhe von 1864,25 € gemäß § 651 d BGB zu.

1. Die von der Beklagten veranstaltete Reise war nach dem Vorbringen der Parteien und dem Ergebnis der Beweisaufnahme teilweise mangelhaft im Sinne des § 651 c BGB.

a) Eine erhebliche Abweichung der vorhandenen von der versprochenen Leistung liegt in der größeren Entfernung des Hotels vom Strand, die unstreitig nicht – wie im Katalog angegeben – 200 m, sondern 800 m beträgt.

Die Entfernung des Hotels vom Strand ist ein für den Urlauber wesentlicher Umstand, da diese Wegstrecke meist mehrmals am Tag bei sommerlicher Temperatur und bei Tragen der üblichen Strandutensilien zurückgelegt werden muss. Bestätigt wird dies durch die Tatsache, dass die Reiseveranstalter in den Reiseprospekten die jeweilige Entfernung des Hotels vom Strand angeben und die Preise der Hotels mit zunehmender Entfernung vom Strand zurückgehen. Die Entfernung von 800 m ist entgegen der Ansicht der Beklagten kein für die körperliche Ertüchtigung des Reisenden vorteilhafter Umstand, sondern eine unzumutbare Belastung. Dass die Entfernungsangabe im Katalog auf einem Druckfehler beruhe, ist unerheblich, da die Minderung des Reisepreises kein Verschulden des Reiseveranstalters voraussetzt.

Die Beklagte kann sich nicht mit Erfolg darauf berufen, dass der Kläger diesen Mangel nicht der örtlichen Reiseleitung angezeigt habe. § 651 d II BGB, wonach der Reisende den Anspruch auf Minderung verliert, wenn er es schuldhaft unterlässt, den Mangel anzuzeigen, findet hier keine Anwendung. Diese Vorschrift bezweckt, den Reiseveranstalter über nicht bekannte und auch nicht ohne weiteres erkennbare Mängel zu unterrichten, damit er Abhilfe schaffen kann. Einer solchen Anzeige bedarf es für solche Mängel nicht, die dem Reiseveranstalter ohne weiteres bekannt oder gar auf eine fehlerhafte Prospektbeschreibung zurückzuführen sind.

b) Ein weiterer Mangel ist darin zu erblicken, dass die Handtücher auf dem Zimmer des Klägers nur höchstens zweimal in der Woche gewechselt wurden.

Das Gericht folgt insoweit den glaubhaften Angaben der Zeuginnen ... und ..., die beide übereinstimmend bekundet haben, dass die Handtücher jeweils nur donnerstags gewechselt wurden und erst bei mehrfachen Reklamationen ein weiterer Wechsel am Montag erfolgte. Soweit die Reiseleiterin ... in ihrer schriftlichen Zeugenaussage erklärt hat, sie sei stets von einem Wechsel der Handtücher an jedem zweiten Tag ausgegangen, vermag dies den Beweis des Klägers nicht zu entkräften. Die Reiseleiterin hat sich nach ihrer Schilderung auf die Rüge des Klägers hin nicht um eine Aufklärung bemüht. Im Übrigen steht diese Bekundung auch im Widerspruch zu dem Verhalten der Beklagten im Schreiben vom 6. 9. 2010, in welchem sie den Vortrag des Klägers nicht bestreitet, sondern insoweit um Verständnis für diese Unregelmäßigkeiten in der Hochsaison bittet und dafür einen Abzug von 120,– € vom Reisepreis pro Person anerkannt hat.

2. Eine weitergehende Minderung des Reisepreises ist allerdings, entgegen der Ansicht des Klägers, nicht gegeben.

a) So vermag das Gericht in der Tatsache, dass der Swimmingpool nur mit Süßwasser gefüllt war, keinen den Reisepreis mindernden Umstand zu sehen.

Es handelt sich um eine geringfügige Abweichung vom Katalogangebot, zumal der Kläger nichts Konkretes dafür vorgetragen hat, dass das Schwimmen im Süßwasser ihm und seiner Begleiterin irgendwelche Nachteile und Unannehmlichkeiten gebracht hat. Dieser Fehler scheidet daher als Minderungsgrund aus.

b) Ebenso wenig ist der Reisepreis wegen geringer Quantität und schlechter Qualität des Essens gemindert. Eine solche Minderung ist nach dem Ergebnis der Beweisaufnahme nicht bewiesen.

Die Zeugin ... hat nur allgemein ausgesagt, das Essen sei in den Portionen sehr spärlich gewesen; das erachtet das Gericht für zu unbestimmt, um daraus rechtserhebliche Folgen zu ziehen. Soweit der Kläger sich im Schriftsatz vom 13. 12. 2010 nunmehr auf die Vernehmung der Zeugen ... und ... beruft, war dieser Beweisantritt nach § 296 II ZPO als verspätet zurückzuweisen, da bei erneuter Beweisaufnahme der Rechtsstreit erheblich verzögert würde und auch nicht ersichtlich ist, weshalb der Kläger diese beiden Zeugen nicht eher benannt hat, zumindest so rechtzeitig, dass sie noch im Schlusstermin vom 13. 12. 2010 hätten gehört werden können.

Auch das von dem Kläger behauptete Übermaßangebot an „Hähnchen" ist nach Auffassung des Gerichts nicht bewiesen. Zwar hat die Zeugin ... bekundet, dass es so oft Hähnchen gegeben habe, dass viele Gäste die Speisen hätten zurückgehen lassen; diese Aussage wird jedoch widerlegt durch die von der Beklagten für die gesamte Reisezeit des Klägers vorgelegten Speisekarten. Aus deren Auswertung durch das Gericht ergibt sich, dass es in jeder Woche etwa 4 Speisen mit Hähnchen gegeben hat, jedoch in unterschiedlicher Zubereitung. Darin kann kein Fehler im Sinne des § 651 c I BGB gesehen werden; der Reisende muss gewisse Eigenheiten der Küche und des Speisezettels eines Hotels hinnehmen.

c) Wegen der teilweise noch nicht fertig gestellten, im Übrigen nach der Behauptung des Klägers überfüllten Tennisplätze ist der Reisepreis ebenfalls nicht gemindert. Der Geltendmachung dieses Mangels steht entgegen, dass der Kläger diesen Mangel nicht innerhalb der Monatsfrist nach Beendigung der Reise gegenüber der Beklagten geltend gemacht hat (§ 651 g I BGB).

Nach der gefestigter Rechtsprechung muss der Reisende innerhalb der Ausschlussfrist des § 651 g I BGB zwar nicht seine Ansprüche der Höhe nach beziffern, jedoch die einzelnen Mängel konkret bezeichnen, aus denen er Rechte herleiten will. Nur dann wird der Reiseveranstalter in die Lage versetzt, die geltend gemachten Mängel alsbald am Zielort zu überprüfen. Das ist hier hinsichtlich der Tennisplätze nicht geschehen, wie der Inhalt des Anmeldeschreibens vom 19. 8. 2010 ergibt.

3. Die festgestellten Mängel – größere Strandentfernung und ungenügender Wechsel der Handtücher – rechtfertigen eine Minderung des Reisepreises um 25% = 2104,25 €.

Bei einer Streckendifferenz von 600 m Strandentfernung wie hier erachtet das Gericht einen Minderungssatz von 12,5% für angemessen. Auch für den geringen Handtuchwechsel erachtet das Gericht einen Prozentsatz von 12,5% für angemessen, denn es handelt sich bei dem Angebot der Beklagten um ein first-class-Hotel, bei dem der Reisende nicht zuletzt im Hinblick auf den verhältnismäßig hohen Reisepreis auch mit einem besonders gehobenen Service der Spitzenklasse rechnen darf.

4. Ein Schadensersatz wegen entgangener Urlaubsfreude steht dem Kläger dagegen nicht zu. Es fehlt hierfür an den Voraussetzungen des § 651f II BGB, wonach diese Reise erheblich beeinträchtigt worden sein muss.

Nach gefestigter Rechtsprechung ist eine solche erhebliche Beeinträchtigung im Regelfall nur gegeben, wenn Mängel mit einem Gesamtgewicht von 50% vorliegen, was nach den obigen Darlegungen zu verneinen ist.

5. Der Anspruch des Klägers auf Minderung und Rückzahlung des Reisepreises in Höhe von 2104,25 € ist gemäß § 362 I BGB teilweise durch Leistung erloschen, nämlich in Höhe von 240 €. Unstreitig hat die Beklagte diesen Betrag auf die Forderung des Klägers an diesen gezahlt.

6. Der zuerkannte Anspruch auf Zahlung von Verzugszinsen ist gemäß §§ 280 I, II, 286, 288 I BGB begründet.

7. Die Kostenentscheidung beruht auf § 92 I 1 ZPO. Die vorläufige Vollstreckbarkeit hat ihre Rechtsgrundlage in den §§ 709 S. 1 und 2, 708 Nr. 11, 711 S. 1 und 2 ZPO.

....

Muster 97: Urteil auf Klage und Widerklage (Nachbarstreit)

Amtsgericht Frankfurt am Main
Aktenzeichen: ...

Urteil

Im Namen des Volkes

1 In dem Rechtsstreit
d...

                          Kläger...,

Prozessbevollmächtigter: Rechtsanwalt ...,

gegen

d...

                         Beklagte...,

Prozessbevollmächtigter: Rechtsanwalt ...,

hat das Amtsgericht Frankfurt am Main durch den Richter am Amtsgericht ... aufgrund der mündlichen Verhandlung vom ... für Recht erkannt:

Der Beklagte wird verurteilt, die im Hausgarten seines Grundstücks in ..., ...straße Nr. ... an der Grenze zum Nachbargrundstück des Klägers in ..., ...straße Nr. ... befindlichen fünf Fichten zu beseitigen.

Der Kläger wird verurteilt, geeignete Maßnahmen dafür zu treffen, dass sein Schäferhund in der Zeit von 19 Uhr bis 7 Uhr nicht durch Bellen den Beklagten über das übliche Maß hinaus stört, insbesondere den Schäferhund während dieser Zeit nicht allein ohne Aufsicht im Hausgarten oder dem dort befindlichen Zwinger zu belassen.

Im Übrigen werden Klage und Widerklage abgewiesen.

Die Kosten des Rechtsstreits werden gegeneinander aufgehoben.

Das Urteil ist für den Kläger gegen Sicherheitsleistung in Höhe von ... €, für den Beklagten gegen Sicherheitsleistung in Höhe von ... € vorläufig vollstreckbar.

Tatbestand

Die Parteien sind Eigentümer der benachbarten Grundstücke in ..., ... Nr. ... und Nr. ..., auf denen sich jeweils ein Einfamilienreihenhaus mit Hausgarten befindet.

Der Kläger, der auf seinem Grundstück einen Wachhund und in einer Ecke seines Hausgartens vier Hühner hält, begehrt die Beseitigung einiger Bäume und Sträucher, die auf dem Grundstück des Beklagten in der Nähe der gemeinsamen Grenze stehen, sowie Schadensersatz wegen Vergiftung einer Katze. Der Beklagte verlangt im Wege der Widerklage Maßnahmen des Klägers gegen lautes Hundegebell und Unterlassung von Hühnerhaltung.

Der Kläger behauptet, der Beklagte habe im Frühjahr 2007 im Abstand von nur 50 cm von der Grundstücksgrenze einen Fliederstrauch und einen Wacholder gepflanzt, deren Blätter bzw. Nadeln in seinen Garten fallen. Außerdem stünden fünf Fichten in einer Entfernung von nur 1 m zur Grundstücksgrenze, die – ebenso wie ein 5 m hoher Lebensbaum – ihm das Sonnenlicht für seine Terrasse nähmen. Sämtliche Bäume und Pflanzen müssten beseitigt werden, da sie im Widerspruch zu den Bestimmungen des Hessischen Nachbarrechtsgesetzes stünden.

Außerdem habe der Beklagte ihm Ersatz für den Kater „..." in Höhe von 400,– € zu leisten, den er vorsätzlich durch Hinüberwerfen von vergiftetem Fleisch in seinen Garten im Januar 2007 getötet habe.

Der Kläger beantragt,
den Beklagten zu verurteilen,
1. folgende, in seinem Hausgarten in ..., ...straße Nr. ... befindliche Sträucher und Bäume zu entfernen:
   a) einen Fliederstrauch;
   b) einen Wacholderstrauch;
   c) einen Lebensbaum;
   d) fünf in der Nähe der Grenze zum Grundstück des Klägers stehende Fichten;
2. an ihn 400,– € nebst Zinsen in Höhe von 5 Prozentpunkten über dem Basiszinssatz daraus p.a. seit dem 16. 8. 2010 zu zahlen.

Der Beklagte beantragt,
die Klage abzuweisen.

Widerklagend beantragt der Beklagte,
den Kläger zu verurteilen,
1. es für die Zukunft zu unterlassen, auf seinem Grundstück in ..., ...straße Nr. ... Hühner zu halten;
2. geeignete Maßnahmen zu treffen, dass er auf seinem Grundstück in ..., ...straße Nr. ... nicht durch das Gebell des Schäferhundes des Klägers über das übliche Maß hinaus gestört werde.

Der Kläger beantragt,
die Widerklage abzuweisen.

Der Beklagte behauptet, der Lebensbaum stehe in einer Entfernung von mindestens 3 m zur Grundstücksgrenze. Außerdem habe er den Fliederstrauch und den Wacholder 2006 gepflanzt.

Weiter behauptet der Beklagte, die vier Hühner des Klägers würden ihn jeden Morgen in aller Frühe weckten und ihn auch tagsüber bei seinem Verweilen auf der Terrasse durch Gackern stören. Außerdem werde er durch ständiges lautes Bellen des Schäferhundes des Klägers gestört, den der Kläger zu allen Tages- und Nachtzeiten allein ohne Aufsicht im Garten und dem dort befindlichen Zwinger belasse.

Das Gericht hat Beweis erhoben gemäß dem Beweisbeschluss vom ... (Bl. ... d.A.). Hinsichtlich des Ergebnisses der Beweisaufnahme wird auf das Protokoll der Ortsbesichtigung vom ... (Bl. ... d.A.) sowie der mündlichen Verhandlung vom ... (Bl. ... d.A.) Bezug genommen.

Dem Rechtsstreit ist ein außergerichtliches Güteverfahren vorausgegangen, das erfolglos verlief. Insoweit wird auf die vom Kläger vorgelegte Bescheinigung der Gütestelle vom ... (Bl. ... d.A.) Bezug genommen.

Entscheidungsgründe

2 Klage und Widerklage sind zulässig, insbesondere war das diesem Rechtsstreit vorausgegangene außergerichtliche Güteverfahren erfolglos, wie sich aus der Bescheinigung der Gütestelle vom ... ergibt.

In der Sache haben Klage und Widerklage jedoch nur teilweise Erfolg.

1. Dem Kläger steht gegen den Beklagten der zuerkannte Anspruch auf Beseitigung der fünf Fichten gemäß § 1004 I BGB zu.

Das Eigentum des Klägers wird durch den Beklagten als Störer rechtswidrig beeinträchtigt. Dies folgt aus § 38 I Nr. 1 b des Hessischen Nachbarrechtsgesetzes, wonach der Abstand bei Fichten 2 Meter bis zur Grundstücksgrenze betragen muss. Dieser notwendige Abstand ist nicht eingehalten, wie die von dem Gericht bei der Ortsbesichtigung durchgeführte Vermessung ergeben hat; danach beträgt der Abstand zur Grundstücksgrenze nur 1,20 Meter. Zu Unrecht beruft sich der Beklagte auf § 39 I des Hessischen Nachbarrechtsgesetzes, wonach der Abstand bei lebenden Hecken über 2 Meter Höhe 0,75 Meter betragen darf. Die fünf Fichten stellen keine lebende Hecke dar, weil sie als einzelne Bäume gepflanzt sind.

2. Ein Anspruch auf Beseitigung der übrigen streitgegenständlichen Bäume und Sträucher steht dem der Kläger gegen den Beklagten dagegen unter keinem rechtlichen Gesichtspunkt zu.

Zwar stehen der Fliederstrauch und der Wacholder mit einer bei der Ortsbesichtigung festgestellten Entfernung von 0,70 Meter ebenfalls zu nahe an der Grundstücksgrenze, da § 38 Nr. 3 a des Hessischen Nachbarrechtsgesetzes einen Abstand von 1 Meter vorschreibt. Dem Beseitigungsanspruch des Klägers steht aber § 43 I 2 des Hessischen Nachbarrechtsgesetzes entgegen. Der Kläger hat nicht bis zum Ablauf des dritten auf das Anpflanzen folgenden Kalenderjahres Klage auf Beseitigung erhoben. Die beiden Sträucher wurden bereits 2006 gepflanzt. Das Gericht folgt insoweit den glaubhaften Bekundungen der Zeugen ... und ... . Die gegenteiligen Bekundungen der Ehefrau des Klägers, wonach die Sträucher erst 2007 gepflanzt worden seien, hält das Gericht nicht für glaubhaft. Der Zeuge ... hat nämlich überzeugend dargelegt, dass er bei den Pflanzungsarbeiten mitgewirkt hat und dies nur im Frühjahr 2006 geschehen sein kann, weil er im Oktober 2006 seinen Gärtnereibetrieb eingestellt hat.

Ein Beseitigungsanspruch besteht auch nicht für den Lebensbaum. Der für diesen nach § 38 I Nr. 1 b des Hessischen Nachbarrechtsgesetzes erforderliche Abstand von 2 Meter zur Grenze ist eingehalten, da die Entfernung zur Grenze etwa 3,60 Meter beträgt, wie bei der Ortsbesichtigung unstreitig geworden ist. Die Tatsache, dass der Lebensbaum die Sonneneinstrahlung auf die Terrasse des Klägers zu bestimmten Tageszeiten beeinträchtigen mag, genügt nicht, um einen Anspruch auf Beseitigung aus § 1004 BGB zu rechtfertigen. Mangels ausdrücklicher einengender Bestimmungen hält sich der Beklagte mit dem weiteren Stehen lassen des Lebensbaumes in den Grenzen seines Eigentums (§ 903 BGB). Das Verhalten des Beklagten ist auch nicht rechtsmissbräuchlich. Für eine Anwendung des § 242 BGB hat der Kläger keine konkreten Tatsachen vorgetragen, insbesondere eine konkrete Gefährdung von Leib oder Leben der sich auf dem Grundstück aufhaltenden Personen nicht dargetan.

3. Dem Kläger steht gegen den Beklagten schließlich auch kein Anspruch auf Schadensersatz wegen Vergiftung seiner Katze gemäß § 823 I BGB zu.

Nach dem Ergebnis der Beweisaufnahme ist das Gericht nicht davon überzeugt, dass Beklagte den Tod des Katers verursacht hat. Dabei kann mit dem Kläger davon ausgegangen werden, dass das Tier an einer Arsenvergiftung verendet ist. Selbst wenn man weiter davon ausgeht, dass nach den Aussagen der Ehefrau des Klägers unmittelbar am Tage nach dem Verenden der Katze Fleischreste mit Giftrückständen im Garten des Klägers gefunden wurden, ist damit nicht bewiesen, dass der Beklagte dieses vergiftete Fleisch in den Garten des Klägers geworfen hat. Es lässt sich nicht ausschließen, dass ein Dritter das Gift in den Garten geworfen hat, zumal hinter dem Garten des Klägers ein Fußweg vorbeiführt, von dem aus Dritte ohne weiteres solche Gegenstände in den Garten des Klägers werfen können. Die in das Wissen der Zeugin … gestellte Tatsache, der Beklagte habe im Jahre 2006 mehrfach erklärt, er wolle den Schäferhund des Klägers vergiften, um endlich einmal Ruhe zu haben, ist von der Zeugin nicht bestätigt worden; nach ihrer Darstellung hat der Beklagte sich nur über das Hundegebell beklagt, ohne irgendwelche Drohungen auszustoßen. Der Beweis für eine Verursachung des Todes des Katers durch den Beklagten ist nach alledem nicht geführt, was zu Lasten des beweispflichtigen Klägers geht.

4. Dem Beklagten steht gegen den Kläger ein Anspruch auf Vornahme geeigneter Maßnahmen zur Beseitigung des Hundegebells in dem zuerkannten Umfang gemäß § 1004 I BGB zu.

Der Kläger stört durch das Halten des Schäferhundes sowie durch Belassen desselben während der Abend- und Nachtstunden im Hausgarten und Zwinger den Beklagten in der Nutzung seines Eigentums in wesentlichem Umfang und einer nicht ortsüblichen Weise.

Nach dem Ergebnis der Beweisaufnahme ist das Gericht davon überzeugt, dass der Kläger den Schäferhund im Wesentlichen tagsüber im Hausgarten allein laufen lässt und ihn abends für die Nacht in einem dort befindlichen Zwinger unterbringt. Die Zeugen …, … und … haben glaubhaft bekundet, dass der Hund laufend bellt, sobald vor dem Haus ein fremder Passant vorbeigeht, und dass der Hund auch nachts laufend, durchschnittlich 10 bis 15 mal anschlägt, wenn irgendwelche Leute auf dem Bürgersteig vor dem Haus oder dem Fußweg hinter dem Hausgarten vorbeigehen.

Dieses Bellen ist zwar für die Tageszeit als unwesentliche und ortsübliche Beeinträchtigung hinzunehmen. Bei der Ortsbesichtigung hat sich herausgestellt, dass zahlreiche Hauseigentümer in der Nachbarschaft sich einen Hund halten, offenbar auch als Wachhund, da die dortigen Reihenhäuser ziemlich abseits von dem Ortskern gelegen sind und deshalb eine erhöhte Gefahr für Einbruchdiebstähle nicht von der Hand zu weisen ist. Unter diesen Umständen kann in dem Halten des Hundes allein und dessen Bellen während der Tageszeit keine außerhalb der Ortsüblichkeit liegende, wesentliche Beeinträchtigung gesehen werden.

Eine wesentliche Beeinträchtigung liegt aber darin, dass der Hund auch in den Abend- und Nachtstunden im Hausgarten bzw. Zwinger gehalten wird. Das häufige Bellen, nach Angaben der Zeugen durchschnittlich 10 bis 15 Mal pro Nacht, stört Abendruhe und Schlaf des Beklagten in nicht mehr zumutbarer Weise. Eine derart laufende Störung wird von der Duldungspflicht des § 906 BGB nicht mehr erfasst.

Die wesentliche Störung des Beklagten kann auch durch eine zumutbare Maßnahme verhindert werden (§ 906 II 1 BGB), die hier darin liegt, dass der Schäferhund während der Abend- und Nachtzeit nicht allein ohne Aufsicht im Hausgarten und Zwinger belassen, sondern im Haus untergebracht wird. Der Kläger war demnach im Wege der Beseitigung zu verurteilen, durch geeignete Maßnahmen während der Zeit von 19 Uhr bis 7 Uhr das laute Bellen des Hundes zu verhindern.

Zwar bleiben im Regelfall die aus dem Beseitigungsgebot folgenden Maßnahmen der Wahl des Störers überlassen. Gleichwohl war hier eine Maßnahme konkret zu bezeichnen, da insoweit eine Auswahl dem Kläger nicht verbleibt. Sie besteht in dem Gebot, den Schäferhund in der fraglichen Zeit nicht alleine ohne Aufsicht im Hausgarten oder Zwinger zu belassen. Eine Einbeziehung der Mittagszeit von 13 bis 15 Uhr, wie sie der Beklagte verlangt, hält das Gericht nicht für angebracht, da eine derart starre Mittagsruhe heute nicht mehr den Anschauungen der Bevölkerung entspricht.

5. Ein Anspruch auf ein Verbot der Hühnerhaltung steht dem Beklagten gegen den Kläger jedoch unter keinem rechtlichen Gesichtspunkt zu.

Insoweit bewegt sich der Kläger im Rahmen seines durch § 906 BGB begrenzten Eigentums. Der Beklagte muss die in dem gelegentlichen Gackern der Hühner liegende Beeinträchtigung als eine solche unwesentlicher Art hinnehmen.

6. Die Kostenentscheidung beruht auf § 92 I ZPO. Die vorläufige Vollstreckbarkeit hat ihre Rechtsgrundlage in § 709 S. 1 ZPO.

....

Beschluss

4 In p. p.

wird der Streitwert gemäß §§ 3 ZPO, 48 II, 45 I GKG auf 4050,– € [Klageantrag zu 1 a): 100,– €, Klageantrag zu 1 b): 100,– €, Klageantrag zu 1 c): 200,– €, Klageantrag zu 1 d): 1250,– €, Klageantrag zu 2): 400,– €, Widerklageantrag zu 1) 500,– €, Widerklageantrag zu 2) 1500,– €] festgesetzt.

Frankfurt am Main, den ...
Amtsgericht, Abteilung ...

....

Muster 98: Zwischenurteil über die Zulässigkeit der Klage, Einrede der örtlichen Unzuständigkeit (§ 280 ZPO)

Amtsgericht Frankfurt am Main
Aktenzeichen: ...

Urteil
Im Namen des Volkes

In dem Rechtsstreit
d...

Kläger...,

Prozessbevollmächtigter: Rechtsanwalt ...,

gegen

d...

Beklagte...,

Prozessbevollmächtigter: Rechtsanwalt ...,

hat das Amtsgericht Frankfurt am Main durch den Richter am Amtsgericht ... aufgrund der mündlichen Verhandlung vom ... für Recht erkannt:

Das angerufene Amtsgericht Frankfurt am Main ist örtlich zuständig.

Tatbestand

Die Parteien streiten über die Wirksamkeit einer Gerichtsstandsklausel.

Die Klägerin begehrt von der Beklagten die Zahlung einer Vergütung aus einem Software-Vertrag vom 26. 7. 2010 (Bl. ... d. A.) in Höhe von 2377,44 €. Dem Vertrag lagen die „Allgemeinen Bedingungen" für Software-Leistungen zugrunde (Bl. ... d. A.), in denen als Gerichtsstand für alle Leistungen und Streitigkeiten aus dem Vertrag der Sitz des Software-Lieferanten festgelegt ist.

Die Beklagte hat den Software-Vertrag mit Schreiben vom 30. 7. 2010 wegen arglistiger Täuschung angefochten.

Die Klägerin beantragt,
 die Beklagten als Gesamtschuldner zu verurteilen, an sie 2 377,44 € nebst Zinsen in Höhe von 8 Prozentpunkten über dem Basiszinssatz daraus p. a. ab dem 20. 9. 2010 zu zahlen.

Die Beklagte beantragt,
 die Klage abzuweisen.

Sie rügt die örtliche Unzuständigkeit des angerufenen Amtsgerichts.

Nach ihrer Meinung verstößt die Vereinbarung eines Gerichtsstandes in Allgemeinen Geschäftsbedingungen gegen § 307 BGB, selbst wenn es sich, wie hier, bei den Vertragspartnern um Kaufleute handelt. Außerdem ist sie der Ansicht, dass die Gerichtsstandsvereinbarung jedenfalls in Folge wirksamer Anfechtung des Software-Vertrags hinfällig sei.

1

Das Amtsgericht hat im Termin vom 4. 11. 2010 die abgesonderte Verhandlung über die Frage der örtlichen Zuständigkeit angeordnet.

Entscheidungsgründe

Die Klage ist zulässig.

Das angerufene Gericht ist örtlich zuständig.

Die in den Allgemeinen Geschäftsbedingungen der Klägerin, die nach dem unstreitigen Vorbringen der Parteien Bestandteil des streitgegenständlichen Software-Vertrages geworden sind, enthaltene Klausel betreffend den Gerichtsstand ist rechtswirksam. Ein Verstoß gegen § 307 BGB ist zu verneinen.

2 § 38 I ZPO lässt Gerichtsstandsvereinbarungen unter Kaufleuten gerade zu, so dass ein Verstoß gegen wesentliche Grundgedanken einer gesetzlichen Regelung im Sinne von § 307 II Nr. 1 BGB nicht festgestellt werden kann. Im Übrigen sind Gerichtsstandsklauseln unter Kaufleuten durchaus üblich und nicht überraschend. Kaufleute erscheinen im Hinblick auf ihre Geschäftserfahrung nicht so schutzbedürftig wie Nichtkaufleute. Es ist schließlich zu berücksichtigen, dass ohne Gerichtsstandsvereinbarung der Kläger durch den kraft Gesetzes festgelegten Gerichtsstand bei einem auswärtigen Schuldner in gleichem Maße benachteiligt ist wie der Schuldner im Falle der Prorogation; auch aus diesem Grunde kann eine erhebliche, unangemessene Benachteiligung, wie sie § 307 BGB fordert, nicht festgestellt werden.

Die Beklagte kann sich auch nicht mit Erfolg darauf berufen, dass der Hauptvertrag von ihr wegen arglistiger Täuschung angefochten wurde. Eine Gerichtsstandsklausel ist üblicherweise dahin auszulegen, dass das vereinbarte Gericht auch über die Wirksamkeit des Hauptvertrages entscheiden soll. Dafür spricht hier auch der Wortlaut der Klausel, wonach der vereinbarte Gerichtsstand für „alle Leistungen und Streitigkeiten aus dem Vertrag" gelten soll.

Muster 99: Zwischenurteil über die Zulässigkeit der Klage, Einrede des Schiedsvertrags (§§ 280, 1032 I ZPO)

Landgericht Frankfurt am Main
Aktenzeichen: ...

Zwischenurteil

Im Namen des Volkes

In dem Rechtsstreit
d...

                                                                Kläger...,

Prozessbevollmächtigter: Rechtsanwalt ...,

gegen

d...

                                                       Beklagte...,

Prozessbevollmächtigter: Rechtsanwalt ...,

hat die ... Zivilkammer des Landgerichts Frankfurt am Main durch die Richterin am Landgericht ... als Einzelrichterin aufgrund der mündlichen Verhandlung vom ... für Recht erkannt:

    Die Einrede des Schiedsvertrages ist nicht begründet.

Tatbestand

Der Kläger überließ durch Pachtvertrag vom 4. 1. 2010 der ... oHG das Grundstück in ..., ...straße Nr. ... zum Betrieb eines Speditionsunternehmens. Der Pachtvertrag enthält eine Schiedsklausel, wonach alle Streitigkeiten aus dem Pachtvertrag durch ein Schiedsgericht entschieden werden sollen. Die oHG errichtete dort verschiedene Lagerhallen. Durch Schreiben vom 10. 6. 2010 kündigte der Kläger das Pachtverhältnis wegen erheblicher Pachtrückstände, die er auf 12 000,- € beziffert und denen eine Vielzahl von angeblichen Minderungsgründen seitens der ... oHG zugrunde liegen. Er hat die frühere Pächterin aufgrund eines Schiedsvertrages vor einem Schiedsgericht auf Zahlung eines Teilbetrages von 8000,- € verklagt. Das Verfahren ist noch anhängig.

Der Kläger nimmt nunmehr den Beklagten als persönlich haftenden Gesellschafter wegen derselben Forderung in Anspruch. Auf eine Zahlungsaufforderung mit der gleichzeitigen Androhung, die Schiedsklage auf ihn zu erweitern, ließ der Beklagte durch anwaltliches Schreiben vom 3. 9. 2010 (Bl. ... d. A.) mitteilen, dass er die Kosten des Schiedsgerichtsverfahrens nicht bestreiten könne. Aus diesem Grunde kündige er den Schiedsvertrag vom 4. 1. 2010.

Der Kläger beantragt,
    den Beklagten zu verurteilen, an ihn 8000,- € nebst Zinsen in Höhe von 8 Prozentpunkten über dem Basiszinssatz p.a. aus 4000,- € seit dem 7. 5. 2010 und aus 4000,- € seit dem 7. 6. 2010 zu zahlen.

Der Beklagte beantragt,
die Klage abzuweisen.

Er erhebt vorweg die Einrede des Schiedsvertrages und ist insoweit der Meinung, die Kündigung des Schiedsvertrages durch das Schreiben seines Anwalts vom 3. 9. 2010 sei unwirksam, da nicht er, sondern die ... oHG Partei des Schiedsvertrages sei. Im Übrigen hätten die Voraussetzungen für eine Kündigung nicht vorgelegen, da seine Einkommensverhältnisse geordnet und zudem seine Ehefrau verpflichtet sei, ihm Prozesskostenvorschuss zu leisten.

Entscheidungsgründe

Die Klage ist zulässig.

Die von dem Beklagten erhobene Einrede des Schiedsvertrages ist nicht begründet.

Zwar wirkt der zwischen dem Kläger und der ... oHG abgeschlossene Schiedsvertrag auch zwischen den Parteien des vorliegenden Rechtsstreits.

Es ist anerkannt, dass der von einer oHG abgeschlossene Schiedsvertrag sowohl das Rechtsverhältnis zwischen dem Gläubiger und der oHG als auch das Rechtsverhältnis zwischen dem Gläubiger und dem nach § 128 HGB persönlich haftenden Gesellschafter der oHG ergreift. Dies folgt aus dem Umstand, dass die oHG eine Zusammenfassung der Gesellschafter unter einer Firma in ihrer gesamthänderischen Verbundenheit darstellt. Der Beklagte konnte sich mithin ursprünglich gegenüber einer Klage vor dem ordentlichen Gericht auf die Einrede des Schiedsvertrages berufen.

Diese Schiedsabrede ist jedoch durch Kündigung vom 3. 9. 2010 im Verhältnis zwischen den Parteien erloschen. Der Beklagte hat den Schiedsvertrag rechtswirksam aus wichtigem Grund gekündigt.

Als wichtigen Grund für die vorzeitige Kündigung eines Schiedsvertrages sieht die Rechtsprechung unter anderem auch den Umstand an, dass eine Partei aus finanziellen Gründen nicht in der Lage ist, die Kosten des Schiedsgerichtsverfahrens, die regelmäßig durch Vorschüsse an das Schiedsgericht aufzubringen sind, zu bestreiten. Gleiches gilt, jedenfalls bei ungewöhnlich komplizierten Rechts- und Tatsachenfragen, wie den hier umstrittenen Minderungsgründen, wenn die Partei nicht in der Lage ist, die Kosten für die Vertretung durch einen Rechtsanwalt im Schiedsgerichtsverfahren aufzubringen.

Die Voraussetzungen für eine solche Kündigung aus wichtigem Grund waren bei Zugang des Schreibens vom 3. 9. 2010 gegeben.

Der Beklagte war nach Mitteilung seines Prozessbevollmächtigten nicht in der Lage, seinen Rechtsanwalt für die Vertretung im Schiedsgerichtsverfahren zu honorieren. Nach den damaligen Äußerungen des Beklagten, wie sie sich aus dem in der mündlichen Verhandlung vorgelegten Rentenbescheid konkretisiert ergeben, bezog der Beklagte eine Sozialversicherungsrente von 150,– €, die unterhalb der Grenze des heranziehbaren Einkommens für die Prozesskostenhilfe liegt.

Der Beklagte kann jetzt nicht mit Erfolg die Richtigkeit dieser von ihm selbst dargestellten Einkommensverhältnisse wieder in Abrede stellen. Er hat nicht konkret vorgetragen, welches sonstige Einkommen er bezieht. Der von ihm erwähnte Anspruch auf Prozesskostenvorschuss gegen seine Ehefrau besteht in Wahrheit nicht; denn der hier gegen ihn geltend gemachte Anspruch auf Zahlung von Pachtzins stellt keine persönliche Angelegenheit im Sinne von § 1360a IV BGB dar.

Abgesehen davon verstößt der Beklagte mit der Erhebung der Einrede des Schiedsvertrages gegen Treu und Glauben. Er setzt sich mit seinem früheren Verhalten in Widerspruch, wenn er zunächst den Schiedsvertrag kündigt und den Kläger zur Erhebung der Klage vor dem ordentlichen Gericht veranlasst, nunmehr aber wieder die Zulässigkeit dieser Klage angreift, um den Kläger auf den Schiedsgerichtsweg zu verweisen.

Der Beklagte kann auch nicht damit gehört werden, er habe den Schiedsvertrag nicht kündigen können, weil nicht er, sondern die ... oHG Partei des Schiedsgerichtsvertrages sei.

Das ist zwar im Ausgangspunkt richtig. Da aber, wie oben dargestellt, der Schiedsvertrag einer oHG auch gegen den persönlich haftenden Gesellschafter wirkt, ist dieser, bei einer prozessualen Betrachtungsweise, teilweise kündbar hinsichtlich des Prozessrechtsverhältnisses zwischen Gläubiger und persönlich haftender Gesellschafter, wenn in seiner Person ein wichtiger Grund für die Kündigung gegeben ist.

§ 4. Das Urteil

Muster 100: Vorbehaltsurteil nach § 302 ZPO (Aufrechnung)

Landgericht Frankfurt am Main
Aktenzeichen: ...

Vorbehaltsurteil

Im Namen des Volkes

1 In dem Rechtsstreit
d...

Kläger...,

Prozessbevollmächtigter: Rechtsanwalt ...,

gegen

d...

Beklagte...,

Prozessbevollmächtigter: Rechtsanwalt ...,

hat die ... Zivilkammer des Landgerichts Frankfurt am Main durch den Richter am Landgericht ... als Einzelrichter aufgrund der mündlichen Verhandlung vom ... für Recht erkannt:

Der Beklagte wird verurteilt, an den Kläger 10 648,35 € nebst Zinsen in Höhe von 5 Prozentpunkten über dem Basiszinssatz daraus p. a. seit dem 16. 8. 2010 zu zahlen, und zwar davon 8000,– € nebst Zinsen unter Vorbehalt der Entscheidung über die Aufrechnung mit einer Gegenforderung aus Darlehen vom Oktober 2009.

Der Beklagte hat die Kosten des Rechtsstreits zu tragen.

Das Urteil ist gegen Sicherheitsleistung in Höhe von 120% des jeweils zu vollstreckenden Betrages vorläufig vollstreckbar.

Tatbestand

Der Kläger verlangt von dem Beklagten im Wege des Schadensersatzes nach § 717 II ZPO Rückzahlung eines Betrages, den der Beklagte aufgrund eines später teilweise wieder aufgehobenen Versäumnisurteils beigetrieben hat.

Der Beklagte machte gegen den Kläger in einem Rechtsstreit vor dem Landgericht Frankfurt am Main – Aktenzeichen ... – einen Anspruch auf Zahlung von 10 276,96 € geltend. In diesem Verfahren wurde der hiesige Kläger durch Versäumnisurteil vom 8. 2. 2010 auch antragsgemäß verurteilt. Auf seinen Einspruch hat das Landgericht Frankfurt am Main durch Urteil vom 5. 7. 2010 das Versäumnisurteil nur in Höhe von 1260,36 € aufrechterhalten, im Übrigen aber unter Aufhebung des Versäumnisurteils die Klage abgewiesen. In der Zwischenzeit hatte der Beklagte aufgrund des Versäumnisurteils die Zwangsvollstreckung betrieben und hierbei für die zugesprochene Hauptforderung nebst Kosten einen Betrag von 12 508,93 € beigetrieben.

Der Kläger verlangt von dem Beklagten den zu Unrecht beigetriebenen Betrag von 10 648,35 € zurück. Wegen der Berechnung dieses Betrages wird auf Seite 3 der Klageschrift vom 19. 7. 2010 (Bl. 3 d. A.) Bezug genommen.

Der Kläger beantragt,
den Beklagten zu verurteilen, an ihn 10 648,35 € nebst Zinsen in Höhe von 5 Prozentpunkten über dem Basiszinssatz daraus p. a. seit dem 16. 8. 2010 zu zahlen.

Der Beklagte beantragt,
die Klage abzuweisen.

Er behauptet, er habe das Geld inzwischen auf einer Urlaubsreise ausgegeben und sei völlig mittellos. Zudem ist er der Ansicht, der Anspruch des Klägers sei jedenfalls wegen Mitverschuldens zu kürzen. Hilfsweise rechnet er mit einem Anspruch in Höhe von 8000,- € aus Darlehen auf. Dieses Darlehen habe er dem Kläger im Oktober 2009 um Ankauf eines Personenkraftwagens gewährt (Beweis: Ehefrau des Beklagten). Der Rückzahlungsanspruch sei gemäß Vereinbarung am 2. 1. 2010 fällig geworden.

Die Akten des Landgerichts Frankfurt am Main – Aktenzeichen ... – waren zu Informationszwecken beigezogen und Gegenstand der mündlichen Verhandlung.

Entscheidungsgründe

Die Klage ist hinsichtlich der geltend gemachten Forderung des Klägers zur Entscheidung reif im Sinne von § 302 ZPO. Die von dem Beklagten zur Aufrechnung gestellte Forderung aus Darlehen dagegen steht mit der Klageforderung nicht in rechtlichem Zusammenhang und bedarf noch weiterer Aufklärung.

Dem Kläger steht gegen den Beklagten ein Anspruch auf Rückzahlung des unstreitig zu Unrecht aufgrund des wieder aufgehobenen Versäumnisurteils vom 8. 2. 2010 beigetriebenen Betrages von 10 648,35 € gemäß § 717 II ZPO zu.

Ohne Erfolg beruft sich der Beklagte gegenüber diesem Schadensersatzanspruch auf den Wegfall der Bereicherung. Er muss die zu Unrecht beigetriebene Summe auf jeden Fall erstatten. Dies folgt aus der Rechtsnatur dieses Anspruchs und der – hier nicht eingreifenden – Sonderregelung in § 717 III 3 ZPO betreffend die Erstattungspflicht nach Vollstreckung aus einem Urteil des Oberlandesgerichts in vermögensrechtlichen Streitigkeiten.

Der Anspruch des Klägers ist entgegen der Ansicht des Beklagten auch nicht gemäß § 254 I BGB zu kürzen. Mitwirkendes Verschulden ist im Falle eines Schadensersatzanspruchs gemäß § 717 II ZPO nur dann zu berücksichtigen, wenn ein besonders schwerwiegendes Verschulden gegeben ist, wofür der Beklagte jedoch nichts vorgetragen hat.

Der zuerkannte Anspruch auf Zahlung von Verzugszinsen ist gemäß §§ 280 I, II, 286, 288 I BGB begründet.

Die Kostenentscheidung beruht auf § 91 ZPO. Die vorläufige Vollstreckbarkeit hat ihre Rechtsgrundlage in § 709 S. 1 und 2 ZPO.

....

Muster 101: Schlussurteil im Nachverfahren nach § 302 IV ZPO

Landgericht Frankfurt am Main
Aktenzeichen: ...

Vorbehaltsurteil
Im Namen des Volkes

1 In dem Rechtsstreit
d...

Kläger...,

Prozessbevollmächtigter: Rechtsanwalt ...,

gegen

d...

Beklagte...,

Prozessbevollmächtigter: Rechtsanwalt ...,

hat die ... Zivilkammer des Landgerichts Frankfurt am Main durch die Richterin am Landgericht ... als Einzelrichterin aufgrund der mündlichen Verhandlung vom ... für Recht erkannt:

Das Vorbehaltsurteil vom 6. 9. 2010 wird für vorbehaltlos erklärt.

Der Beklagte hat die weiteren Kosten des Rechtsstreits zu tragen.

Das Urteil ist vorläufig vollstreckbar. Der Beklagte darf die Vollstreckung durch Sicherheitsleistung oder Hinterlegung in Höhe von ...,- € abwenden, wenn nicht der Kläger vor der Vollstreckung Sicherheit in gleicher Höhe leistet.

Tatbestand

Der Beklagte ist durch Vorbehaltsurteil vom 6. 9. 2010 verurteilt worden, an den Kläger 10648,35 € nebst Zinsen in Höhe von 5 Prozentpunkten über dem Basiszinssatz daraus p.a. seit dem 16. 8. 2010 zu zahlen. In Höhe von 8000,- € nebst Zinsen erfolgte die Verurteilung unter dem Vorbehalt der Entscheidung über eine seitens des Beklagten zur Aufrechnung gestellte Forderung aus Darlehen.

Der Beklagte behauptet, er habe dem Kläger im Oktober 2009 ein Darlehen von 8000,- € zum Ankauf eines Personenkraftwagens gegeben, rückzahlbar am 2. 1. 2010. Der Kläger habe im Juni 2010 seine Rückzahlungsverpflichtung auch anerkannt, indem er umgehende Zahlung versprochen habe.

Der Beklagte beantragt,
unter Aufhebung des Vorbehaltsurteils die Klage abzuweisen.

Der Kläger beantragt,
das Vorbehaltsurteil für vorbehaltlos zu erklären.

Das Gericht hat Beweis erhoben gemäß dem Beweisbeschluss vom ... (Bl. ... d.A.). Hinsichtlich des Ergebnisses der Beweisaufnahme wird auf das Protokoll der mündlichen Verhandlung vom ... (Bl. ... d.A.) Bezug genommen.

Entscheidungsgründe

Das Vorbehaltsurteil war zu bestätigen.

Die Klage ist begründet.

Dem Beklagten steht gegen den Kläger kein gegenüber der Klageforderung aufrechenbarer Gegenanspruch aus Darlehen gemäß § 488 I 2 BGB zu.

Nach dem Ergebnis der Beweisaufnahme ist das Gericht nicht davon überzeugt, dass der Beklagte dem Kläger ein Darlehen gegeben hat. Zwar hat die Ehefrau des Beklagten als Zeugin bestätigt, der Beklagte habe ihr erzählt, er habe dem Kläger 8000,- € zum Ankauf eines Personenkraftwagens geliehen. Diese Aussage reicht jedoch nicht aus, um dem Gericht die Überzeugung von der Richtigkeit der Darstellung des Beklagten zu verschaffen.

Einmal war die Zeugin ... bei der angeblichen Hingabe des Darlehens nicht zugegen, sondern weiß von der Angelegenheit nur vom Hörensagen zu berichten. Außerdem hat sie bei ihrer Vernehmung einen recht unsicheren Eindruck gemacht, sich zunächst nur dunkel erinnert und erst auf nachdrückliches Befragen des Beklagten nähere Einzelheiten zu dem Bericht ihres Mannes über die Hingabe des Geldes geäußert. Dabei fällt auf, dass ein gewisser Widerspruch in ihrer Aussage zu der Darstellung des Beklagten besteht: nach der Darstellung des Beklagten erfolgte die Hingabe des Geldes in der Gastwirtschaft des Klägers, während die Ehefrau aussagte, das Geld sei in der Wohnung des Beklagten dem Kläger übergeben worden. Die Aussage der Ehefrau wird auch nicht durch andere Gesichtspunkte in ihrer Richtigkeit bestätigt.

Der von dem Beklagten weiterhin benannte Zeuge ... hat die in sein Wissen gestellte Tatsache, der Kläger habe im Juni 2010 die Darlehensverpflichtung anerkannt und umgehende Rückzahlung versprochen, nicht bestätigt. Gegen die Richtigkeit des Beklagtenvorbringens spricht, dass der Kläger nach seinen Angaben weder in der damaligen Zeit den Kauf eines Kraftfahrzeugs getätigt noch sonst jemals ein Kraftfahrzeug besessen hat. Schließlich muss sich der Beklagte als Geschäftsmann entgegenhalten lassen, dass er sich keine Quittung für das angebliche Darlehen hat geben lassen, so dass er die nun bestehenden Schwierigkeiten in der Beweisführung auf sich nehmen muss.

Bei der Unklarheit der Beweislage sah das Gericht auch keinen Anlass, den Beklagten gemäß § 448 ZPO als Partei zu vernehmen, wie sein Prozessbevollmächtigter in der mündlichen Verhandlung angeregt hat. Denn diese Parteivernehmung des Beweisführers setzt voraus, dass schon einiger Beweis für die Richtigkeit seiner Behauptung erbracht ist und die Parteivernehmung nur noch letzte Zweifel des Gerichts ausräumen soll; davon kann bei dem Ergebnis der hier vorliegenden Beweisaufnahme keine Rede sein.

Die Kostenentscheidung beruht auf § 91 ZPO. Die vorläufige Vollstreckbarkeit hat ihre Rechtsgrundlage in §§ 708 Nr. 11, 711 S. 1 ZPO.

Bei der Bemessung der Sicherheitsleistung war zu berücksichtigen, dass sich die Kostenentscheidung nebst vorläufiger Vollstreckbarkeit nur auf die Kosten des Nachverfahrens erstreckt. Der danach zu regelnde Kostenerstattungsanspruch des Klägers beträgt nach der Schätzung des Gerichts ca. 500,- €.

....

Muster 102: Urteil betreffend Räumung einer Mietwohnung

Amtsgericht Frankfurt am Main
Aktenzeichen: ...

Urteil

Im Namen des Volkes

1 In dem Rechtsstreit
d...

                                                                                         Kläger...,

Prozessbevollmächtigter: Rechtsanwalt ...,

gegen

d...

                                                                                         Beklagte...,

Prozessbevollmächtigter: Rechtsanwalt ...,

hat das Amtsgericht Frankfurt am Main durch den Richter am Amtsgericht ... aufgrund der mündlichen Verhandlung vom ... für Recht erkannt:

    Der Beklagte wird verurteilt, die von ihm innegehaltene Wohnung ..., bestehend aus ..., geräumt an die Klägerin herauszugeben.

    Die Kosten des Rechtsstreits hat der Beklagte zu tragen.

    Das Urteil ist vorläufig vollstreckbar. Der Beklagte darf die Vollstreckung durch Sicherheitsleistung oder Hinterlegung abwenden, und zwar
    – hinsichtlich der Hauptsache (Räumung) durch Sicherheitsleistung oder Hinterlegung in Höhe von ... €, die sich im Falle der nicht fristgerechten Räumung für die Zeit ab Januar 2011 für jeden angefangenen Monat um ... € erhöht;
    – hinsichtlich der Kosten durch Sicherheitsleistung oder Hinterlegung in Höhe von ... €

    Die Klägerin kann trotz Sicherheitsleistung des Beklagten das Urteil vollstrecken und zwar
    – hinsichtlich der Hauptsache (Räumung) nach Sicherheitsleistung oder Hinterlegung in Höhe von ... €;
    – hinsichtlich der Kosten nach Sicherheitsleistung oder Hinterlegung in Höhe von ... €

    Dem Beklagten wird eine Räumungsfrist bis 31. 12. 2010 gewährt.

Tatbestand

Die Klägerin begehrt von dem Beklagten mit der diesem am 15. 2. 2010 zugestellten Klage die geräumte Herausgabe der von ihm seit 1. 11. 2009 gemieteten streitgegenständlichen Wohnung im Hause ... wegen fristloser Kündigung nach Auflaufen von Mietrückständen.

Die Klägerin kündigte mit Schreiben vom 8. 2. 2010 das Mietverhältnis, nachdem der Beklagte zu diesem Zeitpunkt mit der Zahlung des Mietzinses für die Monate Januar und Februar 2010 in Höhe von jeweils 1375,– € in Rückstand gekommen war. Diesen Mietrückstand beglich der Beklagte im Laufe des Monats März 2010. Die Mieten für die Monate März und April 2010 zahlte er am 7. 5. 2010, die Maimiete beglich er am 21. 5. 2010. Zurzeit ist noch die Miete für den Monat Juni 2010 offen.

Die Klägerin beantragt,
den Beklagten zu verurteilen, die von ihm innegehaltene Wohnung ... geräumt und an sie herauszugeben.

Der Beklagte beantragt,
die Klage abzuweisen.

Er ist der Auffassung, dass die Kündigung und der aus ihr folgende Räumungsanspruch durch die Zahlung des Rückstandes für die Monate Januar und Februar 2010 hinfällig geworden sei.

Hinsichtlich des ursprünglich gleichzeitig neben dem Räumungsanspruch geltend gemachten Anspruchs auf Zahlung der rückständigen Miete für die Monate Januar und Februar 2010 haben die Parteien den Rechtsstreit in der Hauptsache übereinstimmend für erledigt erklärt.

Entscheidungsgründe

Die Klage ist begründet.

Der Klägerin steht gegen den Beklagten ein Anspruch auf geräumte Herausgabe der streitgegenständlichen Wohnung gemäß § 546 I BGB zu.

Die Kündigung der Klägerin vom 8. 2. 2010 hat das Mietverhältnis der Parteien rechtswirksam beendet (§ 543 II Nr. 3 a BGB). Die fristlose Kündigung war wirksam, weil sich der Beklagte zu diesem Zeitpunkt mit der Entrichtung des Mietzinses für zwei aufeinander folgende Monate (Januar und Februar 2010) in Verzug befand.

Die Kündigung ist auch nicht nachträglich gemäß § 569 III Nr. 2 BGB unwirksam geworden, denn der Beklagte hat zu keinem Zeitpunkt sämtliche Mietrückstände beglichen.

Voraussetzung für die Anwendung des § 569 III Nr. 2 BGB ist das Begleichen sämtlicher Rückstände auf Mietzins bzw. Nutzungsentschädigung innerhalb der Schonfrist von zwei Monaten nach Rechtshängigkeit. Diese Schonfrist lief hier am 15. 4. 2010 ab, da dem Beklagten die Klageschrift am 15. 2. 2010 zugestellt worden war. In der mündlichen Verhandlung vom 10. 6. 2010 ist unstreitig geworden, dass am 21. 5. 2010 zwar die bis dahin aufgelaufenen Mietrückstände ausgeglichen waren, jedoch die Junimiete noch nicht bezahlt war.

Die Kostenentscheidung beruht auf §§ 91, 91 a ZPO.

Soweit die Parteien den Rechtsstreit in der Hauptsache übereinstimmend für erledigt **2** erklärt haben, war über die Kosten des Rechtsstreits gemäß § 91 a ZPO unter Berücksichtigung des bisherigen Sach- und Streitstandes nach billigem Ermessen zu entscheiden. Dies führte zur Auferlegung der Kosten auf den Beklagten, da er ohne den Eintritt des erledigenden Ereignisses in dem Rechtsstreit aller Voraussicht nach unterlegen wäre. Der Klägerin stand gegen den Beklagten ein Anspruch auf Zahlung der Mieten für Januar und Februar 2010 gemäß § 535 II BGB zu. Diese Mieten hat der Beklagte unstreitig erst im Laufe des Monats März 2010 und damit nach der mit Zustellung der Klageschrift am 15. 2. 2010 eingetretenen Rechtshängigkeit gezahlt, so dass er die Klägerin insoweit klaglos gestellt hat.

Der Ausspruch über die vorläufige Vollstreckbarkeit beruht auf den §§ 708 Nr. 7, 711 S. 1 ZPO. Bei Bemessung der Sicherheitsleistung hinsichtlich der Befugnis des Beklagten zur Abwendung der Räumungsvollstreckung hat das Gericht dem berechtigten Interesse der Klägerin auf Sicherung ihres Vermögensstandes für den Fall Rechnung getragen, dass der Beklagte mit weiteren Mietzinszahlungen in Rückstand kommt.

3 Dem Beklagten war gemäß § 721 ZPO eine den Umständen nach angemessene Räumungsfrist zu gewähren, damit er Gelegenheit hat, sich eine andere Wohnung zu suchen. Bei der Bemessung der Frist wurde von der Erfahrungstatsache ausgegangen, dass es auf dem Wohnungsmarkt der Stadt ... bei Entfaltung angemessener Bemühungen möglich ist, sich in etwa sechs Monaten eine andere vergleichbare Wohnung zu beschaffen.

....

Muster 103: Urteil betreffend einen Verkehrsunfall, Rückgriff nach § 116 SGB X

Amtsgericht Frankfurt am Main
Aktenzeichen: ...

Urteil
Im Namen des Volkes

In dem Rechtsstreit

d...

Kläger...,

Prozessbevollmächtigter: Rechtsanwalt ...,

gegen

1. d...
2. d...
3. d...

Beklagte... zu 1–3),

Prozessbevollmächtigter: Rechtsanwalt ...,

hat das Amtsgericht Frankfurt am Main durch die Richterin am Amtsgericht ... aufgrund der mündlichen Verhandlung vom ... für Recht erkannt:

Die Klage wird abgewiesen.

Die Klägerin hat die Kosten des Rechtsstreits zu tragen.

Das Urteil ist gegen Sicherheitsleistung in Höhe von 120% des jeweils zu vollstreckenden Betrages vorläufig vollstreckbar.

Tatbestand

Die Klägerin nimmt die Beklagten mit der jeweils am 5. 7. 2010 zugestellten Klage als Halter, Fahrer und Haftpflichtversicherer eines Lastzuges aus gemäß § 116 SGB X auf sie übergegangenem Recht aus einem Unfall vom 3. 1. 2010 auf Erstattung von Krankenversicherungsleistungen in Anspruch, die sie für das bei ihr krankenversicherte, bei dem Unfall tödlich verletzte Mitglied ... und seine mitversicherte verletzte Ehefrau ... erbracht hat.

Der bei der Klägerin gesetzlich krankenversicherte ... befuhr am Unfalltag gegen 17 Uhr 35 mit seinem Personenkraftwagen, ..., amtliches Kennzeichen ..., in dem sich seine Ehefrau ... als Beifahrerin befand, die Bundesstraße ... von ... in Richtung ... Der Beklagte zu 2) befuhr zur gleichen Zeit mit dem bei der Beklagten zu 3) haftpflichtversicherten Lastkraftwagen der Beklagten zu 1) ..., amtliches Kennzeichen ... nebst angehängtem Tieflader, amtliches Kennzeichen ..., der mit einer Planierraupe beladen war, die ...straße in ..., die innerhalb eines Waldstücks in die Bundesstraße ... einmündet. Dort bog er nach links in die durch Verkehrszeichen als bevorrechtigt gekennzeichnete Bundesstraße ... ein, aus deren Gegenrichtung sich der Personenkraftwagen des ... näherte. Dieser stieß gegen den sich noch im Einbiegen befindlichen Lastzug, und zwar gegen den noch quer in seiner Fahrbahn sich bewegenden Tiefladeanhänger. Dabei wurde der Fahrer ... so schwer verletzt, dass er am 6. 1.

2010 im Kreiskrankenhaus … seinen Verletzungen erlag. Seine Ehefrau erlitt einen schweren Unfallschock und trug Verletzungen davon, die einen stationären Krankenhausaufenthalt bis 4. 2. 2010 und eine anschließende ambulante Behandlung bis März 2010 erforderten.

Mit der Klage macht die Klägerin die von ihr aufgrund des Unfalls getätigten Gesamtaufwendungen in Höhe von 24 128,91 €, abzüglich vorprozessual seitens der Beklagten ihr ersetzter $^4/_5$ = 19 303,13 €, mithin 4825,78 € geltend (Bl. … d. A.).

Die Klägerin ist der Ansicht, der Beklagte zu 2) habe den Unfall fahrlässig herbeigeführt: Infolge der Länge und der Schwerfälligkeit des Lastzuges habe das Einbiegemanöver in die Bundesstraße … für eine erhebliche Zeit den Verkehr auf dieser bevorrechtigten Straße blockiert. Bei der im Unfallzeitpunkt herrschenden Dunkelheit sei dies eine schwere Gefährdung des Verkehrs auf der Bundesstraße gewesen, da der Lastzug seitlich nicht beleuchtet gewesen sei. Der Beklagte zu 2) habe von der Einmündung aus die Bundesstraße auf eine Strecke von 250 m bis zu einer dort befindlichen Kuppe einsehen können, und deshalb bei Beginn des Abbiegevorgangs auch den herannahenden Personenkraftwagen sehen können und müssen. Sei die einsehbare Strecke jedoch geringer, so habe er das Herannahen schneller Fahrzeuge in Rechnung stellen und besondere Sicherungsvorkehrungen treffen müssen. Den Fahrer des Personenkraftwagens … treffe kein Verschulden an dem Unfall, da die von ihm gefahrene Geschwindigkeit von höchstens 60 km/h nicht zu hoch gewesen sei und er den quer zu seiner Fahrtrichtung befindlichen Anhänger mangels ausreichender Beleuchtung nicht rechtzeitig habe erkennen können.

Die Klägerin beantragt.
die Beklagten zu verurteilen, als Gesamtschuldner an sie 4825,78 € nebst Zinsen in Höhe von 5 Prozentpunkten über dem Basiszinssatz daraus p. a. seit dem 5. 7. 2010 zu zahlen.

Die Beklagten beantragen,
die Klage abzuweisen.

Sie sind der Ansicht, der Unfall sei für den Beklagten zu 2) ein unabwendbares Ereignis gewesen: Der Beklagte zu 2) habe sich vor dem Einbiegen in die Bundesstraße vergewissert, dass sich auf dieser aus Richtung … kein Fahrzeug nähere; die Bundesstraße sei bis zu einer Kuppe auf eine gerade Strecke von 243 m einsehbar. Als er dort kein Fahrzeug gesehen habe, sei er nach Setzen des linken Blinkers losgefahren. Für den Einbiegevorgang habe er 15 Sekunden gebraucht. Der Getötete … habe eine Geschwindigkeit von 70–80 km/h gefahren, so dass er die einsehbare Strecke von 243 m in 12,8 Sekunden zurückgelegt habe und der Beklagte zu 2) beim Einfahren in die Bundesstraße ihn noch nicht habe sehen können. Diese Geschwindigkeit sei in Anbetracht der Dunkelheit zu hoch gewesen, zumal der Getötete … erst unmittelbar vor dem Zusammenstoß die Beleuchtung eingeschaltet habe. Der Getötete habe den Lastzug aufgrund seines Scheinwerferlichtes und des eingeschalteten Blinkers ohne weiteres sehen müssen; er habe aber bis unmittelbar vor dem Aufprall nicht reagiert, sondern sei mit voller Wucht auf den Anhänger aufgefahren.

Das Gericht hat Beweis erhoben gemäß Beweisbeschluss vom … (Bl. … d. A.). Hinsichtlich des Ergebnisses der Beweisaufnahme wird auf das Protokoll des Ortstermins vom … (Bl. … d. A.), der mündlichen Verhandlung vom … (Bl. … d. A.) und das schriftliche Gutachten des Sachverständigen Dipl.-Ing. … vom (Bl. … d. A.) Bezug genommen. Die Akten der Staatsanwaltschaft bei dem Landgericht ... mit dem Aktenzeichen ... waren beigezogen und Gegenstand der mündlichen Verhandlung.

Entscheidungsgründe

Die Klage ist unbegründet.

Der Klägerin steht gegen die Beklagten kein Anspruch auf Zahlung von Schadensersatz gemäß §§ 7 I, 18 I StVG, § 115 I VVG in Verbindung mit § 116 SGB X zu.

Zwar wurde beim Betrieb eines Kraftfahrzeugs eine Sache beschädigt, denn der von der Beklagten zu 1) gehaltene, bei der Beklagten zu 3) haftpflichtversicherte Lastkraftwagen nebst Tiefladeanhänger und der Personenkraftwagen des Getöteten kollidierten. Auch hat der Beklagte zu 2), nach dem Ergebnis der Beweisaufnahme, den Unfall fahrlässig herbeigeführt. Die Klägerin muss sich jedoch die Betriebsgefahr des Personenkraftwagens des Getöteten ... anrechnen lassen (§§ 7, 17 StVG, 412, 404 BGB).

1. Der Beklagte zu 2) hat die dem Fahrer des Personenkraftwagens ... auf der Bundesstraße zustehende Vorfahrt verletzt.

a) Er durfte nach § 8 II 2 StVO in die Bundesstraße nur einfahren, wenn er übersehen konnte, dass er Fahrzeuge auf der bevorrechtigten Straße weder gefährdete noch wesentlich behinderte. Eine solche Feststellung konnte er nach der gegebenen Sachlage nicht treffen.

Nach den bei der Ortsbesichtigung getroffenen Feststellungen war die Bundesstraße ... von der Einmündung der ...straße bis zur Kuppe auf einer Strecke von 228 m einzusehen. Der Beklagte zu 2) musste damit rechnen, dass auf der Bundesstraße, auf der eine Geschwindigkeitsbegrenzung nicht bestand, Fahrzeuge trotz Dunkelheit mit einer Geschwindigkeit von 70–80 km/h sich der Einmündung nähern und damit die einsehbare Strecke in etwa 11,7 bis 10,3 Sekunden durchfahren und die Einmündung erreichen würden. In diesem Zeitraum konnte der Beklagte nach den bei der Ortsbesichtigung gemachten Fahrversuchen den Abbiegevorgang nicht durchführen. Er hat bei den im Rahmen der Ortsbesichtigung angestellten Fahrversuchen einmal 16 Sekunden, das andere Mal 18 Sekunden benötigt, wobei das Gericht überzeugt ist, dass dies Höchstleistungen gewesen sind, bei der der Beklagte zu 2) seine Kräfte und Geschicklichkeit voll eingesetzt hat, während dies im Unfallzeitpunkt möglicherweise nicht der Fall war. Rechnet man noch 2 Sekunden für die Zeit zwischen Beobachtung der Fahrbahn, Reaktion und Beginn des eigentlichen Anfahrens hinzu, so musste der Beklagte zu 2) eine Abbiegezeit von insgesamt 20 Sekunden in Rechnung stellen, die aber so lang war, dass in der Zwischenzeit Fahrzeuge auf der Bundesstraße mit 70–80 km/h Geschwindigkeit die Kuppe überfahren und die Einmündung erreicht hatten, bevor die Fahrbahn von dem einbiegenden Lastzug frei war. Ein „Hineintasten" im Sinne von § 8 II 3 StVO kam nicht in Frage, da durch das Einfahren die Sichtverhältnisse nicht besser wurden und damit schon die bevorrechtigte Fahrbahn versperrt war.

b) Unter diesen Umständen musste der Beklagte zu 2) weitere Sicherungsvorkehrungen treffen.

Er hätte entweder den Tieflader durch ein auf dem Dach angebrachtes Warnblinklicht absichern oder einen Warnposten auf der Bundesstraße in gehöriger, einer dem

Anhalteweg für Fahrzeuge mit 70–80 km/h Geschwindigkeit entsprechenden Entfernung vor der Kuppe aufstellen müssen, damit diese nach Erkennen der Gefahrenlage ihre Geschwindigkeit vermindern und notfalls anhalten konnten. Falls ihm dies zu umständlich erschien, hätte er von dem Transport des Tiefladers bei Dunkelheit absehen müssen, um ihn bei Tageslicht nachzuholen. Entgegen der Auffassung der Beklagten reichte die Eigenbeleuchtung des Lastzuges nicht aus, andere Verkehrsteilnehmer auf die erhöhte Gefahr aufmerksam zu machen und zu warnen. Die vorderen Lichter des Zugwagens beleuchteten den Tieflader-Anhänger nicht. Die Lichtquellen der roten und gelben Lichter an der Rückseite des Zugwagens und des Anhängers waren für den aus Richtung ... kommenden Verkehr nicht zu sehen. Es mag sein, dass ab einer gewissen Entfernung an der Stirnseite des Anhängers ein schwacher Widerschein des links hinten am Zugwagen angebrachten Blinklichts erkennbar war, während das linke hintere Blinklicht des Anhängers nicht erkennbar war. Es unterliegt jedoch keinem Zweifel, dass der Widerschein eines Lichts niemals als ausreichende Beleuchtung zum Erkennen des konkreten, den Verkehr extrem gefährdenden Fahrzeugs gelten kann.

c) Der Beklagte zu 2) hat das Vorfahrtsrecht des Fahrers des Personenkraftwagens ... auch fahrlässig verletzt und damit den Unfall schuldhaft verursacht. Er hätte bei Anwendung der im Verkehr erforderlichen Sorgfalt erkennen können und müssen, dass der von ihm bei Dunkelheit durchgeführte Transport des Tiefladers mit Planierraupe in dieser Form – nämlich ohne zusätzliche Sicherungsmaßnahmen – zu Gefährdungen des übrigen Verkehrs und damit auch zu Unfällen mit Personenschaden führen musste.

Dem Beklagten zu 2) ist zwar einzuräumen, dass er nicht bei jeder Kreuzung und Einmündung eine Erkundung der örtlichen Verhältnisse und eine Berechnung durchführen konnte, wie sie das Gericht angestellt hat. Ein solches Verhalten wäre weder verkehrsüblich noch zumutbar. Das entlastet den Beklagten zu 2) aber nicht. Ihm war die Schwerfälligkeit des Lastzuges aufgrund seiner Länge von 16,6 m und aufgrund früherer Fahrten bekannt. Unter diesen Umständen musste er, wenn er schon den Transport bei Dunkelheit durchführen wollte, sich generell auf zusätzliche Sicherungsmaßnahmen einstellen und diese bei jeder nur einigermaßen zweifelhaften Verkehrslage einsetzen. Der Beklagte zu 2) hat sich aber offenbar überhaupt keine Gedanken in dieser Hinsicht gemacht und darauf vertraut, dass die Sache schon „gut gehen werde". Zumindest hätte ihm die Gefährlichkeit der Einmündung auffallen und er seinen Beifahrer, den Zeugen ..., auffordern müssen, mit einer Warnblinkleuchte sich auf der Bundesstraße aufzustellen und den herannahenden Verkehr auf das Hindernis aufmerksam zu machen.

2. Ein Mitverschulden des Fahrers des Personenkraftwagens ... kann nach der Beweisaufnahme nicht festgestellt werden. Es ist weder beweisen, dass dieser ohne Beleuchtung noch, dass er zu schnell gefahren ist und nicht rechtzeitig nach Erkennen der Gefahrenlage reagiert hat.

a) Der Fahrer des Personenkraftwagens ... hatte nach dem Ergebnis der Beweisaufnahme das Abblendlicht eingeschaltet.

Das haben die an dem Unfall unbeteiligten Zeugen ... und ... glaubhaft bekundet, was in Übereinstimmung mit den Angaben der Ehefrau des Getöteten steht, während sich der von den Beklagten benannte Zeuge ... hieran nicht mehr erinnern konnte.

b) Der Fahrer des Personenkraftwagens ... ist auch nicht zu schnell gefahren. Eine Verletzung des § 3 I StVO ist nach dem Ergebnis der Beweisaufnahme nicht bewiesen.

Nach dem Gutachten des Sachverständigen Dipl.-Ing. ... vom ... hat der Getötete bei Zugrundelegung aller unklaren Gesichtspunkte eine Geschwindigkeit zwischen 60 und 70 km/h eingehalten. Diese Geschwindigkeit ist nicht zu beanstanden. Eine Geschwindigkeitsbegrenzung hat am Unfallort unstreitig nicht bestanden. Der Fahrer des Personenkraftwagens ... hatte daher nach der allgemeinen Regel des § 3 I S. 4 StVO eine solche Geschwindigkeit einzuhalten, dass er innerhalb der übersehbaren Strecke anhalten konnte. Bei einer Geschwindigkeit von 70 km/h hätte der Anhalteweg unter Zugrundelegung einer mittleren Bremsverzögerung von 6,5 m/sec und unter Berücksichtigung einer Reaktions- und Bremsansprechzeit von einer Sekunde 48,6 m betragen, was sicher innerhalb der Reichweite des Abblendlichts gelegen hätte.

c) Der Fahrer des Personenkraftwagens ... hat nach dem Ergebnis der Beweisaufnahme auch nicht zu spät reagiert.

Dass der Getötete – ausgehend von der nach der unstreitig in der Verkehrsunfallskizze festgestellten Blockierspur von 14 m – objektiv zu spät zu bremsen begonnen hat, ist allein darauf zurückzuführen, dass er das Hindernis zu spät wahrgenommen hat. Dem Getöteten ist eine zusätzliche Schrecksekunde zuzubilligen, da er mit dem Auftauchen eines derartigen Hindernisses nicht zu rechnen brauchte. Unter diesen Umständen verlängert sich der oben errechnete Anhalteweg um weitere 19,5 m auf 68,1 m. Es ist jedoch nach den Ausführungen des Sachverständigen Dipl.-Ing. ... nicht nachzuweisen, dass der Getötete bereits 68,1 m vor dem Hindernis dieses erkannt hat; vielmehr spricht die Blockierspur von 14 m dafür, dass er erst später das Hindernis erblickt und den Bremsvorgang eingeleitet hat.

3. Die Klägerin muss sich nach § 17 StVG die Betriebsgefahr des Personenkraftwagens des Getöteten entgegenhalten lassen, da sie ihrerseits den Entlastungsbeweis (§ 17 III StVG) nicht geführt hat. Insoweit geht die Unklarheit der Beweislage zu ihren Lasten.

Der Sachverständige hat ausgeführt, dass unter Berücksichtigung aller unklaren Punkte zu Lasten der Klägerin die Geschwindigkeit des Personenkraftwagens auch bei 90 km/h gelegen haben kann. In diesem Falle hätte der Anhalteweg bei einer mittleren Bremsverzögerung von 6,5 m/sec und einer Reaktionszeit von 1 Sekunde 73,1 m betragen und die Reichweite des Abblendlichts wäre überschritten. Der Sachverständige hat in seinem Gutachten ausgeführt, dass das Abblendlicht den Anhänger erst bei einem Herannahen auf mindestens 65–70 m in den Umrissen erkennbar gemacht hätte. In diesem Falle hätte der Getötete gegen § 3 StVO verstoßen.

4. Bei der Abwägung der beiderseits für den Unfall ursächlichen Umstände sind auf beiden Seiten nur die nachgewiesenen Tatsachen betreffend Betriebsgefahr und Verschulden zu berücksichtigen. Dies führt zu einer die Beklagten treffenden überwiegenden Haftungsquote.

Auf ihrer Seite fallen die Verletzung der Vorfahrt als die eigentliche Ursache für den Unfall und die durch die Schwerfälligkeit des Lastzuges und die mit dem bei Dunkelheit durchgeführten Transport erhöhte Betriebsgefahr ins Gewicht. Dem steht die von dem Personenkraftwagen durch das Fahren bei Dunkelheit mit einer Geschwindigkeit von 60 bis 70 km/h ausgehende allgemeine Betriebsgefahr gegenüber. Dem entsprechend erscheint bei der Abwägung eine geringe Mithaftungsquote von $^1/_5$ gerechtfertigt. Diese Betriebsgefahr betrifft beide auf die Klägerin übergegangenen Ansprüche. Bei den Ansprüchen des Getöteten … folgt dies unmittelbar aus §§ 404, 412 BGB. Die Kürzung trifft aber auch die übergegangenen Ansprüche der Ehefrau … betreffend die von der Klägerin aufgewandten Heilungskosten und das ihr ausgezahlte Krankengeld, die der Verletzten aus eigenem Recht zustehen. Zwar kann dem als Beifahrer verletzten Insassen hinsichtlich seiner Ansprüche die Betriebsgefahr des Personenkraftwagens grundsätzlich nicht entgegengehalten werden. Als Miterbin ihres bei dem Unfall getöteten Ehemannes ist die unmittelbar Verletzte den Beklagten jedoch nach § 7 StVG in Verbindung mit § 1922 BGB zur Tragung von $^1/_5$ des aus dem Unfall entstandenen Schadens verpflichtet. Diesen Ausgleichsanspruch können die Beklagten dem Schadensersatzanspruch der Ehefrau und nach §§ 404, 412 BGB auch der Klägerin entgegenhalten.

5. Der der Klägerin danach zustehende Anspruch auf Zahlung von Schadensersatz in Höhe von $^4/_5 \times 24\,128{,}91$ € = $19\,303{,}13$ € ist gemäß § 362 I BGB durch Leistung erloschen. Seitens der Beklagten wurden vorprozessual bereits 19 303,13 € gezahlt.

6. Die Kostenentscheidung beruht auf § 91 ZPO, der Ausspruch über die vorläufige Vollstreckbarkeit auf § 709 S. 1 und 2 ZPO.

……………………

Muster 104: Urteil betreffend einen Verkehrsunfall, Grund- und Teilurteil, Schmerzensgeld, Zukunftsschaden

Landgericht Frankfurt am Main
Aktenzeichen: ...

Grund- und Teilurteil

Im Namen des Volkes

In dem Rechtsstreit 1
d...

                                                Kläger...,

Prozessbevollmächtigter: Rechtsanwalt ...,

gegen

d...

                                            Beklagte...,

Prozessbevollmächtigter: Rechtsanwalt ...,

hat die ... Zivilkammer des Landgerichts Frankfurt am Main durch den Richter am Landgericht ... als Einzelrichter aufgrund der mündlichen Verhandlung vom ... für Recht erkannt:

    Die Klage ist hinsichtlich des Klageantrags zu 1) dem Grunde nach unter Berücksichtigung eines Mitverschuldens des Klägers von 3/5 gerechtfertigt.

    Es wird festgestellt, dass der Beklagte verpflichtet ist, dem Kläger 2/5 des aus dem Unfall vom 3. 1. 2010 künftig noch entstehenden Schadens zu ersetzen, soweit der Anspruch nicht gemäß § 116 SGB X auf Sozialversicherungsträger übergegangen ist.

    Die weitergehende Feststellungsklage wird abgewiesen.

    Die Kostenentscheidung bleibt dem Schlussurteil vorbehalten.

Tatbestand

Der Beklagte befuhr am 3. 1. 2010 gegen 17.45 Uhr mit seinem Personenkraftwagen ..., amtliches Kennzeichen ..., die ...straße in ... aus ... kommend in Richtung ... Er hatte wegen eingebrochener Dunkelheit das Abblendlicht eingeschaltet. In Höhe des Hauses Nr. ... – in der Nähe der ...-Tankstelle – überquerte der auf dem Heimweg von seiner Arbeitsstätte befindliche Kläger als Fußgänger – aus der Fahrtrichtung des Beklagten gesehen – von links nach rechts die 5,70 m breite Fahrbahn. Als er den gegenüberliegenden Bürgersteig fast erreicht hatte, wurde er von dem rechten Kotflügel des Personenkraftwagens des Klägers erfasst und zu Boden geschleudert.

Der Kläger erlitt einen Unterschenkelbruch rechts, der einen stationären Krankenhausaufenthalt erforderte. Nachdem der Kläger am 1. 7. 2010 seine Arbeit wieder aufgenommen hatte, trat am 13. 8. 2010 eine Refraktur des Unterschenkels auf, die der Kläger auf die Nagelung der Bruchstelle und damit ebenfalls auf den Unfall zurückführt. Der Kläger war deshalb erneut bis 31. 12. 2010 krank geschrieben.

Der Kläger nimmt den Beklagten auf Zahlung eines angemessenen Schmerzensgeldes in Anspruch; außerdem begehrt der Kläger die Feststellung der weiteren Ersatzpflicht des Beklagten.

Er behauptet, der Unfall sei auf das alleinige Verschulden des Beklagten zurückzuführen. Dieser sei mit einer überhöhten Geschwindigkeit von etwa 75–80 km/h gefahren und habe ihn, den Kläger, infolge Unaufmerksamkeit viel zu spät bemerkt. Obwohl er, der Kläger, mit erhobenem rechten Arm Zeichen mit einem großen gelben Kuvert gegeben habe, sei der Beklagte mit unverminderter Geschwindigkeit weiter auf ihn zugefahren. Er selbst habe deshalb noch versucht, vor dem Fahrzeug des Beklagten den gegenüberliegenden Bürgersteig zu erreichen, was jedoch nicht mehr gelungen sei.

Weiter behauptet der Kläger, dass in Folge des Unfalls bei ihm eine bleibende Erwerbsminderung von 30–40% vorliege; dieser Dauerschaden rechtfertige den Feststellungsantrag. Das Schmerzensgeld werde in einer Größenordnung von ca. 20 000,– € geltend gemacht.

Der Kläger beantragt,
1. den Beklagten zu verurteilen, an ihn ein angemessenes Schmerzensgeld zu zahlen, dessen Höhe er in das Ermessen des Gerichts stellt;
2. festzustellen, dass der Beklagte verpflichtet ist, ihm sämtlichen aus dem Unfall vom 3. 1. 2010 künftig noch entstehenden Schaden zu ersetzen, soweit die Ansprüche nicht auf einen Sozialversicherungsträger übergegangen sind.

Der Beklagte beantragt,
die Klage abzuweisen.

Er behauptet, er sei höchstens mit einer zulässigen Geschwindigkeit von 50 km/h gefahren. In Höhe der Unfallstelle sei plötzlich der vorher nicht sichtbare und erkennbare Kläger hinter einem fahrenden Bus auf die Fahrbahn getreten; in der Mitte der Fahrbahn habe der Kläger verweilt und mit einem Kuvert Zeichen gegeben, dass der Beklagte vorbeifahren solle. Als er sich dem Kläger bereits unmittelbar genähert habe, sei dieser plötzlich und nicht vorhersehbar nach vorne gesprungen und hierbei von dem Personenkraftwagen erfasst worden.

Das Gericht hat Beweis erhoben gemäß Beweisbeschluss vom … (Bl. … d. A.). Hinsichtlich des Ergebnisses der Beweisaufnahme wird auf das Protokoll der mündlichen Verhandlung vom … (Bl. … d. A.) Bezug genommen. Die Akten der Staatsanwaltschaft bei dem Landgericht … mit dem Aktenzeichen … waren beigezogen und Gegenstand der mündlichen Verhandlung.

Entscheidungsgründe

Die Klage ist dem Grunde nach teilweise gerechtfertigt.

Dem Kläger steht gegen den Beklagten ein Anspruch auf Zahlung Schadensersatz in Höhe von ²/₅ des ihm entstandenen Schadens gemäß §§ 823 I, 253 II, 254 I BGB zu.

1. Nach dem Ergebnis der Beweisaufnahme steht fest, dass der Unfall auf ein fahrlässiges Verhalten des Beklagten zurückzuführen ist.

a) Zwar kann nicht festgestellt werden, dass der Beklagte die nach § 3 III Nr. 1 StVO höchstzulässige Geschwindigkeit von 50 km/h überschritten hat und auch unter Berücksichtigung der Grundregel des § 3 I 1 StVO zu schnell gefahren ist.

Der Beklagte hat bereits im Strafverfahren angegeben, dass seine Geschwindigkeit etwa 50 km/h betragen habe. Die Ehefrau des Beklagten hat sich dieser Schätzung angeschlossen. Der Zeuge ... hat dagegen ausgesagt, der Beklagte sei mit überhöhter Geschwindigkeit, er sei „schneller als normal" gefahren. Gegen derartige Schätzungen von Geschwindigkeiten bestehen jedoch wegen zahlreicher Unsicherheitsmomente erhebliche Bedenken. Aus ihnen kann nicht mit Sicherheit auf eine höhere als die zugegebene Geschwindigkeit geschlossen werden.

Die Geschwindigkeit von 45 km/h auf der verhältnismäßig schmalen Straße ist zudem trotz Dunkelheit und der von dem Beklagten als nass bezeichneten Fahrbahn noch nicht zu beanstanden, wenn sie auch den Beklagten zur erhöhten Sorgfalt verpflichtete.

b) Der Beklagte hat aber insofern fahrlässig gehandelt, als er den Kläger zu spät bemerkt hat.

Nach seinen eigenen Angaben im Strafverfahren hat er den Kläger erst auf eine Entfernung von 5–7 m wahrgenommen, als dieser mitten auf der Fahrbahn stand. Zwar hat es sich hierbei ebenfalls um eine Schätzung gehandelt, die mit einem gewissen Unsicherheitsfaktor belastet ist. Das Gericht hat aus dieser Angabe jedoch die Überzeugung gewonnen, dass der Beklagte den Kläger erst im letzten Augenblick, höchstens auf eine Entfernung von 12–14 m gesehen hat; der Zuschlag von 100% trägt den bei einer Schätzung möglicherweise vorhandenen Fehlern Rechnung. Dabei hätte der Beklagte bei aufmerksamen Betrachten der Fahrbahn erkennen können, wie der Kläger die Fahrbahn betrat.

Seine erstmals in der Klageschrift gegebene Einlassung, der Kläger sei hinter einem Bus aufgetaucht, ist durch die Beweisaufnahme nicht bestätigt und bei seiner persönlichen Anhörung nicht mehr aufrechterhalten worden. Während der Zeuge ... kein Fahrzeug gesehen hat, hat die Ehefrau des Beklagten bekundet, der Bus sei ihnen vor der Kreuzung (...straße/...straße) begegnet, so dass er als Sichtbehinderung für den Beklagten ausscheidet. Ein Kraftfahrer handelt aber nach gefestigter Rechtsprechung schuldhaft, wenn er einen die Fahrbahn überquerenden Fußgänger erst auf der Mitte der Fahrbahn erkennt.

c) Der Beklagte kann sich nicht damit entlasten, er habe aus einer Armbewegung des Klägers den Schluss hergeleitet, dieser habe ihm die Vorbeifahrt gestatten wollen.

Es mag sein, dass der Kläger in dem Augenblick, als er mit dem Kuvert winkte, die Absicht hatte, den Beklagten vor sich vorbeifahren zu lassen, wie er es in dem Unfallbericht vom ... (Bl. ... der Strafakten) geschildert hat. Es bestehen aber erhebliche Zweifel, ob dieses Verhalten überhaupt noch ursächlich für den Unfall war; denn bei einer von dem Beklagten eingeräumten Geschwindigkeit von 45–50 km/h legte der Wagen des Beklagten in einer Sekunde 12,5–13,9 m zurück, so dass der Kläger selbst bei sofortiger Reaktion des Beklagten von dem Wagen gleichwohl überrollt worden wäre. Der Beklagte hätte nämlich auf eine Entfernung von 12–14 m sein Fahrzeug nicht merklich abbremsen geschweige denn anhalten können.

Abgesehen davon durfte der Beklagte aus dem Verhalten des Klägers, den er erstmals auf der Mitte der Fahrbahn erblickte, keine sicheren Schlüsse auf die Möglichkeit ungehinderten Vorbeifahrens ziehen. Das Winken mit dem Kuvert war aus der Sicht des Beklagten zumindest mehrdeutig und konnte mit der gleichen Wahrscheinlichkeit auch dahin aufgefasst werden, dass der Kläger nur auf sich aufmerksam machen wollte. Unter diesen Umständen musste der Beklagte mit einer Fehlreaktion des Klägers rechnen und durfte bei der ungeklärten Verkehrslage nicht einfach weiterfahren; er musste die Geschwindigkeit herabsetzen, um notfalls anhalten zu können. Bei dieser mehrdeutigen Verhaltensweise kann sich der Beklagte auch nicht mehr auf den Vertrauensgrundsatz berufen, der an und für sich auch zugunsten des Kraftfahrers bei die Fahrbahn überquerenden Fußgängern gilt, denn der Vertrauensgrundsatz gilt nicht mehr, wenn der Kraftfahrer erkennbare Anzeichen dafür hat, dass der andere Verkehrsteilnehmer sich verkehrswidrig verhält.

2 2. Allerdings hat auch der Kläger durch schuldhaftes Verhalten zu dem Unfall beigetragen.

a) Den Kläger trifft ein Mitverschulden im Sinne der § 254 I BGB schon deshalb, weil er die stark befahrene ...straße bei Dunkelheit an dieser für Fußgänger ungeschützten Stelle überquert hat, statt diese Straße an der nur 100 m entfernten Einmündung der ...straße zu überqueren, wo sich ein Fußgängerüberweg befindet. Dies hätte im Rahmen seiner Pflichten aus § 25 III StVO gelegen.

b) Abgesehen davon hat der Kläger bei Überqueren der Fahrbahn an der Unfallstelle nicht die notwendige Sorgfalt walten lassen. Ein aus der Grundregel des § 1 StVO abzuleitender Grundsatz ist, dass der Fußgänger vor und beim Überqueren der Fahrbahn auf den Fahrzeugverkehr zu achten hat, vor allem darauf, dass er nicht in die Fahrbahn eines Fahrzeugs gerät und dieses behindert; denn die Fahrbahn der Straße ist in erster Linie für den Fahrzeugverkehr bestimmt. Der Kläger durfte aber bei Anwendung der im Verkehr erforderlichen Sorgfalt die Fahrbahn nicht mehr überqueren, selbst wenn man seine Behauptung, der Beklagte sei mit einer Geschwindigkeit von etwa 70 km/h gefahren, zugrunde legt.

Der Kläger benötigte, um die halbe Fahrbahn bis zur Mitte zu überqueren, etwa eine Zeit von 2,5 Sekunden. In diesem Zeitraum legte das Fahrzeug des Beklagten bei einer Geschwindigkeit von 70 km/h eine Strecke von 2,5 mal 19,4 m = 50,50 m zurück. Rechnet man noch den Abstand von 5–7 m bzw. 12–14 m hinzu, der zwischen dem Kläger und dem Beklagten bei Erkennen des Erstgenannten bestand, so kommt man zu dem Ergebnis, dass das Fahrzeug des Beklagten nicht mehr als 60–65 m entfernt gewesen sein kann, als der Kläger die Fahrbahn betrat. Diese Entfernung war zu kurz und hätte den Kläger veranlassen müssen, die Fahrbahn nicht mehr zu betreten. Der Kläger benötigte zum Überqueren der gesamten Fahrbahn rund 5 Sekunden und war selbst bei einer zulässigen Geschwindigkeit des Beklagten von 50 km/h nicht mehr in der Lage, vor dem Fahrzeug des Beklagten den gegenüberliegenden Bürgersteig zu erreichen; denn das Fahrzeug des Beklagten wäre bei einer Geschwindigkeit von 50 km/h in etwa 4 Sekunden an der Unfallstelle gewesen. Hierbei ist auch zu berücksichtigen, dass es dunkel war und der Kläger damit rechnen musste, dass der Beklagte einen Fußgänger nicht sogleich erkennen würde. Der Kläger hat sich vor Betreten der Fahrbahn in der Beurteilung der Zeit- und Wegeverhältnisse verschätzt. Er hätte zumindest bei Überschreiten der ersten Fahrbahnhälfte diese Fehlschätzung erkennen können und daraus die Konsequenz ziehen müssen, das Überqueren der Fahrbahn abzubrechen und zum Ausgangsbürgersteig zurückzukehren.

c) Der Kläger hat ferner insofern schuldhaft gehandelt, als er durch sein widersprüchliches Verhalten den Beklagten zum Weiterfahren veranlasst hat.

Das Winken mit dem Kuvert konnte von dem Beklagten als Zeichen zum Vorbeifahren gedeutet werden, wie der Kläger in dem Unfallbericht vom ... selbst zugegeben hat. Allerdings war dieses Verhalten für das Weiterfahren des Beklagten nicht mehr kausal. Insoweit wird auf die obigen Ausführungen Bezug genommen. Sein Sprung nach vorn war dagegen eine Fehlreaktion, die zum Zustandekommen des Unfalls beigetragen hat und die der Kläger sich wegen seines vorangegangenen fahrlässigen Verhaltens zurechnen lassen muss.

3. Bei der nach § 254 I BGB vorzunehmenden Abwägung ist in erster Linie auf das Maß der gegenseitigen Verursachung, außerdem auf den Umfang des beiderseitigen Verschuldens abzustellen. Dies führt zu einer stärkeren Belastung des Klägers, der als Fußgänger die Straße bei Dunkelheit zu überqueren versucht hat, als der Beklagte und ihm folgende Fahrzeuge schon zu nahe herangekommen waren. Außerdem hat der Kläger durch seinen Sprung nach vorn in die Fahrbahn des Beklagten die letzte Ursache für den Unfall gesetzt. Demgegenüber wiegt das Verhalten des Beklagten, der den Kläger zu spät erkannt hat, nicht gleich schwer. Auch unter Berücksichtigung der Betriebsgefahr des Personenkraftwagens erscheint es gerechtfertigt, den Kläger stärker zu belasten, da er als Fußgänger an einer Stelle angefahren wurde, die in erster Linie für den Fahrzeugverkehr bestimmt ist. Unter Berücksichtigung dieser Umstände hält es das Gericht für angemessen, dass der Schaden aus dem Unfall im Verhältnis $3/5 : 2/5$ verteilt wird.

4. Das Gericht hat Grundurteil gemäß § 304 ZPO und Teilurteil über den Feststellungsantrag erlassen, da die Höhe der Ansprüche noch weiterer Aufklärung bedarf.

Mit dem Antrag auf Zahlung eines angemessenen Schmerzensgeldes hat der Beklagte die Streitfrage angeschnitten, inwieweit bei einem Grundurteil eine Quotelung vorgenommen werden kann. Da es weder ein „volles" noch ein „gequoteltes" Schmerzensgeld gibt, ist es nur möglich, im Grundurteil unter Berücksichtigung eines Mitverschuldens des Klägers in Höhe einer bestimmten Quote ein angemessenes Schmerzensgeld zuzusprechen.

Muster 105: Urteil betreffend Allgemeine Geschäftsbedingungen, Verbandsklage

Landgericht Frankfurt am Main
Aktenzeichen: ...

Urteil

Im Namen des Volkes

1 In dem Rechtsstreit
d...

Kläger...,
Prozessbevollmächtigter: Rechtsanwalt ...,

gegen

d...

Beklagte...,
Prozessbevollmächtigter: Rechtsanwalt ...,

hat die ... Zivilkammer des Landgerichts ... durch den Vorsitzenden Richter am Landgericht ... als Einzelrichter aufgrund der mündlichen Verhandlung vom ... für Recht erkannt:

> Der Beklagte wird verurteilt, es bei Meidung eines vom Gericht festzusetzenden Ordnungsgeldes bis zu 250 000,- €, ersatzweise Ordnungshaft oder Ordnungshaft bis zu 6 Monaten, zu vollstrecken an seinem Geschäftsführer, zu unterlassen,
> 1. im geschäftlichen Verkehr bei Vertrieb von Klimaanlagen in den Garantiebedingungen des Herstellers durch Überlassung der Garantiekarte folgende Bestimmungen oder inhaltsgleiche Bestimmungen weiterzugeben, ausgenommen gegenüber einem Kaufmann im Rahmen seines Handelsgewerbes:
> „Arbeitsaufwand wird nicht vergütet. – Diese Garantie umfasst nicht die mit dem Einbau des Ersatzteiles oder der Ersatzteile verbundene Arbeitszeit."
> 2. sich bei der Abwicklung von Verträgen, die vor dem 17. 5. 2010 abgeschlossen wurden, auf die unter Ziffer 1 bezeichnete Klausel zu berufen.
>
> Der Kläger ist befugt, die obige Urteilsformel mit der Bezeichnung des Beklagten auf dessen Kosten im Bundesanzeiger, im Übrigen auf eigene Kosten bekanntzumachen. Diese Befugnis ist auf den Zeitpunkt von sechs Monaten ab Rechtskraft dieses Urteils begrenzt.
>
> Im Übrigen wird die Klage abgewiesen.
>
> Von den Kosten des Rechtsstreits haben der Kläger ¼ und die Beklagte ¾ zu tragen.
>
> Das Urteil ist gegen Sicherheitsleistung in Höhe von 120% des jeweils zu vollstreckenden Betrages vorläufig vollstreckbar. Der Kläger darf die Vollstreckung durch Sicherheitsleistung oder Hinterlegung in Höhe von 120% des aufgrund des Urteils vollstreckbaren Betrages abwenden, wenn nicht der Beklagte vor der Vollstreckung Sicherheit in Höhe von 120% des jeweils zu vollstreckenden Betrages leistet.

Tatbestand

Der Kläger ist ein eingetragener Verein zur Förderung gewerblicher Interessen. Er hat zum Ziel, durch Aufklärung und Belehrung zur Förderung des lauteren Geschäftsverkehrs beizutragen und gegebenenfalls im Zusammenwirken mit den zulässigen Stellen der Rechtspflege den unlauteren Wettbewerb auf dem Automobilsektor zu bekämpfen.

Die Beklagte betätigt sich im wirtschaftlichen Verkehr als Alleinimporteur von Autoklimaanlagen der Marke X. Sie liefert die Autoklimaanlagen an Händler weiter, die sie dann in Kraftfahrzeuge einbauen. Der Einbau kann in noch nicht verkaufte Fahrzeuge erfolgen, aber auch in Fahrzeuge, die bereits im Eigentum von Verbrauchern stehen.

Die Beklagte gibt für die von ihr vertriebenen Autoklimaanlagen Garantieerklärungen ab, hinsichtlich deren vollen Wortlauts auf den Abdruck auf Bl. ... d. A. verwiesen wird. Die Händler erhalten von der Beklagten einen Satz Garantiekarten, bestehend aus „Importeur-Exemplar", „Händler-Exemplar" und „Kundenexemplar". Dem Händler steht es frei, die Garantiekarte an seinen Kunden weiterzugeben. Der Kunde erhält aber auf jeden Fall eine Bedienungsanleitung (Bl. ... d. A.), die hinsichtlich der Garantie einzelne Hinweise enthält. In ihnen heißt es u. a.:

„X garantiert ihren Kunden, dass jede neue X-Klimaanlage in ihrer Ausführung und im Material frei von Mängeln ist. Die X leistet Ersatz für jedes Teil oder Teile, die sich nach Überprüfung durch die X als fehlerhaft erweisen, und zwar für die Dauer von 24 Monaten oder bis zu 20 000 km, je nachdem, was zuerst zutrifft. Diese Garantie umfasst nicht die mit dem Einbau des Ersatzteiles oder der Ersatzteile verbundene Arbeitszeit. Die Garantie wird erst wirksam, wenn die Garantiekartenkopie ordnungsgemäß ausgefüllt ist (einschl. Tachometerstand), und wenn sie innerhalb von 10 Tagen nach dem Einbau der Anlage der X zugesandt wird. Durch Garantie-Reparaturen oder Ersatzleistungen wird die Garantiepflicht nicht verlängert oder erneuert. Diese Garantie steht ausdrücklich anstelle aller anderen Garantien, die bekannt gegeben werden oder auf die verwiesen wird, und sie tritt an die Stelle aller fremden Verpflichtungen oder Verbindlichkeiten. Kein Händler oder Vertreter der X ist befugt, darüber hinausgehende Garantien betreffend die X-Klimaanlagen anzubieten. Der Käufer kann sich nur auf diese Garantie berufen."

Diese Garantiebedingungen werden auch in Preislisten wiedergegeben, die die Beklagte ihren Händlern zur Verfügung stellt. Der Kläger beanstandet die in den Preislisten und den Garantiebedingungen enthaltenen Klauseln, wonach der Arbeitsaufwand im Rahmen der Garantieleistungen nicht vergütet wird. Er sieht hierin einen Verstoß gegen die §§ 439 II, § 309 Nr. 8 und 307 II Nr. 1 BGB.

Der Kläger beantragt,
1. die Beklagte zu verurteilen, es bei Meidung eines vom Gericht festzusetzenden Ordnungsgeldes bis zu 250 000,- € – ersatzweise Ordnungshaft – oder Ordnungshaft bis zu sechs Monaten es zu unterlassen, im rechtsgeschäftlichen Verkehr beim Vertrieb von Klimaanlagen in den Allgemeinen Geschäftsbedingungen eine 24monatige Teilegarantie zu gewähren und dabei die Klausel „Arbeitsaufwand wird nicht vergütet. – Diese Garantie umfasst nicht die mit dem Einbau des Ersatzteils oder der Ersatzteile verbundene Arbeitszeit"

zu verwenden, ohne darauf hinzuweisen, dass die gesetzliche Gewährleistung nicht berührt wird, insbesondere, wenn dies in der Form geschieht, dass in einer Preisliste mit unverbindlichen Preisempfehlungen, die den Händlern zur Verfügung gestellt wird, auf diese AGB hingewiesen wird.
2. sich bei Abwicklung von vor Rechtshängigkeit des vorliegenden Klageverfahrens abgeschlossenen (Alt-)Verträgen auf die unter Ziffer 1 bezeichnete Klausel zu berufen.
3. dem Kläger die Befugnis zuzusprechen, das verurteilende Erkenntnis gemäß § 7 UKlaG zu veröffentlichen.

Die Beklagte beantragt,
die Klage abzuweisen.

Sie verweist vor allem darauf, dass die Teilegarantie neben die gesetzlichen Gewährleistungsvorschriften trete. Mit dem Ausfüllen der Garantiekarte durch den Letztverbraucher werde lediglich der Beginn der Gewährleistungsfrist in Lauf gesetzt.

Entscheidungsgründe

2 Die Klage ist teilweise unzulässig.

Die Klage ist unzulässig, soweit der Kläger Unterlassung der in der Preisliste enthaltenen Erklärung „Arbeitsaufwand wird nicht vergütet" verlangt.

Mit der Klage auf Unterlassung aus § 1 UKlaG kann nur die Unterlassung der Verwendung von Allgemeinen Geschäftsbedingungen verlangt werden. Der in der Preisliste der Beklagten enthaltene Hinweis stellt selbst keine Allgemeine Geschäftsbedingung dar, die einem gesonderten Verbot unterliegt. Es liegt insoweit nur ein Hinweis auf die in der Bedienungsanleitung enthaltenen Garantiebedingungen vor, die für den Verbraucherendkunden allein maßgebend sind, indem sie Inhalt des zwischen dem Hersteller und dem Verbraucher vereinbarten Garantievertrages werden. Der Hinweis in der Preisliste richtet sich zudem an den Vertragshändler.

Mit dem im Urteilstenor ausgesprochenen Verbot der Klauselverwendung wird dem Hinweis in der Preisliste seine Grundlage entzogen, ohne dass es eines gesonderten Verbots bedarf.

3 Auch in der Sache ist die Klage nur teilweise begründet.

Dem Kläger steht gegen die Beklagte in dem aus dem Urteilstenor ersichtlichen Umfang ein Anspruch auf Unterlassung der Verwendung der angegriffenen Klausel und die Berufung auf dieselbe in Altverträgen gemäß § 1 UKlaG zu.

1. Der Klageantrag zu Ziffer 1 ist begründet. Die in den Garantiebedingungen enthaltene Klausel

„Arbeitsaufwand wird nicht vergütet. – Diese Garantie umfasst nicht die in dem Einbau des Ersatzteils oder der Ersatzteile verbundene Arbeitszeit"

verstößt gegen § 307 BGB, soweit sie bei dem Verbraucherendkunden den unzutreffenden Eindruck erweckt, dass dieser Ausschluss der Vergütung des Arbeitsaufwandes sich auch auf die gesetzlichen Gewährleistungsansprüche des Kunden gegenüber dem Händler bezieht. Der Verbraucherendkunde ist als juristischer Laie nicht in der Lage, zwischen den Ansprüchen aus der Hersteller-Garantie und den Gewährleistungsansprüchen aus dem Kauf- oder Werkvertrag gegenüber dem Händler zu unterscheiden. Dieser Eindruck wird für den Kunden noch verstärkt durch den zusätzlichen Hinweis in den Garantiebedingungen

„Diese Garantie steht ausdrücklich anstelle aller anderen Garantien, die bekannt gegeben werden oder auf die verwiesen wird und sie tritt an die Stelle aller fremden Verpflichtungen oder Verbindlichkeiten."

Der Kunde wird auf diese Weise irregeführt, indem bei ihm der Eindruck erweckt wird, auch bei den ihm gegen den Händler zustehenden Gewährleistungsansprüchen müsse bei der Nachbesserung der Arbeitsaufwand von ihm selbst getragen werden.

Dies widerspricht der in § 439 II BGB niedergelegten unabdingbaren Rechtslage. Die verwendete Klausel verstößt in dieser Form gegen das Transparenzgebot des § 307 BGB und ist deshalb unwirksam.

Der Beklagten ist zwar unbenommen, eine Herstellergarantie zu vermitteln, bei der der Arbeitsaufwand nicht vergütet wird. Es bedarf jedoch einer ausdrücklichen und für den Durchschnittskunden eindeutig verständlichen Hinweises, dass durch die Herstellergarantie die gesetzliche Gewährleistungspflicht des Händlers nicht berührt wird. Was hierzu erforderlich ist, muss der Hersteller in eigener Verantwortung entscheiden.

2. Auch der Klageantrag zu Ziffer 2 betreffend die Berufung auf diese Klausel in Altverträgen ist begründet, wobei gemäß § 308 I ZPO eine Beschränkung auf die nach Rechtshängigkeit abgeschlossenen Verträge zu berücksichtigen war.

3. Dem Kläger war gleichzeitig nach § 7 UKlaG die Befugnis zuzusprechen, den Urteilstenor hinsichtlich des der Klage stattgebenden Teils zu veröffentlichen. Das Gericht hat hierbei eine zeitliche Begrenzung von sechs Monaten ab Rechtskraft des Urteils für angemessen erachtet.

4. Die Klage ist unbegründet, soweit der Kläger die Unterlassung der Verwendung der beanstandeten Klausel verlangt, als sie sich auf Garantieerklärungen bezieht, die gegenüber den Vertragshändlern selbst abgegeben werden.

Zwar trifft die Beschränkung der Klagebefugnis nach § 3 II UKlaG nicht zu, da der Kläger zu den gewerblichen Interessenverbänden im Sinne von § 3 I Nr. 2 UKlaG gehört. Das schließt aber nicht aus, dass es nach sachlichem Recht an einem Verstoß gegen § 307 BGB fehlt, soweit die Verwendung der Klausel gegenüber Kaufleuten erfolgt. Ein solcher Verstoß liegt hier nicht vor, da bei den Händlern kein unrichtiger Eindruck über die Bedeutung der Klausel entsteht. Sie können kraft ihrer handelsrechtlichen Sach- und Rechtskunde zwischen Ansprüchen aus einer Herstellergarantie und den ihnen gegen den Hersteller aus dem Liefervertrag zustehenden Gewährleistungsansprüchen unterscheiden, weshalb es an einem Verstoß gegen § 307 BGB fehlt.

5. Die Kostenentscheidung beruht auf §§ 91 I, 92 I ZPO. Die vorläufige Vollstreckbarkeit hat ihre Rechtsgrundlage in den §§ 709 S. 1, 708 Nr. 11, 711 S. 1 ZPO.

....

§ 5. Das Versäumnisverfahren

I. Das Versäumnisurteil aufgrund mündlicher Verhandlung

1. Die Voraussetzungen

a) Eine Partei muss in einem Verhandlungstermin säumig sein. Das ist der Fall, wenn sie zu dem festgesetzten Termin bei Aufruf der Sache (§ 220 ZPO) nicht erscheint, nicht verhandelt (§ 333 ZPO) oder nicht ordnungsgemäß vertreten ist (§ 78 ZPO).

(1) Der Aufruf der Sache muss ordnungsmäßig, d. h. auch vor dem Sitzungssaal erfolgen.[1]
(2) Die Partei ist säumig, wenn sie bis zum Schluss der mündlichen Verhandlung (§ 136 IV ZPO) nicht erscheint, bzw. nicht verhandelt (§ 220 II ZPO). Im Anwaltsprozess muss für die Partei ein Rechtsanwalt auftreten (§ 78 I 1 ZPO).
Hat die Partei zu Beginn der Verhandlung die Anträge gestellt, so schadet späteres Entfernen nicht.
Handelt es sich um einen Beweistermin vor dem Prozessgericht, so beginnt die mündliche Verhandlung (§ 370 I ZPO) erst nach Abschluss der Beweisaufnahme (§ 367 I ZPO); es müssen also zunächst die Zeugen vernommen werden, bevor in eine Verhandlung eingetreten und ein Versäumnisurteil erwogen werden kann.[2] Anders ist dies jedoch dann, wenn Zeugen gemäß § 273 II Nr. 4 ZPO ohne Beweisbeschluss zur Bereitstellung geladen waren; hier kann ohne Durchführung der Beweisaufnahme ein Versäumnisurteil in Frage kommen.
Vor dem beauftragten oder ersuchten Richter findet kein Verhandlungstermin statt (§ 370 II ZPO), so dass hier ein Versäumnisurteil ausscheidet.
Ein notwendiger Streitgenosse oder ein Streithelfer (Nebenintervenient) kann bei seinem Auftreten die Säumnis des anderen Streitgenossen bzw. der Hauptpartei abwenden (§§ 62, 67 ZPO), nicht dagegen ein einfacher Streitgenosse.[3]
(3) Keine Säumnis liegt nach § 334 ZPO vor, wenn die Partei Sachanträge stellt, sich aber in der Sache nicht zu bestimmten Punkten erklärt. Dagegen liegt eine „Teilsäumnis" vor, wenn die Partei nur zu einem Teil des Streitgegenstandes Anträge stellt, im Übrigen aber die Sache in der Schwebe lässt; insoweit kann dann ein „Teilversäumnisurteil" ergehen.[4]

b) Die säumige Partei muss zu dem Termin ordnungsgemäß geladen worden sein, § 335 I Nr. 2 ZPO.

Die Ladung wird aus der bei den Gerichtsakten befindlichen Zustellungsurkunde (§ 182 ZPO) bzw. dem dort befindlichen Empfangsbekenntnis (§ 174 ZPO) festgestellt; lediglich am Amtsgericht muss bei Säumnis des formlos geladenen Klägers (§ 497 I ZPO) auf die Aufgabe zur Post und die Fiktionswirkung des § 270 S. 2 ZPO abgestellt werden; ebenso kann dort eine Partei durch entsprechende Mitteilung geladen werden (§ 497 II ZPO). Ist ein Rechtsanwalt bestellt, so müssen die Ladungen an ihn, nicht die Partei erfolgen (§ 172 ZPO). Eine Ladung zu einem Termin, der in einer verkündeten Entscheidung bestimmt ist, ist entbehrlich, wenn die Partei zu dem Termin, in dem die Entscheidung verkündet wurde, ordnungsgemäß geladen war (§ 218 ZPO).

c) Im ersten Termin muss die Einlassungsfrist (§ 274 III ZPO), bei späteren Terminen bzw. nach vorangegangenem schriftlichen Vorverfahren muss die Ladungsfrist (§ 217

---

[1] *Baumbach/Lauterbach/Albers/Hartmann*, § 220 Rn. 4; Zöller/*Stöber*, § 220 Rn. 2.
[2] *Baumbach/Lauterbach/Albers/Hartmann*, § 370 Rn. 5; Zöller/*Greger*, § 370 Rn. 1.
[3] *Baumbach/Lauterbach/Albers/Hartmann*, § 62 Rn. 22; Zöller/*Vollkommer*, § 62 Rn. 28.
[4] *Baumbach/Lauterbach/Albers/Hartmann*, § 334 Rn. 3; Zöller/*Herget*, § 334 Rn. 1.

ZPO) eingehalten sein (§ 337 ZPO). Zudem dürfen für das Gericht keine anderen Hinderungsgründe für das Ausbleiben erkennbar sein (§ 337 ZPO), d. h. die Partei darf nicht ohne ihr Verschulden am Erscheinen im Termin verhindert sein.

Bei der Berechnung der Fristen wird nach §§ 222 I ZPO, 187 I BGB der Tag der Zustellung, nach §§ 222 I ZPO, 188 II BGB der Terminstag nicht mitgerechnet.

An größeren Gerichten ist es üblich, eine Schonfrist von 15 bis 30 Minuten abzuwarten, da sich die Partei durch Suche nach einem Parkplatz oder nach dem Sitzungszimmer geringfügig verspätet haben kann. Auch unter den Anwälten besteht die Übung – falls nicht besondere Absprachen getroffen werden – erst nach einer Schonfrist von 15 Minuten und nach telefonischer Rückfrage im Büro des nicht erschienenen Anwalts von der Möglichkeit der Erwirkung eines Versäumnisurteils Gebrauch zu machen.

d) Es muss eine ordnungsgemäße Klageerhebung vorliegen.

Die Klageschrift muss den Anforderungen des § 253 II ZPO entsprechen. Dazu gehört auch die Wahrung des Anwaltszwanges (§ 78 ZPO) und die Angabe einer ladungsfähigen Anschrift des Beklagten. Bei vorangegangenem Mahnverfahren ist erforderlich, dass der Kläger den Anspruch nachträglich (§ 697 I ZPO) begründet hat.

e) Die Prozessvoraussetzungen müssen gegeben sein. Diese sind seitens des Gerichts von Amts wegen zu prüfen.

Gerichtsstandsvereinbarungen (§§ 29 II, 38 ZPO) sind nachzuweisen; die Geständnisfiktion des § 331 I 1 ZPO gilt hier nicht (§ 331 I 2 ZPO). Der Kläger muss also unter Vorlage der Urkunde über die Gerichtsstandsvereinbarung nachweisen, dass entweder beide Parteien Kaufleute oder juristische Personen des öffentlichen Rechts sind oder mindestens ein Vertragspartner keinen allgemeinen Gerichtsstand im Inland hat oder sie die Vereinbarung nach Entstehen der Streitigkeit geschlossen haben.

f) Das Versäumnisurteil setzt einen entsprechenden Prozessantrag seitens der erschienenen Partei voraus; der Sachantrag allein genügt nicht.

Der Prozessantrag kann auch nur bezüglich eines Teils des Sachantrags gestellt werden.

4 g) Ein Versäumnisurteil gegen den Beklagten ist nur zulässig, wenn die Klage schlüssig ist (§ 331 II ZPO).

(1) Bei der Prüfung der Schlüssigkeit der Klage ist nur solches Vorbringen zu berücksichtigen, das der nicht erschienenen Partei rechtzeitig mittels Schriftsatzes übermittelt worden war (§ 335 I Nr. 3 ZPO).

Die Rechtzeitigkeit richtet sich nach § 132 I ZPO; danach muss der Schriftsatz mindestens eine Woche vor dem Termin zugegangen sein. Der Zeitpunkt des Zugangs ergibt sich entweder aus einer in den Gerichtsakten befindlichen Zustellungsurkunde (§ 182 ZPO) bzw. einem dort befindlichen Empfangsbekenntnis (§ 174 ZPO) oder – bei formloser Übermittlung – nach der gesetzlichen Regel des § 270 S. 2 ZPO.

(2) Auch vom Kläger vorgetragene anspruchshindernde und anspruchsvernichtende Tatsachen sind zu berücksichtigen.

Sie machen seinen Klagevortrag unschlüssig und stehen dem Erlass eines Versäumnisurteils im Wege. Gleiches gilt, wenn sich aus dem Vorbringen des Klägers ergibt, dass der Beklagte sich außergerichtlich oder im Prozess auf die Einrede der Verjährung berufen hat und diese Einrede nach dem Vorbringen des Klägers durchgreift.[5]

---

[5] *Baumbach/Lauterbach/Albers/Hartmann*, § 331 Rn. 11; Zöller/*Herget*, § 331 Rn. 4.

I. Das Versäumnisurteil aufgrund mündlicher Verhandlung

(3) Auf die Richtigkeit der Behauptungen kommt es bei der Schlüssigkeitsprüfung naturgemäß nicht an.

Nur in Ausnahmefällen eines eklatanten Verstoßes gegen die Wahrheitspflicht des § 138 I ZPO könnte der Richter ein Versäumnisurteil verweigern, z.B. wenn der Begründetheit offenkundige Tatsachen entgegenstehen.

(4) Äußert das Gericht im Termin Bedenken gegen die Schlüssigkeit, so kann der Kläger verschieden reagieren.

Er kann in geeigneten Fällen den Bedenken des Gerichts durch eine Ermäßigung des Klageantrags Rechnung tragen, z.B. bei Nebenforderungen (Zinshöhe, Zinsbeginn); dann kann Versäumnisurteil gemäß dem ermäßigten Klageantrag ergehen, wobei allerdings bei der Kostenentscheidung die in der Ermäßigung liegende teilweise Klagerücknahme zu einer Quotelung der Kosten führen kann.

Erscheint dagegen das Vorbringen des Klägers nur unter Berücksichtigung nicht rechtzeitig eingereichter Schriftsätze oder erstmals aufgrund seines Vortrags in der mündlichen Verhandlung schlüssig und besteht kein Grund zur Zurückweisung dieses Vorbringens als verspätet im Sinne des § 296 ZPO, so muss das Gericht die Sache vertagen, um dem Beklagten das neue Vorbringen mitzuteilen, damit dieses im neuen Termin bei der Schlüssigkeitsprüfung nunmehr einbezogen werden kann.

In geeigneten Fällen kann diese Handhabung mit dem Erlass eines Teilversäumnisurteils hinsichtlich des schlüssigen und entscheidungsreifen Teils des Klageantrages verbunden werden.

2. Die Entscheidung

a) Bei Fehlen einer der ersten drei der oben genannten Voraussetzungen für den Erlass eines Versäumnisurteils wird der Antrag auf Erlass desselben zurückgewiesen; es ist dann ein neuer Termin zu bestimmen, zu dem die säumige Partei zu laden ist (§ 335 II ZPO).

Die erneute Ladung gemäß § 335 II ZPO hat aber auch zu erfolgen, wenn ein Zurückweisungsbeschluss unterbleibt, weil die erschienene Partei oder ihr Anwalt nach Erörterung der Sachlage die Unzulässigkeit des Versäumnisurteils einsieht und Vertagung beantragt.

b) Bei Fehlen der ordnungsgemäßen Klageerhebung oder Fehlen einer Prozessvoraussetzung wird die Klage durch Prozessurteil als unzulässig abgewiesen.

Es handelt sich um ein normales, kontradiktorisches Urteil, das mit Tatbestand und Gründen zu versehen ist, nicht um ein Versäumnisurteil.

c) Bei Säumnis des Klägers wird die (zulässige) Klage ohne Schlüssigkeitsprüfung durch Versäumnisurteil abgewiesen, § 330 ZPO.

Eine Abweisung als unbegründet erfolgt auch, wenn sich der Beklagte im Verfahren vor dem Amtsgericht bei fehlender örtlicher Zuständigkeit – nach Belehrung gemäß § 504 ZPO – auf die Klage eingelassen hat.

Das Versäumnisurteil gegen den Kläger bedarf nach § 313 b I ZPO keines Tatbestandes und keiner Entscheidungsgründe, es sei denn, es ist zu erwarten, dass es im Ausland geltend gemacht werden soll (§ 313 b III ZPO). Es enthält eine Kostenentscheidung nach § 91 ZPO und wird nach § 708 Nr. 2 ZPO ohne Sicherheitsleistung für vorläufig vollstreckbar erklärt.

Da der Tenor „Die Klage wird abgewiesen" keinen Hinweis auf den geltend gemachten, nunmehr abgewiesenen Anspruch enthält, sollte dieser an anderer Stelle (z.B. im „Betreff" des Rubrums) kurz angegeben werden, um die materielle Rechtskraft dieses Urteils erkennbar werden zu lassen.

d) Bei Säumnis des Beklagten wird die nicht schlüssige Klage abgewiesen.

Es handelt sich um ein normales kontradiktorisches Urteil mit Tatbestand und Entscheidungsgründen, nicht um ein Versäumnisurteil.

e) Bei Säumnis des Beklagten ist bei schlüssiger Klage der Beklagte durch Versäumnisurteil antragsgemäß zu verurteilen; § 331 I, II 1, 1. Alt. ZPO.

Das Versäumnisurteil gegen den Beklagten enthält gleichfalls eine Kostenentscheidung nach § 91 ZPO und wird nach § 708 Nr. 2 ZPO ohne Sicherheitsleistung für vorläufig vollstreckbar erklärt. Im Regelfall entfallen Tatbestand und Entscheidungsgründe (§ 313 b I ZPO), es sei denn, seine Geltendmachung im Ausland ist zu erwarten (§ 313 b III ZPO).

Noch weitergehende Formerleichterungen enthalten die §§ 313 b II, 697 V ZPO, wonach das Urteil in abgekürzter Form auf die bei den Akten befindliche Urschrift (oder Abschrift) der Klage oder auf ein damit zu verbindendes Blatt oder den Mahnbescheid gesetzt werden kann.

II. Das Versäumnisurteil im schriftlichen Vorverfahren

1. Die Voraussetzungen

7 a) Die Klageschrift muss nach Anordnung des schriftlichen Vorverfahrens dem Beklagten mit der Aufforderung zugestellt worden sein, binnen zwei Wochen nach Zustellung dem Gericht anzuzeigen, wenn er sich gegen die Klage verteidigen wolle (§ 276 I 1 ZPO). Gleichzeitig muss der Beklagte über die Folgen der Versäumung dieser Frist und – falls Anwaltszwang besteht (§ 78 ZPO) – darüber belehrt worden sein, dass er die Anzeige, der Klage entgegenzutreten, nur durch einen Rechtsanwalt abgeben kann.

8 b) Innerhalb der Frist von zwei Wochen nach Zustellung darf keine Anzeige in der zuvor bezeichneten Art eingegangen sein.

(1) Eine Mitteilung des Beklagten, dass er sich nicht verteidigen wolle, genügt also nicht, ebenso wenig im Anwaltsprozess eine von der Partei abgegebene Anzeige. Eine verspätete Anzeige ist zu beachten, solange das Versäumnisurteil noch nicht der Geschäftsstelle übergeben worden ist (§ 331 III 1 ZPO).

(2) Die Zweiwochenfrist ist eine Notfrist (§§ 276 I 1, 224 I 2 ZPO), weshalb der Partei auf Antrag Wiedereinsetzung in den vorigen Stand gewährt werden kann, wenn sie ohne ihr Verschulden an der Einhaltung der Frist gehindert war (§ 233 ZPO). Fraglich ist, welche Bedeutung diese Regelung für das Verfahren nach § 331 III ZPO hat.[6] Ist nämlich dem Gericht vor Erlass des Versäumnisurteils erkennbar, dass die Partei durch von ihr nicht zu vertretende Gründe an der Einhaltung der Frist gehindert ist, so darf ein Versäumnisurteil nicht erlassen werden; es gilt der Sache nach § 337 ZPO. Ist das Versäumnisurteil erlassen, so muss die säumige Partei Einspruch einlegen; der Antrag auf Wiedereinsetzung könnte das Versäumnisurteil nicht beseitigen. Die nachträgliche Wiedereinsetzung könnte aber bewirken, dass das Versäumnisurteil – rückwirkend betrachtet – nicht in gesetzlicher Weise ergangen ist und deshalb die Zwangsvollstreckung aus ihm nach § 719 I 2 ZPO ohne Sicherheitsleistung eingestellt werden kann.

9 c) Das schriftliche Vorverfahren muss noch andauern.

Hat das Gericht bereits Haupttermin bestimmt, ist eine Rückkehr in das schriftliche Vorverfahren und Erlass eines Versäumnisurteils unzulässig.

d) Es muss eine ordnungsgemäße Klageerhebung vorliegen.

e) Die Prozessvoraussetzungen müssen vorliegen.

f) Der Kläger muss einen Prozessantrag auf Erlass des Versäumnisurteils gestellt haben.

Diesen Antrag kann der Kläger bereits in der Klageschrift stellen (§ 331 III 2 ZPO). Ist letzteres nicht geschehen, so ist ihm nach Fristablauf mitzuteilen, dass der Beklagte innerhalb der Zweiwo-

---

[6] *Baumbach/Lauterbach/Albers/Hartmann*, § 233 Rn. 3.

chenfrist keine Verteidigungsabsicht angezeigt hat, und zu fragen, ob Antrag auf Erlass des Versäumnisurteils gestellt wird.

g) Im Falle des gegen den Beklagten ergehenden Versäumnisurteils muss die Klage schlüssig sein (§ 331 I, II ZPO).

Hat der Kläger – sei es von sich aus oder auf Hinweis des Gerichts – sein Vorbringen in der Klageschrift später ergänzt und wird erst hierdurch die Klage schlüssig, so ist das ergänzende Vorbringen dem Beklagten zuzustellen und ihm eine erneute Frist für die Anzeige zu setzen, ob er sich gegen die Klage in der ergänzten Form verteidigen wolle.

2. Die Entscheidung

a) Fehlt eine der ersten drei der oben genannten Voraussetzungen für den Erlass eines Versäumnisurteils, so wird der Antrag auf dessen Erlass zurückgewiesen (§ 335 I Nr. 4 und § 337 ZPO).

10

b) Bei Fehlen der Schlüssigkeit wird die Klage durch Prozessurteil als unzulässig abgewiesen, wenn der Kläger vor der Entscheidung auf diese Möglichkeit hingewiesen wurde und nur eine Nebenforderung betroffen ist (§ 331 III 3 ZPO). Nach h. M. ist dies darüber hinaus auch möglich bei Fehlen der ordnungsgemäßen Klageerhebung, einer Prozessvoraussetzung oder der Schlüssigkeit betreffend die Hauptforderung.[7]

Es handelt sich um ein normales, kontradiktorisches Urteil, das mit Tatbestand und Gründen zu versehen ist, nicht um ein Versäumnisurteil.

c) Stellt der Kläger keinen Prozessantrag auf Erlass des Versäumnisurteils, so kann das Gericht das Ruhen des Verfahrens anordnen (§ 251a III ZPO) oder aber Verhandlungstermin anberaumen.

d) Bei Vorliegen der vorgenannten Voraussetzungen ergeht ein Versäumnisurteil, das nach Inhalt und Form grundsätzlich den gleichen Regeln wie das Versäumnisurteil aufgrund mündlicher Verhandlung unterliegt. Die Entscheidung ergeht jedoch „im schriftlichen Vorverfahren nach dem Verfahrensstand vom ....", „im schriftlichen Vorverfahren am ...." oder „ohne mündliche Verhandlung am ....", nicht „aufgrund der mündlichen Verhandlung vom ....". Außerdem wird die Verkündung des Urteils durch dessen Zustellung ersetzt (§ 310 III ZPO).

III. Das Verfahren bei Einspruch

1. Zulässigkeit des Einspruchs

Die Zulässigkeit des Einspruchs hat folgende Voraussetzungen:
a) Es muss ein „echtes" Versäumnisurteil vorliegen.

11

(1) Nicht statthaft ist der Einspruch gegen die so genannten „unechten" Versäumnisurteile, die nicht auf der Säumnis beruhen; das sind die kontradiktorischen Urteile, die bei Säumnis des Beklagten die Klage als unzulässig oder – mangels Schlüssigkeit – als unbegründet abweisen. Für die Frage, ob ein solches echtes Versäumnisurteil vorliegt, kommt es nicht auf die Bezeichnung des Urteils, sondern seinen materiellen Inhalt an. In Zweifelsfällen gilt aber der Grundsatz der Meistbegünstigung, d.h. die verurteilte Partei kann auch den Rechtsbehelf einlegen, der nach der Bezeichnung des Urteils gegeben ist.[8]

---

[7] *Baumbach/Lauterbach/Albers/Hartmann*, § 331 Rn. 24; *Zöller/Herget*, § 331 Rn. 13.
[8] *Baumbach/Lauterbach/Albers/Hartmann*, § 338 Rn. 5; *Zöller/Herget*, § 338 Rn. 1.

(2) Ausgeschlossen ist der Einspruch kraft Gesetzes (§ 345) ZPO gegen das zweite Versäumnisurteil, um eine endlose Wiederholung des Einspruchsverfahrens zu vermeiden; ein solches liegt aber nur vor, wenn der Einspruchsführer in dem ersten Termin, der auf den Einspruch folgt oder in derjenigen Sitzung, auf die die Verhandlung vertagt worden ist, erneut säumig ist. Mit anderen Worten: ein zweites Versäumnisurteil liegt nicht vor, wenn nach Einlegung des Einspruchs zur Hauptsache verhandelt worden ist.

12 b) Der Einspruch muss formgerecht eingelegt worden sein.

Er bedarf der Einreichung eines Schriftsatzes. § 340 II ZPO stellt Mindesterfordernisse für den Inhalt der Einspruchsschrift auf: Sie muss das Urteil bezeichnen, gegen das der Einspruch eingelegt wird und außerdem die Erklärung enthalten, dass Einspruch eingelegt wird. Der Schriftsatz bedarf der Unterzeichnung und muss im Anwaltsprozess durch einen Rechtsanwalt eingereicht werden; im Verfahren vor dem Amtsgericht kann der Einspruch auch zu Protokoll der Geschäftsstelle des Amtsgerichts erklärt werden (§§ 496, 129a ZPO). Der Einspruch kann ebenso wie ein Rechtsmittel wieder zurückgenommen werden (§ 346 ZPO).

c) Der Einspruch muss fristgerecht eingelegt worden sein.

Die Einspruchsfrist beträgt – bei Zustellungen im Inland – zwei Wochen (§ 339 I ZPO). Bei Zustellungen im Ausland und bei öffentlicher Zustellung ist der Einspruch innerhalb der vom Gericht festgesetzten Frist (§ 339 II ZPO) einzulegen. Die Frist beginnt mit der vom Gericht veranlassten Zustellung des Urteils an die säumige Partei zu laufen.

Hat sich für die säumige Partei ein Rechtsanwalt zu den Gerichtsakten gemeldet, so kann ab Kenntnis des Gerichts von der Bestellung nur noch wirksam an den Rechtsanwalt zugestellt werden (§ 172 ZPO). Ist die Vollmacht des Rechtsanwalts erloschen, so kann im Parteiprozess nach Anzeige des Erlöschens der Vollmacht, im Anwaltsprozess erst nach Anzeige der Bestellung eines neuen Rechtsanwalts nicht mehr an den bisherigen Rechtsanwalt zugestellt werden.[9]

Ist die Einspruchsfrist ohne Verschulden der Partei bzw. ihres Anwalts (§ 85 II ZPO) nicht gewahrt worden, kann auf Antrag Wiedereinsetzung in den vorigen Stand gewährt werden.

13 d) Der Begründungszwang für die Einspruchsschrift (§ 340 III ZPO) stellt kein Zulässigkeitserfordernis für den Einspruch dar.

Zudem kann der Einspruch auch auf einen Teil des Streitgegenstandes beschränkt werden (arg. § 340 II ZPO), sofern über diesen Teil durch Teilurteil erkannt werden könnte. Eine Beschwer setzt der Einspruch nicht voraus.

2. Das Verfahren nach Eingang des Einspruchs

14 a) Das Gericht prüft die Zulässigkeit des Einspruchs, d.h., ob er an sich statthaft und ob er in der gesetzlichen Form und Frist eingelegt ist. Ist die Zulässigkeit zu verneinen, so ist er – bei freigestellter mündlicher Verhandlung – durch Endurteil als unzulässig zu verwerfen (§ 341 I 2, II ZPO). Für die Kosten gilt § 97 ZPO entsprechend.[10] Die Entscheidung wird ohne Sicherheitsleistung für vorläufig vollstreckbar erklärt (§ 708 Nr. 3 ZPO).

Rechtliches Gehör ist stets zu gewähren: Dem Einspruchsgegner ist die Einspruchsschrift nebst der Mitteilung zuzustellen, wann das Versäumnisurteil zugestellt und wann Einspruch eingelegt worden ist (§ 340a ZPO); der Einspruchsführer ist vor der Verwerfung des Einspruchs auf die Unzulässigkeit hinzuweisen, damit er eventuelle Mängel des Einspruchs innerhalb der Einspruchsfrist beseitigen oder auch Antrag auf Wiedereinsetzung in den vorigen Stand gegen die Versäumung der Einspruchsfrist stellen kann.

---

[9] *Baumbach/Lauterbach/Albers/Hartmann*, § 172 Rn. 28; *Zöller/Stöber*, § 172 Rn. 11.
[10] *Baumbach/Lauterbach/Albers/Hartmann*, § 341 Rn. 9; *Zöller/Herget*, § 97 Rn. 1.

III. Das Verfahren bei Einspruch

b) Wird der Einspruch von dem Gericht als zulässig erachtet, ist Termin zur mündlichen Verhandlung über den Einspruch und die Hauptsache zu bestimmen (§ 341 a ZPO). 15

Die Terminsverfügung kann Auflagen und sonstige vorbereitende Anordnungen gemäß § 273 ZPO enthalten. Wichtig für die Frage, welche vorbereitende Anordnungen zu treffen sind, ist vor allem die Frage, inwieweit eine Partei mit ihrem Vorbringen aufgrund ihres Verhaltens vor Erlass des Versäumnisurteils nach § 296 ZPO präkludiert ist und auch bleibt: Vorbringen, das in dem versäumten Termin zurückgewiesen worden wäre oder früher zurückgewiesen wurde, ist nunmehr zuzulassen, wenn es im Einspruchstermin ohne Verzögerung berücksichtigt werden kann.

c) Auf Antrag der durch das Versäumnisurteil beschwerten Partei kann das Gericht nach Anhörung des Gegners die Zwangsvollstreckung aus dem Versäumnisurteil nach §§ 719, 707 ZPO einstweilen einstellen. 16

(1) Die Einstellung setzt eine Erfolgsaussicht des Einspruchs voraus, was anhand der Begründung des Einspruchs zu prüfen ist. Liegt eine Einspruchsbegründung (noch) nicht vor oder verspricht die Verteidigung des Beklagten nach der Einspruchsbegründung (und seinem etwaigen früheren Vorbringen) keine hinreichende Aussicht auf Erfolg, so wird der Antrag auf Einstellung der Zwangsvollstreckung zurückgewiesen.

(2) Soweit dem Antrag auf Einstellung entsprochen wird, erfolgt die Einstellung regelmäßig nur gegen Sicherheitsleistung. Ohne Sicherheitsleistung darf die Einstellung nach § 719 I 2 ZPO nur erfolgen, wenn das Versäumnisurteil nicht in gesetzlicher Weise ergangen war oder die säumige Partei glaubhaft macht, dass ihre Säumnis unverschuldet war. In diesem Fall unterliegt die Einstellung ohne Sicherheitsleistung nicht zusätzlich den Voraussetzungen von § 707 I 2 ZPO.[11]

(3) Die Einstellung erfolgt in der Regel erst nach Anhörung des Gegners; in Eilfällen kann das Gericht aber auch vorläufig ohne Anhörung für eine kurze Frist einstellen und nach erfolgter Anhörung dann endgültig über den Einstellungsantrag entscheiden.

(4) Im Hinblick auf eine etwaige Anfechtbarkeit des Einstellungsbeschlusses[12] sollte dieser mit einer kurzen Begründung versehen werden.

3. Entscheidungen im Einspruchstermin

a) Ein erst jetzt festgestellter unzulässiger Einspruch wird nunmehr als unzulässig verworfen, ebenfalls durch Endurteil (§ 341 I 2, II ZPO). 17

Das gilt selbst dann, wenn der Einspruchsführer in dem Einspruchstermin nicht erschienen ist. Es handelt sich um ein kontradiktorisches, unechtes Versäumnisurteil, das nicht den §§ 345, 514 II ZPO unterliegt. Für die Kosten gilt § 97 ZPO entsprechend. Das Urteil ist nach § 708 Nr. 3 ZPO ohne Sicherheitsleistung für vorläufig vollstreckbar zu erklären.

b) Ist die Partei, die einen zulässigen Einspruch eingelegt hat, in dem Einspruchstermin erneut nicht erschienen, so ergeht auf den entsprechenden Prozessantrag der erschienenen Partei, wenn die säumige Partei ordnungsgemäß geladen wurde und kein Vertagungsgrund (§ 337 ZPO) vorliegt, ein sogenanntes zweites Versäumnisurteil. In ihm wird der Einspruch verworfen (arg. § 345 ZPO). Die säumige Partei trägt die weiteren Kosten des Rechtsstreits. Das Urteil ist nach § 708 Nr. 2 ZPO ohne Sicherheitsleistung für vorläufig vollstreckbar zu erklären. 18

(1) Eine erneute Schlüssigkeitsprüfung ist hier grundsätzlich nicht vorzunehmen.[13]

---

[11] *Baumbach/Lauterbach/Albers/Hartmann*, § 719 Rn. 6; *Zöller/Herget*, § 719 Rn. 2.
[12] *Baumbach/Lauterbach/Albers/Hartmann*, § 707 Rn. 16; *Zöller/Herget*, § 707 Rn. 22.
[13] *Baumbach/Lauterbach/Albers/Hartmann*, § 345 Rn. 6; a. A. *Zöller/Herget*, § 345 Rn. 4.

Geht es allerdings um die Verwerfung eines Einspruchs gegen einen Vollstreckungsbescheid, so ist eine (erstmalige) Schlüssigkeitsprüfung erforderlich (§ 700 VI ZPO).[14]

(2) Ebenso wenig ist in dem Einspruchstermin zu prüfen, ob das mit dem Einspruch angegriffene Versäumnisurteil in verfahrensrechtlich zulässiger Weise zustande gekommen, insbesondere der Einspruchsführer im früheren Termin wirklich säumig gewesen ist.[15]

Anders ist dies wiederum bei einem Einspruch gegen einen Vollstreckungsbescheid. Hier muss das Gericht prüfen, ob dieser verfahrensrechtlich zulässig erlassen wurde.

(3) Ein zweites Versäumnisurteil darf nicht ergehen, wenn nach Einspruch in einem Termin zur Sache verhandelt worden ist.

Bei erneuter Säumnis ergeht nunmehr ein technisch erstes Versäumnisurteil, dessen Urteilsformel sich nach § 343 ZPO richtet.

19 c) Bei zulässigem Einspruch und erfolgter streitiger Verhandlung wird – nach einer eventuell erfolgten Beweisaufnahme – entschieden, ob das Versäumnisurteil zu Recht ergangen und deshalb aufrechtzuerhalten ist (§ 343 ZPO).

(1) Erweist sich der Einspruch als unbegründet, so wird die in dem angefochtenen Versäumnisurteil enthaltene Entscheidung aufrechterhalten.

Die Formulierung des Tenors bezweckt, dem Kläger keinen zweiten Vollstreckungstitel gleichen Inhalts zu verschaffen. Ist allerdings nach Erlass des Versäumnisurteils die Klage erweitert worden, so muss insoweit eine Erstentscheidung – Klageabweisung oder Verurteilung – erfolgen. In diesem Fall kann bei erneuter Säumnis der Erlass eines zusätzlichen ersten Versäumnisurteils in Betracht kommen.

Dem unterliegenden Einspruchsführer werden die weiteren Kosten des Rechtsstreits auferlegt; hinsichtlich der bis zu dem Erlass des Versäumnisurteils aufgelaufenen Kosten bleibt die in dem Versäumnisurteil enthaltene Kostenentscheidung maßgebend.

Die vorläufige Vollstreckbarkeit dieses kontradiktorischen Urteils richtet sich nach den allgemeinen Vorschriften, denn durch die Einlegung des Einspruchs wird der Prozess in die Lage vor Säumnis zurückversetzt (§ 342 ZPO).

Hinsichtlich der gegen Sicherheitsleistung vollstreckbaren Urteile ist durch die Formulierung in § 709 S. 3 ZPO klargestellt, dass die bisher von dem Kläger bewirkten Vollstreckungsmaßnahmen auch ohne Sicherheitsleistung aufrechterhalten bleiben. Lediglich die Fortsetzung der Vollstreckung ist von einer Sicherheitsleistung abhängig zu machen.

(2) Erweist sich der Einspruch als begründet, so ist das Versäumnisurteil aufzuheben und sodann anderweitig zu entscheiden.

Die Kostenentscheidung richtet sich nach den allgemeinen Vorschriften mit der Besonderheit, dass die durch die Säumnis entstandenen Kosten bei einem in gesetzlicher Weise ergangenen Versäumnisurteil der säumig gewesenen Partei trotz ihres Obsiegens in der Hauptsache auferlegt werden (§ 344 ZPO). Für die vorläufige Vollstreckbarkeit ergeben sich keine Besonderheiten. Soweit die säumige Partei nach § 344 ZPO mit den Kosten der Säumnis belastet wird, ist auch insoweit vorläufige Vollstreckbarkeit zugunsten der anderen Partei anzuordnen. Allerdings kann auf den Vollstreckungsschutz nach § 711 S. 1, 2 ZPO mangels Zulässigkeit eines Rechtsmittels regelmäßig verzichtet werden (§ 713 ZPO).

(3) Erweist sich der Einspruch teilweise als unbegründet, teilweise als begründet, so sind die oben dargestellten Formulierungsgrundsätze zu kombinieren.

---

[14] *Baumbach/Lauterbach/Albers/Hartmann*, § 700 Rn. 30.
[15] *Baumbach/Lauterbach/Albers/Hartmann*, § 345 Rn. 6; a. A. Zöller/*Herget*, § 345 Rn. 4.

Das Versäumnisurteil muss also teilweise aufrechterhalten und teilweise aufgehoben werden; würde es insgesamt aufgehoben und sodann inhaltlich eine neue Verurteilung des Beklagten erfolgen, könnte wegen § 717 I ZPO der Rang eines Pfandrechts in der Zwangsvollstreckung verloren gehen.

4. Die Abfassung des Schlussurteils nach § 343 ZPO

Der Aufbau des Tatbestandes im Schlussurteil nach § 343 ZPO sollte schon wegen des Gebots der Kürze (§ 313 II ZPO) und der Verständlichkeit das Parteivorbringen vor und nach Erlass des Versäumnisurteils einheitlich darstellen und das Versäumnisurteil im Anschluss an das streitige Klägervorbringen erwähnen, so dass sich grundsätzlich folgende Reihenfolge ergibt: 20

– Das unstreitige Parteivorbringen.
– Das streitige Vorbringen des Klägers.
– Prozessgeschichte: Erlass und Zustellung des Versäumnisurteils, Einspruch.
– Neuer Antrag des Klägers (Aufrechterhaltung des Versäumnisurteils).
– Neuer Antrag des Beklagten (Aufhebung des Versäumnisurteils und Abweisung der Klage).
– Das Verteidigungsvorbringen des Beklagten.
– Prozessgeschichte: Beweisaufnahme.

Muster 106: Tenorierungsbeispiele für das Versäumnisverfahren

I. Versäumnisurteil

1. Klageabweisung (Säumnis des Klägers), § 330 ZPO:

In p. p. (volles Rubrum wie Bl. ... d. A.)
hat das Amtsgericht Frankfurt am Main durch den Richter am Amtsgericht ... aufgrund der mündlichen Verhandlung vom ... für Recht erkannt:

    Die Klage wird abgewiesen.
    Die Kosten des Rechtsstreits hat d... Kläger... zu tragen.
    Das Urteil ist vorläufig vollstreckbar.
    ☐ Die Einspruchsfrist wird auf ... Wochen festgesetzt.[16]

2. Stattgeben der Klage (Säumnis des Beklagten), § 331 I, II ZPO:

In p. p. (volles Rubrum wie Bl. ... d. A.)
hat das Amtsgericht Frankfurt am Main durch den Richter am Amtsgericht ... aufgrund der mündlichen Verhandlung vom ... für Recht erkannt:

    D... Beklagte wird verurteilt, an d... Kläger... ... € zu zahlen.
    Die Kosten des Rechtsstreits hat d... Beklagte... zu tragen.
    Das Urteil ist vorläufig vollstreckbar.
    ☐ Die Einspruchsfrist wird auf ... Wochen festgesetzt.[16]

3. Stattgeben der Klage im schriftlichen Vorverfahren (keine Verteidigungsanzeige des Beklagten binnen zwei Wochen, § 331 III ZPO:

In p. p. (volles Rubrum wie Bl. ... d. A.)
hat das Amtsgericht Frankfurt am Main durch den Richter am Amtsgericht ... im schriftlichen Vorverfahren gemäß § 331 III ZPO auf Antrag am ... für Recht erkannt:

    D... Beklagte... wird verurteilt, an d... Kläger... ... € zu zahlen.
    Die Kosten des Rechtsstreits hat d... Beklagte... zu tragen.
    Das Urteil ist vorläufig vollstreckbar.
    ☐ Die Einspruchsfrist wird auf ... Wochen festgesetzt.[16]

4. Stattgeben der Klage im schriftlichen Vorverfahren mit Vermerk auf der Klageschrift, §§ 331 III ZPO; 313 b II ZPO:

Amtsgericht Frankfurt am Main
    Erkannt im schriftlichen Vorverfahren gemäß § 331 III ZPO am ... nach dem Antrag
        ☐ der Klageschrift   ☐ des Mahnbescheids
        ☐ auf Kosten d... Beklagte...   ☐ Zinsen seit ...
    Vorläufig vollstreckbar.

II. Verwerfung des unzulässigen Einspruchs, § 341 I 2, II ZPO

In p. p. (volles Rubrum wie Bl. ... d. A.)
hat das Amtsgericht Frankfurt am Main durch den Richter am Amtsgericht ...
    ☐ ohne mündliche Verhandlung am ...
    ☐ aufgrund der mündlichen Verhandlung vom ...

---

[16] § 339 II ZPO.

☐ im schriftlichen Verfahren mit Schriftsatzfrist bis zum …
für Recht erkannt:
Der Einspruch d… ☐ Kläger… ☐ Beklagte… gegen
☐ das Versäumnisurteil vom …
☐ den Vollstreckungsbescheid des …gerichts … vom … (Aktenzeichen …)
wird als unzulässig verworfen.
D… ☐ Kläger… ☐ Beklagte… hat/haben die weiteren Kosten des Rechtsstreits zu tragen.
Das Urteil ist vorläufig vollstreckbar.

III. Zweites Versäumnisurteil, § 345 ZPO

In p. p. (volles Rubrum wie Bl. … d. A.)
hat das Amtsgericht Frankfurt am Main durch den Richter am Amtsgericht … aufgrund der mündlichen Verhandlung vom … für Recht erkannt:
Der Einspruch d… ☐ Kläger… ☐ Beklagte… gegen
☐ das Versäumnisurteil vom …
☐ den Vollstreckungsbescheid des …gerichts … vom … (Aktenzeichen …)
wird verworfen.
D… ☐ Kläger… ☐ Beklagte… hat/haben die weiteren Kosten des Rechtsstreits zu tragen.
Das Urteil ist vorläufig vollstreckbar.

IV. Streitige Entscheidung über den Einspruch, § 343 ZPO

1. Der Einspruch ist unbegründet.

a) Vorangegangenes Versäumnisurteil gegen den Beklagten.

Fall der §§ 708 Nr. 11, 711 S. 2, 709 S. 2 ZPO:

Das Versäumnisurteil vom … wird aufrechterhalten.
Der Beklagte hat die weiteren Kosten des Rechtsstreits zu tragen.
Das Urteil ist vorläufig vollstreckbar. Der Beklagte darf die Vollstreckung aus dem Versäumnisurteil und aus diesem Urteil durch Sicherheitsleistung oder Hinterlegung in Höhe von … €[17]/120% des aufgrund des Urteils vollstreckbaren Betrages abwenden, wenn nicht der Kläger vor der Vollstreckung Sicherheit in gleicher Höhe/in Höhe von 120% des jeweils zu vollstreckenden Betrages leistet.

Fall des § 709 S. 3 ZPO:

Das Versäumnisurteil vom … wird aufrechterhalten.
Der Beklagte hat die weiteren Kosten des Rechtsstreits zu tragen.
Das Urteil ist gegen Sicherheitsleistung in Höhe von … €[18]/ in Höhe von 120% des jeweils vollstreckbaren Betrages vorläufig vollstreckbar. Die Vollstreckung aus dem Versäumnisurteil darf nur gegen Leistung dieser Sicherheit fortgesetzt werden.

---

[17] Bei der Bemessung der Sicherheitsleistung sind die üblichen Positionen bei Klagestattgabe anzusetzen sowie zusätzlich eine 0,5 Terminsgebühr des Rechtsanwalts für die Erwirkung des Versäumnisurteils (§ 2 II RVG, VV 3105) nebst Mehrwertsteuer.
[18] Bei der Bemessung der Sicherheitsleistung sind die üblichen Positionen bei Klagestattgabe anzusetzen sowie zusätzlich eine 0,5 Terminsgebühr des Rechtsanwalts für die Erwirkung des Versäumnisurteils (§ 2 II RVG, VV 3105) nebst Mehrwertsteuer.

b) Vorangegangenes Versäumnisurteil gegen den Kläger.

Fall der §§ 708 Nr. 11, 711 S. 2, 709 S. 2 ZPO:

Das Versäumnisurteil vom ... wird aufrechterhalten.
Der Kläger hat die weiteren Kosten des Rechtsstreits zu tragen.
Das Urteil ist vorläufig vollstreckbar. Der Kläger darf die Vollstreckung aus dem Versäumnisurteil und aus diesem Urteil durch Sicherheitsleistung oder Hinterlegung in Höhe von ... €^{19}/120% des vollstreckbaren Betrages abwenden, wenn nicht der Beklagte vor der Vollstreckung Sicherheit in gleicher Höhe/in Höhe von 120% des jeweils zu vollstreckenden Betrages leistet.

Fall des § 709 S. 3 ZPO:

Das Versäumnisurteil vom ... wird aufrechterhalten.
Der Kläger hat die weiteren Kosten des Rechtsstreits zu tragen.
Das Urteil ist gegen Sicherheitsleistung von ... €^{21}/120% des jeweils vollstreckbaren Betrages vorläufig vollstreckbar. Die Vollstreckung aus dem Versäumnisurteil darf nur gegen Leistung dieser Sicherheit fortgesetzt werden.

2. Der Einspruch ist begründet.

6 a) Vorangegangenes Versäumnisurteil gegen den Beklagten.

Fall der §§ 708 Nr. 11, 711 S. 2, 709 S. 2 ZPO:

Das Versäumnisurteil vom ... wird aufgehoben.
Die Klage wird abgewiesen.
Der Kläger hat die Kosten des Rechtsstreits zu tragen, mit Ausnahme der durch die Säumnis im Termin vom ... entstandenen Kosten; diese hat der Beklagte zu tragen.
Das Urteil ist vorläufig vollstreckbar. Der Kläger darf die Vollstreckung durch Sicherheitsleistung oder Hinterlegung in Höhe von ... €^{20}/120% des vollstreckbaren Betrages abwenden, wenn nicht der Beklagte vor der Vollstreckung Sicherheit in gleicher Höhe/in Höhe von 120% des jeweils zu vollstreckenden Betrages leistet. Der Beklagte darf die Vollstreckung durch Sicherheitsleistung oder Hinterlegung in Höhe von ... €^{21}/120% des vollstreckbaren Betrages abwenden, wenn nicht der Kläger vor der Vollstreckung Sicherheit in gleicher Höhe/in Höhe von 120% des jeweils zu vollstreckenden Betrages leistet.

Fall des § 709 S. 1, 2 ZPO und der §§ 708 Nr. 11, 711 S. 2, 709 S. 2 ZPO:

Das Versäumnisurteil vom ... wird aufgehoben.
Die Klage wird abgewiesen.
Der Kläger hat die Kosten des Rechtsstreits zu tragen, mit Ausnahme der durch die Säumnis im Termin vom ... entstandenen Kosten; diese hat der Beklagte zu tragen.
Das Urteil ist vorläufig vollstreckbar, für den Beklagten gegen Sicherheitsleistung in Höhe von ... €^{22}/120% des vollstreckbaren Betrages. Der Beklagte darf die Vollstreckung durch Sicherheitsleistung oder Hinterlegung in Höhe von ... €^{23}/120% des vollstreckbaren Betrages abwenden, wenn nicht der Kläger vor der Vollstreckung Sicherheit in gleicher Höhe/in Höhe von 120% des jeweils zu vollstreckenden Betrages leistet.

---

[19] Bei der Bemessung der Sicherheitsleistung sind die üblichen Positionen bei Klageabweisung anzusetzen sowie zusätzlich eine 0,5 Termingebühr des Rechtsanwalts für die Erwirkung des Versäumnisurteils (§ 2 II RVG, VV 3105) nebst Mehrwertsteuer.

[20] Bei der Bemessung der Sicherheitsleistung sind die üblichen Positionen bei Abweisung der Klage anzusetzen.

[21] Bei der Bemessung der Sicherheitsleistung ist eine 0,5 Termingebühr des Rechtsanwalts für die Erwirkung des Versäumnisurteils (§ 2 II RVG, VV 3105) nebst Mehrwertsteuer anzusetzen.

[22] Bei der Bemessung der Sicherheitsleistung sind die üblichen Positionen bei Abweisung der Klage anzusetzen.

[23] Bei der Bemessung der Sicherheitsleistung ist eine 0,5 Termingebühr des Rechtsanwalts für die Erwirkung des Versäumnisurteils (§ 2 II RVG, VV 3105) nebst Mehrwertsteuer anzusetzen.

b) Vorangegangenes Versäumnisurteil gegen den Kläger.

Fall der §§ 708 Nr. 11, 711 S. 2, 709 S. 2 ZPO:

Das Versäumnisurteil vom ... wird aufgehoben.
Der Beklagte wird verurteilt, an den Kläger ... € zu zahlen.
Der Beklagte hat die Kosten des Rechtsstreits zu tragen, mit Ausnahme der durch die Säumnis im Termin vom ... entstandenen Kosten; diese hat der Kläger zu tragen.
Das Urteil ist vorläufig vollstreckbar. Der Beklagte darf die Vollstreckung durch Sicherheitsleistung oder Hinterlegung in Höhe von ... €[24]/120% des vollstreckbaren Betrages abwenden, wenn nicht der Kläger vor der Vollstreckung Sicherheit in gleicher Höhe/in Höhe von 120% des jeweils zu vollstreckenden Betrages leistet. Der Kläger darf die Vollstreckung durch Sicherheitsleistung oder Hinterlegung in Höhe von ... €[25]/120% des vollstreckbaren Betrages abwenden, wenn nicht der Beklagte vor der Vollstreckung Sicherheit in gleicher Höhe/in Höhe von 120% des jeweils zu vollstreckenden Betrages leistet.

Fall des § 709 S. 1, 2 ZPO und der §§ 708 Nr. 11, 711 S. 2, 709 S. 2 ZPO:

Das Versäumnisurteil vom ... wird aufgehoben.
Der Beklagte wird verurteilt, an den Kläger ... € zu zahlen.
Der Beklagte hat die Kosten des Rechtsstreits zu tragen mit Ausnahme der durch die Säumnis im Termin vom ... entstandenen Kosten; diese hat der Kläger zu tragen.
Das Urteil ist vorläufig vollstreckbar, für den Kläger gegen Sicherheitsleistung in Höhe von ... €[25]/120% des vollstreckbaren Betrages. Der Kläger darf die Vollstreckung durch Sicherheitsleistung oder Hinterlegung in Höhe von ... €[26]/120% des vollstreckbaren Betrages abwenden, wenn nicht der Beklagte vor der Vollstreckung Sicherheit in gleicher Höhe/in Höhe von 120% des jeweils zu vollstreckenden Betrages leistet.

3. Der Einspruch ist teilweise begründet, teilweise unbegründet.

a) Vorangegangenes Versäumnisurteil gegen den Beklagten.

Fall der §§ 708 Nr. 11, 711 S. 2, 709 S. 2 ZPO:

Das Versäumnisurteil vom ... wird aufrechterhalten, soweit der Beklagte verurteilt worden ist, an den Kläger ... € zu zahlen.
Im Übrigen wird es aufgehoben und die Klage abgewiesen.
Der Beklagte hat vorab die durch die Säumnis im Termin vom ... entstandenen Kosten zu tragen.
Von den übrigen Kosten des Rechtsstreits haben der Kläger ¼ und der Beklagte ¾ zu tragen.
Das Urteil ist vorläufig vollstreckbar. Der Beklagte darf die Vollstreckung aus dem Versäumnisurteil und aus diesem Urteil durch Sicherheitsleistung oder Hinterlegung in Höhe von ... €[27]/120% des vollstreckbaren Betrages abwenden, wenn nicht der Kläger vor der Vollstreckung Sicherheit in gleicher Höhe/in Höhe von 120% des jeweils zu vollstreckenden Betrages leistet. Der Kläger darf die Vollstreckung durch Sicherheitsleistung oder Hinterlegung in Höhe von ... €[28]/120% des vollstreckbaren Betrages abwenden, wenn nicht der Beklagte vor der Vollstreckung Sicherheit in gleicher Höhe/in Höhe von 120% des jeweils zu vollstreckenden Betrages leistet.

---

[24] Bei der Bemessung der Sicherheitsleistung sind die üblichen Positionen bei Stattgeben der Klage anzusetzen.

[25] Bei der Bemessung der Sicherheitsleistung sind die üblichen Positionen bei Stattgeben der Klage anzusetzen.

[26] Bei der Bemessung der Sicherheitsleistung ist eine 0,5 Terminsgebühr des Rechtsanwalts für die Erwirkung des Versäumnisurteils (§ 2 II RVG, VV 3105) nebst Mehrwertsteuer anzusetzen.

[27] Die Sicherheitsleistung bemisst sich nach den üblichen Positionen bei Stattgeben der Klage, wobei bei den Kosten nur die vollstreckungsfähige Quote anzusetzen ist. Hinzu tritt eine 0,5 Terminsgebühr des Rechtsanwalts für die Erwirkung des Versäumnisurteils (§ 2 II RVG, VV 3105) nebst Mehrwertsteuer, die wegen der Kostentrennung voll anzusetzen ist.

[28] Die Sicherheitsleistung bemisst sich nach den üblichen Positionen bei Klageabweisung, wobei allerdings nur die vollstreckungsfähige Kostenquote anzusetzen ist.

Fall des § 709 S. 3 ZPO:

Das Versäumnisurteil vom ... wird aufrechterhalten, soweit der Beklagte verurteilt worden ist, an den Kläger ... € zu zahlen.
Im Übrigen wird es aufgehoben und die Klage abgewiesen.
Der Beklagte hat vorab die durch die Säumnis im Termin vom ... entstandenen Kosten zu tragen.
Von den übrigen Kosten des Rechtsstreits haben der Kläger ³/₅ und der Beklagte ²/₅ zu tragen.
Das Urteil ist für den Kläger gegen Sicherheitsleistung in Höhe von ... €[29]/120% des vollstreckbaren Betrages vorläufig vollstreckbar. Die Vollstreckung aus dem Versäumnisurteil darf nur gegen Leistung dieser Sicherheit fortgesetzt werden. Für den Beklagten ist das Urteil gegen Sicherheitsleistung in Höhe von ... €[30]/120% des vollstreckbaren Betrages vorläufig vollstreckbar.

Fall des § 709 S. 3 ZPO und der §§ 708 Nr. 11, 711 S. 2, 709 S. 2 ZPO:

Das Versäumnisurteil vom ... wird aufrechterhalten, soweit der Beklagte verurteilt worden ist, an den Kläger ... € zu zahlen.
Im Übrigen wird es aufgehoben und die Klage abgewiesen.
Der Beklagte hat vorab die durch die Säumnis im Termin vom ... entstandenen Kosten zu tragen; von den übrigen Kosten des Rechtsstreits haben der Kläger ¹/₅ und der Beklagte ⁴/₅ zu tragen.
Das Urteil ist vorläufig vollstreckbar, für den Kläger gegen Sicherheitsleistung in Höhe von ... €[29]/120% des vollstreckbaren Betrages. Der Kläger darf die Vollstreckung aus dem Versäumnisurteil nur gegen Leistung dieser Sicherheit fortsetzen. Der Kläger darf die Vollstreckung durch Sicherheitsleistung oder Hinterlegung in Höhe von ... €[30]/120% des vollstreckbaren Betrages abwenden, wenn nicht der Beklagte vor der Vollstreckung Sicherheit in gleicher Höhe/in Höhe von 120% des jeweils zu vollstreckenden Betrages leistet.

b) Vorangegangenes Versäumnisurteil gegen den Kläger.

Fall der §§ 708 Nr. 11, 711 S. 2, 709 S. 2 ZPO:

Unter teilweiser Aufhebung des Versäumnisurteils vom ... wird der Beklagte verurteilt, an den Kläger ... € zu zahlen.
Im Übrigen wird das Versäumnisurteil aufrechterhalten.
Der Kläger hat vorab die durch die Säumnis im Termin vom ... entstandenen Kosten zu tragen. Von den übrigen Kosten des Rechtsstreits haben der Kläger ¹/₃ und der Beklagte ²/₃ zu tragen.
Das Urteil ist vorläufig vollstreckbar. Der Beklagte darf die Vollstreckung durch Sicherheitsleistung oder Hinterlegung in Höhe von ... €[32]/120% des vollstreckbaren Betrages abwenden, wenn nicht der Kläger vor der Vollstreckung Sicherheit in gleicher Höhe/in Höhe von 120% des jeweils zu vollstreckenden Betrages leistet. Der Kläger darf die Vollstreckung durch Sicherheitsleistung oder Hinterlegung in Höhe von ... €[31]/120% des vollstreckbaren Betrages abwenden, wenn nicht der Beklagte vor der Vollstreckung Sicherheit in gleicher Höhe/in Höhe von 120% des jeweils zu vollstreckenden Betrages leistet.

Fall des § 709 S. 3 ZPO:

Unter teilweiser Aufhebung des Versäumnisurteils vom ... wird der Beklagte verurteilt, an den Kläger ... € zu zahlen.
Im Übrigen wird das Versäumnisurteil aufrechterhalten.
Der Kläger hat vorab die durch die Säumnis im Termin vom ... entstandenen Kosten zu tragen. Von den übrigen Kosten des Rechtsstreits haben der Kläger ³/₅ und der Beklagte ²/₅ zu tragen.

---

[29] Die Sicherheitsleistung bemisst sich nach den üblichen Positionen bei Klageabweisung, wobei allerdings nur die vollstreckungsfähige Kostenquote anzusetzen ist. Hinzu tritt eine 0,5 Terminsgebühr des Rechtsanwalts für die Erwirkung des Versäumnisurteils (§ 2 II RVG, VV 3105) nebst Mehrwertsteuer, die wegen der Kostentrennung voll anzusetzen ist.

[30] Die Sicherheitsleistung bemisst sich nach den üblichen Positionen bei Stattgeben der Klage, wobei bei den Kosten nur die vollstreckungsfähige Quote anzusetzen ist.

Das Urteil ist für den Kläger Sicherheitsleistung in Höhe von ... €^{32}/120% des vollstreckbaren Betrages, für den Beklagten gegen Sicherheitsleistung in Höhe von ... €^{31}/120% des vollstreckbaren Betrages vorläufig vollstreckbar. Der Beklagte darf die Vollstreckung aus dem Versäumnisurteil nur gegen Leistung der ihm auferlegten Sicherheit fortsetzen.

Fall des § 709 S. 1, 2 ZPO und der §§ 708 Nr. 11, 711 S. 2, 709 S. 2 ZPO:

Unter teilweiser Aufhebung des Versäumnisurteils vom ... wird der Beklagte verurteilt, an den Kläger ... € zu zahlen.

Im Übrigen wird das Versäumnisurteil aufrechterhalten.

Der Kläger hat vorab die durch die Säumnis im Termin vom ... entstandenen Kosten zu tragen. Von den übrigen Kosten des Rechtsstreits haben der Kläger $1/10$ und der Beklagte $9/10$ zu tragen.

Das Urteil ist vorläufig vollstreckbar, für den Kläger gegen Sicherheitsleistung in Höhe von ... €^{31}/120% des vollstreckbaren Betrages. Der Kläger darf die Vollstreckung durch Sicherheitsleistung oder Hinterlegung in Höhe von ... €^{32}/120% des vollstreckbaren Betrages abwenden, wenn nicht der Beklagte vor der Vollstreckung Sicherheit in gleicher Höhe/in Höhe von 120% des jeweils zu vollstreckenden Betrages leistet.

V. Sonderfälle: Mehrere Beteiligte

1. Zusammentreffen von §§ 708 Nr. 11, 711 S. 2, 709 S. 2 und § 709 S. 3 ZPO.

a) **Unbegründeter Einspruch zweier beklagter Teilschuldner bei unterschiedlichem Obsiegen:**

Das Versäumnisurteil vom ... wird aufrechterhalten.

Von den weiteren Kosten des Rechtsstreits haben der Beklagte zu 1) seine eigenen außergerichtlichen Kosten sowie $1/5$ der Gerichtskosten und der außergerichtlichen Kosten des Klägers, der Beklagte zu 2) seine eigenen außergerichtlichen Kosten sowie $4/5$ der Gerichtskosten und der außergerichtlichen Kosten des Klägers zu tragen.

Das Urteil ist gegen den Beklagten zu 1) vorläufig vollstreckbar. Der Beklagte zu 1) darf die Vollstreckung aus dem Versäumnisurteil und aus diesem Urteil durch Sicherheitsleistung oder Hinterlegung in Höhe von ... €/120% des vollstreckbaren Betrages abwenden, wenn nicht der Kläger vor der Vollstreckung Sicherheit in gleicher Höhe/in Höhe von 120% des jeweils zu vollstreckenden Betrages leistet.

Das Urteil ist gegen den Beklagten zu 2) gegen Sicherheitsleistung in Höhe von ... €/120% des vollstreckbaren Betrages vorläufig vollstreckbar. Die Vollstreckung aus dem Versäumnisurteil gegen ihn darf nur gegen Leistung dieser Sicherheit fortgesetzt werden.

b) **Begründeter Einspruch des Beklagten und Widerklägers, dem ein Nebenintervenient beigetreten ist:**

Das Versäumnisurteil vom ... wird aufgehoben.

Die Klage wird abgewiesen.

Auf die Widerklage wird der Kläger verurteilt, an den Beklagten ... € zu zahlen.

Der Beklagte hat vorab die durch die Säumnis im Termin vom ... entstandenen Kosten zu tragen. Die übrigen Kosten des Rechtsstreits und die Kosten der Nebenintervention hat der Kläger zu tragen.

Das Urteil ist vorläufig vollstreckbar, für den Beklagten gegen Sicherheitsleistung in Höhe von ... €/120% des vollstreckbaren Betrages. Der Kläger darf die Vollstreckung des Nebenintervenienten

---

[31] Die Sicherheitsleistung bemisst sich nach den üblichen Positionen bei Stattgeben der Klage, wobei bei den Kosten nur die vollstreckungsfähige Quote anzusetzen ist.

[32] Die Sicherheitsleistung bemisst sich nach den üblichen Positionen bei Klageabweisung, wobei allerdings nur die vollstreckungsfähige Kostenquote anzusetzen ist. Hinzu tritt eine 0,5 Terminsgebühr des Rechtsanwalts für die Erwirkung des Versäumnisurteils (§ 2 II RVG, VV 3105) nebst Mehrwertsteuer, die wegen der Kostentrennung voll anzusetzen ist.

durch Sicherheitsleistung oder Hinterlegung in Höhe von … €/120% des vollstreckbaren Betrages abwenden, wenn nicht der Nebenintervenient vor der Vollstreckung Sicherheit in gleicher Höhe/in Höhe von 120% des jeweils zu vollstreckenden Betrages leistet. Der Beklagte darf die Vollstreckung des Klägers durch Sicherheitsleistung oder Hinterlegung in Höhe von … €/120% des vollstreckbaren Betrages abwenden, wenn nicht der Kläger vor der Vollstreckung Sicherheit in gleicher Höhe/in Höhe von 120% des jeweils zu vollstreckenden Betrages leistet.

2. Unterschiedliche Abwendungsbefugnis nach § 711 S. 1 ZPO im Fall der §§ 708 Nr. 11, 711 S. 2, 709 S. 2 ZPO.

a) Unbegründeter Einspruch zweier beklagter Teilschuldner bei unterschiedlichem Obsiegen:

Das Versäumnisurteil vom … wird aufrechterhalten.

Von den weiteren Kosten des Rechtsstreits haben der Beklagte zu 1) seine eigenen außergerichtlichen Kosten sowie $1/3$ der Gerichtskosten und der außergerichtlichen Kosten des Klägers, der Beklagte zu 2) seine eigenen außergerichtlichen Kosten sowie $2/3$ der Gerichtskosten und der außergerichtlichen Kosten des Klägers zu tragen.

Das Urteil ist vorläufig vollstreckbar. Die Vollstreckung darf der Beklagte zu 1) durch Sicherheitsleistung oder Hinterlegung in Höhe von … €/120% des vollstreckbaren Betrages, der Beklagte zu 2) durch Sicherheitsleistung oder Hinterlegung in Höhe von … €/120% des vollstreckbaren Betrages abwenden, wenn nicht der Kläger vor der Vollstreckung Sicherheit in jeweils der gleichen Höhe/in Höhe von 120% des jeweils zu vollstreckenden Betrages leistet.

b) Begründeter Einspruch des Beklagten, dem ein Nebenintervenient beigetreten ist:

Das Versäumnisurteil vom … wird aufgehoben.

Die Klage wird abgewiesen.

Der Beklagte hat vorab die durch die Säumnis im Termin vom … entstandenen Kosten zu tragen. Die übrigen Kosten des Rechtsstreits und die Kosten der Nebenintervention hat der Kläger zu tragen.

Das Urteil ist vorläufig vollstreckbar. Der Kläger darf die Vollstreckung jeweils durch Sicherheitsleistung oder Hinterlegung in Höhe von … €/120% des vollstreckbaren Betrages abwenden, wenn nicht der Beklagte bzw. der Nebenintervenient vor der Vollstreckung Sicherheit in gleicher Höhe/in Höhe von 120% des jeweils zu vollstreckenden Betrages leistet. Der Beklagte darf die Vollstreckung durch Sicherheitsleistung oder Hinterlegung in Höhe von … €/120% des vollstreckbaren Betrages abwenden, wenn nicht der Kläger vor der Vollstreckung Sicherheit in gleicher Höhe/in Höhe von 120% des jeweils zu vollstreckenden Betrages leistet.

VI. Wiederholtes Versäumnisurteil (Tenor nach § 343 ZPO)

1. Formulierung des wiederholten Versäumnisurteils:

9   Das Versäumnisurteil vom … wird aufrechterhalten.
Der Beklagte hat die weiteren Kosten des Rechtsstreits zu tragen.
Das Urteil ist vorläufig vollstreckbar.

2. Entscheidung nach erneutem Einspruch:

Die Versäumnisurteile vom … und vom … werden insoweit aufrechterhalten, als der Beklagte zur Zahlung von … € verurteilt worden ist.

Im Übrigen werden beide Versäumnisurteile aufgehoben und die Klage abgewiesen.

Der Beklagte hat vorab die durch seine Säumnis in den Terminen vom … und vom … entstandenen Kosten zu tragen. Die übrigen Kosten des Rechtsstreits werden gegeneinander aufgehoben.

Das Urteil ist vorläufig vollstreckbar, für den Beklagten gegen Sicherheitsleistung in Höhe von … €/120% des vollstreckbaren Betrages. Die Vollstreckung aus den beiden Versäumnisurteilen darf nur gegen Leistung dieser Sicherheit fortgesetzt werden. Der Kläger darf die Vollstreckung durch Sicherheitsleistung oder Hinterlegung in Höhe von ... €/120% des vollstreckbaren Betrages abwenden, wenn nicht der Beklagte vor der Vollstreckung Sicherheit in gleicher Höhe/in Höhe von 120% des jeweils zu vollstreckenden Betrages leistet.

Muster 107: Beschluss betreffend die Zurückweisung des Antrags auf Erlass eines Versäumnisurteils (§ 335 ZPO)

☐ Amtsgericht Frankfurt am Main
☐ Landgericht Frankfurt am Main
Aktenzeichen: …

Beschluss

1 In dem Rechtsstreit
d…,

Kläger…,

Prozessbevollmächtigter: Rechtsanwalt …
gegen
d…,

Beklagte…,

Prozessbevollmächtigter: Rechtsanwalt …
☐ hat das Amtsgericht Frankfurt am Main durch
   den Richter am Amtsgericht …
☐ hat die … Zivilkammer des Landgerichts Frankfurt am Main durch
   ☐ den Vorsitzenden Richter am Landgericht … und die Richter am Landgericht … und …
   ☐ den Richter am Landgericht … als Einzelrichter
am … beschlossen:

Der Antrag d… ☐ Kläger… ☐ Beklagte… vom … auf Erlass eines Versäumnisurteils wird zurückgewiesen.

Gründe

☐ I.[33]

☐ …

☐ II.

Der Antrag ist zurückzuweisen, weil

☐ d… ☐ Kläger… ☐ Beklagte…
   ☐ den Nachweis für den vom Gericht von Amts wegen zu berücksichtigenden Umstand (§ 335 I Nr. 1 ZPO), nämlich … nicht zu beschaffen vermochte, denn …
   ☐ zu dem heutigen Termin nicht ordnungsmäßig geladen war/waren (§ 335 I Nr. 2 ZPO), denn
      ☐ es liegt keine Zustellungsurkunde vor.
      ☐ die vorliegende Zustellungsurkunde vom … (Bl. … d. A.) entspricht nicht den formellen Erfordernissen, weil …
      ☐ die Einlassungsfrist (§ 274 III ZPO) ist nicht gewahrt.
      ☐ die Ladungsfrist (§ 217 ZPO) ist nicht gewahrt.

---

[33] In Ziffer I. des Beschlusses ist kurz der Sachverhalt darzustellen, soweit dies im Einzelfall erforderlich ist.

☐ der Schriftsatz der Gegenseite vom ... erst am ... und also nicht rechtzeitig (§ 132 ZPO) zugegangen ist (§ 335 I Nr. 3 ZPO).
☐ die Frist nach § 276 I ZPO zur Erklärung, dass er/sie der Klage entgegentreten wolle/wollen nicht (formgerecht) mitgeteilt worden ist/sind (§ 335 I Nr. 4 ZPO).
☐ entgegen § 276 II ZPO über die notwendige Form der Erklärung nach § 276 I ZPO und die Folgen ihrer Versäumung nicht (formgerecht) belehrt worden ist/sind (§ 335 I Nr. 4 ZPO).

☐ die ☐ Einlassungsfrist ☐ Ladungsfrist
von ... zu kurz bemessen war (§ 337 ZPO).

☐ das Gericht der Meinung ist, dass die Partei ohne ihr Verschulden im heutigen Termin säumig ist (§ 337 ZPO):
  ☐ D... pünktlich erschienene... Kläger.../Beklagte... hat/haben über 1 Stunde darauf gewartet, dass der Rechtsstreit verhandelt wird und vor seiner/ihrer Entfernung glaubhaft Gründe dafür darlegt, dass er/sie nicht länger warten kann/können, weil ...
  ☐ D... Beklagte... war/waren ohne Anwalt erschienen. Das Gericht hat über seinen/ihren Antrag auf Bewilligung von Prozesskostenhilfe trotz Entscheidungsreife noch nicht entschieden.
  ☐ D... Kläger.../Beklagte... hat/haben ein ärztliches Attest eingereicht, wonach er/sie seit zwei Tagen reise- und verhandlungsunfähig erkrankt ist/sind. Ihm/Ihr/Ihnen deshalb nicht zuzumuten, kurzfristig für eine Vertretung durch einen Anwalt zu sorgen.[34]

☐ Neuer Termin zur mündlichen Verhandlung wird anberaumt auf ..., den ..., ... Uhr, Raum ...
  ☐ Zu diesem Termin ist/sind d... ☐ Kläger... ☐ Beklagte... mit ZU
  ☐ unter Beifügung des Schriftsatzes vom ... (Bl. ... d. A.)
  zu laden.

....

---

[34] Betrifft ein Verfahren vor dem Amtsgericht.

Muster 108: Unechtes Versäumnisurteil (§ 331 II, Halbs. 2 ZPO)
Amtsgericht Frankfurt am Main
Aktenzeichen: …

Urteil
Im Namen des Volkes

1 In dem Rechtsstreit
d…

Kläger…,

Prozessbevollmächtigter: Rechtsanwalt …,

gegen

d…

Beklagte…,

Prozessbevollmächtigter: Rechtsanwalt …,

hat das Amtsgericht Frankfurt am Main durch den Richter am Amtsgericht … aufgrund der mündlichen Verhandlung vom … für Recht erkannt:

Die Klage wird abgewiesen.

Der Kläger hat die Kosten des Rechtsstreits zu tragen.

Das Urteil ist vorläufig vollstreckbar. Der Kläger kann die Vollstreckung durch Sicherheitsleistung oder Hinterlegung in Höhe von … € abwenden, wenn nicht die Beklagte vor der Vollstreckung Sicherheit in gleicher Höhe leistet.

Tatbestand

Der klagende Makler begehrt von der Beklagten die Zahlung eines pauschalen Aufwendungsersatzes.

Er behauptet, die Beklagte habe sich auf eine seiner Immobilienanzeigen gemeldet und Interesse für eine Eigentumswohnung in der Appartementanlage … gezeigt. Am … habe eine Besichtigung stattgefunden, in der die Beklagte sich zum Ankauf der Wohnung Nr. … zu einem Kaufpreis von 190 000,– € entschieden habe. Daraufhin hätten die Parteien eine schriftliche Vereinbarung (Bl. … d. A.) getroffen, in der es u. a. heißt: „Der Interessent verpflichtet sich, nach notariellem Abschluss des Kaufvertrages an das Maklerbüro … eine Provision in Höhe von 5% des Kaufpreises = 9500,– € zu zahlen. Falls der Kaufvertrag nicht zustande kommt, erklärt sich der Interessent bereit, dem Maklerbüro … einen Ersatz für nutzlose Aufwendungen von pauschal 20% der sonst bei Kaufabschluss angefallenen Provision zu zahlen."

Die Beklagte habe nach Anberaumung des Termins zur notariellen Protokollierung des Kaufvertrages mitgeteilt, dass sie sich die Sache inzwischen anders überlegt habe. Die vermittelte Eigentumswohnung sei ihr nach Lage und Ausstattung nicht genehm; auch sei ihr die Finanzierung zu belastend. Die ihr zugesandte Rechnung über 1900,– € Aufwendungsersatz habe die Beklagte nicht bezahlt.

Die Beklagte war zur mündlichen Verhandlung vom 5. 2. 2010 trotz ordnungsmäßiger Ladung nicht erschienen. In der Ladung zu dieser Verhandlung sowie in der Verhandlung selbst hat das Gericht den Kläger darauf hingewiesen, dass die Klage wohl keine Aussicht auf Erfolg hat.

Der Kläger beantragt,
den Erlass eines Versäumnisurteils mit dem Inhalt, die Beklagte zu verurteilen, an ihn 1900,- € nebst Zinsen in Höhe von 5 Prozentpunkten über dem Basiszinssatz daraus p. a. seit ... zu zahlen.

Entscheidungsgründe

Die Klage ist unbegründet.

Dem Kläger steht gegen die Beklagte kein Anspruch auf Zahlung von 1900,- € gemäß § 652 BGB zu.

Die Vereinbarung der Parteien vom ... ist gemäß § 307 BGB unwirksam, weil sie gegen den unabdingbaren Grundsatz der erfolgsabhängigen Provision verstößt.

Gemäß § 652 BGB steht dem Makler ein Anspruch auf Provision für den Nachweis oder die Vermittlung eines bestimmten Objekts nur zu, wenn der Vertrag zustande kommt. Nach gefestigter Rechtsprechung ist deshalb die Vereinbarung einer erfolgsunabhängigen Provision in allgemeinen Geschäftsbedingungen (AGB) oder Formularverträgen gemäß § 307 II Nr. 1 BGB unwirksam. Durch die Vereinbarung einer erfolgsunabhängigen Provision wird die Entschließungsfreiheit des Auftraggebers erheblich beeinträchtigt. Zudem kann die Schutzvorschrift des § 311 b BGB umgangen werden.

Gleichzustellen sind in gewissem Umfang Klauseln, die in AGB und Formularverträgen für den Fall des Nichtabschlusses des Hauptvertrages dem Makler einen Aufwendungsersatz in Form einer Pauschale zubilligen. Eine solche Pauschale unterliegt bei AGB und Formularverträgen ebenfalls der Inhaltskontrolle nach § 307 BGB und kann als Abweichung von dem gesetzlichen Leitbild des Maklervertrages nur in engen Grenzen anerkannt werden. Zwar ist ein berechtigtes Interesse des Maklers, Ersatz für seine vergeblichen Aufwendungen zu erhalten, anzuerkennen; im Hinblick auf die Unzulässigkeit der erfolgsunabhängigen Provision unterliegt die Vertragsfreiheit insoweit jedoch gewissen Schranken. Ohne Rücksicht auf die von dem Makler gewählte rechtliche Konstruktion gilt für die Wirksamkeit derartiger Klauseln, dass sie nur dann zulässig sind, wenn sie auf den bei dem konkreten Geschäft entstandenen Aufwand abstellen. Da im vorliegenden Fall die vereinbarte Pauschale nicht auf den konkret entstandenen Aufwand abstellt, sondern unabhängig hiervon mit 20% der sonst verdienten Provision beziffert ist, kann der Klausel keine Wirksamkeit zukommen.

Die Nebenentscheidungen beruhen auf den §§ 91, 708 Nr. 11, 711 ZPO.

....

Muster 109: Anberaumung des Termins nach Einspruchseinlegung durch die beklagte Partei (§ 341 a ZPO)

☐ Amtsgericht Frankfurt am Main
☐ Landgericht Frankfurt am Main
Aktenzeichen: ...

Verfügung

1 1. Termin
☐ zur Güteverhandlung und
☐ zur mündlichen Verhandlung über den Einspruch
☐ und zur Hauptsache
wird anberaumt auf ..., ... Uhr, Raum ...

Gegen d... ☐ Versäumnisurteil ☐ Vollstreckungsbescheid des ...gerichts ... vom ... (Az.: ...) , zugestellt am ... ist am ... rechtzeitig Einspruch eingelegt worden.

2. ☐ Das persönliche Erscheinen
d... ☐ Kläger... ☐ Beklagte... ☐ Parteien wird angeordnet.

3. ☐ D... Kläger... wird aufgegeben, bis ... zu...
☐ Einspruchsbegründung
☐ Antrag auf Einstellung der Zwangsvollstreckung
Stellung zu nehmen.

4. ☐ Auf Antrag d... Beklagte... wird die Frist zur Begründung des Einspruchs verlängert bis ...

☐ Der Antrag d... Beklagte... auf Verlängerung der Frist zur Begründung des Einspruchs wird zurückgewiesen, weil
☐ durch die Verlängerung der Frist die Erledigung des Rechtsstreits verzögert würde;
☐ d... Beklagte... keine erheblichen Gründe dargelegt hat/haben, die die Verlängerung rechtfertigen.

☐ D... Beklagte... wird/werden darauf hingewiesen, dass
☐ die Einspruchsschrift entgegen § 340 III 1 ZPO keine Begründung enthält;
☐ die Begründung der Einspruchsschrift nicht den Anforderungen des § 340 III 1 ZPO genügt;
☐ ein weiteres Vorbringen nur berücksichtigt wird, wenn die Gründe für die Verspätung des Vorbringens gleichzeitig dargelegt und glaubhaft gemacht werden (§ 340 III 3 ZPO);
☐ über den Antrag auf Einstellung der Zwangsvollstreckung erst entschieden werden kann, wenn der Einspruch begründet worden ist.

5. ☐ D... Beklagte... wird unter Hinweis auf die Folgen verspäteten Vorbringens (§ 296 I ZPO) aufgegeben, ... Frist: ...

D... Beklagte... wird/werden darauf hingewiesen, dass Verteidigungsmittel, die erst nach Ablauf der Frist vorgetragen werden, nur noch zugelassen werden, wenn nach der freien Überzeugung des Gerichts ihre Zulassung die Erledigung des Rechtsstreits nicht verzögern würde oder wenn er/sie die Verspätung genügend entschuldigt, wobei die Entschuldigungsgründe auf Verlangen des Gerichts glaubhaft zu machen sind (§ 296 I, IV ZPO).

Rügen, die die Zulässigkeit der Klage betreffen, sind ebenfalls innerhalb der obigen Frist vorzutragen; sie werden im Falle der Verspätung nur zugelassen, wenn es sich entweder um unverzichtbare Rügen handelt oder der Beklagte die Verspätung genügend entschuldigt (§§ 282 III, 296 III ZPO).

D... Beklagte... wird/werden eingehend darauf hingewiesen, dass die Nichteinhaltung der gesetzten Fristen zu einem Ausschluss seiner/ihrer Einwendungen führen und damit den Verlust des Prozesses nach sich ziehen kann. Es liegt deshalb in seinem/ihrem eigenen Interesse, die Frist unbedingt einzuhalten und bei Verhinderung vor Fristablauf sich an das Gericht unter Angabe der Hinderungsgründe zu wenden, um eine Verlängerung der Frist zu erreichen.

6. Beglaubigte Abschrift von Ziffer ... an
   ☐ Kläger...   ☐ Klägervertreter   ☐ (ZU/EB)
   ☐ mit Abschrift des Schriftsatzes Bl. ... d. A.
   ☐ Beklagte...   ☐ Beklagtenvertreter   ☐ (ZU/EB).
   ☐ mit Abschriften des Schriftsatzes Bl. ... d. A.

7. Wiedervorlage: ...

Frankfurt am Main, den ...
☐ Amtsgericht, Abteilung ...   ☐ Landgericht, ... Zivilkammer
                                                ☐ Der Vorsitzende
                                                ☐ Der Einzelrichter

....

Muster 110: Einstweilige Einstellung der Zwangsvollstreckung nach Einspruchseinlegung (§ 719 I ZPO)

☐ Amtsgericht Frankfurt am Main
☐ Landgericht Frankfurt am Main
Aktenzeichen: ...

Beschluss

1 In dem Rechtsstreit
d...,
Kläger...,
Prozessbevollmächtigter: Rechtsanwalt ...
gegen
d...,
Beklagte...,
Prozessbevollmächtigter: Rechtsanwalt ...
☐ hat das Amtsgericht Frankfurt am Main durch
den Richter am Amtsgericht ...
☐ hat die ... Zivilkammer des Landgerichts Frankfurt am Main durch
☐ den Vorsitzenden Richter am Landgericht ... und die Richter am Landgericht ... und ...
☐ den Richter am Landgericht ... als Einzelrichter
am ... beschlossen:

Die Zwangsvollstreckung aus d...
☐ Versäumnisurteil ☐ Vollstreckungsbescheid des ...gerichts ... vom ... (Az.: ...) wird einstweilen bis zur Entscheidung über den Einspruch eingestellt
☐ gegen Sicherheitsleistung in Höhe von ... €,
☐ ohne Sicherheitsleistung.

☐ Die getroffenen Vollstreckungsmaßregeln
☐ bleiben bestehen;
☐ sind nach Leistung der Sicherheit aufzuheben;
☐ werden für die Zukunft von einer Sicherheitsleistung d... ... in Höhe von ... € abhängig gemacht.

☐ Der Antrag auf Einstellung der Zwangsvollstreckung ohne Sicherheitsleistung wird zurückgewiesen, weil
☐ es sich bei dem angefochtenen Titel um ein/einen in gesetzlicher Weise ergangenes/ergangenen
☐ Versäumnisurteil ☐ Vollstreckungsbescheid
handelt (§ 719 I 2 ZPO).
☐ d... Beklagte... nicht glaubhaft gemacht hat/haben, dass die Säumnis unverschuldet war (§ 719 I 2 ZPO).
☐ d... Beklagte... nicht glaubhaft gemacht hat/haben, dass er/sie zur Sicherheitsleistung nicht in der Lage ist/sind und die Vollstreckung ihm/ihr/ihnen einen nicht zu ersetzenden Nachteil bringen würde (§ 707 I 2 ZPO).

☐ *Gründe*

☐ ...

....

Verfügung

1. Ausfertigung des Beschlusses an
   ☐ Kläger... (-Vertreter)   ☐ (ZU/EB)   ☐ vorab auch telefonisch oder per Fax.
   ☐ Beklagte... (-Vertreter) ☐ (ZU/EB)   ☐ vorab auch telefonisch oder per Fax.
2. Wiedervorlage: ...

Frankfurt am Main, den ...
☐ Amtsgericht, Abteilung ...   ☐ Landgericht, ... Zivilkammer
                                        ☐ Der Vorsitzende
                                        ☐ Der Einzelrichter

....

Muster 111: Ablehnung der einstweiligen Einstellung der Zwangsvollstreckung nach Einspruchseinlegung (§ 719 I ZPO)

☐ Amtsgericht Frankfurt am Main
☐ Landgericht Frankfurt am Main
Aktenzeichen: …

Beschluss

1 In dem Rechtsstreit
d…,

Kläger…,

Prozessbevollmächtigter: Rechtsanwalt …
gegen
d…,

Beklagte…,

Prozessbevollmächtigter: Rechtsanwalt …
☐ hat das Amtsgericht Frankfurt am Main durch
   den Richter am Amtsgericht …
☐ hat die … Zivilkammer des Landgerichts Frankfurt am Main durch
   ☐ den Vorsitzenden Richter am Landgericht … und die Richter am Landgericht … und …
   ☐ den Richter am Landgericht … als Einzelrichter
am … beschlossen:
   Der Antrag auf Einstellung der Zwangsvollstreckung aus d…
   ☐ Versäumnisurteil ☐ Vollstreckungsbescheid des …gerichts … vom … (Az.: …) wird zurückgewiesen.

Gründe

☐ I.[35]

☐ …

☐ II.

Die mit dem Einspruch beabsichtigte Rechtsverfolgung hat keine hinreichende Aussicht auf Erfolg.

☐ Der Einspruch ist trotz der gesetzlichen Regelung in § 340 III ZPO und des gerichtlichen Hinweises vom … bis heute nicht begründet worden.
☐ Die bisherige Begründung des Einspruchs ergibt keine hinreichende Wahrscheinlichkeit dafür, dass der Einspruch zu einer Aufhebung des Versäumnisurteils und anderweitigen Entscheidung führen dürfte, denn …

☐ …

---

[35] In Ziffer I. des Beschlusses ist kurz der Sachverhalt darzustellen, soweit dies im Einzelfall erforderlich ist.

Muster 111

Verfügung

1. Ausfertigung des Beschlusses an
   - ☐ Kläger… (-Vertreter)   ☐ (ZU/EB)   ☐ vorab auch telefonisch oder per Fax.
   - ☐ Beklagte… (-Vertreter)   ☐ (ZU/EB)   ☐ vorab auch telefonisch oder per Fax.
2. Wiedervorlage: …

Frankfurt am Main, den …
☐ Amtsgericht, Abteilung …
                                   ☐ Landgericht, … Zivilkammer
                                   ☐ Der Vorsitzende
                                   ☐ Der Einzelrichter

……………………

Muster 112: Verwerfung des unzulässigen Einspruchs durch Urteil (§ 341 I 2, II ZPO)

Amtsgericht Frankfurt am Main
Aktenzeichen: ...

Urteil

Im Namen des Volkes

1 In dem Rechtsstreit
d...

                                                              Kläger...,

Prozessbevollmächtigter: Rechtsanwalt ...,

gegen

d...

                                                               Beklagte...,

Prozessbevollmächtigter: Rechtsanwalt ...,

hat das Amtsgericht Frankfurt am Main durch den Richter am Amtsgericht ... ohne mündlichen Verhandlung am ... für Recht erkannt:

    Der Einspruch des Beklagten gegen das Versäumnisurteil vom 23. 9. 2010 wird als unzulässig verworfen.

    Der Beklagte hat die weiteren Kosten des Rechtsstreits zu tragen.

    Das Urteil ist vorläufig vollstreckbar.

Tatbestand

Der Kläger begehrt von dem Beklagten die Zahlung des Kaufpreises für einen Gebrauchtwagen.

Im Termin vom 23. 9. 2010 hat der Kläger gegen den Beklagten ein Versäumnisurteil (Bl. ... d. A.) gelangt, das diesem laut Zustellungsurkunde (Bl. ... d. A.) am 11. 10. 2010 durch Niederlegung bei der Post in ... zugestellt worden ist. Dagegen hat der Beklagte am 18. 11. 2011 Einspruch eingelegt (Bl. ... d. A.) und gleichzeitig Wiedereinsetzung in den vorigen Stand beantragt.

Der Kläger beantragt,
    den Einspruch als unzulässig zu verwerfen.

Der Beklagte beantragt,
    – gegebenenfalls unter Bewilligung der Wiedereinsetzung in den vorigen Stand –
    das Versäumnisurteil vom 23. 9. 2010 aufzuheben und die Klage abzuweisen.

Er behauptet, dass er morgens ständig zu Hause sei und der Postzusteller auch keinen Benachrichtigungszettel über die Niederlegung hinterlassen habe. Einen solchen habe er auch nachträglich nicht erhalten. Unter diesen Umständen habe er von der Zustellung ohne Verschulden keine Kenntnis gehabt.

Das Gericht hat Beweis erhoben gemäß Beweisbeschluss vom 10. 12. 2010. Wegen des Ergebnisses der Beweisaufnahme wird auf die schriftliche Auskunft der Post in ... vom ... (Bl. ... d.A.) und die schriftliche Aussage der Zeugin ... vom ... (Bl. ... d.A.) Bezug genommen.

Entscheidungsgründe

Der Einspruch ist unzulässig.

Zwar ist er gemäß § 338 ZPO statthaft, die Einspruchsfrist des § 339 I ZPO von zwei Wochen ist jedoch durch den Einspruch vom 18. 11. 2010 nicht gewahrt.

Die Zustellung des Versäumnisurteils ist am 11. 10. 2010 wirksam erfolgt. Nach der vorliegenden Zustellungsurkunde, die den Erfordernissen des § 182 II ZPO entspricht, ist bewiesen, dass die Voraussetzungen für eine Zustellung durch Niederlegung bei der Post erfüllt waren und auch eine Benachrichtigung über die erfolgte Niederlegung der Ladung von dem Postzusteller hinterlassen worden ist (§ 181 ZPO). Aus der Zustellungsurkunde ergibt sich, dass der Postzusteller niemanden beim Beklagten angetroffen hat und auch kein vom Beklagten eingerichteter Briefkasten vorhanden war.

Die Zustellungsurkunde ist eine öffentliche Urkunde im Sinne des § 418 ZPO, die den Beweis für die Voraussetzungen der Zustellung und die Richtigkeit ihrer Durchführung erbringt.

Der Beklagte hat den ihm obliegenden Beweis des Gegenteils nicht geführt. Die Auskunft der Post und die beigefügte Äußerung des Postzustellers ergeben, dass derselbe bei der Zustellung durch Klingeln bei der Zeugin ... versucht hat, sich Zutritt zu der Wohnung und ihren Bewohnern zu verschaffen, dass aber niemand geöffnet hat. Diese Auskunft und die Darstellung des Beklagten, er sei in der damaligen Zeit morgens immer zu Hause gewesen, muss in Zusammenhang mit der Aussage der Zeugin ... gesehen werden, wonach der Beklagte bei der Zeugin in Untermiete wohnt, keinen eigenen Briefkasten hat und sich sein Zimmer räumlich getrennt von der Wohnung der Zeugin im Dachgeschoss befindet, so dass er das Schellen in der Wohnung der Zeugin nicht hören kann. Es ist also gut möglich, dass der Beklagte im Zeitpunkt der Zustellung sich auf seiner Mansarde aufgehalten hat. Dies geht jedoch zu seinen Lasten, da er gegenüber dem Gericht als Anschrift angegeben hat „..., bei ...". Den damit hervorgerufenen Anschein seiner Erreichbarkeit muss der Beklagte gegen sich gelten lassen. Der Postzusteller konnte davon ausgehen, dass er durch Klingeln in der Wohnung der Zeugin ... auch den Beklagten erreichen kann, genauso wie die Post für den Beklagten in den Briefkasten der Zeugin ... eingeworfen und dem Beklagten durch letztere ausgehändigt wurde.

Auch der Antrag auf Wiedereinsetzung in den vorigen Stand ist unbegründet. Die Zustellungsurkunde beweist, dass der Postzusteller den nach § 181 ZPO vorgeschriebenen Benachrichtigungsschein über die erfolgte Niederlegung des Schriftstücks bei der Post in ... ordnungsmäßig hinterlassen hat.

Der Beklagte hat den Gegenbeweis, dass der Benachrichtigungsschein nicht hinterlassen wurde, nicht geführt. Er hat auch nicht glaubhaft gemacht, dass er von der Niederlegung der Ladung bei der Post in ... keine Kenntnis erlangt hat.

Die Zeugin ... hat glaubhaft ausgesagt, dass sie – und zwar auch in der damaligen Zeit – mehrfach Benachrichtigungszettel über die Niederlegung von an den Beklagten gerichteten Zustellungen vorgefunden und an diesen ausgehändigt hat; diese Weiterleitung sei stets unmittelbar, d. h. entweder am gleichen Tag, spätestens aber am folgenden Tag erfolgt. Wenn auch die Zeugin naturgemäß nichts über einzelne Zustellungen sagen konnte, weil sie sich hierum nicht gekümmert hat, ist das Gericht doch überzeugt davon, dass die Zeugin auch den Benachrichtigungszettel bezüglich der hier streitigen Ladung an den Beklagten weitergeleitet hat.

Die Nebenentscheidungen beruhen auf §§ 97, 708 Nr. 3 ZPO.

Muster 113: Aufrechterhaltung des Versäumnisurteils (§ 343 ZPO)

Amtsgericht Frankfurt am Main
Aktenzeichen: ...

Urteil

Im Namen des Volkes

In dem Rechtsstreit
d...
                Kläger...,
Prozessbevollmächtigter: Rechtsanwalt ...,

gegen
d...
                Beklagte...,
Prozessbevollmächtigter: Rechtsanwalt ...,

hat das Amtsgericht Frankfurt am Main durch den Richter am Amtsgericht ... aufgrund der mündlichen Verhandlung vom ... für Recht erkannt:

 Das Versäumnisurteil vom 7. 6. 2010 wird aufrechterhalten.
 Die Beklagte hat die weiteren Kosten des Rechtsstreits zu tragen.
 Das Urteil ist gegen Sicherheitsleistung in Höhe von ... € vorläufig vollstreckbar. Die Vollstreckung aus dem Versäumnisurteil darf nur gegen Leistung dieser Sicherheit fortgesetzt werden.

Tatbestand

Der Kläger begehrt von der Beklagten Schadensersatz aus einem Textilreinigungsvertrag betreffend eine Couchgarnitur.

Die Beklagte reinigte am 28. 1. 2010 im Auftrag des Klägers eine Couchgarnitur in dessen Wohnung. Diese Couchgarnitur hatte der Kläger im Jahre 2005 gekauft. Nach der Reinigung verfärbte sich der Bezugsstoff so stark, dass ein Neubezug notwendig ist, dessen Kosten für Material und Arbeitslohn sich auf 2470,25 € einschließlich Mehrwertsteuer belaufen.

Der Kläger macht hiervon einen Teilbetrag von 1800,– € geltend, um einem etwaigen Abzug „neu für alt" Rechnung zu tragen. Die Beklagte ist wegen Säumnis im Termin vom 7. 6. 2010 im Wege des Versäumnisurteils zur Zahlung von 1800,– € nebst Zinsen in Höhe von 5 Prozentpunkten über dem Basiszinssatz daraus p.a. seit 25. 2. 2010 verurteilt worden. Gegen das am 21. 6. 2010 zugestellte Versäumnisurteil hat sie am 22. 6. 2010 Einspruch eingelegt.

Der Kläger ist der Ansicht, die Beklagte sei für den Schaden verantwortlich sei, da ihre Arbeiter – was unstreitig ist – keine Probereinigung vorgenommen hätten.

Der Kläger beantragt,
 das Versäumnisurteil vom 7. 6. 2010 aufrechtzuerhalten.

Die Beklagte beantragt,
unter Aufhebung des Versäumnisurteils vom 7. 6. 2010 die Klage abzuweisen.

Sie behauptet, nach Vornahme einer Reibprobe an verdeckter Stelle eines Sessels habe sich keine Veränderung an dem Bezugsstoff gezeigt. Im Übrigen sei die Polstergarnitur nicht reinigungsfähig, da in dem Stoff Garne mit unterschiedlicher Farbechtheit verarbeitet seien. Hilfsweise beruft sie sich auf den Haftungsausschluss in den Auftragsbedingungen, der unstreitig wie folgt lautet: „Soweit unsere Haftung in Frage kommt, kann nur Geldersatz verlangt werden. Wir haften nur in Höhe des Zeitwerts, höchstens bis zum 15fachen unseres Preises für die Reinigung von Teppichen bzw. Polstermöbeln. Eine etwaige Haftung wegen vorsätzlicher oder grob fahrlässiger Beschädigung bleibt unberührt." Schließlich ist die Beklagte der Meinung, von den Kosten für den Neubezug müsse ein Abzug „neu für alt" gemacht werden.

Das Gericht hat Beweis erhoben gemäß Beweisbeschluss vom ... (Bl. ... d. A.). Wegen des Ergebnisses der Beweisaufnahme wird auf das Gutachten des Sachverständigen ... vom ... (Bl. ... d. A.) und dessen mündliche Erläuterung gemäß Protokoll der mündlichen Verhandlung vom ... (Bl. ... d. A.) Bezug genommen.

Entscheidungsgründe

Der Einspruch ist zulässig, insbesondere form- und fristgerecht eingelegt.

In der Sache hat er jedoch keinen Erfolg.

Dem Kläger steht gegen die Beklagte gemäß §§ 281 I 1, II, 280 I, 633 II, 634 Nr. 4 BGB ein Anspruch auf Zahlung von 1800,- € zu.

2 Zwischen den Parteien ist ein Werkvertrag im Sinne der §§ 631 ff. BGB zustande gekommen. Die Beklagte hat sich verpflichtet, eine Couchgarnitur des Klägers zu reinigen, also einen bestimmten Erfolg, nämlich die Herstellung eines sauberen Bezugsstoffes zu erreichen.

Die von den Mitarbeitern der Beklagten durchgeführte Reinigung ist mangelhaft im Sinne von § 633 II BGB gewesen: Unstreitig ist an allen Teilen der Couchgarnitur eine Verfärbung eingetreten, die auf die Reinigung zurückzuführen ist. Die entstandenen Mängel sind auch heute noch vorhanden. Die nach § 281 I 1 BGB notwendige Fristsetzung erachtet das Gericht für entbehrlich, da die Beklagte die Beseitigung des Mangels endgültig verweigert und eine derartige Aufforderung eine nutzlose Förmlichkeit wäre.

Der Kläger hat Anspruch auf Ersatz der Nachbesserungskosten im Wege des Schadensersatzes gemäß §§ 280 I, 634 Nr. 4 BGB, denn die Beklagte hat die Mangelhaftigkeit des Werkes zu vertreten. Die Mitarbeiter der Beklagten haben fahrlässig gehandelt, als sie an den Polstermöbeln eine Nassreinigung vorgenommen haben. Sie verstießen gegen die im Verkehr erforderliche Sorgfalt, als sie lediglich an einer verdeckten Stelle eines der Polstermöbel eine Reibprobe mit dem Reinigungsschaum durchgeführt und sodann gleich mit der Reinigung begonnen haben.

Dieses Vorgehen ist bei der Art des Bezugsstoffes, mit dem die Sitzmöbel des Klägers bezogen sind, nicht sachgerecht gewesen und hätte auch von ihnen bei der im Verkehr zu beachtenden üblichen Sorgfalt erkannt werden können und müssen. Der Sachverständige ... hat in seinem schriftlichen und mündlich erstatteten Gutachten verständlich, klar und überzeugend ausgeführt, dass die beabsichtigte Reinigung nur dann unmittelbar nach einer positiv verlaufenen Reinigungsprobe ausgeführt werden kann, wenn ein Polsterstoff mit einfachem Gewebe zu reinigen ist. Handelt es sich dagegen um ein kompliziertes Gewebe mit Effektfäden, wie es bei dem Polsterstoff des Klägers der Fall ist, dann muss der Trockenvorgang nach der Nassprobe abgewartet werden, um mit Gewissheit festzustellen, dass die Farbe unverändert geblieben ist. Diesen Trockenvorgang haben die Mitarbeiter der Beklagten jedoch nicht abgewartet, nachdem sie mit einem Lappen den Stoff geprüft hatten. Dies ist nach den überzeugenden Ausführungen des Sachverständigen, denen das Gericht sich anschließt, nicht ausreichend gewesen. Der Sachverständige hat dazu ausgeführt, dass eine Verfärbung bei komplizierten Geweben mit Effektfäden nichts Außergewöhnliches sei und bei jeder Reinigung in Betracht gezogen werden müsse. Das Verschulden der Beklagten ist auch nicht deshalb ausgeschlossen, weil ein Material- oder Ausrüstungsfehler vorgelegen hat. Diese Behauptung hat der Sachverständige in seiner mündlichen Anhörung nicht bestätigt. Er hat vielmehr ausgeschlossen, dass bei dem von ihm begutachteten Stoff ein Fehler in der Verarbeitung vorliegt.

Auf den Haftungsausschluss in den Auftragsbedingungen, die nach dem unstreitigen Vorbringen der Parteien Bestandteil des Reinigungsvertrages geworden sind, kann sich die Beklagte nicht mit Erfolg berufen.

Es kann davon ausgegangen werden, dass die Mitarbeiter der Beklagten nicht grobfahrlässig gehandelt haben, sondern sie nur der Vorwurf der leichten Fahrlässigkeit trifft. Gleichwohl greift der Haftungsausschluss in vorliegendem Fall nicht. Zwar kann zwar kann auch im Individualrechtsverkehr – wie hier – eine Begrenzung der Haftung in einem Textilreinigungsvertrag auf den 15fachen Reinigungspreis wirksam sein. Dies setzt aber jedenfalls voraus, dass die Reinigungsfirma – zumindest in Fällen wertvoller Gegenstände – auf die Möglichkeit des Abschlusses einer Zusatzversicherung als Ausgleich für den Haftungsausschluss hinweist. Ein solcher Hinweis ist aber hier unterblieben; davon geht das Gericht aus, nachdem die Beklagte trotz eines entsprechenden Hinweises des Gerichts hierzu nichts Konkretes vorgetragen hat.

Der Schaden des Klägers besteht in Höhe der eingeklagten Forderung. Das Gericht schätzt ihn gemäß § 287 ZPO auf 1837,87 €. Er besteht darin, dass der Kläger wegen der Verfärbung alle Teile der Couchgarnitur neu beziehen lassen muss.

Die Kosten für einen Neubezug betragen unstreitig 2470,25 € (einschließlich Mehrwertsteuer). Von diesem Betrag ist ein Abzug unter dem Gesichtspunkt „neu für alt" in Höhe von 988,10 € gerechtfertigt, da die Couchgarnitur zur Zeit des Schadensfalles bereits etwa vier Jahre genutzt war. Im Hinblick auf die von dem Sachverständigen angegebene durchschnittliche Gebrauchsdauer von zehn Jahren sind von dem Preis für den Neubezug 40% abzuziehen. Den dann verbleibenden Kosten von 1482,15 € ist ein Betrag von 355,72 € hinzuzurechnen. Dieser Betrag stellt den entgangenen Zinsgewinn bei einer angenommenen möglichen Verzinsung von 4% Zinsen p. a. pro Jahr für sechs Jahre dar. Dieser Zinsverlust entsteht dem Kläger dadurch, dass er vorzeitig die Kosten für einen neuen Bezug ausgeben muss und ihm somit der Geldbetrag für eine Kapitalanlage zur Erzielung eines durchschnittlichen Zinsgewinns fehlt.

Der zuerkannte Anspruch auf Zahlung von Verzugszinsen ist gemäß §§ 280 I, II, 286, 288 I BGB begründet.

Die Kostenentscheidung beruht auf § 91 ZPO. Die vorläufige Vollstreckbarkeit hat ihre Rechtsgrundlage in § 709 S. 1 u. 3 ZPO.

....

Muster 114: Aufhebung eines Versäumnisurteils und anderweitige Entscheidung (§ 343 S. 2 ZPO)

Landgericht Frankfurt am Main
Aktenzeichen: ...

Urteil

Im Namen des Volkes

1 In dem Rechtsstreit

d...

Kläger...,

Prozessbevollmächtigter: Rechtsanwalt ...,

gegen

d...

Beklagte...,

Prozessbevollmächtigter: Rechtsanwalt ...,

hat die ... Zivilkammer des Landgerichts Frankfurt am Main durch den Richter am Landgericht ... als Einzelrichter aufgrund der mündlichen Verhandlung vom ... für Recht erkannt:

Das Versäumnisurteil vom 21. 10. 2010 wird aufgehoben.

Die Klage wird abgewiesen.

Die Kosten des Rechtsstreits hat der Kläger zu tragen, mit Ausnahme der durch die Säumnis im Termin vom 21. 10. 2010 entstandenen Kosten; diese hat der Beklagte zu tragen.

Das Urteil ist gegen Sicherheitsleistung in Höhe von ... € vorläufig vollstreckbar.

Tatbestand

Der Kläger begehrt von dem Beklagten die Zahlung eines Vorschusses für die zur Beseitigung des Mangels an der Terrasse seines Hauses ... in ... erforderlichen Aufwendungen.

Im Jahre 2005 errichtete die Firma ... AG auf dem Anwesen des Klägers ein Fertighaus. Dazu bediente sich die Firma ... AG der Firma ... GmbH als Subunternehmerin, die unter Anleitung des Bauingenieurs ... die Arbeiten ausführte. Der Beklagte war Geschäftsführer der Firma ... GmbH, über deren Vermögen später das Insolvenzverfahren eröffnet wurde. Im Zuge der Bauarbeiten ließ der Kläger verschiedene Zusatzarbeiten ausführen, u. a. den Bau einer Terrasse; diese Arbeiten gab der Kläger aus Kostenersparnisgründen nicht der Firma ... AG in Auftrag. Im Winter 2006/2007 senkte sich die Terrasse, so dass der Fliesenbelag zum Teil zerbrach. Dies rügte der Kläger mit Schreiben vom 11. 7. 2007 (Bl. ... d. A.) sowohl gegenüber der Firma ... AG als auch gegenüber der Firma ... GmbH. In dem Schreiben heißt es u. a.: „In einem Privatvertrag habe ich mit Ihnen den Bau einer Terrasse außerhalb des Vertrages mit der Firma ... AG vereinbart. Die Planung übernahm der Bauingenieur ..., die Ausführung die Firma ... GmbH."

Am 17. 8. 2007 erstellte der Dipl.-Ing. ... eine Kostenaufstellung zur Instandsetzung der Terrasse über insgesamt 8370 €. Dieses Gutachten übersandte der Kläger an den Bauingenieur ... mit der Bitte, dieses Gutachten auch an die Firmen ... AG und ... GmbH weiterzuleiten. Am 23. 8. 2007 kam es zu einem Besichtigungstermin, bei dem der Kläger, der Bauingenieur ... und der Beklagte die Terrasse in Augenschein nahmen. Im Anschluss daran unterzeichnete der Beklagte folgende handschriftlich abgefasste Erklärung (Bl. ... d. A.): „Die Firma ... übernimmt den Schaden an der Terrasse ... in ..."

Mit dem an die Firma ... GmbH gerichteten Schreiben vom 30. 3. 2008 (Bl. ... d. A.) erinnerte der Kläger an die getroffene Vereinbarung und bat unter Fristsetzung darum, den Schaden an der Terrasse zu beheben. Mit weiteren Schreiben vom 27. 4. 2008 (Bl. ... d. A.) mahnte er erneut bei der Firma ... GmbH und dem Bauingenieur ... die Ausführung der Ausbesserungsarbeiten an. Mit den beiden an den Beklagten persönlich gerichteten Schreiben vom 12. 10. 2008 (Bl. ... d. A.) und 4. 11. 2008 (Bl. ... d. A.) forderte der Kläger den Beklagten persönlich unter Fristsetzung zur Schadensbehebung auf.

Der Kläger behauptet, er habe den Beklagten persönlich beauftragt, die Terrasse zu errichten. Deshalb habe sich auch der Beklagte am 23. 8. 2007 persönlich verpflichtet, den Schaden zu beheben. Das habe er jedoch trotz wiederholter schriftlicher und fernmündlicher Mahnung nicht getan, sondern ihn, den Kläger, mit Ausflüchten hingehalten.

Im Termin vom 21. 10. 2010 hat der Kläger gegen den Beklagten ein Versäumnisurteil (Bl. ... d. A.) erlangt, das diesem laut Zustellungsurkunde (Bl. ... d. A.) am 4. 11. 2010 zugestellt worden ist. Dagegen hat der Beklagte am 18. 11. 2010 Einspruch eingelegt (Bl. ... d. A.).

Der Kläger beantragt,
  das Versäumnisurteil vom 21. 10. 2010 aufrechtzuerhalten.

Der Beklagte beantragt,
  unter Aufhebung des Versäumnisurteils vom 21. 10. 2010 die Klage abzuweisen.

Er ist der Meinung, den Auftrag zur Errichtung der Terrasse erkennbar nicht im eigenen, sondern im Namen der Firma ... GmbH entgegengenommen zu haben. Ein Vorarbeiter der Firma ... GmbH habe für diese die Zahlungen des Klägers entgegengenommen. Ebenso habe er bei dem Gespräch vom 23. 8. 2007 nicht sich persönlich, sondern die Firma ... GmbH zu den Nachbesserungsarbeiten verpflichtet.

Das Gericht hat Beweis erhoben gemäß Beweisbeschluss vom ... (Bl. ... d. A.) durch Vernehmung der Zeugen ... Wegen des Ergebnisses der Beweisaufnahme wird auf das Protokoll der mündlichen Verhandlung vom ... (Bl. ... d. A.) Bezug genommen.

Entscheidungsgründe

Der Einspruch ist zulässig, insbesondere form- und fristgerecht eingelegt.
Auch in der Sache hat er Erfolg.
Dem Kläger steht gegen den Beklagten kein Anspruch auf Zahlung eines Vorschusses in Höhe von 8370,- € für die zur Beseitigung des Mangels an der Terrasse seines

Hauses ... in ... erforderlichen Aufwendungen gemäß §§ 637 I, III, 633 II, 634 Nr. 2 BGB zu.

Zwischen den Parteien ist bereits kein Werkvertrag im Sinne der §§ 631 ff. BGB zustande gekommen. Die Beweisaufnahme hat weder ergeben, dass der Beklagte sich persönlich zur Errichtung der Terrasse verpflichtet noch, dass er später am 23. 8. 2007 die Nachbesserungsarbeiten persönlich übernommen hat.

2 Nach dem Ergebnis der Beweisaufnahme steht nicht fest, dass der Beklagte persönlich den Vertrag zur Errichtung der Terrasse geschlossen hat; das Gericht geht vielmehr davon aus, dass die Firma ... GmbH diese Zusatzarbeiten als Auftragnehmerin ausführen sollte.

Unstreitig wurden schriftliche Abreden über die Errichtung der Terrasse nicht getroffen. Vielmehr haben die Beteiligten über diese Vergabe mündlich verhandelt, wobei es wiederum unstreitig ist, dass sämtliche Beteiligten davon ausgingen, dass die Firma ... AG in diesen Zusatzauftrag aus Kostengründen nicht eingeschaltet werden sollte. Unter diesen Umständen lag es nahe, diesen Auftrag über die Firma ... GmbH laufen zu lassen, die als Subunternehmerin schon auf der Baustelle tätig war. Für diese Handhabung spricht, dass ein Vorarbeiter der Firma ... GmbH die Zahlungen des Klägers entgegengenommen und nach den glaubhaften Bekundungen des Zeugen ... auch an die ... GmbH weitergeleitet hat. Wenn der Kläger angibt, er sei davon ausgegangen, der Vorarbeiter werde die Zahlungen an den Beklagten persönlich weiterleiten, so ist diese These nicht durch greifbare Anhaltspunkte belegt. Vielmehr hat die Beweisaufnahme ergeben, dass die an der Auftragserteilung beteiligten Personen nicht zwischen der Firma ... GmbH und den am Bau tätigen Personen unterschieden haben. Hierfür spricht auch die Aussage des ehemaligen Mitgeschäftsführers der Firma ... GmbH, des Zeugen ..., der glaubhaft bekundet hat, ihm sei nicht bekannt, dass der Beklagte auch Bauarbeiten in eigener Regie ausgeführt habe.

Aus den Bekundungen der Ehefrau des Klägers, der Zeugin ..., lässt sich ebenfalls nicht entnehmen, dass der Beklagte sich persönlich zur Errichtung der Terrasse verpflichtet hat. Auf die Frage des Gerichts, ob der Beklagte als Privatmann oder als Vertreter der Firma ... GmbH aufgetreten sei, hat die Zeugin erklärt, sie neige eher dazu, dass er als Privatmann aufgetreten sei. Nach Auffassung des Gerichts stellt diese Bekundung der Zeugin nur eine Schlussfolgerungen dar, die sie nachträglich aus dem Ablauf des Gesprächs entnommen haben will. Diese Schlussfolgerung wird aber durch die bereits erwähnten Gesamtumstände widerlegt. Weder die Zeugin noch der Kläger konnten aufgrund des ihnen bekannten Sachverhalts davon ausgehen, dass der Beklagte sich persönlich verpflichten wollte. Der Zeugin war bekannt, dass der Beklagte als Geschäftsführer der bisher auf der Baustelle tätigen Firma ... GmbH fungiert hatte; sie hat andererseits den Beklagten selbst nicht mauern gesehen, sondern nur die Arbeiter der Firma ... GmbH. Deshalb lag es näher, dass auch dieser Zusatzauftrag durch die Firma ... GmbH „direkt", d.h. unter Ausschaltung der Firma ... AG, durchgeführt werde.

Auch der von dem Kläger als Zeuge benannte Bauingenieur ... hat keine Tatsachen für eine persönliche Verpflichtung des Beklagten bekundet. An eine persönliche Verpflichtung des Beklagten, die Zusatzarbeiten in eigener Regie zu übernehmen, vermochte sich der Zeuge nicht zu entsinnen.

Letztlich spricht gegen diese Darstellung des Klägers im Prozess sein eigenes Schreiben vom 11. 7. 2007 an die Firma ... GmbH, in welchem er ausführt, er, der Kläger, habe in einem Privatvertrag „mit Ihnen" den Bau der Terrasse vereinbart. Dieses Schreiben kann der Kläger entgegen den Ausführungen seines Prozessbevollmächtigten nicht mit dem Hinweis auf eine „rechtsirrtümliche Beurteilung der richtigen Rechtslage" aus der Welt schaffen.

Eine spätere persönliche Verpflichtung des Beklagten, etwa in Form einer Schuldübernahme, ist auch nicht durch eine Absprache am 23. 8. 2007 erfolgt.

Die von sämtlichen Zeugen geschilderten Begleitumstände der Besprechung vom 23. 8. 2007 bestätigen die Tatsache, dass ausdrückliche Erklärungen über die Person des Verpflichteten nicht abgegeben wurden. Auch hier muss mithin aus den Umständen auf die Person des Verpflichteten geschlossen werden. Diese sprechen auch hier eher dafür, dass die Firma ... GmbH als Partei des Zusatzauftrages sich zur Durchführung der Nachbesserungsarbeiten verpflichtet hat und der Beklagte als ihr Geschäftsführer erkennbar in deren Namen handelte.

Aus der schriftlichen Erklärung vom 23. 8. 2007, wonach „die Firma ... den Schaden übernimmt", kann nichts Gegenteiliges geschlossen werden. Die Zeugin ... hat bekundet, dass sie am Ende des Gesprächs die Erklärung verfasst und dem Beklagten sowie dem Bauingenieur ... zur Unterzeichnung vorgelegt hat. Aus den Bekundungen der Zeugen ... und ... lässt sich nach Auffassung des Gerichts nur entnehmen, dass sich die Beteiligten im Wesentlichen über die Notwendigkeit der Instandsetzungsarbeiten einig waren und dass sie stillschweigend von der Verpflichtung zur Nachbesserung desjenigen ausgingen, der die Arbeiten ausgeführt hatte; das aber war die Firma ... GmbH.

Die Richtigkeit dieser Annahme ergibt sich auch aus der Folgekorrespondenz. Der Kläger hat sich mit den Schreiben vom 30. 3. 2008 und 27. 4. 2008 an die Firma ... GmbH gewandt. Daraus ist zu entnehmen, dass er selbst dieses Unternehmen und nicht dessen Geschäftsführer als seinen Vertragspartner ansah. In die gleiche Richtung weist das Schreiben des Klägers an den Bauingenieur ... vom 27. 4. 2008, in welchem der Kläger die Verzögerung der Instandsetzungsarbeiten durch die Firma ... GmbH beanstandete.

Letztlich ist aus den Angaben der Zeugin ..., der Beklagte habe auch nach dem Zeitpunkt der Eröffnung des Insolvenzverfahrens über das Vermögen der Firma ... GmbH, die Erledigung der Arbeiten zugesagt, ebenfalls nichts für eine eigene Verpflichtung des Beklagten herzuleiten.

Insoweit ist der von der Zeugin bekundete Zeitpunkt und der Inhalt der betreffenden Erklärungen zu unbestimmt. Dagegen spricht, dass nach Eröffnung des Insolvenzverfahrens über das Vermögen der Firma ... GmbH kein Grund ersichtlich ist, warum der Beklagte persönlich eine Verpflichtung der Gemeinschuldnerin hätte übernehmen sollen.

Die Kostenentscheidung beruht auf den §§ 91, 344 ZPO. Die vorläufige Vollstreckbarkeit hat ihre Rechtsgrundlage in den §§ 709 S. 1, 708 Nr. 11, 711, 713 ZPO.

....

Muster 115: Teilweise Aufhebung eines Versäumnisurteils und anderweitige Entscheidung (§ 343 ZPO)

Amtsgericht Frankfurt am Main
Aktenzeichen: ...

Urteil

Im Namen des Volkes

1 In dem Rechtsstreit
d...

Kläger...,

Prozessbevollmächtigter: Rechtsanwalt ...,

gegen

d...

Beklagte...,

Prozessbevollmächtigter: Rechtsanwalt ...,

hat das Amtsgericht Frankfurt am Main durch die Richterin am Amtsgericht ... aufgrund der mündlichen Verhandlung vom ... für Recht erkannt:

Das Versäumnisurteil vom 21. 10. 2010 wird insoweit aufrechterhalten, als die Beklagte zur Zahlung von 2414,– € nebst Zinsen in Höhe von 5 Prozentpunkten über dem Basiszinssatz daraus p.a. seit ... verurteilt worden ist.

Im Übrigen wird das Versäumnisurteil vom 21. 10. 2010 aufgehoben und die Klage abgewiesen.

Die Beklagte hat vorab die durch die Säumnis im Termin vom 21. 10. 2010 entstandenen Kosten zu tragen. Im Übrigen haben die Klägerin 1/5 und die Beklagte 4/5 der Kosten des Rechtsstreits zu tragen.

Das Urteil ist vorläufig vollstreckbar, für die Klägerin gegen Sicherheitsleistung in Höhe von ... €. Die Vollstreckung aus dem Versäumnisurteil darf nur gegen Leistung dieser Sicherheit fortgesetzt werden.

Tatbestand

Die Klägerin macht gegen die Beklagte Schadensersatzansprüche wegen fehlerhafter Reisevermittlung betreffend nicht durchgeführter Fährleistungen anlässlich einer Griechenlandreise im Jahre 2010 geltend.

Die Klägerin beabsichtigte, im Frühjahr 2010 zusammen mit ihrem Verlobten ... und zwei weiteren erwachsenen Mitreisenden ... und ... nebst einem Kind eine kombinierte Auto- und Schiffsreise nach Griechenland zu unternehmen. Dazu wandte sie sich an das Reisebüro ... in ... Aufgrund eines Prospektes der ... LINES, der die Beklagte als „Generalagent" für Deutschland ausweist und als zuständige Stelle für Informationen und Reservierungen ausdrücklich hervorhebt, bestellte die Klägerin für die aus 5 Personen bestehende Reisegruppe bei dem Reisebüro ... Fährtickets für die Überfahrt von Ancona (Italien) nach Patras (Griechenland). Das Reisebüro ... schickte daraufhin per Fax einen Reservierungsauftrag an die Beklagte, in dem lediglich vier Personen aufgeführt waren, nämlich die Begleiter der Klägerin, nicht jedoch die Klägerin selbst. Ihr gegenüber bestätigte und berechnete das Reisebüro ... einen Passagierpreis für vier Personen, den die Klägerin zusammen mit den weiteren Kosten auch bezahlte. Im der Folgezeit entdeckte das Reisebüro ... den Buchungsfehler und versuchte einen weiteren Reservierungsplatz für die Reisegruppe zu bekommen. Dies stieß jedoch für die Rückfahrt auf Schwierigkeiten. Vier Tage vor der Abreise erhielt die Klägerin über das Reisebüro ... die vier Tickets für ihre Begleiter sowie für sich selbst eine so genannte „Berechtigung zur Entgegennahme von Reisedokumenten" ausgehändigt, mit der sie ihr Ticket in Ancona bei der dortigen Reederei abholen könne. Der Beklagten gelang es dann, doch noch ein Ticket für die Hin- und Rückfahrt, das für die Klägerin gedacht war, zu bekommen, allerdings wies, dieses in Folge eines Schreibfehlers, einen anderen Namen als den der Klägerin aus. Dieses Ticket, das der Klägerin über das Reisebüro ... zugesandt wurde, erreichte die Klägerin jedoch vor der Abfahrt nicht mehr.

Die Klägerin trat dann wie geplant die Reise mit ihren Begleitern an. Nachdem sie in Ancona für sich bei der Reederei keine auf ihren Namen lautende Reisedokumente vorfand und deshalb ihren „Berechtigungsschein" nicht einlösen konnte, gelang es ihr, ein Einzelticket für die Hinfahrt zu erwerben, wofür sie umgerechnet einen Betrag von 284 € aufwenden musste. – Für die Rückreise ab Patras waren für die vier Begleiter der Klägerin vier Kabinenplätze reserviert; für die Klägerin war eine Buchung nicht festzustellen. Diese versuchte vergeblich, einen Platz auf der Fähre zu erhalten. Auf der Warteliste, auf die sie sich bei ihrer Ankunft in Patras auf der Hinreise hatte eintragen lassen, war ihr Name nicht vermerkt. Ihr wurde von Seiten der Reederei erklärt, dass das Schiff bis auf den letzten Platz belegt sei und keine Möglichkeit bestände, sie noch mitzunehmen. Die Klägerin und ihre Begleiter wurden von der Reederei dahin vertröstet, es sei „durchaus wahrscheinlich", dass sie an einem der nächsten Tage auf einem Ersatzschiff Platz für alle finden könnten. Die Klägerin und ihre Begleiter versuchten daraufhin noch an den beiden nächsten Tagen freie Plätze auf einem Fährschiff der ... LINES zu bekommen. Diese Versuche blieben erfolglos. Daraufhin buchte die Reisegruppe am 4. Tag die Überfahrt nach Ancona auf einem Fährschiff einer anderen Reederei, wofür sie pro Person 310,– € und für den PKW (Jeep) 280 € aufwenden musste.

Mit der am 28. 6. 2010 zugestellten Klage nimmt die Klägerin die Beklagte aus eigenem und abgetretenem Recht ihrer Begleiter auf Schadensersatz in Höhe von 3014,– € in Anspruch. Dieser Betrag setzt sich wie folgt zusammen:

Zusatzticket für Hinfahrt der Klägerin	284,– €
5 Tickets für die Rückfahrt in Höhe von jeweils 310,– €	1550,– €
Gebühr für PKW (Rückfahrt)	280,– €
3 Übernachtungen in Patras für 5 Personen	900,– €
	3014,– €

Die Klägerin behauptet, die Reise von Anbeginn an für vier Erwachsene und ein Kind gebucht, vom Reisebüro ... jedoch die Auskunft erhalten zu haben, für das Kind sei eine gesonderte Buchung eines Kabinenplatzes nicht notwendig. Des Weiteren habe sie nicht wissen können, dass für sie sowohl für die Hinreise als auch für die Rückreise ein Platz auf dem Fährschiff gebucht worden sei. In Patras sei ihr von der Reederei erläuternd gesagt worden, dass es immer wieder möglich sei und vorkomme, dass Reisende kurzfristig absagten und deshalb Plätze auf einer Fähre frei würden; sie sollten deshalb an den folgenden Tagen sich nach freien Plätzen erkundigen.

Im Termin vom 21. 10. 2010 hat die Klägerin gegen die Beklagte ein Versäumnisurteil (Bl. ... d. A.) erlangt, das dieser laut Zustellungsurkunde (Bl. ... d. A.) am 4. 11. 2010 zugestellt worden ist. Dagegen hat die Beklagte am 18. 11. 2010 Einspruch eingelegt (Bl. ... d. A.).

Die Klägerin beantragt,
 das Versäumnisurteil vom 21. 10. 2010 aufrechtzuerhalten.

Die Beklagte beantragt,
 unter Aufhebung des Versäumnisurteils vom 21. 10. 2010 die Klage abzuweisen.

Sie rügt ihre mangelnde Passivlegitimation; sie sei nicht Veranstalter der gebuchten Schiffspassage, sondern lediglich Generalagent der ... LINES in Athen. Im Übrigen behauptet sie, von ihrer Seite sei kein Fehler gemacht worden. Die Klägerin treffe zudem ein Mitverschulden, weil sie es verabsäumt habe, das Reisebüro ... auf den falschen Namen aufmerksam zu machen.

Entscheidungsgründe

Der Einspruch ist zulässig, insbesondere form- und fristgerecht eingelegt.

In der Sache hat er allerdings nur teilweise Erfolg.

Der Klägerin steht gegen die Beklagte gemäß §§ 281 I 1, 280 I, 633 II, 634 Nr. 4, 636 BGB ein Zahlungsanspruch von 2414,– € zu.

1. Zwischen den Parteien ist ein Reisevermittlungsvertrag zustande gekommen, der auf die Verschaffung von Reisedokumenten für eine Schiffspassage gerichtet ist. Die von der Beklagten geschuldete Leistung ist nach den Regeln des Werkvertrages (§§ 631 ff. BGB) zu beurteilen, denn sie ist auf die Herbeiführung eines Erfolges gerichtet. Zu Unrecht beruft sich die Beklagte darauf, sie sei nur als Vertreter der ... LINES, Athen in die Beschaffung der Reisedokumente eingeschaltet gewesen, so dass die Klägerin sich mit ihren Ansprüchen an die griechische Reederei in Athen wenden müsse.

Das Gegenteil ergibt sich aus dem Prospekt der ... LINES. Dort ist die Beklagte ausdrücklich als Generalagent der ... LINES in Deutschland benannt. Außerdem ist in einem besonderen Feld unter der Überschrift „Für Informationen und Reservierungen wenden Sie sich bitte an ..." groß eingedruckt das Emblem der Beklagten nebst ihrer Firma und der genauen Anschrift der Zentrale in ... und einer Zweigstelle in ... angebracht. Aus dieser Aufmachung des Prospekts konnte die Klägerin nach der Verkehrssitte und Treu und Glauben (§§ 133, 157 BGB) entnehmen, dass die Beklagte in eigenem Namen Vermittlungsdienste bei der Beschaffung der Fährtickets übernehmen werde. Der etwaige Wille der Beklagten, als Vertreter beim Vertragsschluss des Transportvertrages aufzutreten, ist unter diesen Umständen für die Kunden nicht erkennbar hervorgetreten (§ 164 II BGB).

2. Die Beklagte haftet wegen schuldhafter Pflichtverletzung aus dem im eigenen Namen abgeschlossenen Reisevermittlungsvertrag (§§ 281 I 1, 280 I, 633 II, 634 Nr. 4, 636 BGB). Die zwischen den Parteien streitige Frage, inwieweit der Beklagten selbst

bei Entgegennahme und Durchführung der Buchungen ein Fehler unterlaufen ist, kann dahingestellt bleiben, da sie für das Fehlverhalten des Reisebüros ... als Erfüllungsgehilfen gemäß § 278 BGB einzustehen hat.

3. Das Reisebüro ... hat bereits bei Weitergabe des Reservierungsauftrages fehlerhaft gehandelt. Es hat in dem Fernschreiben, in dem die Weiterleitung an die Beklagte erfolgte, ausgerechnet die eigentliche Auftraggeberin, nämlich die Klägerin, schlicht vergessen.

Außerdem hat das Reisebüro ... in der Folgezeit seine Obhutspflichten bei der Abwicklung des Auftrages verletzt. Nachdem es der Klägerin vor ihrer Abreise einen Berechtigungsschein zur Entgegennahme des Tickets in Ancona ausgehändigt hatte, hätte es nach Eingang des Tickets prüfen müssen, ob die Klägerin noch in ... erreichbar war; dies hätte ohne weiteres durch einen Telefonanruf geschehen können, da die Klägerin auf der Anmeldung sowohl ihre Privat- als auch ihre Firmentelefon-Nummer angegeben hatte, unter der sie zu erreichen war.

4. Die Klägerin braucht sich ein eigenes Mitverschulden an der Entstehung des Schadens nicht anrechnen zu lassen. Dabei kann dahingestellt bleiben, ob die Klägerin auf die Unklarheiten bzw. Fehler in der ihr erteilten Reisebestätigung des Reisebüros ... hätte reagieren müssen oder nicht. Jedenfalls nachdem ihr von dem Reisebüro ... ein Berechtigungsschein zur Empfangnahme der für sie geltenden Reisedokumente bei der Reederei in Ancona unter ihrem Namen ausgehändigt worden war, konnte und durfte sie davon ausgehen, dass nunmehr alles seine Richtigkeit habe, eine etwaige Obliegenheitsverletzung deshalb keine Folgen mehr haben werde.

Der Klägerin kann auch nicht als Mitverschulden im Sinne von § 254 BGB angelastet werden, sie hätte sich auf der Rückfahrt nicht genügend darum bemüht, auf das Schiff gelassen zu werden. Die Klägerin hat unwidersprochen vorgetragen, dass sie nicht auf der Warteliste gestanden habe, obwohl sie sich auf der Hinfahrt habe eintragen lassen. Im Übrigen überfordert die Beklagte die Klägerin, wenn sie von ihr verlangt, sie hätte auf den Gedanken kommen müssen, nach einer Buchung auf einen der anderen „falschen Namen" zu fragen. Denn für die Klägerin war nicht erkennbar, dass ihre Reservierung auf einen falschen Namen lautete, nachdem sie von dem Reisebüro ... einen Berechtigungsschein auf ihren Namen erhalten hatte.

Ein Mitverschulden im Sinne von § 254 BGB ist auch nicht darin zu sehen, dass sich die Reisegruppe bei der Rückfahrt in Patras entschlossen hat, zusammenzubleiben. Es war zu berücksichtigen, dass sich die Klägerin und ihre Begleiter innerhalb kurzer Zeit in Patras entscheiden mussten, ob die Reisebegleiter allein das Schiff betreten, um auf den gebuchten Plätzen, für die sie auch Tickets hatten, nach Italien überzusetzen und die Klägerin allein in Patras ihrem Schicksal zu überlassen, damit diese versucht, auf irgendeinem Weg nach Hause zu gelangen, oder ob sie alle zusammen das Schiff abfahren lassen wollten. Eine Trennung der Reisegesellschaft hätte zwangsläufig zu der Frage geführt, ob die Klägerin oder ihre Reisebegleiter den Pkw zur Rückreise erhalten sollten. Unter diesen Umständen war es der Klägerin und ihren Reisebegleitern nicht zumutbar, sich in dieser relativ kurzen Zeit über alle Reisemöglichkeiten Gedanken zu machen und diese auch noch kostenmäßig durchzukalkulieren.

Schließlich bedurfte es auch keiner Fristsetzung seitens der Klägerin gemäß § 281 I 1 BGB, da die Nacherfüllung durch die Beklagte fehlgeschlagen war im Sinne von § 636 BGB.

3 5. Bei der Höhe des zu ersetzenden Schadens ist das Gericht von einer Schätzung gemäß § 287 ZPO ausgegangen und zu einem Betrag von 2414,- € gelangt.

Ersatzfähig sind zunächst die Ausgabe für die Schiffspassage Ancona – Patras auf der Hinfahrt in Höhe von 284,- €. Hinzukommen die Fährkosten für die Rückfahrt auf dem Fährschiff der anderen Reederei in Höhe von 1550,- € für 5 Personen und 280,- € für den Jeep. Sie sind nach den Ausführungen unter Ziffer 4 voll als erstattungsfähiger Schaden anzuerkennen.

Die Erstattung von Kosten für drei Übernachtungen in Patras hält das Gericht dagegen nicht gerechtfertigt. Insoweit haben die Klägerin und ihre Mitreisenden, gegen ihre Pflicht zur Geringhaltung des Schadens verstoßen (§ 254 BGB). Das Verschulden der Mitreisenden muss sich die Klägerin nach § 404 BGB als Zessionarin entgegenhalten lassen.

Die Reisegruppe hätte sich nicht auf die äußerst vagen Versprechungen der ... LINES in Patras verlassen dürfen, dass an den Folgetagen auf einem anderen Fährschiff der Reederei Plätze frei sein würden. Nach ihrem eigenen Vortrag sind der Klägerin und ihren Mitreisenden insoweit allgemeine Möglichkeiten und Wahrscheinlichkeiten in Aussicht gestellt worden. Dies reicht nach Ansicht des Gerichts nicht aus, um die Klägerin und ihre Begleiter bei verständiger Würdigung für berechtigt zu halten, länger als einen Tag in Patras zu warten. Dies wäre nur gerechtfertigt gewesen, wenn ihnen von Seiten der Reederei konkrete Versprechungen für ein bestimmtes Schiff gemacht worden wären. Das Gericht ist überzeugt, dass die Reisegruppe zumindest am folgenden Tag auf irgendeinem Fährschiff die Rückreise nach Italien (Ancona, Brindisi, Bari) hätten antreten können. Deshalb erachtet das Gericht lediglich eine Übernachtung für notwendig, die mit einem Betrag von 300,- € nicht zu beanstanden ist.

Der zuerkannte Anspruch auf Zahlung von Verzugszinsen ist gemäß §§ 280 I, II, 286, 288 I BGB begründet.

Die Kostenentscheidung beruht auf §§ 91, 92, 344 ZPO. Die vorläufige Vollstreckbarkeit hat ihre Rechtsgrundlage in §§ 709 S. 1 u. 3, 708 Nr. 11, 711, 713 ZPO.

....

Muster 116: Teil-Zweites Versäumnis- und Schlussurteil

Amtsgericht Frankfurt am Main
Aktenzeichen: ...

Urteil

Im Namen des Volkes

In dem Rechtsstreit
d...
                     Kläger...,
Prozessbevollmächtigter: Rechtsanwalt ...,
gegen
d...
                     Beklagte...,
Prozessbevollmächtigter: Rechtsanwalt ...,

hat das Amtsgericht Frankfurt am Main durch die Richterin am Amtsgericht ... aufgrund der mündlichen Verhandlung vom ... für Recht erkannt:

Der Einspruch des Beklagten gegen den Vollstreckungsbescheid des Amtsgerichts ... vom 12. 8. 2010 wird verworfen, soweit der Beklagte zur Zahlung von 2000,– € nebst Zinsen in Höhe von 5 Prozentpunkten über dem Basiszinssatz p.a. aus 2836,15 € für die Zeit vom 2. 1. 2009 bis 18. 5. 2010 und aus 2000,– € seit 19. 5. 2010 verurteilt worden ist.

Im Übrigen wird der Vollstreckungsbescheid aufgehoben. Der weitergehende Antrag auf Erlass eines Vollstreckungsbescheids wird zurückgewiesen.

Der Beklagte hat die durch seine Säumnis entstandenen Kosten vorweg zu tragen; von den übrigen Kosten des Rechtsstreits haben der Kläger ¼ und der Beklagte ¾ zu tragen.

Das Urteil ist vorläufig vollstreckbar.

Tatbestand

Der Kläger begehrt von dem Beklagten die Zahlung des Kaufpreises für am 8. 4. 2010 geliefertes Heizöl zu 2836,15 €.

Durch Vollstreckungsbescheid vom 12. 8. 2010, zugestellt am 2. 9. 2010, ist der Beklagte antragsgemäß verurteilt worden. Dagegen hat der Beklagte am 10. 9. 2010 Einspruch eingelegt. Er hat vorgetragen, er habe am 6. 8. 2010 eine à-conto-Zahlung von 836,15 € geleistet und werde den Rest in zwei Raten von je 1000 € am 1. 10. 2010 und 1. 11. 2010 begleichen. Hierzu hat er ein Schreiben vom 6. 8. 2010 (Bl. ... d.A.) an den Kläger vorgelegt, in dem es heißt: „Anbei erhalten Sie Scheck von 836,15 € als à-conto-Zahlung, der Rest folgt in zwei Raten am 1. 10. 2010 und 1. 11. 2010". Im Einspruchstermin vom 18. 10. 2010 ist der Beklagte trotz ordnungsgemäßer Ladung nicht erschienen.

Der Kläger behauptet, er habe den durch Scheckeinlösung am 19. 8. 2010 erhaltenen Betrag von 836,15 € auf eine ältere Forderung aus dem Jahre 2009 verrechnet.

Der Kläger beantragt,
den Einspruch des Beklagten zu verwerfen.

Entscheidungsgründe

Der Einspruch gegen den Vollstreckungsbescheid ist zulässig, insbesondere form- und fristgerecht eingelegt.

Er war jedoch gemäß §§ 700 I, 345 ZPO wegen Nichterscheinens des Beklagten im Termin 18. 10. 2010 durch ein zweites Versäumnisurteil insoweit zu verwerfen, als die Forderung nach dem Vortrag des Klägers noch nicht bezahlt ist.

Dagegen war das Versäumnisurteil teilweise aufzuheben und die Klage abzuweisen, soweit der Kläger trotz der am 19. 8. 2010 erfolgten Zahlung von 836,15 € den Klageantrag aufrechterhalten hat. Insoweit ist das Klagevorbringen nicht mehr schlüssig, da die eingeklagte Forderung durch Zahlung des Beklagten erloschen ist (§ 362 BGB). Der Beklagte hat durch Schreiben vom 6. 8. 2010, das der Kläger unstreitig erhalten hat, bestimmt, dass die Teilzahlung auf die eingeklagte Forderung anzurechnen ist. Hieran ist der Kläger gemäß § 366 I BGB gebunden; er durfte nicht im Widerspruch zu dieser Bestimmung die Zahlung auf eine andere Forderung verrechnen.

Die Kostenentscheidung beruht auf §§ 91, 92, 700 I, 344 ZPO. Die vorläufige Vollstreckbarkeit hat ihre Rechtsgrundlage in den §§ 708 Nr. 3 u. 11, 711, 713 ZPO.

§ 6. Der Urkunden- und Wechselprozess

I. Zulässigkeit

1. Nachweis durch Urkunden

Der Urkundenprozess ist ein beschleunigtes Verfahren zur Durchsetzung urkundlich 1
nachweisbarer Ansprüche. Seine Zulässigkeit setzt nach § 592 ZPO voraus, dass der
Anspruch auf Zahlung einer bestimmten Geldsumme (§ 592 S. 1 ZPO) oder auf Duldung der Zwangsvollstreckung wegen einer bestimmten Geldsumme (§ 592 S. 2
ZPO) gerichtet ist[1] und sämtliche zur Begründung des Anspruchs einschließlich der
Nebenansprüche erforderlichen Tatsachen durch Urkunden bewiesen werden können (§ 592 S. 1 ZPO).[2]

Der Urkundsbeweis ist durch Urkunden im Sinne der §§ 415 ff. ZPO zu führen, also durch schriftliche Urkunden. Eine Unterzeichnung ist nicht erforderlich,[3] weshalb beglaubigte Fotokopien ebenso genügen wie ein Telefax. Die Urkunde braucht den Anspruch auch nicht zu „verbriefen"; es genügt, wenn der Anspruch mittelbar durch die Urkunde bewiesen werden kann.[4]

Nicht unter den Urkundenbeweis fallen Fotografien und sonstige Augenscheinsobjekte, ebenso Zeugenbeweis und Sachverständigengutachten, wobei sich aber Abgrenzungsfragen ergeben, wenn Zeugenerklärungen und Sachverständigengutachten in einem Schriftstück enthalten sind. Keine Urkunden sind Protokolle aus einem Parallelprozess oder einem vorangegangenem Beweissicherungsverfahren sowie Privatgutachten und eidesstattliche Versicherungen, wenn hierdurch die unmittelbare Beweiserhebung umgangen werden soll.[5]

2. Erklärung in der Klageschrift

Die Klage muss die Erklärung enthalten, dass im Urkundenprozess geklagt werde 2
(§ 593 I ZPO) – eine besondere Prozessvoraussetzung.

Gleich steht dem der auf entsprechenden Antrag des Klägers im Mahnverfahren erlassene Urkunden-, Wechsel- oder Scheckmahnbescheid, wenn rechtzeitig Widerspruch erhoben wird (§ 703 a II Nr. 1 ZPO).

Der Kläger kann im Laufe des Verfahrens erklären, dass er vom Urkundenprozess Abstand nimmt (§ 596 ZPO). Anlass für eine solche Erklärung ist regelmäßig der Umstand, dass das Gericht den Urkundenprozess für unzulässig hält oder aber eine dem Kläger obliegende Beweisführung mit den Beweismitteln des Urkundenprozesses nicht geführt werden kann. Ist der Beklagte säumig, kann ein Versäumnisurteil gegen ihn nur ergehen, wenn ihm die Abstandnahmeerklärung rechtzeitig mitgeteilt wurde (§ 335 I Nr. 3 ZPO);[6] das bedeutet gegebenenfalls die Notwendigkeit eines neuen Termins.

---

[1] Die Einbeziehung der Ansprüche auf Leistung einer bestimmten Menge anderer vertretbarer Sachen oder Wertpapiere hat nur wenig praktische Bedeutung.
[2] Bei wechselmäßigen Nebenansprüchen genügt die Glaubhaftmachung (§ 605 II ZPO).
[3] *Baumbach/Lauterbach/Albers/Hartmann*, § 592 Rn. 11; *Zöller/Greger*, § 592 Rn. 15.
[4] *Baumbach/Lauterbach/Albers/Hartmann*, § 592 Rn. 7; *Zöller/Greger*, § 592 Rn. 13.
[5] *Baumbach/Lauterbach/Albers/Hartmann*, § 592 Rn. 13; *Zöller/Greger*, § 592 Rn. 15 f.
[6] *Baumbach/Lauterbach/Albers/Hartmann*, § 596 Rn. 9; *Zöller/Greger*, § 596 Rn. 3.

3. Terminsanberaumung

3   Das Gericht wird im Urkundenprozess wegen der Eilbedürftigkeit regelmäßig frühen ersten Termin anberaumen (§ 275 ZPO).

Ein schriftliches Vorverfahren eignet sich für den Urkundenprozess nicht. Die Ladungsfrist (§ 217 ZPO) ist lediglich für den Wechsel- und Scheckprozess abgekürzt (§ 604 II ZPO). Dabei muss beachtet werden, dass die Einlassungsfrist wie im normalen Prozess zwei Wochen beträgt (§ 274 III 1 ZPO). § 604 II ZPO hat deshalb regelmäßig nur Bedeutung, wenn nach vorangegangenem Wechsel- oder Scheckmahnbescheid Termin anberaumt wird.

4. Unzulässigkeit der Widerklage

Eine Widerklage ist im Urkundenprozess nicht statthaft (§ 595 I ZPO).

II. Die Beschränkung der Beweismittel

1. Anspruchsbegründende Tatsachen

4   Bei den anspruchsbegründenden Tatsachen sind als Beweismittel nur Urkunden zulässig, die vorgelegt werden müssen (§§ 592 S. 1, 595 III ZPO), bezüglich der Echtheit der Urkunde auch der Antrag auf Parteivernehmung (§ 595 II ZPO).

a) Die Urkunden müssen der Klageschrift beigefügt werden (§ 593 II ZPO), bei späterer Einreichung muss die Einlassungsfrist gewahrt sein (§ 593 II 2 ZPO).

b) Äußert sich der Beklagte zur Echtheit der Urkunde nicht, so wird von deren Echtheit ausgegangen (§§ 439 I, 138 ZPO) – im Verfahren vor dem Amtsgericht jedoch nur, wenn er zur Erklärung über die Echtheit durch das Gericht aufgefordert worden ist (§ 510 ZPO). Ist aus seinem Vorbringen zu entnehmen, dass er gegen die Echtheit der Urkunde etwas vorbringen will, so hat er nach § 439 II ZPO sich zur Frage der Echtheit der Unterschrift zu erklären, also zu sagen, ob die Unterschrift von ihm stammt. Gibt er auf diese Frage keine Erklärung ab, so kann die Echtheit nach § 439 III ZPO anerkannt werden. Steht die Echtheit der Unterschrift fest und wendet der Beklagte ein, die Urkunde sei nachträglich erst abredewidrig ausgefüllt oder verändert worden, so ist er hierfür beweispflichtig (§ 440 II ZPO). Dafür stehen ihm als Beweismittel nur Urkunden und der Antrag auf Parteivernehmung zur Verfügung, da es sich dann um eine Einwendungstatsache handelt.

c) Bestreitet der Beklagte die Echtheit der Unterschrift, so ist der Kläger beweispflichtig dafür, dass die Unterschrift von dem Beklagten stammt (§ 440 I ZPO). Den Beweis kann der Kläger nach § 595 II ZPO nur durch Urkunden oder den Antrag auf Parteivernehmung (des Beklagten) führen, was nur in seltenen Fällen gelingen wird.

d) Sind die Urkunden nach Echtheit und Inhalt unstreitig, so genügt die Vorlage von Abschriften oder Fotokopien (§ 593 II ZPO). Eine Ausnahme besteht bei Wechseln und Schecks, die im Hinblick auf ihre Legitimationswirkung (Art. 16 WG; Art. 19 ScheckG) in Urschrift, zumindest im Termin zur Einsichtnahme und Vergleich mit den vorweg eingereichten Abschriften vorgelegt werden müssen. Ist ein Urkunden-, Wechsel- oder Scheckmahnverfahren vorausgegangen, so sind die Urkunden (in Urschrift oder Abschrift) nach Einlegung des Widerspruchs und Abgabe an das Streitgericht vorzulegen (§ 703 a II Nr. 2 ZPO). Eine Vorlage der Urschrift ist in jedem Falle angebracht, wenn die Echtheit der Unterschrift bestritten oder der Einwand der Verfälschung erhoben wird; nur bei Betrachtung der Urschrift kann dem Gegner eine Erklärung nach § 439 II ZPO zugemutet werden.

2. Einwendungstatsachen

5   Bei den Einwendungstatsachen sind als Beweismittel ebenfalls nur Urkunden und zusätzlich der Antrag auf Parteivernehmung zugelassen (§ 595 II ZPO).

Allerdings kommt es hier auf die Beweisbedürftigkeit an: sind die Einwendungstatsachen unstreitig, so werden sie zum Nachteil des Klägers berücksichtigt; seine Klage wird bei Vorliegen einer unstreitigen Einwendungstatsache endgültig abgewiesen. Soweit er im Wege der Replik anspruchserhaltende Tatsachen vorträgt, ist er bei Bestreiten dieser Tatsachen ebenfalls auf die Beweismittel nach § 595 II ZPO beschränkt; kann er diesen Beweis nicht führen, so muss die Klage als im Urkundenprozess unstatthaft abgewiesen werden.

3. Prozessvoraussetzungen

Ohne Bedeutung ist die Beschränkung der Beweismittel für die Sachurteilsvoraussetzungen. Sie werden von Amts wegen geprüft, wobei alle Beweismittel zugelassen sind.

III. Die Entscheidung

1. Klageabweisung

Die Entscheidung im Urkunden- und Wechselprozess kann lauten auf Abweisung der Klage als unzulässig wegen Fehlens einer Prozessvoraussetzung.[7]

Möglich ist hier zudem die Abweisung der Klage als unbegründet mangels Schlüssigkeit; hierzu gehört auch der Fall, dass der Kläger vom Beklagten schlüssig vorgetragene Einwendungstatsachen nicht bestritten hat.[8] Diese Abweisung der Klage wirkt endgültig.

Darüber hinaus kann die Klage als im Urkundenprozess unstatthaft abgewiesen werden,[9] weil

a) der Urkundenprozess mangels Vorliegen der Voraussetzungen des § 592 ZPO nicht zulässig ist,

b) der Kläger den schlüssigen, vom Beklagten bestrittenen Klagevortrag nicht mit den Beweismitteln des Urkundenprozesses antreten oder beweisen kann,

Hierher gehört auch der Fall, dass der Kläger die Echtheit der Unterschrift nicht mit Urkunden und Parteivernehmung des Beklagten nachweisen kann. In der Praxis wird der Kläger allerdings zwecks Vermeidung der Klageabweisung nach gerichtlicher Belehrung meist vom Urkundenprozess Abstand nehmen und in das ordentliche Verfahren übergehen (§ 596 ZPO). Dem Beklagten ist nach Abstandnahme vom Urkundenprozess regelmäßig nochmals Gelegenheit zu geben, seine Einwendungen vorzutragen und Beweis mit den nunmehr zugelassenen Beweismitteln anzutreten.

c) der Kläger etwaige Gegeneinwendungen gegen – unstreitige oder mit den Mitteln des Urkundenprozesses bewiesene – Einwendungen des Beklagten nicht mit den im Urkundenprozess zulässigen Beweismitteln beweisen kann,

d) im Falle der Hilfsaufrechnung, bei der diese Gegenforderung mit den Mitteln des Urkundenprozesses bewiesen ist, der Beklagte aber seine in erster Linie (gegen die Klageforderung) erhobenen Einwendungen nicht mit den Mitteln des Urkundenprozesses beweisen kann.[10]

---

[7] *Baumbach/Lauterbach/Albers/Hartmann*, § 597 Rn. 3; *Zöller/Greger*, § 597 Rn. 1.
[8] *Baumbach/Lauterbach/Albers/Hartmann*, § 597 Rn. 4; *Zöller/Greger*, § 597 Rn. 1 a.
[9] *Baumbach/Lauterbach/Albers/Hartmann*, § 597 Rn. 6; *Zöller/Greger*, § 597 Rn. 4.
[10] *Baumbach/Lauterbach/Albers/Hartmann*, § 597 Rn. 8; *Zöller/Greger*, § 598 Rn. 6.

2. Klagestattgabe

7 Im Falle der Klagestattgabe kann die Entscheidung im Urkunden- und Wechselprozess lauten auf Verurteilung des Beklagten unter Vorbehalt der Rechte im Nachverfahren, wenn die anspruchsbegründenden Tatsachen schlüssig und unstreitig, bzw. durch Urkunden (die Echtheit der Unterschrift auch durch Parteivernehmung) bewiesen sind und der Beklagte dem Anspruch widersprochen hat (§ 599 ZPO).

Für die Aufnahme des Vorbehalts genügt die Tatsache, dass der Beklagte dem geltend gemachten Anspruch widersprochen, in der Regel also Klageabweisungsantrag gestellt hat. Eine Begründung für den Widerspruch ist nicht erforderlich.[11] Dementsprechend wird das Vorbehaltsurteil in der Praxis meist kurz abgefasst: Im Tatbestand wird beim Verteidigungsvorbringen des Beklagten entweder nur erwähnt, dass er der Verurteilung widersprochen hat oder die vorgetragenen Einwendungen werden nur angerissen. In den Entscheidungsgründen wird lediglich ausgeführt, dass der Beklagte für seine Einwendungen keinen im Urkundenprozess zulässigen Beweis angetreten hat.

Meist beruht diese Handhabung darauf, dass die Klageerwiderung sehr kurzfristig, vielfach erst im Termin vorgelegt wird und das Gericht im Einvernehmen mit den Parteien eine nähere Prüfung der Einwendungen auf ihre Schlüssigkeit nicht mehr vornimmt, sondern kurzerhand das Vorbehaltsurteil erlässt. Bei exaktem Vorgehen müsste das Gericht prüfen, ob die vorgetragenen Einwendungen schlüssig sind. Verneinendenfalls wären die Einwendungen in dem Vorbehaltsurteil als unschlüssig zurückzuweisen mit der Folge, dass das Gericht im Nachverfahren an diese rechtliche Beurteilung gebunden wäre. Bejahendenfalls wäre zu prüfen, ob der Kläger die Einwendungstatsachen bestritten hat und die Klage sofort und endgültig abzuweisen, wenn dies nicht geschehen ist.

Möglich ist zudem die Verurteilung des Beklagten durch Anerkenntnis-Vorbehaltsurteil, falls der Beklagte den Klageanspruch im Urkundenprozess anerkennt und den Antrag auf Vorbehalt der Rechte im Nachverfahren stellt.

Der Beklagte kann schließlich auch durch Versäumnisurteil ohne Vorbehalt verurteilt werden, wenn er säumig ist.

Im Fall der anfänglichen oder späteren Säumnis des Beklagten liegt kein Widerspruch im Sinne des § 599 ZPO vor, so dass das Gericht keinen Vorbehalt in das Versäumnisurteil aufnehmen darf.[12]

3. Kosten und vorläufige Vollstreckbarkeit

8 Sämtliche der vorgenannten Urteile enthalten eine normale Kostenentscheidung und sind – mit Ausnahme des Versäumnisurteils, für das § 708 Nr. 2 ZPO gilt – nach § 708 Nr. 4 ZPO ohne Sicherheitsleistung für vorläufig vollstreckbar zu erklären, wobei Vollstreckungsschutz nach § 711 S. 1 ZPO anzuordnen ist.

Im Fall des Anerkenntnis-Vorbehaltsurteils hängt diese Entscheidung davon ab, ob § 708 Nr. 1 oder Nr. 4 ZPO vorrangig ist; bei einer auf Sinn und Zweck der Vorschriften abgestellten Auslegung – kein Vollstreckungsschutz, wenn sich die beklagte Partei dem Klagebegehren unbedingt unterwirft – lässt sich eine vorrangige Anwendung des § 708 Nr. 4 ZPO vor § 708 Nr. 1 ZPO rechtfertigen.

IV. Das Nachverfahren

1. Benutzung aller Beweismittel

9 Im Nachverfahren findet eine Überprüfung des Vorbehaltsurteils unter Benutzung aller Beweismittel statt.

---

[11] *Baumbach/Lauterbach/Albers/Hartmann*, § 599 Rn. 4; *Zöller/Greger*, § 599 Rn. 5.
[12] *Baumbach/Lauterbach/Albers/Hartmann*, § 599 Rn. 6; *Zöller/Greger*, § 599 Rn. 6.

Voraussetzung ist allerdings, dass dem Beklagten die Ausführung seiner Rechte im Nachverfahren vorbehalten worden ist. Ist dies geschehen, kann sich der Beklagte umfassend verteidigen: Er darf anspruchsbegründende Tatsachen bestreiten sowie Einwendungen und Einreden geltend machen, ohne dass ihm der Vorwurf verspäteten Vorbringens gemacht werden kann.

2. Einstellung der Zwangsvollstreckung

Auf Antrag kann die Vollstreckung aus dem Vorbehaltsurteil bis zur Entscheidung im Nachverfahren nach § 707 I ZPO eingestellt werden.

Im Hinblick auf das überwiegende Gläubigerinteresse bei der Befriedigung von Ansprüchen aus Urkunden, Wechseln und Schecks wird das Gericht von dieser Befugnis nur zurückhaltend Gebrauch machen; es muss eine durch konkrete Umstände belegte Wahrscheinlichkeit für ein Obsiegen des Beklagten im Nachverfahren bestehen.[13]

3. Bindungswirkung des Vorbehaltsurteils

Das Gericht ist im Nachverfahren an seine rechtliche Beurteilung im Vorbehaltsurteil gebunden. Diese Bindungswirkung (§ 318 ZPO) ist jedoch eingeschränkt. Sie entfällt wegen des Vorbehalts insoweit, als das Vorbehaltsurteil auf der Beschränkung der Beweismittel im Urkundenprozess beruht. Im Einzelnen:

Eine Bindungswirkung besteht für die
- bejahten Prozessvoraussetzungen;[14]
- bejahte Schlüssigkeit der Klage; das gilt selbst dann, wenn das Vorbehaltsurteil hierzu keine Ausführungen enthält oder ein bestimmter Gesichtspunkt bei der Schlüssigkeitsprüfung übersehen wurde;
- aus Rechtsgründen für unbegründet erklärten Einwendungen; selbst wenn sie als unschlüssig angesehen wurden;[15]
- Würdigung einer stattgefundenen Beweisaufnahme, solange keine neuen Beweise erhoben werden.

Dagegen ist das Gericht im Nachverfahren frei,
- hinsichtlich der im Urkundenprozess überhaupt nicht geprüften Einwendungen;
- hinsichtlich der im Urkundenprozess bestrittenen und wegen der Beschränkung der Beweismittel nicht voll nachgeprüften Tatsachen;
- hinsichtlich neuen Parteivorbringens, wozu auch ein erstmaliges Bestreiten des Klagevortrages gehört;
- wenn ein Anerkenntnis-Vorbehaltsurteil ergangen ist.

4. Entscheidung im Nachverfahren

Die Entscheidung im Nachverfahren lautet:

a) entweder auf Aufrechterhaltung des Vorbehaltsurteils;

In diesem Falle werden die weiteren Kosten des Rechtsstreits dem Beklagten auferlegt. Das Urteil ist nach § 708 Nr. 5 ZPO ohne Sicherheitsleistung vorläufig vollstreckbar. Bei dem nach § 711 S. 1 ZPO anzuordnenden Vollstreckungsschutz ist hinsichtlich der Sicherheitsleistung lediglich auf die Kosten des Nachverfahrens abzustellen.

---

[13] *Baumbach/Lauterbach/Albers/Hartmann*, § 707 Rn. 6; *Zöller/Herget*, § 707 Rn. 9.
[14] *Baumbach/Lauterbach/Albers/Hartmann*, § 600 Rn. 5; *Zöller/Greger*, § 600 Rn. 19.
[15] *Baumbach/Lauterbach/Albers/Hartmann*, § 600 Rn. 6 „Einwendung"; *Zöller/Greger*, § 600 Rn. 19 f.

b) oder auf Aufhebung des Vorbehaltsurteils und Abweisung der Klage.

Die Entscheidung über die Kosten des gesamten Verfahrens richtet sich nach § 91 ZPO. Die vorläufige Vollstreckbarkeit richtet sich nach den allgemeinen Vorschriften (§§ 708 Nr. 11 i. V. mit 711 S. 1, 2 oder § 709 S. 1, 2 ZPO).

Solche Entscheidungen können auch im Falle der Säumnis einer Partei getroffen werden. Die vorläufige Vollstreckbarkeit richtet sich dann nach § 708 Nr. 2 ZPO, also ohne Abwendungsbefugnis der säumigen Partei nach § 711 S. 1, 2 ZPO.

5. Tatbestand des Schlussurteils

13 Der Tatbestand des Schlussurteils hat das gesamte Parteivorbringen zu erfassen, da nunmehr erneut über den geltend gemachten Anspruch zu entscheiden ist.

Da eine Umkehr der Parteirollen – im Gegensatz zu dem Vorbehaltsurteil nach § 302 ZPO – nicht stattfindet, ist eine Vertauschung des Kläger- und Beklagtenvorbringens nicht angebracht. Das Vorbehaltsurteil ist vor den neuen, im Nachverfahren gestellten Anträgen in der Prozessgeschichte zu erwähnen.

Muster 117: Abweisung einer im Urkundenprozess unstatthaften Klage (§ 597 II ZPO)

Landgericht Frankfurt am Main
Aktenzeichen: ...

Urteil

Im Namen des Volkes

In dem Rechtsstreit
d...

Kläger...,

Prozessbevollmächtigter: Rechtsanwalt ...,

gegen

d...

Beklagte...,

Prozessbevollmächtigter: Rechtsanwalt ...,

hat die ... Zivilkammer des Landgerichts Frankfurt am Main durch die Vorsitzende Richterin am Landgericht ... und die Richter am Landgericht ... und ... aufgrund der mündlichen Verhandlung vom ... für Recht erkannt:

Die Klage wird als im Urkundenprozess unstatthaft abgewiesen.

Die Klägerin hat die Kosten des Rechtsstreits zu tragen.

Das Urteil ist vorläufig vollstreckbar. Die Klägerin darf die Vollstreckung durch Sicherheitsleistung oder Hinterlegung in Höhe von ... € abwenden, wenn nicht der Beklagte vor der Vollstreckung Sicherheit in gleicher Höhe leistet.

Tatbestand

Die Parteien sind geschiedene Eheleute. Ihre Ehe wurde durch rechtskräftiges Urteil des Amtsgerichts Frankfurt am Main vom 12. 2. 2010 – Aktenzeichen: ... – geschieden, nachdem die Parteien seit Mitte 2006 bereits getrennt gelebt hatten. Der Beklagte ist Eigentümer eines Einfamilienhauses in ..., welches während der Ehe in den Jahren 2004/2005 erstellt worden ist.

Die Klägerin verlangt von dem Beklagten die Zahlung eines Betrages von 20 451,68 € unter Berufung auf eine Urkunde vom 25. 6. 2006, die mit dem Briefkopf des Beklagten versehen ist und in Schreibmaschinenschrift folgenden Text enthält: „Ich erkenne an, meiner Ehefrau ... 20 451,68 € zu schulden. Die Rückzahlung erfolgt spätestens am 31. 12. 2006." Unter der Urkunde befindet sich ein handschriftlicher Namenszug „...".

Die Klägerin hat Klage im Urkundenprozess erhoben. Sie behauptet, die Unterschrift unter der Urkunde stamme von dem Beklagten, der in derselben die Rückzahlung eines Darlehens versprochen habe, das sie ihm für den Bau des Einfamilienhauses im Jahre 2005 zur Verfügung gestellt habe.

Die Klägerin beantragt,
    den Beklagten zu verurteilen, an sie 20 451,68 € nebst 4% Zinsen p. a. daraus seit dem 1. 1. 2009 zu zahlen.

Der Beklagte beantragt,
die Klage abzuweisen, hilfsweise
ihm die Ausführung der Rechte im Nachverfahren vorzubehalten.

Er bestreitet, die Urkunde unterschrieben und im Jahre 2005 von der Klägerin ein Darlehen erhalten zu haben. Das Einfamilienhaus habe er aus eigenen Mitteln erstellt.

Das Gericht hat Beweis erhoben gemäß Beweisbeschluss vom ... (Bl. ... d. A.). Wegen des Ergebnisses der Beweisaufnahme wird auf das Protokoll der mündlichen Verhandlung vom ... (Bl. ... d. A.) Bezug genommen.

Entscheidungsgründe

Die Klage ist unzulässig.

In der gewählten Prozessart des Urkundsprozesses ist die Klage unstatthaft. Der Klägerin ist der Beweis für die Echtheit der Urkunde und damit die Hingabe eines Darlehens mit den im Urkundenprozess zulässigen Beweismitteln nicht gelungen (§ 597 II ZPO).

Der Beklagte hat die Echtheit der Urkunde sowohl in der Klageerwiderung bestritten als auch bei seiner Parteivernehmung in Abrede gestellt. Daran ändert auch nichts die bei seiner Vernehmung auf Vorhalt der Klägerin gegebene Antwort, er könne nicht mit absoluter Sicherheit ausschließen, dass die Unterschrift von ihm stamme, da er in früheren Jahren der Klägerin einmal einige Blankounterschriften gegeben habe, damit sie während seines Urlaubs gewisse Briefe beantworten könne.

Diese Einschränkung in der Erklärung des Beklagten zur Frage der Echtheit kann in Zusammenhang mit seiner übrigen Aussage und deren Auslegung nach den §§ 439 I, 138 III ZPO nicht dahin aufgefasst werden, dass er die Echtheit nicht mehr bestreiten wolle. Der Beklagte hat bei seiner Vernehmung erklärt, er habe von der Klägerin kein Darlehen erhalten, so dass für die Unterzeichnung einer solchen Urkunde kein Anlass bestanden habe, zumal zu dieser Zeit die räumliche Trennung unmittelbar bevorstand. Nach dieser im Mittelpunkt seiner Aussage stehenden Motivation kann nicht davon ausgegangen werden, dass der Beklagte die Unterschrift ernstlich nicht mehr bestreiten will. Es ist das prozessuale Recht der Partei, von dem Gegner aufgestellte Tatsachenbehauptungen solange zu bestreiten, als sie nicht von der Wahrheit derselben überzeugt ist (§ 138 I ZPO). Nach dem Gesamtinhalt der Aussage ist aber der Beklagte nicht überzeugt, die Urkunde unterschrieben zu haben.

2 Die Klägerin trifft nach § 440 I ZPO die Beweislast dafür, dass die Urkunde von dem Beklagten stammt. Diesen Beweis hat sie nach der Parteivernehmung des Beklagten nicht geführt.

Zwar unterliegt die Aussage des Beklagten der freien Beweiswürdigung durch das Gericht (§§ 453, 286 ZPO); das Gericht wäre deshalb nicht gehindert, trotz der äußeren Verneinung der Unterschriftsleistung durch den Beklagten aus den Gesamtumständen die Echtheit der Urkunde zu bejahen. Solche für die Echtheit der Urkunde sprechenden Umstände vermag das Gericht jedoch der Aussage nicht zu entnehmen. Die von dem Beklagten eingeräumte Möglichkeit der Unterzeichnung reicht hierfür nicht aus. Dagegen spricht vor allem die Tatsache, dass im fraglichen Zeitpunkt die

Ehe der Parteien schon zerstritten war. Ebenfalls dagegen spricht der von der Klägerin eingeräumte Umstand, dass sie bei dem Scheidungstermin vom 12. 2. 2010 anlässlich der Erörterung der vermögensrechtlichen Auseinandersetzung auf die Frage nach etwaigen Unterlagen erklärt hat, sie habe „nix in der Hand". Wenn die Klägerin dies heute dahin auslegt, sie habe nur erklären wollen, sie habe die Urkunde vom 25. 6. 2006 nicht im Sitzungssaal vorweisen können, so erscheint dies nicht so beweiskräftig, um deshalb die Parteivernehmung des Beklagten im Sinne der Klägerin zu würdigen.

Schließlich ist das Gericht mangels Sachkunde auch nicht in der Lage, im Urkundenprozess anhand von Schriftvergleichungen zwischen der streitigen Unterschrift und den von der Klägerin vorgelegten Briefen des Beklagten selbst ein Urteil abzugeben, ob die Unterschrift echt ist.

Die Kostenentscheidung beruht auf § 91 ZPO. Die Entscheidungen zur vorläufigen Vollstreckbarkeit haben ihre Rechtsgrundlage in §§ 708 Nr. 4, 711 S. 1 ZPO.

Muster 118: Endgültige Abweisung einer unschlüssigen Klage im Scheckprozess

Amtsgericht Frankfurt am Main
Aktenzeichen: ...

Urteil
Im Namen des Volkes

1 In dem Rechtsstreit
d...

                                                       Kläger...,

Prozessbevollmächtigter: Rechtsanwalt ...,

gegen

d...

                                                  Beklagte...,

Prozessbevollmächtigter: Rechtsanwalt ...,

hat das Amtsgericht Frankfurt am Main durch den Richter am Amtsgericht ... aufgrund der mündlichen Verhandlung vom ... für Recht erkannt:

Die Klage wird abgewiesen.

Die Klägerin hat die Kosten des Rechtsstreits zu tragen.

Das Urteil ist vorläufig vollstreckbar. Die Klägerin darf die Vollstreckung durch Sicherheitsleistung oder Hinterlegung in Höhe von ... € abwenden, wenn nicht der Beklagte vor der Vollstreckung Sicherheit in gleicher Höhe leistet.

Tatbestand

Die Klägerin ist Inhaberin zweier von dem Beklagten am 7. 6. 2010 ausgestellter und ihr übergebener Schecks in Höhe von jeweils 400,– €. Sie nimmt den Beklagten im Scheckprozess als Aussteller auf Zahlung in Anspruch, nachdem die Schecks von der Bezogenen, der ... Bank AG in ..., bei Vorlage am 9. 6. 2010 nicht eingelöst wurden, da der Beklagte sie hatte sperren lassen.

Die Klägerin beantragt,
    den Beklagten zu verurteilen, an sie 800,– € nebst 2% Zinsen p. a. über dem jeweiligen Basiszinssatz, mindestens jedoch 6% seit 9. 6. 2010 zu zahlen.

Der Beklagte beantragt,
    die Klage abzuweisen, hilfsweise
    ihm die Ausführung der Rechte im Nachverfahren vorzubehalten.

Er behauptet, die Scheckbeträge stellten das Entgelt für die Gewährung von Geschlechtsverkehr durch die Klägerin dar. Deshalb sei gemäß § 138 I BGB keine Scheckverpflichtung entstanden; zumindest stehe ihm gegen die Scheckinhaberin die Bereicherungseinrede zu.

Hierzu vertritt die Klägerin die Ansicht, mit dieser Einwendung aus dem Grundverhältnis könne der Beklagte im Scheckprozess nicht gehört werden. Im Übrigen sei ein Vertrag über die Zahlung von Geld für die Ausübung des Geschlechtsverkehrs heute nicht mehr sittenwidrig.

Entscheidungsgründe

Die Klage ist unbegründet.

Der Klägerin steht gegen den Beklagten kein Anspruch auf Zahlung von 800 € gemäß Art. 12 ScheckG zu.

2

Der Beklagte hält dem Anspruch der Klägerin mit Erfolg die Einrede der Bereicherung entgegen, denn das der Scheckhingabe zugrunde liegende Rechtsverhältnis ist wegen Sittenverstoßes nichtig (§§ 138 I, 812 I 1 Alt. 1 BGB).

Das der Scheckbegebung zugrunde liegende Rechtsverhältnis verstößt gegen § 138 I BGB. Die Klägerin hat den Vortrag des Beklagten, die Hingabe des Schecks stelle das Entgelt für die Gewährung des Geschlechtsverkehrs dar, nicht bestritten; dieser Vortrag gilt damit als zugestanden (§ 138 III ZPO). Ein Vertrag über die Zahlung eines Entgelts für die geschlechtliche Hingabe ist nach gefestigter Rechtsprechung sittenwidrig und damit nichtig.

Ist das der Scheckhingabe zugrunde liegende Zahlungsversprechen nichtig, so kann der Beklagte die eingegangene Scheckverpflichtung nach § 812 I 1 Alt. 1 BGB kondizieren. § 817 S. 2 BGB steht dem nicht entgegen, da die Scheckhingabe noch nicht die Erfüllung der Zahlungsverpflichtung ist, sondern eine erfüllungshalber eingegangene Verbindlichkeit.

Den Einwand der Sittenwidrigkeit des Grundgeschäfts kann der Beklagte auch im Scheckprozess geltend machen, da die für die Anwendung des § 138 I BGB maßgebenden Tatsachen unstreitig sind, so dass die Beschränkung der Beweismittel (§ 595 II ZPO) nicht durchgreift.

Die Auffassung der Klägerin, im Wechsel- und Scheckprozess seien Einwendungen aus dem Grundgeschäft überhaupt nicht, sondern erst im Nachverfahren zulässig, ist unrichtig. Ob Einwendungen aus dem Grundgeschäft gegenüber dem Anspruch aus dem Wertpapier geltend gemacht werden können, ist eine Frage des materiellen Rechts (Art. 22 ScheckG), die hier bei einem Streit zwischen Scheckaussteller und Schecknehmer zu bejahen ist. Diese Frage hat aber mit der Beschränkung der Beweismittel im Urkundenprozess nichts zu tun.

Die Nebenentscheidungen beruhen auf §§ 91, 708 Nr. 4, 711 S. 1 ZPO.

....

Muster 119: Wechselvorbehaltsurteil (§ 599 ZPO)

Landgericht Frankfurt am Main
Aktenzeichen: ...

Wechselvorbehaltsurteil

Im Namen des Volkes

1 In dem Rechtsstreit
d...

                                                                            Kläger...,

Prozessbevollmächtigter: Rechtsanwalt ...,

gegen

d...

                                                                            Beklagte...,

Prozessbevollmächtigter: Rechtsanwalt ...,

hat die ... Zivilkammer des Landgerichts Frankfurt am Main durch die Richterin am Landgericht ... als Einzelrichterin aufgrund der mündlichen Verhandlung vom ... für Recht erkannt:

    Der Beklagte wird verurteilt, an den Kläger 6045,50 € nebst 2% Zinsen p. a. über dem jeweiligen Basiszinssatz, mindestens jedoch 6%, seit dem 16. 8. 2010 zu zahlen.

    Der Beklagte hat die Kosten des Rechtsstreits zu tragen.

    Das Urteil ist vorläufig vollstreckbar. Der Beklagte darf die Vollstreckung durch Sicherheitsleistung oder Hinterlegung in Höhe von ... € abwenden, wenn nicht der Kläger vor der Vollstreckung Sicherheit in gleicher Höhe leistet.

    Dem Beklagten bleibt die Ausführung seiner Rechte im Nachverfahren vorbehalten.

Tatbestand

Der Kläger ist Inhaber eines Wechsels über 6000,– €, der von dem Beklagten am 16. 5. 2010 anlässlich des Vertragsabschlusses der Parteien betreffend den Kauf eines Gebrauchtwagens ausgestellt wurde.

Der Wechsel war fällig am 16. 8. 2010. Er wurde weder von dem Akzeptanten, dem kaufmännischen Angestellten ..., noch von dem Kläger eingelöst. Gegen den Akzeptanten erging am 19. 8. 2010 Protest mangels Zahlung.

Der im Wechselprozess klagende Kläger nimmt den Beklagten als Aussteller des Wechsels in Anspruch. Er verlangt neben der Hauptsumme die unstreitigen Protestkosten und Auslagen in Höhe von 25,50 € sowie eine Provision von 20,– €.

Der Kläger beantragt,
    den Beklagten zu verurteilen, an ihn 6045,50 € nebst Zinsen in Höhe von 2% p. a. über dem jeweiligen Basiszinssatz, mindestens jedoch 6%, seit dem 16. 8. 2010 zu zahlen.

Der Beklagte beantragt,
die Klage abzuweisen, hilfsweise
ihm die Ausführung der Rechte im Nachverfahren vorzubehalten.

Er behauptet, der Gebrauchtwagen weise erhebliche Mängel auf (Beweis: Sachverständigengutachten). Wegen dieser Mängel hat der Beklagte dem Kläger unstreitig erfolglos eine Frist zur Nacherfüllung bis zum 28. 5. 2010 gesetzt und ist sodann vom Kaufvertrag zurückgetreten.

Entscheidungsgründe

Die Klage ist im Wechselprozess zulässig.

In der Sache hat die Klage auch Erfolg.

Der Beklagte haftet als Aussteller des Wechsels für die Wechselforderung nebst den geltend gemachten Nebenansprüchen nach Art. 9, 43, 47, 48 WG.

Mit seinen Einwendungen kann der Beklagte im Wechselprozess nicht durchdringen, weil er für die vom Kläger bestrittenen Mängel des Gebrauchtwagens keinen im Urkundenprozess zulässigen Beweis angetreten hat.

Der Beklagte ist demgemäß unter Vorbehalt seiner Rechte im Nachverfahren zu verurteilen (§ 599 ZPO).

Die Kostenentscheidung beruht auf § 91 ZPO. Die Entscheidungen über die vorläufige Vollstreckbarkeit und den Vollstreckungsschutz haben ihre Rechtsgrundlage in §§ 708 Nr. 4, 711 S. 1 ZPO.

Muster 120: Anerkenntnisvorbehaltsurteil

☐ Amtsgericht Frankfurt am Main
☐ Landgericht Frankfurt am Main
Aktenzeichen: ...

Anerkenntnis-Vorbehaltsurteil

Im Namen des Volkes

1 In dem Rechtsstreit
d...

                                                          Kläger...,

Prozessbevollmächtigter: Rechtsanwalt ...,

gegen

d...

                                                          Beklagte...,

Prozessbevollmächtigter: Rechtsanwalt ...,

☐ hat das Amtsgericht Frankfurt am Main durch
    den Richter am Amtsgericht ...
☐ hat die ... Zivilkammer des Landgerichts Frankfurt am Main durch
    ☐ den Vorsitzenden Richter am Landgericht ... und die Richter am Landgericht
       ... und ...
    ☐ den Richter am Landgericht ... als Einzelrichter
☐ aufgrund der mündlichen Verhandlung vom ...
☐ im schriftlichen Verfahren mit Schriftsatzschluss am ...
für Recht erkannt:

    D... Beklagte... wird/werden verurteilt, an d... Kläger... ... € nebst ...% Zinsen p. a. daraus seit dem ... zu zahlen.

    D... Beklagte... hat/haben die Kosten des Rechtsstreits zu tragen.

    Das Urteil ist vorläufig vollstreckbar.

    D... Beklagte... bleibt die Ausführung der Rechte im Nachverfahren vorbehalten.

....

Muster 121: Schlussurteil im Nachverfahren – Bindungswirkung (§ 600 ZPO)

Amtsgericht Frankfurt am Main
Aktenzeichen: ...

Schlussurteil

Im Namen des Volkes

In dem Rechtsstreit
d...

                     Kläger...,

Prozessbevollmächtigter: Rechtsanwalt ...,

gegen

d...

                     Beklagte...,

Prozessbevollmächtigter: Rechtsanwalt ...,

hat das Amtsgericht Frankfurt am Main durch den Richter am Amtsgericht ... aufgrund der mündlichen Verhandlung vom ... für Recht erkannt:

 Das Vorbehaltsurteil vom 11. 8. 2010 wird für vorbehaltslos erklärt.

 Die Beklagte hat die weiteren Kosten des Rechtsstreits zu tragen.

 Dieses Urteil ist vorläufig vollstreckbar. Die Beklagte darf die Vollstreckung durch Sicherheitsleistung oder Hinterlegung in Höhe von ... € abwenden, wenn nicht die Klägerin vor der Vollstreckung Sicherheit in gleicher Höhe leistet.

Tatbestand

Die Parteien schlossen am 28. 1. 2010 einen schriftlichen Vertrag über die Lieferung eines Computers zum Preis von 2463,53 €. In § 6 des Vertrages heißt es: „Die Käuferin kann bis zum 15. 2. 2010 von diesem Vertrag zurücktreten." Der Computer wurde am 1. 3. 2010 angeliefert. Die Empfangsbestätigung wurde von dem vertretungsberechtigten Gesellschafter der Beklagten ... unterschrieben.

Die Klägerin hat Klage im Urkundenprozess auf Zahlung des vereinbarten Preises von 2463,53 € erhoben. Die Beklagte hat sich darauf berufen, dass sie bereits mit Schreiben vom 4. 2. 2002 von dem Vertrag zurückgetreten sei und zudem den Vertrag mit Schreiben vom 8. 3. 2002 angefochten habe; der Vertreter der Klägerin ... habe sie in den Irrtum versetzt, dass mit dem Computer die gesamte Lohnbuchhaltung erledigt werden könne. Tatsächlich sei aber hierfür ein spezielles Programm notwendig. Die Klägerin hat die Einwände der Beklagten unter Hinweis darauf zurückgewiesen, dass die Beklagte durch die Empfangsbestätigung ihres vertretungsberechtigten Gesellschafters den Vertrag bestätigt habe. Im Übrigen habe ihr Vertreter keine unrichtigen Erklärungen über den Computer abgegeben.

Durch Vorbehaltsurteil vom 11. 8. 2010 (Bl. ... d. A.) wurde die Beklagte antragsgemäß verurteilt und ihr die Ausführung ihrer Rechte im Nachverfahren vorbehalten.

Die Klägerin bestreitet auch im Nachverfahren, dass ihr Vertreter unrichtige Erklärungen über den Computer abgegeben habe.

Die Klägerin beantragt,
das Vorbehaltsurteil vom 11. 8. 2010 zu bestätigen.

Die Beklagte beantragt,
unter Aufhebung des Vorbehaltsurteils die Klage abzuweisen.

Sie wiederholt ihr bisheriges Vorbringen zum Rücktritt und zur arglistigen Täuschung.

Das Gericht hat Beweis erhoben gemäß Beweisbeschluss vom ... (Bl. ... d.A.) durch Vernehmung des Zeugen ... Wegen des Ergebnisses der Beweisaufnahme wird auf das Protokoll der mündlichen Verhandlung vom ... (Bl. ... d.A.) Bezug genommen.

Entscheidungsgründe

Das Vorbehaltsurteil vom 11. 8. 2002 war zu bestätigen.

Die Klage ist begründet.

2 Der Klägerin steht gegen die Beklagte ein Anspruch auf Zahlung von 2463,53 € gemäß § 433 II BGB zu.

Zwischen den Parteien ist ein Kaufvertrag im Sinne des § 433 BGB zustande gekommen. Die Parteien schlossen am 28. 1. 2010 einen schriftlichen Vertrag über die Lieferung eines Computers zum Preis von 2463,53 €. Der Computer wurde am 1. 3. 2010 angeliefert.

Die Beklagte beruft sich ohne Erfolg darauf, von dem Kaufvertrag wirksam zurück getreten zu sein. Der Einwand des Rücktritts ist schon deshalb ausgeschlossen, weil dem die Empfangsbestätigung des vertretungsberechtigten Gesellschafters der Beklagten auf dem Lieferschein vom 1. 3. 2010 entgegensteht. Die gegen diese Auffassung vorgetragenen Angriffe sind unbeachtlich. Das Gericht hat diese Gesichtspunkte bereits im Vorbehaltsurteil geprüft und abschlägig beschieden. Die Beklagte hat insoweit keine neuen Tatsachen vorgetragen.

Das Gericht ist gemäß § 318 ZPO im Nachverfahren an seine im Vorbehaltsurteil getroffene Entscheidung gebunden, soweit sie nicht auf der dem Urkundenprozess eigentümlichen Beschränkung der Beweismittel beruht. So liegen die Dinge hier: Die Empfangsbestätigung war im Urkundenprozess unstreitig und ist es auch im Nachverfahren geblieben. Damit ist eine anderweitige rechtliche Würdigung ausgeschlossen. Der neue Vortrag der Beklagten im Nachverfahren, der Gesellschafter ... habe den Lieferschein in Unkenntnis seines Inhalts unterschrieben, ist rechtlich ohne Bedeutung. Wer eine ihm vorgelegte Erklärung unterschreibt ohne sie zu lesen, handelt auf eigenes Risiko.

Die Beklagte vermag auch nicht mit dem Einwand der arglistigen Täuschung durchzudringen. Die im Nachverfahren durchgeführte Beweisaufnahme hat den Nachweis für ein solches Handeln des Vertreters der Klägerin ... nicht erbracht.

Nach dessen Aussage hat er den beiden Partnern der Beklagten alle Einsatzmöglichkeiten des Computers erklärt und sie darauf hingewiesen, dass sie zum Einsatz des Computers für die Lohnbuchhaltung ein weiteres Programm benötigen. Der Beklagten ist zwar einzuräumen, dass der Zeuge ein unmittelbares Interesse am Ausgang dieses Rechtsstreits hat, da er für die Vermittlung des Kaufvertrages eine Provision erhalten hat, die bei dessen Stornierung wieder entfallen würde. Gleichwohl kann diese Aussage nach dem persönlichen Eindruck, den der Zeuge bei seiner Vernehmung gemacht hat, nicht als unglaubhaft angesehen werden. Für sie spricht immerhin, dass es einem einigermaßen auf dem Gebiet der EDV bewanderten Kaufmann bekannt sein dürfte, dass Lohnbuchhaltungsprogramme regelmäßig nicht zum Lieferumfang eines Computers gehören. Jedenfalls hat die Beklagte den ihr obliegenden Beweis für eine arglistige Täuschung nicht erbracht, denn sie hat, trotz gerichtlichen Hinweises, ihren Buchhalter ..., der bei den Verkaufsverhandlungen zugegen war, nicht als Zeugen benannt hat.

Die Kostenentscheidung beruht auf § 91 ZPO. Die vorläufige Vollstreckbarkeit hat ihre Rechtsgrundlage in § 708 Nr. 5 und § 711 S. 1 ZPO. Bei der Bemessung der Sicherheitsleistung war zu berücksichtigen, dass diese sich nur auf die im Nachverfahren entstandenen Kosten der Klägerin bezieht.

....

Muster 122: Schlussurteil im Nachverfahren – neues Parteivorbringen im Nachverfahren (§ 600 ZPO)

Amtsgericht Frankfurt am Main
Aktenzeichen: …

Schlussurteil

Im Namen des Volkes

1 In dem Rechtsstreit
d…

Kläger…,

Prozessbevollmächtigter: Rechtsanwalt …,

gegen

d…

Beklagte…,

Prozessbevollmächtigter: Rechtsanwalt …,

hat das Amtsgericht Frankfurt am Main durch die Richterin am Amtsgericht … aufgrund der mündlichen Verhandlung vom … für Recht erkannt:

Das Vorbehaltsurteil vom 12. 2. 2010 wird unter Wegfall des Vorbehalts bestätigt.

Der Beklagte hat die weiteren Kosten des Rechtsstreits zu tragen.

Das Urteil ist vorläufig vollstreckbar. Der Beklagte darf die Vollstreckung im Kostenpunkt durch Sicherheitsleistung oder Hinterlegung in Höhe von … € abwenden, wenn nicht die Klägerin vor der Vollstreckung Sicherheit in gleicher Höhe leistet.

Tatbestand

Die Klägerin macht gegen den Beklagten Ansprüche aus einem von ihm am 18. 1. 2010 ausgestellten, auf die … Bank gezogenen Scheck in Höhe von 1250 € nebst Zinsen, Provision und Scheckspesen im Scheckprozess geltend.

Der Beklagte ist durch Vorbehaltsurteil vom 12. 2. 2010 unter Vorbehalt der Rechte im Nachverfahren verurteilt worden, an die Klägerin 1250,– € nebst 2% Zinsen p.a. über dem jeweiligen Basiszinssatz, mindestens jedoch 6% Zinsen p.a. seit dem 22. 1. 2010 sowie $1/3$ Prozent Provision aus 1250,– € und 6,50 € Scheckspesen abzüglich am 5. 2. 2002 erlassener 591,50 € zu zahlen.

Die Klägerin beantragt nunmehr,
   das Vorbehaltsurteil vom 12. 2. 2010 zu bestätigen.
Der Beklagte beantragt,
   das Vorbehaltsurteil aufzuheben und die Klage abzuweisen.

Er macht Einwendungen aus dem der Scheckhingabe zugrunde liegenden Rechtsverhältnis geltend:

Der Beklagte buchte am 11. 1. 2010 im Reisebüro der Klägerin eine Flugreise nach …, Hotel …, die von der Firma … mit Sitz in …, in der Zeit vom 19. 1. 2010 bis

2. 2. 2010 durchgeführt wurde. Auf den Reisepreis für zwei Personen in Höhe von 2500,– € gab der Beklagte am 18. 1. 2010 den hier eingeklagten Scheck als Anzahlung. Einen Tag nach Ankunft verließ der Beklagte mit seiner Reisebegleiterin das Hotel, nachdem er gegenüber der Rezeption und der örtlichen Reiseleitung erklärt hatte, er kündige den Reisevertrag fristlos aus wichtigem Grund. Da der Beklagte und seine Reisebegleiterin die Hotelunterkunft nicht in Anspruch nahmen, erteilte die ... der Klägerin eine Gutschrift von 591,50 €.

Der Beklagte behauptet, er sei aus folgendem Grund zur fristlosen Kündigung des Reisevertrages berechtigt gewesen: Er und seine Reisebegleiterin hätten sich nach Ankunft auf dem Hotelzimmer aus der dort befindlichen Mini-Bar bedienen wollen und dabei festgestellt, dass in sämtlichen Flaschen, in denen nach dem Aufdruck Spirituosen oder Sonstiges zu finden sein sollte, ausschließlich Leitungswasser vorhanden gewesen sei. Empört habe er der Rezeption und der örtlichen Reiseleitung mitgeteilt, dass ihm wegen versuchten Betruges das weitere Verweilen in dem Hotel ... nicht zuzumuten sei.

Der Beklagte ist der Meinung, dass er den Einwand der Kündigung des Reisevertrages auch der Klägerin entgegenhalten könne, da in der erteilten Gutschrift von 591,50 € durch die ... eine Abtretung sämtlicher Ansprüche aus dem Reisevertrag an die Klägerin zu erblicken sei.

Die Klägerin macht geltend, dass der Beklagte mit diesen Einwendungen aus dem Kausalverhältnis im Scheckprozess nicht gehört werden könne. Sie bestreitet hilfsweise, dass in den Flaschen der Mini-Bar nur Leitungswasser gewesen und dieser Inhalt auf ein Verhalten des Hotel-Managements zurückzuführen sei; ein versuchter Betrug sei völlig ausgeschlossen. Außerdem habe der Beklagte es verabsäumt, seine etwaigen Ansprüche aus dem Reisevertrag gegenüber der ... fristgerecht geltend zu machen.

Entscheidungsgründe

Das Vorbehaltsurteil vom 12. 2. 2010 war zu bestätigen.

Die Klage ist begründet.

Der Klägerin steht gegen den Beklagten gemäß Art. 12, 40, 45 ScheckG ein Anspruch auf Zahlung der Schecksumme nebst Zinsen, Provision und Scheckspesen zu.

Der Beklagte ist Aussteller des streitgegenständlichen Schecks, den die bezogene Bank nicht eingelöst und die Verweigerung durch schriftliche, datierte Erklärung auf dem Scheck unter Angabe des Tags der Vorlegung festgestellt hat.

Ohne Erfolg beruft sich der Beklagte auf Einwendungen aus dem Kausalverhältnis.

Zwar vermag das Gericht der Argumentation der Klägerin, dass im Scheckprozess Einwendungen aus dem Kausalverhältnis grundsätzlich unzulässig seien, nicht zu folgen: Abgesehen davon, dass der Rechtsstreit sich nunmehr im Nachverfahren befindet, ist bereits der gedankliche Ausgangspunkt der Klägerin fehlerhaft. Auch im Scheckprozess können gegenüber dem Anspruch aus dem Scheck Einwendungen aus dem der Scheckhingabe zugrunde liegenden Rechtsverhältnis erfolgen, soweit dies nach den Vorschriften des materiellen Rechts möglich ist (Art. 22 ScheckG), insbesondere wenn es sich um Einwendungen handelt, die in dem persönlichen Rechtsverhältnis zwischen den Parteien begründet sind. Der Scheckprozess schließt – ebenso wie der Urkunden-

und Wechselprozess – keine bestimmten materiellrechtlichen Einwendungen aus, sondern begrenzt nur die zulässigen Beweismittel (§§ 592, 595 II ZPO).

Die von dem Beklagten erhobene Einwendung der Kündigung des Reisevertrages stellt aber keine Einwendung dar, die nach Art. 22 ScheckG der Klägerin entgegengehalten werden kann: Es handelt sich dabei nämlich um eine Einwendung, die nicht auf die unmittelbaren Beziehungen zwischen den Parteien dieses Rechtsstreits gegründet ist. Der Einwand der Kündigung des Reisevertrages betrifft vielmehr das als Reisevertrag zu beurteilende Rechtsverhältnis zwischen dem Beklagten und der …, das die Klägerin als selbstständiges Reisebüro lediglich vermittelt hat. Zwischen den Parteien besteht ein hiervon unabhängiges Rechtsverhältnis, das die Vermittlung der Pauschalreise zum Gegenstand hat. Die Klägerin nahm in Rahmen dieser Reisevermittlung den Scheck als Anzahlung auf den Reisepreis entgegen und leitete den Gegenwert – möglicherweise nach Abzug der ihr zustehenden Provision – an die … weiter. Die Klägerin ist ihren Verpflichtungen aus dem Reisevermittlungsverhältnis durch Herbeiführung des wirksamen Reisevertrages, Abführung der Anzahlung an den Reiseveranstalter und Weiterleitung der Reiseunterlagen an den Beklagten nachgekommen. Sie hat deshalb einen Anspruch auf Ersatz ihrer Aufwendungen (§§ 675, 670 BGB), der in Höhe des an den Reiseveranstalter weitergeleiteten Betrages von 1250,– € besteht. Etwaige Schwierigkeiten in der Abwicklung des Reisevertrages hat sie nicht zu vertreten. Daraus entspringende Rechte hatte der Beklagte gegenüber der … geltend zu machen.

An dieser Rechtslage ändert sich auch nichts durch eine etwaige Abtretung der Ansprüche der … aus dem Reisevertrag an die Klägerin: Bei einer Abtretung schließt § 404 BGB lediglich aus, dass der Schuldner jene Rechte gegenüber dem Zessionar verliert, welche er dem Zedenten gegenüber hätte geltend machen können; dies kann jedoch nur heißen, dass die Gegenrechte nur zu beachten sind, wenn aus dem abgetretenen Recht vorgegangen wird. Dagegen ist § 404 BGB nicht zu entnehmen, dass der Schuldner gegenüber dem Zessionar Einwände erheben könnte, die innerhalb sämtlicher zwischen den Parteien bestehenden Rechtsbeziehungen von Belang werden. Da die Klägerin ihren Anspruch aus der Hingabe des Schecks und der Haftung des Beklagten als Aussteller desselben herleitet, bleiben etwaige Einwendungen aus dem Reisevertrag unbeachtlich. Zudem ist zu beachten, dass sich durch die Abtretung der Rechte des Reiseveranstalters die Rechtsstellung der Klägerin nicht verschlechtern kann. Wenn schon bei einer Abtretung der Ansprüche aus dem Kausalverhältnis der Schuldner Einwendungen aus demselben den Ansprüchen aus dem Scheck nicht entgegenhalten kann, muss dies erst recht gelten, wenn der ursprüngliche Scheckinhaber durch Zession Ansprüche aus einem weiteren Kausalverhältnis von einem Dritten erhält.

Lediglich zur Ergänzung sei hinzugefügt, dass dem Beklagten Ansprüche aus dem Rechtsverhältnis gegenüber der Firma … nicht zustehen. Der Beklagte hat es verabsäumt, etwaige Ansprüche binnen einem Monat nach Reiseende gegenüber der … geltend zu machen (§ 651 g I BGB). Die Anmeldefrist nach § 651 g I BGB greift auch bei Ansprüchen nach Kündigung des Reisevertrages ein.

Die Kostenentscheidung beruht auf § 91 ZPO. Die vorläufige Vollstreckbarkeit hat ihre Rechtsgrundlage in §§ 708 Nr. 5, 711 S. 1 ZPO. Bei der Bemessung der Sicherheitsleistung war zu berücksichtigen, dass diese sich nur auf die im Nachverfahren entstandenen Kosten der Klägerin bezieht.

§ 7. Das Mahnverfahren

I. Zulässigkeit und Bedeutung

1. Definition

Das Mahnverfahren ist ein schriftliches Verfahren zur Erwirkung eines Vollstreckungstitels über Geldansprüche.

Seine Ausgestaltung, bei der auch Rationalisierung durch Anwendung bestimmter Vordrucke (§ 703c ZPO) nebst Einsatz von Datenverarbeitungsanlagen (§ 690 III ZPO) möglich ist, dient der Vereinfachung und Kostenersparnis. Sie wird gerechtfertigt durch die Erwägung, dass in unzähligen Fällen der Antragsgegner seine Zahlungsverpflichtung nicht bestreitet und deshalb ein ordentliches Verfahren mit mündlicher Verhandlung und Beweisaufnahme überflüssig ist. Im Interesse des Rechtsstaates muss nur gewährleistet sein, dass der die Zahlungspflicht in Abrede stellende Antragsgegner die Möglichkeit hat, durch bestimmte prozessuale Erklärungen das Mahnverfahren zu beenden und in das ordentliche Verfahren überzuleiten.

2. Zulässigkeitsvoraussetzungen

Das Mahnverfahren hat, abgesehen von den allgemeinen und gegebenenfalls besonderen Prozessvoraussetzungen, folgende Zulässigkeitsvoraussetzungen:

a) Der geltend gemachte Anspruch muss grundsätzlich auf Zahlung einer bestimmten Geldsumme in Euro lauten (§ 688 I ZPO).

Nur ausnahmsweise sind auch Zahlungsansprüche in fremder Währung zugelassen.[1]

b) Der Zahlungsanspruch darf nicht von einer vom Gläubiger noch zu bewirkenden Gegenleistung abhängen – in diesem Fall ist das Mahnverfahren unzulässig (§ 688 II Nr. 2 ZPO).

Ist die Gegenleistung bereits erbracht, ist das Mahnverfahren zulässig.

Unzulässig ist das Mahnverfahren auch für Ansprüche des Unternehmers aus Verbraucherdarlehensverträgen etc. im Sinne der §§ 491–504 BGB mit einem Zinssatz von mehr als 12 Prozentpunkte über dem Basiszinssatz und wenn die Zustellung durch öffentliche Bekanntmachung erfolgen müsste (§ 688 II Nr. 1, 3 ZPO).

Muss der Mahnbescheid im Ausland zugestellt werden, so findet das Mahnverfahren nur statt, soweit das Anerkennungs- und Vollstreckungsausführungsgesetz (AVAG) dies vorsieht.[2]

Dagegen ist die Fortsetzung des Mahnverfahrens durch Zustellung des Vollstreckungsbescheids nicht eingeschränkt; dieser kann auch sonst im Ausland oder durch öffentliche Bekanntmachung zugestellt werden.

3. Zuständigkeit

Sachlich zuständig für das Mahnverfahren ist ausschließlich das Amtsgericht (§ 689 I 1 ZPO). Die ihm obliegenden Geschäfte sind dem Rechtspfleger übertragen (§ 20 Nr. 1 RPflG).

---

[1] *Baumbach/Lauterbach/Albers/Hartmann*, § 688 Rn. 4, 10; *Zöller/Vollkommer*, § 688 Rn. 2.
[2] *Baumbach/Lauterbach/Albers/Hartmann*, Schlussanhang E.

Die Landesregierungen sind ermächtigt, in den einzelnen Bundesländern durch Rechtsverordnung die Zuständigkeit zentraler Mahngerichte zu begründen (§ 689 III ZPO); diese ist vorrangig. Rechtsverordnungen hierzu finden sich in Baden-Württemberg, Bayern, Berlin, Hamburg, Hessen, Niedersachsen, Nordrhein-Westfalen und Rheinland-Pfalz.

Für arbeitsrechtliche Ansprüche ist das Arbeitsgericht zuständig (§ 46a ArbGG). Sonderregelungen bestehen zudem für das Mahnverfahren in WEG-Sachen und SGG-Sachen.[3]

II. Der Ablauf des Mahnverfahrens bei Passivität des Antragsgegners

1. Der Antrag auf Erlass des Mahnbescheids

Eingeleitet wird das Verfahren dadurch, dass der Antragsteller den Erlass eines Mahnbescheids beantragt.

a) Der Antrag ist ausschließlich an das Amtsgericht zu richten, bei dem der Antragsteller seinen allgemeinen Gerichtsstand hat (§ 689 II 1 ZPO).

Diese Regelung dient der Beschleunigung und dem Interesse des Antragstellers; sie wird durch den Ablauf der überwiegenden Fälle gerechtfertigt, in denen der Antragsgegner sich im Mahnverfahren passiv verhält. Nachteile dieser Regelung zeigen sich natürlich in den Fällen, in denen der Antragsgegner dem Mahnverfahren entgegentritt und nach Übergang in das ordentliche Verfahren nunmehr die Verweisung an ein anderes Gericht notwendig wird; insbesondere gilt dies für die Kosten mehrerer eingeschalteter Rechtsanwälte.

4 b) Der Antrag auf Erlass des Mahnbescheids hat nach § 690 I ZPO folgenden zwingend vorgeschriebenen Inhalt:

(1) Die Bezeichnung der Parteien, ihrer gesetzlichen Vertreter und der Prozessbevollmächtigten.

Dieses Erfordernis entspricht dem Rubrum der Klageschrift (§§ 253 II Nr. 1; 130 Nr. 1 ZPO) und des Urteils (§ 313 I Nr. 1 ZPO) und dient wie dort der Klarstellung, für und gegen wen das Verfahren durchgeführt wird, insbesondere der angestrebte Vollstreckungstitel erlassen wird.

(2) Die Bezeichnung des Gerichts, bei dem der Antrag gestellt wird.

Dieses Erfordernis deckt sich ebenfalls mit dem entsprechenden bei der Klageschrift (§§ 253 II Nr. 1; 130 Nr. 1 ZPO). Anzugeben ist das nach § 689 II, III ZPO zuständige Amtsgericht, bzw. Arbeitsgericht.

(3) Die Bezeichnung des Anspruchs unter bestimmter Angabe der verlangten Leistung.

Durch die notwendige Individualisierung wird – ebenso wie bei der Klageschrift (§ 253 II Nr. 2 ZPO) – die Festlegung des Streitgegenstandes erreicht (§ 690 I Nr. 3 ZPO). Dabei sind Haupt- und Nebenforderungen gesondert aufzuführen und zu beziffern, so dass sie gegenüber anderen Ansprüchen abgrenzbar sind – Angaben zur Schlüssigkeit jedoch sind nicht erforderlich, denn der Rechtspfleger nimmt nur eine Formalkontrolle vor.[4]

Bei Ansprüchen des Unternehmers aus Verbraucherdarlehensverträgen etc. im Sinne der §§ 491–504 BGB ist zudem das Datum des Vertragsschlusses und der vereinbarte Jahreszins anzugeben (§ 690 I Nr. 3 ZPO); auf diese Weise wird dem Rechtspfleger die Prüfung ermöglicht, ob die Geltendmachung des Anspruchs im Mahnverfahren nach § 688 II Nr. 1 ZPO überhaupt zulässig ist.

---

[3] *Baumbach/Lauterbach/Albers/Hartmann*, § 689 Rn. 8; *Zöller/Vollkommer*, § 689 Rn. 1; § 688 Rn. 9.
[4] *Baumbach/Lauterbach/Albers/Hartmann*, § 690 Rn. 7; *Zöller/Vollkommer*, § 690 Rn. 14.

II. Der Ablauf des Mahnverfahrens bei Passivität des Antragsgegners

(4) Die Erklärung, dass der Anspruch nicht von einer Gegenleistung abhängt oder dass die Gegenleistung erbracht ist.

Dieses Erfordernis dient der Klärung, ob das in § 688 II Nr. 2 ZPO aufgestellte Erfordernis gegeben ist.

(5) Die Bezeichnung des Gerichts, das für ein streitiges Verfahren örtlich und sachlich zuständig ist (§ 690 I Nr. 5 ZPO).

Der Antragsteller trägt die volle Verantwortung für die richtige Bezeichnung des für das streitige Verfahren zuständigen Gerichts und hat keine anschließende Wahlmöglichkeit mehr.[5]

(6) Die handschriftliche Unterzeichnung des Antrags durch den Antragsteller bzw. seinen Bevollmächtigten (§ 690 II ZPO).

Dieses Erfordernis folgt aus dem Charakter des Antrags als eines bestimmenden Schriftsatzes. Der Bevollmächtigte hat gleichzeitig seine ordnungsgemäße Bevollmächtigung zu versichern (§ 703 S. 2 ZPO); einer Vorlage der Vollmacht bedarf es mithin nicht. Das Erfordernis der handschriftlichen Unterschrift entfällt bei Einreichung des Antrags in maschinell lesbarer Form.

Als fakultativer Inhalt des Antrags kommen hinzu:

(7) Die Berechnung der dem Antragsteller zu erstattenden Kosten.

Die Beifügung dieser Kostenberechnung ist zweckmäßig, weil dem Antragsgegner im Mahnbescheid die Zahlung dieser Kosten aufgegeben wird (§ 692 I Nr. 3 ZPO), d.h. ein gesondertes Kostenfestsetzungsverfahren nicht stattfindet. Diese Kosten bestehen aus der nach § 12 III GKG vorzuschießenden 0,5 Prozessgebühr (Kostenverzeichnis zum GKG, Nr. 1110) und einer 1,0 Verfahrensgebühr für den eingeschalteten Rechtsanwalt (§ 2 II RVG, VV 3305) zuzüglich Auslagen und Mehrwertsteuer. Wenn der Antragsteller nicht zum Vorsteuerabzug berechtigt ist, ist dies anzugeben.

(8) Der Antrag auf Durchführung des streitigen Verfahrens, falls der Antragsgegner dem Mahnverfahren entgegentritt (§§ 696 I 2; 700 III 2 ZPO).

(9) Der Antrag auf Bewilligung von Prozesskostenhilfe.

c) Aufgrund der in § 703c ZPO enthaltenen Ermächtigung sind von der Justizverwaltung durch verschiedene Verordnungen Vordrucke eingeführt worden, die die Parteien verwenden müssen (§ 703c II ZPO). Es handelt sich um einen Durchschreibesatz. Das Gesetz lässt im Interesse von Antragstellern, die in ihrer Buchhaltung mit EDV arbeiten und massenweise Mahnbescheide beantragen, maschinell lesbare Aufzeichnungen für den Antrag zu (§ 690 III ZPO). In diesem Fall entfällt das Erfordernis der Unterschriftsleistung.

d) Der Antragsteller muss nach § 12 III GKG einen Kostenvorschuss in Höhe einer 0,5 Prozessgebühr nach dem Kostenverzeichnis zum GKG, Nr. 1110 leisten. Ausnahmen bestehen nach § 14 GKG wie im Klageverfahren sowie nach § 12 III 2 GKG bei maschineller Erstellung des Mahnbescheids.

e) Soll der Anspruch gegen mehrere Antragsgegner geltend gemacht werden, so ist für jeden Antragsgegner ein besonderer Vordruck auszufüllen.

Dies folgt aus der Tatsache, dass bei Widerspruch bzw. Einspruch des Antragsgegners das einzelne Verfahren an das für den jeweiligen Antragsgegner zuständige Gericht abgegeben werden muss, d.h. das einheitliche Mahnverfahren auseinander läuft. In den einzelnen Mahnbescheiden ist aber jeweils anzugeben, dass der Anspruch auch gegen den/die anderen Antragsgegner geltend gemacht wird.

---

[5] *Baumbach/Lauterbach/Albers/Hartmann*, § 690 Rn. 11; *Zöller/Vollkommer*, § 690 Rn. 16.

2. Prüfung des Antrags und Entscheidung durch den Rechtspfleger

Der Antrag auf Erlass des Mahnbescheids wird dem Antragsgegner nicht mitgeteilt (§ 702 II ZPO). Vielmehr tritt der Rechtspfleger sofort in eine Bearbeitung des Antrags ein.

7 a) Der Rechtspfleger prüft:

(1) Das Vorliegen der allgemeinen Prozessvoraussetzungen, z. B. Zulässigkeit des Rechtswegs, Partei- und Prozessfähigkeit.

(2) Das Vorliegen der besonderen Verfahrensvoraussetzungen des Mahnverfahrens (§ 688 ZPO).

(3) Die Erfüllung der inhaltlichen Anforderungen an den Antrag auf Erlass des Mahnbescheids (§ 690 ZPO); hierzu gehört auch die Richtigkeit der Angabe des Gerichts, an das der Rechtsstreit nach Angaben des Antragstellers abgegeben werden soll.

(4) Die Richtigkeit der von dem Antragsteller berechneten Kosten.

Der Rechtspfleger prüft nicht die Schlüssigkeit des geltend gemachten Anspruchs (arg. §§ 691, 692 I Nr. 2 ZPO).

Das schließt allerdings nach überwiegender Praxis nicht aus, offensichtlich unbegründete Ansprüche zurückzuweisen; in gleicher Weise kommt auch eine Verneinung des Rechtsschutzbedürfnisses bei rechtsmissbräuchlich gestellten Anträgen in Betracht.[6]

8 b) Hinsichtlich der Entscheidung des Rechtspflegers kommen folgende Möglichkeiten in Frage:

(1) Eine Zwischenverfügung, weil behebbare Mängel vorliegen (§ 139 ZPO).

Regelmäßig geschieht dies schriftlich mit einer Fristsetzung. In Frage kommen aber auch im Einzelfall telefonische Rückfragen, wenn mit einer sofortigen Behebung des Mangels zu rechnen ist.

(2) Die Zurückweisung des Antrags, weil der Antrag nicht den oben genannten, vom Rechtspfleger zu überprüfenden Erfordernissen entspricht. Der Antrag muss stets insgesamt zurückgewiesen werden, wenn er wegen eines Teils nicht erlassen werden kann (§ 691 I 1 Nr. 2 ZPO). Dies geschieht durch Beschluss, der einer kurzen Begründung bedarf und dem Antragsteller bzw. seinem Bevollmächtigten – nicht dagegen dem Antragsgegner – förmlich zugestellt wird (§ 329 III ZPO).

Gegen den Beschluss hat der Antragsteller das Recht der sofortigen Erinnerung (§ 11 II 1 RPflG i. V. mit § 569 ZPO). Der Rechtspfleger darf dieser Erinnerung abhelfen (§ 11 II 2 RPflG).[7] Ausnahmsweise ist bei maschineller Bearbeitung die sofortige Beschwerde nach § 691 III 1 ZPO zulässig wegen Zurückweisung eines das Verfahren betreffenden Gesuchs (§ 567 I Nr. 2 ZPO).

(3) Der Erlass des Mahnbescheids, weil der Antrag den oben genannten, vom Rechtspfleger zu überprüfenden Erfordernissen entspricht. Dies geschieht durch Einsetzen des Datums und Leistung der Unterschrift auf dem vom Antragsteller eingereichten und ausgefüllten – eventuell durch den Rechtspfleger nach Auflage ergänzten bzw. berichtigten – Vordruck. An Stelle einer handschriftlichen Unterzeichnung genügt ein entsprechender Stempelabdruck oder eine elektronische Signatur

---

[6] *Baumbach/Lauterbach/Albers/Hartmann*, § 691 Rn. 4; *Zöller/Vollkommer*, § 691 Rn. 1.
[7] *Baumbach/Lauterbach/Albers/Hartmann*, § 691 Rn. 15; *Zöller/Vollkommer*, § 691 Rn. 7.

II. Der Ablauf des Mahnverfahrens bei Passivität des Antragsgegners

(§ 692 II ZPO). Der Inhalt des Mahnbescheids deckt sich zunächst mit den Erfordernissen des Antrags (§ 692 I Nr. 1 ZPO). Hinzukommen die in § 692 I Nr. 2–6 ZPO vorgeschriebenen Hinweise.

Diese bestehen zum einen in einer Zahlungsaufforderung, zum anderen in den Belehrungen des Antragsgegners über die nicht erfolgte Schlüssigkeitsprüfung sowie über die dem Antragsgegner zustehende Möglichkeit, gegen den Mahnbescheid Widerspruch einzulegen und damit den Erlass des Vollstreckungsbescheids abzuwenden. Außerdem weist das Gericht den Antragsgegner darauf hin, an welches Gericht die Sache bei Widerspruch abgegeben wird und dass diesem Gericht die Prüfung seiner Zuständigkeit – nach entsprechender Rüge des Antragsgegners – vorbehalten bleibt.

c) Der Mahnbescheid wird dem Antragsgegner von Amts wegen förmlich zugestellt (§ 693 I ZPO). 9

Zugestellt wird das zweite Blatt des Vordrucks, das inhaltlich – mit Ausnahme des Antrages – mit dem ersten Blatt übereinstimmt und auf der Rückseite weitere Belehrungen des Antragsgegners enthält. Nach Eingang der Zustellungsurkunde setzt die Geschäftsstelle den Antragsteller (bzw. seinen Bevollmächtigten) von der erfolgten Zustellung mit Datum in Kenntnis (§ 693 ZPO), was von Bedeutung für den Antrag auf Erlass des Vollstreckungsbescheides ist (§§ 699 I 2; 701 ZPO). Konnte der Mahnbescheid unter der vom Antragsteller angegebenen Anschrift des Antragsgegners nicht zugestellt werden, so soll die Geschäftsstelle den Antragsteller unter Angabe der Hinderungsgründe hiervon unterrichten, damit er dieselben beheben kann (z.B. Angabe einer neuen Anschrift); dann veranlasst die Geschäftsstelle eine erneute Zustellung.

3. Der Antrag auf Erlass des Vollstreckungsbescheids

a) Der Antrag auf Erlass des Vollstreckungsbescheids setzt den Ablauf der Widerspruchsfrist voraus, die im Regelfall zwei Wochen ab Zustellung des Mahnbescheids beträgt (§§ 692 I Nr. 3; 699 I 1 ZPO) – im Falle der Auslandszustellung beträgt die Widerspruchsfrist einen Monat (§ 32 III AVAG).[8] Auch ein verspätet eingegangener Widerspruch hindert noch den Erlass des Vollstreckungsbescheids, wie sich aus § 694 I ZPO ergibt. 10

(1) Der Antrag kann nicht vor Ablauf der Widerspruchsfrist gestellt werden (§ 699 I 2 ZPO).

Der Antragsteller hat in dem Antrag anzugeben, ob und welche Zahlungen der Antragsgegner auf den Mahnbescheid geleistet hat. Aus der Notwendigkeit dieser Erklärung folgt zwingend, dass der Antragsteller den Antrag erst nach Ablauf der Widerspruchsfrist absenden darf, da er nur dann den Eingang etwaiger Zahlungen kontrollieren und die Erklärung wahrheitsgemäß abgeben kann.

(2) Der Antrag kann nicht mehr nach Ablauf von sechs Monaten nach Zustellung des Mahnbescheids gestellt werden (§ 701 S. 1 ZPO). Er kann ferner nicht mehr gestellt werden, wenn der Rechtspfleger einen Antrag auf Erlass des Vollstreckungsbescheids bereits zurückgewiesen hat (§ 701 S. 2 ZPO).

b) Inhaltlich stimmt der Antrag auf Erlass des Vollstreckungsbescheids mit dem Antrag auf Erlass des Mahnbescheids überein. Es gelten aber folgende Besonderheiten: 11

(1) Zusätzlich enthält der Antrag das Begehren, den Mahnbescheid für vollstreckbar zu erklären.

(2) Soweit Zahlungen des Antragsgegners erfolgt sind, sind diese von der geltend gemachten Forderung abzusetzen.

(3) Bei nicht maschineller Bearbeitung sind die nach Erlass des Mahnbescheids entstandenen Kosten zu berechnen (§ 699 III 2 ZPO).

---

[8] *Baumbach/Lauterbach/Albers/Hartmann*, Schlussanhang E.

(4) Der Antragsteller kann beantragen, dass ihm der Vollstreckungsbescheid zur Zustellung im Parteibetrieb überlassen wird (§ 699 IV 2 ZPO). Im Gegensatz zur Zustellung des Mahnbescheids, die stets von Amts wegen erfolgt, hat der Antragsteller hier ein Wahlrecht. Damit soll erreicht werden, dass Zustellung und erster Vollstreckungszugriff zeitlich und sachlich zusammenfallen (Überraschungseffekt).

c) Der Antrag bedarf analog § 690 II ZPO der handschriftlichen Unterzeichnung.

4. Prüfung des Antrags und Entscheidung des Rechtspflegers

12 a) Der Rechtspfleger hat die besonderen Voraussetzungen für den Erlass des Vollstreckungsbescheids zu prüfen, insbesondere die wirksame Zustellung des Mahnbescheids, den Ablauf der Widerspruchsfrist bei Absendung des Antrags und die Absetzung erfolgter Zahlungen. Der Rechtspfleger prüft aber nochmals auch die Voraussetzungen, die für den Erlass des Mahnbescheids notwendig sind.

b) Zuständig ist in aller Regel der Rechtspfleger des Mahngerichts. Ausnahmsweise kann ein anderer Rechtspfleger zuständig sein, wenn der Antragsgegner zunächst Widerspruch eingelegt hat, das Gericht das Verfahren an das zuständige Gericht abgegeben hat und nunmehr der Antragsgegner den Widerspruch wieder zurücknimmt (§ 699 I 3 ZPO).

13 c) Die Entscheidung des Rechtspflegers kann bestehen in

(1) einer Zwischenverfügung zur Beseitigung behebbarer Mängel.

(2) einer Zurückweisung des Antrags auf Erlass des Vollstreckungsbescheids, falls Mängel vorliegen, die nicht behebbar sind.

Die Entscheidung ergeht durch Beschluss mit kurzer Begründung. Soweit der Rechtspfleger den Antrag in der Sache selbst zurück gewiesen hat, ist gegen den Beschluss unabhängig von einem Beschwerdewert die sofortige Beschwerde zulässig (§ 11 I RPflG, § 567 I Nr. 2 ZPO);[9] soweit der Rechtspfleger den Antrag wegen einer Kostenfrage nach § 699 III ZPO zurückgewiesen hat, ist gegen den Beschluss die sofortige Beschwerde nur dann zulässig, wenn der Beschwerdewert 200 übersteigt (§§ 11 I, 21 Nr. 1 RPflG, 104 III 1, 567 II ZPO).[10]

(3) dem Erlass des Vollstreckungsbescheids, der in der handschriftlichen Unterzeichnung des dritten Blattes des Durchschreibesatzes besteht; im Gegensatz zum Mahnbescheid genügt der Stempelabdruck hier nicht. Etwaige von dem Antragsteller mitgeteilte Zahlungen sind von der Forderung abzusetzen.

Der Antragsgegner erhält – in der Regel von Amts wegen (§ 699 IV 1 ZPO) – eine Ausfertigung des Vollstreckungsbescheids förmlich zugestellt. Im Gegensatz zum Mahnbescheid kann die Zustellung im Ausland auch außerhalb des Anwendungsbereichs des AVAG erfolgen; auch eine öffentliche Zustellung ist hier möglich.

Die zugestellte Ausfertigung besteht aus dem fünften Blatt des Durchschreibesatzes, der entsprechend den Angaben des Antragstellers über die erfolgten Zahlungen noch zu ergänzen ist. Auf der Rückseite finden sich wieder Belehrungen des Antragsgegners. Nach Durchführung der Zustellung erhält der Antragsteller die Ausfertigung mit Angabe des Zustellungsdatums übersandt.

Hat der Antragsteller dagegen die Übergabe des Vollstreckungsbescheids zur eigenen Bewirkung der Zustellung beantragt, so wird ihm die Ausfertigung des Vollstreckungsbescheids formlos zugesandt (§ 699 IV 2 ZPO). Es ist dann Aufgabe des Antragstellers, einen Gerichtsvollzieher mit der Zustellung dieser Ausfertigung (und eventuell gleichzeitig mit der Vollstreckung) zu beauftragen. Diesen Auftrag vermittelt die Geschäftsstelle nicht.

---

[9] *Baumbach/Lauterbach/Albers/Hartmann*, § 699 Rn. 26; *Zöller/Vollkommer*, § 699 Rn. 18.
[10] *Baumbach/Lauterbach/Albers/Hartmann*, § 699 Rn. 27; *Zöller/Vollkommer*, § 699 Rn. 19.

III. Die Überleitung in das streitige Verfahren

d) Der Vollstreckungsbescheid hat nach § 700 I ZPO die Wirkung eines für vorläufig vollstreckbar erklärten Versäumnisurteils.

Das bedeutet, dass ihm wie jedem rechtskräftigen Urteil die materielle Rechtskraftwirkung (§ 322 I ZPO) zukommt.[11]

Der Vollstreckungsbescheid wird grundsätzlich formell rechtskräftig, wenn der Antragsgegner binnen 2 Wochen nach Zustellung keinen Einspruch eingelegt hat (§§ 338, 339 I, 700 I ZPO).

III. Die Überleitung in das streitige Verfahren

1. Zeitpunkt und Voraussetzungen für die Überleitung

Die Überleitung in das streitige Verfahren kann zu zwei Zeitpunkten des Mahnverfahrens erfolgen.

(1) Der Antragsgegner legt gegen den Mahnbescheid Widerspruch ein, bevor der Vollstreckungsbescheid verfügt ist.

Die Frist für den Widerspruch beträgt in der Regel zwei Wochen (§ 692 I Nr. 3 ZPO). Abweichungen bestehen nach § 46a ArbGG (1 Woche) und § 32 III AVAG (1 Monat). Nach Ablauf der Widerspruchsfrist kann der Rechtspfleger den Vollstreckungsbescheid erlassen, wenn ein Widerspruch nicht eingegangen ist. Solange der Vollstreckungsbescheid nicht verfügt ist, ist aber auch ein verspäteter Widerspruch zu beachten (§ 694 I ZPO). Ein nach diesem Zeitpunkt eingehender Widerspruch wird als Einspruch gegen den bereits verfügten Vollstreckungsbescheid behandelt (§ 694 II 1 ZPO); dies ist dem Antragsgegner mitzuteilen, da dann seine Situation ungünstiger ist. Durch die Regelung in § 694 II 1 ZPO wird erreicht, dass der Widerspruch des Antragsgegners auf jeden Fall seine Bedeutung behält.

(2) Der Antragsgegner legt gegen den Vollstreckungsbescheid Einspruch ein.

Die Frist für den Einspruch beträgt in der Regel zwei Wochen (§§ 338, 339 I 700 I, ZPO). Sie läuft ab Zustellung des Vollstreckungsbescheids, wobei auch eine Parteizustellung genügt.

2. Gemeinsame Vorschriften für Widerspruchs- und Einspruchseinlegung

a) Widerspruch und Einspruch können und müssen schriftlich oder mündlich zu Protokoll des Urkundsbeamten der Geschäftsstelle eingelegt werden.

(1) Normalerweise werden diese Rechtsbehelfe bei dem Amtsgericht eingelegt, das den Mahnbescheid bzw. den Vollstreckungsbescheid erlassen hat.

Sie können aber auch vor der Geschäftsstelle eines jeden Amtsgerichts zu Protokoll erklärt werden (§ 129a I ZPO). In diesem Fall tritt ihre Wirkung, insbesondere die Fristwahrung, erst ein, wenn das Protokoll bei dem Gericht des Mahnverfahrens eingeht (§ 129a II 2 ZPO).

(2) Widerspruch und Einspruch unterliegen nicht dem Anwaltszwang (§§ 702 I 1, 78 III ZPO).

Streitig ist dies allerdings für den Fall, dass das Landgericht ausnahmsweise den Vollstreckungsbescheid erlassen hat. Da auch in diesem Fall das Mahnverfahren noch nicht abgeschlossen ist, sollte auf den Anwaltszwang verzichtet werden. Dafür spricht auch die Tatsache, dass die Rücknahme von Widerspruch und Einspruch nicht dem Anwaltszwang unterliegen (§§ 697 IV, 700 III 2 ZPO).[12]

---

[11] *Baumbach/Lauterbach/Albers/Hartmann*, § 700 Rn. 1; *Zöller/Vollkommer*, § 700 Rn. 1.
[12] *Zöller/Vollkommer*, § 700 Rn. 6; a. A. *Baumbach/Lauterbach/Albers/Hartmann*, § 700 Rn. 10.

(3) Für beide Rechtsbehelfe ist bei schriftlicher Einlegung die Unterzeichnung notwendig.

(4) Widerspruch und Einspruch können wieder zurückgenommen werden.

Die Rechtsbehelfe können bis zum Beginn der mündlichen Verhandlung zurückgenommen werden, jedoch nicht mehr nach dem Erlass eines Versäumnisurteils (§§ 697 IV, 700 III 2 ZPO). Letzteres beruht auf der Erwägung, dem Antragsteller den bereits erlangten Vollstreckungstitel zu erhalten. Die Rücknahme unterliegt nicht dem Anwaltszwang (§§ 697 IV 2, 78 III ZPO). Sie kann auf Teile des Streitgegenstandes beschränkt werden.

Bei Rücknahme des Widerspruchs kann der Antragsteller des Erlass des Vollstreckungsbescheids beantragen; er wird von demjenigen Gericht erlassen, an das der Rechtsstreit abgegeben, verwiesen oder weiter verwiesen worden ist. Bei Rücknahme des Einspruchs wird der bereits erlassene Vollstreckungsbescheid rechtskräftig.

17 b) Inhaltlich setzt der Einspruch folgendes voraus:

(1) Für den Einspruch fordert § 340 II ZPO die Erklärung, dass Einspruch eingelegt werde.

Das ist aber nicht wörtlich zu verstehen: Eine Auslegung der Eingabe des Antragsgegners zu seinen Gunsten ist möglich. Gleiches gilt für den Widerspruch.

(2) Die Eingabe muss erkennen lassen, gegen welchen Mahn- (bzw. Vollstreckungs-)Bescheid sich der Rechtsbehelf richtet.

Das erfordert Angabe von Datum und Aktenzeichen des Bescheides. Gelangt die Eingabe auch ohne diese Bezeichnung zu den richtigen Akten, so ist das Fehlen der Bezeichnung unschädlich.

(3) Eine Begründung des Rechtsbehelfs ist nicht vorgeschrieben.

Für den Einspruch ergibt sich dies aus § 700 III 3 ZPO, der die Anwendung des § 340 III ZPO ausschließt. Für den Widerspruch ergibt sich das gleiche Ergebnis aus einer fehlenden Regelung in § 694 ZPO. Eine Begründung kann aber im Einzelfall durchaus zweckmäßig sein.

(4) Widerspruch und Einspruch können auf Teile des Streitgegenstandes beschränkt werden.

Bei einer solchen Beschränkung des Widerspruchs wird das Mahnverfahren hinsichtlich des nicht angegriffenen Teils fortgesetzt; insoweit kann Vollstreckungsbescheid beantragt und erlassen werden. Bei einem beschränkten Einspruch wird der Vollstreckungsbescheid hinsichtlich des nicht angegriffenen Teils rechtskräftig.

3. Die Abgabe an das zuständige Gericht

18 Nach Einlegung von Widerspruch bzw. Einspruch erfolgt die Abgabe an das für das Klageverfahren zuständige Gericht. Das ist im Regelfall dasjenige Gericht, das der Antragsteller im Antrag auf Erlass des Mahnbescheids angegeben hat. Wenn beide Parteien übereinstimmend die Abgabe an ein anderes Gericht verlangen, erfolgt die Abgabe an dieses Gericht (§§ 696 I 1, 700 III 1 ZPO). Die Abgabe erfolgt durch eine Verfügung oder einen Beschluss des Rechtspflegers.

a) Im Falle des Widerspruchs des Antragsgegners gegen den Mahnbescheid ist die Abgabe an zwei weitere Voraussetzungen geknüpft:

(1) Eine Partei, – Antragsteller oder Antragsgegner – muss die Durchführung des streitigen Verfahrens beantragen (§ 696 I ZPO).

III. Die Überleitung in das streitige Verfahren

Der Widerspruch des Antragsgegners gegen den Mahnbescheid bedeutet nicht automatisch den Antrag auf Durchführung des Streitverfahrens. Er kann abwarten, ob der Antragsteller das Verfahren weiter betreiben will, insbesondere auf die Begründung des geltend gemachten Anspruchs warten. Der Antrag auf Durchführung des streitigen Verfahrens kann auch wieder zurückgenommen werden. Das Verfahren kommt dann zum Ruhen.

(2) Beantragt der Antragsteller die Durchführung des streitigen Verfahrens, so erfolgt die Abgabe erst, wenn er die Prozessgebühr für das Verfahren gezahlt hat (§ 12 III 3 GKG).

Beantragt der Antragsgegner die Durchführung des streitigen Verfahrens, so erfolgt die Abgabe ohne Einzahlung eines Kostenvorschusses.

b) Im Falle des Einspruchs gegen den Vollstreckungsbescheid bedarf es keines Parteiantrages auf Durchführung des streitigen Verfahrens; die Abgabe an das zuständige Gericht erfolgt vielmehr von Amts wegen (§ 700 III 1 ZPO), da das Mahnverfahren schon zu einem Vollstreckungstitel geführt hat und dem Antragsgegner an einer Entscheidung über die Aufhebung des Vollstreckungsbescheids gelegen ist. 19

(1) Die Einzahlung eines Kostenvorschusses durch den Antragsteller ist hier im Regelfall nicht erforderlich.

Eine Ausnahme besteht, wenn ein Vollstreckungsbescheid im Urkunden-, Wechsel- oder Scheckverfahren ergangen ist und der Antragsgegner den Widerspruch auf den Vorbehalt seiner Rechte im Nachverfahren beschränkt hat (§ 703 a II Nr. 4 ZPO); dann muss der Antragsteller, wenn der Vollstreckungsbescheid unter diesem Vorbehalt erlassen ist, den weiteren Kostenvorschuss zahlen, um das Nachverfahren in Gang zu bringen (§ 12 III 3 GKG).

(2) Eine Prüfung, ob der Einspruch zulässig ist, erfolgt vor der Abgabe an das zuständige Gericht nicht. Diese Prüfung bleibt dem Streitgericht vorbehalten.

4. Das weitere Verfahren

a) Nach §§ 697 I, 700 III 2 ZPO gibt die Geschäftsstelle des nunmehr zuständigen Gerichts dem Antragsteller auf, seinen Anspruch binnen zwei Wochen in einer der Klageschrift entsprechenden Form zu begründen. Damit soll der Zustand herbeigeführt werden, der in einem Klageverfahren bei sofortiger Einreichung der Klageschrift bestanden hätte. 20

Der einzureichende Schriftsatz hat deshalb grundsätzlich den Erfordernissen des § 253 ZPO zu genügen. Die Anspruchsbegründungsschrift muss deshalb auch einen Sachantrag enthalten – gelegentlich wird hier allerdings auch eine Bezugnahme auf den Mahnantrag als ausreichend angesehen. Ähnliches gilt hinsichtlich der Begründung des Anspruchs aus dem Mahnbescheid bzw. Vollstreckungsbescheid: Sie muss sich aus der Anspruchsbegründungsschrift ergeben – im Einzelfall wird hier jedoch auch eine Bezugnahme auf bereits im Mahnverfahren erfolgtes Vorbringen zugelassen.

Die Aufforderung zur Anspruchsbegründung entfällt allerdings im Falle eines unzulässigen Einspruchs gegen den Vollstreckungsbescheid. Dieser ist, nach Gewährung rechtlichen Gehörs, durch Urteil zu verwerfen (§§ 341, 700 I ZPO).

b) Bei Eingang der Anspruchsbegründung wird wie nach Eingang einer Klage verfahren (§§ 697 II, 700 IV 1 ZPO). Das Gericht kann mithin zwischen der Bestimmung eines frühen ersten Termins und dem schriftlichen Vorverfahren wählen (§ 272 ZPO).

(1) Früher erster Termin.

Das Verfahren läuft nach den Vorschriften der §§ 273–275 ZPO.

Der Vorsitzende bestimmt den frühen ersten Termin zur mündlichen Verhandlung; bei Vorliegen der Voraussetzungen des § 278 II 1 ZPO mit vorausgehender Güteverhandlung. Die Anspruchsbegründung wird dem Beklagten zugestellt mit der (möglichen) Fristsetzung zur Klageerwiderung (§ 275 I ZPO) und – im Anwaltsprozess – mit der Aufforderung, einen Rechtsanwalt zu bestellen, falls er sich gegen die Klage verteidigen wolle (§ 271 II ZPO).

(2) Schriftliches Vorverfahren.

Wählt das Gericht das schriftliche Vorverfahren, so ergeben sich Unterschiede, je nachdem, ob ein Widerspruch gegen den Mahnbescheid oder ein Einspruch gegen den Vollstreckungsbescheid vorliegt.

Liegt ein Widerspruch gegen den Mahnbescheid vor, so wird der Beklagte wie im normalen Klageverfahren zur Erklärung binnen zwei Wochen aufgefordert, ob er sich gegen die Klage verteidigen wolle (§§ 697 II, 276 I 1 ZPO). Die Einlegung des Widerspruchs wird also nicht bereits als Anzeige der Verteidigungsbereitschaft angesehen. Die Folge ist, dass bei Nichtanzeige derselben ein Versäumnisurteil im schriftlichen Vorverfahren nach § 331 III ZPO ergehen kann. In Abweichung vom § 276 I 1 ZPO kann dem Beklagten allerdings auch eine Frist zur Klageerwiderung gesetzt werden, die mit der Zustellung der Anspruchsbegründung beginnt (§ 697 II 2 ZPO); davon wird das Gericht Gebrauch machen, wenn sich aus bisherigen Eingaben des Beklagten bereits seine Verteidigungsbereitschaft ergibt.

Liegt dagegen ein Einspruch gegen den Vollstreckungsbescheid vor, so entfällt die Aufforderung zur Verteidigungsanzeige – § 700 IV 2 ZPO schließt den § 276 I 1 ZPO ausdrücklich aus. Der Einspruch wird als genügende Anzeige der Verteidigungsbereitschaft angesehen, zumal bereits ein Vollstreckungstitel gegen den Beklagten vorliegt. Das Gericht kann dem Beklagten lediglich eine Frist von mindestens 2 Wochen zur Klageerwiderung setzen (§ 700 IV, 276 I 2 ZPO). Der Erlass eines Versäumnisurteils im schriftlichen Vorverfahren ist nicht möglich (§ 700 IV 2 erklärt § 276 I 1, II ZPO für unanwendbar).

21 c) Geht keine Anspruchsbegründung ein, so ist das Verfahren ebenfalls unterschiedlich je nach dem, ob Widerspruch gegen einen Mahnbescheid oder Einspruch gegen den Vollstreckungsbescheid eingelegt wurde.

(1) Widerspruch gegen Mahnbescheid.

Liegt nur ein Widerspruch gegen den Mahnbescheid vor, so ruht das Verfahren, bis der Antragsgegner einen Antrag auf Terminsbestimmung stellt (§ 697 III 1 ZPO).

Geht ein solcher Antrag ein, so setzt der Vorsitzende mit der Terminsbestimmung dem Antragsteller eine Frist zur Anspruchsbegründung mit der Folge, dass der Antragsteller bei Nichtbefolgung dieser Frist der Zurückweisung verspäteten Vorbringens nach § 296 I, IV ZPO ausgesetzt ist (§ 697 III 2 ZPO). Erscheint der Antragsteller in dem anberaumten Termin nicht und liegt keine Anspruchsbegründung vor, so wird die Klage durch Prozessurteil als unzulässig abgewiesen, da eine ordnungsmäßige Klageschrift nicht vorliegt.[13]

Beantragt der Antragsteller die Bestimmung eines Termins, ohne gleichzeitig die Anspruchsbegründung vorzulegen, so wird das Gericht ihn darauf hinweisen, dass Termin erst nach Vorlage der Anspruchsbegründung bestimmt werden kann.

(2) Einspruch gegen Vollstreckungsbescheid.

Liegt bereits ein Vollstreckungsbescheid vor, gegen den der Beklagte Einspruch eingelegt hat, so muss das Gericht, falls der Einspruch zulässig ist, nunmehr Termin zur mündlichen Verhandlung bestimmen (§ 700 V ZPO). Die Einleitung eines schriftlichen Vorverfahrens ist ausgeschlossen – § 700 III 2 ZPO verweist nicht auf § 697 II ZPO.

---

[13] *Baumbach/Lauterbach/Albers/Hartmann*, § 697 Rn. 21; a. M. *Zöller/Vollkommer*, § 697 Rn. 10.

III. Die Überleitung in das streitige Verfahren 451

Gleichzeitig setzt das Gericht dem Kläger eine Frist zur Einreichung der Anspruchsbegründung (§§ 700 V, 697 III 2 ZPO). Diese Frist zwingt den Kläger zur Einreichung der Anspruchsbegründung, wenn er sich nicht der Gefahr der Zurückweisung nach § 296 I ZPO aussetzen will.

d) Eine Weiterverweisung des Rechtsstreits an ein anderes Gericht kann nach Abgabe an das zuständige Gericht nicht mehr auf Initiative des Klägers erfolgen, der mit der Angabe des zuständigen Gerichts im Mahnbescheid sein Wahlrecht verloren hat.

Eine Weiterverweisung kommt nur in Frage in Fällen ausschließlicher Zuständigkeit und auf den Einwand der Unzuständigkeit des Gerichts seitens des Beklagten. In beiden Fällen kann der Kläger den Antrag auf Verweisung an ein anderes Gericht nach § 281 I ZPO stellen.

5. Der Erlass eines Urteils in der Hauptsache

a) Im Falle des Widerspruchs gegen Mahnbescheid ergeben sich keine Besonderheiten gegenüber dem normalen Klageverfahren: Da bisher ein Vollstreckungstitel nicht vorliegt, ist das Urteil wie im normalen Klageverfahren zu tenorieren.

22

b) Im Falle des Einspruchs gegen Vollstreckungsbescheid ist dies anders. Da der Vollstreckungsbescheid einem Versäumnisurteil gleichgestellt ist (§ 700 I ZPO) ergeben sich Besonderheiten gegenüber dem normalen Klageverfahren: Zu entscheiden ist hier, falls der Einspruch zulässig ist, ob der Vollstreckungsbescheid zu Recht ergangen und deshalb aufrechtzuerhalten ist. Zudem sind bei der Tenorierung die §§ 344, 709 S. 3 ZPO zu beachten.

Ein zweites Versäumnisurteil gegen den Beklagten darf nur erlassen werden, wenn die Klage schlüssig ist (§ 700 VI ZPO); dies folgt aus dem Umstand, dass im Mahnverfahren vor Erlass des Vollstreckungsbescheids eine Schlüssigkeitsprüfung nicht vorgenommen wurde und jetzt erstmals der Richter mit der Sache befasst ist.

c) Die Kosten des Mahnverfahrens sind Teil der Kosten des Rechtsstreits mit der Folge, dass im Regelfall eine Kostentrennung nicht stattfindet (§§ 696 I 5, 281 III 1 ZPO).

Dem Beklagten werden also auch die Kosten des Mahnverfahrens dem Grund nach auferlegt, die durch die Anrufung des Mahngerichts entstanden sind. § 281 III 2 ZPO findet keine Anwendung, da die Abgabe an das zuständige Gericht keine Verweisung i.S. des § 281 I ZPO darstellt. Allerdings wird im Kostenfestsetzungsverfahren dann geprüft, ob die Einleitung des Mahnverfahrens eine zur zweckentsprechenden Rechtsverfolgung dienende Maßnahme war (§ 91 I ZPO); soweit dies verneint wird, vor allem dann, wenn der Kläger mit einem Widerspruch gegen den Mahnbescheid rechnen musste, können die Mehrkosten nicht erstattungsfähig sein.[14]

Eine Auferlegung von Kosten des Mahnverfahrens auf den Kläger kommt nur ausnahmsweise in Betracht, wenn der Kläger im Mahnantrag ein unzuständiges Gericht angegeben hat und nach Abgabe an dieses Gericht eine Weiterverweisung nach § 281 I ZPO erfolgt.

---

[14] *Baumbach/Lauterbach/Albers/Hartmann*, § 91 Rn. 114 ff.

Muster 123: Unbegründete sofortige Erinnerung gegen die Zurückweisung des Antrags auf Erlass eines Mahnbescheids

Amtsgericht Hünfeld
Aktenzeichen: ...

Beschluss

1 In dem Mahnverfahren

d... ...

Antragsteller...,

Prozessbevollmächtigter: Rechtsanwalt ...,

gegen

1. ...
2. ...
3. ...

Antragsgegner...,

Prozessbevollmächtigter: Rechtsanwalt ...,

hat das Amtsgericht Hünfeld durch die Richterin am Amtsgericht ... am ... beschlossen:

Die sofortige Erinnerung der Antragstellerin gegen den Beschluss des Rechtspflegers vom ... wird zurückgewiesen.

Gründe
I.

Die Antragstellerin hat den Erlass von Mahnbescheiden gegen die drei Antragsgegner wegen einer Geldforderung von 20 000,- € nebst 5% Zinsen p.a. seit 1. 3. 2010 sowie 19% Umsatzsteuer auf diese Zinsen beantragt.

Der Rechtspfleger hat die beantragten Mahnbescheide wegen der Hauptforderung nebst 5% Zinsen p.a. erlassen und durch den am 19. 3. 2010 zugestellten Beschluss vom 8. 3. 2010 die Anträge insoweit zurückgewiesen, als die Antragstellerin 19% Umsatzsteuer auf die geltend gemachten Zinsen verlangt hat.

Dagegen richtet sich die am 2. 4. 2010 eingegangene sofortige Erinnerung der Antragstellerin, der der Rechtspfleger nicht abgeholfen hat.

II.

2 Die sofortige Erinnerung ist gemäß § 11 II 1 RPflG, § 569 I ZPO zulässig. § 691 III 2 ZPO steht der Statthaftigkeit der Erinnerung nicht entgegen. Die Vorschrift schließt nach gefestigter Rechtsprechung nur die sofortige Beschwerde, nicht aber die sofortige Erinnerung gegen die Entscheidungen des Rechtspflegers aus. Die vorliegende sofortige Erinnerung ist auch form- und fristgerecht eingelegt.

In der Sache ist sie jedoch unbegründet.

Der Rechtspfleger hat es zu Recht abgelehnt, die beantragten Mahnbescheide mit der Maßgabe zu erlassen, dass die Antragsgegner nochmals Umsatzsteuer auf die Zinsen zu zahlen haben.

Zwar gehen die §§ 690, 691 ZPO davon aus, dass der Rechtspfleger den im Mahnverfahren geltend gemachten Zahlungsanspruch nicht auf seine Schlüssigkeit prüft, sondern nur noch feststellt, ob die nach § 690 I Nr. 3 ZPO erforderliche Individualisierung des Anspruchs gegeben ist. Gleichwohl schließt das nicht aus, einem offenbar unbegründeten Anspruch die Anerkennung zu versagen und den Erlass des Mahnbescheides abzulehnen. Dem Rechtspfleger kann nicht angesonnen werden, an der Schaffung eines Staatsakts mitzuwirken, dessen Inhalt offenbar nicht der Rechtslage entspricht.

Ein solcher Fall ist hier gegeben. Die Antragstellerin kann auf die geltend gemachten Verzugszinsen keine Umsatzsteuer verlangen, denn Verzugszinsen sind gemäß §§ 10, 11 UStG nicht Teil der Bemessungsgrundlage der Umsatzsteuer. Die teilweise Zurückweisung der Anträge ist demnach zu Recht erfolgt.

Einer Kostenentscheidung bedarf es nicht, da für das Erinnerungsverfahren weder Gerichtsgebühren noch Anwaltsgebühren entstehen (§ 11 IV RPflG; § 19 Nr. 5 RVG).

....

Muster 124: Begründete sofortige Erinnerung gegen die Zurückweisung des Antrags auf Erlass eines Mahnbescheids

Amtsgericht Hünfeld
Aktenzeichen: ...

Beschluss

1 In dem Mahnverfahren

d... ...

Antragsteller...,

Prozessbevollmächtigter: Rechtsanwalt ...,

gegen

d... ...

Antragsgegner...,

Prozessbevollmächtigter: Rechtsanwalt ...,

hat das Amtsgericht Hünfeld durch den Richter am Amtsgericht ... am ... beschlossen:

Auf die sofortige Erinnerung der Antragstellerin wird der Beschluss des Rechtspflegers vom ... aufgehoben.

Der Rechtspfleger wird angewiesen, den beantragten Mahnbescheid – nach Berichtigung des Wohnsitzgerichts des Schuldners – zu erlassen.

Gründe

I.

Die Antragstellerin hat den Erlass eines Mahnbescheides wegen einer Geldforderung von 5000 € nebst 4% Zinsen p.a. seit 1. 3. 2010 beantragt und als Gericht, an das der Rechtsstreit im Falle des Widerspruchs bzw. Einspruchs abgegeben werden soll, das Amtsgericht Königstein im Taunus angegeben.

Der Rechtspfleger hat durch Beschluss vom 12. 3. 2010, den Antrag mit der Begründung zurückgewiesen, diese Gerichtsangabe sei mit § 690 I Nr. 5 ZPO nicht vereinbar.

Gegen den am 15. 3. 2010 zugestellten Beschluss richtet sich die am 18. 3. 2010 bei Gericht eingegangene sofortige Erinnerung der Antragstellerin, die geltend macht, die Auffassung des Rechtspflegers sei irrig. Sie wisse, dass der Antragsgegner ständig vor dem Amtsgericht Königstein im Taunus verklagt werde und dort an mündlichen Verhandlungen teilnehme. Der Rechtspfleger hat dieser Erinnerung nicht abgeholfen.

II.

2 Die sofortige Erinnerung ist gemäß § 11 II 1 RPflG, § 569 I ZPO zulässig. § 691 III 2 ZPO steht der Statthaftigkeit der Erinnerung nicht entgegen. Die Vorschrift schließt nach gefestigter Rechtsprechung nur die sofortige Beschwerde, nicht aber die so-

fortige Erinnerung gegen die Entscheidungen des Rechtspflegers aus. Die vorliegende sofortige Erinnerung ist auch form- und fristgerecht eingelegt.

In der Sache ist sie zudem begründet.

Der Rechtspfleger durfte unter den hier gegebenen Umständen den Erlass des Mahnbescheides nicht wegen Unvereinbarkeit des Antrags mit § 690 I Nr. 5 ZPO zurückweisen.

Zwar irrt die Antragstellerin, wenn sie das Amtsgericht Königstein im Taunus als Wohnsitzgericht des Antragsgegners ansieht, denn zuständiges Gericht für den Antragsgegner ist das Amtsgericht ..., da ... schon seit der Eingemeindung im Jahre 1972 zum Stadtgebiet von ... gehört.

Der Rechtspfleger durfte im vorliegenden Fall auch den Mahnbescheid nicht mit der unrichtigen Angabe, das Amtsgericht Königstein im Taunus sei das zuständige Streitgericht, erlassen.

Die nach § 691 I ZPO für den Normalfall gegebene Zurückweisung des Antrags war aber hier durch eine Berichtigung von Amts wegen zu ersetzen, die in Ausnahmefällen zulässig ist und der Abweisung des Antrags vorgeht. Hierzu bestand Anlass, da es sich bei der Angabe der Antragstellerin um einen offensichtlichen Irrtum handelte.

Der Rechtspfleger war demnach unter Aufhebung des angefochtenen Beschlusses anzuweisen, den beantragten Mahnbescheid nach Berichtigung des Antrags hinsichtlich des Streitgerichts zu erlassen.

Einer Kostenentscheidung bedarf es nicht, da für das Erinnerungsverfahren weder Gerichtsgebühren noch Anwaltsgebühren entstehen (§ 11 IV RPflG; § 19 Nr. 5 RVG).

Muster 125: Unbegründete sofortige Erinnerung gegen die Zurückweisung des Antrags auf Erlass eines Vollstreckungsbescheides

Landgericht Frankfurt am Main
Aktenzeichen: ...

Beschluss

1 In dem Mahnverfahren
d... ...

                         Antragsteller...,

Prozessbevollmächtigter: Rechtsanwalt ...,

gegen

d... ...

                         Antragsgegner...,

Prozessbevollmächtigter: Rechtsanwalt ...,

hat die ... Zivilkammer des Landgerichts Frankfurt am Main durch den Richter am Landgericht ... als Einzelrichter am ... beschlossen:

  Die sofortige Erinnerung der Antragstellerin gegen den Beschluss des Rechtspflegers vom ... wird zurückgewiesen.

Gründe

I.

Die Antragstellerin hat gegen den Antragsgegner einen Mahnbescheid vom 30. 6. 2010 betreffend Zahlung von 6257,83 € nebst 5% Zinsen seit 12. 6. 2010 erwirkt. Der Mahnbescheid ist dem Antragsgegner am 5. 7. 2010 zugestellt worden. Mit Schriftsatz vom 16. 7. 2010, eingegangen am 20. 7. 2010, hat die Antragstellerin den Erlass des Vollstreckungsbescheids beantragt und hierzu vorgetragen, Zahlungen des Antragsgegners auf den Mahnbescheid seien nicht eingegangen.

Der Rechtspfleger hat diesen Antrag durch Beschluss vom 21. 7. 2010, zugestellt am 28. 7. 2010 unter Hinweis auf § 699 I 2 ZPO zurückgewiesen.

Hiergegen richtet sich die am 10. 8. 2010 bei Gericht eingegangene Erinnerung der Antragstellerin, der der Rechtspfleger nicht abgeholfen hat.

II.

2 Die sofortige Erinnerung ist nach § 11 Abs. 1 RPflG i. V. m. § 567 Abs. 1 Nr. 2 ZPO statthaft, insbesondere form- und fristgerecht eingelegt.

Sie ist jedoch unbegründet.
Der Rechtspfleger hat zu Recht den Antrag auf Erlass des Vollstreckungsbescheids unter Hinweis auf § 699 I 2 ZPO abgelehnt.

Nach der genannten Vorschrift darf der Antrag auf Erlass des Vollstreckungsbescheids erst nach Ablauf der Widerspruchsfrist gestellt werden. Zwar ist der Antrag vom 16. 7. 2010 erst am 20. 7. 2010 bei dem Amtsgericht eingegangen, nachdem die Widerspruchsfrist von zwei Wochen am 19. 7. 2010 abgelaufen war. Das genügt allerdings nicht den Anforderungen des Gesetzes, wie sie sich bei einer am Sinn der Vorschrift orientierenden Auslegung ergeben.

Die Vorschrift will nämlich sicherstellen, dass der Antragsteller vor Stellung des Antrags prüft, ob der Antragsgegner innerhalb der Widerspruchsfrist Zahlungen auf den geltend gemachten Anspruch geleistet hat; dies hat er in dem Antrag auf Erlass des Vollstreckungsbescheids dem Amtsgericht mitzuteilen, damit etwaige Zahlungen auf den zu titulierenden Anspruch zu verrechnen sind und bei dem Vollstreckungsbescheid ausgeklammert werden. Dies erfordert aber, dass der Antragsteller den Erlass des Vollstreckungsbescheids erst nach Ablauf der Widerspruchsfrist unterzeichnet und absendet.

Das ist der unter Berücksichtigung der Datierung des Schriftsatzes zu ermittelnde Zeitpunkt, an dem die Erklärung abgegeben worden ist. Unter Zugrundelegung dieser Rechtslage war die am 16. 7. 2010 abgegebene und laut Poststempel am 17. 7. 2010 abgesendete Erklärung über den Nichteingang von Zahlungen verfrüht.

Einer Kostenentscheidung bedarf es nicht, da für das Erinnerungsverfahren weder Gerichtsgebühren noch Anwaltsgebühren entstehen (§ 11 IV RPflG; § 19 Nr. 5 RVG).

....

Muster 126: Begründete sofortige Erinnerung gegen die Zurückweisung des Antrags auf Erlass eines Vollstreckungsbescheides

Landgericht Frankfurt am Main
Aktenzeichen: ...

Beschluss

1 In dem Rechtsstreit

d... ...

Antragsteller...,

Prozessbevollmächtigter: Rechtsanwalt ...,

gegen

d... ...

Antragsgegner...,

Prozessbevollmächtigter: Rechtsanwalt ...,

hat die ... Zivilkammer des Landgerichts Frankfurt am Main durch die Richterin am Landgericht ... als Einzelrichter am ... beschlossen:

Der Beschluss des Rechtspflegers vom ... wird aufgehoben.

Der Rechtspfleger wird angewiesen, den von dem Kläger beantragten Vollstreckungsbescheid zu erlassen.

Gründe

I.

Das Amtsgericht Mayen hat am 9. 7. 2010 gegen den Beklagten einen Mahnbescheid über 5 000 € nebst 4% Zinsen seit 15. 10. 2009 erlassen. Nach Einlegung des Widerspruchs hat es die Sache an das im Mahnbescheid angegebene Amtsgericht München abgegeben. Dieses Gericht hat durch Beschluss vom 15. 9. 2010 auf Antrag des Klägers sich für örtlich unzuständig erklärt und den Rechtsstreit an das Amtsgericht Frankfurt am Main verwiesen. Zur Begründung hat es ausgeführt, laut dem von dem Kläger vorgelegten Darlehensvertrag hätten die Parteien Frankfurt am Main als Gerichtsstand vereinbart.

Das Amtsgericht Frankfurt am Main hat am 4. 10. 2010 das schriftliche Vorverfahren angeordnet und den Beklagten zur Stellungnahme bis 30. 11. 2010 aufgefordert. Mit Schriftsatz vom 18. 11. 2010 meldete sich der Prozessbevollmächtigte des Beklagten und kündigte den Antrag auf Abweisung der Klage an mit dem Zusatz, es werde fristgerecht bis 30. 11. 2010 zur Anspruchsbegründung Stellung genommen. Mit Schriftsatz vom 8. 11. 2010 teilte der Prozessbevollmächtigte des Beklagten mit, der Widerspruch des Beklagten gegen den Mahnbescheid vom 9. 7. 2010 werde zurückgenommen.

Der Rechtspfleger hat durch Beschluss vom 24. 11. 2010 den Antrag des Klägers auf Erlass des Vollstreckungsbescheides zurückgewiesen und hierzu ausgeführt: Das

Amtsgericht Frankfurt am Main sei für den Erlass des Vollstreckungsbescheid nicht zuständig, sondern vielmehr das Amtsgericht München. Der Verweisungsbeschluss habe keine Bindungswirkung, da er ohne Anhörung des Beklagten ergangen sei.

Gegen diesen am 29. 11. 2010 zugestellten Beschluss richtet sich die am 9. 12. 2010 eingegangene Erinnerung des Klägers, der der Rechtspfleger laut Verfügung vom ... nicht abgeholfen hat, mit dem Antrag,

> unter Aufhebung des angefochtenen Beschlusses den Rechtspfleger anzuweisen, den beantragten Vollstreckungsbescheid zu erlassen.

Der Beklagte hat zu der Erinnerung keine Stellungnahme abgegeben.

II.

Die sofortige Erinnerung ist nach § 11 Abs. 1 RPflG i.V.m. § 567 Abs. 1 Nr. 2 ZPO statthaft, insbesondere form- und fristgerecht eingelegt.

Sie ist auch begründet.

Der Rechtspfleger war gehalten, den beantragten Vollstreckungsbescheid zu erlassen.

Das Amtsgericht Frankfurt am Main ist durch die Verweisung des Rechtsstreits gemäß Beschluss des Amtsgerichts München vom 15. 9. 2010 endgültig zuständig geworden. Dies folgt aus der Bindungswirkung des Verweisungsbeschlusses (§ 281 II 2 ZPO). Dem steht nicht entgegen, dass die Verweisung an das Amtsgericht Frankfurt am Main unter zwei Gesichtspunkten fehlerhaft war.

Das Amtsgericht München durfte nach Abgabe des Verfahrens durch das Amtsgericht Mayen an das Amtsgericht München, das der Kläger als das für das Streitverfahren zuständige Gericht angegeben hatte, ohne Zuständigkeitsrüge des Beklagten nicht auf Antrag des Klägers den Rechtsstreit an das Amtsgericht Frankfurt am Main verweisen, denn der Kläger hatte sich durch die Angabe des Amtsgerichts München im Antrag auf Erlass des Mahnbescheides seines Wahlrechtes zwischen dem Gerichtsstand des Wohnsitzes (§ 12 ZPO) und dem vereinbarten Gerichtsstand (§ 38 ZPO) begeben (*BGH* NJW 1993, 1273).

Dieser Verfahrensverstoß ist aber nach Auffassung des Gerichts nicht so gravierend, dass dem Verweisungsbeschluss die Bindungswirkung abgesprochen werden könnte. Es handelt sich nur um einen einfachen Verfahrensverstoß, zumal die Verweisung an ein Gericht erfolgt ist, das ebenfalls für die Entscheidung des Rechtsstreits zuständig ist.

Der Verweisungsbeschluss des Amtsgerichts München war aber insofern mit einem schweren Verfahrensfehler behaftet, als er ohne Anhörung des Beklagten erfolgte. Dies verstieß gegen den in Art. 103 I GG niedergelegten Grundsatz des rechtlichen Gehörs, der auch vor Erlass eines Verweisungsbeschlusses im Sinne von § 281 I ZPO zu beachten ist (*BVerfG* NJW 1982, 2367; *BGH* FamRZ 1989, 847).

Gleichwohl ist ausnahmsweise die Bindungswirkung zu beachten, denn dieser Verfahrensverstoß ist dadurch geheilt worden, dass der Beklagte nach der Verweisung im schriftlichen Vorverfahren nachträglich rechtliches Gehör erhalten hat und im Schriftsatz seines Rechtsanwalts vom 18. 11. 2010 ausdrücklich erklärt hat, er sei mit der Verhandlung vor dem Amtsgericht Frankfurt am Main einverstanden und werde fristgerecht zur Sache Stellung nehmen. Es ist ein allgemeiner Grundsatz, dass rechtliches Gehör auch nachträglich gewährt werden (vgl. etwa § 33 a StPO) und damit ein vorangegangener Verfahrensverstoß geheilt werden kann.

Einer Kostenentscheidung bedarf es nicht, da für das Erinnerungsverfahren weder Gerichtsgebühren noch Anwaltsgebühren entstehen (§ 11 IV RPflG; § 19 Nr. 5 RVG).

§ 8. Die Erledigung der Hauptsache

I. Begriff, Voraussetzungen und Folgen

1. Begriff der Erledigung der Hauptsache

a) Tritt während des Rechtsstreits ein Ereignis ein, durch das eine bis dahin zulässige und begründete Klage hinfällig, d.h. unzulässig oder unbegründet wird, so muss dem Kläger die Möglichkeit gegeben werden, den Prozess ohne die Folge der Klageabweisung mit der daraus folgenden, ihn treffenden Kostenlast (§ 91 ZPO) zu beenden.

Eine Rücknahme der Klage scheidet wegen der Kostenregelung in § 269 III 2 ZPO als zweckentsprechende Maßnahme aus, es sei denn, der Anlass zur Einreichung der Klage ist nach Anhängigkeit und vor Rechtshängigkeit weggefallen § 269 III 3 ZPO).
In Frage käme ein Verzicht nach § 306 ZPO unter Protest gegen die Kosten. Diese könnten zwar in analoger („umgekehrter") Anwendung des § 93 ZPO dem Beklagten auferlegt werden, das Verzichtsurteil aber würde von einem Antrag des Beklagten abhängen, so dass dieser diese Lösung verhindern könnte.

b) Der Sache nach geht es, wenn der Beklagte einverstanden ist, nur noch um eine Regelung der Kostenfrage, weshalb § 91a ZPO vorsieht, dass der Rechtsstreit durch übereinstimmende Erklärungen der Parteien in der Hauptsache für erledigt erklärt werden kann – Ausdruck der im Zivilprozess geltenden Dispositionsmaxime.

Das Gericht ist an die übereinstimmenden Erklärungen der Parteien gebunden mit der Folge, dass eine Entscheidung in der Hauptsache nicht mehr ergehen kann (§ 308 I ZPO); ein bereits erlassenes, noch nicht rechtskräftiges Urteil verliert automatisch seine Wirkung, was analog § 269 IV ZPO auf Antrag des Beklagten durch Beschluss festgestellt werden kann.[1] § 91a ZPO befasst sich allerdings weniger mit diesen dargestellten Folgen, die sich eigentlich bereits aus allgemeinen Grundsätzen ableiten lassen, sondern mit der dann noch zu treffenden Kostenentscheidung.

c) Die Privilegierung des Klägers ist allerdings nur dann gerechtfertigt, wenn die Klage anfangs zulässig und begründet war, d.h. wenn sich der Rechtsstreit nach seinem Beginn erledigt hat.

(1) War die Klage von Anfang an unzulässig oder unbegründet, so darf der Beklagte nach dem Grundgedanken des § 269 I ZPO seinen Antrag auf Abweisung der Klage aufrechterhalten, und zwar ohne Nachweis eines besonderen Interesses.

(2) Maßgebendes Kriterium für die Erledigung ist das Ereignis selbst, während es auf eine materiellrechtliche Rückwirkung der Rechtsfolge (Beispiele: Anfechtung, Aufrechnung) nicht ankommt. Bei einer wirksam erfolgten Klageänderung kommt es nur darauf an, ob sich der neu eingeführte Klageantrag in der Hauptsache erledigt hat.

(3) Maßgeblicher Zeitpunkt, ab welchem die Erledigung in materiellrechtlichem Sinne zur Abgabe von Erledigungserklärungen geeignet ist, ist die Klageerhebung, also der Eintritt der Anhängigkeit, denn solange die Klage nicht erhoben ist, kann sie sich auch nicht in der Hauptsache erledigen.[2] Die Fälle, in denen der Anlass zur Einreichung der Klage nach deren Anhängigkeit aber vor ihrer Rechtshängigkeit weggefallen ist, regelt § 269 III 3 ZPO.

---

[1] *Baumbach/Lauterbach/Albers/Hartmann*, § 91a Rn. 111; *Zöller/Vollkommer*, § 91a Rn. 12.
[2] *Baumbach/Lauterbach/Albers/Hartmann*, § 91a Rn. 26ff.; *Zöller/Vollkommer*, § 91a Rn. 17.

2. Voraussetzungen der Erledigung der Hauptsache

2   a) Voraussetzung sind übereinstimmende Erklärungen der Parteien, dass der Rechtsstreit in der Hauptsache erledigt ist. Unerheblich ist, ob der Kläger den Erledigungstatbestand willkürlich herbeigeführt hat; das kann im Rahmen der Ermessensausübung bei der Kostenverteilung berücksichtigt werden.

Die Erklärung muss sich auf das gleiche Erledigungsereignis beziehen, da nur dann das Gericht die Kostenentscheidung nach bestimmten Kriterien treffen kann.

b) Grundsätzlich zulässig ist es, eine Erledigungserklärung zu bedingen.

Dies kommt etwa dann in Betracht, wenn die Parteien den Rechtsstreit durch Prozessvergleich beendet haben, der noch widerrufen werden kann.[3]

c) Die umgekehrte Antragsfolge – unbedingte Erledigungserklärung und hilfsweise Aufrechthaltung des bisherigen Hauptantrages zur Sache – ist ebenfalls zulässig.

d) Der Beklagte kann sich der Erledigungserklärung des Klägers stillschweigend anschließen, indem er der Erledigungserklärung des Klägers nicht innerhalb einer Notfrist von zwei Wochen seit der Zustellung des Schriftsatzes widerspricht, nachdem er zuvor auf diese Folge hingewiesen worden ist (§ 91a I 2 ZPO).

Umgekehrt kann sich der Kläger einer ausdrücklichen Erledigungserklärung des Beklagten nicht stillschweigend anschließen – nach Einführung des § 91a I 2 ZPO fehlt es insoweit an einer planwidrigen Regelungslücke. Hier wird das Gericht den Kläger nach § 139 ZPO befragen, wie er sich gegenüber der ausdrücklichen Erledigungserklärung verhalten will.

e) Die Erledigungserklärung kann auf Teile des Streitgegenstandes beschränkt werden.[4]

Das wichtigste Beispiel ist die von dem Beklagten während des Rechtsstreits geleistete Teilzahlung; in diesem Fall ist es oft gebräuchlich, wegen der Zinsforderung einen Zahlungsantrag in der bisherigen Form „abzüglich am .... gezahlter ... €" zu stellen.

f) Im Falle der Säumnis des Beklagten liegt kein Einverständnis mit der Erledigungserklärung des Klägers vor, die Erledigungserklärung des Klägers bleibt vielmehr mangels Hinweises nach § 91a I 2 ZPO einseitig.

3. Folgen der übereinstimmenden Erledigungserklärung

3   Bei übereinstimmender Erledigungserklärung hat das Gericht nach § 91a ZPO nur noch über die Kosten des Rechtsstreits unter Berücksichtigung des bisherigen Sach- und Streitstandes nach billigem Ermessen zu entscheiden.

a) An die Erledigungserklärung der Parteien ist das Gericht gebunden. Ihre Wirksamkeit ist nicht davon abhängig, ob und wann sich die Hauptsache erledigt hat. Auch die Zulässigkeit der ursprünglichen Klage ist nicht mehr zu überprüfen, weshalb insbesondere eine Verweisung an ein zuständiges Gericht nach § 281 ZPO ausscheidet.[5]

(1) Anders dürfte es zunächst sein, wenn die Parteien unterschiedliche Erledigungstatbestände angeben, da je nach Zugrundelegung der verschiedenen Erledigungen die Kostenentscheidung verschieden ausfallen kann. Außerdem ist es dem Gericht unbenommen, den Zeitpunkt der Erledigung zu

---

[3] *Baumbach/Lauterbach/Albers/Hartmann*, § 91a Rn. 75; *Zöller/Vollkommer*, § 91a Rn. 11.
[4] *Baumbach/Lauterbach/Albers/Hartmann*, § 91a Rn. 77; *Zöller/Vollkommer*, § 91a Rn. 53.
[5] *Baumbach/Lauterbach/Albers/Hartmann*, § 91a Rn. 109; *Zöller/Vollkommer*, § 91a Rn. 44.

erfragen, um sodann in Ausübung der richterlichen Hinweispflicht (§ 139 ZPO) die Parteien zu sachdienlichen Anträgen zu veranlassen, denn § 91a ZPO will dem Kläger ja nur die Möglichkeit geben, bei Erledigungen während des Verfahrens sich aus der ihn sonst treffenden Kostenlast zu lösen.

(2) Bei übereinstimmenden Erledigungserklärungen, bei denen die Erledigung auf einem Ereignis vor Anhängigkeit der Klage beruht, ist das Gericht an diese mit der Folge gebunden, dass nach § 91a ZPO über die Kosten zu entscheiden ist.[6] Das schließt aber nicht aus, dass das Gericht die Parteien über den Zeitpunkt der Erledigung befragt, um diesen Zeitpunkt bei der Kostenentscheidung im Rahmen des billigen Ermessens zu berücksichtigen.

b) Eine weitere Sachverhaltsaufklärung soll nach dem Willen des Gesetzes nicht mehr erfolgen; vielmehr soll unter Berücksichtigung des bisherigen Sach- und Streitstandes über die Kosten entschieden werden: Jede weitere Sachaufklärung ist ausgeschlossen;[7] selbst ein neuer unstreitiger Sachvortrag der Parteien hat unberücksichtigt zu bleiben. Als Präklusionszeitpunkt ist der Zeitpunkt der letzten Erledigungserklärung zugrunde zu legen.

c) Die Kostenentscheidung erfolgt nach billigem Ermessen. Abzustellen ist auf den bisher angekündigten, bzw. schon gestellten Klageantrag, einen etwa geänderten Klageantrag, eventuell auch auf einen hypothetischen Klageantrag, auf den der Kläger die Klage nach Ausübung des Fragerechts nach § 139 ZPO umgestellt hätte. Für die Ausübung des Ermessens sind von der Rechtsprechung einige allgemeine Grundsätze aufgestellt worden:

(1) Zum einen spielt es eine maßgebende Rolle, wer die Erledigung herbeigeführt hat.[8]

Soweit der Beklagte den Kläger klaglos stellt, bedarf es der Prüfung, ob hierin ein Anerkenntnis des geltend gemachten Anspruchs zu sehen ist.

(2) Zum anderen ist darauf abzustellen, wer ohne das erledigende Ereignis in dem Rechtsstreit unterlegen wäre.[9] Dabei ist zwischen Tat- und Rechtsfragen zu unterscheiden.

Hinsichtlich ungeklärter Tatfragen ist über die bereits behandelte Frage der Beschränkung auf den bisherigen Sach- und Streitstand hinaus noch Folgendes zu beachten: Eine vorhandene Beweisaufnahme ist selbstverständlich zu würdigen, ebenso müssen beigezogene ausgewertet werden. Bei Teilerledigung muss eine noch stattfindende Beweisaufnahme auch Berücksichtigung bei der dann am Schluss der Instanz zu treffenden einheitlichen Kostenentscheidung finden.

Im Übrigen ist zu fragen, ob hinsichtlich streitiger Tatsachen zulässige Beweisanträge gestellt sind. Sind solche nicht gestellt, so kann von einer Beweisfälligkeit der beweispflichtigen Partei ausgegangen werden. Sind Beweisanträge vorhanden, so können völlig ungeeignete ausgeschieden werden, während bei den übrigen ihre Erfolgsaussicht mit in Erwägung gezogen werden kann. Weiterhin kann der Richter unter Zurückgreifen auf die „Lebenserfahrung" auf allgemeine Erwägungen abstellen. Es verbleibt dann noch ein Rest von Fällen, in denen eine Prognose über den weiteren hypothetischen Verlauf des Prozesses nicht möglich ist; hier wird letzten Endes nichts anderes übrig bleiben, als die Kosten gegeneinander aufzuheben.

Anders ist die Problematik der Prognose hinsichtlich der Entscheidung von Rechtsfragen. Steht der zugrunde liegende Sachverhalt – eventuell anhand der oben gefällten

---

[6] Zöller/Vollkommer, § 91a Rn. 16; a.A. Baumbach/Lauterbach/Albers/Hartmann, § 91a Rn. 26ff.
[7] Baumbach/Lauterbach/Albers/Hartmann, § 91a Rn. 112ff.; a.A. Zöller/Vollkommer, § 91a Rn. 26.
[8] Baumbach/Lauterbach/Albers/Hartmann, § 91a Rn. 117; Zöller/Vollkommer, § 91a Rn. 25.
[9] Baumbach/Lauterbach/Albers/Hartmann, § 91a Rn. 112; Zöller/Vollkommer, § 91a Rn. 26a.

§ 8. Die Erledigung der Hauptsache

Prognose – einmal fest, so hängt die Entscheidung der Rechtsfrage nicht von dem zeitlichen Stand des Verfahrens ab. Das Gericht ist deshalb verpflichtet, die Rechtslage auf den festgestellten oder im Wege der Prognose hypothetisch unterstellten Sachverhalt wie bei einem kontradiktorischen Urteil zu prüfen.

(3) Als weitere Verteilungskriterien können in Betracht kommen:
– Ein Anlass zur Klageerhebung (Analogie zu §§ 93, 93b ZPO);
– eine etwaige materiellrechtliche Kostentragungspflicht;
– ein Kostenanerkenntnis des Beklagten (Analogie zu § 306 ZPO);
– eine etwaige Hinauszögerung der Erledigungserklärung;
– eine etwa von den Parteien getroffene Prozessvereinbarung;
– die Anrufung eines unzuständigen Gerichts.

(4) Lässt sich nach den bisher erörterten Verteilungskriterien keine Lösung finden, so sind die Kosten gegeneinander aufzuheben.

4. Verfahrensfragen

5 a) Die Erledigungserklärungen können in einem Schriftsatz, in der mündlichen Verhandlung und zu Protokoll der Geschäftsstelle abgegeben werden (§ 91a I 1 ZPO). Letzteres bedeutet nach § 78 III ZPO die Befreiung vom Anwaltszwang.

b) Nach Abgabe der Erklärungen ist den Parteien rechtliches Gehör zu gewähren. Das betrifft sowohl die Frage der Abgrenzung des bisherigen Sach- und Streitstandes als auch die zu treffende Ermessensentscheidung über die Kostentragungspflicht.

c) Kostenanträge der Parteien sind zur Entscheidung nicht erforderlich (§ 308 II ZPO).

Die Parteien können allerdings übereinstimmend auf die Entscheidung verzichten, was auch durch Unterlassung von Kostenanträgen geschehen kann, im Einzelfall aber der Klärung nach § 139 ZPO bedarf, ob hierin ein solcher Verzicht zu erblicken ist.

d) Die Entscheidung ergeht bei völliger Erledigung der Hauptsache durch Beschluss.

Der Beschluss beginnt mit einem vollständigen Rubrum, da er einen Vollstreckungstitel bildet. Im Tenor enthält der Beschluss nur einen Ausspruch über die Kosten. Die Erledigung der Hauptsache wird im Tenor nicht festgestellt, da sie bereits durch die Erklärungen der Parteien herbeigeführt ist; zulässig ist es, die Kostenverteilung mit der Wendung „nach Erledigung der Hauptsache" einzuleiten.

Die Gründe des Beschlusses enthalten in der Praxis in der Regel keine dem Tatbestand des Urteils entsprechende Darstellung des Sach- und Streitstandes, obwohl dies nicht verboten ist und bei schwierigen Fällen, in denen mit einer Beschwerde zu rechnen ist, durchaus angezeigt sein kann. In der Regel geben die Gründe nach einem Hinweis auf die Erledigung der Hauptsache und auf § 91a ZPO als Entscheidungsgrundlage nur die Erwägungen in tatsächlicher und rechtlicher Hinsicht wieder, die für die Kostenentscheidung nach billigem Ermessen maßgebend gewesen sind.

6 e) Hat sich die Hauptsache nur teilweise erledigt, so wird über die Kosten einheitlich mit dem nicht erledigten Teil im Urteil entschieden.[10]

Zweifelhaft ist die Form der Entscheidung, wenn ein Teilurteil vorliegt, in welchem die Kostenentscheidung dem Schlussurteil vorbehalten wurde, und anschließend sich die Hauptsache im Übrigen erledigt. Ein Schlussurteil zur Hauptsache kann nicht mehr ergehen. Daraus lässt sich der Schluss ziehen, dass nunmehr über die gesamten Kosten des Rechtsstreits durch Beschluss zu entscheiden ist.

---

[10] *Baumbach/Lauterbach/Albers/Hartmann*, § 91a Rn. 202f.; *Zöller/Vollkommer*, § 91a Rn. 54.

Das erscheint aber zweifelhaft. Näherliegend dürfte es sein, ein Schlussurteil zu erlassen, in dem über die Kosten des streitigen Urteils und die Kosten des erledigten Teils entschieden wird.

(1) Die Kostenentscheidung hinsichtlich des streitigen Teils richtet sich nach den allgemeinen Regeln der §§ 91 ff. ZPO, die Kostenentscheidung hinsichtlich des erledigten Teils nach § 91 a ZPO.

Eine Aufspaltung der Kosten nach Quoten in die Teile, die sich auf den streitigen und den erledigten Streitgegenstand beziehen, findet dabei nicht statt. Im Hinblick auf die unterschiedliche Anfechtbarkeit kann sie aber zweckmäßig sein; jedenfalls müssen die für § 91 a ZPO maßgebenden Gründe wie in einem Beschluss mitgeteilt werden, damit das Beschwerdegericht eine Überprüfung vornehmen kann.

(2) Hinsichtlich der vorläufigen Vollstreckbarkeit der Kostenentscheidung sind die §§ 708 ff. ZPO auf die gesamten Kosten anzuwenden; eine Ausklammerung der auf den erledigten Teil entfallenden Kosten mit den Folgen einer vorläufigen Vollstreckbarkeit ohne Sicherheitsleistung nach § 794 I Nr. 3 ZPO erscheint nicht angebracht.

f) Der Kostenbeschluss nach § 91 a ZPO ist grundsätzlich mit der sofortigen Beschwerde anfechtbar (§ 91 a II ZPO). Besondere Voraussetzungen für die Zulässigkeit dieser sofortigen Beschwerde sind allerdings das Überschreiten des Beschwerdewerts von 200 € nach § 567 II ZPO, denn es handelt sich um eine Kostengrundentscheidung, sowie das Überschreiten der fiktiven Rechtsmittelgrenze von 600 € (§ 511 II Nr. 1 ZPO) nach § 91 a II 2 ZPO.

Bei der Anfechtung der gemischten Kostenentscheidung bei Teilerledigung bestehen zwei Möglichkeiten: Bei Vorliegen der jeweiligen Voraussetzungen kann die durch die Kostenentscheidung nach § 91 a ZPO beschwerte Partei sofortige Beschwerde nach § 91 a II ZPO einlegen und damit die Kostenentscheidung insoweit überprüfen lassen, als sie sich auf den erledigten Teil bezieht; daneben kann die durch das Schlussurteil in der Hauptsache ausreichend beschwerte Partei Berufung bzw. Revision einlegen und hierbei die gesamte Kostenentscheidung – also auch die zu § 91 a ZPO – überprüfen lassen.[11]

II. Die einseitige Erledigungserklärung des Klägers

1. Begriff

Erklärt nur der Kläger die Hauptsache für erledigt, während der Beklagte widerspricht, so ist nach dem Wortlaut des Gesetzes der Fall des § 91 a ZPO nicht gegeben.

a) Die Weigerung des Beklagten, sich der Erklärung des Klägers anzuschließen, die Hauptsache habe sich erledigt, kann verschiedene Gründe haben.

(1) Der Beklagte kann den Erledigungstatbestand bestreiten und will aus diesem Grund den Rechtsstreit in der Sache weiterführen.

(2) Liegt der Erledigungstatbestand vor dem Zeitpunkt der Rechtshängigkeit der Klage, so hat der Beklagte an der Entscheidung zur Hauptsache im Sinne einer der materiellen Rechtskraft fähigen Klageabweisung ein legitimes Interesse. Falls der Erledigungstatbestand zwischen Anhängigkeit und Rechtshängigkeit der Klage liegt, kann der Kläger die Klage allerdings zurücknehmen mit der Folge, dass eine Kostenentscheidung nach billigem Ermessen zu treffen ist (§ 269 III 3 ZPO).

(3) Die Weigerung des Beklagten kann aber auch in dem Fall erfolgen, dass der Erledigungstatbestand nach dem Zeitpunkt der Rechtshängigkeit liegt, weil er der nach billigem Ermessen zu treffenden Kostenentscheidung (§ 91 a ZPO) ausweichen will.

---

[11] *Baumbach/Lauterbach/Albers/Hartmann*, § 91 a Rn. 153; *Zöller/Vollkommer*, § 91 a Rn. 56.

§ 8. Die Erledigung der Hauptsache

b) Dogmatisch stellt die einseitige Erledigungserklärung eine Klageänderung dar: Der Kläger verfolgt seinen ursprünglichen Sachantrag nicht mehr weiter, sondern begehrt nunmehr die Feststellung, der ursprüngliche Sachantrag sei zunächst zulässig und begründet gewesen, habe sich dann aber durch ein nach dem Zeitpunkt der Rechtshängigkeit liegendes Ereignis erledigt.

Zur dogmatischen Einordnung der einseitigen Erledigungserklärung werden allerdings auch andere Ansichten vertreten; danach sei diese ein Institut sui generis, eine Klagerücknahme nur hinsichtlich der Hauptsache bzw. ein Klageverzicht unter Verwahrung gegen die Kostenlast.[12]

2. Voraussetzungen und Entscheidungsvarianten

9 a) Das Vorliegen einer wirksamen einseitigen Erledigungserklärung des Klägers setzt voraus:
- eine Erklärung des Klägers, wonach sich der Rechtsstreit in der Hauptsache erledigt hat;
- die fehlende Zustimmung des Beklagten;
- die Zulässigkeit des in der Erledigungserklärung liegenden, jetzt neu gestellten Feststellungsantrags;
- die Begründetheit dieses Feststellungsantrags, die dann gegeben ist, wenn der ursprüngliche Sachantrag zulässig und begründet war, sich aber nach Eintritt der Rechtshängigkeit erledigt hat.

Besteht insoweit Streit, so ist er durch Beweisaufnahme zu klären; im Gegensatz zu § 91a ZPO findet mithin keine Beschränkung der Sachverhaltsaufklärung statt.

b) Je nach Feststellung kommen folgende Entscheidungsvarianten in Frage:

(1) Es stellt sich heraus, dass die Hauptsache sich nicht erledigt hat, sondern die Klage von Anfang an bis zur Erledigung unzulässig bzw. unbegründet war.

In diesem Fall hat der Beklagte nach der gesetzlichen Wertung der einseitigen Erledigung zu Recht widersprochen. Er hat einen Anspruch darauf, dass die unzulässige bzw. unbegründete Klage abgewiesen und der geltend gemachte Anspruch durch eine materiell rechtskräftige Entscheidung dem Kläger aberkannt wird. Der Darlegung eines besonderen Interesses des Beklagten bedarf es hierzu nicht. Der Kläger trägt als unterliegende Partei nach § 91 ZPO die Kosten.

(2) Es stellt sich heraus, dass die Klage sich entgegen der Darstellung des Klägers nicht erledigt hat, sondern nach wie vor begründet ist.

Auch in diesem Fall ist der Antrag des Klägers auf Feststellung der Erledigung unbegründet und muss abgewiesen werden. Es ist aber nunmehr zu fragen, ob der Kläger seinen früheren Antrag zur Hauptsache zumindest hilfsweise aufrechterhalten hat oder nicht. Diese Befugnis zu einem Hilfsantrag zur Hauptsache wird dem Kläger zugebilligt.

Hat der Kläger den ursprünglichen Klageantrag nicht aufrechterhalten, so kann über ihn nicht mehr entschieden werden; der Kläger trägt insoweit, da er die Klage zurückgenommen hat, nach § 269 III ZPO die Kosten des Rechtsstreits. Im Endergebnis trägt er somit die gesamten Kosten des Rechtsstreits.

Hat der Kläger dagegen den ursprünglichen Klageantrag hilfsweise aufrechterhalten, so kann nach Abweisung des Erledigungsantrages nunmehr zugunsten des Klägers entschieden werden. Dann trägt der Beklagte – nach Trennung der Kosten über die Erledigung, die der Kläger zu tragen hat – die übrigen Kosten des Rechtsstreits.

(3) Es stellt sich heraus, dass die Klage zulässig und begründet war, sich dann aber erledigt hat. Hier ist durch Endurteil festzustellen, dass die Hauptsache sich erledigt

---
[12] *Baumbach/Lauterbach/Albers/Hartmann*, § 91a Rn. 172f.; *Zöller/Vollkommer*, § 91a Rn. 34.

hat. In diesem Fall hat der Beklagte zu Unrecht der Erledigungserklärung des Klägers widersprochen.

3. Streitwert

a) Zum Streitwert bei einseitiger Erledigungserklärung bestehen folgende kontroverse Ansichten:[13]

(1) Der Streitwert des Verfahrens nach Erledigungserklärung deckt sich mit dem Streitwert des ursprünglichen Leistungsantrags.
(2) Der Streitwert beschränkt sich auf die Kosten.
(3) Der Übergang vom Leistungsantrag zum Erledigungsantrag ist wie ein Übergang von der Leistungs- zur Feststellungsklage zu behandeln, so dass ein angemessener Abschlag (in der Regel 50%) vorzunehmen ist.

b) Richtig erscheint im Grundsatz die zuerst genannte Ansicht, wonach der Streitwert sich mit dem Wert des Hauptanspruchs deckt.

Lediglich in der oben erwähnten Fallkonstellation, in der der Kläger bei weiterhin begründeter Klage mit dem Erledigungsantrag unterliegt, erscheint es gerechtfertigt, die nach Eintritt des Erledigungsstreits anfallenden Gebühren mit einem Abschlag vom ursprünglichen Hauptstreitwert zu bemessen.

III. Die einseitige Erledigungserklärung des Beklagten

Nach richtiger Ansicht ist dem Beklagten eine einseitige Erledigungserklärung mit besonderen prozessualen Rechtsfolgen zu verwehren.[14]

Wenn sich der Kläger der Erledigungserklärung des Beklagten nicht anschließt, liegt in dem Vorbringen der Erledigung eine Einwendung, die im Rahmen der Sachprüfung der Klage zu berücksichtigen ist und bei Durchgreifen zur Klageabweisung führt. Im Übrigen bleibt es dem Beklagten unbenommen, bei einer Erledigung den Anspruch unter Protest gegen die Kosten anzuerkennen, wenn er zur Erhebung der Klage keine Veranlassung gegeben hat.

---

[13] *Baumbach/Lauterbach/Albers/Hartmann,* Anhang § 3 Rn. 46; *Zöller/Herget,* § 3 Rn. 16, „Erledigung der Hauptsache: Einseitige Erledigungserklärung".
[14] *Baumbach/Lauterbach/Albers/Hartmann,* § 91 a Rn. 190; *Zöller/Vollkommer,* § 91 a Rn. 52.

Muster 127: Kostenbeschluss nach übereinstimmender Erledigungserklärung (§ 91 a ZPO)

Amtsgericht Frankfurt am Main
Aktenzeichen: ...

Beschluss

1   In dem Rechtsstreit

   d... ...

Kläger...,

Prozessbevollmächtigter: Rechtsanwalt ...,

gegen

d... ...

Beklagte...,

Prozessbevollmächtigter: Rechtsanwalt ...,

hat das Amtsgericht Hünfeld durch die Richterin am Amtsgericht ... am ... beschlossen:

   Der Beklagte hat die Kosten des Rechtsstreits zu tragen.

Gründe

I.

Beide Parteien wohnen in dem Hause ... zur Miete. Die Wohnung der Klägerin befindet sich im 13., dem obersten Stockwerk. Der Beklagte ist Amateurfunker und installierte auf dem Dachboden über der Wohnung der Klägerin eine drehbare Funkantenne mit Motor.

Die Klägerin hat behauptet, von dem Betrieb der Antenne gingen Geräusche aus, die sie beeinträchtigen. Sie hat Klage erhoben mit dem Antrag, den Beklagten zu verurteilen, den Betrieb der Funkantenne zu unterlassen.

Der Beklagte hat Klageabweisung beantragt und bestritten, dass durch den Betrieb der Antenne wesentliche Geräuschbelästigungen auftreten. Er hat behauptet, etwaige Geräusche gingen von einer losen Dachabdeckung aus.

Nachdem das Gericht über Ursache, Häufigkeit und Stärke der aufgetretenen Geräusche verschiedene Zeugen gehört (Protokoll vom ..., Bl. ... d. A.) und eine Ortsbesichtigung zur weiteren Klärung angeordnet hatte, entfernte der Beklagte die Antenne. Daraufhin haben beide Parteien die Hauptsache für erledigt erklärt. Sie stellen nunmehr wechselseitige Kostenanträge.

II.

Nachdem beide Parteien den Rechtsstreit in der Hauptsache für erledigt erklärt haben, war über die Kosten des Rechtsstreits gemäß § 91 a ZPO unter Berücksichtigung des bisherigen Sach- und Streitstandes nach billigem Ermessen zu entscheiden. Dies führte zur Auferlegung der Kosten auf den Beklagten, da er ohne den Eintritt des erledigenden Ereignisses in dem Rechtsstreit aller Voraussicht nach unterlegen wäre.

Der Klägerin stand nach § 862 BGB ein Anspruch auf Unterlassung des Betriebs der Funkantenne zu. Nach dem Ergebnis der bisherigen Beweisaufnahme waren die Geräusche auf die Betätigung der motorbetriebenen Antenne des Beklagten zurückzuführen.

Eine lose Dachabdeckung, wie der Beklagte behauptet hatte, scheidet als Ursache der festgestellten Geräusche aus. Die Zeugen ..., ... und ... haben die von ihnen wahrgenommenen Geräusche genau von dort vernommen, wo sich die Antenne des Beklagten befand, während die von dem Beklagten für die Lärmbelästigung verantwortlich gemachte lose Dachabdeckung sich laut der Bekundung des Hausmeisters ... an einer anderen Stelle befand. Außerdem dürften durch eine lose Kaminplatte keine quietschenden Geräusche entstehen, wie sie von den Zeugen geschildert worden sind.

Die von der Antenne ausgegangenen Geräusche waren zudem nach den Bekundungen der Zeugen derart häufig und stark, dass sie sich nicht mehr im Rahmen des § 906 BGB bewegten und von der Klägerin hingenommen werden mussten.

Die Angriffe des Beklagten gegen die Häufigkeit der nächtlichen Betätigung der Antenne unter Hinweis auf seine Eintragungen im Logbuch gehen fehl, da dort nur die Fälle eingetragen sind, in denen der Beklagte eine Funkverbindung mit einem anderen Funker aufgenommen hatte, nicht aber bei erfolgloser Sendersuche. Auch kann der Beklagte mit seinem Einwand, die vernommenen Zeugen hätten die Stärke der Geräusche zugunsten der Klägerin subjektiv überbewertet, nicht gehört werden, da er durch die Entfernung der Antenne nach Anordnung der Ortsbesichtigung und vor deren Durchführung eine weitere Aufklärung in dieser Richtung selbst verhindert hat. Die Vereitelung des vorgesehenen richterlichen Augenscheins geht zu Lasten des Beklagten.

....

Muster 128: Entscheidung nach übereinstimmender Teilerledigungserklärung

Amtsgericht Frankfurt am Main
Aktenzeichen: ...

Urteil

Im Namen des Volkes

1   In dem Rechtsstreit
d...

Kläger...,

Prozessbevollmächtigter: Rechtsanwalt ...,

gegen
d...

Beklagte...,

Prozessbevollmächtigter: Rechtsanwalt ...,

hat das Amtsgericht Frankfurt am Main durch den Richter am Amtsgericht ... aufgrund der mündlichen Verhandlung vom ... für Recht erkannt:

Der Beklagte wird verurteilt, an den Kläger 4% Zinsen p.a. aus 500,- € für die Zeit vom 3. 1. 2010 bis 4. 6. 2010 und aus 250,- € für die Zeit vom 5. 6. 2010 bis 10. 9. 2010 zu zahlen.

Im Übrigen wird die Klage abgewiesen.

Von den Kosten des Rechtsstreits hat der Kläger vorab die durch die Ausführung des Beweisbeschlusses vom 25. 6. 2010 entstandenen Kosten zu tragen; von den übrigen Kosten des Rechtsstreits haben der Kläger 9/10 und der Beklagte 1/10 zu tragen.

Das Urteil ist vorläufig vollstreckbar. Der Beklagte darf die Vollstreckung durch Sicherheitsleistung in Höhe von ... € abwenden, wenn nicht der Kläger vor der Vollstreckung Sicherheit in gleicher Höhe leistet. Der Kläger darf die Vollstreckung durch Sicherheitsleistung in Höhe von ... € abwenden, wenn nicht der Beklagte vor der Vollstreckung Sicherheit in gleicher Höhe leistet.

Tatbestand

Der Kläger macht mit der am 20. 3. 2010 zugestellten Klage gegen den Beklagten einen Anspruch auf Rückzahlung eines Darlehens von 5000,- € geltend.

Der Kläger behauptet, er habe dem Beklagten im Januar 2010 ein Darlehen von 5000,- € gegeben, damit er sich eine Pizzeria einrichten könne. Er beruft sich auf einen Schuldschein vom 3. 1. 2010, nach dem der Beklagte anerkannte, vom Kläger einen Betrag von 5000,- € erhalten zu haben, und sich verpflichtete, diesen nebst 4% Zinsen p.a. bis spätestens 28. 2. 2010 zurückzuzahlen.

Weiter behauptet der Kläger, der Beklagte habe Anfang und Mitte März 2010 die Schuld gegenüber der Ehefrau des Klägers anerkannt.

Der Beklagte hat am 5. 6. 2010 und 11. 9. 2010 jeweils 250,- € an den Kläger gezahlt, woraufhin die Parteien den Rechtsstreit insoweit für erledigt erklärt haben.

Der Kläger beantragt,
den Beklagten zu verurteilen, an ihn 4500,- € nebst 4% Zinsen p. a. aus 5000,- € für die Zeit 3. 1. 2010 bis 4. 6. 2010, aus 4750,- € für die Zeit vom 5. 6. 2010 bis 10. 9. 2010 und aus 4500 € ab dem 11. 9. 2002 zu zahlen.

Der Beklagte beantragt,
die Klage abzuweisen.

Er bestreitet, ein Darlehen in Höhe von 5000,- € empfangen zu haben; der Schuldschein vom 3. 1. 2010 sei von dem Kläger nachträglich verfälscht worden, indem dieser hinter dem vermerkten Betrag von 500,- € eine Null angehängt habe. Die Darlehensschuld habe er auch nie in der behaupteten Höhe von 5000,- € anerkannt; seine Zahlungszusagen hätten sich nur auf ein Darlehen von 500,- € bezogen.

Das Gericht hat Beweis erhoben gemäß den Beweisbeschlüssen vom 28. 5. 2010 (Bl. ... d.A.) und 25. 6. 2010 (Bl. ... d.A.). Wegen des Ergebnisses der Beweisaufnahme wird auf das Protokoll der mündlichen Verhandlung vom 25. 6. 2010 (Bl. ... d.A.) und das Gutachten des Schriftsachverständigen ... vom 4. 8. 2010 (Bl. ... d.A.) Bezug genommen.

Entscheidungsgründe

Die Klage ist nur zu einem geringen Teil begründet.

Dem Kläger steht gegen den Beklagten lediglich ein Anspruch auf Zahlung von 4% Darlehenszinsen p.a. aus 500,- € für die Zeit vom 3. 1. 2010 bis 4. 6. 2010 und aus 250,- € für die Zeit vom 5. 6. 2010 bis 10. 9. 2010 gemäß § 488 I 2 BGB zu.

Zwischen den Parteien ist ein Darlehensvertrag im Sinne von § 488 BGB zustande gekommen. Im Januar 2010 gab der Kläger dem Beklagten 500,- €, der auf dem Schuldschein vom 3. 1. 2010 anerkannte, vom Kläger diesen Betrag erhalten zu haben, und sich verpflichtete, die 500,- € nebst 4% Zinsen p.a. bis spätestens 28. 2. 2002 zurückzuzahlen.

Der Anspruch des Klägers gegen den Beklagten auf Rückzahlung des Darlehensbetrages von 500,- € ist durch Leistung erloschen (§ 362 I BGB). Der Beklagte hat am 5. 6. 2010 und 11. 9. 2010 jeweils 250,- € an den Kläger gezahlt.

Ein Anspruch auf Rückzahlung weiterer 4500,- € nebst Zinsen steht dem Kläger gegen den Beklagten gemäß § 488 I 2 BGB nicht zu.

Die Beweisaufnahme hat nicht ergeben, dass der Kläger dem Beklagten eine Summe von 5000,- € zur Verfügung gestellt hat; vielmehr steht fest, dass der Schuldschein vom 3. 1. 2010 verfälscht ist.

Zunächst ist nach dem Gutachten des Schriftsachverständigen ... davon auszugehen, dass der Schuldschein vom 3. 1. 2010 nachträglich geändert worden ist. Der Sachverständige hat im Einzelnen überzeugend dargelegt, dass nach den von ihm angestellten chemischen Untersuchungen die letzte Null des Betrages von 5000,- € mit einem anderen Schreibgerät als der übrige Inhalt niedergeschrieben worden ist.

Gestützt wird dieses Ergebnis durch die Aussagen der Zeugen ... und ..., die beide bekundet haben, der Beklagte habe sie im Dezember 2009 um ein Darlehen von 500,- € gebeten, worauf sie ihn an den Kläger verwiesen hätten.

Der Kläger konnte bei seiner persönlichen Anhörung im Termin vom 25. 6. 2010 auch keine nähere Auskunft geben, wo er den Geldbetrag von 5000,- € im Einzelnen hergenommen, insbesondere von welchem Konto er ihn abgehoben hat. Das von ihm vorgelegte Sparbuch weist nur eine Abhebung vom 2. 1. 2010 in Höhe von 1600,- € aus und gibt keinen sicheren Schluss auf die Hergabe der Summe von 5000,- €.

Sein nachträglicher Hinweis, er habe am 3. 1. 2010 aus dem Verkauf eines Pkw einen Erlös von 3000,- € erzielt, ist durch den zum Termin vom 25. 6. 2010 geladenen Zeugen ... nicht bestätigt worden. Soweit sich der Kläger nunmehr auf den Zeugen ... zum Beweise des Pkw-Erlöses beruft, ist dieser Beweisantritt gemäß § 296 II ZPO wegen Verspätung zurückzuweisen, da der Kläger keine Gründe vorgetragen hat, die diese Verspätung entschuldigen können; eine Anhörung des Zeugen würde die Erledigung des Rechtsstreits erheblich verzögern, zumal sich der Zeuge nach dem gestellten Beweisantrag auf unbestimmte Zeit in Sizilien aufhält und im Wege der internationalen Rechtshilfe vernommen werden müsste.

Der Beklagte hat nach dem Ergebnis der Beweisaufnahme auch nicht Anfang und Mitte März 2010 eine Schuld von 5000,- € anerkannt.

Zwar hat die Ehefrau des Klägers bekundet, dass von einer solchen Summe in zwei Gesprächen im März des Jahres 2010 gesprochen worden sei. Demgegenüber haben aber die Zeugen ... und ... ausgesagt, der Kläger habe nur gefragt, wann er sein Geld bekomme, worauf der Beklagte erwidert habe, „bald, in einigen Wochen"; von einem bestimmten Betrag sei nie die Rede gewesen. Damit ist der Kläger für das Anerkenntnis des Beklagten beweisfällig geblieben.

Die Kostenentscheidung beruht auf §§ 91, 91 a, 92, 96 ZPO.

Der Beklagte hat die Kosten insoweit nach § 91 a ZPO zu tragen, als sich die Hauptsache während des Rechtsstreits durch Zahlung von 500,- € erledigt hat. In diesem Umfang war die Klage bei Beginn des Rechtsstreits begründet; die Beklagte hat den Kläger durch Zahlung der 500,- € klaglos gestellt.

Der Kläger hat die übrigen Kosten des Rechtsstreits zu tragen.

In die nach § 92 ZPO vorzunehmende Kostenquotelung hat das Gericht die Kosten der Beweisaufnahme gemäß Beweisbeschluss vom 25. 6. 2010, die in der Vergütung des Sachverständigen ... in Höhe von 786,45 € bestehen, nicht einbezogen. Insoweit hat das Gericht von der Befugnis zur Kostentrennung gemäß § 96 ZPO Gebrauch gemacht, da der Kläger die Verfälschung des Schuldscheins zu Unrecht bestritten hat.

Die vorläufige Vollstreckbarkeit hat ihre Rechtsgrundlage in § 708 Nr. 11 ZPO und § 711 S. 1 ZPO.

Muster 129: Klageabweisung bei streitiger Erledigung

Amtsgericht Frankfurt am Main
Aktenzeichen: ...

Urteil

Im Namen des Volkes

In dem Rechtsstreit
d...

                                                                Kläger...,

Prozessbevollmächtigter: Rechtsanwalt ...,

gegen

d...

                                                              Beklagte...,

Prozessbevollmächtigter: Rechtsanwalt ...,
hat das Amtsgericht Frankfurt am Main durch die Richterin am Amtsgericht ... aufgrund der mündlichen Verhandlung vom ... für Recht erkannt:

    Die Klage wird abgewiesen.

    Die Kläger haben die Kosten des Rechtsstreits zu tragen.

    Das Urteil ist vorläufig vollstreckbar. Die Kläger dürfen die Vollstreckung durch Sicherheitsleistung in Höhe von ... € abwenden, wenn nicht der Beklagte vor der Vollstreckung Sicherheit in gleicher Höhe leistet.

Tatbestand

Die Kläger sind Eigentümer des Grundstücks ... Auf dem Nachbargrundstück des Beklagten steht in der Nähe der Grundstücksgrenze eine mindestens 25 m hohe Pappel, die 1995 angepflanzt wurde. Wurzeltriebe der Pappel treten an verschiedenen Stellen des Rasens auf dem Grundstück der Kläger hervor (Lichtbilder Bl. ... d. A.).

Die Kläger haben mit der am 6. 2. 2010 zugestellten Klage die Beseitigung der Pappel verlangt. Sie haben behauptet, die Pappel sei 31 m hoch und stehe 1,20 m von der Grenze entfernt. Ihre Wurzeln würden die Grasnarbe aufwerfen und erreichten die Wand ihres Wohnhauses. Laufend fielen Äste auf ihr Grundstück und gefährdeten die Benutzer. Ein Sturm könne den altersschwachen Baum zum Umstürzen bringen, so dass Gefahr für ihr Wohnhaus bestände.

Die Kläger haben ursprünglich beantragt, den Beklagten zu verurteilen, die auf seinem Grundstück ... nahe der Grenze zum Nachbargrundstück der Kläger befindliche Pappel zu entfernen. Sodann haben sie mit Schriftsatz vom 8. 9. 2010 die Hauptsache für erledigt erklärt: Sie hätten, was unstreitig ist, durch Vertrag vom 7. 7. 2010 das Grundstück an ihre Tochter verschenkt, welche in der Zwischenzeit auch als Eigentümerin im Grundbuch eingetragen sei.

Die Kläger beantragen,
    festzustellen, dass die Hauptsache erledigt ist.

Der Beklagte widerspricht der Erledigung und beantragt,
die Klage abzuweisen.

Er behauptet, die Pappel stehe 2,13 m von der Grenze entfernt und sei erheblich niedriger als 31 m. Sie sei vollkommen gesund; die Gefahr eines Umstürzens bestehe nicht. Es stehe den Klägern frei, Wurzeln und Zweige zu beseitigen, soweit die Benutzung ihres Grundstücks beeinträchtigt werde.

Das Gericht hat Beweis erhoben gemäß Beweisbeschluss vom 8. 4. 2010 (Bl. ... d. A.). Wegen des Ergebnisses der Beweisaufnahme wird auf das Gutachten des Sachverständigen ... vom 21. 7. 2010 (Bl. ... d. A.) Bezug genommen.

Entscheidungsgründe

Die Klage ist unbegründet.

Die Erledigung der Hauptsache war nicht festzustellen, weil die Klage zwar ursprünglich zulässig, jedoch nicht begründet war.

Die Klage war ursprünglich zulässig, insbesondere war das wegen der Beseitigung der Pappel durchgeführte außergerichtliche Güteverfahren erfolglos.

In der Sache war die Klage aber unbegründet.

2 Den Klägern steht gegen den Beklagten unter keinem rechtlichen Gesichtspunkt ein Anspruch auf Beseitigung der Pappel zu.

Ein Beseitigungsanspruch aus § 1004 I 1 BGB in Verbindung mit § 38 des Hessischen Nachbarrechtsgesetzes unter dem Gesichtspunkt des zu geringen Grenzabstandes besteht nicht, weil die Kläger nicht bis zum Ablauf des dritten auf das Anpflanzen der Pappel folgenden Kalenderjahres Klage auf Beseitigung erhoben haben (§ 43 I HessNachbRG).

Ein Anspruch aus § 1004 I 1 BGB wegen Vorliegens einer wesentlichen, ortsunüblichen Beeinträchtigung besteht ebenfalls nicht, vielmehr sind die Kläger gemäß §§ 1004 II, 906 BGB zur Duldung verpflichtet:

Eine das Maß des § 906 BGB übersteigende Beeinträchtigung ist von den Klägern nicht dargetan. Schon der Umfang der herab fallenden Blätter und Äste ist nur pauschal behauptet. Im Übrigen steht es den Klägern frei, Wurzeln, Triebe und Äste, soweit sie in ihr Grundstück ragen und dessen Benutzung beeinträchtigen, zu beseitigen (§ 910 BGB), soweit dies nicht rechtsmissbräuchlich ist.

Auch die Gefahr des Umstürzens besteht nach den überzeugenden Ausführungen des Sachverständigen, der den Baum eingehend untersucht hat, nicht. Der Sachverständige hat festgestellt, dass der Baum völlig gesund ist und noch eine Lebenserwartung von mehreren Jahrzehnten hat, sofern seine Lebensbedingungen nicht einschneidend verändert werden. Zwar hat der Sachverständige die Möglichkeit eines Umsturzes im Falle höherer Gewalt nicht ausgeschlossen. Eine solche abstrakte Möglichkeit, dass die Pappel durch einen Orkan entwurzelt oder abgeknickt werde, reicht jedoch zur Annahme einer Gefährdung nicht aus, wie sich aus der in § 907 II BGB zum Ausdruck kommenden Wertung ergibt; andernfalls müssten alle Bäume in den Städten in der Nähe von Orten, an denen sich Menschen aufhalten, vorsorglich beseitigt werden. Voraussetzung für eine Beseitigung kann immer nur eine akute Gefahr für Personen oder Sachen oder die Krankheit eines Baumes sein.

Im Übrigen berufen sich die Kläger auch ohne Erfolg darauf, dass der Eigentümerwechsel auf der Klägerseite zur Erledigung der Hauptsache geführt habe, denn eine Veräußerung der in Streit befangenen Sache hat nach § 265 II ZPO auf den Prozess keinen Einfluss; der Veräußerer führt den Prozess als Prozessstandschafter zugunsten des Rechtsnachfolgers weiter.

Die Kostenentscheidung beruht auf § 91 ZPO; die Aussprüche zur vorläufigen Vollstreckbarkeit haben ihre Rechtsgrundlage in § 708 Nr. 11 und § 711 S. 1 ZPO.

....

Muster 130: Teil-Klageabweisung bei unbegründeter Teil-Erledigungserklärung des Klägers

Amtsgericht Frankfurt am Main
Aktenzeichen: ...

Urteil

Im Namen des Volkes

1 In dem Rechtsstreit
d...

Kläger...,

Prozessbevollmächtigter: Rechtsanwalt ...,

gegen

d...

Beklagte...,

Prozessbevollmächtigter: Rechtsanwalt ...,

hat das Amtsgericht Frankfurt am Main durch den Richter am Amtsgericht ... aufgrund der mündlichen Verhandlung vom ... für Recht erkannt:

Die Beklagte wird verurteilt, an die Klägerin 5% Zinsen p.a. aus 1347,35 € für die Zeit vom 18. 2. 2010 bis 24. 4. 2010 zu zahlen.

Im Übrigen wird die Klage abgewiesen.

Die Klägerin hat die Kosten des Rechtsstreits zu tragen, mit Ausnahme eines Betrages von 10 €, den die Beklagte von ihren außergerichtlichen Kosten selbst zu tragen hat.

Das Urteil ist vorläufig vollstreckbar. Die Beklagte darf die Vollstreckung durch Sicherheitsleistung in Höhe von ... € abwenden, wenn nicht die Klägerin vor der Vollstreckung Sicherheit in gleicher Höhe leistet. Die Klägerin darf die Vollstreckung durch Sicherheitsleistung in Höhe von ... € abwenden, wenn nicht die Beklagte vor der Vollstreckung Sicherheit in gleicher Höhe leistet.

Tatbestand

Mit schriftlichem Vertrag vom 2. 1. 2010 erwarb die Beklagte bei der Klägerin einen Computer zu 1347,35 €. Im Vertrag wurde die Beklagte darauf hingewiesen, dass sie mit der Zahlung des Betrages von 1347,35 € in Verzug kommt, wenn sie nicht binnen 30 Tagen nach der Rechnungsstellung zahlt. Der Computer wurde am 18. 1. 2010 ausgeliefert und in Rechnung gestellt.

Am 6. 5. 2010 richtete die Abteilung Rechnungswesen/Rechtsstelle der Klägerin an die Beklagte folgendes Schreiben: „Wir bestätigen den Eingang Ihrer Zahlung vom 9. 4. 2010 über 1347,35 €, die inzwischen Ihrem Konto gutgebracht wurde. Nunmehr stehen noch 5% Zinsen p.a. 1347,35 € für die Zeit vom 19. 2. 2010 bis 8. 4. 2010 = 9,23 € zur Zahlung offen. Wir wären dankbar, wenn Sie den Ausgleich innerhalb der nächsten 10 Tage vornehmen würden."

Die Klägerin hat mit der am 3. 6. 2010 bei Gericht eingegangenen und am 24. 6. 2010 zugestellten Klage zunächst die Zahlung von 1347,35 € nebst 5% Zinsen p.a. seit 19. 2. 2010 begehrt. Sie hat vorgetragen, die Hauptforderung sei nicht bezahlt; das Schreiben ihrer Abteilung Rechnungswesen/Rechtsstelle sei irrtümlich an die Beklagte abgesandt worden. Mit Schriftsatz vom 25. 6. 2010 hat die Klägerin sodann die Hauptsache bezüglich der Hauptforderung für erledigt erklärt: Der Eingang der Zahlung sei nunmehr per 25. 4. 2010 festgestellt worden; die Beklagte habe es durch Angabe einer falschen Kunden-Nummer es verschuldet, dass der Betrag unrichtig verbucht und die Gutschrift ihrem Konto nicht gutgebracht worden sei.

Die Klägerin beantragt,
1. festzustellen, dass die Hauptsache hinsichtlich der Hauptforderung von 1347,35 € erledigt ist und
2. die Beklagte zu verurteilen, 5% Zinsen p.a. aus 1347,35 € für die Zeit vom 19. 2. 2010 bis 24. 4. 2010 zu zahlen.

Die Beklagte widerspricht der Erledigung und beantragt,
die Klage abzuweisen.

Sie ist der Auffassung, die Klage sei von Anfang an infolge Zahlung der Hauptforderung unbegründet gewesen. Zinsen könne die Klägerin nicht verlangen, da sie nicht in Verzug gewesen sei.

Entscheidungsgründe

Die Klage ist hinsichtlich der Hauptforderung unbegründet, hinsichtlich der Nebenforderung jedoch begründet.

Die Erledigung der Hauptsache war nicht festzustellen, weil die Klage nicht begründet war.

Die Hauptforderung stand der Klägerin gegenüber der Beklagten bereits bei Klageerhebung nicht mehr zu: Nach dem eigenen Vorbringen der Klägerin hat die Beklagte am 25. 4. 2010 und damit schon vor Anhängigkeit der Klage am 3. 6. 2010 gezahlt. Damit aber fehlt es hinsichtlich der Hauptforderung an einer Hauptsache, deren Erledigung festgestellt werden könnte.

Daran ändert sich auch nichts durch die von der Klägerin behauptete Tatsache, dass die Zahlung infolge der Angabe einer unrichtigen Kunden-Nummer nicht auf dem Konto der Beklagten gutgebracht worden sein soll. Für die Frage, ob die Hauptsache erledigt ist, kann es nur auf das objektive Vorliegen der Tilgung der Forderung ankommen, die mit dem Zahlungseingang bei der Klägerin eingetreten ist; die interne Verbuchung ist demgegenüber ohne Belang.

Ganz abgesehen davon hat die Klägerin den Beweis für die Angabe einer unrichtigen Kunden-Nummer weder geführt noch durch Vorlage der Gutschriftanzeige der Bank angetreten; diese Behauptung widerspricht im Übrigen den Angaben in dem Schreiben der Klägerin vom 6. 5. 2010, in dem mitgeteilt wurde, dass der Betrag eingegangen und auf dem Konto der Beklagten gutgeschrieben worden sei. Außerdem hätte die Klägerin – die Angabe einer unrichtigen Kunden-Nummer unterstellt – aus den übrigen Angaben der Gutschriftsanzeige (Anschrift des Auftraggebers, Rechnungs-Nummer etc.) und den Unterlagen für den (falsch) angegebenen Kunden entnehmen können, dass hier ein Fehler vorlag, der dann durch eine Rückfrage bei der Beklagten auf einfache Weise hätte geklärt werden können. Schließlich hätte es der Klägerin obgelegen, vor Klageeinreichung die Beklagte auf den angeblich fehlenden Zahlungseingang hin anzuschreiben, nachdem sie vorher eine angeblich falsche Zahlungsbestätigung abgegeben hatte; auch dann hätte sich das Missverständnis schnell herausgestellt.

Der Klägerin steht gegen die Beklagte gemäß §§ 280 I, II, 286 III, 288 I BGB jedoch ein Anspruch auf Zahlung von 5% Verzugszinsen p. a. aus 1347,35 € für die Zeit vom 19. 2. 2002 bis 24. 4. 2002 zu.

Der Schuldner einer Entgeltforderung kommt spätestens in Verzug, wenn er nicht innerhalb von 30 Tagen nach Fälligkeit und Zugang einer Rechnung leistet. Gegenüber einem Schuldner, der – wie die Beklagte – Verbraucher ist, gilt dies zwar nur, wenn er auf diese Folge in der Rechnung besonders hingewiesen worden ist. Dies aber ist vorliegend unstreitig geschehen.

Die Kostenentscheidung beruht auf §§ 91, 92 I ZPO. Die vorläufige Vollstreckbarkeit nebst Vollstreckungsschutz hat ihre Rechtsgrundlage in §§ 708 Nr. 11, 711 S. 1 ZPO.

....

Muster 131: Feststellung der Erledigung bei streitiger, im Übrigen begründeter Erledigungserklärung des Klägers

Amtsgericht Frankfurt am Main
Aktenzeichen: ...

Urteil
Im Namen des Volkes

In dem Rechtsstreit

d...

Kläger...,

Prozessbevollmächtigter: Rechtsanwalt ...,

gegen

d...

Beklagte...,

Prozessbevollmächtigter: Rechtsanwalt ...,

hat das Amtsgericht Frankfurt am Main durch die Richterin am Amtsgericht ... aufgrund der mündlichen Verhandlung vom ... für Recht erkannt:

Es wird festgestellt, dass die Hauptsache erledigt ist.

Die Beklagte hat die Kosten des Rechtsstreits zu tragen.

Das Urteil ist gegen Sicherheitsleistung in Höhe von ... € vorläufig vollstreckbar.

Tatbestand

Anfang Januar 2010 beauftragte der Kläger, vertreten durch seinen Architekten, die Beklagte mit dem Einbau einer Zentralheizungsanlage in das Gebäude ... Dem Vertrag lagen ein von dem Architekten des Klägers erstelltes Leistungsverzeichnis und die Verdingungsordnung für Bauleistungen, Teil B zugrunde. Die Anlage wurde im März 2010 in Betrieb genommen. Die Vergütung von 15 317,60 € zahlte der Kläger noch im März 2010 an die Beklagte aus. Mit Schreiben vom 16. 4. 2010 machte der Kläger Mängelansprüche wegen zu geringer Heizleistung geltend, die die Beklagte jedoch nicht anerkannte. Nachdem der Kläger der Beklagten erfolglos eine Frist zur Nacherfüllung bis 21. 6. 2010 gesetzt hatte, erhob er mit Schriftsatz vom 22. 6. 2010 Klage, die der Beklagten am 6. 7. 2010 zugestellt wurde.

Der Kläger behauptet, die Beklagte habe den Wärmebedarf falsch errechnet. Eine angemessene Beheizung der Räume sei nur mit einer Erweiterung der Heizkörper möglich, was nach dem vorgelegten Gutachten des Sachverständigen ... einen Aufwand von 2380,14 € erfordere.

Dementsprechend hat der Kläger ursprünglich beantragt, die Beklagte zu verurteilen, an ihn 2380,14 € nebst 5% Zinsen p.a. seit Rechtshängigkeit zu zahlen. Nachdem das Gericht den Architekten des Klägers und den Bevollmächtigten der Beklagten als Zeugen gehört und sodann durch Beweisbeschluss vom 25. 8. 2010 ein Sachverständigengutachten angeordnet hatte, ließ die Beklagte im Oktober 2010 die Heizkörper auf ihre Kosten erweitern. Als anschließend eine Probeheizung zufriedenstellend ausgefallen war, erklärte der Kläger mit Schriftsatz vom 27. 10. 2010 die Hauptsache für erledigt.

Der Kläger beantragt,
festzustellen, dass sich die Hauptsache durch die Nachbesserungsarbeiten der Beklagten im Oktober 2010 erledigt hat.

Die Beklagte widerspricht der Erledigung und beantragt,
die Klage abzuweisen.

Sie habe die Erweiterung der Heizkörper nur aus Kulanzgründen vorgenommen. Eine Gewährleistungspflicht treffe sie nicht, denn der Architekt des Klägers habe den Wärmebedarf selbst errechnet und ein entsprechendes Leistungsverzeichnis seinem Auftrag zugrunde gelegt. Die Heizungsanlage habe sie genau den Weisungen des Architekten entsprechend installiert. Der Kläger müsse sich unter diesen Umständen an seinen Architekten halten.

Das Gericht hat Beweis erhoben gemäß den Beweisbeschlüssen vom ... (Bl. ... d.A.) und 25. 8. 2010 (Bl. ... d.A.). Wegen des Ergebnisses der Beweisaufnahme wird auf das Protokoll der mündlichen Verhandlung vom ... (Bl. ... d.A.) sowie das Gutachten des Sachverständigen ... vom 4. 11. 2010 (Bl. ... d.A.) Bezug genommen.

Entscheidungsgründe

Die Klage ist begründet.

Die Erledigung der Hauptsache war festzustellen. Die ursprünglich zulässige und begründetet Zahlungsklage hat sich in der Hauptsache nach Eintritt der Rechtshängigkeit erledigt.

2 Dem Kläger stand gegen die Beklagte ein Anspruch auf Zahlung eines Vorschusses betreffend die Mängelbeseitigung gemäß §§ 637 I, III, 633, 634 Nr. 2 BGB, § 13 Nr. 5 II VOB/B zu.

Zwischen den Parteien ist ein Werkvertrag im Sinne der §§ 633ff. BGB zustande gekommen. Anfang Januar 2010 beauftragte der Kläger, vertreten durch seinen Architekten, die Beklagte mit dem Einbau einer Zentralheizungsanlage in das Gebäude ... Die Beklagte führte den Auftrag aus. Dem Vertrag lag die VOB/B zugrunde.

Die von der Beklagten eingebaute Zentralheizungsanlage war nicht frei von Sachmängeln. Nach dem Gutachten des Sachverständigen ... war die Anlage für den Wärmebedarf zu klein dimensioniert; die Beklagte bestreitet dies auch nicht mehr, da sie durch die Vornahme der Nachbesserungsarbeiten die Mangelhaftigkeit der Heizungsanlage anerkannt hat.

Die Beklagte kann sich nicht auf das Leistungsverzeichnis des Architekten des Klägers berufen, in dem die darin enthaltene Wärmebedarfsberechnung und die Angabe der zu liefernden Heizkörper zu niedrig kalkuliert war. Zwar wird nach § 13 Nr. 3 VOB/B der Auftragnehmer von der Gewährleistung frei, wenn der Mangel auf die Leistungsbeschreibung zurückzuführen ist. Diese Leistungsfreiheit tritt aber dann nicht ein, wenn der Auftragnehmer die ihm nach § 4 Nr. 3 VOB/B obliegende Mitteilung über die zu befürchtenden Mängel unterlassen hat.

Der Beklagten als Fachfirma für Heizungen oblag eine Prüfungspflicht, ob der Wärmebedarf durch den Architekten des Klägers richtig errechnet war jedenfalls deshalb, weil die Wärmebedarfsberechnung schon bei oberflächlicher Prüfung Anlass zu der Annahme gibt, dass die angestellten Berechnungen nicht stimmen können, was der Sachverständige anhand einzelner Positionen überzeugend dargelegt hat. Die Vernehmung der Zeugen hat den Beweis dafür, dass seitens der Beklagten Bedenken gegen die Wärmebedarfsrechnung und das Leistungsverzeichnis geltend gemacht wurden, nicht erbracht.

Zur Nacherfüllung hat der Kläger der Beklagten erfolglos eine Frist bis 21. 6. 2010 gesetzt, die zweifellos angemessen ist.

Der Sachverständige hat schließlich überzeugend ausgeführt, dass sich die Kosten der Heizkörpererweiterung auf etwa 2500 € belaufen hätten, wenn der Kläger eine andere Firma beauftragt hätte, weshalb das Gericht es gemäß § 287 ZPO als erwiesen ansieht, dass die Zahlungsklage Erfolg gehabt hätte. Die Zahlungsklage, die Hauptsache also, hat sich jedoch nach der mit Zustellung der Klage am 6. 7. 2010 eingetretenen Rechtshängigkeit erledigt: Die Beklagte kam ihrer Nacherfüllungspflicht im Oktober 2010 nach.

Die Kostenentscheidung beruht auf § 91 ZPO. Die vorläufige Vollstreckbarkeit hat ihre Rechtsgrundlage in § 709 S. 1 ZPO.

....

Muster 132: Streitwertfestsetzung bei einseitiger Erledigungserklärung (§§ 48 I GKG, 3 ZPO)

☐ Amtsgericht Frankfurt am Main
☐ Landgericht Frankfurt am Main
Aktenzeichen: ...

Beschluss

1 In dem Rechtsstreit ... gegen ...

wird der Streitwert für die Zeit nach der Erledigungserklärung der klagenden Partei
☐ im Schriftsatz vom ... (Bl. ... d. A.)
☐ in der mündlichen Verhandlung vom ... (Bl. ... d. A.)
auf ... € festgesetzt.

Gründe

Die Festsetzung des Streitwerts beruht auf § 48 I GKG in Verbindung mit § 3 ZPO. Hierbei geht das Gericht davon aus, dass sich der Streitwert bei einseitiger Erledigungserklärung des Klägers
☐ mit dem Streitwert des ursprünglichen Klageantrages in der Hauptsache deckt.
☐ zwar nach dem bisherigen Wert der Hauptsache richtet, hiervon aber im Hinblick darauf, dass nunmehr ein Feststellungsurteil ergeht, ein angemessener Abschlag zu machen ist, den das Gericht mit ...% bemisst. Hierfür waren folgende Gründe maßgebend: ...
☐ nach Abgabe der Erledigungserklärung auf die bisher entstandenen Kosten beschränkt, bei deren Berechnung das Gericht von einem bisherigen Wert der Hauptsache in Höhe von ... € ausgegangen ist. Dieser bisherige Wert der Hauptsache ergibt sich aus folgenden Vorschriften: ...
☐ sowie folgenden Erwägungen ...

Frankfurt am Main, den ...
☐ Amtsgericht, Abteilung ...   ☐ Landgericht, ... Zivilkammer
                                                ☐ Der Vorsitzende
                                                ☐ Der Einzelrichter

....

Sachverzeichnis

Magere Zahlen = Paragraf.Randnummer
Fette Zahlen = Muster.Randnummer

Abgabe
– Beschluss 20.1
Ablehnung
– siehe Richterablehnung
– siehe Sachverständiger
Aktenlageentscheidung 4.3, 4.16, **88.2**
Allgemeine Geschäftsbedingungen
– Urteil **105.1–105.3**
Amtsbetrieb
– Abgrenzung zum Parteibetrieb 1.6
– Allgemeines 1.5
Anerkenntnisurteil
– siehe Kostenentscheidung im Urteil
– siehe Sitzungsprotokoll
– siehe Urkunden- und Wechselprozess
– siehe Urteil
Angriffs- und Verteidigungsmittel
– Begriff 1.20
– Zurückweisung 1.21–1.26
Anhörung der Parteien
– Ausbleiben im Termin 3.44–3.46
– Protokoll 16.10
Anscheinsbeweis 4.25
Aufhebung eines Termins
– siehe Terminsaufhebung
Aufklärungsmaßnahmen
– Ausfall eines Taxis 39.1
– Bauvertrag 45.1–45.2
– beim Beweisbeschluss 31.1
– Benachrichtigung der Parteien 1.39
– Beweisaufnahme vor dem Termin 1.40, 32.1
– Gebrauchtwagenkauf 41.1–41.2
– Heilungskosten 36.1
– Inhalt 1.37–1.38
– Kfz-Schaden 38.1–38.2
– Möglichkeiten 1.35–1.38
– Reisevertragssachen 43.1–43.2
– Schmerzensgeld 36.1
– Verdienstausfall 36.1
– Verdienstausfall bei Ausfall eines Taxis 40.1
– Verdienstausfall von Selbstständigen 37.1
– Verkehrsunfall 34.1, 35.1,
– Zeitpunkt 1.35–1.36, 2.1
Auflagen
– siehe Aufklärungsmaßnahmen
Aufrechnung
– siehe Kostenentscheidung im Urteil

Aussagegenehmigung
– Allgemeines 3.2
– Verfügung **54.1**
Aussagepflicht des Zeugen, Streit
– siehe Streit über Aussagepflicht des Zeugen
Ausschluss der Öffentlichkeit
– Voraussetzungen 1.75–1.76,
– Beschluss **17.1**
Ausschluss mit Beweismitteln
– Allgemeines 3.1
– Beschluss **53.1**
Außergerichtliches Güteverfahren
– siehe Güteverfahren
Aussetzung des Verfahrens
– Beschluss **24.1**

Berichtigung
– des Tatbestandes
  siehe Tatbestand
– des Urteils
  siehe Urteil
Beweisaufnahme
– Anhörung der Parteien nach Eingang des Sachverständigengutachtens **65.1**
– Anspruch auf Durchführung 2.5
– Augenschein 2.18, 2.19, 3.37
– Auswahl und Bestellung eines Sachverständigen **60.1**
– Nachfristsetzung gegenüber säumigem Sachverständigen **62.1**
– Ordnungsgeldes gegen säumigen Sachverständigen **63.1**
– Parteimitwirkung, Beschluss **57.1**
– Rücksendung eines Gutachtens **64.1**
– Schreiben an Zeugen **59.1**
– Terminsanberaumung nach Eingang des Sachverständigengutachtens **66.1**
– Wiederholung 2.4
– Zwischenurteil, Aussageverweigerung eines Zeugen **85.1**
– Zwischenurteil, Vernehmung einer Partei als Zeuge **82.1**
– Zwischenurteil, Umfang der Aussage/Nachforschungspflicht eines Zeugen **83.1**
– Zwischenurteil, Zulässigkeit der Zeugnisverweigerung eines Zeugen **84.1**
– Zwischenverfügung nach Zwischenanfrage des Sachverständigen **61.1**

Beweisbeschluss
- Arzthaftungsprozess **48.1**
- Aufbau 2.26
- Aufhebung 2.31
- Auslagenvorschuss 2.28
- Bauvertrag (Sachverständigengutachten) **47.1–47.2**
- Bauvertrag (Zeugen-, Parteivernehmung) **46.1–46.2**
- Begleitverfügung 2.33, **31.3, 32.2, 34.2, 36.4, 38.4**
- Beweistermin 2.29
- Bezeichnung der Beweismittel 2.27
- Brandschaden **49.1**
- Ergänzung 2.32, **33.1**
- Gebrauchtwagenkauf **42.1–42.2**
- Heilungskosten **36.2–36.3**
- Kfz-Schaden **38.3**
- mit Terminsbestimmung **31.2**
- Reisevertragssachen **44.1–44.2**
- Schmerzensgeld **36.2–36.3**
- schriftliche Zeugenaussage, Verfügung **58.1**
- selbstständiges Beweisverfahren **51.1, 52.1**
- sonstige Anordnungen 2.30
- Verdienstausfall **36.2–36.3**
- Verdienstausfall bei Ausfall eines Taxis **40.1**
- Verdienstausfall von Selbstständigen **37.1**
- Verkehrsunfall **34.1, 35.1**
- Voraussetzungen 2.2
- vor mündlicher Verhandlung **32.1**
Beweismittel
- Augenschein 2.17
- Bezeichnung 2.3
- Parteivernehmung 2.23
- Sachverständigenbeweis 2.9
- Urkundenbeweis 2.20
- Zeugenbeweis 2.6
Beweistermin
- Ablauf **3.25–3.39**
- Anhörung der Parteien 3.27
- Augenschein 3.37
- Erläuterung des Sachverständigengutachtens 3.36
- Erstattung des Sachverständigengutachtens 3.35
- Unterrichtung über den Sach- und Streitstand 3.22
- Urkundsbeweis 3.38
- Verhandlung 3.39, **16.17**
- Vernehmung der Zeugen **3.28–3.34**
- Vorbereitung 3.20-3.24
Beweisverfahren
 siehe selbstständiges Beweisverfahren
Beweiswürdigung
- Anscheinsbeweis 4.25
- Aufbau 4.24
- bei Klageabweisung **93.2, 114.2**
- bei Klagestattgabe **94.2**
- bei überwiegender Klagestattgabe **95.2**
- non liquet 4.26
- Schätzung des Gerichts 4.27, **115.3**
- Umfang 4.23

Darlehensvertrag
- Urteil **101.1, 117.1–117.2, 128.1–128.2**
Dispositionsmaxime
- Einschränkungen 1.2
- Inhalt 1.1
Drittwiderklage
- Stellungnahme 2.3

Einführen in den Sach- und Streitstand
- Protokoll **16.9**
Einführen von Beiakten
- Protokoll **16.11**
Einwohnermeldeamtsanfrage
- Anschreiben **11.2**
Einzelrichter
- beim Amtsgericht **1.46–1.47**
- obligatorischer Einzelrichter **1.46, 1.48**
- originärer Einzelrichter **1.46–1.47**
- Übertragung des Rechtsstreits **13.1**
- Wechsel zur Kammer **1.49**
Entfernung aus dem Sitzungssaal
- Protokoll **30.1**
- Voraussetzungen **1.72**
Entscheidungsgründe
- Abgrenzung zum Tatbestand 4.19
- Bedeutung 4.18
- Beweiswürdigung **4.23–4.24**
- Entbehrlichkeit 4.32
- Gliederung **4.29–4.31**
- Rechtsausführungen 4.21
- Tatsachenfeststellung 4.22
- Umfang 4.20
Ergänzung des Urteils
 siehe Urteil
Ergänzungsgutachten **68.1**
Erinnerung
 siehe Rechtspflegererinnerung
Erlass von Ordnungsmittelbeschlüssen
- Protokoll **16.18**
Erledigung der Hauptsache, einseitige
- Begriff 8.8
- des Beklagten 8.11
- Entscheidungsvarianten 8.9
- Klageabweisung **129.1–129.2, 130.1.–130.2, 131.1–131.2**
- Streitwert 8.10, **132.1**
- Voraussetzungen 8.9
Erledigung der Hauptsache, übereinstimmende
- Anfechtbarkeit 8.7
- Begriff 8.1
- Beschluss **127.1**

– billiges Ermessen, Grundsätze 8.4
– Folgen 8.3
– Kostenentscheidung
  im Urteil **87.10, 102.2, 128.1–128.2**
– Protokoll **16.6**
– Teilerledigung **8.6**
– Verfahren **8.5**
– Voraussetzungen **8.2**
Erörterung zur Beweisaufnahme
– Protokoll **16.16**
Erstattung eines Sachverständigengutachtens
– Protokoll **16.14**

Formalien
– Protokoll **16.3**
Früher erster Termin
– Ablauf **1.55–1.59**
– Anberaumung **1.44, 4.2**
– Hinweise **4.2**

Gerichtsstandsvereinbarung
– Zwischenurteil **98.2**
Güteverfahren, außergerichtliches
– Voraussetzungen **1.42**
– als Zulässigkeitsvoraussetzung **97.2**
Güteverhandlung
– Ablauf **1.54**
– Anberaumung mit frühem ersten
  Termin **4.2**
– Anberaumung mit Haupttermin **3.2**
– Entfallen **1.52**
– persönliches Erscheinen der Parteien **3.2**
– Protokoll **16.2**
– Verbindung mit weiterem Termin **1.53**
Gütliche Beilegung nach Beweisaufnahme
– Protokoll **16.19**

Hauptsacheentscheidung im Urteil
– Abänderungsklage **86.19**
– Abgabe einer Willenserklärung **86.12**
– Drittwiderspruchsklage **86.19**
– Duldung der Zwangsvollstreckung **86.6**
– Feststellung, Gesellschaftsrecht **86.16**
– Feststellung, Insolvenzrecht **86.17**
– Feststellung, Rechtsverhältnisse **86.14**
– Feststellung, Verkehrsunfall **86.15**
– Gestaltung, materiellrechtlich **86.18**
– Gestaltung, prozessual **86.18**
– Grundurteile **86.21**
– Handlung oder Entschädigung **86.5**
– Herausgabe **86.7**
– Klageabweisung **86.13**
– künftige Leistung **86.4**
– Mehrheit von Beteiligten **86.2**
– Räumung **86.8**
– Unterlassung **86.11**
– Unvertretbare Handlung **86.10**

– vertretbare Handlung **86.9**
– Vollstreckungsgegenklage **86.19**
– Wiederkehrende Leistung **86.3**
– Zahlungsurteile **86.1**
– Zwischenurteile **86.20**
Hauptsacheerledigung
  siehe Erledigung der Hauptsache
Haupttermin
– Anberaumung mit Güteverhandlung,
  1.60–1.61, 3.2
– Ladung von Zeugen, Sachverständigen,
  Dolmetscher **3.3**
Hinweise des Gerichts
– Protokoll **16.12**
Hinweispflicht, richterliche
– Durchführung **1.34**
– Funktionen **1.31**
– Grenzen **1.32**
– Inhalt **1.33**

Kammer
– Wechsel vom Einzelrichter zur Kammer **1.49**
– Zuständigkeit **1.50**
Kaufvertrag
– Urteil **116.1, 121.1–121.2**
Klageerwiderung
– Stellungnahme **2.1**
Klagerücknahme
– abweisender Kostenbeschluss **23.1**
– Kostenbeschluss zulasten
  des Beklagten **22.2**
– Kostenbeschluss zulasten
  des Klägers **22.1**
– Protokoll **16.7**
Konzentrationsgrundsatz
– Inhalt **1.15**
– Pflichten der Parteien **1.17**
– Pflichten des Gerichts **1.16**
– Zurückweisung verspäteten
  Vorbringens **1.18–1.26**
Kostenentscheidung im Urteil
– Anerkenntnis **87.15**
– Aufrechnung **87.11**
– Aufrechnung, Beispiele **87.12**
– Baumbach'sche Formel **87.14**
– Beispiele **87.9–87.10**
– Hautsacheerledigung **87.10**
– Hilfsanträge **87.4**
– Klagerücknahme **87.10**
– Kostentrennung **87.17**
– Maßstäbe **87.5**
– nach Teilurteil **8.6**
– Nebenintervention **87.20–87.21**
– Parteiwechsel, Beklagtenseite **87.23**
– Parteiwechsel, Klägerseite **87.22**
– Räumungsklage **87.16**
– selbstständiges Beweisverfahren **87.18**

- selbstständiges Beweisverfahren,
  Beispiele **87.19**
- Streitgenossen **87.13**
- Streitwertänderung **87.6**
- Technische Durchführung **87.8**
- Teilunterliegen **87.3, 87.7**
- unterliegende Beklagte **87.2**
- unterliegende Kläger **87.1**

Mahnverfahren
- Abgabe an das Streitgericht
  7.18–7.19
- Beschwerde, sofortige **7.8, 7.13**
- Definition **7.1**
- Einspruch gegen den Vollstreckungsbescheid
  7.16–7.17
- Erinnerung **7.8**
- Kosten **7.6, 7.18**
- Mahnbescheidsantrag,
  fakultativer Inhalt **7.4**
- Mahnbescheidsantrag,
  notwendiger Inhalt **7.4**
- Mahnbescheidsantrag,
  Rechtspflegerentscheidung **7.8**
- Mahnbescheidsantrag,
  Rechtspflegerprüfung **7.7**
- Rechtspflegererinnerung,
  Mahnbescheidsversagung
  123.1–123.2, 124.1–124.2
- Rechtspflegererinnerung,
  Vollstreckungsbescheidsversagung
  125.1–125.2, 126.1–126.2
- Überleitung ins streitige
  Verfahren **7.15**
- Verfahren nach Überleitung ins streitige
  Verfahren **7.20–7.22**
- Vollstreckungsbescheid, Inhalt
  7.11
- Vollstreckungsbescheid,
  Wirkung **7.14**
- Vollstreckungsbescheidsantrag
  7.10
- Vollstreckungsbescheidsantrag,
  Rechtspflegerentscheidung **7.13**
- Vollstreckungsbescheidsantrag,
  Rechtspflegerprüfung **7.12**
- Widerspruch gegen den Mahnbescheid
  7.16
- Zulässigkeitsvoraussetzungen **7.2**
- Zustellung, Mahnbescheid **7.9**
- Zuständigkeit **7.3**

Maklervertrag
- Urteil **95.1–95.2**

Mietvertrag
- Urteil **102.1–102.3**

Mündliche Termine
  siehe Termine

Mündlichkeitsgrundsatz
- Einschränkungen **1.8**
- Inhalt **1.7**

Nachbarrecht
- Beschluss **127.2**
- Urteil **97.1–97.4, 127.1–127.2, 129.1–129.2**

Nachfristsetzung gegenüber säumigem Sachverständigen
- Beschluss **62.1**

Öffentliche Zustellung
- Nachweis der Voraussetzungen **7.1**
- Ablehnung **8.1**
- Bewilligung **9.1**

Öffentlichkeitsausschluss
  siehe Ausschluss der Öffentlichkeit

Öffentlichkeitsgrundsatz
- Einschränkungen **1.14**
- Inhalt **1.13**

Ordnungsgeld/-haft
- Allgemeines **1.73–1.74**

Ordnungsmittel gegen Parteien
- Beschluss **3.46**
- Beschluss, stattgebend **75.1**
- Entschuldigung **3.45**
- Voraussetzungen **3.44**

Ordnungsmittel gegen Sachverständigen
- Ordnungsgeldbeschluss bei Säumnis
  63.1
- Ordnungsgeldbeschluss bei Säumnis im
  Termin/Verweigerung **67.1**

Ordnungsmittel gegen Zeugen
- Aufhebungsantrag, Stattgabe **79.1**
- Aufhebungsantrag, Zurückweisung **78.1**
- Beschluss **3.49**
- Beschluss, stattgebend **76.1**
- Beschluss, zurückweisend **77.1**
- Entschuldigung **3.48**
- Ordnungsgeldbeschluss, Verweigerung der
  Aussage/Leistung des Eides **81.1**
- Rechtsbehelf/-mittel **3.50**
- Vollstreckung der Ordnungshaft, Beschluss
  80.1
- Voraussetzungen **3.47**

Pachtvertrag
- Urteil **99.1**

Parteibetrieb
- Abgrenzung zum Amtsbetrieb **1.5**
- Fälle **1.6**

Parteimitwirkung, Beweisaufnahme im Ausland
- Beschluss **57.1**

Parteivernehmung
- Anordnung **2.25**
- Protokoll **16.15**
- Voraussetzungen **2.23–2.24**

Partnervermittlung
- Urteil **94.1–94.2**
Präsenz
- Protokoll **16.1**
Protokoll
- siehe Sitzungsprotokoll
- siehe Verkündungsprotokoll
Prozessfähigkeit
- Aufklärungsmaßnahme **10.1**

Räumungsfrist
siehe Urteil
Rechtliches Gehör
- Abhilfe bei Verletzung **1.29**
- Einschränkungen **1.28**
- Inhalt **1.27**
Rechtsweg
Rechtshilfeersuchen
- Allgemeines **3.3**
- Ausland **3.5**
- Inland **3.4**
- Verfügung, Ausland **56.1**
- Verfügung, Inland **55.1**
Rechtspflegererinnerung
- Mahnbescheidsversagung **123.1–123.2, 124.1–124.2**
- Vollstreckungsbescheidsversagung **125.1–125.2, 126.1–126.2**
- Verweisungsbeschluss **21.1**
Reisebüro
- Urteil **122.1–122.2**
Reisevertrag
- Urteil **96.1.–96.2**
Richterablehnung
- dienstliche Äußerung: befangen **29.1**
- dienstliche Äußerung: Unbefangen **27.1**
- Selbstablehnung **29.1**
- stattgebender Beschluss **27.2**
- Zurückweisung als unbegründet **28.1, 29.2**
- Zurückweisung als unzulässig **26.1**
Richterliche Hinweispflicht
siehe Hinweispflicht
Rückbriefnachricht
- Inhalt **11.1**
Rücknahme des Einspruchs
- Protokoll **16.8**

Sachverständiger
- Ablehnung **3.18**
- Ablehnung, begründet **69.1**
- Ablehnung, unbegründet **70.1**
- Aufgaben **2.9**
- Auswahl **3.9**
- Bestimmung **2.11**
- Entschädigung **2.16**
- Hinzuziehung **2.10**

- Leitung durch das Gericht **2.13, 3.10**
- Pflichten **2.12, 2.15**
Sachverständigenbeweis
- Allgemeines **2.9**
Sachverständigengutachten
- Anhörung der Parteien nach Eingang **65.1**
- Beschaffung weiterer Beweisstücke **3.11**
- Beschleunigung der Gutachtenerstattung **3.13-3.14**
- Ergänzungsgutachten **3.17, 68.1**
- Erläuterung **3.36**
- Erstattung **3.35**
- Form der Gutachtenerstattung **2.14**
- Fristsetzung zur Gutachtenerstattung **3.13**
- Ordnungsgeldbeschluss bei Säumnis **63.1**
- Ordnungsgeldbeschluss bei Säumnis im Termin/Verweigerung **67.1**
- Protokoll **16.14**
- Prüfung des schriftlichen Gutachtens **3.15**
- Rücksendung, Verfügung **64.1**
- Terminsanberaumung nach Eingang **66.1**
- Verfahren bei Ablehnung des Sachverständigen **3.19**
- Verfahren nach Eingang des schriftlichen Gutachtens **3.15-3.16**
- Vorschuss **3.12**
Säumnis der Partei
siehe Versäumnisverfahren
Schaden
- Schätzung des Gerichts **115.3**
Scheckprozess
- Klageabweisung **118.1–118.2**
- Schlussurteil **122.1–122.2**
Schiedsvertrag
- Urteil **99.1**
Schlussurteil
- nach Vorbehaltsurteil (Aufrechnung) **101.1**
Schriftliche Zeugenaussage
- Allgemeines **3.6**
- Verfügung **58.1**
Schriftliches Verfahren
- Anordnung **1.45, 5.1**
- Anordnung nach billigem Ermessen **6.1**
Schriftliches Vorverfahren
- Anordnung **1.43, 1.1**
- Hinweise **1.2**
Selbstständiges Beweisverfahren
- Anschreiben der Parteien nach Eingang **71.1**
- Fristsetzung zur Klageerhebung **72.1**
- Gegenantrag **2.38**
- Güteversuch **3.42**
- Kostenbeschluss bei Nichterhebung der Hauptklage, Stattgabe **73.1**
- Kostenbeschluss bei Nichterhebung der Hauptklage, Zurückweisung **74.1**
- Sachverständigengutachten **3.41**
- stattgebender Beschluss **2.41, 51.1, 52.1**

– Streitverkündung 2.39
– Streitwert 2.42
– Terminsanberaumung nach Eingang 71.1
– Verfahren 2.37
– Voraussetzungen, formelle 2.36
– Voraussetzungen, materielle 2.35
– Zeugenbeweis 3.40
– Zurückweisung als unzulässig 50.1
– Zurückweisung des Antrags 2.40
– Zwang zur Klageerhebung 3.43
– Zweck 2.34
Sittenwidrigkeit
– Urteil 118.1–118.2
Sitzungspolizei
– Zuständigkeit 1.71
Sitzungsprotokoll
– Anerkenntnisurteil 16.5
– Anhören der Parteien 16.10
– Berichtigung 1.68
– Einführen in den Sach- und Streitstand 16.9
– Einführen von Beiakten 16.11
– Erlass von Ordnungsmittelbeschlüssen 16.18
– Erledigung der Hauptsache 16.6
– Erörterung zur Beweisaufnahme 16.16
– Erstattung eines Sachverständigengutachtens 16.14
– Formalien 16.3
– Güteverhandlung 16.2
– Gütliche Beilegung nach Beweisaufnahme 16.19
– Hinweise des Gerichts 16.12
– Inhalt 1.64–1.67
– Klagerücknahme 16.7
– Parteivernehmung 16.15
– Pflicht zur Aufnahme 1.62
– Präsenz 16.1
– Rücknahme des Einspruchs 16.8
– Stellen der Anträge 16.5
– Störung der mündlichen Verhandlung 30.1
– Überreichen von Schriftsätzen 16.4
– Verhandlung nach Beweisaufnahme 16.17
– Verkündung der Entscheidung 16.20
– Vorläufige Aufnahme 1.63
– Zeugenvernehmung 16.13
Stellen der Anträge
– Protokoll 16.5
Stellungnahme zur
– Drittwiderklage 2.3
– Klageerwiderung 2.1
– Streitverkündung 2.4
– Widerklage 2.2
Störung der mündlichen Verhandlung
– Protokoll 30.1
Streit über Aussagepflicht des Zeugen
– Aussageverweigerungsrechte 3.53
– Fallkonstellationen 3.52
– Verfahren und Entscheidung 3.54

Streitverkündung
– Stellungnahme 2.4
Streitwert
– Beschluss 97.4

Tatbestand
– Anträge 4.13
– Bedeutung 4.9
– Berichtigung 91.1
– Entbehrlichkeit 4.17
– Grundsätze 4.10
– Prozessgeschichte 4.16
– Replik 4.15
– streitiges Beklagtenvorbringen 4.14
– streitiges Klägervorbringen 4.12
– unstreitiges Parteivorbringen 4.11
Tenor
– Entscheidung zur vorläufigen Vollstreckbarkeit 4.7
– Hauptsacheentscheidung 4.5
– Kostenentscheidung 4.6
– Nebenentscheidungen 4.8
– Schriftform 4.4
Termine, mündliche
– Früher erster Termin 1.55–1.59
– Güteverhandlung 1.52–1.54
– Haupttermin 1.60–1.61
Terminsaufhebung
– stattgebender Beschluss 14.1
– Zurückweisung des Antrags 15.1
Terminsverlegung
– stattgebender Beschluss 14.1
– Zurückweisung des Antrags 15.1

Überreichen von Schriftsätzen
– Protokoll 16.4
Ungebührliches Verhalten
– Ausschluss der Öffentlichkeit 1.75–1.76
– Entfernung aus dem Sitzungssaal 1.72
– Ordnungsgeld/-haft 1.73–1.74
– Sitzungspolizei 1.71
– Versagung des Zutritts 1.70
Ungerechtfertigte Bereicherung
– Urteil 94.1–94.2, 100.1, 118.1–118.2
Unmittelbarkeitsgrundsatz
– Einschränkungen 1.10
– formelle Unmittelbarkeit 1.11
– Inhalt 1.9
– materielle Unmittelbarkeit 1.12
Unterschriften der Richter
– Funktion 4.33
– Verhinderung eines Richters 4.34
Unzuständigkeit
– Abgabebeschluss 20.1
– Rechtswegverweisungsbeschluss 21.1
– Verweisungsbeschluss 19.1

Sachverzeichnis

Urkundenbeweis
- Arten 2.20
- Beweisantritt 2.21
- Beweiskraft von Urkunden 2.22
- Erhebung 3.38

Urkunden- und Wechselprozess
- Anerkenntnisvorbehaltsurteil 120.1
- Beschränkung der Beweismittel 6.4–6.5, 6.9
- besondere Prozessvoraussetzung 6.2
- Bindungswirkung des Vorbehaltsurteils 6.11
- Einstellung der Zwangsvollstreckung 6.10
- Klageabweisung 6.6, 117.1–117.2
- Klagestattgabe 6.7
- Kosten und vorläufige Vollstreckbarkeit 6.8
- Nachverfahren 6.9–6.13
- Nachweis durch Urkunden 6.1
- Schlussurteil 6.12–6.13, 121.1–121.2
- Terminsanberaumung 6.3
- Wechselvorbehaltsurteil 119.1–119.2
- Widerklage 6.3

Urteil
- Allgemeine Geschäftsbedingungen 105.1–105.3
- Anerkenntnisurteil 4.37
- Berichtigung 89.1–90.2
- Betriebsgefahr 103.3
- Beweiswürdigung 93.2
- Darlehensvertrag 101.1, 117.1–117.2
- Eingang (Rubrum) 4.1–4.3
- Entscheidungsgründe 4.18–4.32
- Ergänzung 92.1
- Kaufvertrag 116.1, 121.2, 121.1–121.2
- Klageabweisung 93.1–93.2
- Klageabweisung, teilweise unbegründet 96.1–96.2, 105.3
- Klageabweisung, teilweise unzulässig 105.2
- Klagestattgabe 94.1–94.2
- Klagestattgabe, überwiegende 95.1–95.2
- Maklervertrag 95.1–95.2
- Mietvertrag 102.1–102.3
- Mitverschulden 103.2
- Nachbarrecht 97.1–97.4
- Pachtvertrag 99.1
- Partnervermittlung 94.1–94.2
- Räumungsfrist 102.3
- Räumungsurteil (Mietwohnung) 102.1
- Rechtsmittelbelehrung 4.35
- Reisebüro 122.1–122.2
- Reisevertrag 96.1–96.2
- Schiedsvertrag 99.1
- Schlussurteil 101.1
- Sittenwidrigkeit 118.1–118.2
- Streitwertfestsetzung 4.36
- Tatbestand 4.9–4.17
- Tatbestandsberichtigung 91.1
- Teilurteil 4.39
- Tenor 4.4–4.8
- ungerechtfertigte Bereicherung 94.1–94.2, 100.1, 118.1–118.2
- Unterschriften 4.33–4.34
- Urlaubsfreude, entgangene 96.2
- Verbandsklage 105.1–105.3
- Verkehrsunfall 103.1–103.3, 104.1–104.2
- Versäumnisurteil 4.37
- Verzichtsurteil 4.37
- Vorbehaltsurteil 4.40, 100.1
- Werkvertrag 93.1–93.2, 113.1–113.3, 114.1–114.2
- Widerklage 97.1–97.4
- Zwischenurteil 4.38, 98.1–98.2

Urteilstenor
siehe Tenor

Verbindung von Verfahren
- Verbindungsbeschluss 12.1

Verfahrensarten
- außergerichtliches Güteverfahren 1.42
- Früher erster Termin 1.44
- Schriftliches Verfahren 1.45
- Schriftliches Vorverfahren 1.43

Verhandlung nach Beweisaufnahme
- Protokoll 16.17

Verhandlungsmaxime
- Einschränkungen 1.4
- Inhalt 1.3

Verkehrsunfall
- Betriebsgefahr 103.3
- Mitverschulden 103.2, 104.2
- Urteil 103.1–103.3, 104.1–104.2

Verkündung der Entscheidung
- Protokoll 16.20
- Verkündungsprotokoll 18.1

Verlegung eines Termins
siehe Terminsverlegung

Versäumnisurteil
- Aufhebung 114.1–114.2
- Aufhebung, teilweise 115.1–115.3
- Aufrechterhaltung 113.1–113.3
- im schriftlichen Vorverfahren 5.7–5.10
- Inhalt 5.6
- nach mündlicher Verhandlung 5.1–5.6
- Tenorierungsbeispiele 106.1–106.9
- Terminsbestimmung nach schriftlichem Vorverfahren 5.9
- unechtes Versäumnisurteil 5.6, 5.10, 108.1
- Verteidigungsanzeige 5.8
- Zurückweisung, Beschluss 5.6, 5.10, 107.1
- zweites Versäumnisurteil 5.18, 116.1

Versagung des Zutritts
- Voraussetzungen 1.70
Versäumnisverfahren
- Begleitverfügung 110.2, 111.2
- Einlassungsfrist 5.3
- Einspruchsbegründung 5.13
- Einspruchsform 5.12
- Einspruchsfrist 5.12
- Einspruchstermin 5.15
- Einspruchsverfahren 5.14–5.16
- Einspruchsverwerfung 5.14, 5.17, 112.1
- Einspruchsvoraussetzungen 5.11–5.13
- Einstellung der Zwangsvollstreckung 5.16, 110.1–110.2, 111.1–111.2
- Entscheidung nach streitiger Verhandlung 5.19
- Folgen für Schlussurteil 5.20
- Ladung, ordnungsgemäße 5.2
- Ladungsfrist 5.3
- Säumnis 5.1
- Schlüssigkeit 5.4
- schriftliches Vorverfahren 5.7–5.10
- Terminsanberaumung nach Einspruch 5.15, 109.1
- Unschlüssigkeit 5.5
- Voraussetzungen 5.1–5.5
- zweites Versäumnisurteil 5.18, 116.1
Verspätetes Vorbringen
- Arten der Zurückweisung 1.19
- Gegenstände der Zurückweisung 1.20
- Objektive Pflichtverletzung 1.21
- Umgehungsmöglichkeiten 1.26
- Verschulden 1.22
- Verzögerung 1.23–1.25
Verweisung
- Beschluss 19.1, 21.1
Verzug
- Urteil 130.2
Vollstreckbarkeitsentscheidung im Urteil
- Art der Sicherheitsleistung 88.6
- Beispiele 88.5
- Entscheidung von Amts wegen 88.2
- Höhe der Sicherheitsleistung 88.4
- Modifizierung auf Antrag 88.3
- Umfang 88.1
Vorbehaltsurteil
- Aufrechnung 100.1
Vorläufige Vollstreckbarkeit
Vollstreckbarkeitsentscheidung im Urteil

Waffengleichheit
- Voraussetzungen 1.30

Wechselprozess
siehe Urkunden- und Wechselprozess
Werkvertrag
- Beweiswürdigung 93.2, 114.2
- Haftungsausschluss 113.3
- Schadensersatz 113.2, 115.1
- Urteil 93.1–93.2, 113.1–113.3, 114.1–114.2
- Verschulden 115.2
Widerklage
- Stellungnahme 2.2
Willkürverbot
- Voraussetzungen 1.30

Zeuge
- Anreiseunwilligkeit 3.8
- Belehrung 3.26
- Entlassung 3.34
- Entschädigung 2.8
- nicht ausführbare Ladung 3.7
- Pflichten 2.7
- Verweigerung von Aussage/Eid 3.51
Zeugenbeweis
- Fragerecht 3.31–3.32
- schriftliche Aussage 3.6
- Streit über Aussagepflicht 3.52–3.54
- Vernehmung zur Person 3.29
- Vernehmung zur Sache 3.30
- Voraussetzungen 2.6
Zeugenvernehmung
- Protokoll 16.13
- schriftliche, Verfügung 58.1
Zulässigkeit der Klage
- Zwischenurteil 99.1
Zurückweisung verspäteten Vorbringens
siehe verspätetes Vorbringen
Zuständigkeit
- Gerichtsstandsvereinbarung 98.2
- Zwischenurteil 98.1–98.2
Zustellung
- durch Niederlegung 112.2
Zweites Versäumnisurteil
siehe Versäumnisverfahren
Zwischenurteil
- Aussageverweigerung eines Zeugen 85.1
- Schiedsvertragseinrede 99.1
- Umfang der Aussage/Nachforschungspflicht eines Zeugen 83.1
- Vernehmung einer Partei als Zeuge 82.1
- Zulässigkeit der Zeugnisverweigerung eines Zeugen 84.1
- Zulässigkeit der Klage 99.1
- Zuständigkeit 98.1–98.2